（第一辑）

海峡两岸法学研究
——两岸法治经验回顾与前瞻

海峡两岸关系法学研究会　编

九州出版社　全国百佳图书出版单位
JIUZHOUPRESS

图书在版编目（CIP）数据

海峡两岸法学研究.第1辑 / 海峡两岸关系法学研究

会编. — 北京：九州出版社,2013.7

ISBN 978-7-5108-2208-7

Ⅰ．①海… Ⅱ．①海… Ⅲ．①法学－中国－文集

Ⅳ．①D920.0-53

中国版本图书馆CIP数据核字(2013)第149437号

海峡两岸法学研究·第1辑

作　　者　海峡两岸关系法学研究会　编
出版发行　九州出版社
出 版 人　黄宪华
地　　址　北京市西城区阜外大街甲35号（100037）
发行电话　（010）68992190/2/3/5/6
网　　址　www.jiuzhoupress.com
电子信箱　jiuzhou@jiuzhoupress.com
印　　刷　北京京华虎彩印刷有限公司
开　　本　787毫米×1092毫米　16开
印　　张　28.75
字　　数　660千字
版　　次　2013年8月第1版
印　　次　2013年8月第1次印刷
书　　号　ISBN 978-7-5108-2208-7
定　　价　78.00元

编者前言

2012年8月21日至23日，由海峡两岸关系法学研究会主办的首届两岸和平发展法学论坛在北京举行。本届论坛共收到两岸学者提交的会议论文73篇，限于篇幅，本辑《海峡两岸法学研究》未能全部收录首届论坛的参会论文，我们对为论坛贡献大作的各位专家、学者表示衷心感谢。

本辑《海峡两岸法学研究》包括"大陆学者论文"和"台湾学者论文"两部分，分别用简体和繁体编排。出版本书的目的是促进两岸学术交流，为使读者真实准确地了解作者的本意，繁体部分所选论文均原文照登，不作删节和改动，文章仅代表作者个人观点，望读者明鉴。

《海峡两岸法学研究》编委会

2013年7月10日

序

2012年8月21日至23日，来自海峡两岸法学界、法律界的193位代表齐聚北京，参加由海峡两岸关系法学研究会举办的首届两岸和平发展法学论坛。本届论坛是自上世纪80年代两岸开始交往以来，人数最多、代表性最广、规格较高的一次法学交流活动。时任中共中央政治局委员、全国政协副主席王刚和全国人大常委会副委员长乌云其木格会见了出席论坛的台湾与会专家学者，充分肯定了两岸法学界、法律界的交流合作对于巩固两岸关系和平发展积极成果、维护两岸人民交往合法权益、推进两岸关系和平发展的制度化建设发挥的积极作用，鼓励两岸法学法律界进一步扩大和深化法学交流。

这次论坛的主题是"两岸法治经验回顾与前瞻"。论坛设立了法治理论、民事法治、刑事法治和法律实务等专题。两岸社会制度不同，但两岸人民都主张法治，崇尚公平正义，坚持以人为本。两岸法律同仁既有共同的历史记忆，也有许多共同语言。在促进法治文明的过程中，两岸也可以相互借鉴，共同进步。论坛的目的就是通过研讨交流，总结两岸法治建设经验，促进相互学习借鉴。本届论坛共收到会议论文73篇，这些论文从不同的角度介绍了两岸法制发展的历史经验和法学各学科发展的具体成就，展示了专家学者对于两岸法治建设的深入思考，具有重要理论意义和实践价值。编辑出版论坛文集，就是为展示交流与会代表的研究成果，促进两岸法学研究交流。

两岸和平发展法学论坛是在两岸关系和平发展进入了巩固深化新时期的背景下举办的。随着两岸关系的不断深入，各领域交流合作越来越密切，不可避免地会触及各种具体法律问题，两岸法学界、法律界的专家学者有必要深入研究，努力破解法律难题，消除各种法律障碍，为两岸关系和平发展保驾护航。首届论坛的成功举办，创建了海峡两岸法学界法律界的一个跨学科、跨专业的综合性交流平台，论坛将着力为研究解决两岸社会法治进步、人民权益保障和两岸交往合作中的法律问题，提供研究和实践交流的舞台。这次论坛大陆方面有60多家法学院校、法学组织的119位专家学者以及一批司法实务界人士和律师出席；台湾方面有12家台湾法学院校和法律机构的74位专家学者出席，充分体现了两岸法学法律界朋友对这一两岸法学综合性交流机制的高度肯定和热情支持。衷心希望两岸法学界法律界人士充分利用这一平台，加强交流，密切往来，携手合作，为服务两岸同胞福祉、巩固和深化两岸关系和平发展作出更大贡献。

是为序。

海峡两岸关系法学研究会会长

张福森

2013年7月10日

目　　录

第三部分　台湾学者论文

一、法治理論

二、刑事法治

三、民事法治

// 第一部分 //

嘉 宾 致 辞

中国法学会陈冀平常务副会长致辞

（2012年8月22日）

尊敬的海研会张福森会长；

尊敬的台湾法曹协会高育仁名誉理事长；

尊敬的台湾理律法律事务所陈长文先生；

各位来宾、各位代表：

今天，海峡两岸的法律专家、学者欢聚一堂，举行海峡两岸和平发展法学论坛。回顾两岸法治发展历程，展望两岸法治建设未来，这是两岸法学交流的一大盛事！在此，请允许我代表中国法学会，对论坛的成功举办表示热烈祝贺！对出席论坛的两岸法学法律界同仁表示诚挚问候！

自上个世纪八十年代实行改革开放以来，大陆法治建设取得了历史性成就。经过三十多年的努力，一个立足国情和实际、适应改革开放和现代化建设需要、体现人民意志和人民利益，以宪法为统帅，以民法、刑法、诉讼法、行政法、社会法等多个部门法为主干，由法律、行政法规、地方性法规等多个层次的法律规范构成的中国特色社会主义法律体系已经形成，经济建设、政治建设、文化建设、社会建设以及生态文明建设的各个方面实现了有法可依。同时，不断充实立法，加强执法，改革司法，完善社会主义法律体系。在这个过程中，大陆始终坚持体现人民意志、保障人民当家做主、维护人民根本利益；始终坚持从国情和实际出发，同时也注意借鉴国内外、境内外法治建设有益经验，包括台湾近年来法治建设的经验。实践证明，两岸法学交流为推动两岸法制相互学习借鉴发挥了积极作用。

首届两岸和平发展法学论坛以法治经验回顾与前瞻为主题，很有意义。如果仔细探究两岸法治发展历程，不能不说，两岸法治发展是两岸中国人奋发图强，不断走向现代化的历史；也是两岸法制回应经济社会发展需要，努力保障人民权利，持续改革和不断创新的历史。两岸社会都崇尚民主、法治、人权，都坚持公平正义、司法为民。两岸法律制度具有共同的历史渊源、文化背景，具有与时俱进和不断改革的动力。相信两岸法学交流必然有利于促进两岸法治进程的相互学习借鉴，有利于促进两岸社会的法治文明进步。两岸法学交流已经并将继续为两岸法治进步发挥积极而重要的作用。

当前，两岸关系出现和平发展的良好局面，喜讯频传。8月9日，海协会与海基会在台北又签署了《海峡两岸投资保护和促进协议》、《海峡两岸海关合作协议》。至此，两岸已经签署了18项合作协议。两岸各领域合作成果越来越得到广大台湾同胞的肯定和支持。保持两岸关系和平发展的正确方向和前进势头，不断扩大和深化两岸各领域合作，符合两岸同胞的共同利益，也得到海内外中华儿女和国家社会的肯定。两岸法学界法律界应该共同努力，不断深化两岸法学交流，认真研究如何具体落实两岸各项合作协议，着力探讨如何解决两岸人民交往中必然出现的法律纠纷，努力破解影响两岸关系和平发展的法律障碍，为维护两岸同胞合法权益，为促进两岸各领域交流合作，为完善两岸关系和平发展的法制化建设贡献你们的智慧和力量。

各位来宾，各位代表：

中国法学会是大陆法学界、法律界的社会团体和学术团体，其宗旨是繁荣法学研究，开展法学交流，完善民主法制，推进依法治国。在研究立法、促进执法、完善司法、扩大普法等各个方面，中国法学会都发挥了积极作用。开展两岸法学交流一直是我们的一项重要工作。中国法学会高度重视和积极支持各学科和专业研究会开展对台法学交流。

海峡两岸关系法学研究会集中了大陆各学科、各专业和各部门从事法律研究和涉台法律工作的精英人才，是开展两岸法学交流的重要渠道。自去年（2011年）11月成立以来，海研会积极开展工作，争取社会各界支持，充分利用自身优势和特点，搭建了两岸和平发展法学论坛这一综合性、高层次交流平台。今天看到来自两岸这么多的法律同仁济济一堂，出席论坛，说明了大家对论坛的肯定和支持。衷心期望两岸和平发展法学论坛越办越好，衷心期望两岸和平发展法学论坛为深化两岸法学交流，促进两岸关系各领域法学研究，落实两岸各领域交流合作发挥积极而建设性的作用，为服务两岸同胞福祉，促进两岸关系和平发展作出新的更大的贡献！

最后，预祝首届两岸和平发展法学论坛圆满成功！祝各位代表在北京期间身体健康，生活愉快！谢谢大家！

台湾法曹协会高育仁名誉理事长开幕式致辞

2012年8月22日

尊敬的海研會張會長、中國法學會陳會長、兩岸法學界各位專家學者、好朋友，大家早、大家好：

首先我要恭喜「海峽兩岸關係法學研究會」，在2011年12月順利成立，並且在成立的第一年，就能匯聚兩岸法學菁英，舉辦規模盛大的「兩岸和平發展法學論壇」，由衷表示感佩。尤其這次論壇分成「法治理論組」、「民事法治組」、「刑事法治組」及「法律實務組」來進行主旨發言與分組討論，從法學理論的探討，到民、刑事法治的討論，並涉入兩岸法律實務適用之研析等，將能深入探討與討論兩岸相關的法學議題，相信必有豐碩的成果。我衷心盼望「海研會」不僅能成為兩岸法學界最重要的法學交流研究平臺，同時能積極推進兩岸法律制度的發展與法律治理的進步。

本次「兩岸和平發展法學論壇」的會議主題是「法治經驗回顧與前瞻」，的確非常有意義。我相信，未來兩岸交流要更深化，兩岸和平發展要更鞏固，兩岸必須精誠合作，共同推動「法制」和「法治」兩方面的建設，也就是「法律制度」和「法律治理」的整備與加強。兩岸人民交往愈來愈頻繁，必然衍生出許多經濟上、身份上、民事上或刑事上等各種法律關係與問題。今天我們聚集在此，就是希望集合兩岸法學界菁英以大家的專業智識與經驗，從兩岸過去的回顧到未來的前瞻，共同促進兩岸「法制」和「法治」的認識、了解、交流與進步，同時設法解決兩岸法律適用上之相關問題，進而更穩固促使兩岸的和平發展。

記得去年（2011年）9月間最高人民法院曾在南京市主辦「首屆兩岸暨香港澳門司法高層論壇」。在會議上我曾特別指出：從長遠的歷史發展來看，兩岸四地都是中國疆土，居民也都是中華民族，承襲深厚的中華文化，也曾在傳統的中華法治長期治理下生活。但回顧兩岸四地過去一二百年來的變遷，由於不同的歷史境遇，產生了不同的發展結果。其中臺灣、香港、澳門先後都成為東、西方列強先進國家的殖民地，被迫分別接受日本、英國、葡萄牙的殖民統治。這也讓臺、港、澳三地，比大陸更早粗具現代的法律體系，早一步走向法治現代化的道路。以臺灣為例，自1895年至1945年日本殖民統治五十年期間，臺灣人民主要在日本法律體系下過活。1945年臺灣光復，國民政府接管臺灣，1949年國民黨退踞臺灣。從1911年至1949年三十多年間，國府先後在大陸公布的民法、民事訴訟法、刑法、刑事訴訟法等最基本法律，因戰亂雖未能在大陸普遍有效實施；卻將這些法律帶到臺灣全面適用。同時六十多年來臺灣致力發展經貿，推動民主，努力與世界各國接軌，加速全球化，乃全面整備與時俱進的法律體系，並使法治在臺灣生根苗壯。臺灣有今日比較完整的法制與比較現代化的法治實係歷史使然。

　　我也深切了解到，大陸自1978年改革開放以來，法治建設逐漸進入快速發展時期，目前已邁進深層變革階段，並正逐步形成具有中國特色社會主義的法律體系。但當前大陸法律體系顯然與偏向歐洲大陸法系的臺灣法律體系有相當的差異。因此兩岸在法制與法律適用上將難免有落差與隔閡。可是面對兩岸交流之密切，為保障兩岸人民合法正當的權益，兩岸法學界菁英更應以不同法系的理論與經驗，相互交流、借鏡與改進，加快法制的革新與法治的進步，共同促使兩岸未來法制的更健全發展及法治的更快速精進，並努力為兩岸人民伸張現代法治下的公平與正義。

　　我深信只要兩岸不斷地努力，尤其法學界菁英長期不停地交流、學習、合作，未來兩岸人民的行為規範及一切爭端，必能在健全的法制與現代法治的基礎上，共同遵行，合理解決。而海峽兩岸也必因共同具備完善、先進的「法律制度」和實施現代化的「法律治理」，更能鞏固深化兩岸和平發展，突破兩岸關係瓶頸，開創兩岸新局。

　　最後，我要感謝主辦單位充滿熱誠的接待與周詳的籌辦。祝福「兩岸和平發展法學論壇」圓滿成功！各位領導、專家學者和好朋友，身體健康，萬事如意！謝謝大家！

// 第二部分 //

大陆学者论文

一、法治理论

从法律体系到法治体系

徐显明[1]

各位上午好！

刚才施茂林先生的开场白给了我很多启发，也让我浮想联翩。我的家乡和我所在的大学都在山东。山东既是儒家思想的发源地，也是法家思想的发源地。文圣孔子是儒家之圣，被称作至圣，是山东人。法家的缔造者是法圣荀子，也是山东人。荀子在开办稷下学宫的时候，提倡我们今天所熟悉的"百家齐放"和"百家争鸣"，创造了思想界的辉煌。他的学生把法家思想经过魏国带到了秦国，为秦始皇所用。秦始皇在了解韩非子思想以后，特别是读了他的《五蠹》篇后大发感慨，说"寡人得见此人，与之游，死不恨矣"。于是千方百计，甚至不惜用绑架的方式，把韩非子弄到秦国。秦国最后统一了天下，其思想源头在山东。

我们讲中华文明，如果把黄河作为一个文化带的话，可以分成四个文化领域。上游被称作秦陇文化，秦陇文化最后实现的是法家思想。往下是中原文化，我们今天讲的三代、三途、三学都是起自中原。再往下，包括我们北京在内，河北、山西，甚至内蒙古、黄河流经的这一带被称作燕赵文化。最后黄河入海的区域，为齐鲁文化。齐鲁文化把上述三种文化兼容吸收，集其大成，因此被称作中华文化的汇元之地，是为中国传统文化的正统。所以我欢迎我们台湾的各位同仁，如果本次有时间的话，到我的家乡山东去访问，去拜一拜孔圣，去拜一拜法圣。

今年这个年份很特殊，刚才施先生也讲到了孙中山先生所作的贡献。我说的特殊就在于，今年是《临时约法》诞生100周年。100年前的中华民族，我们共同拥有一份制度的遗产。正是因为有了《中华民国临时约法》，统治中国两千多年的帝制从此结束。《临时约法》给整个中华民族的一个最大启发，就是帝制不得人心，谁再搞专制谁就必然走向灭亡。这份遗产是我们中华民族共同资产。孙先生的思想现在在大陆也被继承和维护。每年的10月1日大家会看到孙先生的画像高高地矗立在天安门广场上。孙先生是中华的民主之父、共和之父。

除了《临时约法》100周年，今年的特殊性还在于，今年是中华人民共和国现行宪法颁布30周年。我昨天晚上拜读了陈长文先生的论文，他把我们宪法修改描述为八次。其实我们的宪法一共产生过四部，五四宪法，七五宪法，七八宪法，而现行宪法是1982年通过的，称为八二宪法。八二宪法从产生到今天，前后一共四次修改。所以你非常正确，是四部宪法加现行宪法的四次修改，合起来正好是八次。我个人理解，我相信也是公认的，即大陆这60多年来，特别是改革开放30多年来，法治建设有三大成就。这三大成就区别于30年经济发展成就，但可相与媲美，可以并列在一起向世界展示。

第一个成就是我们开启了从法制（rule by law）向法治（rule of law）的历史转换。转换的起点始于1997年。1997年的政府工作报告强调要"依法治国，建设社会主义法制国家"。当时用的是"法制"。半年后，中国共产党十五大的报告里还是这句话，"依法治国，建设社会主义法治国家"，但用了"治"字，即"水"治下的法治。所以1997是大陆法制向法治转型的开始。这也是1949年之后大陆法治发生的一大变化。

第二个成就是人权进步。陈长文先生特别注意到我们2004年的宪法修改。四次宪法修改，前面三次合起来是17条，2004年这次修改，一次就改动了14条。这14条里最重大的变化也是举世瞩目的，乃是人权概念第一次进入宪法。"国家尊重和保障人权"被上升为宪法基本原则。中国共产党总书记在致联合国秘书长的信中，对这个原则作了我认为迄今为止的最高评价："中国是把尊重和保障人权作为治国理政的基本原则。"

2004年的宪法修改产生了一系列人权制度，包括，私有财产权第一次进入宪法。没有2004年私有财产权入宪，2008年物权法的制定可能就很困难。因为只有赋予财产权以基本权利形式，才可以制定物权法的基本法。公益补偿制度也是在2004年的宪法中第一次确立。要征收、征用私人财产、集体财产，必须同时满足三个条件。第一个是为了公共利益需要，否则即为违法。第二必须依据法律，没有依据法律的征收征用也属违法。第三是必须给予补偿。上述三个条件同时满足，征收征用才被允许。这是宪法对私有财产权的制度性保护。还有，就是把戒严制度修改为紧急状态法律制度。紧急状态的法律制度是为了约束紧急状态下公共权力的一种立法。如果用戒严方式处理日常突发事件，很可能使公民权利受到非一般的克解。把它改成紧急状态法律制度，就表明实施目的是为了限制公共权力，和保障公民应有的那些不被克解的权利。

在人权领域，大陆从1991年开始发布《人权白皮书》。《白皮书》一个重要观点是，"生存权是中国人民首要人权"。但是在宪法当中没有生存权的概念。那么一方面宪法当中没有生存权的概念，而另一方面政府又表明它是首要的人权，怎样消除这个冲突？我们的法学家作出了贡献。因为2004年要想全面修改人权体系，当时的条件还不具备。所以我们就增加了一项新的宪法制度，即社会保障制度。2004年宪法里有专条："国家建立健全与经济发展水平相适应的社会保障制度。"社会保障制度就是生存权的保障，像教育权、健康权、就业权、劳动权，等等，这一系列的权利，都是生存权的子权利。没有社会保障制度，就没有生存权。所以2004年宪法修改增加社会保障制度之后，大陆人权的体系已经发生了实质性的变化。

这一年我到联合国人权高专办去访问。当时主持工作的代理高专是美国纽约大学的宪法学教授，他见我的第一句话就问，全世界的宪法都保障人权，为什么你们中国宪法连人权都没有。我知道他的用意，就告诉他认真地读一下我们的宪法。中国宪法里列举出来的宪法权利包括基本人权一共是28种，我们列举的权利比美国宪法还多。只是我们宪法里没有human right这个词。不过我让他耐心地等上一个月。果然，一个月后，我们尊重和保障人权就写进宪法。所以这30几年法治建设第二个重大成就，应该体现在人权进步上。

第三个成就是，我们用30几年的时间，形成了社会主义法律体系，这是一个巨大的制度进步。1978年之前，大陆发生效力的被称作法律的规范性文件一共只有8部。当时最严重的问题就是无法可依。现在大陆的法律已达340部。我们用30年时间走完了西方300年走过的道路，这是个历史性的成就。不妨作一个比较，法国到现在为止法律不到60部，德国是大陆法系有代表性的国家，到现在为止法律也只有210部。日本大概是220部。我们的法律在数量上已经超过了这些大陆法系有代表性的国家。所以，形成法律体系，是中国这30年法治建设一个标志性的成果。所以我把这30年或者说60多年来法治建设的进步，集中概括为这三点：法治转型的开始，人权保障的历史性进步，和社会主义法律体系的形成。

对大陆法治未来的展望，我总的概括是将从法律体系走向法治体系。当法治体系形成的时候，法治国家目标就基本实现了。我对未来发展趋势的展望有如下几项：

第一个趋势是未来中国法治建设指导思想的变化。历史上，中华民族存在过神本法律观，再往后是君本法律观，2000多年以来一直是以君为本。再往后是社本法律观，社会本位的法律观。再往后大陆进入计划经济时代，执行的是国本法律观，国家本位。现在这个法律观念还在深深地影响着我们。未来的法律观，我们将坚持以人为本，即人本法律观，人本法律观将成为中国法治建设的基本指导思想。这里的人，应该是人人，一切人。以人的什么为本，以人的共同需求为本。在法律上，就是把人的共同需求转化为法律上的权利。以人为本就是以人的权利为本，这将是大陆法治发展的重要指导思想。

第二个趋势是，法治发展将形成共同价值观。大陆现在在法律价值观上存在一定的割裂现象。前段时间在一个演讲中，我提到说，最高法院在表述自己的价值，最高检察院也在表述自己的价值，司法行政、律师也可能要表述自己的价值，从他们各自行业或者说职业角度看，无疑都是正确的。但是当一个司法区域内，法官、检察官、律师在价值表述上各不相同的时候，我把这种现象叫做价值割裂。如果在一个法庭上没有共同的价值，就得不到共同的结论。所以我在若干年前就提倡应该实行司法一元化。司法一元化的第一个境界就是司法价值的一元化。第二个境界是法官、检察官、律师和法学教授知识结构的一元化，这应该通过法学教育来实现。第三应该是从业标准的一元化。我们近年来法治的一个巨大进步就是实行了司法统一考试，因为司法统一考试促进了从业标准的一元化。最后，律师职业不应低于法官、检察官，律师、法官、检察官、法学教授应该有共同的职业道德。这四者结合就是司法一元化。司法一元化首要的是司法价值。如果我们要找出律师、法官、检察官和法学教授的共同价值，毫无疑问就是公平正义。公平正义应该是司法的共同价值。人大、政府都应该把公平正义作为基本价值。所以，立法、司法、执法这三个环节的共同价值就是公平正义。今后的法治发展，我们将消除掉法律价值的割裂状态，建立共同价值。

第三个趋势事关民主。法治的基础是民主。在成熟的法治环境里，当法治与民主发生冲突时，不是让法治去服从民主，而是相反。大陆的民主现在正在定型，三个基本民主模式大致形成。第一类是竞争式民主，通过人民代表大会制度实现。第二类是协商式民主，协商的内容越来越广泛，越来越制度化。第三类民主叫做自治式民主，就是基层民主。这三个民主模式将使大陆的民主越来越广泛、真实，越来越制度化、规范化。有序民主的扩大和制度化是法治的坚实基础。没有这个基础，就没有我们说的rule of law。所以在这个层面上，我对中国大陆民主的发展充满信心。

第四个趋势涉及法治在治国理政中的地位。我们可以判断，法治将成为我们未来治国理政的基本方式。执政党已经选择了科学执政、民主执政和依法执政。这三种执政不是完全平行的，科学执政和民主执政最后都要转化为依法执政，依法执政将是基本的执政方式。法治将成为治国理政的基本方式，别无选择。在未来十年甚至更长的一段时间内，大陆法治化的水平将会大幅度提高。

第五个趋势是法治政府建设。在未来十年甚至更长一点时间，将基本建成法治政府。2004年国务院发布一个法治政府实施纲要。按照这个纲要，政府给自己设定了一个时间表，就是用十年左右的时间基本建成法治政府。2004年再过十年那就是2014年，现在离那个时间只有两年了。现在看，基本建成法治政府的目标在未来两年内难以实现。但我相信，再经过十年甚至更长一段时间，法治政府的目标应该基本能够实现。

第六个趋势是司法权威应当得到显著提升。司法权威来自于四个要素，第一个要素在于宪法对司法权能的设定，如果司法权能低于其他权力，则不会有权威。第二个来源于其独立性。人民法院独立行使审判权，这是宪法上的基本原则。什么叫人民法院独立行使审判权，我认为有五个独立。第一，司法机关职权设置独立于行政权之外，即司法权既不从属于行政权，也不服务于行政权；第二，审级独立，即每一级法院都只向法律和产生它的人大负责，而不是向"上级"负责；第三，法官权能独立，即法官与法官间的平等，要摒弃"管理法官"这一行政权观念；第四，法官的判断独立，即每一个法官的判断不受干涉，一个法官不能服从另一个法官；第五，责任独立，即法官对审理案件的结果负责，不得用执行上级意图或因受到某种干预而对知错故判的错案不负责任。

司法权威来源的第三个根据是它的专业性。司法是一项专业性极高的工作，不经过法律训练的人如果行使判断权的话，就像一个没有经过医学训练的人去开药方一样。专业性就是权威性。最后也是最重要的根据则是来自司法公正。没有公正就没有权威。这四项合起来就是我们司法权威的来源。所以大陆今后司法改革，包括司法权能的优化配置，都应该以这四个作为根据。我相信十年以后，大陆司法权威地位会得到显著提高。

第七个趋势是，人权的保障和受尊重程度将会大幅提升。自2004年人权第一次进入宪法到现在只有七八年时间，怎样提高整个社会的人权意识，特别是公共权力怎样善待人权，仍然是法治发展当中的核心问题。一个社会的几乎所有矛盾，大致都产生于公权力与私权力的关系当中。我们说尊重与保障人权。尊重是说在涉及公民的自由和政治权利时，公权力要给予极大尊重，不干预、不干涉、不介入、不评价，就是所谓的"风可以进，雨可以进，国王不能进"。这种状态就是给予极大尊重。另一个词是保障，保障是指保障大量的社会权利。在社会权利实现过程中，要求政府要努力作为，用尽权力来保障公民社会权利。所以第一项权利要求政府消极，后一项权利要求政府积极。在未来十年或者更长时间，我相信我们的人权会更好更切实地得到尊重和保障。

第八个趋势是，法治精神将会在全社会得到大力弘扬。法治精神实际上是公民对法治的一种信仰、坚守态度。这种稳定的心理状态可以称为是精神。为了守护这种精神不惜以身殉法。汉武帝时期有一个"强项令"的故事。讲的是一个县令被带到宫廷里，因为他抓了皇帝妹妹的家人，并且处以刑罚，所以皇帝不高兴，要处罚县令。县令认为没有错，让皇帝下不来台。别人告诉他，你向公主认个错，就可以退出了。这个县令坚持不认错，以死相抗。最后宫廷里的其他人摁着他的脖子要他认错，摁下去后他又抬起来，摁下去再抬起来。最后皇帝封他一个"强项令"。共和国历史上也有一个故事，是讲谢觉哉担任最高法院院长的时候，到甘肃去复查一个死刑案子。他要求这个案子的法官说，案子有错，要改正。这个审判员告诉他，你可以按照现有制度，由你自己来改，我不能改。他的依据就是五四宪法里有一句，人民法院独立审判，只服从法律。我已经服从了法律了，我不服从你这个院长。你愿意改你自己改。这就是法治精神，我们的法官、检察官应该有一种不惜以身殉法的精神。我相信法治精神将在社会得到大力弘扬。

第九，我相信全社会的法治文化将会形成。现在有三个主流社会文化。第一是科技文化，对应于社会的物质文明；第二个是人道主义文化，对应于精神文明；第三是权利文化，对应于社会的制度文明，我们也把它叫做政治文明。权利文化将成为未来文化的主流。

最后一个变化是，大陆的法学教育将形成自己的模式。大陆正在实施一项卓越法律人才培养计划。这项计划是教育部推出的，有三个层次。第一个层次就是要选择20所左右的法学院作为卓越涉外人才的培养基地，这20多所已经选定。第二个层次是要选择50－60所左右的法学院作为复合应用型法律人才的培养基地，这个也已经选定。还要选择10－20所法学院为西部地区培养卓越人才的培养基地，也已经产生。这80所左右的法学院将成为大陆法学教育的中坚力量，并为将来培养应用型、复合型以及满足对外开放需要的人才。我相信法学教育不仅模式要发生变化，人才培养的方式、知识结构都会发生变化。大陆的法学理论，从开始追赶西方，到未来必然会形成自己的话语体系。我一直在期待着中华民族的一个梦想。唐太宗奠定了中华法系的基础，唐律是中华制度文明最完整版本，并为周边民族所仿效。当世界上其他国家也在学习和模仿我们的制度的时候，我们才是真正的世界大国。我期待两岸及港澳的中华同胞将此作为我们的共同理想。

谢谢大家！

注　释：

[1]　徐显明，山东大学校长、教授，中国法学会副会长、中国法理学研究会会长、海峡两岸关系法学研究会副会长。本文系根据录音整理。

大陆法治政府建设的成就与未来发展

姜明安[1]

一、大陆地区最近十年建设法治政府取得的成就

大陆地区最近十年在建设法治政府方面取得的成就主要有五:

其一,初步形成了作为依法行政基础的行政法体系。这个体系主要包括三大板块:行政组织和公务员法、行政行为和行政程序法、行政法制监督、行政责任和行政救济法。

就第一个板块而言,十年前我们已制定了《国务院组织法》和《地方组织法》,近十年我们相继制定了《公务员法》(2005年)和《行政机关公务员处分条例》(2007年)。

就第二个板块而言,我们曾于1996年制定了作为行政基本法的《行政处罚法》,并在此前后制定了《土地管理法》、《城市房地产管理法》、《道路交通安全法》、《药品管理法》等数个部门行政行为法,近十年我们又相继制定了《行政许可法》(2003年)、《行政强制法》(2011年)、《突发事件应对法》(2007年)和《政府信息公开条例》(2007年)等四部一般行政行为法和《城乡规划法》(2007年)、《食品安全法》(2009年)、《征收与补偿条例》(2011年)等数十个部门行政行为法。

就第三个板块而言,十年前我们已制定了《行政诉讼法》、《国家赔偿法》、《行政复议法》和《行政监察法》、《审计法》,近十年我们又相继制定了《监督法》(2006年)、《信访条例》(2005年)和修订了《国家赔偿法》(2010年)。现在,大陆地区的行政法体系虽还不完善,一些重要的行政法律、法规尚待制定,但由上述三大板块组成的基本框架和基本体系已经初步形成。

其二,政府职能转变和行政管理体制改革取得初步成效。2004年,国务院发布了《全面推进依法行政实施纲要》,提出了要用十年左右的时间,基本实现建设法治政府的目标。在上世纪,大陆地区曾存在较严重的政企不分、政事不分,政府过分干预市场、干预社会的"全能政府"现象。《纲要》发布后,"全能政府"逐步向"有限政府"转变,管制型政府逐步向服务型政府转变,政府职能逐步限制为"经济调节、市场监管、社会管理和公共服务"四个领域。而且在这四项职能中,更注重社会管理和公共服务,社会管理和公共服务在整个政府职能中具有越来越大的比重和越来越重要的地位。在行政管理体制改革方面,近十年,我们对中央和地方的关系、政府部门间的相互关系进行了较大的调整,中央政府与许多地方政府均进行了"大部制"的探索,一些地方(如深圳)还进行了决策、执行和监督三权适当分离和相互制约的实验与探索。这些举措虽然目前仍还处在实验与探索阶段,但无疑为下一阶段的进一步改革探寻

了路径和积累了经验。

其三，行政决策民主化、科学化和规范化的机制和制度正在形成和建立。这种机制和制度主要体现在四个方面：一是政府信息公开，使公民享有了比较充分的知情权，为其参与决策的讨论和表达意见提供了条件；二是逐步建立和完善了听证会、论证会等制度，为公众和专家评述决策和影响决策提供了平台；三是健全了决策机构本身决策的程序，如以常委会、全委会的审议，甚至票决作为决策的必经程序，从而有效避免了"一把手"独断专行，"拍脑袋"决策的现象；四是决策实施过程中和实施后组织对决策效果评估，此种评估为纠正可能的决策失误和避免决策失误造成更大损失提供了一定的制度保障。目前，上述机制和制度虽然尚未在大陆地区普遍建立，而且即使在一些部门和地方已经建立，其运作也还不是很顺畅，还存在一些问题，但是，这种机制和制度毕竟正在形成和建立，并且正在进一步发展和完善。

其四，行政执法行为的传统范式逐步转换，一种合作式、互动式、服务式的新的行政执法范式正在逐步形成。大陆地区正在形成的新的行政执法范式的主要特点有五：一是在执法目的上以人为本，注重保障人权和维护人民群众，特别是弱势群体的合法权益，而不是单纯追求秩序和效率；二是在执法方式上注重程序正义，实施行政行为重视说明理由，听取相对人申辩，避免暴力执法、野蛮执法；三是在执法过程中注重与相对人合作、互动，改变传统管理的单方式、命令式模式；四是在执法手段上注重行政指导、行政合同和行政协调，尽量少采用行政处罚、行政强制，刚柔结合，以柔为主；五是在执法标准上注重合法性与合理性结合，通过执法基准和指导性案例等限制执法裁量权，保障执法公正和防止执法腐败。

其五，加强行政法制监督，健全和完善行政问责制。近十年来，大陆地区行政法制监督较前大为加强，除了传统的行政监察、审计和行政层级监督进一步加大了监督力度以外，各种新的监督方式，如巡视监督、督察监督、平面媒体监督、网络监督等，越来越发挥着重要的作用。特别是互联网监督，大大扩大了监督主体的范围，推进了监督的广度和深度。与行政法制监督的加强相适应，这十年我们在行政问责制方面也取得了比较大的进展。许多地方和部门都根据各地各部门的实际，制定了相应的问责办法，构建了对造成人民生命财产损失、国家或公共利益损害，或者导致重大恶劣影响的事故、事件中的直接责任人和负领导责任的公职人员的问责机制。尽管这个机制目前还有一些缺陷，其作用的发挥还受到一定限制，但这个机制毕竟在运作过程中正逐步完善。随着我国整个政治体制改革进程的加快，今后这一机制无疑会进一步健全，发挥出更大的作用。

二、大陆地区在推进依法行政、建设法治政府方面目前尚存在的问题

近十年来，大陆地区在推进依法行政、建设法治政府方面取得的成绩和进步是巨大的和有目共睹的。但是，与国务院发布的《全面推进依法行政实施纲要》确定的目标和基本要求相比，仍存在着较大的差距。目前各地、各部门在推进依法行政、建设法治政府方面还存在着下述四个方面的主要问题和障碍：

一是观念方面的。目前影响依法行政观念方面的问题主要是一些地方和部门领导人单纯或过分追求GDP和相关经济指标的片面发展观和政绩观。近年来一些地方政府和部门违反土地、规划法律、法规，违反《物权法》和《征收补偿条例》，片面追求城市化建设的速度，不重视保护公民财产权和人身权；一些地方政府和部门违反环境保护法律、法规，兴建了一些高污染、高能耗的企业，对生态灾环境造成了不同程度的破坏；一些地方政府和部门违反食品安全法律、法规，对生产假冒伪劣食品的企业缺乏严格监管，以致造成了不应有的食品安全事故。出现这些问题，除了部分官员腐败的原因外，大多恐怕是源于这些地区和部门的领导人单纯或过分追求GDP和相关经济指标的片面发展观和政绩观。

二是体制和机制方面的。影响依法行政的体制和机制方面的问题既有行政管理自身方面的问题，也有财政体制、人事管理体制和司法体制方面的。就行政管理自身方面而言，中央政府与地方政府之间，政府各部门之间职能和权限目前尚未完全理清，行政权运作改革尚不到位，以致造成一些地方和部门"越权执法"、"钓鱼执法"、"养鱼执法"的现象难以避免；就财政体制而言，目前中央与地方的税收分配不尽合理，地方税收非常有限，而地方要办的事（义务教育、医疗改革、社会保险、基础设施建设等）太多，迫使其不得不依赖"土地财政"；就司法体制而言，目前法院的人财物完全从属于地方，使它们有时不得不实施"地方保护主义"，难于独立行使审判权，即使地方当局违法行政，行政相对人将之告到法院，法院有时也难于依法判决地方当局败诉，监督地方当局纠正违法行为。

三是具体运作制度方面的。影响依法行政的具体运作制度的问题是多方面的，其中最重要的问题恐怕是缺乏保障行政行为公开、公正、公平的行政程序制度。目前，我们虽然已经制定了《行政处罚法》、《行政许可法》、《行政强制法》和《政府信息公开条例》等几个规范行政行为程序的重要法律、法规，但我们尚未制定规范整个行政行为的统一的《行政程序法》。这样，我们行政机关大量的行政行为（如行政收费，行政征收征用，行政裁决，行政确认，行政给付，行政奖励，行政计划、规划等）就缺乏严格的程序制约和规范，从而给某些行政执法人员留下了寻租、滥权、腐败的空间和余地。就政府信息公开制度而言，目前的立法仅仅只是一个行政法规，对于保障透明政府的建设是远远不够的。例如舆论多年以来呼吁的"三公经费"公开和各级政府的预算分开，虽然中央政府已经大力推进，但因为没有法律的明细规定，没有具体运作制度的保障，就一直难于取得重大的实质性的进展。

四是人员素质方面的。影响依法行政的人员素质方面的问题主要有二：一是选人用人方面的问题，二是人员培训方面的问题。选人用人方面的问题主要是民主制约不够，没有完全形成公平竞争的制度环境；人员培训方面的问题主要是忽视和放松了对领导干部和行政执法人员的法治理念和法律知识的培训。近年来一些地方不时曝出城管等综合执法机构和执法人员暴力执法、野蛮执法的恶性事件，也反映出我们忽视了对基层执法队伍基本法治理念和法律知识的培训，这方面的工作较为乏力。

三、未来大陆地区进一步推进行政法治的措施

从现实中反映出的上述种种问题看，大陆地区在依法行政、建设法治政府方面还存在一些缺陷和不足，要实现国务院《全面推进依法行政实施纲要》确定的目标和基本要求，我们还必须采取多方面的措施加以推进。

首先，我们应进一步加强行政法立法，完善行政法的体系。目前，我国行政法体系最大的缺陷就是统一的《行政程序法》缺位。没有行政程序法规范整个政府的行为，法治政府的目标就不可能实现。在目前和下一届人大前期，我们应该做好《行政程序法》立法的准备工作，力争在两三年内起草出一个初步的法律草案。除了做好《行政程序法》的准备工作以外，下一步我们还应启动《政府信息公开法》、《行政收费法》、《行政征收征用法》等行政行为法和各种行政组织法（如省市县乡镇组织法、国务院各部委组织条例等）的立法工作。有法可依是依法行政的前提。要进一步推进依法行政，有必要下大力推进上述立法。

其次，我们应通过多种途径，努力培养各级领导干部和全体公职人员依法行政的理念。所谓"多种途径"，主要有四：灌输、培植、引导和促使。"灌输"就是通过组织学习和培训，使其认识什么是依法行政，为什么要坚持依法行政和推进依法行政，法治相对于人治有什么优越性，离开法治讲发展、改革、创新有什么弊害，使之自觉坚持依法行政，推进依法行政。"培植"就是通过各种行政法制度的运作，使其思想上逐步产生行政法治理念，是一种"习惯成自然"、"润物细无声"的陶冶过程。制度与理念可以是良性的互动：好的理念可以促成好的制度的建立，好的制度的运作可以促成好的理念的形成。反之，则可能是恶性循环。"引导"是指通过鼓励、奖励、晋职、晋级等激励机制，引导其坚持依法行政和推进依法行政。"促使"则是指通过批评、处分等惩戒机制促使其改变人治、恣意、滥权、践踏法治的以往的习惯性做法，促其选择坚持依法行政的发展模式，并在向此发展模式转变的过程中逐步形成行政法治理念。

再次，我们应加快体制、机制和制度改革，不断营造在发展、改革、创新中坚持依法行政、推进依法行政的社会环境。体制、机制和制度的改革应该是全方位的，主要涉及下述五个方面：第一，保障各级党委依法执政的体制、机制和制度。在大陆地区，共产党是执政党，没有各级党委的依法执政，依法行政在很大程度上就只能是一句空话。而要保障党依法执政，一方面要求各级党委自觉在宪法和法律范围内活动，另一方面要求通过法律和制度理顺党和人大、党和一府两院的关系，这些关系包括领导与被领导的关系与适度的制约关系，只有领导而没有适度的制约，法治是难以完全保障的。第二，保障各级人大依法行使立法权、监督权和决策权的体制、机制和制度。就立法而言，目前社会主义法律体系虽然已经建成，但还很不完善，很多发展、改革、创新所特别需要的法律尚需制定，而且，社会在不断向前发展，尤其我国在相当长时期内处于转型发展时期，社会对法律的新需求（包括立、改、废）会越来越大。就人大监督而言，其制度也还很不完善，如对行政法规、地方性法规和规章的监督，既

缺少专门的机构，也缺少健全的程序，一些违宪、违法的行政法规、地方性法规实施多年得不到纠正，最后导致社会矛盾激化，甚至引发群体性事件。第三，保障公职选拔、考核、政绩评价和晋升依法有序运作的体制、机制和制度。现在我们一些地方的领导人和公职人员之所以在发展、改革、创新中轻视法治，无视法治，漠视法治，乃至践踏法治，一个很重要的原因是公职选拔、考核、政绩评价和晋升的体制、机制和制度存在弊端，迫切需要改革。我们必须通过改革，从人事组织制度上保证法治在国家政治运行中的地位及对发展、改革的保障、促进和规范、制约作用。第四，保障各级政府依法行政、依法管理的体制、机制和制度。保障依法行政、依法管理的体制、机制和制度并不等于行政管理的体制、机制和制度（较之要广泛得多），但行政管理体制、机制和制度无疑在其中具有重要的地位和作用。而在行政管理体制、机制和制度中，又有两件事最重要：一是政府职能转变，一是行政程序法制化。第五，保障各级司法机关（特别是法院）依法办案，依法审判的体制、机制和制度。司法是法治的最后一道屏障。不解决司法机关依法办案、依法审判的问题，坚持法治、推进法治就没有最后的保障。目前，一些地方无视法治、践踏法治的行为得不到纠正，原因之一是司法体制不顺，地方对司法干预太多，从而不能形成有效的纠正违法、追究违法责任、维护和保障法治的机制。在这方面，我们必须加快加大改革步伐，使之适应建设法治国家的需要。

最后，我们应坚持形式法治和实质法治的结合，既追求"有法可依，有法必依，执法必严，违法必究"，又追求"良法之治"。形式法治的要求主要体现于中共十一届三中全会公报提出的十六字诀：有法可依，有法必依，执法必严，违法必究。"有法可依"主要解决立法的问题，"执法必严"主要解决执法的问题，"违法必究"主要解决法律监督和法律责任追究的问题。根据形式法治的要求，"良性违宪"、"良性违法"没有存在的余地。有人认为，根据现在的体制和立法机关的能力，立法很难适应发展、改革、创新的需要，有些法律一时半会出不来，有些法律过时，不好用，怎么办，发展、改革、创新总不能停下来吧？只能突破法律"先行先试"了。笔者不同意这种观点。对于现行法律不适应发展、改革、创新需要的矛盾，笔者认为可以用以下方法化解：第一，法律解释。法律往往会给执法者留下很大的解释空间。很多时候，执法者在感觉无法可依的时候，你只要认真多阅读几遍法律，即可从法律的目的、原则，乃至法律具体条文的解释中找到你的行为可依据和应依据的法律根据。第二，法律的选择适用。法律是一个体系，有宪法、法律、法规、规章，有上位法、下位法，有基本法、非基本法。有些时候，适用下位法不合适，你可选择适用上位法；适用非基本法不合适，你可选择适用基本法；甚至最后可以选择适用宪法。第三，建议修法、立法。如果通过法律解释和法律的选择适用还不能解决问题，执法者可以建议立法机关修法、立法，并可通过人大代表提出在一定期限内尽快修法、立法的议案，以保证适应发展、改革、创新的需要。第四，请求授权。有些事项只是一种改革实验，尚不具备启动修法、立法的条件，执法者可以请求相应立法机关授权"先行先试"，如果有立法机关的授权，"先行先试"就是立法者的意志，而不是执法者的恣意、滥权，符合依法行政的要求。

实质法治的要求主要体现在法治的目的，即追求社会公平正义和人的尊严、自由、幸福，保障和发展人权一类美好价值上。实质法治否定"恶法亦法"的消极法治主义。对于明显违宪、违法的"恶法"，必须通过违宪审查或违法审查程序撤销。在没有撤销之前，国家机关应适用合宪、合法的上位法而不适用明显违宪、违法的"恶法"；如当时尚没有相应的上位法可适用，可直接适用宪法。对于明显违宪、违法的"恶法"，根据实质法治的要求，公民在穷尽其他救济途径后尚可以抵制，即拒绝履行"恶法"为之确定的义务，各级政府和政府部门更有依宪、依"良法"抵制"恶法"的义务和责任。

注　释：

[1]　姜明安，北京大学宪法与行政法研究中心主任、教授。

制度建构与技术创新

——大陆案例指导制度面临的挑战

王晨光[1]

摘　要： "案例指导制度"在经历了多年的呼唤和酝酿之后，正式登上了我国法治舞台。但是它在实践中的延迟露面至少说明了这一新制度在理论准备上的不足，尤其是在技术操作层面上准备的不足。如果技术保障没有设计好或缺乏可行性，制度的前景也就令人担忧。本文试图从指导性案例与我国现行成文法体系的关系，其效力、产生路径，案例中规则的确认，适用案例的区别技术等方面来探讨该制度需要建立和完善的技术保障体系。

关键词： 案例　判例　成文法　判决根据　附带意见　区别技术　案例指导制度

随着《最高人民检察院关于案例指导工作的规定》在2010年7月29日和《最高人民法院关于案例指导工作的规定》（下称《规定》）在2010年11月26日的发布，"案例指导制度"在经历了多年的呼唤和酝酿之后，破茧而出，正式登上了我国法治舞台。"有评论认为，案例指导制度的出台，是中国法制建设和司法发展进程中的一个具有里程碑性质的突破，是中国司法改革的巨大成就；也有人评论说这是建立中国特色案例指导制度的重大举措。"[2]对此，在法学和司法界也一直存在不同的意见，认为它与判例法无异，"脱离了中国实际"，"其合宪性和合法性都值得质疑"，并"质疑其是否能够行得通"。[3]

尽管理论上有不同争论，但由于最高人民法院公布案例的做法久已有之，[4]沿袭实践的惯性，案例指导制度并无太大悬念地出台了。但作为一个新制度，隆重出台后一年之久，[5]才刚刚有四个指导性案例被发布。这种滞后固然有新制度有待准备和探索的客观困难，但迟迟未付诸运行，也从一个侧面说明：案例指导制度至少在一定程度上存在设计上的不足甚至是缺陷，其现实操作性亟待加强。本文无意在宏观理论上论述案例指导制度是否判例法的中国版本或论证其性质、定位等理论问题，而是试图在操作和技术层面指出并回应这一制度在中国必然面临的现实问题。在一定意义上，新制度的成败依赖于保障其运行的技术手段和机制的设立及其可行性。

一、案例指导制度与成文法框架

我国当代法律体系一直采用成文法制度，把制定法规范视为唯一有效的法律渊源；最高法院公布的案例则是对现行制定法在具体案件和事例中的适用和解释，并以此指导审判实践。案例指导制度是试图在以往公布案例的基础上形成更为体系化案例制度的新措施。[6]因此新的案例指导制度必然要明确和理顺制定法与新的案例指导制度之间的关系。在这一问题上，不同的观点都不否认这种关系的存在以及理顺这一关系的必要性。[7]批评者的主要观点就是，我国的成文法制度可以接受对制定法进行解释和充实的案例，但不能接纳判例制度。而积极推动并参与案例指导制度设计的学者和法官也不否认我国成文法制度的基础性地位。他们认为："建立案例指导制度，既非建立中国特有的一种司法制度，更非照搬西方国家的判例制度，它是我国司法机关在既有的制度框架下和现行的司法体制基础上所进行的一项体现中国特色并顺应世界两大法系相互融合发展大趋势的法律适用上的机制创新，在不影响制定法作为我国主要法律渊源的前提下，继承中国传统法律文化中的某些判例法因素，同时吸收和借鉴西方国家特别是大陆法系国家判例制度的一些具体做法。"[8]

尽管在承认制定法的框架和基础地位问题上没有太大分歧，但是在指导性案例的功能和地位问题上，分歧依然存在。其至最高人民检察院和最高人民法院的案例指导工作的规定对指导性案例的作用也有着不同的界定。最高人民检察院将其界定为"可以参照执行"，而最高人民法院则界定为"应当参照"。前者认为案例"是对个案的认可"，"不具有普遍拘束力"，"目的是发挥指导性案例灵活、简便、快捷地指导工作的作用，以弥补司法解释的局限"，"不能等同于法律条文或者司法解释条文直接作为法律依据援引"。[9]而后者认为案例虽然"不具有真实的法律效力"，但是"具有事实上的拘束力"，"可以在判决中援引并将其作为判决的依据和理由"。[10]两高对于"指导性案例"作用的不同理解，反映出在制定法框架下指导性案例的地位和作用的模糊。对此则需要从比较法、法制史和中国法制环境等多个角度进行梳理和分析。

（一）全球化浪潮席卷下，各国原本相互分立并行的法律制度之间必然发生千丝万缕的联系。日益增长的国际贸易、投资和融资等经济活动，应对跨境犯罪、环境污染、国际反恐的需要，以及种类繁多的国际纠纷解决机构的实践，不断冲击着原本封闭的各国法律制度，促使各国法律更为频繁地交流和融汇。判例法国家制定了大量的成文法，而成文法国家也在不同程度上借鉴了判例制度。两种法律体系相互的借鉴甚至融合已经成为现实。[11]我国在这种背景下试图构建案例指导制度，不论我们如何说案例如何与判例不同，其中判例法制度的影响是显而易见的。在这个意义上讲，案例指导制度就是对判例法的某种形式的借鉴和吸收。因此案例指导制度也不可能完全抛开判例制度凭空创造。也就是说，在建构我国案例指导制度的过程中，应当大胆承认这一点，并进一步借鉴判例制度的具体技术和原理，至少是以其为参考。

（二）虽然成文法国家判例或案例制度必然受到判例法制度的影响，但是历史不可能简单地重复。英格兰判例法制度形成时期的历史环境（强大的外来军事政权和分封制、作为代表国王解决纠纷的法官和巡回审判、对当地习俗的认可和程序规则先于实体规则等社会环境）[12]已不复存在。尤其是在已有成文法体系的国家中借鉴判例法制度，已然不可能再复制出一个一模一样的判例制度，而是不可避免地成为成文制度中的一个起补充作用的构成部分。法国和德国的判例尽管有所不同，但其为制定法进行补充的作用和成文法制度中一个构成部分的地位则非常明显。我国的案例指导制度也不可能超越这个规律，而只能起到成文法的诠释和补充的作用，即案例的产生在于对制定法的适用、解释和完善的基础上。在这一意义上，现有制定法框架是案例指导制度赖以产生和生长的基础。在我国宪法和相关法律没有作出修改前，指导性案例不具有法律意义上的法律渊源，其拘束力缺乏我国法治制度的法律支撑。而所谓的"事实拘束力"则依赖长期以来发布案例的现实做法和下级法院对最高法院权威的尊重。这似乎是在说"存在即为合理"。故"事实拘束力"的说法也缺乏法理和法律的支撑。在现行法治制度下，唯一可以赋予指导性案例以法律效力的路径依赖只能是"司法解释"的机制。即便是最高法院成立了案例编辑工作办公室，它也不过是审判委员会的工作机构，而不可能取代审判委员会确定和发布指导性案例的法律地位。

（三）既然上文把我国的案例指导制度限定在一个非常狭窄的范围内，那它的存在还有必要吗？本文的回答是肯定的。其存在的必要性不仅在于上文所说的全球化带来的不同法系的融合，而更为重要的是，其必要性根植于现实社会的需要和司法运行的必然规律之中。

中国作为一个幅员广阔、人口众多的大国，其最大的一个特点就是广泛存在的社会发展的不平衡性。中国社会的急剧转型进一步加剧了这种不平衡性。处身于这样一个地大人多、发展极不平衡的国度，司法必须承认这些差异和不平衡状况，统一的成文法在适用中也就产生了不统一的结果。社会不平衡性带来的司法判决的差异性显然会对国家法制统一带来挑战。民众对于"同案不同判"的现象也深恶痛绝。为了统一司法，保证国家法制的统一，解决"同案不同判"带来的社会批评，案例指导制度也就应运而生。[13]其合理性和必然性就存在于我国社会现实的巨大差异性和发展的不平衡性与统一制定法体系之间的冲突之中。

从司法工作的性质和特点看，法官在适用法律的过程中需要把抽象的法律规范与具体的案件事实相结合，而案件事实的千变万化则必然要求法官按照案件具体情节对相同的法律规范作出最符合案件事实的恰如其分的解释，因此法官必然具有一定的自由裁量权。自由裁量权和法律的统一性是一对矛盾。没有自由裁量权就没有司法的活力和生命力，没有节制或规范的自由裁量权又往往会突破法律的框架。案例指导制度的功能在于通过案例的指引节制和规范自由裁量权。在这一意义上，案例指导制度的出台也是司法本身规律（自由裁量权与严格依法审判之间必然存在的张力）的要求。

尽管上文提到案例指导制度是为了维护法制统一和消除"同案不同判"现象而出台，但是本文认为应当对"同案不同判"进行认真深入的分析，不能仅仅因为同样的案件得到不同的判决就认为其必然存在错误。在司法实践中，法律是统一的，但绝对意义上的"同案"则是一个虚构。世界上没有完全相同的两个人或两件事，一个人不能两次把脚放进同一条水流。如果"同案"也存在不同的事实区别，"同案"得到不同的判决并"不是异常现象"，也"没有破坏了法制的统一性"。[14]如果案例指导制度的目的是消除这一意义上的"同案不同判"，恐怕这就会过于天真或理想化。但是，除了因为社会不平衡性引起的、合理合法的"同案不同判"之外，"同案不同判"还可以是指由于法官内在素质的原因造成的因为判决理由、分析方法、思维过程等方面的不同造成不同判决的情况。而这种"同案不同判"则是应当防止的。案例指导制度并非要强行地统一所有相同案件的判决内容，而是为了统一判决所依赖的判决理由的形成方式、分析方法和法律思维模式。也只有在这个意义上，"参照"也才具有实际意义。

此外，案例指导制度对于解决制定法适用中"同案不同判"的现象是否有正向作用呢？其实也不尽然。案例不见得都会发挥整合或规范统一的作用，因为案例为其后的法官提供了更多事实和分析上的细节，而这些细节有可能造成更多彼此区别的可能，而非彼此重合的可能。这种可能性将在后文中进一步阐明。

二、指导性案例的来源与效力范围

如前所述，案例制度，不论是具有指导性还是先例性，都必然受到普通法判例制度的影响。尽管对案例指导制度有不同见解，这一点已成为多数人的共识。因此在分析我国案例指导制度时，借鉴和比较普通法的判例制度将具有启迪意义。

普通法判例制度的核心在于遵循先例。先例是指对以后的案件具有约束力的判决。遵循先例是指制定判决的法院及其下级法院在处理相同事例和问题时对该判决的遵循。判例的法律效力范围仅仅限于作出该判例的法院和同一个地区的下级法院；能够制定判例的法院则都是上诉法院，最基层的法院并没有制作判例的权限。

我国案例指导制度在案例产生的审级和管辖区域范围的来源上并没有具体规定，而是采取由最高人民法院公布的方式产生。最高法院公布的案例可以来自全国任何一个审级的任何一个法院，而且最高法院鼓励方方面面向法院提交或推荐案例。[15]这就首先涉及谁有权制定案例的问题，即哪一级法院才有制作案例的权限。按照现行《规定》，每一级法院（也包括每个法院）都有权推荐案例。这就意味着下级法院（甚至基层法院）的判决都有可能被最高法院采用和公布，从而成为可以约束全国任何法院的指导性案例。这就会进一步引发指导性案例效力范围的两个相关问题。一是它在审级上的效力问题，即下级法院的判决能否约束上级法院的问题。二是案例在管辖区域上的效力，即甘肃高级法院的判决是否能够约束北京高级法院一类的问题。如果判决是一个中级或基层法院作出的，一旦这个判决被最高法院选中并公布，即成为指导性案例，它就不仅对作出判决的法院及其下级法院，而且对上级法院甚至最高法院，对其他地区的下级、同级和上级法院都具有指导性和"事实拘束力"。这种把审级和管辖区域的范围都打破的局面将会对指导性案例的体系带来不小的冲击，也与普通法的判例制度形成较为鲜明的反差。

从最高人民法院刚刚公布的四个指导性案例看，其中有两个（民事）是由中级法院作出的，另外两个（涉及死刑的刑事案件）是由高级法院作出的；其中有一个（民事）案件是在推翻基层法院判决的基础上，由中级法院作出新的不同判决的案例，其他三个案件都是由中级法院或高级法院维持下级初审判决的案件。这是否意味着会开创一个先例，即所有指导性案例都会源自至少中级法院以上的上级法院呢？如果是这样，审级和管辖范围上带来的冲击将会相对小些。

下级和其他地区法院制定的案例怎么会对上级和其他地区法院产生拘束力呢？如果一个基层法院制作了几个被最高法院选中的案例，恐怕其上级法院就很难对其今后的类似案件的判决有效地行使上诉审或再审权了。管辖地域范围的突破也将会给不同地域的上级法院带来不小的困惑。前些年出现的河南中原区基层法院创立判例制度的尝试，[16]如果仅仅是在其法院内部对以后的案件具有拘束力，还不失为是一个十分有意义的创新；但是如果其判决成为指导性案例，恐怕就会形成因审级颠倒而造成的混乱了。

普通法中判例的拘束力源自判例制作法院的上级地位。我国案例指导制度中案例的拘束力则来自最高法院通过筛选、确定、编辑和公布这些案例的过程所赋予它的效力。下级法院的案例经过了最高法院的点化，就可以被视为最高法院制作的案例的性质，就具有了普遍的指导性（事实效力），从而可以适用到全国。这虽然说得通，但毕竟这些案例是下级或其他地区法院制作的，其效力来源的基础并没有被根本改变；而且每个案例中的地方性元素也不可能通过最高法院的点化就具有对上级法院或对其他地区法院的约束力。点化主要是指最高法院对案例的加工（编辑、提炼、概括等工作）。如果加工成分不大，那么就会出现前面所讲的案例的管辖效力问题。如果加工在案例中占有较大的分量（比如概括该案例中的精髓），这个案例可能会具有最高法院赋予的新的意义，因而可以对全国所有法院具有拘束力。但是，如果是这样，最高法院不可能对案件的具体事实太感兴趣，而是对案例所反映出来的问题和法律适用问题感兴趣，因此其加工部分很可能是有关在某种特定情况下如何适用法律的问题。如果是这种情况，最高法院何不利用现有制定司法解释的机制直接制定成文性解释？脱离了丰富变化的案件事实及其能动的分析诠释，类似成文规定式的案例指导又有多大意义呢？

从前述刚刚公布的四个案例看，这些案例显然都经过了加工（至少是精简提炼），篇幅比原来的判决书显然短了很多，并加上了"关键词"、"判决要点"、"相关法条"、"基本事实"、"判决结果"和"判决理由"的标题。[17]进行加工的最高法院案例指导工作办公室的法官对原始案卷材料进行了大量分析和综合，从中提炼出上述内容。[18]如果进一步分析，这些栏目中的"关键词"是根据案件性质所作的案件类型的标明，这在判决书中一般都会明确写出；"相关法条"也会在判决书中明确列举。指导性案例在这些方面不用作什么加工。"基本事实"和"判决结果"两项则是在原判决书的基础上提炼而形成的简写本。最高法院可以发挥的作用也很有限，不过是一般编辑的删减编纂工作。况且删减后的事实和判决结果也不会有更丰富的内容，反而是非常清晰简单的事实。其实，删减的事实能够给读者（其他法官和律师）提供法律分析的空间反而更小了。在指导性案例中起重要作用的部分应该是"判决要点"和"判决理由"部分。"判决要点"是最高法院从原判决书中提炼而形成的主要法律问题以及对这些问题的法律定性和规则适用解释。在其中三个案例中，"判决要点"都比较短，点出案件带来的法律问题，然后给予扼要的法律解答。[19]后面的"判决理由"也相应地比较短，不过是对前述要点稍微展开进行的分析。而第四个案例的"判决要点"则根据案件的情况，列出了四点。[20]其后的"判决理由"则分别对前述四项要点结合具体案件事实（经过提炼的事实）给予进一步的阐释。

现在采取的案例体例，显然是先由案例指导工作办公室的法官对案例进行编辑加工，然后报审判委员会审查、批准后发布。可以说，负责对案例进行加工的是案例指导办公室的法官，然后由审判委员会集体讨论通过。在对原来判决书进行编辑加工的过程中，是否会有"六经注我"，由着注释者（非原案审理者）任意发挥的余地呢？这不仅是需要高度重视的法理问题，而且也是亟须研究和制定的法律程序和实际操作问题。更为值得关注的问题是，"判决要点"所采用的形式是典型制定法的条文形式；那么它们是否值得用案例形式来发布呢？是否现有的司法解释的机制就完全可以应对这些条文适用的问题呢？总之，指导性案例的实际功效还不明显，其存在的独特功能和价值也尚未显现，有待今后的实践进一步证明。

三、先例原则的运作与案例指导制度

遵循先例（stare decisis）[21]是普通法最为主要的司法原则，是整个庞杂的判例体系建构的基础。但是判例的形成并非是仅仅依赖一个先例，对单个案件进行简单判决的结果。熟悉判例法的学者和律师都非常清楚，每一个判决中所引用的先例不可能是一个，而是数个甚至更多。众多相类似的先例被放在一起进行比较、分析和综合，最终形成新的判例；新的判例对于其后的案件而言又起到先例的作用。"要想知道'法律是什么'，我们需要把相关的案件集合在一起，即'整合'（synthesize）它们。整合的过程是判例法运行中最为重要的环节。一个人为了不同的目的来整合判决：……确定的是，每一次他都在论证法律是什么。"[22]在这一意义上，遵循先例的原则不仅是法律规定的原则，而且是法律制度赖以存在和发展的内在规律的必然；先例产生的基础不仅存在于法律规定的层面上，而且存在于法律内在的规律和法律与社会互动的社会存在层面上。

我国案例指导制度尚未有明确的案例形成程序和技术规范。按照现行《规定》，最高法院公布的指导性案例基本上是根据下级法院的一个判决形成的。或许在实践中，最高法院会有意寻找具有普遍性的某一类案件，并从该类案件中寻找典型案件。但由于我国法院判决中不会引用以往的案例（至少现在不会），且也不会引用数个案例，因此最终被选作具有指导性的案例不会是在众多案件的基础上综合而成的案例，而是基于单个案件基础上的典型案例。如果没有众多案件的比较和综合，所公布的案例也就有先天不足的特点，难以具备较为深入和广泛的法律和社会基础。这样形成的案例也往往带有以例说法和释法的单向度特点，不会形成体系化的指导性案例体系，因此对其后案件的适用性（参考性）也会大为降低。

普通法国家的法官虽然是判例法形成的制作者（其正式的官方说法是"发现法律"，而非"制定法律"[23]），但他们在制作判例的过程中则采用极为"审慎的态度"，即上级法院一般不会在它所遇到的第一个案件中就作出新的判决，而是在大多数情况下对新的现象采取观望的态度，利用下级法院作为实验室，在类似的事例积累多了，情况也更为清楚的时候才作出具有判例性的判决。[24]例如，美国著名的具有里程碑意义的"布朗诉教育局"案件并非一个孤立的

单个案件，而是在"民权组织"不断发动的众多案件所形成的浪潮的冲击下，在众多同类已经发生或正在发生的案件的基础上，最后由联邦最高法院作出了推翻1896年该院在普莱西诉佛格森案（Plessy v. Ferguson）中所提出的"隔离就是平等"的原则，确立了具有里程碑意义的在教育领域废除种族隔离的新判例。在该案件判决中，仅仅为了证明普莱西案所提出的"隔离但平等"的原则并不适用于公共教育领域，该院就举出了普莱西案以后出现的六个判决，以论证该原则不适用于公共教育领域，提出了隔离教育"具有固有的不平等性"（inherently unequal）。[25]在这一判决中，联邦最高法院也充分认识到了该判决在现实社会中落实的艰巨性，明确提出要以"全面审慎的进度"（all deliberate speed）来推进该判例。

我国案例指导制度下的案例虽然没有制定新的规则和原则的功能，但也应当是针对某种类型的案件、具有一定高度和广度的涵盖性或抽象指导意义的典型案例。而要使这一案例具有广泛的指导意义，就需要具有一定"审慎"观察和"实验性"的过程。现《规定》提出的直接由最高法院挑选下级法院案例的方法，似乎多少是"撞大运"式的筛选过程；如此办理，即便是选上而成为案例，也难于从单个案例中发现法律规则和原则的发展轨迹，该案例的普遍指导意义恐怕也会大打折扣。

还需要注意的是，普通法体系中的判例并非是一成不变的规则，而是随着社会的发展在不断变化、与时俱进的活的规范体系。判例所提出的规则或原则的变化是一个更为棘手和复杂的问题。上述布朗案有关"平等"原则的变化就是很好的例证。

我国案例指导制度不仅要关注案例的制定，同时也要对案例的发展变化以及案例的修改和退出给与充分关注，以使得所公布的案例也具有与时俱进的制度轨道和技术保障。根据现有的法律规定，案例仅具有参考价值或"事实拘束力"，其发展变化必然要依据法律的修改和发展而变化，也就是说其变化主要依据制定法的修改和发展而变化。如果制定法的规则改变了，基于这一规则而公布的案例也就应该被废止了。这种废止是否需要通过明确的程序作出呢？如果不明确废止，恐怕会出现指导性案例与现行法律规范打架的问题。此外，指导性案例的修改和废止还可能发生在制定法不变的情况下，最高法院自行完善和修改已公布的案例。这种修改和完善的权力具有法律根据，其具体形式可以通过最高法院发布新的案例、编纂案例汇编或公开撤销的方式来进行。其程序和形式，乃至相关的技术和理论，则仍需要进一步设计和构建。

与此相关的还有一个推动普通法判例演变的决定因素的问题。普通法判例制定的规则和原则的变化并非法律内在逻辑的推动，而是由于社会生活的变动而产生的法律演变。这一问题并非本文所要解决的问题。但需要指出的是，法院在建立和完善指导性案例体系的过程中，需要把眼界打开，不仅考虑法律的内在逻辑和规范，而且要具有对社会的宏观和科学的把握。最高法院和检察院对此也一定会有更深入的考虑和规划。如果案例指导制度能够在其制度的内在规律层面和社会现实运作层面上找到其存在的基础，其法律基础的确立则是较为容易解决的问题。

四、发现和确认案例中法律规则的技术

当前围绕案例指导制度的讨论多为案例性质、功能及存在与否的讨论。其实，一项制度的建构还需要探讨其技术操作和保障体系的问题。在制度存废讨论没有定论的情况下，其技术规范体系的设计和可行性就更为关键。

普通法判例制度除了有上述判例的效力渊源和运行问题外，如何从判决书洋洋洒洒的长篇大论中发掘并确认（to ascertain）法律规则和原则的技术也至关重要。作为先例的判决书中哪些部分才是具有法律约束力的规则和原则呢？区别判决中的"附带意见"（一般性论述）与"判决根据"（关键性论述）的技术至关重要。"附带意见"（obita dicta或dictum[26]）是在得出判决意见过程中的论述，有些虽然类似格言警句，但并非判决的核心和关键问题之所在，因此也就不是其后案件所要遵循的规则或原则。"判决根据"（racio decidendi、ratio 或 holding[27]）则是判决书中对于核心法律问题的回答和解释，是该判决的基础，因此对于其后的类似案件都具有法律约束力。普通法制度对于判决中"附带意见"和"判决根据"的区分，是判例制度的核心技术。如何抽象出和确定案例中具有法律约束力的"规则"，必然是一个极其棘手的"技术活"。

由于"附带意见"和"判决理由"在判决书中往往没有明确地标明，因此二者具有相当大的模糊性，对二者的区分也就更具挑战性。更令人困惑的是，一项长期被认为是"附带意见"的论述，在新的案件中有可能成为"判决根据"；反之亦然。对于作出判决的法官而言，可能这不是什么问题。但恰恰由于一项判决已成为先例，对先例的甄别和适用是由其他法官进行的，因此又会出现"六经注我"（适用者通过先例阐释其自身见解）的现象。先例原则并没有十分的确定性把握，而是需要其他人（适用先例的法官和律师）的理解和诠释。这种不断展开的判例演变，德沃金用"不同年代的人延续编写的故事"的比喻来形容，同时要求法律执业者具有历史的眼光，不仅要遵循先例向后看，而且要关注现实向周围看，更要"放眼未来"向前看。[28]

我国指导性案例也会遇到同样的问题，即在一个公布的案例中，哪些话和论述是具有参考价值（"事实拘束力"）的部分（"判决根据"），而其他部分则是无关紧要的叙述（"附带意见"）呢？这个工作是由案例指导办公室的法官通过编选加工来注明呢，还是由最高法院审判委员会来确定？亦或是任由将要适用该案例的法官个人来决定？由审判委员会从事这项工作最具法律上的合法性和权威性，但考虑到该委员会的实际工作状况，其可行性不是很高。如果由案例指导办公室来承担这一任务，虽然从操作层面较为可行，但其工作权限和效力都会产生疑问。首批公布的指导性案例采用的是具体编辑案例的法官和审判委员会合作的方式，因此结合了两个方面的长处，也避免了可能的法律缺陷。除了最高法院确认判决根据的工作外，由于案例的最终使用者是以后面对同类型案件的其他法官，他们肯定会拥有一定的判断案例中哪些部分具有指导意义的决定权；而因其自身司法经验和水平的不同，面临案件的不同（虽然是同类案件，其差异性也必然存在），对案例解读的不同，关注的问题侧重点不同，他们的选择将

会对案例的实际效果产生极大的影响；其结果恐怕会在某些领域中产生统一案例不同解读和适用的局面。当然我们希望不会出现那样五彩缤纷、百花齐放的结果，但这种希望的实现不在于我们主观上如何想象，而在于我们能否未雨绸缪，设计和建立相对完善的案例解读和适用的具体制度和技术手段。

从现在首批公布的案例看，这个问题似乎已经得到解决。公布的指导性案例中最为重要的"判决要点"和"判决理由"已经被最高法院明确提炼出来，大大方便了法官在司法实践中参考和适用案例。但是这并不能说明这个问题已经被完全解决。首先一个问题是，这种提炼是反映了原案的真实情况，还是负责编辑法官本人的汇总和提炼？其次是其他法官在适用该案例时是否还有进一步解读的空间？如首次公布指导性案例中的"潘玉梅、陈宁受贿案"有四个要点，其中第二项"判决要点"是"明知他人有请托事项而收受其财物"应被认定为受贿。在随后的"判决理由"中，法院认为：只要承诺"为他人谋取利益"，就构成受贿；而承诺"为他人谋取利益"，可以从为他人谋取利益的明示或默示的意思表示予以认定。在进一步的论述中，法院认为：被告人"明知他人有请托事项而收受其财物，应视为承诺为他人谋取利益，至于是否已实际为他人谋取利益或谋取到利益，只是受贿的情节问题，不影响受贿的认定"。此处法院并没有清楚地表明何为"默示的意思表示"，也没有提供进一步的事实来说明默示意思表示与请托行为或事项之间是否要具有因果关系。如果请托人提出请托事项与提供财物的行为不在同一个时间和地点，受托人主观上并没有意识到二者之间的关系，是否收受财物就构成了"默示意思表示"呢？由于原判决的事实并没有在发布的指导性案例中完全披露，读者显然无法得知原判案件中的进一步事实情况；而案例编辑的法官由于某种原因没有在"判决要点"和"判决理由"中详细论述默示意思表示与收受财物之间的关系问题，这个问题就会成为其后其他法官在适用该案例时自由发挥的空间。而且由于指导性案例所给定的事实有限，法官的自由发挥还缺少了普通法系中区分"附带意见"和"判决根据"，确认法律规则的乐趣和挑战，难免流于凭空想象或学理论证。

在普通法体系中，区别"附带意见"和"判决根据"有哪些标准呢？一般认为，确认"判决根据"有两个步骤："首先，需要确定案件中法官认定的所有事实；其次，需要确定哪些事实被法官认定为是具有决定意义的事实。"[29]这就带来了下一节要论述的判例中的事实问题。

五、事实区别的技术

案例或判例都基于不同的案件事实，因此案件事实的差异对于案例/判例的适用具有重要意义。这就是说，案例/判例是否适用于当前面对的案件，取决于案例/判例中的事实与面对案件的事实是否相同。同案同判，不同案则不同判。同案与否在于案件事实在多大程度上具有相似性。因此在适用案例时，法官必然要把案例/判例与所审理的案件进行比较，以便找出二者在事实、程序和法律上相同或不同之处。为了论证先例对当前案件不具有约束力或不适用，法官必须要证明二者之间的差异。这就是普通法所说的"区别技术"（distinguish）[30]，而区别技术又是整个案例/判例制度的前提条件。例如前述美国布朗案件中就花了很大的精力来区别该案事实与普莱西案的事实，认为普莱西案（论述的是在交通工具总的隔离问题）和其后的几个判例都没有论述"公共教育领域中的隔离"问题，而布朗案则涉及这一问题，因此作为先例的普莱西案与正在审理的布朗案不是同一类案件，普莱西案的"判决根据"也就不能适应到布朗案。

案例指导制度似乎并没有在如何区别不同案例的问题上给予太多关注。客观讲，现在尚没有几个指导性案例，所以区别技术尚未显示其重要性。但是，在公布的案例数量增多后，区别不同案例之间的差异就会凸显其重要作用。例如，前面所谈的"潘玉梅、陈宁受贿案"规定以默示方式收取请托人的财物构成受贿罪。假定随着案件数量的增加，出现了进一步解释什么是"默示方式收取请托人财物"或默示意思表示与请托表示之间是否要有因果关系的案例，那这个新案例的事实与"潘玉梅案"的事实就要加以区分。在区别上述事实的基础上，法官才能够确定哪一个案例应当是可适用的案例。

除了区别不同的案例以确定其适用效力外，法官还需要比较案例与当前处理的案件之间的相同性。如果为了论证某一个案例不适用于当前所受理的案件，区别技术就成为主要手段。最高法院已经认识到了这一点。在解释案例指导制度的谈话中，有关负责人指出："要切实把握'类似案件'标准。类似案件不仅指案情类似，更重要的是指争议焦点类似。如果案情类似，但当事人诉讼争议的焦点不类似……则不得参照上述指导性案例。"[31]由于首批公布的指导性案例都较为简单，其案件事实的描述并不充分，更谈不上详细，因此事实区别好像很难深入展开，故而诉讼争议焦点就成为最主要的区别素材。而什么是"争议焦点"则没有明确的规定。本文认为它主要包括案件中事实和法律争议的焦点，主要体现在公布的指导性案例中的"判决要点"和"判决理由"之中。前面已经说过，这两部分都是由最高法院提炼和编辑的部分，而且事实情况并不详细，因此可能比较容易区别案例与所审案件之间的差异，从而限制指导性案例的适用范围和效力。

此外，"类似"或"不类似"也是一个较为模糊的提法。显然我们也不可能把"类似"与否进行量化处理，用百分比的方式衡量。还以布朗案为例，种族隔离是否平等显然是一个争议焦点，普莱西案件的焦点也是隔离是否平等。争议焦点类似，这两个案件是否类似呢？如果类似，普莱西案中"隔离即平等"的原则不就必须适用了吗？如果从普莱西案所涉及的平等与公共教育无关，而布朗案中的隔离则与公共教育相关的角度看，这两个案件则"不类似"，从而普莱西案的判决根据就不能适用于布朗案。也就是说，类似与否，在很大程度上是可以人为地灵活把握的。

我国法官队伍中了解并能够熟练运用这种区别技术的人显然不多。因此，从案例指导制度未来发展的需求看，这种区别技术显然会对这一制度的发展起到重要作用，因此亟待建立、规范和完善。

六、没有结论的结语

案例指导制度是在全球化背景下我国司法改革提出的一个重要举措。但是这一举措的创新性，尤其是其现实必要性，尚未显示出来，其理论上的论证也有待进一步深化。如果它出台的目的是为了"同案同判"，减少自由裁量权，统一司法，那它很可能会在某些领域看到相反的结果，即案例不仅没有带来统一司法，反而会带来更为多样化的案例解读和适用局面。如果构建该制度是为了开辟一条新的发挥司法能动性的制度通道和新的形式，那它与现有司法解释的区别并未体现出来。现在首批公布的四个案例的作用似乎完全可以通过原有的司法解释的方式来实现。在这一意义上，案例指导制度的合理性、合法性和现实必要性还需要进一步论证。

制度的成功在很大程度上依赖其现实操作性，依赖完善、科学、可行的程序安排和技术保障体系的存在。本文在与普通法系的判例制度进行比较的基础上，指出案例指导制度在程序、操作技术层面上的缺憾，呼吁加强对指导性案例的选择、编辑、适用和完善的程序设计和建构，加强对相关技术保障体系的研究和开发。基于我国司法队伍知识结构和素质的现状，有必要结合上述程序、制度和技术体系的设计对法官等司法职业群体进行深入的培训。

注 释：

[1] 王晨光，清华大学法学院教授。

[2] 《"两高"研究室主任详谈'中国特色案例指导制度'的构建》，《法制日报》，2011 年 1 月 5 日，第 11 版。

[3] 张庆旭：《"判例法"质疑》，《比较法研究》，2002 年，第四期，第 109-113 页；李仕春："案例指导制度的另一条思路——司法能动主义在中国的有限适用"，《中国法学》，2009 年，第 6 期，第 59-77 页；王洪季：《案例指导制度的反思与探索》，2008 年发表在出自北大法律信息网，引证号 CLI.A.045076，网址：http://article.chinalawinfo.com/Article_Detail.asp?ArticleID=45076.

[4] 黄晓云：《案例指导制度的历史沿革》，《中国审判》，2011 年第 1 期，第 17 页。

[5] 2011 年 12 月 21 日最高人民法院首次公布了四个指导性案例。见《人民法院报》，2011 年 12 月 21 日，第 1 版。

[6] 胡云腾、罗东川、王艳彬、刘少阳：《统一裁判尺度实现司法公正》，《中国审判》，2011 年，第 1 期，第 10 页。

[7] 除了一些学者（如前注中的张庆旭）认为案例指导制度就是判例法的翻版，从而坚决摈弃案例制度外，大家对案例在我国司法和法制实践中的现实作用，并没有完全不同的观点。

[8] 胡云腾、李同志：《案例指导制度若干重大疑难问题研究》，《中国法学》，2008 年，第 6 期，第 8 页。

[9] 陈国庆：《检察机关案例指导制度的构建》，《法制日报》，2011 年 1 月 5 日，第 11 版。

[10] 胡云腾、罗东川、王艳彬、刘少阳：《统一裁判尺度实现司法公正》，《中国审判》，2011 年，第 1 期，第 12 页。

[11] John Henry Merryman, "On the Convergence (and Divergence) of Civil Law and Common Law", 17 Stanford Journal of International Law, 1981, p. 373. 梅里曼教授认为：由于国际贸易、国际合作、国际组织、信息交流的增加，

由于人类共同价值观的普及，通过统一立法、法律移植和相互借鉴等方式，法律融合的倾向显而易见；同时由于各国独特环境、文化传统、多元民主等因素，法律分立的倾向也同时存在。在这两种倾向的作用下，将有可能出现全球化的统一架构内多元性的法律体系。Rudolf Schlesinger, Hans Baade, Mirjan Damaska, Peter Herzog, "Comparative Law—Cases, Text, Materials", Foundation Press, 1991, p.690. 施莱辛格等学者认为："随着融合的进程，看上去各异的法律体系在很多领域中的认同已成为现实存在。"

[12] Edward L. Glaeser and Andrei Shleifer, "Legal Origins", Harvard Institute of Economic Research, April 2001, 下载自 http://post.economics.harvard.edu/hier/2001papers/2001list.html.

[13] 《最高人民检察院案例指导工作的规定》的目的之一是"促进法律的统一公正实施"；《最高人民法院关于案例指导工作的规定》也说是为了"统一法律适用"。

[14] 余双彪：《慎下"同案不同判"的评判》，《检察日报》，2011 年 5 月 10 日。王洪季：《案例指导制度的反思与探索》，见前面注释。

[15] 《最高人民法院关于案例指导工作的规定》第四条规定，不仅最高和高级人民法院可以推荐指导性案例，"中级人民法院、基层人民法院对本院已经发生法律效力的裁判，认为符合本规定第二条规定的，经本院审判委员会讨论决定，层报高级人民法院，建议向最高人民法院案例指导工作办公室推荐。"第五条还规定其他任何人都可以向作出判决的法院进行推荐。

[16] 戚庚生、郁云、曹媛媛、黄晓云：《案例指导，不约而同的探索》，《中国审判》，2011 年，第 1 期，第 18 页。

[17] 见《人民法院报》，2011 年 12 月 21 日第 4 版。

[18] "最高人民法院案例指导工作办公室选择指导性案例时，不仅要看某一份裁判文书，而且要看一审、二审乃至全案的相关文书或材料，了解裁判的法律与社会效果。"见《用好用活指导性案例努力实现司法公正——最高人民法院研究室负责人就案例指导制度答记者问》，《人民法院报》，2011 年 12 月 21 日，第 3 版。

[19] 如最高法院首批公布的案例之一，"吴梅诉四川省眉山西城纸业有限公司买卖合同纠纷案"的法律要点为："民事案件二审期间，双方当事人达成和解协议，人民法院准许撤回上诉的，该和解协议未经人民法院依法制作调解书，属于诉讼外达成的协议。一方当事人不履行和解协议，另一方当事人申请执行一审判决的，人民法院应予支持。"该案法律要点首先点明"不履行二审期间达成的和解协议，是否可以执行一审判决的问题"，然后给予"法院应予支持"的结论。

[20] 该案为"潘玉梅、陈宁受贿案"，其中分别涉及四项以合办公司为名收受利润、明知他人托办事务而收取财物、明知他人托办而低价购买财物和他人受审查后退还财物等情况是否构成受贿罪的问题。这些要点分别用序号标出。

[21] 其拉丁文的原意为"因循已决之事"。它是指"先例原理"，"根据这一原理，在面对出现同样问题的诉讼案件时，法院有必要遵循以往的司法判决"。Black's Law Dictionary, Seventh Edition, West Group, 1999, p.1414.

[22] Jane Ginsburg, Introduction to Law and Legal Reasoning, Foundation Press, 2004, p.158.

[23] 美国联邦第九上诉法院 Kozinsky 法官在 Hartv.Massanari 案（2001）判决中说：普通法法官历来认为他们"不过是在以前判决的帮助下'发现'法律"；现在他们"开始相信，法官制定而非发现法律"。摘自"Introduction to Law and Legal Reasoning"，见前注，p.145，147.《牛津法律大辞典》，光明日报出版社，1988 年，第 708 页。

[24] 在人民大学法学院于 2011 年 9 月 23 日召开的"司法判例制度研讨会"上，美国辛辛那提大学法学院教授 Mark Godsey 介绍：美国联邦最高法院在受理案件时会进行挑选。对于尚把握不准的案件，它会不予受理，让下级法院先行处理，也就是让下级法院先行"试验"，等问题清楚了，它再受理该案件。

[25] Brown v. Board of Education, 347 U.S. 483 (1954)．

[26] 根据 Black's Law Dictionary 的解释，该拉丁文的词义是"顺便谈论的意见"。它是指"在形成司法意见的过程中作出的司法评述，而它不是案件判决的必要部分，因而不具有先例性质"。

[27] 根据 Black's Law Dictionary 的解释，该拉丁文的词义是"判决的理由"。它是指"形成法院判决的基础性原则或法律规则"，"如果该法律规则不存在，案件的判决将会不同"。

[28] Dworkin, "Law's Empire", Harvard University Press, 1988, p. 225.

[29] Black's Law Dictionary, p. 1269.

[30] Black's Law Dictionary, p.486.

[31] 《用好用活指导性案例努力实现司法公正——最高人民法院研究室负责人就案例指导制度答记者问》，《人民法院报》，2011 年 12 月 21 日，第 3 版。

论《行政诉讼法》修改与法治行政理念

杨建顺[1]

摘　要：《中华人民共和国行政诉讼法》（以下简称为《行诉法》）的制定施行堪称一座重要的里程碑。《行诉法》的施行，为法治行政理念提供了重要的制度支撑，亦为"依法治国，建设社会主义法治国家"的治国方略提供了实践路径。《行诉法》施行20多年来，不断遇到新的情况和新的问题，其修改成为必须推进的课题。法制度改革，须有实务界和理论界的富有成效的意见交换，而对《行诉法》修改过程中所涉及的焦点或者难点问题进行梳理并展开系统性研究，包括对行政诉讼公共性价值的确认，对充分利用现有资源的评价分析，对修法的必要性、拓展受案范围、实现诉讼类型化、设置行政公益诉讼、完善审级管辖制度等进行思考，对诉讼程序的创新与整合、司法解释的定位等进行探索，则是《行诉法》修改工作得以顺利推进的重要支撑。

关键词：《行政诉讼法》　法治行政理念　权利救济的实效性　行政诉讼的类型　射程范围

引　言

法治行政原理的一个主要内容就是司法审查的原则。[2]为了控制和纠正违法乃至不当的行政活动，许多国家和地区建立了对行政行为的司法审查制度或者称为行政诉讼制度。行政诉讼制度是国家实行民主和法治的一项重要制度，是国家通过司法机关对行政行为等进行审查监督，对违法或者不当的行政行为等予以纠正，并对因其给相对人乃至利害关系人的权益造成的损害给予相应补救的法律制度。尽管各国具体行使司法审查权的机关、司法审查的范围、司法审查的依据以及具体的救济方式并不完全相同，但是，人民享有不可剥夺的向法院起诉的权利，则是大多国家相通的。法律上的利益受到违法行政活动侵害者，可以向法院提起诉讼，谋求权利保护，纠正违法行政，这成为现代民主国家的重要特征之一。[3]

自1914年5月18日北京政府公布《行政诉讼条例》，仿效法国的Conseil d'État（国家行政法院）设立平政院受理行政诉讼以来，行政诉讼制度在中国至今已有99年的历史。近百年来，行政诉讼制度在中国的发展经历了坎坷的历程。1933年11月17日，国民党政府公布《行政诉讼法》和《行政法院组织法》，翌年9月，行政法院成立，开始受理行政案件。平政院时期，每年接案不及10件；行政法院时期，每年受案也仅百件左右。行政诉讼制度对中国社会的影响甚微。[4]新中国成立后，便以《中华人民共和国宪法》（以下简称《宪法》）规定了公民申诉、控告、检举的权利，[5]但是，由于受计划经济体制和依政策治国观念的束缚，在很长的时期内一直没有建立起行政诉讼制度。改革开放后，随着经济体制改革的深入，政治体制改革次第展开，为行政诉讼制度的建立奠定了基础。1982年《中华人民共和国民事诉讼法（试行）》第一次规定了按照民事诉讼程序审理一定的行政案件的制度。1989年4月4日七届全国人大通过、1990年10月1日起施行的《行诉法》，标志着行政诉讼制度的正式建立，宣告了"民不告官"已成为历史，意味着"一场静悄悄的革命"的开始。[6]

《行诉法》极大地推动了中国大陆行政立法、执法、司法活动向现代化迈进，也促进了中国大陆行政法学研究向纵深发展。理论研究推动和指导立法、执法、司法实践，立法、执法、司法实践进一步促进理论研究的深入发展。这种良性循环构成了中国大陆行政法学研究和法制建设的重要特征。伴随着该法的施行，"依法行政"的观念日益深入人心，加快了行政管理的法制化进程，促进了民主政治的发展。[7]

伴随着《行诉法》的施行，不断遇到新的情况和新的问题，甚至对《行诉法》的某些规定形成了挑战。例如，由于行政权力过分强大，使行政案件的起诉、受理、审理、裁判、执行等诸多程序步履艰难；在法律规定上，行政诉讼受案范围过于狭窄，限制了司法审查的力度和广度。再加上司法实践中法院的地位难以超脱地方束缚，因而导致行政诉讼制度还远未发挥出其应有的作用。《行诉法》在其制度安排上已经呈现出诸多不适应。

法治行政理念要求在贯彻穷尽行政救济原则的基础上，将所有适合于法院审查的涉及行政权力的行政争议都纳入司法审查的范围，并保证法院独立行使行政审判权，使得行政诉讼成为制止或者纠正违法行政的最后一道防线。为了更好地体现这种法治行政理念，将政府机关和其他公权力主体的行为牢牢地控制在法律范围之内，使得因政府等公权力部门的违法行为，其合法权益遭受侵害的人能够切实地得到救济，迫切需要对《行诉法》作出相应的修改和完善。这已经成为中国法律实务界和理论界的共识。[8]于是，围绕《行诉法》修改的研讨会接连不断，各类修订方案和所谓"专家建议稿"先后推出。诸多讨论中所涉及的议题虽略有所不同，但是，讨论的热点却相当集中，包括扩大受案范围、提高行政审判的独立性、拓展原告适格、改变经复议后的被告确定规则、增加行政公益诉讼等，似乎人们关注焦点较为一致，对于修改什么多有共识，而对于怎样修改，则多有歧见，且歧见远多于共识。[9]《行诉法》修改过程中呈现出较大争议的，如《行诉法》修改的时机是否适宜，究竟是大修、中修还是小修等，至今尚无定论。尤其是在修法过程中如何贯彻法治行政理念的问题上，尚存在较大的分歧。可以说，此次修改《行诉法》，不仅为人们进一步深入研究行政诉讼制度提供了重要的契机和平台，而且也为人们重新审视法治行政理念提供了重要的路径和素材。

一、《行诉法》修改的价值定位

（一）《行诉法》的制定与依法行政原则的确立

20世纪80年代以来的一系列改革开放，缩小了中国大陆与发达诸国的距离，经济市场化、政治民主化以及法治国家建设等，取得了举世瞩目的发展。改革开放为法治行政的发展奠定了社会基础，行政法学研究则为法治行政乃至改革开放的推进提供了理论支撑。可以说，行政法和行政法学是改革开放以来发展最快、取得成绩最显著、对中国大陆法治进程推动最大的部门法和部门法学科之一。

1983年，新中国成立以来第一部行政法学教材[10]出版，中国大陆行政法学教育和研究步入正轨。其后，行政法学者在对行政法总论展开较为充分研究的基础上，开始重视行政法分论或者部门行政法的研究，为行政复议、行政诉讼、国家赔偿制度以及行政处罚、行政许可和行政强制等领域的法规范建立提供了理论基础，并且，人们认识到程序制约和加强行政程序立法的重要性，取得丰富的相关研究成果，有关行政管理的法律、法规也开始规定相应的行政程序。

1982年《宪法》的颁布，有力地推动了行政法制建设，从而使行政法和行政法学研究进入健康发展的轨道，为行政法学研究的展开提供了根本的依据。行政法学者和实务工作者辛勤耕耘，努力工作，繁荣了行政法学研究，推动了行政法治发展，也促进了国人观念的更新和转换。例如，行政法学界于1986年提出行政管理法制化原则，[11]标志着依法行政原则初步形成；1989年提出行政合法性原则，架构了较为完整的依法行政原则的内容。[12]1993年，八届全国人大一次会议通过《政府工作报告》，正式确定了依法行政的原则。[13]1996年，行政法学界提出行政合法性原则、行政合理性原则和行政应急性原则，进一步丰富了依法行政原则的内涵。[14]同年，八届全国人大四次会议通过《关于国家经济和社会发展"九五"计划和2010年远景目标纲要及关于〈纲要〉报告的决议》，确立了依法行政、依法治国，建立法治国家的治国方略。[15]至此，依法行政的原则在中国大陆最终正式确立。

在中国大陆行政法和行政法学发展史上，《行诉法》的制定施行堪称一座重要的里程碑。其后，中国大陆行政法学研究进入相对繁荣发展期，经过20多年的努力，基本建构起比较系统完整的行政法学体系——行政法总论、行政组织法、行政行为法、行政程序法和行政救济法（行政监督和救济法）。在由这五大板块构成的行政法学体系下，中国大陆行政法学人展开了各有侧重的扎实研究，促成了行政法学研究的空前繁荣。人们所关注的研究领域非常广泛，可以说已经涉及科学行政法学体系中的几乎所有领域，包括行政法的基本理论、行政组织法、公务员法、公物法、行政立法、行政执法、行政司法、行政违法与行政责任、行政赔偿和行政补偿、行政法制保障、行政救济法乃至行政程序法等，其中有关行政行为的研究涉及行政立法、行政许可、行政处罚、行政强制（执行）、行政裁判、行政合同、行政指导、行政规划和行政程序等诸多部门或者行政法分支领域。不仅相关研究成果呈现出不断深入的特点，并且，随着改革和现代化建设的不断推进，中国大陆行政法学研究次第完成了其学科体系建构的重要任务，并且形成了与行政法制建设实践良性互动的重要经验，充分体现了参与型行政的理念。[16]

在中国大陆行政法制建设和行政法学研究不断取得新成就的过程中，国外行政法研究成果发挥了极其重要的作用。美国、英国、日本、法国、德国等主要发达国家的行政法研究成果，相继在中国大陆被翻译出版或者由中国大陆学者撰写专著介绍和研究，为中国大陆行政法学者和行政法实务工作者广泛吸收和借鉴外国行政法制度经验和理论研究成果提供了丰富的参考和借鉴材料。[17]

现代行政法的使命在于规范、约束、控制行政权力，更加明确行政机关的服务义务，防止权力滥用；明确行政相对人的权利和义务，确保行政权力有效行使；确立民主、公平和公正的程序机制，最大限度地实现公共利益且兼顾个体利益的实现，保障和发展在不侵犯他人同样自由和权利条件下的公民的自由和权利。完备的《行诉法》对于推进中国大陆民主法治之路具有重要意义。

为建立完整系统的行政法学体系，行政法学者付出了艰辛的努力。他们发扬开拓进取精神，积极开展学术研究和交流，坚持理论联系实际的原则，坚持从中国的基本国情出发，大胆吸收和借鉴国外的经验，优势互补，形成合力，为行政法制建设乃至整个国家向法治国家迈进，作出了重大贡献。行政法和行政法学的长足发展，标志着中国大陆正逐步完成从传统法制迈向现代化法制、进而迈向现代化法治国家的历史转换。而《行诉法》的修改和完善，正是这一历史转换过程中的重要一环。

此次修改《行诉法》，主要目的是排除干扰，实现审判独立。

（二）行政诉讼的公共性价值

公民、法人和其他组织通过行政诉讼的形式来主张权利、自由，不应当仅仅作为与单纯的私人利益相关的事情来把握。在裁判过程之中，进行公正的权利、自由的主张，谋求对违法行为的纠正以及权利救济，其本身就具有实现公共性价值的一面，[18]是法治行政原理的内在要求。

以这样的认识为前提，为争议行政所实施的行为的合法性而提起行政诉讼，纠正违法的行为，不仅仅对于原告来说是有意义的，而且有利于防止同样的违法行为继续发生，对于社会全体来说也具有重大的意义。换言之，每个人分别提起的行政诉讼，同样具有实现公共利益的重要价值，是实现法治行政理念的重要制度支撑。

（三）充分利用现有资源的评价分析

在评判现有制度之前，首先要充分了解和把握现有制度状况，科学地评价现有制度资源，找出问题症结，看一看是制度资源匮乏，还是制度资源过剩而导致碰撞、抵触，抑或是制度资源被闲置不用。经过分析、评价，才能了解到底需要在多大程度上修改现行《行诉法》。分析、评价的结果不同，其结论也可能是各异的。

值得强调的是，《行诉法》尽管存在一定的问题，但是，其中很多是可以通过法规范解释学的运用、修改行政实体法抑或修改诉讼法的个别条款来解决的问题。

全面推翻现有规范，颠覆性的修改方式当然不宜采取；不考虑现有制度基础，生搬硬套域外的经验或者制度的所谓修改建议，也是值得商榷的。

（四）《行诉法》修改的目标

《行诉法》的修改当然是必须推进的课题。各种修改方案，包括并非由真正专家提出的所谓"专家建议稿"，也有值得肯定的观点。不过，将问题全部予以明确并展开讨论，与基于现实制度建构的《行诉法》的运用和修改毕竟不是同一个层次的问题。

对于法制度改革来说，实务界与学界之间富有成效的意见交换是重要的基础支撑，而相关的过程也有必要实行公开、透明、公正的程序，尤其在宏大的法修改项目立项论证中，必须确立必要性和可行性论证的制度。唯有如此，才能够为修法过程注入法治行政理念，为修法的正统性提供程序正义角度的支撑。

《行诉法》修改的主要目标可以从如下几个方面来理解：[19]

首先，如何进一步增强化解行政争议的有效性，更好地监督行政机关依法行使职权，是《行诉法》修改须关注的首要问题。现行行政诉讼制度设计和行政审判运作机制在保护行政相对人权益、维护和监督行政机关合法行使职权方面尚显不足，于是，有必要进一步明确《行诉法》的性质、目的和功能定位。

其次，如何解决《行诉法》的体系架构，在体例、结构、表述等方面提高其科学性，为法典的良性适用奠定基础，以尽量避免由于部分法律规定本身的不科学而影响法律实施的效果，是《行诉法》修改须特别关注的目标。于是，有必要解决管辖问题，引进调解制度等。

最后，如何解决行政诉讼救济的广泛性问题，也是化解行政争议有效性的一个重要指标，是《行诉法》最为重要的课题。于是，有必要拓展受案范围和原告适格，导入公益诉讼制度。

二、《行诉法》修改的必要性

如前所述，对《行诉法》修改的必要性，在理论界和实务界基本达成共识。《行诉法》修改势在必行。

（一）从现行法制的不充分性看《行诉法》修改的必要性

对行政相对人权益救济的有效性不够，相当多的行政争议游离在制度设计之外，为行政审判功能的发挥带来负面影响，在体例、结构、表述等方面的科学性上仍存在不足。[20]关于现行《行诉法》的不足，主要有如下三个方面：[21]

1.权利救济的机会受到制约,起诉要件过于严格或者不明确

起诉条件的苛刻和受案范围的狭窄,被认为是中国大陆现行行政诉讼制度的一大缺陷——由于对具体行政行为性、原告适格、被告适格等的诉讼要件进行限制性规定,使得行政诉讼不能很好地实现其权利救济功能。

2.无法适应不断增加的社会需求

(1)新型行政诉讼的出现

曾经从事《行诉法》立法的学者、实务家付出了大量的心血,但是,其当时的立法设想并不能穷尽行政纠纷实践形态。伴随着行政需要的增大和行政作用的多样化,出现了在传统行政诉讼的框架内并不一定能够应对的新的纷争类型,有必要在实体法以及程序法层面分别作出应对,如环境行政诉讼等,亟须在法律上予以明确定位。

(2)法治行政理念的内在要求

从彻底贯彻法治行政理念(法的支配)的必要性的角度来看,确立对行政立法、行政计划等所谓抽象行政行为和其他行政活动的司法审查制度,具有极其重要的意义,同时也是极其重要的研究课题。对于实践中和理论界提出的这种主张,需要从立法政策学的角度进行探讨和应对。[22]

(3)行政争议多元解决机制的要求

行政纷争的增多,亟须拓展和强化救济途径,而救济制度的不充分性带来的社会性扭曲,例如人们对信访的过度期待等,亟需通过法制度的修改加以矫正和完善,尤其是处理好确保司法说最后一句话的机会和明确其界限的关系,完善通过实体法的完善来解决纷争的配套机制。

3.确保当事人行使相关权利的要求

现行法规范对当事人行使起诉权、申请撤诉权、和解权和上诉权都有诸多限制。

这些限制在某种程度上影响了行政诉讼制度的发展,违背了诉讼规律,导致行政诉讼案件数量少,原告胜诉率低,没有充分发挥行政诉讼所应有的合法性监督功能。

为此,需要在强化司法对行政的统制功能的方向上进行行政诉讼制度改革,使行政诉讼活性化。

(二)从行政诉讼的目的看修改的必要性

《行诉法》的立法目的为:保证人民法院正确、及时审理行政案件;保护公民、法人和其他组织的合法权益;维护和监督行政机关依法行使行政职权。[23]

其中包含了行政诉讼的两个重要目的——统制行政活动的合法性和对权益的救济。

1.统制行政活动的合法性与《行诉法》修改的必要性

通过司法权来抑制行政权,形成抑制和均衡的统治体系,实现对权利和自由的保障,是法治行政理念的内在要求。

从对行政活动的合法性统制的视点来看,行政诉讼应当成为对行政的统制功能中具有拘束力的重要统制手段。

在现实的权力运作中,如何充实司法对行政的统制功能的问题,应当成为探讨《行诉法》

修改问题的出发点。

2.对权益的救济与《行诉法》修改的必要性

在现行制度下，只有其合法权益受到具体行政行为侵害的公民、法人或者其他组织才能利用行政诉讼制度。

根据人民主权或者主权在民的原理，应当扩大原告适格，使团体诉讼制度化，拓展诉讼类型，充实客观诉讼，提高对于行政裁量的司法审查的实效性。

而前述诸多要求，皆需要进一步深入研究。换言之，修改有必要，如何修改尚存较大争议。这就为《行诉法》修改的可行性论证提出了课题。

三、《行诉法》的定位与受案范围的拓展

（一）《行诉法》定位的问题

《行诉法》的定位，涉及两个方面：《行诉法》自身的属性定位；《行诉法》与《民诉法》的关系。对这两个方面如何把握，直接影响到《行诉法》的体系架构之不同。

1. 《行诉法》自身的属性定位

关于《行诉法》自身的属性定位，有司法审查的程序法、行政主体的监督法（行政诉讼的主要目的和功能是监督行政机关依法行政）、行政相对人权益的救济法（行政诉讼的主要目的和功能是为合法权益受到行政行为侵犯的相对人提供救济）和行政上的争议解决法（行政诉讼的主要目的和功能是解决行政相对人与行政主体的争议）等不同主张，也有将前述各种属性综合起来作为《行诉法》属性来理解的学说。《行诉法》实质上同时具有以上4种属性，所以，这种综合说或曰混合说是值得肯定的。

2. 《行诉法》与《民诉法》的关系

将《行诉法》理解为与《民诉法》等量齐观的诉讼法，追求法典的自洽性，凡是行政诉讼应遵循的制度、规则、程序，全部纳入。

将《行诉法》理解为"《民诉法》的某种意义上的特别法"。《行诉法》只规定关于行政诉讼不同于民事诉讼的制度、规则、程序，而对行政诉讼与民事诉讼相同的制度、规则、程序不作重复规定，今后在司法实践中适用《民诉法》的相应规定即可。

将《行诉法》完全理解为《民诉法》的特别法。

3.被告的确定和诉讼类型的增加

与《行诉法》的定位密切相关的，是具体行政行为经过复议后，究竟应当确定谁做被告的问题。《行诉法》规定："经复议的案件，复议机关决定维持原具体行政行为的，作出原具体行政行为的行政机关是被告；复议机关改变原具体行政行为的，复议机关是被告。"于是，为了避免做被告，有的行政复议机关会选择行政不作为。为了应对这种严重背离法治行政理念的做法，有人提出修改现行规定的主张。在这里，确定由谁做被告的问题，实质上是如何定位

《行诉法》的问题。既然综合说或曰混合说是值得肯定的，那么，就应当从这种层面来规范确定被告的规则。

能否增加公益诉讼的问题，也与《行诉法》的定位密切相关。若要增加公益诉讼的诉讼类型，则在《行诉法》定位或者目的价值上须进行相应修正，比如说，将其定位为"公共利益实现法"。其实，每一个行政案件都具有较强的公益性。但是，不宜简单地将行政诉讼等同于狭义的公益诉讼。所以，若设置狭义的公益诉讼，宜坚持补充性原则。

4.《行诉法》的目的价值排序

《行诉法》第1条明确了该法的目的："为保证人民法院正确、及时审理行政案件，保护公民、法人和其他组织的合法权益，维护和监督行政机关依法行使行政职权，根据宪法制定本法。"该条对《行诉法》的目的揭示得已经相当明确，本来应当不存在什么争议。然而，在《行诉法》修改过程中，出现了关于其目的价值排序的争议。有如下三种主张：保证司法审查—保护相对（相关）人权益—维护和监督行政权；保护相对（相关）人权益—监督行政权—保证司法审查；保证司法审查—维护和监督行政权—保护相对（相关）人权益。

对于立法目的的定位，有人认为学界已经达成共识，而在排序上争议依然很大。有人认为，权利救济应该确定为《行诉法》最根本的性质、目的和功能。如我们过分强调监督，受案范围会过于扩大，司法对行政的干预可能会过多；如我们过分强调解决争议，过分强调保障案结事了，则可能损害法治和公正。也有人认为，监督行政机关依法行政，保护公民合法权益是《行诉法》的目的，但是《行诉法》的最大目的是解决行政争议和纠纷，在这个过程中起到监督权力和保护权利的作用。因此行政诉讼是解决争议的司法制度。制定《行诉法》时，我们是将行政诉讼制度定位于监督行政机关依法行政和保护公民权利这两者结合起来的。从这几年的实践来看，《行诉法》的立法目的当中，最重要的应该是解决行政争议，在解决争议中起到保护公民的权利、监督行政机关依法行政的作用。而解决行政争议又是和我们现在强调的解决社会纠纷、维护社会稳定的目的紧密联系在一起的。

（二）受案范围和原告适格的拓展

受案范围是行政诉讼法律制度中的基础问题，其界定既受诉讼制度性质、功能的本质性影响，又受立法水平的技术性影响。根据《行诉法》的规定，公民、法人和其他组织认为具体行政行为侵犯其人身权和财产权等合法权益的，可以提起行政诉讼。对这种"具体行政行为"及"侵犯其人身权和财产权"的受案范围标准，学界和实务界一直未间断过讨论，不断推动着行政诉讼制度的发展。修改《行诉法》，扩大行政诉讼的受案范围，拓宽行政诉讼的原告适格，已成为理论界和实务界的共识，也是世界性的发展趋势，但是，对笼统地扩大行政诉讼受案范围的主张，须冷静思考，对怎样拓宽，拓宽到什么程度，如何确定其边界等，都须要进行仔细探讨。目前的许多主张中透露出概念的模糊性、目标的笼统性和标准的概括性等特点。这种现象实际上警示我们要认真地分析所谓扩大行政诉讼受案范围的主张，尤其是必须慎重地思考行政权和司法权的配置问题，解决好两者的关系，避免两者互相僭越。

突破"具体行政行为"及"侵犯其人身权和财产权"的受案范围限制，将侵犯公民、法人和其他组织合法权益的行政行为都纳入行政诉讼之中，已基本成为学界和实务界的共识。至于通过扩大行政公务的范围而扩大司法对行政纠纷的管辖权，将无授权的其他社会组织即公共行政组织纳入行政诉讼的被告范畴，以及增加公益诉讼，由检察机关或者与行政行为没有法律上直接利害关系的公民或者组织提起行政公益诉讼等问题，在理论界和实务界依然存在较大争议。

1.将抽象行政行为纳入行政诉讼受案范围的问题

《行诉法》受到最多争议的是"抽象行政行为不可诉"。当初起草《行诉法》时，考虑到诉讼对象如果不受任何限制不现实，所以用了"具体行政行为"这个当时学界也未搞清楚的概念，对行政诉讼的受案范围进行了限缩。针对行政决策有时采取抽象行政行为，且其侵犯公民、法人和其他组织合法权益的现象亦普遍存在这种现实，将抽象行政行为纳入受案范围便成为普遍的呼声。但是，围绕纳入受案范围的抽象行为，尚存在很大争议，归纳起来有如下几种主张：

（1）全面纳入说。主张将包括行政法规在内的全部抽象行政行为纳入行政诉讼的受案范围。

（2）"有限纳入"说。该学说又分为两种观点。一种观点主张只纳入"规定"（红头文件，其他规范性文件）。《中华人民共和国行政复议法》（以下简称《行政复议法》）已经开了一个口子，公民、法人或者其他组织认为行政机关的具体行政行为所依据的规定（其他规范性文件）不合法，在对具体行政行为申请行政复议时，可以一并向行政复议机关提出对该规定的审查申请。[24]所以，《行诉法》亦可以且应当开这个口子。另一种观点则主张只纳入"规定"和"规章"。

从理念上说，或许可以主张，对行政法规、行政规章和其他规范性文件及行政主体实施的所有活动，只要对相对人利益产生了影响，对公共利益产生了损害，就应该纳入行政诉讼受案范围。可是，行政诉讼并不能解决所有行政争议，尽管抽象行政行为所产生的影响远大于单个的具体行政行为，有时候更需要为行政相对人乃至利害关系人提供法律救济，但是，行政诉讼自身的规律性以及法院的职能定位决定了许多所谓抽象行政行为并不宜由法院来负责审查。并非所有所谓抽象行政行为都可诉，而在一定程度上将抽象行政行为纳入受案范围，无疑将有助于权利救济更充分地实现。从与《行政复议法》接轨的角度看，对抽象行政行为的审查只限于其他规范性文件的主张更具有可支持性。

（3）直接起诉说和附带诉讼说。关于将抽象行政行为纳入行政诉讼受案范围的制度安排，存在直接起诉说和附带诉讼说的争议。

2.将内部行为纳入行诉受案范围的问题

关于内部行为，《行诉法》规定行政机关对行政机关工作人员的奖惩任免不能提起诉讼。从扩大权利救济范围的角度看，这方面值得商榷。比较法的经验告诉我们，公务员惩戒达至开除的情形，在许多国家和地区被纳入行政诉讼的受案范围。由于内部行为具有更多特殊性，尤其强调行政机关的独立或者排他管辖权，即使将其纳入行政诉讼的受案范围，也需要设定严格的界限，确立一系列判断标准。而这些，皆有待于进一步深入研究。

3.从规定方法上对行诉受案范围的拓展

《行诉法》关于受案范围的规定，采取的是概括肯定式（第1条）＋列举和兜底的肯定式（第11条）＋列举否定式（第12条）。肯定式采取概括肯定＋列举肯定＋兜底肯定的规定方法，而否定式则仅有列举否定的规定方法。在《行诉法》修改过程中，这种规定方法也受到质疑。有人认为，采用肯定列举和否定列举相结合的方式，导致了必然存在既没有肯定也没有否定的灰色地带，为了避免这种弊端，应当采取概括地肯定和列举的排除方式来规定行政诉讼受案范围。即先规定所有的行政行为都可以提起诉讼，然后采用列举的方式将不能提起诉讼的行为逐一排除掉，这样受案范围就比较明确了。

"肯定概括＋否定列举"模式，从发展方向来说，这种主张是值得支持的。可是，从权利保护实效性的角度看，至少目前阶段，对肯定属于受案范围的事项予以尽可能详尽的列举，则是更加有助于权利实现和救济的。

4.原告适格的拓宽与公益诉讼的设置

《行诉法》第2条规定："公民、法人或者其他组织认为行政机关和行政机关工作人员的具体行政行为侵犯其合法权益，有权依照本法向人民法院提起诉讼。"该法第41条规定，提起行政诉讼的原告是认为其合法权益受到侵害的公民、法人和其他组织。现行制度采取传统的诉权理论，以当事人具有实体法上的独立权利为前提，以保护公民个人利益为目标，将公民、法人或者其他组织的合法权益纳入其救济范围，体现了个人利益中心论的理论，而在保护公共利益方面，则未体现出充分关注。

《最高人民法院关于执行〈中华人民共和国行政诉讼法〉若干问题的解释》（法释〔2000〕8号）（以下简称《行诉法若干问题的解释》）第12条等规定已将原告适格拓展至法律上利害关系人，修改《行诉法》，宜对相关规定予以确认、吸收。不过，《行诉法若干问题的解释》对于公益诉讼仍没有明确的原告适格规定，而其第1条第2款第6项规定："对公民、法人或者其他组织权利义务不产生实际影响的行为"，不属于人民法院行政诉讼受案范围，则明确排除了公民、法人或者社会组织运用自己的诉权对公共利益寻求司法救济的可能性。修改《行诉法》，对此类规定应予以回应，在拓展原告适格的同时，宜对既有主观诉讼之外架构有限度的行政公益诉讼问题予以明确规定。

行政诉讼原告适格理论的发展，在许多国家先后经历了从直接相对人到法律上利害关系人再到利害关系人的发展阶段，可以说，逐步扩大原告适格的范围，是行政诉讼制度改革的方向。但是，需要强调确认的是，广泛地建立单独的行政公益诉讼制度，并不一定是最佳选择。

行政公益诉讼，也称公益行政诉讼，狭义上是指公民、法人或者其他组织，认为行政主体的作为或者不作为违法，对国家利益、社会公共利益或者他人利益造成侵害或者可能造成侵害，但对其自身合法权益并未构成或者不具有构成直接侵害之可能的，可以根据法律的规定向法院提起的行政诉讼。在这里，原告不仅须以追求公共利益保护为直接目标，而且还必须是与被诉行为或者不作为没有直接的利害关系。换言之，狭义上的行政公益诉讼明确地将追求个人利益保护的主观诉讼情形排除在外。

对是否专门建立狭义的行政公益诉讼制度，理论界和实务界尚未达成共识，至于应当开多大口子，"门槛"应当设多高，谁可以成为原告提起诉讼等，更是存在很大分歧。正确的选择应当是，《行诉法》只对行政公益诉讼规定原则和制度，将范围和起诉主体等留给个别法律、法规去逐步规定。这样，在主观诉讼所坚守的传统诉权理论中融入公共利益色彩，逐步拓展受案范围，同时对极其个别的例外情形通过法律专设行政公益诉讼。广义的行政诉讼将不仅以保护当事人独立的合法权益为目标，而且也以维护公共利益为目的，能够更好地回应现代社会对通过司法途径保护公共利益的迫切需要。

四、审级制度与管辖制度的完善

（一）司法公正的制度支撑

面对行政审判实践中出现的诸多干扰，人们开始思考对审级制度和管辖制度进行改革，提出了诸多改革方案。例如，涉及县级政府、县级公安机关等案件，均由被告所在地基层人民法院管辖，往往难以摆脱干预，难以实现司法公正。于是，有人提出实行三审终审制，甚至主张废止《行诉法》所确立的"基层人民法院管辖第一审行政案件"的基本管辖制度，将所有第一审行政案件全交由中级人民法院管辖，基层人民法院不设行政审判庭，不审理行政案件。为了避免提高管辖级别会给诉讼当事人带来不便，进而出现了在中级人民法院设置多个巡回审判庭的主张。为了解决基层法院审不了同级政府，外来干预严重等问题，除了提高审级的方案外，还有指定管辖等方式，由上级法院指定另外一个法院进行异地审理。

从短期效应来看，上述对策或许真的能够收到提高审判质量、促进或者体现裁判的权威性之效。但是，从法治行政理念出发，基层法院管辖同样是司法权对行政权的统制作用，行政权自然应当服从司法权的监督制约，应当服从基层法院管辖。这是法治行政理念内在的要求。若不能坚持这一底线，一味地迁就某些地方行政机关无视基层法院权威，只能依靠提升法院审级来树立所谓司法权威，最终受损的还将是司法权威乃至法律权威。所以，也有人认为，提高行政案件管辖法院的等级这种做法，只能是治标不治本；要解决摆脱干预、实现司法公正这个问题，需要靠法院的独立审判，或许其突破口就在于首先树立基层法院管辖的权威性。

（二）设立行政法院的不可行性

《行诉法》第3条规定："人民法院设行政审判庭，审理行政案件。"据此，中国大陆司法体制实现了重大变革，各级人民法院组建、设立了行政审判机构。这是对大陆法系国家行政法院制度和英美法系国家普通法院制度综合借鉴的结果。不过，在《行诉法》制定、施行的过程中，直至今天，一直存在设立行政法院的主张。在设立行政法院论者看来，中国大陆行政审判体制缺乏独立性，未顾及行政诉讼的专业性要求，而建立行政法院，既可弥补行政诉讼专业性的不足，也有利于提升行政审判机关的独立地位，保障行政案件审判权公正、独立地行使。

所以，建立行政法院制度，是解决中国行政诉讼综合症的良药，而且一定程度上也符合大陆法系国家的传统。

关于建立行政法院的问题，必须在慎重、认真、深入研究的基础上进行探讨。设置行政法院的必要性、可行性都需要认真探讨，行政法院的定位论也需要深入研究。司法组织的制度改革，不应对国外的经验或者理论生搬硬套地引进。不过，该观点所主张的行政诉讼专业性要求是值得肯定的，起码是值得重视的。也就是说，强化审理行政案件的法官的专门性，确立审判体制的独立性和专业性，确保承担行政诉讼的法官熟知行政事务并精通诉讼事务，这应当是修改《行诉法》的重要方向。

（三）行政诉讼与权力配置的科学化

1.穷尽行政救济的原则与救济途径的选择

行政机关和法院都是法律适用者。在行政系统内发生的纠纷，并非当然地应当由法院解决。行政机关除了管行政事务，还要对其自身行为所产生的争议进行处理，包括协调、调解、指导、处罚、强制、仲裁和复议等，对其不服的，可以依法提起诉讼。在这里，需要特别强调确认的是，绝大多数的纠纷或者争议被解决于行政系统之内，最终进入行政诉讼的只是极其少数部分。这既是法治发达国家所倡导穷尽行政救济原则的体现，也是科学的权力配置论所要求的。所以，要从根本上解决行政诉讼的问题，须依照法治行政理念，切实完善其前的行政过程中的行政救济系统。不过，是否值得千篇一律地将行政复议前置作为原则加以确立？多数人的回答是否定的。应当继续坚持自由选择主义，同时也需要根据不同的领域，特别是从专门技术性和方针政策性等层面，对复议前置的制度安排分别作出判断。

2.司法是权利救济的最后一道防线

行政复议如果能够很好地发挥预期作用，那么，大部分的纠纷和矛盾就可以在行政系统内得以解决。不过，司法是权利救济的最后一道防线，这一点是值得坚持的。只是，在这种情况下，仍有不适合于司法介入的情形。

在日本的行政法理论史上，与行政权和司法权的关系相关的"司法国家"论，曾经成为讨论行政诉讼制度的宪法性基础的主要支撑。"由主权者国民所信托的、应当最大限度地尊重国民人权的行政，被国民质疑权利侵害之时，则必须服从司法法院这种独立的第三人所进行的裁判。"行政权服从具有独立第三人性的司法法官所进行的法的审查，成为行政争讼的基本原理。[25]这种司法国家中的抗告诉讼观在解释论上得以拓展，[26]司法权界限说成为"通说"，[27]而对通说——田中说的反思也不断积累了成果。[28]这些都是以行政国家、司法国家这种理念型或者模式的理解为前提的争论。2004年，日本修改《行政事件诉讼法》，形成了"国民的权利利益的实效性救济"论，为司法权统制行政权提供了更广泛的可能性。[29]

比较法的视点，为我们理解司法是权利救济的最后一道防线提供了借鉴，也为科学地配置行政权和司法权提供了分析素材。虽说"国民的权利利益的实效性救济"论具有更高的价值追求，但是，依然不能忘却司法权界限说所提示的诸多界限。

五、诉讼程序的创新与整合

（一）简易程序的引入

经过多年的探索，围绕设立行政诉讼简易程序的问题，理论界和实务界终于达成一致意见，认为行政诉讼不适用简易程序的规定，则不利于经济、便捷、快速地解决行政纷争；从权利救济的实效性和经济性的角度考虑，应当确立独任制等行政诉讼简易程序。行政案件的审理与裁判涉及事项较多，大多应当适用统一的普通程序。为了避免诉讼资源的浪费，提高行政诉讼审判效率，有必要设立简易程序。从理论和实践看，民诉简易程序和刑诉简易程序都是切实可行的，并且适用范围有不断扩大的趋势，而长期的行政审判实践也积累了经验，培养了人才，这些都为修改《行诉法》建立行政诉讼简易程序提供了制度参照。至于具体建构，尚存在诸多讨论空间。

（二）调解制度的引入

《行诉法》修改中，引入调解或者和解制度成为讨论的焦点之一。

《行诉法》规定，人民法院审理行政案件，不适用调解。行政诉讼之所以不适用调解，是因为行政诉讼争议的事项是具体行政行为的合法性。而具体行政行为是行政机关或者授权组织行使行政职权、履行行政职能的行为。具体行政行为应否实施，应如何实施，法律法规一般都预先加以规定，而不能由行政机关或者授权组织自由处分。行政职权的这种特殊性，使行政诉讼这一解决行政行为是否合法的活动失去了调解的前提和基础，法院对合法的具体行政行为应判决维持，对错误的则应判决撤销，而不存在更多的选择余地。

调解在民事诉讼、刑事诉讼（自诉案件）中都存在，而且，在行政诉讼实践中都有适用。不同的是，前两者皆有法规范支持，后者却没有在《行诉法》上取得合法地位。伴随着调解在各个领域受到重视，在行政诉讼中引入调解制度逐步得到较为普遍的支持。但是，有人主张确立行政诉讼调解的原则，难免有矫枉过正之嫌。对"不适用调解"的原则进行修正，并非否认该原则，而是承认"不适用调解"原则的例外情形（法规范没有规定的，法规范规定抽象、概括或者模糊的，法规范规定了裁量范围或者幅度的，法规范的规定相互之间存在不一致的）。[30]

换言之，由司法对行政进行统制，不得和解的原则是应当坚持的，所谓应当取消"行政诉讼不适用调解原则"的主张是不可取的。行政诉讼的特殊性决定了"和解"只能是不得和解的原则的"例外"。从行政诉讼解决争议的目的看，只要将权利救济作为行政诉讼的首要目的，调解或者和解是必要的。尤其是对于裁量性行政行为，在裁量的范围内应当能够和解，起码应当允许法院对行政案件的调解。

（三）行政行为停止执行制度的引入

《行诉法》第44条规定，诉讼期间，不停止具体行政行为的执行。但有法定情形的，停止具体行政行为的执行。该条确立的诉讼不停止执行原则，被认为不利于保护公民、法人或者其他组织的合法权益，也不利于提高行政效率，所以，在《行诉法》修改过程中成为争议的焦点之一。德国"停止执行是原则，不停止执行是例外"的经验受到重视，并主张唯有这样，才更符合行政救济中对行政行为进行"违法推定"的理念。然而，如此一来，行政行为公定力理论乃至行政法总论赖以成立的基础也就被抽掉了。对如此牵一发而动全身的问题，须从行政法体制和行政法学体系的层面进行整体把握，而对此，实务界和理论界尚未达成共识，更准确地说，此次修改《行诉法》，根本不可能采纳如此颠覆性的观点。即使将来有限度地引入停止执行的原则，也须特别规定行政机关提出不停止执行的例外情形。[31]

（四）诉讼类型与裁判类型的法制化

对诉讼类型的法制化和裁判类型的法制化，理论界和实务界均认识到了其必要性和重要性，但是，围绕其可行性却至今尚未达成共识。

1.行政诉讼的类型化

作为现代的多样的行政纷争的解决手段和行政违法的纠正手段，行政诉讼在诉讼类型方面不能适应。

虽有关于行政诉讼类型的研究，也有人作过设计诉讼类型的尝试，但是，似乎与行政审判实践没有为诉讼类型的设计提供足够的经验有关，也许是相关设计本身不成功的缘故，总之，许多人并不赞成行政诉讼类型化。其理由是，在中国大陆现有法治水平下，通俗易懂，能为广大人民群众理解和接受，才能发挥行政诉讼保护公民权利的作用。换言之，实行行政诉讼类型化，便会出现阻却权益救济的结果。

应当重视接受司法审查的权利、权利救济的实效性，使诉讼类型多样化，修改相应的条款，明文规定相应的诉讼类型。需要注意的是，公益诉讼的限定性和法定性，以及类型化有可能阻却权益救济机制的作用。德国《行政法院法》第88条规定："法院不得超出诉讼请求的范围（进行裁判），但不受申请表述的限制。"此条表明，法院应查明原告起诉的真实意图，并以一定方式帮助其选择适当类型的诉。因此，在个案中，原告的诉状中有一个确切的请求即可，而将该请求归结为某一特定类型的诉则是法院的责任。惟其如此，诉的分类才能在实现对诉讼程序进行具体化和规范化的同时，不对原告构成额外负担。[32]

在日本，有人主张行政处分的执行停止属于行政权的活动，有人提倡导入临时命令的救济机制。于是，经过2004年《行政事件诉讼法》修改，确立了义务赋课诉讼和中止诉讼两种新的诉讼类型，使得日本科学有效的行政诉讼类型之法定制度得以进一步充实完善。

·——日本的行政诉讼类型法制化:

·主观诉讼

— 抗告诉讼

·法定抗告诉讼(典型抗告诉讼、有名抗告诉讼)

— 撤销诉讼

·处分的撤销之诉

·裁决的撤销之诉

— 确认诉讼

·无效等确认之诉

·不作为的违法确认之诉

— 义务赋课之诉

— 中止之诉

·法定外抗告诉讼(无名抗告诉讼)——开放性——准用法定抗告诉讼的相关规定

— 当事人诉讼

·形式上的当事人诉讼——关于确认或者形成当事人之间的法律关系的处分或者裁决的诉讼

·实质上的当事人诉讼——关于公法上的法律关系的诉讼

·客观诉讼

— 民众诉讼——居民诉讼、争议选举候选人资格等的诉讼

— 机关诉讼——例外地由法院解决行政机关之间的纷争的制度

2.裁判类型的完善

现有裁判类型:维持判决、撤销判决、履行判决、变更判决、赔偿判决(《行诉法》);确认判决、驳回诉讼请求判决(《行诉法若干问题的解释》)。

近年来,国家机关怠于或者错误行使职权导致公共利益遭受损失的现象屡有发生,但是,由于法律规定的疏漏,这些现象不能得到有效控制,公共利益不能得到有效保护。于是,要求建立公益诉讼制度的呼声日益高涨。

应当针对行政诉讼的类型化,从确保权益救济的实效性等《行诉法》的目的价值出发,科学地架构与之相应的裁判类型。

(五)执行制度的完善

关于行政诉讼裁判的效力,《行诉法》第65条第1款规定,当事人必须履行人民法院发生法律效力的判决、裁定。然而,实践中执行难却是不争的事实。针对行政机关拒不执行法院裁

判的情形，《行诉法》第65条第3款规定了强制划拨、罚款和向行政机关提出司法建议、情节严重构成犯罪的，依法追究主管人员和直接责任人员的刑事责任等执行方式，却远不能解决所有行政诉讼裁判执行难的问题。人们提出了提高罚款额度，由法院查封行政机关财产等措施。但是，如果处罚仍然停留在对行政机关课处金钱给付义务层面，反正罚来罚去都是公家的钱，查封的也是公家财产，不伤个人丝毫利益，行政诉讼裁判执行难依然难以从根本上得以解决。于是，又有人提出了加重和切实追究行政机关主管人员和直接责任人员责任，拘留行政主体负责人，甚至将依法追究"刑事责任"干脆改写为"以藐视法庭罪论处"；为了从源头上解决问题，许多地方通过问责方面的立法，明确规定了行政机关首长出庭应诉的制度；等等。一系列对策是否能够奏效？虽然其可行性论证尚远远不够，但是，毕竟为人们思考行政诉讼执行制度提供了有意义的参考。

此外，关于申请法院强制执行的制度设计，须结合《中华人民共和国行政强制法》（以下简称《行政强制法》）、《国有土地上房屋征收与补偿条例》和《最高人民法院关于办理申请人民法院强制执行国有土地上房屋征收补偿决定案件若干问题的规定》等法规范，对裁定执行的组织实施者作出明确的规定。在这个问题上，司法裁定、行政执行、裁执分离的制度架构，或许是最好的选择。[33]

此外，完善和强化司法建议制度，进一步推进行政审判白皮书制度，乃至确立行政诉讼裁判的拘束力、形成力和既判力，提高行政诉讼裁判自身的质量和权威，都是克服行政诉讼裁判执行难的重要途径。不过，要克服行诉裁判执行难，最为重要的莫过于行政自律机制的完善。这就涉及司法救济之前的相关行政程序和争讼制度的完善和强化问题。归纳起来，所谓司法救济之前的相关行政程序和争讼制度的完善和强化，大致包括如下几点：

（1）使行政听证程序以及行政复议程序中的主持人更加具有第三者的性质，使行政程序及行政复议程序中律师的介入日常化。

（2）应当强化行政机关的准司法功能，以实现迅速的、确实的审理判断。此外，信访等相关制度的完善，与司法救济相并列，相互补充，也是重要的。必须正确认识信访、复议乃至ADR等制度对权利救济所发挥的作用，切不可颠倒因果关系，认为它们损害了司法权的威信。

（3）强化行政机关首长的法律责任，切实解决行政裁判执行难。建立拒不执行裁判的公告制度和刑事问责制度，都必须与有关规范的修改和完善相配合。

六、司法解释的定位与授权体制的完善

（一）司法解释的射程范围

《全国人民代表大会常务委员会关于加强法律解释工作的决议》（1981年）规定："凡属于法院审判工作中具体应用法律、法令的问题，由最高人民法院进行解释。凡属于检察院检察

工作中具体应用法律、法令的问题，由最高人民检察院进行解释。最高人民法院和最高人民检察院的解释如果有原则性的分歧，报请全国人民代表大会常务委员会解释或决定。"该规定明确了司法解释的相关要素，为司法解释设定了明确的范围和界限。然而，实践中的司法解释，以《行诉法若干问题解释》为例，在很多方面已超出了"法院审判工作中具体应用法律、法令的问题"。甚至可以说，由于其规定了《行诉法》未规定的许多内容，所以，修改《行诉法》，在很大程度上应当是对相关既有规定予以确认和吸纳、取舍。而《最高人民法院关于办理申请人民法院强制执行国有土地上房屋征收补偿决定案件若干问题的规定》（法释[2012]4号）第9条则在《行政强制法》没有明确规定裁执分离模式的情况下，直接为行政机关设置了组织实施的职能。该条规定："人民法院裁定准予执行的，一般由作出征收补偿决定的市、县级人民政府组织实施，也可以由人民法院执行。"虽然有人称这种现象为"良性违法"，但是，从法治的原理来看，这是一种司法权对行政权乃至立法权的僭越，是法律保留原则所不能容许的。

（二）对司法解释定位的困惑

《中华人民共和国立法法》（2000年）第42条规定："法律解释权属于全国人民代表大会常务委员会。""法律有以下情况之一的，由全国人民代表大会常务委员会解释：（一）法律的规定需要进一步明确具体含义的；（二）法律制定后出现新的情况，需要明确适用法律依据的。"该法第43条规定："国务院、中央军事委员会、最高人民法院、最高人民检察院和全国人民代表大会各专门委员会以及省、自治区、直辖市的人民代表大会常务委员会可以向全国人民代表大会常务委员会提出法律解释要求。"这里找不到有关司法解释定位的规定，有的只是将法律解释权收归全国人大常委会的规定。那么，我们应当如何理解和把握司法解释呢？修改《行诉法》需要对司法解释定位的困惑作出回应。

（三）《行诉法》与司法解释的关系

无可否认，司法解释对《行诉法》的有关规定起到了补充的作用。解释适用在一定程度上能够弥补现行法规范的不足，并且，法解释的理论和实践经验也是需要重点提倡和大力培养的。很显然，法修改的方法，宜于在解释适用实在无法解决的根本性问题的解决方面，或者大量的解释适用需要综合协调之际使用。

行政诉讼的新情况、新问题层出不穷，徒《行诉法》往往难以自行。1990年《行诉法》施行后，1991年便有《最高人民法院关于贯彻执行〈中华人民共和国行政诉讼法〉若干问题的意见（试行）》跟进。鉴于行政诉讼审判实践中遇到的诸多新情况、新问题，修法的呼声日益高涨，但是，《行诉法》的修改迟迟不能实现。于是，1999年通过、2000年公布施行的《行诉法若干问题的解释》回应了一系列新的需求。可以说，司法解释在中国大陆行政诉讼制度推进过程中，作为不可替代的重要法规范而一直发挥作用。可是，如前所述，司法解释超越其所解释的"法律"的僭越现象既普遍亦突出，这与法治原理不符。所以，修改《行诉法》，应当在对既存司法解释相关规定进行认定、吸纳和取舍的同时，面向未来，明确授权司法解释制定创制性规则的权利，以利于充分拓展行政诉讼的制度空间，切实保障权利救济的实效性。

当然，这种授权规定的必要性和可行性分析，当是接下来需要认真对待的重要课题之一。

结 语

（一）对秩序和规则的法治行政理念追求

强调增强权利救济的实效性，须强调在秩序中享受自由，在规则下追求幸福。

《行诉法》提供行政争议司法审查的规则和秩序，为司法对行政的统制提供必不可少的依据，为行政诉讼秩序提供预想模式、调节机制和强制保证。法治行政是建立稳定社会秩序的基石，而完善的《行诉法》则能够为法治行政的健康发展提供重要支撑。以行政诉讼制度为支撑的法治行政，将有助于行政权的产生、行使和更替，确保行政活动依法、稳定、有序进行，维护和实现公共利益及私人的合法权益。

（二）确保接受司法审查的权利

司法不是万能的。法院并不能解决行政与公民、法人或者其他组织之间的所有纷争。有些纷争也许并不能全部作为权利义务的关系来把握，因而不适于法院来予以解决。

但是，在法治体制下，确保公民、法人或者其他组织接受司法审查的权利，却是必要且重要的理念。

为了在实质上保障接受司法审查的权利，就有必要满足"救济的实效性"、"救济规则的明确性"、"武器的对等性"等要件。

不具有实效性则是没有意义的，救济规则若不明确，就不知道在怎样的情况下到哪里寻求救济，实际上并不能得到救济。

并且，基于公平原则，在行政诉讼那样双方当事人的力量悬殊的情况下，为使两者在同一地位进行争议，"武器"的对等性是不可或缺的。

就相关问题展开进一步深入研究，是《行诉法》修改工作得以顺利推进的重要支撑，也是我们义不容辞的使命！

注 释：

[1] 杨建顺，中国人民大学教授、博导，《法学家》副主编，比较行政法研究所所长，中国法学会行政法学研究会副会长、北京市法学会行政法学研究会副会长，海峡两岸关系法学研究会理事，日本国一桥大学法学博士。

[2] 关于法治行政的原理的详细内容，参见杨建顺著：《行政规制与权利保障》，中国人民大学出版社，

2007 年版，第 97 页以下。

[3]　参见《日本国宪法》第 32 条。

[4]　参见翁岳生著：《行政诉讼制度现代化之研究》，载翁岳生著：《行政法与现代法治国家》，台湾大学法学丛书编辑委员会，1990 年版，第 390 页。

[5]　1954 年《宪法》第 79 条和 1975 年《宪法》第 27 条第 3 款皆仅规定了"控告的权利"；1978 年《宪法》第 55 条则规定了控告和申诉的权利；1982 年《宪法》第 41 条进而规定了"申诉、控告或者检举的权利"。

[6]　参见龚祥瑞主编：《法治的理想与现实》，中国政法大学出版社 1993 年版，第 5 页。

[7]　参见杨建顺著：《行政规制与权利保障》，中国人民大学出版社，2007 年版，第 31 页。

[8]　国家有关部门启动了修改三大诉讼法的程序。《中华人民共和国刑事诉讼法》（以下简称《刑诉法》）第二次修正工作已于 2012 年 3 月终结；2011 年 10 月，全国人大常委会初次审议并公布了《中华人民共和国民事诉讼法修正案（草案）》；2012 年 8 月 31 日，十一届全国人大常委会第二十八次会议通过了《全国人民代表大会常务委员会关于修改〈中华人民共和国民事诉讼法〉的决定》，新《民事诉讼法》已于 2013 年 1 月 1 日起施行。而《行诉法》的修改尚处于起草调研阶段。三大诉讼法的修改，被誉为"中国特色社会主义法律体系形成后启动的进一步健全和完善法制的重大工程"。姜明安著：《行政诉讼法修改中的六大难题》，刊发于 http://legal.people.com.cn/n/2011/1130/c226563-627491141.html。

[9]　参见姜明安著：《行政诉讼法修改中的六大难题》，刊发于 http://legal.people.com.cn/n/2011/1130/c226563-627491141.html。

[10]　参见王珉灿主编：《行政法概要》，法律出版社，1983 年版。

[11]　参见姜明安著：《行政法概论》，北京大学出版社，1986 年版，第 189 页。

[12]　参见罗豪才主编：《行政法学》，中国政法大学出版社，1989 年版，第 39 页。

[13]　参见李鹏：《政府工作报告》，载《中华人民共和国全国人民代表大会常务委员会公报》1993 年第 2 号第 20 页。

[14]　参见罗豪才主编：《行政法学》，北京大学出版社，1996 年版，第 30—37 页。

[15]　参见《中华人民共和国全国人民代表大会常务委员会公报》1996 年第 2 号第 8 页。

[16]　关于参与型行政的理念，参见杨建顺著：《行政规制与权利保障》，中国人民大学出版社，2007 年版，第 171 页。

[17]　例如，[美]伯纳德·施瓦茨著，徐炳译：《行政法》，群众出版社，1986 年版；王名扬著：《英国行政法》，中国政法大学出版社，1987 年版；[日]南博方著，杨建顺、周作彩译：《日本行政法》，中国人民大学出版社，1988 年版；王名扬著：《法国行政法》，中国政法大学出版社，1989 年版；王名扬著：《美国行政法》，中国法制出版社，1995 年版；[英]威廉·韦德著，徐炳等译：《行政法》，中国大百科全书出版社，1997 年版；杨建顺著：《日本行政法通论》，中国法制出版社，1998 年版；[日]盐野宏著，杨建顺译：《行政法》，法律出版社，1999 年版；[德]哈特穆特·毛雷尔著，高家伟译：《行政法学总论》，法律出版社，2000 年版；[日]盐野宏著，杨建顺译：《行政法总论》北京大学出版社，2008 年版；[日]盐野宏著，杨建顺译：《行政救济法》，北京大学出版社，2008 年版；[日]盐野宏著，杨建顺译：《行政组织法》，北京大学出版社，2008 年版；[日]南博方著，杨建顺译《行政法》（第六版），中国人民大学出版社，2009 年版；等等。

[18]　恰如亚当·斯密所指出："确实，他通常既不打算促进公共的利益，也不知道他自己是在什么程度上促进那种利益。""他所盘算的也只是他自己的利益。在这场合，象在其他许多场合一样，他受着一只看不见的手的指导，去尽力达到一个并非他本意想要达到的目的。也并不因为事非出于本意，就对社会有害。他追求自己的利益，往往使他能比在真正出于本意的情况下更有效地促进社会的利益。"[英]亚当·斯密著，郭大力、王亚南译：《国民财富的性质和原因的研究》（下卷），商务印书馆，

1972 年版，第 16 页。

[19] 参见姜明安著：《行政诉讼法修改中的六大难题》，刊发于 http://legal.people.com.cn/h/2011/1130/c226563-627491141.html；鲍雷、李洋：《最高法：我国行政诉讼法修改应着力破解三大难题》，刊发于 http://www.people.com.cn/h/2011/1017/c25408-1-990977538.html?navigation＝1。

[20] 参见鲍雷、李洋：《最高法：我国行政诉讼法修改应着力破解三大难题》，刊发于 http://www.people.com.cn/h/2011/1017/c25408-1-990977538.html?navigation＝1。

[21] 参见杨建顺：《行政诉讼法修改的视点和方向》，载《人民法院报》，2005 年 6 月 20 日。

[22] 参见杨建顺著：《公共利益辨析与行政法政策学》，载《浙江学刊》2005 年第 1 期，2005 年 1 月 15 日。

[23] 参见《行诉法》第 1 条。

[24] 《行政复议法》第 7 条。

[25] 参见 [日] 兼子仁著：《行政争讼法》，筑摩书房，1973 年版，第 161 页以下。

[26] 例如，[日] 今村成和著：《现代的行政与行政法的理论》，有斐阁，1972 年版，第 141 页以下；[日] 高柳信一著：《行政法理论的再构成》，岩波书店，1985 年版，第 144 页以下，第 172 页以下，第 475 页以下等。

[27] [日] 田中二郎著：《司法权的界限》，弘文堂，1976 年版，第 1 页以下，第 86 页以下。

[28] 参见 [日] 宫崎良夫著：《行政诉讼的法理论》，三省堂，1984 年版，第 1 页以下。

[29] 关于"法的支配"概念与修改《行诉法》的理论性关系，参见 [日] 中川丈久著：《从行政法看日本的"法的支配"》，载《法哲学年报 2005》，2006 年版，第 42 页以下。

[30] 参见杨建顺著：《行政强制法 18 讲》，中国法制出版社，2011 年版，第 214 页以下。

[31] 例如，日本《行政事件诉讼法》上设有"内阁总理大臣的异议"制度。参见杨建顺著：《日本行政法通论》，中国法制出版社，1998 年版，第 749—751 页。

[32] 参见刘飞：《行政诉讼类型制度探析——德国法的视角》，载《法学》2004 年第 3 期，第 44—45 页。

[33] 参见杨建顺著：《行政强制法 18 讲》，中国法制出版社，2011 年版，第 211 页。

参考文献

[日] 田中二郎著：《司法权的界限》，弘文堂，1976 年版。

[日] 宫崎良夫著：《行政诉讼的法理论》，三省堂，1984 年版。

[美] 伯纳德·施瓦茨著，徐炳译：《行政法》，群众出版社，1986 年版。

龚祥瑞主编：《法治的理想与现实》，中国政法大学出版，1993 年版。

[英] 威廉·韦德著，徐炳等译：《行政法》，中国大百科全书出版社，1997 年版。

杨建顺著：《日本行政法通论》，中国法制出版社，1998 年版。

[德] 哈特穆特·毛雷尔著，高家伟译：《行政法学总论》，法律出版社，2000 年版。

杨建顺著：《行政规制与权利保障》，中国人民大学出版社，2007 年版。

王名扬著：《法国行政法》，北京大学出版社，2007 年版。

[日] 盐野宏著，杨建顺译：《行政救济法》，北京大学出版社，2008 年版。

[日] 南博方著，杨建顺译：《行政法（第六版）》，中国人民大学出版社，2009 年版。

姜明安主编：《行政法与行政诉讼法》，北京大学出版社、高等教育出版社，2011 年版。

杨建顺著：《行政强制法 18 讲》，中国法制出版社，2011 年版。

翁岳生著：《行政诉讼制度现代化之研究》，载翁岳生著：《行政法与现代法治国家》，台湾大学法学丛书编辑委员会，1990 年版。

刘飞著：《行政诉讼类型制度探析——德国法的视角》，载《法学》2004 年第 3 期。

杨建顺著：《行政诉讼法修改的视点和方向》，载《人民法院报》，2005 年 6 月 20 日。

杨建顺著：《公共利益辨析与行政法政策学》，载《浙江学刊》2005 年第 1 期。

[日]中川丈久著：《从行政法看日本的"法的支配"》，载《法哲学年报 2005》，2006 年版。

[日]桥本博之著：《行政诉讼改革与所谓"开放空间"论》，载《庆应法学》第 10 号，2008 年 3 月。

姜明安著：《行政诉讼法修改中的六大难题》，刊发于 http://legal.people.cn.cn/h/2011/1130/c226563-627491141.html

鲍雷、李洋：《最高法：我国行政诉讼法修改应着力破解三大难题》，刊发于 http://www.people.com.cn/h/2011/1017/c25408-1-990977538.html?navigation=1 。

要重视统一解释制度在铸造法治精神中的作用

莫纪宏[1]

摘　要： 本文从考察中国制宪史料出发，认真梳理了近代中国统一解释法律制度的线索，指出法律统一解释系宪法解释与法律命令解释相互融合的一个问题的两个方面。本文还指出我国目前的"司法解释"不属于法律上的统一解释范围，作为有权解释宪法和法律的全国人大常务委员会应当直接启动宪法解释机制，对宪法、法律、法规和规章实施过程中遇到的各种问题进行监督。

关键词： 统一解释　宪法解释　法律解释　司法解释

一、法律统一解释在我国的历史渊源

对法律法规作出统一解释，[2]在我国自民国初期起草宪法文件或制定宪法时就已经给予了足够的重视。清末发布的第二个宪法文件《重大信条十九条》[3]第16条就规定："皇室大典不得与宪法相抵触。"此处已经考虑到宪法在法律统一性的核心地位，为法律法规的统一解释制度奠定了立法的依据。1913年国会宪法起草委员会拟定的《天坛宪法草案》第112条规定："宪法有疑义时，有宪法会议解释之。"第94条还规定："法律与宪法抵触者无效。"上述规定已经在制度层面考虑如何对法律之间出现冲突来加以协调和作出统一解释。1923年公布的《中华民国宪法》已经在制度上关注法律之间的"统一"问题。该宪法文件第28条第2款规定："省法律与国家法律发生抵触之疑义时，由最高法院解释之。"当然，该宪法仍然保留了宪法会议解释宪法的制度，第139条规定："宪法疑义时，由宪法会议解释之。"真正在宪法文件中明确"统一解释"法律术语内涵的是1936年5月1日立法院通过、同年5月5日国民政府宣布的《中华民国宪法草案》（"五五宪草"）。该宪法文件第79条规定："司法院有统一解释法律命令之权。"其后1946年12月25日国民大会通过、1947年1月1日国民政府公布并于同年12月25日施行的《中华民国宪法》第78条则进一步规定："司法院解释宪法，并有统一解释法律及命令之权。"为实施《中华民国宪法》第78条关于统一解释的上述规定，在1949年新中国建国之前的国民政府司法院大法官会议对《中华民国宪法》（1946年）所作出的第二号宪法解释中就已经非常清晰地表达了立法事权冲突纠纷可以基于立法职权机制来解决，这种解决最大的特点就是"立法监督"。1949年1月6日（中华民国三十八年一月六日）释宪第二号解释（宪法

第78条）[4]声称：宪法第七十八条规定司法院解释宪法并有统一解释法律及命令之权。其于宪法则曰解释，其于法律及命令则曰统一解释，两者意义显有不同。宪法第一百七十三条规定宪法之解释由司法院为之，故中央或地方机关于其职权上适用宪法发生疑义时，即得声请司法院解释，法律及命令与宪法有无抵触发生疑义时亦同。至适用法律及命令发生其他疑义时，则有适用职权之中央或地方机关，皆应自行研究以确定其意义而为适用，殊无许其声请司法院解释之理由。惟此项机关适用法律或命令时，所持见解与本机关或他机关适用同一法律或命令时，所已表示之见解有异者，苟非该机关依法应受本机关或他机关见解之拘束或得变更其见解，则对同一法律或命令之解释，必将发生歧异之结果，于是乃有统一解释之必要，故限于有此种情形时，始得声请统一解释。本件行政院转请解释，未据原请机关说明，所持见解与本机关或他机关适用同一法律时所已表示之见解有异，应不予解释。值得注意的是，1946年《中华民国宪法》宪法文本在两处都指向了"宪法解释"，即第78条和第173条。为保证"统一解释"的制度就可操作性，1946年《中华民国宪法》皆以"宪法"作为"法律"、"命令"统一解释之法律依据。第171条规定：法律与宪法抵触者无效。法律与宪法有无抵触发生疑义时，由司法院解释。第172条规定：命令与宪法或法律抵触者无效。

由上分析可知，通过建立法律、命令的"统一解释"制度来维护法制统一已经成为民国时期法治建设的一个重要特色，其中，宪法解释在"统一解释"中又扮演了非常重要的角色，作为"统一解释"一个问题的两个方面，宪法解释的过程实质上完成了对法律、命令的"统一解释"。

新中国成立后，起临时宪法作用的《中国人民政治协商会议共同纲领》并未对"统一解释"作出相关规定，只是与《共同纲领》同时颁布的《中华人民共和国中央人民政府组织法》[5]第7条赋予中央人民政府委员会依据《共同纲领》"制定并解释国家的法律"。该法第31条也规定："本组织法的解释权，属于中央人民政府委员会。"

1954年宪法第31条第3项规定，全国人大常委会"解释法律"，但缺少解释宪法的规定。1975年宪法第18条也将解释法律的职权赋予全国人大常委会，但也没有关于宪法解释的规定。1978年宪法第25条第3项明确规定全国人大常委会"解释宪法和法律"，1982年现行宪法第67条第1项、第4项规定了全国人大常委会有权"解释宪法"、"解释法律"。

考察近一个世纪中国制宪史，可以发现，"统一解释"是与宪法解释制度联系在一起，正如1946年《中华民国宪法》释宪第二号解释所说的那样：解释宪法并有统一解释法律及命令之权，其于宪法则曰解释，其于法律及命令则曰统一解释，两者意义显有不同。但在没有宪法解释制度背景下，尽管存在法律解释制度，但也无法保证"统一解释"制度的有效存在，因为当法律之间发生冲突或者是疑义时，法律自身不能作为解决法律冲突的依据，而只能依据宪法来解决法律之间的矛盾。以此标准来看新中国的"统一解释"制度，只是在1978年宪法和1982年宪法中同时规定了"宪法解释"和"法律解释"，故从法理上来看，"统一解释"在宪法制度上的确立是1978年宪法，当然现行宪法也延续了1978年关于"统一解释"制度的设计理念，虽然迄今为止尚未有宪法解释的实际事例，但不可否认的是，1982年现行宪法关于全国人大常委会有权解释宪法和解释法律的规定，为"统一解释"制度的建立奠定了基本的宪法依据。

二、"司法解释"不具有统一解释的功能

作为对法律法规进行"统一解释"制度的确认，其历史源头可追溯到"五五宪草"，但"五五宪草"将"统一解释法律命令之权"赋予了"司法院"，即"统一解释"的任务是由司法机关来承担。根据1982年现行宪法第67条第1项和第4项的规定，我国现行的法律解释制度下，只有全国人大常委会有权解释宪法和法律，司法机关不具有"统一解释"的职能，实践中最高人民法院和最高人民检察院的"审判解释"和"检察解释"只具有针对具体案件事实的约束力，而缺乏约束法律法规的功能。

根据1981年6月10日第五届全国人民代表大会常务委员会第十九次会议通过的《关于加强法律解释工作的决议》，关于法律、法令条文本身需要进一步明确界限或作补充规定的，由全国人民代表大会常务委员会进行解释或用法令加以规定。凡属于法院审判工作中具体应用法律、法令的问题，由最高人民法院进行解释。凡属于检察院检察工作中具体应用法律、法令的问题，由最高人民检察院进行解释。从上述规定明显可以看出，凡是与法律（令）条文的理解相关的解释，包括明确含义或者是作出补充和完善规定的，都属于"立法解释"的范围。《立法法》第47条规定："全国人民代表大会常务委员会的法律解释同法律具有同等效力。"也就是说，只有全国人大常委会对法律作出的"立法解释"才能具有与法律一样的"普遍法律效力"，或者是可以视为法律的"一部分"。而最高人民法院作出的"审判解释"、最高人民检察院作出的"检察解释"，其解释的对象不是法律条文自身，而是针对被解释的法律条文如何适用于具体的案件或者是事例。这就意味着，审判解释、检察解释不具有"立法"的性质，只是一种"法律适用"，它只能约束"具体案件"或者"具体事例"，审判解释、检察解释只具有"仲裁规则"的特定法律效力，而不具有"行为规范"那样的"普遍法律效力"，只能在审判活动、检察活动中有效。

三、加强"统一解释"需要从启动宪法解释的运行机制入手

尽管我国现行宪法第67条规定全国人大常委会可以有权解释宪法，但是，截至目前，全国人大常委会尚未作出一例被学界公认的"宪法解释"。因此，在缺少宪法解释的制度背景下，就很容易出现对法律进行任意解释而无法"统一"的问题。最突出的例子如最高人民法院、最高人民检察院、公安部等国家机关为实施《刑事诉讼法》而随意制定和发布的"司法解释"。

1979年7月1日第五届全国人民代表大会第二次会议通过、根据1996年3月17日第八届全国人民代表大会第四次会议《关于修改〈中华人民共和国刑事诉讼法〉的决定》修正的《中华人民共和国刑事诉讼法》共有225条。而新的刑诉法生效后，1998年5月14日公安部以部令第35号公布施行的《公安机关办理刑事案件程序规定》有355条；1997年1月15日最高人民检察院第八

届检察委员会第六十九次会议通过的人民检察院实施《中华人民共和国刑事诉讼法》规则（试行）（高检发释字[1997]1号）达到414条；1998年6月29日最高人民法院审判委员会第989次会议通过最高人民法院关于执行《中华人民共和国刑事诉讼法》若干问题的解释（法释〔1998〕23号）也有367条之多，形成了法学界形容的"三个解释条文远远多于法律本身的司法解释"的现象。由于公、检、法三家都只从自身实施刑诉法的实际情况出发，导致了各自所出台的"司法解释"相互打架，最后，最高人民法院、最高人民检察院、公安部、国家安全部、司法部、全国人大常委会法制工作委员会又出台了《关于刑事诉讼法实施中若干问题的规定》。该规定强调"任何不符合刑事诉讼法关于案件管辖分工规定的文件一律无效"。由此可见，各部门都有权出台具有"普遍法律效力"的"司法解释"，结果只能导致司法解释制度不统一，将不同国家机关的部门利益之争和权力分工之争带到司法解释制度中，使得司法解释制度成为维护部门利益的工具。这种现象不仅妨碍了全国人大常委会作为国家专门的立法解释机关的立法权威，也给法律自身的统一性设置了制度障碍。所以，如果将"司法解释的效力范围"扩展到"普遍法律效力"，那么，杂乱无章的司法解释制度必然会影响立法工作的科学性和法制的统一性。

为此，必须要从"统一解释"的机制完善角度入手，而其中最重要的一点就是要建立专门的机构或程序来启动全国人大常委会依据宪法所享有的解释宪法职权和法律的职权。最切实可行的办法是在全国人大常委会下设"法律统一解释工作委员会"或者是在全国人大下设"法律统一解释委员会"。"法律统一解释委员会"的职能区别于全国人大法律委员会与全国人大常委会法制工作委员会的特点就是专门负责研究对现行宪法在实施过程中需要对相关宪法条文的含义进一步予以明确的向全国人大常委会提出相关建议，对于法律之间、法律与法规之间、法规与规章之间可能出现的矛盾和争议，通过结合宪法相关规定的方式，来有效地解决法律之间、法律与法规之间以及法规与规章之间的冲突。该委员会的功能可以分为两个方面，一是通过"统一解释"来推动宪法实施工作，维护法律自身的统一性；二是以法律、行政法规、地方性法规、自治条例和单行条例作为审查对象，通过审查这些不同的法律形式与宪法之间的有效联系，及时有效地解释法律、行政法规、地方性法规、自治条例和单行条例与宪法之间的一致性。

我国著名法学家、全国人大代表梁慧星先生曾就建立法律统一解释委员会事宜专门写过文章来论述其必要性，他建议全国大会常委会制定一个专门的法律，即《中华人民共和国统一解释法律委员会法》，规定统一解释法律委员会的职权、组成、任期及工作程序等。统一解释法律委员会的委员，应由全国人民代表大会常务委员会从全国人大法律委员会推荐的人选中任命。统一解释法律委员会的委员，应具有的资格是：曾经担任最高人民法院法官10年以上而有杰出成绩者，或者曾经担任法律主要学科教授、研究员10年以上而有权威著作者。委员的任期与法律委员会委员相同，可以连任两届。[6]

梁先生关于建立法律统一解释委员会的建议在法理上是很有见地的。这说明，尽管2010年底我们已经形成了中国特色的社会主义法律体系，但是，解决法律之间、法律与法规、法规与规章之间的矛盾和冲突问题仍然没有得到制度上的有效保障。尽管全国人大2000年出台了《立法法》，但是该《立法法》的立法目的仍显滞后，《立法法》第1条规定：为了规范立法活动，健全国家立法制度，建立和完善有中国特色社会主义法律体系，保障和发展社会主义民主，推进依法治国，建设社会主义法治国家，根据宪法，制定本法。上述规定的最大缺陷是立法目的试图通过"规范立法"方式来有效地解决法律之间、法律与法规之间、法规与规章之间的冲突和矛盾，而这些问题有很大一部分本来可以通过"统一解释"就可以解决。为此，应当考虑在全国人大或全国人大常委会下设专门的统一解释委员会或工作委员会来解决发挥法制的统一性问题。

注 释：

[1] 莫纪宏，中国社会科学院法学研究所研究员。

[2] 梁慧星研究员认为：所谓法律的统一解释，是指由专门设立的解释机构，依据法律授予的统一解释法律的职权，对宪法、法律、法规、规章以及习惯法和判例进行统一的解释。统一解释的目的在于，阐明宪法、法律、法规等的正确含义，消除相互间的矛盾和冲突，实现法律体系内部的和谐一致，维护国家法制的统一性。《法学》1999 年第 3 期。

[3] 1911 年 11 月 3 日公布。

[4] 该宪法解释目前在台湾地区仍然有效。

[5] 1949 年 9 月 27 日中国人民政治协商会议第一届全体会议通过。

[6] 梁慧星：《关于设立统一解释法律委员会的建议》，《法学》1999 年第 3 期。

二、刑事法治

中国大陆刑法改革的进展与趋势

赵秉志[1]

一、前言

刑事法治建设是中国大陆法治建设的重要组成部分。近年来，随着社会的发展和法治的进步，中国大陆在完善刑法立法、加强刑事司法和繁荣刑法研究等方面都卓有成效地开展了系列工作，取得了显著进展，极大地推动了中国大陆刑事法治建设的进步，丰富和完善了中国大陆的社会主义法律体系。其中，立法改革是基础，也是中国大陆近年来刑法改革成效最为显著的方面，初步实现了从刑法观念到刑事政策、从刑法体系到刑法制度的全面变革。因此，了解中国大陆刑法立法改革的基本历程、主要进展和发展趋势，对于深入把握中国大陆的刑事法治建设，无疑具有重要意义。

二、中国大陆刑法改革的基本历程

历史地看，中国大陆的刑法改革大体上经历了三个主要阶段，即1979年刑法典的创制、1997年刑法典的修订和1997年以来刑法立法的修正与完善。经过这些阶段的发展，中国大陆已经构建了一个形式基本统一、内容相对完备、结构较为科学的刑法体系。

（一）1979年刑法典的创制

1979年刑法典是中国大陆第一部社会主义刑法典。在此之前，中国大陆的刑法立法十分匮乏，只在20世纪50年代制定了少量的单行刑法，如中央人民政府委员会1951年2月20日通过的《中华人民共和国惩治反革命条例》，1951年4与19日通过的《妨害国家货币治罪暂行条例》和1952年4月21日公布的《中华人民共和国惩治贪污条例》等。[2]此外，也有一些包含刑事罚则的非刑事法律，如《消防监督条例》、《爆炸物品管理规则》等。[3]

这一时期，中国大陆也开始着手刑法典的草拟工作。自1950年起，中国大陆在中央人民政府法制委员会的主持下开始了刑法典的起草工作，并先后拟定了1950年《中华人民共和国刑法大纲草案》和1954年《中华人民共和国刑法指导原则草案（初稿）》。[4]1954年，中国大陆通过了第一部社会主义宪法即1954年宪法。这极大地推动了中国大陆的刑法立法工作，刑法典的起草工作也于当年改由全国人大常委会办公厅法律室负责，标志着刑法立法工作正式纳入立法机关的工作日程。至1957年6月28日，中国大陆立法机关已拟出刑法典草案第22稿。[5]后因1957年"反右派"运动后"左"的思想倾向急剧抬头，起草工作被迫停顿。1962年3月22日，毛泽东主席就法律工作明确指出："不仅刑法需要，民法也需要，现在是无法无天。没有法律不行，刑法、民法一定要搞。不仅要制定法律，还要编案例。"[6]从1962年5月开始，全国人大常委会办公厅法律室在有关部门的协同下，对刑法典草案第22稿进行全面修改，并于1963年10月9日拟出当时比较成熟的刑法典草案第33稿。[7]这个稿本经中共中央政治局常委审查后曾考虑公布，但终因"四清"和"文化大革命"等政治运动的冲击而被搁置。[8]

1976年10月中国大陆粉碎了"四人帮"，之后于1978年2月召开的第五届全国人大第一次会议开始对法制工作有所重视。1978年10月，邓小平先生在一次谈话中专门指出："法制问题也就是民主问题。"现在"很需要搞个机构，集中些人，着手研究这方面的问题，起草有关法律"。[9]从当年10月中旬开始，中央政法小组组成刑法草案的修订班子，对第33稿进行修改，先后拟了两个稿本。[10]1979年2月下旬，全国人大常委会法制委员会成立，在该委员会主任彭真的主持下，从3月中旬开始，对包括刑法典起草在内的相关立法工作抓紧进行。刑法典草案以第33稿为基础，结合新情况、新经验和新问题，征求了中央有关部门的意见，作了一定的修改，先后又拟了三个稿本。[11]其中，第二个稿本于1979年5月20日获得中央政治局原则通过，接着又经法制委员会全体会议和第五届全国人大常委会第八次会议审议后作了一些修改和补充，最后在1979年7月1日五届全国人大二次会议上通过。同年7月6日正式公布，并规定自1980年1月1日起施行。至此，中国大陆第一部刑法典正式起草工作自1954年至1979年前后历时25年，凡38个稿本，终于诞生，标志着中国大陆刑事法治的基本具备，成为中国大陆在加强社会主义法制方面迈出的重要步伐。[12]

（二）1997 年刑法典的修订

作为中国大陆的第一部社会主义刑法典，1979年刑法典具有划时代的意义。不过，受当时社会形势的限制，加上立法时间仓促，1979年刑法典也存在一些问题，如观念比较保守，内容稍显粗疏，以致在很短的时间内便显露出与社会现实生活的诸多不适应。[13]加之1979年制定刑法典时就曾考虑过要否在刑法典中规定军职罪，只是后来考虑到来不及研究清楚，决定另行起草军职罪暂行条例。[14]因此，1979年刑法典颁布实施后不久，国家立法机关即着手刑法典的补充、完善工作，并很快于1981年6月10日通过了《中华人民共和国惩治军人违反职责罪暂行条例》。此后，为了适应改革开放的发展和惩治犯罪的需要，至1997年新刑法典通过前，中国大陆先后通过了25部单行刑法，并在107部非刑事法律中设置了附属刑法规范。[15]这些单行刑法和附属刑法规范极大地丰富了中国大陆的社会主义刑法体系，但也存在一些缺陷，如内容不够完善、一些罪刑规范不够协调、立法过于粗略等，[16]打破了1979年刑法典的完整体系。更重要的是，随着社会的发展及其对刑法规范的需要，有些问题仅仅依靠单行刑法或者附属刑法的修修补补难以解决，亟须制定一部全面系统的新刑法典。[17]

而事实上，早在1982年，中国大陆最高立法机关就提出了修改刑法典的设想并开始了相关的调研工作。1988年7月1日，《七届全国人大常委会工作要点》明确指出要把刑法的修改工作正式列入国家立法规划。[18]之后，经过近9年的研究和修订，中国大陆于1997年3月14日通过了一部新的《中华人民共和国刑法》即1997年刑法典。这部新刑法典分总则、分则和附则，共15章，计452条，全面、系统地整理、吸收了1981年至1997年间所有的单行刑法和附属刑法规范，并在刑法理念、体系、结构和内容上有了较大的突破，[19]是一部观念、内容、罪名、体例和技术都有所创新的刑法典，[20]从而有利于促进刑法规范的合理协调、发挥刑法典的权威作用、促进刑事司法的统一和公民知法、守法与用法。[21]

（三）1997年以来的刑法修正

1997年以后，中国大陆社会又出现了一些新的情况：一是随着社会的发展，一些新的严重危害社会的行为不断出现，需要增设新的犯罪，同时为适应惩治犯罪的需要，一些犯罪的构成要件和法定刑也难以满足司法实践的要求，需要进行调整。二是中国大陆于2006年确立了宽严相济的基本刑事政策。这些新情况对刑法立法提出了新的要求，需要刑法及时作出调整。[22]

为了适应社会发展的需要，1997年刑法典颁布以来，中国大陆又先后进行了9次重要的刑法立法活动，出台了1部单行刑法和8个刑法修正案；同时还通过了9个刑法立法解释文件。其中，1部单行刑法和前7个刑法修正案主要采取增设新罪种、调整某些犯罪的构成要件和法定刑的方式，对1997年刑法典的分则条文进行了一定幅度的修改。而2011年2月25日通过的《刑法修正案（八）》则首次对1997年刑法典的总则内容进行了修改补充，增设了对老年人犯罪从宽暨原则上免死、调整刑罚结构、扩大特殊累犯范围、将坦白上升为法定情节、规范管制刑的执行等，并对刑法典分则的组织、领导、参加黑社会性质组织罪及相关犯罪的立法进行了调整，加强了刑法的民生保护，增设了危险驾驶罪、拒不支付劳动报酬罪等新型犯罪，完善了危害食品安全等犯罪的刑法设置。[23]所有这些都极大地丰富了中国大陆刑法的内容和体系，促进了中国大陆刑事法治建设的新发展。

三、中国大陆刑法改革的主要特点

当代中国大陆的刑法改革，是因应中国大陆社会形势变化和国际社会刑法改革潮流而进行的重要变革，具有鲜明的时代性、科学性和国际性特征。

（一）刑法改革的时代性

刑法的改革离不开特定的社会背景和时代要求。时代性是中国大陆刑法改革的首要特点。这主要体现在两个方面：

第一，刑法改革与社会发展的要求相适应。自中华人民共和国成立以来，中国大陆经历多了个不同的社会发展阶段，对法律的要求也有所不同。总体而言，中国大陆自改革开放以来在政治、经济、文化、法治建设等方面都取得了巨大进步。为了适应社会发展的这种变化，中国大陆对刑法进行了多方面的改革。其中最具代表性的当属经济犯罪规范的调整。近30余年来，中国大陆在经济上实现了计划经济向市场经济的转轨，经济结构和经济制度发生了重大变革。这对刑法也提出了新的要求。毕竟，"在市场经济时代，虽然刑法的政治功能依然存在，但刑法在保障经济发展中的功能应上升为首要功能"。[24]为此，中国大陆1997年刑法典进行了系列调整，将1979年刑法典分则第三章"破坏社会主义经济秩序罪"的章名更改"破坏社会主义市场经济秩序罪"，取消了多种与发展社会主义市场经济相抵触的罪名，增设了许多新的经济犯罪罪名，以适应市场经济发展的需要。

第二，刑法改革与犯罪形势的变化相适应。犯罪形势的变化既受社会形势变化的制约，又有其内在规律。改革开放以来，中国大陆社会一直处于转型之中，犯罪形势也有一些明显的变化：一是新型犯罪不断涌现。其中，以计算机、生物科技为代表的高科技犯罪，以交通安全、食品安全和环境安全为代表的民生安全犯罪，以及以国际恐怖犯罪、跨国犯罪为代表的国际性犯罪日益突出。二是经济犯罪率始终居高不下。自1993年确立发展社会主义市场经济体制以来，中国大陆的经济犯罪基本上呈逐年上升趋势。[25]其中，2011年中国大陆经济犯罪案件立案数和破案数同比分别上升了 10%和 13%，均创历史新高。[26]针对犯罪形势的这些变化，中国大陆在1997年刑法典及之后的历次刑法修正中作出了系列调整，增设多种新的犯罪，降低了部分犯罪的入罪门槛，同时加大了对相关犯罪的惩治力度。

（二）刑法改革的科学性

立法的科学性是刑法改革的基本要求。中国大陆刑法改革的科学性主要体现在以下三个方面：

第一，刑法体系的协调性。体系结构的协调是刑法立法科学性的基本要求。为此，中国大陆从多方面加强了刑法体系的协调：一是刑法典总则修改与分则修改相结合，加强了总则与分则的协调。客观地讲，中国大陆刑法典总则与分则之间存在一定的矛盾，如刑法典总则规定"死刑只适用于罪行极其严重的犯罪分子"，但刑法典分则设置的死刑罪名中，有些犯罪并不属于极其严重的犯罪。为消除刑法典总则与分则之间的矛盾，近年来，中国大陆加强了刑法典总则与分则的协调，如《刑法修正案（八）》在完善刑法典分则规定的同时，也加强了刑法典总则的修改，取消了13种经济性、非暴力犯罪的死刑。二是刑法典分则内部修改的相互对应。中国大陆刑法典分则在具体犯罪及其法定刑的设置上讲求相互照应，例如，为加强对黑社会性质组织犯罪的治理，《刑法修正案（八）》在提高组织、领导、参加黑社会性质组织罪法定刑的同时，也提高了黑社会性质组织相关犯罪（如敲诈勒索罪、强迫交易罪等）的法定刑，加强了刑法典分则内部对黑社会性质组织犯罪的惩治，有助于促进刑法规范内部的协调。[27]

第二，刑法内容的合理性。近年来中国大陆主要从两方面完善了刑法内容：一是坚持适度犯罪化原则，设置了合理的犯罪圈。在中国大陆，关于刑法的调控范围到底应当缩小还是扩大，曾存在着非犯罪化与犯罪化之争。前者主张缩小刑法的犯罪圈，认为将轻微犯罪行为予以非犯罪化是当今各国刑法发展的趋势和中国大陆刑法现代化的要求；[28]后者则主张扩大刑法的犯罪圈，认为非犯罪化是西方国家解决犯罪率上升、监狱人满为患、社会矛盾激化的一种措施，不值得学习借鉴。[29]最终，中国大陆采取的是适度犯罪化做法，即对于一些危害严重的行为，根据行为的现实危害、影响范围、发展趋势等状况和法律制度的配套情况，有选择地予以犯罪化，[30]合理区分了犯罪行为与违法行为的界限，构建了一个合理的犯罪圈。二是科学地进行刑罚体系和法定刑建设，设定了合理的刑罚圈。其中，在刑罚体系建设方面，中国大陆2011年通过的《刑法修正案（八）》专门针对过去刑罚体系中存在的死刑偏重、生刑偏轻等不合理现象，完善了死缓减刑制度，同时适当提高了无期徒刑、有期徒刑的惩罚力度，使得刑罚结构更为合理；在法定刑设置方面，近年来中国大陆根据刑事司法实践的经验，多次调整了部分犯罪的法定刑，使得中国大陆刑法典分则具体犯罪法定刑的设置更为合理。

第三，刑法技术的科学性。科学的立法技术有利于刑法目的的实现。中国大陆十分重视刑法立法技术的完善：一是注重立法语言的准确性和涵括性。这在历次刑法修正中均有体现。以《刑法修正案（七）》第3条为例，该条对原偷税罪的具体偷税手段用"欺骗、隐瞒"进行概括，同时对定罪量刑的具体数额作概括化表述，修改为"数额较大"、"数额巨大"，表述得更为准确。二是强调条文内容的明确性与可操作性。[31]在一般情况下，立法内容越是明确，司法机关就越容易操作适用。这是罪刑法定原则的基本要求。近年来，无论是针对刑法典总则还是刑法典分则具体犯罪的修改，中国大陆都十分注重立法的明确性。例如，关于年满75周岁的人原则上不适用死刑的规定，《刑法修正案（八）》就明确规定为"审判的时候已满七十五周岁"，从而加强了该条文内容的明确性与可操作性。

（三）刑法改革的国际性

随着中国大陆改革开放的深入，刑法改革与国际接轨正成为中国大陆刑法改革的重要特点，并主要体现在以下两个方面：

第一，积极借鉴域外刑法立法的先进经验。随着国际化程度的不断加强，各国刑法改革出现了一种趋同现象。借鉴域外先进的立法经验成为许多国家、地区刑法改革的重要实践。中国大陆地区亦不例外：一是积极顺应国际改革趋势进行刑法改革。近年来，国际社会刑法改革的趋势主要体现为对人权保障的强调（如死刑废止）和对民生的关注（如国际反恐）。对此，在人权保障方面，中国大陆刑法不仅确立了以人权保障为核心的罪刑法定、刑法谦抑、刑罚人道等原则，而且加强死刑的立法和司法控制，严格死刑适用的对象、范围、条件和程序，并从立法上努力减缩死刑罪名。[32]在民生方面，中国大陆刑法也进行了多方面的改革，加强了诸多民生领域的刑法保护。二是积极借鉴域外先进的刑法制度和立法技术。例如，近年来中国大陆积极借鉴域外刑法的立法经验，加强了对计算机犯罪、网络犯罪、环境犯罪、腐败犯罪等类型犯罪的刑法治理，并在许多具体的刑法制度和刑法规范上借鉴了域外的先进立法经验。

第二，积极加强国际刑法的国内化。近年来，国际社会通过了一系列旨在惩治国际犯罪的国际刑法公约。这些国际刑法公约在专门规定禁止和惩治国际犯罪的具体规范的同时，几乎都毫无例外地规定了各缔约国应采取必要措施确保对国际犯罪的制裁的义务，[33]如《反对劫持人质国际公约》、《联合国反腐败公约》等都如此。为此，中国大陆近年来的刑法改革十分注重履行公约义务，加强了国际刑法的国内化，完善了对恐怖犯罪、有组织犯罪、贪污贿赂等严重犯罪类型的刑法治理。

中国大陆刑法改革的上述特点，是中国大陆在现实背景下进行重要刑法改革的体现，标志着中国大陆刑法改革的日益成熟与科学。

四、中国大陆刑法改革的重大进展

综观近年来的刑法改革，中国大陆无论是在刑法的理念与政策，还是在刑法的体系与制度方面都取得了重大进展，成绩斐然。

（一）刑法观念的变革

观念是行动的先导。过去，由于专制主义传统和长期实行计划经济，一些似是而非的传统刑法观念在中国大陆根深蒂固。其中，"刀把子"的刑法价值观、"乱世用重典"的重刑主义、"不枉不纵"的诉讼目的、"情法不相容"的刑法适用观等长期影响着中国大陆的刑法实践。[34]不过，随着市场经济的发展和民主法制建设的进步，经济刑法观、法制刑法观、民主刑法观、平等刑法观、人权刑法观、适度刑法观、轻缓刑法观、效益刑法观、开放刑法观以及超前刑法观等现代刑法观念开始在中国大陆萌芽并逐步确立。[35]如今，以现代刑事法治为主要内容的刑法观念已经成为中国大陆刑法改革的主导，并主要体现在以下三个方面：

第一，刑法的人权保障观念。当今世界，人权已成为国际社会处理政治、经济、法律等事务时考虑的重要因素。其中，刑法由于其所保护利益的广泛性、重要性及其对违法制裁的特殊严厉性，使得其对人权之保障具有特别重要的意义。[36]不过，随着社会的发展，人权保障观念在中国大陆逐渐深入人心，并已经成为中国大陆刑法改革的重要指导。特别是2004年中国大陆第四次修宪将"国家尊重和保障人权"写入宪法，标志着"权利时代"在中国大陆的开启，[37]并使得以罪刑法定、刑法谦抑、刑罚人道等为主要内容的人权保障观念有了宪法依据。如今，保障人权已经成为中国大陆刑法立法和刑事司法的基础性观念。

第二，刑法的公平公正观念。正义是社会制度的首要价值，[38]是人类社会发展的基本追求，也是包括刑事法治在内的中国大陆法治建设的重要目标。1997年，中国大陆在新修订的刑法典中明确规定了"适用刑法人人平等原则"和"罪责刑相适应原则"，标志着刑法的公平公正观念在立法中的正式确立。以此为基础，中国大陆积极完善了其科学严密的刑罚体系、区别对待的处罚原则和轻重不同的量刑幅度，并在刑事司法中着力贯彻定罪、量刑和行刑的平等，逐步扭转了刑法立法和刑事司法中的重刑主义趋向，促进了刑法公平公正观念的深入。[39]

第三，刑法的安全保护观念。近年来，随着恐怖主义、危害交通安全与食品安全等行为对社会威胁的加剧和风险社会理论的引入，民生安全逐渐成为中国大陆社会关注和刑法改革的热点。刑法的安全保护观念也因此成为中国大陆刑法的重要改革理念。[40] "安全刑法被定义为一个风险社会稳定的基本前提条件。"[41]在此观念的指导下，中国大陆近年来加强了对交通安全、食品安全、药品安全、生产安全和计算机安全等民生领域的刑法保护，并取得了积极成效。

（二）刑事政策的发展

刑事政策是刑法立法和刑事司法的政策指导。历史地看，中国大陆的刑事政策先后经历了几次转变。在中华人民共和国成立之初，中国大陆沿用和发展了新民主主义革命时期提出的"镇压与宽大相结合"的刑事政策，并在"镇反"、"三反"、"五反"等斗争中发挥了重要作用。不过，随着社会形势的发展，这一政策逐渐发展为针对所有犯罪分子的"惩办与宽大相结合"的政策。1979年，中国大陆通过的第一部刑法典和刑事诉讼法典中都明确规定了"惩办与宽大相结合"的政策。此后，这一政策在司法实践中发挥了积极作用。[42]

不过，自20世纪80年代初起，中国大陆提出并开展了"严打"斗争，强调"从重、从快"打击严重刑事犯罪。从内涵上看，"严打"政策显然偏离了"惩办与宽大相结合"刑事政策的精神。20余年的实践证明，"严打"所追求的遏制和减少犯罪的预期目标并没有实现，相反，其负面效应却日益凸显。在此背景下，为实现构建社会主义和谐社会之宏伟目标，在总结"严打"刑事政策的经验与教训的基础上，宽严相济的刑事政策应运而生。[43] 2004年12月22日，时任中共中央政治局常委、中央政法委员会书记的罗干在中央政法工作会议上指出："正确运用宽严相济的刑事政策，对严重危害社会治安的犯罪活动严厉打击，决不手软，同时要坚持惩办与宽大相结合，才能取得更好的法律和社会效果。"[44]此后，宽严相济刑事政策逐渐成为中国大陆的基本政策。2006年10月11日中共中央第十六届六中全会发布的《中共中央关于构建社会主义和谐社会若干重大问题的决定》更是明确提出，在刑事司法活动中，应该坚持和贯彻宽严相济的刑事司法政策。[45]

宽严相济刑事政策是中国大陆在努力构建社会主义和谐社会伟大进程中所提出的一项新的基本刑事政策，它继承了惩办与宽大相结合刑事政策的基本精髓，同时也根据新时期的社会背景有创造性地发展。在此政策的指引下，罪刑法定、罪责刑相适应、主客观相统一、正当程序和注重效果等原则被赋予了新的使命，[46]并在此后的刑法修正中得到了较为全面的贯彻，[47]标志着中国大陆刑法改革的进一步发展。

（三）刑法体系的改进

刑法体系包括刑法的立法体系（即刑法的立法模式）和刑法典体系（即刑法典内部的总则与分则体系）。近年来，中国大陆这两方面的改革都取得了积极进展。

第一，在刑法立法体系的改进方面，中国大陆刑法的法典化程度不断提高。法典是一个相对科学、符合逻辑的成文法整体。[48]它通常意味着较为统一而严谨的规范体系。刑法法典化是追求这一目标的过程，它能"使刑法形成一个内容完整、形式统一的规范体系，克服因立法分散而导致的混乱、重叠和冲突"。[49]不过，历史地看，中国大陆刑法的法典化是一个漫长的过程。1979年之前，中国大陆只有少数几部单行刑法和一些内容分布零散的附属刑法规范。1979年刑法典虽然初步实现了刑法的法典化，建立了一个统一的刑法体系，但这一格局很快被打破。及至1997年全面修订刑法典后，中国大陆才又有了一部相对统一的刑法典。此后，刑法修正案逐渐成为中国大陆刑法立法的主要形式。作为刑法典的组成部分，[50]刑法修正案形式有利于保证刑法典的完整和统一，维护刑法典的权威，[51]标志着中国大陆刑法修法模式的基本成熟。[52]

第二，在刑法典体系的改进方面，中国大陆刑法典的总则与分则体系进一步完善。从体系上看，中国大陆1979年刑法典与1997年刑法典都采取了总则与分则体系，但在具体设计上，1997年刑法典的体系更为科学：[53]（1）将"总则"第一章的章名由"刑法的指导思想、任务和适用范围"更改为"刑法的任务、基本原则和适用范围"，增加了有关刑法基本原则的规定，规定了现代刑法的三项基本原则，强化了刑法的人权保障机能。（2）在"总则"第二章"犯罪"中增加了"单位犯罪"一节，扩大了犯罪主体的范围。（3）"分则"由原来的八章增加为十章，并进一步扩充、完善了刑法典分则的体系：一是将"军人违反职责罪"以专章的形式纳入刑法典，并且增加了"危害国防利益罪"专章，既全面保护了国家的军事利益，又实现了刑法体系的统一；二是将"妨害婚姻、家庭罪"并入"侵犯公民人身权利、民主权利罪"一章；三是根据惩治贪污贿赂犯罪的需要，将贪污贿赂犯罪分别从原"侵犯财产罪"、"渎职罪"中分离出来成为独立一章"贪污贿赂罪"，突出了对腐败犯罪的治理；四是将"分则"第一章的章名由"反革命罪"更改为"危害国家安全罪"，将第三章的章名由"破坏社会主义经济秩序罪"更改为"破坏社会主义市场经济秩序罪"，充分体现了刑法的时代性；五是在"分则"一些大的"章"下设"节"，其中第三章"破坏社会主义市场经济秩序罪"下设八节，第六章"妨害社会管理秩序罪"下设九节，避免了大章的内容过于庞杂、条文过多的不足。经过这些修改，刑法典的体系显得更为统一、完备。

（四）刑法制度的完善

刑法制度是刑法观念和刑事政策的承载和贯彻。经过长期改革，中国大陆的各项刑法制度都得以进一步完善。下面仅以近年来中国大陆的刑法制度改革为对象，择其要者简介如下：

1. 特殊群体的刑法保护制度更加完善

刑法上的特殊群体主要是指未成年人、孕妇和老年人。对此，中国大陆1997年刑法典针对未成年人和孕妇规定了专门的刑法制度：（1）规定了未成年人刑事责任年龄制度，即只有年满16周岁的人才一律对所有犯罪负刑事责任，已满14岁不满16岁的人只对八种严重犯罪承担刑事责任，不满14岁的人不承担刑事责任；（2）规定了未成年人犯罪从宽制度，即已满14周岁不满18周岁的人犯罪的，应当从轻或者减轻处罚；（3）规定对未成年人和怀孕的妇女一概不适用死刑。此外，在刑事司法实践中，中国大陆还针对未成年人规定了进一步从宽的做法，如对未成年人实施强奸、抢劫、寻衅滋事、盗窃等行为定罪从宽，对未成年人犯罪适用无期徒刑、剥夺政治权利、罚金、没收财产、缓刑、免予刑事处罚、减刑、假释从宽。[54]

此后，中国大陆通过的《刑法修正案（八）》进一步发展了特殊群体的刑法保护制度：（1）进一步完善了未成年人犯罪从宽制度，即规定犯罪时不满18周岁的人不成立累犯；不满18周岁的人犯罪，只要符合缓刑条件的，应当适用缓刑；对未满18周岁的人犯罪被判处5年有期徒刑以下刑罚的，免除其前科报告义务。（2）参考中国历史上的成功做法并借鉴国际上的先进立法经验，在刑法典中创建了老年人犯罪从宽制度：规定老年人犯罪一般从宽；老年人犯罪原则上不适用死刑；只要符合缓刑的条件，对老年人应当宣告缓刑。这既更好地贯彻宽严相济基本刑事政策的从宽一面，完善了刑法中从宽处理的法律规定，也充分体现了刑法的人道主义，有利于促进社会和谐。[55]

2. 死刑制度改革取得重大进展

严格地说，当代中国大陆的死刑制度改革始于1997年刑法典的全面修订。在此之前，中国大陆刑法规范中的死刑罪名数量多达72种。1997年修订刑法典时，国家立法机关对死刑采取了较为严格的限制态度，不仅在刑法典总则中限制了死刑适用的条件，删除了对不满18周岁的未成年人可适用死缓的规定，放宽了死缓减为无期徒刑或者有期徒刑的条件，而且还在刑法典分则中适当调整了部分犯罪的死刑，将死刑罪名的数量减至68种。不过，客观而言，中国大陆1997年刑法典分则中的死刑罪名仍显得过多过滥，与刑法典总则严格控制死刑的整体思路存在一定的矛盾。

此后至2009年，中国大陆先后通过了一部单行刑法和七个刑法修正案，对刑法规范作了诸多修改和补充。但这些修改基本上都不涉及死刑问题，只有2001年通过的《刑法修正案（三）》第5条和第6条根据惩治恐怖犯罪等的需要，适当地扩大了原规定有死刑的非法买卖、运输核材料罪，盗窃、抢夺枪支、弹药、爆炸物罪和抢劫枪支、弹药、爆炸物罪的行为类型和犯罪对象。但从总体上看，中国大陆死刑罪名的数量在此期间并没有变化。

2011年是中国大陆死刑制度改革的关键一年。2011年2月25日中国大陆通过的《刑法修正案（八）》从两个方面对死刑制度进行了重大改革：（1）取消了13种经济性、非暴力犯罪的死刑，包括9种破坏市场经济秩序罪、1种侵犯财产罪和3种妨害社会管理秩序罪的死刑；（2）原则上取消了老年人犯罪的死刑，规定审判的时候已满75周岁的人不适用死刑，但以特别残忍手段致人死亡的除外。这是中国大陆死刑制度改革向前迈进的重要一步，受到了各方面的广泛好评。[56]

3. 刑罚结构进一步完善

近年来，中国大陆刑罚结构的完善主要体现在"生刑"[57]的适当加重：（1）限制死缓犯减刑，并延长了特殊死缓犯的实际执行刑期，即规定死缓犯在死刑缓期执行期间，如果确有重大立功表现，二年期满以后，减刑后的刑罚由原来的15年以上20年以下有期徒刑调整为25年有期徒刑，同时规定对9类特殊死缓犯，法院可以根据犯罪情节等情况决定限制减刑，特殊死缓犯缓期执行期满后减为无期徒刑的，实际执行期限不能少于25年，缓期执行期满后减为25年有期徒刑的，不能少于20年。（2）普遍延长了无期徒刑的实际执行刑期，规定无期徒刑减刑以后实际执行刑期不能少于13年，被判处无期徒刑的犯罪分子实际执行13年以上才可以假释。这较之前无期徒刑最低10年的实际执行刑期，普遍地提高了3年。（3）附条件地提高了有期徒刑数罪并罚的刑期，规定有期徒刑数罪总和刑期在35年以上的，数罪并罚后的刑期最高不能超过25年。这与1997年刑法典有期徒刑数罪并罚最高不能超过20年的规定相比，有所提高。这种合理加重生刑的做法，一方面有助于增强对死缓犯尤其是特殊死缓犯的惩罚力度，积极发挥死缓对死刑立即执行的替代作用，另一方面也有助于加强有期徒刑、无期徒刑和死刑之间的衔接，促进刑罚结构的进一步完善。[58]

4. 对于民生的刑法保护力度不断加强

加强民生的刑法保护是近年来中国大陆刑法改革的重点之一，并主要体现在四个方面：（1）增加了新的民生犯罪种类，将一些危害严重，人民群众反响强烈，原来由行政管理手段或者民事手段调整的违法行为（如危险驾驶、恶意欠薪和非法买卖人体器官）规定为犯罪，加强了民生利益的刑法保护（2）适当降低了民生犯罪的入罪门槛，调整了原生产、销售假药罪和重大环境污染事故罪等民生犯罪的构成条件，降低了入罪门槛，增强了可操作性。（3）积极扩充民生犯罪的行为类型。对一些已有相关罪名但行为范围较窄的侵害民生行为，采取扩充行为类型的方式强化民生保护，如扩充了强迫劳动罪、协助组织卖淫罪等犯罪的行为范围。（4）适度提高了民生犯罪的法定刑，如中国大陆敲诈勒索罪的原有法定最高刑只是10年有期徒刑，不利于对危害特别严重的敲诈勒索行为的惩治，为此中国大陆通过立法将敲诈勒索罪的法定最高刑提高为15年有期徒刑，有利于更好地打击严重危害民生的敲诈勒索行为。[59]

5. 反恐怖法律体系初步形成

中国大陆惩治恐怖活动犯罪的立法经历了一个从无到有、从少到多的逐步完善过程。1997年，中国大陆刑法典规定了专门的恐怖犯罪（即组织、领导、参加恐怖组织罪）。[60]此后，中国大陆先后于2001年和2011年通过了《刑法修正案（三）》和《关于加强反恐怖工作有关问题的决定》，进一步完善了恐怖犯罪的立法。概而言之，近年来中国大陆反恐立法的进展主要体现在四个方面：一是明确了恐怖活动、恐怖活动组织和恐怖活动人员的概念和认定标准。二是禁止对恐怖活动组织提供资助，将资助恐怖活动组织纳入刑事制裁的范围，着力切断恐怖活动组织生存、发展的资金链条。三是对组织、领导、参加恐怖活动组织又实施其他犯罪的，按照数罪并罚的规定处理。四是规定了反恐怖的工作机构及其职责。经过这一系列改革，中国大陆反恐怖法律体系已经初步形成。[61]

6. 进一步加大了对黑社会性质组织犯罪的惩治力度

中国大陆历来重视对黑社会性质组织犯罪的惩治。继1997年刑法典第294条规定了组织、领导、参加黑社会性质组织等三个具体罪名外，最高人民法院2000年12月4日通过的《关于审理黑社会性质组织犯罪的案件具体应用法律若干问题的解释》、全国人大常委会2002年4月8日通过的《关于〈中华人民共和国刑法〉第二百九十四条第一款的解释》对黑社会性质组织犯罪的法律适用作出了系统解释。而2011年通过的《刑法修正案（八）》更是从七个方面完善了中国大陆地区黑社会性质组织犯罪的刑法惩治：（1）在立法上明确规定了黑社会性质组织的法律特征；（2）完善了组织、领导、参加黑社会性质组织罪的法定刑，增加规定了没收财产、罚金等财产刑；（3）加大了对黑社会性质组织"保护伞"的打击力度，提高了包庇、纵容黑社会性质组织罪的法定刑；（4）扩大了特殊累犯的范围，将黑社会性质组织犯罪纳入了特殊累犯的范围；（5）降低了敲诈勒索罪的入罪门槛，同时提高了该罪法定刑；（6）增加了强迫交易罪的行为类型，并提高了该罪法定刑；（7）对寻衅滋事罪增加规定了一档的法定刑。[62]通过这些改革，中国大陆对黑社会性质组织犯罪的惩治力度得到明显加强。

总之，经过系列改革，目前中国大陆已经构建了一个观念现代、政策合理、体系完备、制度完善的现代刑法结构，有力地促进了中国大陆刑事法治建设的发展。

五、中国大陆刑法改革的发展趋势

促进刑事法治实现和维护社会和谐发展是中国大陆刑法改革的方向。[63]未来，中国大陆将进一步推进刑法的观念转变、体系完善和制度变革，积极推动社会主义法治建设。

（一）刑法观念的发展趋势

立足当前社情民意，未来中国大陆刑法观念的发展将呈现两种趋势：一是人权保障观念将继续成为未来中国大陆刑法改革的主旋律。近年来，尽管中国大陆刑法在保障人权方面取得了诸多进展，但距离宪法确定的"国家尊重和保障人权"的目标仍存在较大差异。同时，随着中国大陆经济的发展和民众权利意识的提升，民众对公共权力的运作会更加警惕。在此背景下，人权保障观念将得到进一步提升，并将长期成为中国大陆刑法改革的主导性观念。二是民生保护的观念在今后相当长的一段时间内还将进一步加强。随着社会的进步，人们对自身安全的要求会越来越强烈。以食品安全、药品安全、交通安全、生产安全等为代表的民生安全问题还将长期受到人们的重视，成为中国大陆社会长期面临的一个重大问题。如何通过完善刑法立法和刑事司法以加强民生的刑法保护，将是今后一段时间内中国大陆刑法改革的重要任务。

（二）刑事政策的发展趋势

宽严相济的基本刑事政策是中国大陆在新的社会形势下提出的基本刑事政策，并在当前的刑法立法和刑事司法中发挥了积极作用。从政策发展的角度看，宽严相济的基本刑事政策将是未来中国大陆刑法改革的长期政策。而加强宽严相济基本刑事政策在刑法立法和刑事司法中的贯彻，将是中国大陆刑事政策的未来发展趋势。其中，在刑法立法层面，中国大陆需要进一步完善刑罚结构、改革刑罚制度并合理调整法定刑幅度，贯彻宽严相济基本刑事政策之当宽则宽、该严则严、宽严有度和宽严相济的基本要求；[64]在刑事司法层面，中国大陆需要秉承保障人权、和谐司法的理念，遵循罪刑法定、罪责刑相适应和正当程序原则，正确运用体现宽严相济刑事政策的各项制度，妥善进行刑事司法制度创新，大力改进刑事司法工作机制。[65]

（三）刑法体系的发展趋势

在刑法体系方面，中国大陆刑法将继续坚持刑法法典化的目标，并积极完善刑法体系：

第一，适时地将《关于惩治骗购外汇、逃汇和非法买卖外汇犯罪的决定》纳入刑法典。1998年12月29日全国人大常委会通过的《关于惩治骗购外汇、逃汇和非法买卖外汇犯罪的决定》是当前中国大陆唯一的一部单行刑法。从体系化的角度看，该单行刑法破坏了刑法的整体结构，与中国大陆刑法的法典化发展趋势不符。而将该单行刑法纳入刑法典，既有利于完善中国大陆的刑法体系、发展中国传统法律文化，也有利于更好地发挥刑法的规范功能。[66]因此，未来，中国大陆应通过刑法修正案或者全面修订刑法典的方式将该单行刑法纳入刑法典。

第二，适当扩充刑法典分则体系。从刑法保护的法益类型上看，中国大陆刑法典对侵犯个人法益、社会法益或国家法益的犯罪都有较为系统的规定。但对侵害全人类法益或国际法益的犯罪，则只有一些零星的规定（如第122条的劫持航空器罪），这不利于国际刑法的国内贯彻。长远地看，中国大陆有必要在刑法典分则中增设"国际犯罪"专章，详细规定诸如劫持航空器罪、海盗罪、侵略罪等国际犯罪。这既有利于中国大陆全面履行其加入国际公约所应承担的义务，也有利于扩充并完善刑法典的分则体系，避免体系漏洞。当然，考虑到国际犯罪所侵害的法益与其他各章犯罪所侵害的法益在性质和类别上有所不同，可将其放在刑法典分则体系的最后。[67]

第三，适当整合并增设部分章节。对此，中国大陆刑法典应着重进行以下两方面的结构调整：（1）在刑法典总则结构方面，将"刑法适用范围"、"正当行为"、"未成年人犯罪的刑事责任"独立成章，[68]增设"保安处分"专章和"罪数"专节，以突出并扩充相关章节的内容，同时将"犯罪的预备、未遂和中止"节名更改为"犯罪的停止形态"以方便将犯罪既遂的内容纳入。[69]（2）在刑法典分则结构方面，增设"恐怖活动罪"和"计算机网络犯罪"专节，以完善这两类犯罪的刑法惩治；将"危害国防利益罪"和"军人违反职责罪"合并为"危害国家军事利益罪"专章，将"贪污贿赂罪"和"渎职罪"合并为职务犯罪专章，以突出同类客体；同时贯彻章节制，在刑法典分则每章之下都设节，以合理平衡刑法典分则的章节结构。[70]

（四）刑法制度的发展趋势

刑法制度有刑法典总则制度和分则制度之分。未来，中国大陆也将从这两个方面完善刑法制度。

1. 关于刑法典总则制度的完善

刑法典总则制度是整个刑法制度的重心。在刑法典总则方面，未来中国大陆将加强以下四个方面的制度完善：（1）进一步完善特殊群体的刑法保护，包括在刑法典总则中设立"特殊群体的刑事责任"专章；适当扩大特殊群体从宽制度的适用对象范围，将新生儿母亲、精神障碍人等特殊群体纳入其中；完善未成年人和老年人有关刑种限制适用的规定和非刑罚处置措施，适当放宽未成年人和老年人减刑、假释的条件；增加老年人犯罪不成立累犯的规定。

（2）进一步严格限制乃至废止死刑，包括严格限制死刑适用的罪种范围，大幅度削减死刑罪名；严格限制死刑适用的对象范围，明确规定对哺乳婴儿的妇女、精神病人、精神障碍者和老年人不得适用死刑；建立和健全死刑替代措施；建立死刑赦免制度，明确规定赦免的条件和程序，允许被判处死刑的人申请赦免；[71]进一步完善死缓制度，明确死缓的适用标准和撤销死缓的条件。（3）进一步完善刑罚种类，包括适当提高有期徒刑的上限，合理平衡有期徒刑、无期徒刑和死刑的惩治力度；增设新的资格刑，同时完善剥夺政治权利的内容；扩大罚金刑的适用条件和范围。（4）进一步改革刑罚制度，包括进一步完善累犯、自首、坦白和数罪并罚制度；完善减刑、假释制度，适当加大减刑、假释适用的力度；完善刑罚消灭制度，增设行刑时效、前科消灭制度，完善赦免制度的适用对象和程序等。

2. 关于刑法典分则内容的完善

在刑法典分则方面，除了合理调整刑法典分则体系，中国大陆还应从多个方面加强刑法制度建设：（1）进一步加强民生的刑法保护，合理处理出罪与入罪的关系，积极完善以食品安全、药品安全等为代表的各种危害民生行为的刑法治理。（2）积极贯彻宽严相济的基本刑事政策和罪责刑相适应原则，进一步完善刑法典分则部分犯罪的法定刑，实现罪刑均衡。（3）进一步加强对重大犯罪的刑法治理，严厉惩治恐怖主义、黑社会性质组织犯罪、毒品犯罪、枪支犯罪等重大犯罪。（4）根据社会发展的需要，适时调整刑法分则规范，特别是要适时调整经济犯罪的刑法规范，保证刑法规范与社会发展相协调。

六、结语

回首过去，中国大陆围绕社会发展的时代要求，积极转变刑法观念，加强政策变革和刑法制度完善，进行了富有成效的改革，取得令世人瞩目的成就。未来，中国大陆还将继续立足现实，广泛借鉴域外先进经验，进一步促进刑法的人道化、科学化和国际化，推动中国大陆刑事法治建设的发展。同时，随着社会的发展和刑法观念的变化，部分基础性的刑法要素可能需要调整，而刑法典的相关章节也需要适时进行必要的整合。[72]因此，中国大陆的立法机关也要适时地进行刑法典的编纂工作，吸纳已颁行的单行刑法和刑法修正案，并在适当的时机，对刑法典进行全面而系统的修改。只有这样，中国大陆的刑法改革才能始终保持其鲜明的时代性、科学性和国际性，进而促进"依法治国"和法治现代化目标的实现。

注 释：

[1] 赵秉志，北京师范大学刑事法律科学研究院暨法学院院长、教育部"长江学者"特聘教授、法学博士、博士生导师，中国刑法学研究会会长，国际刑法学协会副主席暨中国分会主席。

[2] 参见高铭暄、赵秉志：《中国刑法立法之演进》，法律出版社 2007 年版，第 31—37 页。

[3] 参见高铭暄、赵秉志：《中国刑法立法之演进》，法律出版社 2007 年版，第 37 页。

[4] 参见高铭暄:《中华人民共和国刑法的孕育诞生与发展完善》,北京大学出版社 2012 年版,第 1 页。

[5] 参见高铭暄、赵秉志编:《中国刑法立法文献资料精选》,法律出版社 2007 年版,第 247—274 页。

[6] 参见《人民日报》1978 年 10 月 29 日。

[7] 参见高铭暄、赵秉志编:《新中国刑法立法文献资料总览》(上册),中国人民公安大学出版社 1998 年版,第 337—365 页。

[8] 参见赵秉志主编:《刑法总论》,中国人民大学出版社 2007 年版,第 75 页。

[9] 参见高铭暄:《中华人民共和国刑法的孕育诞生与发展完善》,北京大学出版社 2012 年版,第 2 页。

[10] 参见高铭暄:《中华人民共和国刑法的孕育诞生与发展完善》,北京大学出版社 2012 年版,第 2 页。

[11] 参见高铭暄、赵秉志编:《新中国刑法立法文献资料总览》(上册),中国人民公安大学出版社 1998 年版,第 435—524 页。

[12] 参见赵秉志、王俊平:《改革开放三十年的我国刑法立法》,载《河北法学》2008 年第 11 期。

[13] 参见赵秉志、赫兴旺:《中国新刑法典的修订与分则的重要进展》,载《吉林大学社会科学学报》1997 年第 6 期。

[14] 参见赵秉志主编:《中国特别刑法研究》,中国人民公安大学出版社 1997 年版,第 749 页。

[15] 参见高铭暄、赵秉志:《中国刑法立法之演进》,法律出版社 2007 年版,第 42 页。

[16] 参见赵秉志:《刑法改革问题研究》,中国法制出版社 1996 年版,第 5 页。

[17] 参见高铭暄、赵秉志:《中国刑法立法之演进》,法律出版社 2007 年版,第 53 页。

[18] 参见赵秉志主编:《新旧刑法比较与统一罪名理解与适用》,中国经济出版社 1998 年版,第 9 页。

[19] 参见赵秉志、赫兴旺:《新刑法典的重大发展及其总体评价》,载《法律适用》1997 年第 5 期。

[20] 参见陈兴良:《一部具有创新意义的刑法》,载《法学家》1997 年第 3 期。

[21] 参见赵秉志:《一部统一的、比较完备的新刑法典》,载《法学家》1997 年第 3 期。

[22] 参见赵秉志:《中国刑法的百年变革——纪念辛亥革命一百周年》,载《政法论坛》2012 年第 1 期。

[23] 参见赵秉志:《〈刑法修正案(八)〉宏观问题探讨》,载《法治研究》2011 年第 5 期。

[24] 参见赵秉志、鲍遂献:《市场经济与刑法观念更新》,载《政治与法律》1993 年第 4 期。

[25] 参见尤小文:《转型期经济犯罪形势及其刑事政策》,载《公安大学学报》2002 年第 5 期。

[26] 参见靳高风:《2011 年中国犯罪形势与刑事政策分析》,载《中国人民公安大学学报(社会科学版)》2012 年第 4 期。

[27] 参见赵秉志:《〈刑法修正案(八)〉宏观问题探讨》,载《法治研究》2011 年第 5 期。

[28] 参见马克昌:《借鉴刑法立法例修改和完善我国刑法》,载《法学评论》1989 年第 2 期。

[29] 参见高格:《刑法思想与刑法完善》,载马克昌、丁慕英主编:《刑法的修改与完善》,人民法院出版社 1995 年版,第 20 页。

[30] 参见赵秉志:《我国刑事立法领域的若干重大现实问题探讨》,《求是学刊》2009 年第 3 期。

[31] 参见赵秉志:《刑法修改的四特点和两方向》,载《检察日报》2009 年 3 月 2 日。

[32] 参见赵秉志:《论全球化时代的中国死刑制度改革——面临的挑战与对策》,载《吉林大学社会科学学报》2010 年第 2 期。

[33] 参见张智辉:《国际刑法的国内立法研究》,载《现代法学》2009 年第 6 期。

[34] 参见孙国祥:《传统刑法观念的解读》,载《河南省政法管理干部学院学报》2002 年第 5 期。

[35] 参见赵秉志:《刑法改革问题研究》,中国法制出版社 1996 年版,第 31 页以下。

[36] 参见赵秉志、谢望原:《刑法改革与人权保障》,载《中国刑事法杂志》1998 年第 5 期。

[37] 参见张千帆:《宪法人权保障还需要保障什么——论刑事正当程序入宪的必要性》,载《法学家》2004 年第 4 期。

[38] 参见[美]约翰·罗尔斯:《正义论》,何怀宏等译,中国社会科学出版社 1988 年版,第 1 页。

[39] 参见赵秉志主编:《刑法总论》,中国人民大学出版社 2007 年版,第 56—59 页。

[40] 参见文海林:《刑法科学主义初论》,法律出版社 2006 年版,第 507 页。

[41] 参见 [德] 金德霍伊泽尔:《安全刑法:风险社会的刑法危险》,刘国良编译,载《马克思主义与现实》2005 年第 3 期。

[42] 参见赵秉志:《和谐社会构建与宽严相济刑事政策的贯彻》,载《吉林大学社会科学学报》2008 年第 1 期。

[43] 参见赵秉志:《和谐社会构建与宽严相济刑事政策的贯彻》,载《吉林大学社会科学学报》2008 年第 1 期。

[44] 参见胡云腾、廖万里:《宽严相济的刑事政策刑法学解读》,载《和谐社会的刑事法治·刑事政策与刑罚改革研究》,中国人民公安大学出版社 2006 年版,第 161 页。

[45] 参见赵秉志:《宽严相济刑事政策视野中的中国刑事司法》,载《南昌大学学报 (人文社会科学版)》2007 年第 1 期。

[46] 参见赵秉志:《宽严相济刑事政策及其贯彻的基本问题》,载《人民检察》2009 年第 9 期。

[47] 参见赵秉志:《〈刑法修正案 (八)〉宏观问题探讨》,载《法治研究》2011 年第 3 期。

[48] 参见 [日] 我妻荣等:《新法律学辞典》,董璠舆译,中国政法大学出版社 1991 年版,第 877 页。

[49] 刘之雄:《单一法典化的刑法立法模式反思》,载《中南民族大学学报 (人文社会科学版)》2009 年第 1 期。

[50] 参见黄京平:《如何适用刑法修正规范》,载《检察日报》2004 年 3 月 11 日。

[51] 参见黄京平:《如何适用刑法修正规范》,载《检察日报》2004 年 3 月 11 日。

[52] 参见赵秉志:《刑法修改的四特点和两方向》,载《检察日报》2009 年 3 月 2 日。

[53] 参见赵秉志:《当代中国刑法体系的形成与完善》,载《河南大学学报 (社会科学版)》2010 年第 6 期。

[54] 参见 2005 年 12 月 12 日最高人民法院通过的《关于审理未成年人刑事案件具体应用法律若干问题的解释》的相关规定。

[55] 参见李适时:《关于〈中华人民共和国刑法修正案 (八) (草案)〉的说明——2010 年 8 月 23 日在第十一届全国人民代表大会常务委员会第十六次会议上》,载"全国人民代表大会"网站 (http://www.npc.gov.cn/huiyi/cwh/1116/node_13942.htm),访问日期:2010 年 10 月 28 日。

[56] 参见赵秉志:《〈刑法修正案 (八)〉宏观问题探讨》,载《法治研究》2011 年第 5 期。

[57] 在中国大陆地区,"生刑"不仅包括有期徒刑、拘役等自由刑,也包括死刑缓期二年执行,因为在中国大陆,被判处死刑缓期二年的罪犯只要在缓期执行期间没有故意犯罪,都不会被执行死刑。

[58] 参见赵秉志:《〈刑法修正案 (八)〉宏观问题探讨》,载《法治研究》2011 年第 5 期。

[59] 参见赵秉志:《中国刑法改革新思考——以〈刑法修正案 (八) (草案)〉为主要视角》,载《北京师范大学学报 (社会科学版)》2011 年第 1 期。

[60] 参见赵秉志、杜邈:《我国惩治恐怖活动犯罪的刑法立法经验考察》,载《华东政法大学学报》2008 年第 6 期。

[61] 参见赵秉志、杜邈:《我国反恐怖法律体系的初步形成》,载《法制日报》2011 年 11 月 16 日。

[62] 参见赵秉志:《〈刑法修正案 (八)〉宏观问题探讨》,载《法治研究》2011 年第 5 期。

[63] 参见赵秉志、王俊平:《改革开放三十年的我国刑法立法》,载《河北法学》2008 年第 6 期。

[64] 参见马克昌:《宽严相济刑事政策刍议》,载《人民检察》2006 年第 10 期。

[65] 赵秉志:《宽严相济刑事政策视野中的中国刑事司法》,载《南昌大学学报 (人文社会科学版)》2007 年第 1 期。

[66] 赵秉志、袁彬:《建议将惩治外汇犯罪决定纳入刑法典》,载《法制日报》2012 年 2 月 22 日。

[67] 参见赵秉志:《当代中国刑法体系的形成与完善》,载《河南大学学报 (社会科学版)》2010 年第 11 期。

[68] 参见赵秉志:《关千完善我国刑法典体系和结构的探讨》,载《中国社会科学》1989 年第 4 期。

[69] 参见赵秉志:《刑法改革问题研究》,中国法制出版社 1996 年版,第 339—363 页。

[70] 参见赵秉志:《当代中国刑法体系的形成与完善》,载《河南大学学报(社会科学版)》2010 年第 11 期。

[71] 梁根林:《中国死刑控制论纲——立足于具体国情的制度设计》,载《北大法律评论》(2005 年第 6 卷),法律出版社 2005 年版,第 399 页。

[72] 关于刑法典分则章节的顺序,参见赵秉志:《关于完善刑法典分则体系结构的新思考》,载《法律科学》1996 年第 1 期。

大陆刑事诉讼制度的发展和完善

卞建林[1]

2012年3月14日，全国人大通过《关于修改刑事诉讼法的决定》。修改决定对现行刑事诉讼制度从证据制度、辩护制度、强制措施、侦查程序、审判程序、执行程序等方面作了完善，并增设了四种特别程序。修改内容涉及110多处，修改比例超过总条文的50%，修改后的条文总数已达290条，并且增加了新的编、章、节，是1996年以来对《刑事诉讼法》的又一次重大修改。现将《刑事诉讼法》修改的要点简要汇报如下。

一、贯彻"尊重和保障人权"宪法原则

本次刑诉法修改一个突出亮点，就是将"尊重和保障人权"写进《刑事诉讼法》总则，并在多项具体规定和制度完善中加以贯彻和体现。尊重和保障人权是宪法确立的一项重要原则，刑事诉讼活动是国家追究犯罪、惩罚犯罪的活动，其诉讼过程与诉讼结果均与公民的人身自由、财产权利等基本权利息息相关。此次修改《刑事诉讼法》，坚持统筹处理好惩罚犯罪与保障人权的关系，既要有利于保证准确及时地查明犯罪事实，正确应用法律，惩罚犯罪分子，又要保障无罪的人不受刑事追究，尊重和保障人权，保证公民的诉讼权利和其他合法权利。为此，修改决定将"尊重和保障人权"写入《刑事诉讼法》总则第2条，这有利于公安司法机关在刑事诉讼程序中更好地遵循和贯彻这一宪法原则。

修改决定在很多具体诉讼制度和程序规定中都注意体现尊重和保障人权的原则。例如，在完善证据制度中，明确不得强迫任何人证实自己有罪，确立非法证据排除制度；在完善强制措施制度中，完善了逮捕条件和人民检察院审查批准逮捕的程序，强调检察机关在批准逮捕后对羁押必要性的审查，严格限制采取强制措施后不通知家属的例外规定；在完善辩护制度中，明确犯罪嫌疑人在侦查阶段可以委托辩护人，完善辩护律师会见和阅卷的程序，扩大法律援助的适用范围；在完善侦查程序中，完善了讯问犯罪嫌疑人、被告人的规定，强化对侦查活动的监督；在完善审判程序中，明确第二审应当开庭审理的案件范围，完善上诉不加刑原则，规范发回重审制度；在完善执行程序中，增加社区矫正的规定；在增设的特别程序中，设置未成年人附条件不起诉和犯罪记录封存制度；等等。

二、改革侦查程序，健全强制措施

在现代刑事诉讼中，侦查居重要地位。一方面，由于犯罪的特点，使得侦查在绝大多数案件中成为破获犯罪、确定被告人不可或缺的程序。非经侦查，无从收集固定证据；非经侦查，无从发现犯罪嫌疑人。因此，侦查是起诉的前提和基础。另一方面，侦查以国家强制力作后盾，侦查活动的开展以限制甚至剥夺有关公民的法定权利为代价。侦查权力的任何不当行使或者异化滥用，均可能对公民合法权益造成严重侵犯。因此，健全侦查程序，规范侦查行为，是《刑事诉讼法》修改的重要任务。此次刑诉法修改，着重完善了讯问犯罪嫌疑人的程序和必要的侦查措施，同时强化对侦查措施的规范和监督，防止滥用。其主要内容为：根据侦查取证工作的实际需要，增加规定了口头传唤犯罪嫌疑人的程序，适当延长了特别重大复杂案件传唤、拘传的时间，增加规定了询问证人的地点，完善人身检查的程序，在查询、冻结的范围中增加规定债券、股票、基金份额等财产，并根据侦查犯罪的实际需要，增加了严格规范技术侦查措施的规定。

强制措施对于保障刑事诉讼活动的顺利进行具有重要作用。按照现代诉讼理念，强制措施应当具有诉讼保障和人权保障双重功能。在此理念指导下，修改决定重点完善了逮捕、监视居住的条件和程序，以及采取强制措施后通知家属的规定。针对司法实践中对逮捕条件理解不一致的问题，修改决定将刑诉法关于逮捕条件中"发生社会危险性，而有逮捕必要"的规定细化为具有以下情形：可能实施新的犯罪；有危害国家安全、公共安全或者社会秩序的现实危险；可能毁灭、伪造证据，干扰证人作证或者串供；可能对被害人、举报人、控告人实施打击报复；企图自杀或者逃跑。为保证检察院正确行使批准逮捕权，防止错误逮捕，修改决定增加规定了检察院审查批准逮捕时讯问犯罪嫌疑人和听取辩护律师意见的程序，以及在逮捕后对羁押必要性继续审查的程序。

此外，修改决定还将监视居住定位于减少羁押的替代措施，规定了与取保候审不同的适用条件，增加了指定居所监视居住的执行方式，并明确检察机关对指定居所监视居住的决定和执行实行监督。特别需要指出的是，现行刑诉法规定：拘留、逮捕后，除有碍侦查或者无法通知的情形以外，应当把拘留、逮捕的原因和羁押的场所，在24小时以内通知被拘留人、被逮捕人的家属。其中，"有碍侦查"情形的界限比较模糊。综合考虑惩治犯罪与保护犯罪嫌疑人、被告人权利的需要，修改决定对采取强制措施后不通知家属的例外作了严格限制，明确采取逮捕和指定居所监视居住的，除无法通知的以外，应当在24小时内通知家属。同时，将拘留后因有碍侦查不通知家属的情形，仅限于危害国家安全犯罪和恐怖活动犯罪。

三、规范执法行为，遏制刑讯逼供

规范执法行为，杜绝非法取证，特别是从制度上遏制刑讯逼供的发生，是刑诉法修改的一项重要任务。刑讯逼供是司法实践中久禁不绝的一种丑恶现象，不仅严重侵犯人权，损害司法公信力，而且是造成冤假错案的重要原因。此次刑诉法修改，在规范司法行为、遏制刑讯逼供方面采取了一系列重要举措。关于讯问犯罪嫌疑人的程序，在坚持"严禁刑讯逼供和以威胁、引诱、欺骗以及其他非法的方法收集证据"原规定的基础上，增加规定"不得强迫任何人证实自己有罪"。针对司法实践中刑讯逼供行为大多发生于将犯罪嫌疑人送交看守所之前的情况，修改决定明确规定，在拘留、逮捕后应当立即将被拘留、逮捕人送看守所羁押；增加规定犯罪嫌疑人被送交看守所羁押后，侦查人员对其进行讯问，应当在看守所内进行；并规定对讯问过程实行录音录像的制度。此外，修改决定还正式确立了非法证据排除规则，规定对采取刑讯逼供等非法方法获取的犯罪嫌疑人、被告人供述，应当予以排除，不得作为起诉意见、起诉决定和判决的依据。

四、完善辩护制度，扩大法律援助

辩护制度是刑事诉讼中的一项重要制度。为保障律师执业权利，强化法律援助，切实解决司法实践中律师辩护长期存在的"会见难、阅卷难、取证难"等老大难问题，修改决定在完善辩护制度方面下了很大工夫，取得长足进步。首先，明确律师在侦查阶段介入诉讼的辩护人身份，将现行立法关于犯罪嫌疑人在侦查阶段只能聘请律师提供法律帮助的规定修改为犯罪嫌疑人自被侦查机关第一次讯问或者采取强制措施起有权委托律师作为辩护人。其次，保障了律师会见在押犯罪嫌疑人的权利。修改决定规定，除危害国家安全犯罪、恐怖活动犯罪、特别重大贿赂犯罪案件外，在侦查期间律师会见在押的犯罪嫌疑人不需经侦查机关批准。辩护律师持律师执业证书、律师事务所证明和委托书或者法律援助公函要求会见在押的犯罪嫌疑人、被告人的，看守所应当及时安排会见。辩护律师会见犯罪嫌疑人、被告人时不被监听。再次，保障了律师阅卷的权利。修改决定规定，在审查起诉和审判阶段，辩护律师均可以查阅、摘抄、复制本案的案卷材料。此外，赋予辩护人申请回避的权利，增设了辩护人对阻碍其依法行使诉讼权利的申诉控告及处理机制。

为贯彻公民在适用法律上一律平等的宪法原则，加强对诉讼弱势群体的特别保护，维护司法公正，修改决定还进一步完善了法律援助制度。具体表现在：第一，扩大了法律援助的适用对象。按照现行法律规定，被告人是盲、聋、哑、未成年人和可能被判处死刑而没有委托辩护人，人民法院可以指定承担法律援助义务的律师为其提供辩护。修改决定将此适用对象扩大至可能被判处无期徒刑而没有委托辩护人的情形。第二，提前了法律援助的适用时间。现行法律规定，法律援助只发生在审判阶段，只适用于具有法定情形的被告人。伴随着立法允许犯罪嫌疑人在侦查期间委托律师作为辩护人，修改决定同时将法律援助的时间提前至侦查阶段，明确当犯罪嫌疑人具有法律规定适用法律援助各项情形时，有权得到法律援助。第三，明确公安机关、人民检察院和人民法院一样，均有应当通知法律援助机构指派律师为法律援助对象提供辩护的义务和责任。

五、完善证据制度，保证办案质量

证据是诉讼的基石，证据制度是刑事诉讼中的重要制度。修改决定针对长期以来司法实践中在运用证据方面存在的问题，总结近年来有关司法改革成功的经验，借鉴诉讼和证据理论研究取得的成果，对刑事证据制度作了重要修改和完善。主要内容有：一是修改了证据的定义，将"证明案件真实情况的一切事实，都是证据"改为"可以用于证明案件事实的材料，都是证据"，以修正"事实是证据"这一在逻辑上和实践中都存在一定问题的提法。二是补充完善了证据的种类。原《刑事诉讼法》将证据分为七种，近年来随着经济社会的发展，犯罪情况和侦查机关的侦查手段都发生了变化，出现了一些新的证据形式。为适应司法实践的发展需要，此次修改对证据的法定种类进行了调整和补充，将"物证"和"书证"分别规定，将"鉴定结论"改为"鉴定意见"，在笔录类证据中增加了"辨认、侦查实验等笔录"，增加"电子数据"这一新的证据形式。三是明确了刑事案件的举证责任，规定"公诉案件中被告人有罪的举证责任由人民检察院承担，自诉案件中被告人有罪的举证责任由自诉人承担。"四是增加"不得强迫任何人证实自己有罪"的规定，进一步规范了侦查人员的讯问行为。五是增加行政机关依法收集的证据可以在刑事诉讼中使用的规定，完善刑事诉讼中的保密规定。六是完善了刑事案件的证明标准，对"证据确实、充分"的含义作了细化的解释，即"证据确实、充分，应当符合以下条件：（一）定罪量刑的事实都有证据证明；（二）据以定案的证据均经法定程序查证属实；（三）综合全案证据，对所认定事实已派出合理怀疑。"七是在立法上确认了非法证据排除规则，明确了非法证据排除范围和办案机关排除非法证据的义务，赋予检察机关对证据合法收集的证明责任和对侦查人员非法收集证据的行为进行调查核实和处理的权力，设置了对证据收集合法性进行法庭调查的启动程序和调查程序。八是完善了证人和鉴定人出庭作证的相关制度，合理界定了证人应当出庭作证的案件范围，增加规定强制证人出庭作证的措施、对证人的特别保护措施和经济补助措施。

六、健全审判程序，提高诉讼效率

审判是决定被告人是否有罪和判处刑罚的关键阶段。审判程序的改革完善是此次《刑事诉讼法》修改的重头戏，涉及内容广，修改条文多，改革力度大。主要分为两大部分，一是对现有程序加以改革完善，包括庭前审查和准备程序、一审普通程序、一审简易程序、二审程序、审判监督程序、死刑复核程序和附带民事诉讼程序等。二是增设特别程序，例如犯罪嫌疑人、被告人逃匿、死亡案件违法所得的没收程序，依法不负刑事责任的精神病人的强制医疗程序。此外，未成年人犯罪案件诉讼程序和特定范围公诉案件的和解程序，与审判程序有关，但又不限于审判程序。

为更好地配置司法资源，提高诉讼效率，修改决定考虑在保证司法公正的前提下，区分案件的不同情况，进一步完善审判程序中的重要环节。择其要者，简述如下：

第一，调整简易程序适用范围，完善第一审程序。修改决定将简易程序审判的案件范围，修改为基层人民法院管辖的可能判处有期徒刑以下刑罚、被告人承认自己所犯罪行的案件。同时，根据审判工作实际，对第一审普通程序中的案卷移送制度、开庭前的准备程序、与量刑有关的程序、中止审理程序等都作了补充完善。此外，在证据制度部分，为保证证人、鉴定人出庭作证采取了一系列措施，实际上是与庭审程序改革相关的重要内容。同时，还根据审判实践需要，对审判期限作了适当调整。

第二，明确第二审应当开庭审理的案件范围，对发回重审作出限制性规定。一是，为保证案件的公正审理，修正案明确了第二审应当开庭审理的案件范围，增加规定：上诉人对第一审认定的案件事实、证据提出异议，可能影响定罪量刑的，被告人可能被判处死刑的上诉案件等，第二审人民法院应当开庭审理。二是，为避免案件反复发回重审，久拖不决，增加规定：对于因事实不清或者证据不足，第二审人民法院发回原审人民法院重新审判的案件，原审人民法院再次作出判决后，被告人提出上诉或者检察院提出抗诉的，第二审人民法院应当依法作出判决或者裁定。三是，为落实上诉不加刑原则，避免发生在上诉案件中第二审人民法院发回重审，下级人民法院在在重审中加刑的情况，增加规定：第二审人民法院发回重新审判的案件，除有新的犯罪事实，人民检察院补充起诉的以外，原审人民法院也不得加重被告人的刑罚。此外，修改决定还完善了查封、扣押、冻结的财物及其孳息的处理程序。

第三，完善附带民事诉讼程序。修改决定对附带民事诉讼程序作了补充修改，主要是增加规定：被害人死亡或者丧失行为能力的，其法定代理人、近亲属有权提起附带民事诉讼；附带民事诉讼的原告人或者人民检察院可以申请人民法院采取保全措施；人民法院审理附带民事诉讼案件，可以进行调解，或者根据物质损失情况作出判决。

第四，对死刑复核程序作出具体规定。为体现适用死刑的慎重，保证死刑复核案件质量，加强对死刑复核程序的法律监督，修改决定明确规定：最高人民法院复核死刑案件，应当作出核准或者不核准死刑的裁定。对于不核准死刑的，最高人民法院可以发回重新审判或者予以改判。同时增加规定：最高人民法院复核死刑案件，应当讯问被告人，辩护律师提出要求的，应当听取辩护律师的意见。在复核死刑过程中，最高人民检察院可以向最高人民法院提出意见。最高人民法院应当将死刑复核结果通报最高人民检察院。

第五，对审判监督程序进行补充完善。通过审判监督程序对确有错误的生效判决、裁定予以纠正，有利于确保案件质量，维护司法公正。修改决定对现行审判监督程序作了必要的修改补充，主要涉及对申诉案件决定重审的条件，指令原审法院以外的法院审理，检察院派员出席法庭，再审案件强制措施的决定，原判决、裁定的中止执行等内容。

七、增设特别程序，回应实践需求

《刑事诉讼法》自1979年制定、1996年修订，均无特别程序的规定。由于死刑复核程序和审判监督程序只针对特定的案件适用，因此学理上通常将其作为特殊程序介绍和研究，以区别于适用于一般刑事案件的普通程序。此次《刑事诉讼法》修改，为了因应我国社会发展形势和司法实践需要，创制增设了四种特别程序，分别是：未成年人刑事案件诉讼程序；当事人和解的公诉案件诉讼程序；犯罪嫌疑人、被告人逃匿、死亡案件违法所得的没收程序；依法不负刑事责任的精神病人的强制医疗程序。

"未成年人刑事案件诉讼程序"一章对办理未成年人刑事案件的规范进行了集中规定，强调对犯罪的未成年人实行"教育、感化、挽救"的方针，坚持"教育为主、惩罚为辅"的原则，加强对未成年人辩护权和其他权利的保护，同时还针对未成年人的特点，专门创设了附条件不起诉制度和犯罪记录封存制度。

"当事人和解的公诉案件诉讼程序"一章对特定范围的公诉案件的和解程序作了规定。这一程序的设置有利于促进刑事案件当事人之间的和解、谅解，在处理刑事案件的同时，使被害人获得赔偿，有利于社会和解稳定。考虑到公诉案件国家追诉的严肃性，为防止在司法实践中出现偏差，产生新的司法不公，刑诉法修改对公诉案件当事人和解采谨慎态度，对和解的适用范围和条件作了严格限制。

"犯罪嫌疑人、被告人逃匿、死亡案件违法所得的没收程序"一章对贪污贿赂犯罪、恐怖活动犯罪等重大犯罪案件，犯罪嫌疑人、被告人潜逃，在通缉一年后不能到案，或者犯罪嫌疑人死亡，依照刑法规定应当追缴其违法所得及其他涉案财产的没收程序作了规定。这一程序主要是根据联合国反腐败公约以及有关反恐怖活动的规范性文件的要求，以及惩治此类犯罪的实际需要设置的。既加强了对腐败犯罪、恐怖犯罪等严重犯罪的打击力度，也体现了在犯罪嫌疑人、被告人不在场时，没收其违法所得财产的慎重态度。

"依法不负刑事责任的精神病人的强制医疗程序"一章规定了对实施暴力行为，危害公共安全或者严重危害公民人身安全，经法定程序鉴定依法不负刑事责任，但有继续危害社会可能的精神病人，予以强制医疗的程序。这一程序，既是对有关精神病人的保护和医疗措施，保障了他们的合法权益，又是维护社会治安和稳定，保障社会公共安全和公民人身安全的必要手段。

八、强化诉讼监督，维护公平正义

根据宪法和法律规定，人民检察院作为国家法律监督机关，对刑事诉讼实行法律监督。强化检察机关对刑事诉讼活动的法律监督，监督国家专门机关依法行使职权，保障犯罪嫌疑人、被告人和其他诉讼参与人的合法权益，是此次《刑事诉讼法》修改的重要内容。主要表现在以下三个方面。

第一，增添了诉讼监督的内容，扩展了诉讼监督的范围。

根据现行法律规定，检察机关对刑事诉讼的法律监督主要体现在四个方面，即刑事立案监督、刑事侦查监督、刑事审判监督、刑事执行监督。此次刑诉法修改，为强化检察机关的诉讼监督职能，扩展了检察机关诉讼监督的范围，增添了诉讼监督的内容。例如，关于检察机关对死刑复核程序的监督问题。修改决定新增规定："在复核死刑案件过程中，最高人民检察院可以向最高人民法院提出意见。最高人民法院应当将死刑复核结果通报最高人民检察院。"除此之外，此次《刑事诉讼法》修改，增设了"依法不负刑事责任的精神病人的强制医疗程序"。强制医疗程序，尽管不追究相关行为人的刑事责任，但强制医疗其实质是剥夺了被申请人的人身自由。为了保证强制医疗程序的正确适用，保护被申请人人的合法权利，必须发挥检察机关的监督作用。修改决定除了在强制医疗程序注意设置法律援助和法律救济程序外，增加规定："人民检察院对强制医疗的决定和执行实行监督。"

第二，丰富了诉讼监督的手段，明确了诉讼监督的效力。

长期以来，检察机关行使诉讼监督权时，因缺乏监督手段或者监督效力不明确而影响监督的实效。此次《刑事诉讼法》修改，注意总结司法实践经验和理论研究成果，适当增加了诉讼监督的手段，明确了诉讼监督的效力。例如，在贯彻非法证据排除规则、强化侦查监督方面，修改决定规定："人民检察院接到报案、控告、举报或者发现侦查人员以非法方法收集证据的，应当进行调查核实。对于确有以非法方法收集证据情形的，应当提出纠正意见；构成犯罪的，依法追究刑事责任。"显然，发现违法行为是纠正违法行为的前提，要强化检察机关的侦查监督，首先要保证检察机关的知情权和调查权，因此授权检察机关对侦查机关非法取证行为进行调查核实，是十分必要和有效的。

同时，为了改变实践中监督滞后的情况，也为了保障检察机关的知情权，以便适时开展监督，立法明确有关机关在采取某种诉讼行为或者作出诉讼决定时，要将相关行为或者决定同时告知检察机关。例如，修改决定规定，监狱、看守所提出暂予监外执行的书面意见的，应当将书面意见的副本抄送人民检察院。人民检察院可以向决定或者批准机关提出书面意见。

此外，针对实践中监督乏力、监督效果不明确的问题，修改决定也作了一些补充性、强制性的规定。例如，为了减少不必要的审前羁押，修正案新增规定，犯罪嫌疑人、被告人被逮捕后，人民检察院仍应当对羁押的必要性进行审查。对于不需要羁押的，应当建议予以释放或者变更强制措施。并且规定，检察机关提出释放或者变更强制措施的建议后，"有关机关应当在十日以内将处理情况通知人民检察院。"

第三，强化了诉讼监督的责任，健全了诉讼监督的程序。

在我国，人民检察院在刑事诉讼中不仅是国家公诉机关，同时还是国家法律监督机关。因此，检察机关应当妥善处理好所承担的诉讼职能与诉讼监督职能的关系，着力保证法律的正确实施，实现司法的公平正义，维护犯罪嫌疑人、被告人及其辩护人的合法权益。此次立法修改，注意强化了检察机关履行诉讼监督职能方面的责任。例如，为维护辩护人的合法权益，保证辩护人依法履行职务，修改决定规定，"辩护人、诉讼代理人认为公安机关、人民检察院、人民法院及其工作人员阻碍其依法行使诉讼权利的，有权向同级或者上一级人民检察院申诉或者控告。人民检察院对申诉或者控告应当及时进行审查，情况属实的，通知有关机关予以纠正。"

《刑事诉讼法》的成功修改，充分展示了大陆民主法制建设和司法体制改革取得的成就，顺应了大陆经济社会发展的形势和人民群众的期待，对司法实践中迫切需要解决的问题作出了积极的回应，使大陆的刑事司法制度和诉讼程序在立法层面迈上了一个新的台阶。为了使修改后的《刑事诉讼法》得到切实实施，使立法所取得的进步在司法实际中得到体现，使人民群众真正感受到刑事程序法制的进步和司法改革的成果，目前各相关部门正在组织对《刑事诉讼法》的学习并抓紧制定、修改、完善相关司法解释、实施细则和配套措施，并结合本部门的实际，围绕实施《刑事诉讼法》的重点、难点问题，精心筹划，充分准备，做好各项工作，以迎接明年1月1日新《刑事诉讼法》的实施。

注 释：

[1]　卞建林，中国政法大学诉讼法学研究院院长，教授、博士生导师。兼任国务院学位委员会法学学科评议组成员，中国法学会理事，中国刑事诉讼法学研究会会长，中国检察学研究会副会长，国际刑法学协会中国分会副主席。

海峡两岸短期自由刑问题立法比较研究

陈志军[1]

短期自由刑在刑法史上的地位经历了一个从备受推崇到广受诟病的变化。刑事古典学派认为，短期自由刑是理性、自由、法治和人道主义原则在刑罚中的体现，是对危害不同的犯罪适用不同的刑罚的一个重要刑种。但进入19世纪中后期，随着刑事实证学派兴起，教育刑论盛行，短期自由刑的社会实际效果受到了强烈质疑，从此开始了短期自由刑利弊及存废的争论。对短期自由刑的利弊、存废之争已持续了一个多世纪，但短期自由刑存在如下弊端已经成为共识：第一，刑期太短，所以一方面惩罚功能太弱，不具有刑罚的威慑力，一般预防效果差，另一方面，行刑机关没有足够的时间来了解各个罪犯的特点，制订个别处遇方案，并依此有针对性地对其进行矫正和教育，因而教育改善功能差。第二，被适用短期自由刑的人，大多为初犯或轻微犯罪，这些人尚有一定的羞耻心，容易改过自新。然而一旦关押，就同其他罪犯一样被贴上犯罪分子的标签，降低了自尊心，这会导致其产生自暴自弃的心理，有可能走上再犯道路。第三，入狱必然丢失工作，这会给罪犯未来的生活带来后顾之忧，也会给罪犯的家庭生活带来重大的不利影响。物质上的贫困使受刑者释放后很难重返社会，从而更容易走上再犯道路。第四，执行短期自由刑的场所大多设施不善，房舍不足，往往将受刑人聚集在一起，而且管理工作人员往往也不称职，难以履行矫正职责，这极易使罪犯间发生交叉感染，相互交流犯罪经验和技术，强化犯罪意识，从而增大罪犯的人身危险性，制造出更加危险的累犯。海峡两岸的刑法立法都注意到了短期自由刑的弊端，并且都在立法中采取一些减轻、避免其弊端的措施。海峡两岸刑法在此问题上的立法既有相通之处，也有不少差异，兹略作比较和分析。

一、短期自由刑之"短期"的界定标准

（一）大陆刑法学界对短期自由刑之"短期"的不同主张

我国大陆刑法学界，对于短期自由刑之"短期"的界定，主要有以下两种观点：

1. "六个月说"。即认为6个月以下的自由刑为短期自由刑，这是大陆地区较多学者所持的主张，[2]其实际上是只将拘役视为短期自由刑。

2. "三年说"。即认为3年以下的自由刑为短期自由刑。[3]

（二）台湾刑法学界的主张

在我国台湾刑法学界，对于短期自由刑之"短期"的界定，主要有以下两种观点：

1. "6个月说"。即认为6个月以下的自由刑为短期自由刑，为林纪东、蔡墩铭、林山田、谢瑞智、吴坤山等学者所主张。[4]

2. "1年说"。即认为1年以下的自由刑为短期自由刑，为裘朝永、葛邦任、张齐斌、何俊敦等学者所主张。[5]

笔者认为，中国大陆地区刑法应当采用"3年说"，即应将短期自由刑之"短期"界定为3年以下。主要理由是：第一，大陆刑法立法将3年有期徒刑作为轻刑和重刑的重要界限，将3年以下有期自由刑界定为短期自由刑是符合大陆刑法分则法定刑的设置状况。第二，从缓刑这一以避免短期自由刑弊端为宗旨的制度的立法来看，也是将3年以下有期徒刑或者拘役的犯罪分子作为适用对象的。

二、短期自由刑易科制度

（一）台湾地区的立法

1. 易科罚金

台湾地区"刑法典"第41条规定了"徒刑或拘役之易科罚金"制度："犯最重本刑为5年以下有期徒刑以下之刑之罪，而受6月以下有期徒刑或拘役之宣告者，得以新台币1000元、2000元或3000元折算一日，易科罚金。但易科罚金，难收矫正之效或难以维持法秩序者，不在此限。"

2. 易服社会劳动

我国台湾地区"刑法典"第41条第2项规定："依前项规定得易科罚金而未声请易科罚金者，得以提供社会劳动6小时折算1日，易服社会劳动。"第3项规定："受6月以下有期徒刑或拘役之宣告，不符第1项易科罚金之规定者，得依前项折算规定，易服社会劳动。"第4项规定："前二项之规定，因身心健康之关系，执行显有困难者，或易服社会劳动，难收矫正之效或难以维持法秩序者，不适用之。"第5项规定："第二项及第三项之易服社会劳动履行期间，不得逾1年。"第6项规定："无正当理由不履行社会劳动，情节重大，或履行期间届满仍未履行完毕者，于第二项之情形应执行原宣告刑或易科罚金；于第三项之情形应执行原宣告刑。"

3. 易以训诫

我国台湾地区"刑法典"第43条规定了拘役易科训诫制度："受拘役或罚金之宣告，而犯罪动机在公益或道义上显可宥恕者，得易以训诫。"易以训诫由法官决定。根据台湾地区"刑事诉讼法"第482条的规定："依刑法第43条易以训诫者，由检察官执行之。"

（二）中国大陆地区引入短期自由刑易科制度的可行性

短期自由刑易科制度在大陆刑法立法上目前还是空白。笔者在此想分析一下引入这些制度的可行性。

1. 应当引入短期自由刑易科罚金制度

关于是否应当引入短期自由刑易科罚金制度，大陆学界存在肯定说、[6]否定说[7]和折中说[8]的分歧。笔者赞同折中说，认为短期自由刑在一定范围内易科罚金刑是必要、可行的，但是，这一做法确实具有贫富不平等性等弊端，故应当在有限的范围内适用，且应建立一定的制度以减轻、克服其弊端。

第一，设立易科罚金制度的目的是为了避免、减少短期自由刑宣告和执行的一些消极作用，而不是意在为富有者以钱赎罪架设"金桥"。将短期自由刑易科为罚金刑，可使不少应处短期自由刑的人因罚金的代替而免予入狱执行，避免短期自由刑执行过程中的许多弊端，因为罚金刑作为一种宽缓的刑罚方法，具有能够避免狱中交叉感染的特性，特别是由于它对于受刑人的名誉并不像受自由刑的执行那样留下污点而具有"匿名之刑"（Anonyme Strafe）的特征，使受刑人免受"入狱"之标签而减轻其再社会化的难度。所以，对于短期自由刑的受刑人而言，罚金不失为一种较好的替代方案。

第二，易科罚金刑的弊端可采取一定的措施予以避免。1950年第12届国际刑法及监狱会议的决议指出："罚金应建议采用为短期自由刑的适当的措施。只是为了减少因不缴纳罚金而被监禁者的数量，必须采取以下措施：罚金的数额应当与被告的财产状况相当；如有必要，也应允许被告罚金的部分免除，在其所得收入不足缴纳的时候，也应当允许停止缴纳。"[9]因而，在短期自由刑易科罚金时，罚金额应当考虑犯罪人的财产状况而定，必须使犯罪人易于缴纳，如果犯罪人不能缴纳，则有悖易科的本意。为使罚金容易缴纳，可以采用以下配套方法：一是延期交纳罚金；二是允许分期缴纳罚金；三是收入不足时可暂停缴纳；四是缴纳罚金额的一定比例之后可以免除其剩余数额；等等。由于罚金替代的是短期自由刑，因此，罚金数额一般不会很大，加之立法上的配套措施，如量刑时应考虑被判刑人的经济与财力状况，规定罚金可以分期缴纳、延期缴纳等，这就使得大多数犯罪人能够承受易科的罚金额。这样，罚金实质上的不平等性也就随之淡化。

第三，短期自由刑易科罚金的范围不宜太宽。笔者认为，对犯罪情节较轻，适用单处罚金不致再危害社会并具有下列情形之一的，可以将短期自由刑易科一定数额的罚金：偶犯或者初犯；自首或者有立功表现的；犯罪时不满十八周岁的；犯罪预备、中止或者未遂的；被胁迫参加犯罪的；全部退赃并有悔罪表现的；其他可以易科罚金的情形。

2. 应当引入短期自由刑易科社区矫正制度

我国大陆也有学者主张在刑法中增设不剥夺自由的劳动改造刑，刑期以6个月至3年为妥，认为对不宜适用短期自由刑的罪犯适用此刑，不仅所处的刑种性质不会重于短期自由刑，而且可以为政府节省开支，并有助于消除短期自由刑的弊端。[10]在其他不少国家，往往将社区服务规定为一种刑罚或者保安处分类型。英国、希腊、葡萄牙等都有类似立法。英国1972年制定的新《刑事审判法》第15至19条创设了社区服务命令（Community Service Order）制度，用以代替短期自由刑。[11]《希腊刑法典》第82条对剥夺自由易科社区服务的条件和程序作出了非常详细的规定："对超过1个月的剥夺自由刑……，如果该被判刑人提出请求或者在被认为适合易科提供社区服务时表示接受的，应当将其易科为提供社区服务。超过2年但不超过3年的剥夺自由刑，如果该被判刑人提出请求或者在被认为适合易科提供社区服务时表示接受的，可以将其易科为提供社区服务。"[12]《葡萄牙刑法典》第58条规定了短期监禁可以易科提供社会服务："对应当被判处不超过2年的监禁的行为人，如果法院认为这种替代能够适当、充分地实现刑罚目的的，可以提供社会服务替代监禁。"[13]2011年2月25日，全国人大常委会第十九次会议审议通过的《刑法修正案（八）》，明确规定了对判处管制、缓刑以及假释的罪犯依法实行社区矫正，标志着中国大陆地区社区矫正法律制度的确立，这是大陆地区刑罚执行制度的重大完善。中国大陆地区的法律较少使用社区服务的概念，更多的是使用社区矫正（Community correction），二者存在种属关系，社区矫正是很宽泛的概念，而社区服务只是里面的一种，即社区服务只是社区矫正的形式之一。笔者认为，在立法上允许一定范围的短期自由刑（尤其是拘役）易科社区矫正是可行的。

3. 引入易以训诫制度的必要性不大

在中国大陆现行刑法条件下，没有采用这一替代方式的刑罚体系空间。在大陆地区的刑罚体系中没有训诫及与之类似的刑种（只在行政处罚中存在警告这一类似处分）。更为重要的是海峡两岸刑法中的典型短期自由刑拘役的下限存在很大差异：台湾地区"刑法"中的拘役的期限为1日以上60日以下，而大陆刑法中的拘役的期限为1个月以上6个月以下。在大陆的刑罚体系中，将本来可能判处1至6个月拘役的罪行易以训诫，落差太大。因而，没有引入的可行性。

三、起诉犹豫制度

（一）台湾地区的立法

我国台湾地区在2002年2月8日修正其"刑事诉讼法"时，才正式确立了起诉犹豫制度（台湾地区称之为缓起诉制度）。

1. 适用条件。台湾地区"刑事诉讼法"第253—1条规定："被告所犯为死刑、无期徒刑或最轻本刑3年以上有期徒刑以外之罪，检察官参酌刑法第57条所列事项及公共利益之维护，认以缓起诉为适当者，得定1年以上3年以下之缓起诉期间为缓起诉处分，其期间自缓起诉处分确定之日起算。"

2. 应当遵守的义务。台湾地区"刑事诉讼法"第253—2条规定："检察官为缓起诉处分者，得命被告于一定期间内遵守或履行下列各款事项：一、向被害人道歉。二、立悔过书。三、向被害人支付相当数额之财产或非财产上之损害赔偿。四、向公库或该管检察署指定之公益团体、地方自治团体支付一定之金额。五、向该管检察署指定之政府机关、政府机构、行政法人、小区或其它符合公益目的之机构或团体提供四十小时以上二百四十小时以下之义务劳务。六、完成戒瘾治疗、精神治疗、心理辅导或其它适当之处遇措施。七、保护被害人安全之必要命令。八、预防再犯所为之必要命令。"

3．撤销条件。台湾地区"刑事诉讼法"第253—3条规定："被告于缓起诉期间内，有左列情形之一者，检察官得依职权或依告诉人之声请撤销原处分，继续侦查或起诉：一、于期间内故意更犯有期徒刑以上刑之罪，经检察官提起公诉者。二、缓起诉前，因故意犯他罪，而在缓起诉期间内受有期徒刑以上刑之宣告者。三、违背第253—2条第1项各款之应遵守或履行事项者。"

（二）大陆的立法

2012年3月14日修正后的《刑事诉讼法》增设了起诉犹豫制度（大陆习惯称之为附条件不起诉制度）。

1．适用对象。《刑事诉讼法》对附条件不起诉制度的适用范围作了非常严格的限制，仅限于未成年人的轻微犯罪。《刑事诉讼法》第271条规定："对于未成年人涉嫌刑法分则第四章、第五章、第六章规定的犯罪，可能判处一年有期徒刑以下刑罚，符合起诉条件，但有悔罪表现的，人民检察院可以作出附条件不起诉的决定。"

2．对附条件不起诉决定权的监督。第一，人民检察院在作出附条件不起诉的决定以前，应当听取公安机关、被害人的意见。对附条件不起诉的决定，公安机关可以要求复议，提请复核，被害人可以进行申诉。第二，未成年犯罪嫌疑人及其法定代理人对人民检察院决定附条件不起诉有异议的，人民检察院应当作出起诉的决定。

3．对被附条件不起诉的未成年人的监督考察。《刑事诉讼法》第272条规定："在附条件不起诉的考验期内，由人民检察院对被附条件不起诉的未成年犯罪嫌疑人进行监督考察。未成年犯罪嫌疑人的监护人，应当对未成年犯罪嫌疑人加强管教，配合人民检察院做好监督考察工作。""附条件不起诉的考验期为6个月以上1年以下，从人民检察院作出附条件不起诉的决定之日起计算。""被附条件不起诉的未成年犯罪嫌疑人，应当遵守下列规定：（一）遵守法律法规，服从监督；（二）按照考察机关的规定报告自己的活动情况；（三）离开所居住的市、县或者迁居，应当报经考察机关批准；（四）按照考察机关的要求接受矫治和教育。"

4．附条件不起诉的最终法律效果。《刑事诉讼法》第273条规定："被附条件不起诉的未成年犯罪嫌疑人，在考验期内有下列情形之一的，人民检察院应当撤销附条件不起诉的决定，提起公诉：（一）实施新的犯罪或者发现决定附条件不起诉以前还有其他犯罪需要追诉的；（二）违反治安管理规定或者考察机关有关附条件不起诉的监督管理规定，情节严重的。""被附条件不起诉的未成年犯罪嫌疑人，在考验期内没有上述情形，考验期满的，人民检察院应当作出不起诉的决定。"

笔者认为，规定起诉犹豫制度具有重要意义，起诉犹豫制度以特别预防论为理论基础，积极地防止犯罪行为人再犯，使其容易再复归社会，具有下列功能：（1）避免短期自由刑的弊端。轻微犯罪案件的行为人一般都是只需判处短期自由刑，而短期自由刑又具有很多的弊端，因而如果在检察阶段即予以起诉犹豫，就能够避免因判决、执行短期自由刑带来的很多弊端。（2）避免犯罪行为人遭受前科之标签。根据《最高人民法院公报》每年发布的上一年度的《全国法院司法统计公报》进行分析不难发现，在我国大陆地区，检察机关如果提起公诉，法院的有罪判决率相当高，一旦被起诉，社会往往即将其推定为有罪之人。（3）避免因其个人被起诉而在社会上所造成的不利影响。如果被起诉，行为人因受"有前科者"之不当标签，可能遭受停职或相关资格限制等不利处分，导致其再社会化更加困难。（4）避免因实施审判而对个人及其家庭所造成的精神及经济上的负担。（5）避免个人的相关资料因起诉而被公开。（6）起诉犹豫处理属于检察机关内部的处理，对外并不发生既判力的法律效果，因而如果起诉犹豫后有再犯的话，还可以再起诉，如此在一定期间内保持追诉可能性的压力可以更加促进行为人改善矫正。比较大陆地区和台湾地区在起诉犹豫制度的立法规定，笔者认为大陆地区在适用对象范围的规定显得过于保守，有扩大适用范围的必要：第一，仅限于未成年人；第二，罪行种类仅限于分则十类犯罪中的三类（即侵犯公民人身权利、民主权利罪、侵犯财产罪、破坏社会管理秩序罪）。

四、刑事和解制度

2007年起大陆的司法机关正式开始了施行刑事和解制度的试点工作，这是引入恢复性司法的重要举措。恢复性司法（restorative justice），是对犯罪行为作出的系统性反应，它着重于治疗罪行给被害人和社会所带来的或者引发的伤害。以恢复原有社会秩序为目的的犯罪矫治实践或计划，主要通过以下几个方面得以体现：一是确认并采取措施弥补违法犯罪行为带来的损害。二是吸纳所有的利害关系人参与其中。三是改变应对犯罪行为时社会与政府之间的传统关系。[14]"恢复性司法"一词，最早出现在20世纪70年代后期，用来描述当时在北美出现的"被害人—犯罪人和解程序"（victim offender reconciliation programs）。[15]恢复司法刑的适用对象大多是比较轻微的刑事案件，对于避免和减少短期自由刑的适用具有重大意义。2012年3月14日修正后的《刑事诉讼法》新增了"当事人和解的公诉案件诉讼程序"，刑事和解制度由司法探索改革正式成为立法制度。笔者认为，台湾地区"刑法"和"刑事诉讼法"中虽然没有对刑事和解制度作出明确的规定，但是其相对不起诉、缓起诉等制度中也隐含了实施刑事和解的立法空间。大陆地区刑事和解制度的主要情况如下：

（一）公诉案件和解的范围

只有两类公诉案件可以适用刑事和解：（1）民间纠纷引起，涉嫌刑法分则第四章、第五章规定的犯罪案件，可能判处3年有期徒刑以下刑罚的。（2）除渎职犯罪[16]以外的可能判处7年有期徒刑以下刑罚的过失犯罪案件。但是，犯罪嫌疑人、被告人在5年以内曾经故意犯罪的，没有适用刑事和解的资格。

（二）公诉案件和解的条件

必须同时具备下列三个实质条件：（1）犯罪嫌疑人、被告人真诚悔罪。（2）获得被害人谅解。即通过向被害人赔偿损失、赔礼道歉等方式获得被害人谅解。（3）当事人双方自愿。即被害人自愿和解的，双方当事人可以和解。双方当事人和解的，公安机关、人民检察院、人民法院应当听取当事人和其他有关人员的意见，对和解的自愿性、合法性进行审查，并主持制作和解协议书。

（三）公诉案件和解的后果

对于达成和解协议的案件，可以产生如下法律后果：（1）公安机关可以向人民检察院提出从宽处理的建议。（2）人民检察院可以向人民法院提出从宽处罚的建议；对于犯罪情节轻微，不需要判处刑罚的，可以作出不起诉的决定。（3）人民法院可以依法对被告人从宽处罚。

五、执行犹豫制度

刑罚的执行犹豫制度，是指法院经过审判确定行为构成犯罪后，作有罪宣告且宣告刑罚，但有条件地不执行刑罚。[17]海峡两岸都习惯将其称为缓刑制度。缓刑的适用对象往往就是判处短期自由刑的罪犯，因而对于减少因为短期自由刑的实际执行所带来的弊端具有重要意义。在此对海峡两岸的缓刑制度立法作一简要的对比。

（一）对象条件

1. 犯罪分子所判刑罚的轻重。大陆刑法规定只有被判处3年以下有期徒刑和拘役的犯罪分子，才能适用缓刑；台湾地区刑法规定只有受2年以下有期徒刑、拘役或罚金之宣告的犯罪分子，才能适用缓刑。主要区别在于：第一，大陆的缓刑可以适用于判处超过2年3年以下有期徒刑的犯罪分子。第二，大陆的缓刑不能适用于罚金，而台湾的缓刑可以适用于罚金。[18]

2. 不得适用缓刑的罪犯。大陆刑法规定，累犯和犯罪集团的首要分子，不得缓刑。台湾地区刑法规定，前因故意犯罪受有期徒刑以上刑之宣告，执行完毕或赦免后，5年以内曾因故意犯罪受有期徒刑以上刑之宣告者，不得缓刑。二者的主要区别在于：第一，是否规定对犯罪集团的首要分子不能缓刑不同。第二，在累犯不得缓刑的范围上不同。大陆刑法上规定累犯一律不得缓刑，而台湾刑法只将部分累犯排除在缓刑适用对象之外。因为台湾的累犯概念宽于大陆，大陆刑法上规定前罪和后罪均为故意犯罪才能构成累犯，而台湾刑法只要求后罪是故意而前罪既可以是故意也可以是过失，前述不得适用缓刑的"前因故意犯罪受有期徒刑以上刑之宣告，执行完毕或赦免后，5年以内曾因故意犯罪受有期徒刑以上刑之宣告者"，实际上是将"过失＋故意"这种累犯排除在禁止缓刑的对象之外，只对"故意＋故意"型的累犯禁止适用缓刑。

（二）实质条件

大陆刑法将适用缓刑的条件规定为：犯罪情节较轻；有悔罪表现；没有再犯罪的危险；宣告缓刑对所居住社区没有重大不良影响。台湾地区刑法第74条关于适用缓刑的实质性条件的规定非常笼统："……认为暂不执行为适当者，得宣告2年以上5年以下之缓刑"，刑法对"暂不执行为适当"的具体判断标准未予明定，完全交由司法实践判定。

（三）可以缓刑和应当缓刑

在被告人符合缓刑条件的情况下，是否再赋予法官自由裁量权？在2011年《刑法修正案（八）》对缓刑制度进行修正之前，大陆地区刑法和台湾地区刑法一样，只存在"可以缓刑"，即得缓刑。但大陆刑法在2011年《刑法修正案（八）》之后改变了这一局面，形成了"可以缓刑"和"应当缓刑"并存的局面。修正后的大陆地区刑法第72条规定："对于被判处拘役、3年以下有期徒刑的犯罪分子，同时符合下列条件的，可以宣告缓刑，对其中不满18周岁的人、怀孕的妇女和已满75周岁的人，应当宣告缓刑：……"对不满18周岁的人、怀孕的妇女和已满75周岁的人应当缓刑制度的确立，有助于更多地减少短期自由刑的适用，尤其是对在司法实践中减少短期自由刑对未成年人的执行意义重大。

注 释：

[1] 陈志军，中国人民公安大学法学院副教授，法学博士。

[2] 赵秉志主编：《刑法学通论》，高等教育出版社1993年版，第363页；李贵方著：《自由刑比较研究》，吉林人民出版社1992年版，第118页；张明楷著：《刑法学》（上），法律出版社1997年版，第421页；马克昌主编：《刑罚通论》，武汉大学出版社1999年4月第2版，第169—170页；陈兴良著：《刑法适用总论》（下卷），法律出版社1999年版，第197页；邱兴隆、许章润著：《刑罚学》，中国政法大学出版社1999年版，第199页。

[3] 赵秉志主编：《海峡两岸刑法总论比较研究》（下卷），中国人民大学出版社1999年版，第576页；马克昌主编：《中国刑事政策学》，武汉大学出版社1992年版，第141页；陈兴良主编：《刑种通论》，人民法院出版社1993年版，第188—189页。

[4] 林纪东著：《刑事政策学》，台湾中正书局1969年版；蔡墩铭著：《刑法总论》，台湾三民书局1973年版；谢瑞智著：《刑事政策原论》，台湾文笙书局1977年版；林山田著：《刑罚学》，台湾商务印书馆股份有限公司1992年版；吴坤山：《论短期自由刑——兼评我国刑事审判上短期自由刑运作之现状》，载《法务通讯》1990年第478期。

[5] 裘朝永：《从短期自由刑之得失看保安处分法制推行之重要性》，载《刑事法杂志》1963年第3期；葛邦任：《正视短期自由刑弊害之严重性》，载《刑事法杂志》1957年第2期；张齐斌：《论短期自由刑之执行与假释及善时制之适用》，载《法学丛刊》1977年第86期。

[6] 马克昌主编：《刑罚通论》，武汉大学出版社1999年版，第172页；赵秉志主编：《海峡两岸刑法总论比较研究》（下卷），中国人民大学出版社1999年版，第617—618页。

[7] 陈立著：《海峡两岸法律制度比较·刑法》，厦门大学出版社1993年版，第107页。

[8] 赵秉志主编：《中国内地与澳门刑法总则之比较研究》，澳门基金会 2000 年版，第 314 页。

[9] 参见张甘妹主编：《刑事政策》，台湾三民书局 1979 年印行，第 279 页。

[10] 赵秉志主编：《刑法修改研究综述》，中国人民公安大学出版社 1990 年版，第 174 页。

[11] 张甘妹著：《刑事政策》，台湾三民书局 1979 年印行，第 277 页。

[12] 陈志军译：《希腊刑法典》，中国人民公安大学出版社 2010 年版，第 28 页。

[13] 陈志军译：《葡萄牙刑法典》，中国人民公安大学出版社 2010 年版，第 25 页。

[14] [美] 丹尼尔·W·凡奈思：《全球视野下的恢复性司法》，王莉译，载《南京大学学报·哲学社会科学版》2005 年第 4 期。

[15] 参见 Jennifer Gerarda Brown, THE USE OF MEDIATION TO RISOLVE CRIMINAL CASES: A PROCEDUAL CRITIQUE, Emory Law Journal,Fall,1994，转引自：张庆方：《恢复性司法——一种全新的刑事法治模式》，载陈兴良主编：《刑事法评论》（第 12 卷），中国政法大学出版社 2003 年版，第 438 页。

[16] 指大陆地区刑法典分则第九章规定的"渎职罪"。

[17] 张明楷编：《外国刑法纲要》，清华大学出版社 1999 年版，第 427 页。

[18] 原因可能部分在于罚金在台湾地区刑法中是主刑，而在大陆刑法中只是附加刑。

《刑事诉讼法》再修改与刑事辩护制度的完善

顾永忠[1]

2012年3月我国立法机关从八个方面对《刑事诉讼法》进行了再修改，其中对于刑事辩护制度的修改、完善不限于"第四章 辩护与代理"的范围，而涉及刑事诉讼法的诸多方面，从而使我国现行刑事辩护制度迈上新的台阶，本文拟对此加以梳理、总结，并作必要的分析、解读。

一、关于刑事辩护制度基础性问题的修改、完善

刑事辩护制度并不是各项刑事辩护权利的集合体，而是建立在刑事诉讼法的宗旨、任务和基本原则，以及有关具体诉讼制度、诉讼程序基础之上的诉讼法律制度。这些与刑事辩护制度密切相关的刑事诉讼法的有关内容可以称为刑事辩护制度的基础性问题。[2]以此观点看，这次修改在以下刑事辩护制度的基础性问题上具有重大的进步。

（一）"尊重和保障人权"纳入刑事诉讼法的任务，为进一步完善刑事辩护制度，充分发挥刑事辩护的作用，奠定了坚实、直接的基础

这次修改中"尊重和保障人权"被写入《刑事诉讼法》第2条，成为刑事诉讼法任务的一个方面，是一项重大的立法进步，彰显了刑事诉讼法作为"小宪法"的本质属性。它旗帜鲜明地表明刑事诉讼法的任务，不仅要准确、及时地查明犯罪事实、正确应用法律、惩罚犯罪，而且也要尊重和保障人权，保障无罪的人不受刑事追究和有罪的人受到合法、公正的追究。而在刑事诉讼的各项制度中，没有哪一项制度能像刑事辩护制度那样与"尊重和保障人权"有着如此密切的关系，甚至可以说刑事辩护制度就是为了在刑事诉讼中实现尊重和保障人权而生存和发展的。因此，当新《刑事诉讼法》把"尊重和保障人权"写入其中，并作为刑事诉讼法的任务之一，就为在刑事诉讼法的修改中完善辩护制度，在刑事诉讼法的实施中充分发挥辩护的职能和作用，奠定了坚实的法律基础。

（二）无罪推定原则虽未明文确定，但有关修改内容比较充分地贯彻、体现了无罪推定原则的基本要求

无罪推定原则是现代刑事诉讼制度的基石，是区别于封建制刑事诉讼制度的根本标志。因此，被世界上167个国家已加入的联合国《公民权利和政治权利国际公约》所确立。[3]近期发布的《国家人权行动计划（2012-2015年）》明确表示：我国将继续稳妥推进行政和司法改革，为批准《公民权利和政治权利国际公约》作准备。修改后的刑事诉讼法在文字表述上虽没有直接确立无罪推定原则，却比较充分地贯彻、体现了无罪推定原则的基本要求。

1. 新《刑事诉讼法》第49条规定："公诉案件中被告人有罪的举证责任由人民检察院承担，自诉案件中被告人有罪的举证责任由自诉人承担。"但原《刑事诉讼法》没有这一规定。这就造成理论上对这个问题还存在一定的偏差，在实务上还有人要求辩方提出无罪辩护时承担举证责任。前者如有的人撰文研究被告人及其辩护人在刑事诉讼中的举证责任。[4]后者如在云南杜培武冤案中，原审一、二判决书针对被告人及其辩护人提出的无罪辩护意见指出，被告人及其辩护人虽然提出无罪辩护意见，但没有提供相应的证据，故辩护意见不予采信，仍判决被告人构成故意杀人罪，一审判处死刑立即执行，二审改为死刑缓期执行。[5]可见，在刑事诉讼法上明文规定控方应当承担证明被告人有罪的举证责任在理论上和实务上都是有重要意义的。

2. 既然在刑事诉讼中，证明被告人有罪的举证责任应当由控方承担，那么，由此势必产生一项内在的要求：不得强迫任何人包括被告人承认自己犯罪。于是，这次修改刑事诉讼法，在原来关于禁止刑讯逼供的条文中，增加了"不得强迫任何人证实自己有罪"的规定。

3. 从理论上讲，举证责任不仅要求控方应当提出证明被告人有罪的有关证据，而且还必须保证所提出的证据足以达到证明被告人确实有罪的程度，也就是达到定罪的证明标准。我国刑事诉讼法历来都有关于定罪证明标准的要求，即"犯罪事实清楚，证据确实、充分"，但是，什么是"证据确实、充分"，理论上一直存有不同认识和争议，实践中运用它指导定罪则常有偏差，甚至像杜培武、佘祥林、赵作海等重大冤案，在原来的判决中都被认定为"犯罪事实清楚，证据确实、充分，足以认定"。可见，这一定罪标准确实存在问题，需要完善。

新《刑事诉讼法》一方面继续保留将"证据确实、充分"作为定罪的证明标准，另一方面则对何谓"证据确实、充分"作了深化性规定："证据确实、充分，应当符合以下条件：（一）定罪量刑的事实都有证据证明；（二）据以定案的证据均经法定程序查证属实；（三）综合全案证据，对所认定事实已排除合理怀疑。"这是我国刑事诉讼法第一次把"排除合理怀疑"正式吸收到定罪的证明标准之中，非常值得关注和研究。

4. 原《刑事诉讼法》已有"疑罪从无"的明确规定，具体为审查起诉中证据不足的不起诉和法庭审判中证据不足的可判决无罪。新《刑事诉讼法》保留并修正了该规定。

但是，也有遗憾或不足，新《刑事诉讼法》还保留了原《刑事诉讼法》第93条关于"犯罪嫌疑人对侦查人员的提问，应当如实回答"的规定。从理论上分析，这一规定与"不得强迫自证其罪"是相抵触的。

总之，无罪推定原则虽然没有在新《刑事诉讼法》上明文确立，但其基本要求或精神已比较充分地贯彻、体现在其中。从现代刑事辩护制度产生的理论根据上看，无罪推定原则是其产生的重要根据之一，[6]因此，无论对于从立法上完善刑事辩护制度还是从司法上保障刑事辩护制度的执行，都是非常重要的。

（三）对"辩护人的责任"重新定位，确立了实体辩护与程序辩护并重的辩护格局

原《刑事诉讼法》第35条专门就"辩护人的责任"作出了规定，但存在两个明显的问题：其一，把辩护的内容限定在实体辩护上，其所涉及的"无罪、罪轻或者减轻、免除其刑事责任"的内容都属于实体辩护的范畴。而现代刑事辩护，不仅有实体辩护，而且还要有程序辩

护，也就是在诉讼过程中，维护犯罪嫌疑人、被告人的诉讼权利及其他合法权益，例如反对超期羁押，要求排除非法证据等。其二，把辩护的权利视为举证责任，体现在辩护人应当"提出证明犯罪嫌疑人、被告人无罪、罪轻……的材料和意见"。受此影响，在实践中有的审判机关要求律师如果为被告人提出无罪辩护意见，就要提供相应的无罪证据，否则，辩护意见不予采信，云南杜培武冤案就是如此。[7]显然，这是违背控方在刑事诉讼中应当承担证明被告人有罪的举证责任的。

新《刑事诉讼法》针对以上两个问题作了修改：其一，删除了"提出证明犯罪嫌疑人、被告人无罪……"之中的"证明"二字；其二，将最后一句修改为"维护犯罪嫌疑人、被告人的诉讼权利和其他合法权益"。如此修改后，进行辩护应当承担举证责任的意味不复存在，程序辩护的要求被明显突出，从而形成了实体辩护与程序辩护并重的辩护格局。它是对辩护人责任的重新定位，是辩护人在刑事诉讼中开展辩护活动、行使辩护权利的总纲领。

（四）明确了侦查阶段"辩护律师"的法律地位

1996年3月对刑事诉讼法的修改，一个突出的亮点是把以往在审判阶段律师才可以介入诉讼修改为律师从"犯罪嫌疑人在被侦查机关第一次讯问后或者采取强制措施之日起"就可以介入，但侦查阶段的律师不是"辩护人"，在理论上被称之为"为犯罪嫌疑人提供法律帮助的律师"。本次修改，名正言顺地将侦查阶段的律师定位为"辩护人"，并且从多方面规定了侦查阶段辩护律师的诉讼权利，包含在第36条、第54条、第55条、第86条、第95条、第97条等规定之中，其主要内容是程序辩护，但也不排除实体辩护。

（五）完善了刑事法律援助制度

我国刑事法律援助制度从无到有，近年来发展较快。但距离现实需要还有相当差距。新《刑事诉讼法》在刑事法律援助方面有明显的进步：其一，在援助的对象上，从原来法定法律援助的三种人扩大到五种人，又增加了"尚未完全丧失辨认或者控制自己行为能力的精神病人"和"可能被判处无期徒刑的人"；其二，在提供法律援助的诉讼阶段上，从原来的审判阶段提前到侦查阶段及审查起诉阶段，在侦查和审查起诉中，遇有上述五种人自己没有聘请辩护人的，公安、检察机关应当为其提供免费的法律援助；其三，在提供法律援助的方式上，以往是由法官"指定承担法律援助义务的律师为其提供辩护"，修改后则是"人民法院、人民检察院和公安机关应当通知法律援助机构指派律师为其提供辩护"，将"法律援助的责任"从过去由律师承担改变为由政府设立的法律援助机构承担；其四，还正式建立了通过申请获得刑事法律援助的制度。

二、关于刑事辩护条件性权利的修改、完善

条件性的辩护权利是指犯罪嫌疑人、被告人及其辩护律师或其他辩护人享有的会见权、阅卷权、调查取证权等诉讼权利。这些权利是为辩护作准备的，因而称之为条件性的辩护权利。以往这三个方面都存在突出的问题，被称为律师辩护的"三难"。新《刑事诉讼法》针对"三

难"分别不同情况作出了修改和完善。

1. 新《刑事诉讼法》第37条规定，不论何诉讼阶段，除三类案件外，辩护律师与在押犯罪嫌疑人、被告人的会见不必经办案机关许可，持"三证"就可以直接到看守所进行会见，看守所应当及时安排，至迟不得超过48小时。此外，还规定会见过程"不被监听"，包括既不能采用技术手段监听会见过程及谈话内容，也不允许派员在场。可见，"会见难"基本解决。

所谓"会见险"，是指在以往司法实践中发生的律师与犯罪嫌疑人、被告人会见，因某种原因被办案机关立案追究刑事责任而给广大律师带来的巨大的执业风险。最典型的是2010年发生在重庆的李庄案。在指控李庄的犯罪事实中，居然有李庄在会见时用眼神、表情及言语唆使被告人故意翻供并诬称受到办案人员刑讯逼供的"罪状"，此外还有李庄将同案被告人的口供及有关证据信息告知对方的"罪状"。这些所谓的"罪状"给律师界造成极大震惊和恐慌，给律师办理刑事案件带来极大风险。

新《刑事诉讼法》在这个问题上正本清源，不仅明确规定自案件移送审查起诉起，辩护律师可以到检察机关、审判机关查阅全部案卷材料，而且还规定辩护律师与犯罪嫌疑人、被告人会见时，"自案件移送审查起诉之日起，可以向犯罪嫌疑人、被告人核实有关证据"。由此从法律上公开宣告辩护律师把控方证据信息包括同案人的口供等在会见犯罪嫌疑人、被告人时告知对方，甚至把有关书证、物证材料出示给对方让其辨认，都属于"核实有关证据"的范畴，根本不是违法犯罪行为，而是法律允许并予以保护的行为。显然，这样规定有利于鼓励广大律师积极投入刑事诉讼活动，依法大胆地履行辩护职能，维护当事人的合法权益，维护法律的正确实施，维护司法公正。

2. 在原《刑事诉讼法》上，即使到了审判阶段，辩护律师也并不了解、掌握控方的全部证据。新《刑事诉讼法》第38条明确规定："辩护律师自人民检察院对案件审查起诉之日起，可以查阅、摘抄、复制本案的案卷材料。其他辩护人经人民法院、人民检察院许可，也可以查阅、摘抄、复制上述材料。"为了保证在审判阶段辩护人也能实现这一诉讼权利，第172条还规定："人民检察院向人民法院提起公诉，并将案卷材料、证据移送人民法院。"在上述明确规定下，我们有理由认为"阅卷难"今后有望不再"难"。

3. 原《刑事诉讼法》第37条是关于辩护律师调查收集证据问题的规定，这次修改只字未动，只是条文顺序调整为第41条，但这并不意味着"调查取证难"将会依然如故。相反，由于在其他方面所作的修改、完善，相信律师调查取证难的问题今后将不再像以往那样突出。

首先，在新《刑事诉讼法》上，侦查阶段的律师已成为"辩护律师"，当然有权依照第41条的规定调查收集证据材料。其次，虽然按照第41条的规定，辩护律师调查收集证据需取得有关方面的同意或许可，但这样规定是符合辩护律师调查取证权的本质属性的，也就是它是一种诉讼权利而不是诉讼权力。作为一种诉讼权利，在本质上并没有、也不应该像司法机关的调查取证权（力）那样，具有强制力。再次，以往律师们之所以非常强调调查收集证据的权利，主要是因为"阅卷难"造成律师对证据信息不能全面了解，加上当事人及其亲属的要求或压力，使得律师迫切想通过调查收集证据知道案件事实和证据信息。新《刑事诉讼法》解决"阅卷难"的问题后，律师调查取证的必要性在整体上大大降低。最后，新《刑事诉讼法》第39条规定："辩护人认为在侦查、审查起诉期间公安机关、人民检察院收集的证明犯罪嫌疑人、被告人无罪或者罪轻的证据材料未提交的，有权申请人民检察院、人民法院调取。"这从一个方面又弥补了律师调查取证之不足。

三、关于刑事辩护手段性权利的修改、完善

所谓刑事辩护的手段性权利，可以称为狭义的辩护权或实质的辩护权，是指针对办案机关对犯罪嫌疑人、被告人在程序上采取的相关措施及实体上所作的认定、指控，直接提出质疑性、反驳性、否定性的证据、意见或有关的诉讼主张或要求。在这方面，新《刑事诉讼法》不仅强化了原有的规定，还增加了一些新的规定，从而使辩护的手段性权利丰富多元，而且"攻击性"大大增强。

1. 犯罪嫌疑人及其辩护律师有权参与审查批捕活动，对检察机关应否批准逮捕发表意见。在原《刑事诉讼法》上及实践中，检察机关审查批准逮捕都是书面审查，并不听取犯罪嫌疑人及其辩护律师的意见。新《刑事诉讼法》第86条则明确规定检察机关在审查批捕中，一般可以讯问犯罪嫌疑人，在所列几种特定情形下，则应当讯问犯罪嫌疑人；同时要求一般可以听取辩护律师的意见，辩护律师提出要求的，则应当听取辩护律师的意见。该规定一方面改革了审查批捕的工作方式，另一个方面，则是赋予犯罪嫌疑人及其辩护律师在审查批捕中享有手段性的辩护权利，可以直接向检察机关就是否应当批准逮捕犯罪嫌疑人提出意见。

2. 确立了辩护人在审前程序中通过向办案机关及时提交有关无罪证据为犯罪嫌疑人进行实体辩护的手段性权利。新《刑事诉讼法》第40条规定："辩护人收集的有关犯罪嫌疑人不在犯罪现场，未达到刑事责任年龄，属于依法不负刑事责任的精神病人的证据，应当及时告知公安机关、人民检察院。"这一规定表面上是看是对辩护人提出了一项责任或义务，实质上则是赋予辩护人在审前程序中为犯罪嫌疑人进行实体辩护的一项手段性辩护权利。

但是，律师界有人对该规定持有异议，认为这样做会过早暴露辩护人的"秘密武器"，担心办案机关及办案人员会针对此"做手脚"。因此主张，何时出示证据取决于律师的辩护策略，应由律师自主决定，不应强制要求。这种担心可以理解，但这种主张不能成立。辩护策略应当服从辩护目的而不能高于辩护目的。辩护的目的是最大限度地维护犯罪嫌疑人、被告人的合法权益。以此观之，如果律师已经收集、掌握了证明犯罪嫌疑人、被告人无罪或不应负刑事责任的证据却不向办案机关提出，放任犯罪嫌疑人、被告人仍处于被追诉及羁押状态下，显然与辩护的目的是相违背的。

3. 非法证据排除规则的正式确立，为犯罪嫌疑人、被告人及其辩护人针对非法取证展开辩护，提供了重要的法律武器。在我国非法证据排除规则中，公安、检察、法院都负有依职权排除非法证据的责任。同时，犯罪嫌疑人、被告人及其辩护人都享有申请办案机关依法排除非法证据的诉讼权利。而且在审判阶段的排除中，还要求检察机关对所涉非法证据负有证明其系

合法取得的证明责任，否则将认定其为非法证据予以排除，不得作为定案的根据。不言而喻，这是一项非常重要的手段性的辩护权利。

4．建立了关键证人出庭作证制度，强化了辩方的质证权。在我国刑事审判中，证人出庭率极低。一方面损害了程序的正当性，另一方面也可能损害审判结果的正确性。新《刑事诉讼法》作了突破性的规定。首先，明确规定了证人应当出庭作证的条件和范围："公诉人、当事人或者辩护人、诉讼代理人对证人证言有异议，且该证人证言对案件定罪量刑有重大影响，人民法院认为证人有必要出庭作证的，证人应当出庭作证。"不仅如此，"人民警察就其执行职务时目击的犯罪情况作为证人出庭作证，适用前款规定"。此外，控辩双方对鉴定意见有异议，人民法院认为鉴定人有必要出庭的，鉴定人应当出庭作证。其次，对证人无正当理由拒不出庭或出庭后拒绝作证的，还作出了强制其出庭及予以处罚的相应规定。最后，还就证人出庭作证的保护问题及经济补偿问题也作了规定。

虽然关于证人出庭作证的上述规定对控辩双方都适用，但从客观需要和实际作用来看，对被告人及其辩护人更有意义。它实质上保障了辩方的质证权，体现了程序公正，也有利于实体公正。

5．建立了专家辅助质证制度，辩方可通过专家协助加强对控方鉴定意见的质证。针对鉴定意见这种证据专业性、技术性很强的特点，第192条规定："公诉人、当事人和辩护人、诉讼代理人可以申请法庭通知有专门知识的人出庭，就鉴定人作出的鉴定意见提出意见。"这一规定看起来是针对控辩双方的，但实际上最需要、受益最大的应该是辩方。因为，无论在刑事诉讼法上还是在司法实务中，刑事诉讼中的鉴定意见证据几乎都是控方提出来的，被告人及其辩护人是很难组织鉴定或委托鉴定的，因而也很少在法庭上能够提出鉴定意见证据。因此，这项诉讼权利的实际行使者恐怕主要是被告人及其辩护人。他们通过申请法庭通知有专门知识的人出庭，可以更有针对性、更有效地对控方提出的鉴定意见进行质证。

6．赋予辩护人享有要求有关办案人员回避的权利。在原《刑事诉讼法》上，辩方只有犯罪嫌疑人、被告人享有要求有关办案人员回避的权利。新《刑事诉讼法》把此项权利扩大到辩护人，实质上也是一项手段性的辩护权利。

7．死刑复核程序是专门针对两审终审制下已经对被告人判处死刑立即执行，但判决尚不生效的案件所适用的特别审判程序。过去在这一程序中，并不讯问被告人，也不听取辩护律师的意见。新《刑事诉讼法》第240条则规定："最高人民法院复核死刑案件，应当讯问被告人，辩护律师提出要求的，应当听取辩护律师的意见。"这对被告人及其辩护人来说，是最后一次对死刑判决提出意见的机会和权利。

四、关于刑事辩护保障性权利的突破性规定

条件性、手段性的辩护权利固然重要。但是，如果这些权利以及当事人的其他合法权利在诉讼中得不到保障怎么办？原《刑事诉讼法》对此没有明确、直接的规定。新《刑事诉讼法》

对此有所突破，从多方面为犯罪嫌疑人、被告人及其辩护人规定了重要的保障性的辩护权利。

1．根据新《刑事诉讼法》第47条的规定，辩护人认为公安机关、人民检察院、人民法院及其工作人员阻碍其依法行使诉讼权利的，有权向同级或上一级人民检察院申诉或控告。人民检察院对申诉或者控告应当及时进行审查，情况属实的，通知有关机关予以纠正。这对辩护人依法行使诉讼权利是极大的保障。

2．根据新《刑事诉讼法》第115条的规定，犯罪嫌疑人、被告人及其辩护人对于司法机关及其工作人员实施的违法办案行为，包括侵犯人身权利的行为（如超期羁押）和侵犯财产权利的行为（如对与案件无关的财物采取查封、扣押、冻结措施的），有权向该机关提出申诉或控告。对于处理不服的，还可以向人民检察院提出申诉。人民检察院对申诉应当及时进行审查，情况属实的，通知有关机关予以纠正。这项权利对于维护当事人的人身权利和财产权利不受办案机关及其工作人员的违法侵犯非常重要。

3．在我国刑法和刑事诉讼法上都有针对辩护人违法办案，构成犯罪应当追究刑事责任的有关规定。无论从理论上讲，还是从维护法律的尊严、树立法律的权威的实际需要看，辩护人包括辩护律师，如果确实在执业活动中违法办案，构成犯罪，应当追究刑事责任。但在如何追究刑事责任上应当充分注意两点：其一，应当充分考虑到在我国的司法体制和司法环境下，刑事辩护还是一项充满困难和风险的工作，应当从法律上予以保护，即使辩护人在执业活动中确实构成了犯罪，也应当注意在诉讼程序上对其立案追究的特殊性；其二，应当充分注意到，我国一些基层办案机关及其工作人员，特别是侦、检机关及其工作人员，对辩护制度还缺乏正确的认识，对辩护人的工作特别是针对其侦查、起诉工作中存在的问题提出的意见不能正确对待，便利用手中的权力对辩护人进行职业报复，以涉嫌犯罪为由立案追究辩护人的所谓刑事责任。

鉴于此，新《刑事诉讼法》第42条对原第38条进行了重要修改，一方面重申辩护人涉嫌犯罪的，应当追究刑事责任；另一方面又强调"应当由办理辩护人所承办案件的侦查机关以外的侦查机关办理"。这就为辩护人不被侦查机关违法追究伪证罪建立了重要的程序保障。

4．实现了辩护律师对执业信息保密义务与保密权利的有机统一。《律师法》要求律师负有保守执业信息的义务，但律师也是公民，具有作证的义务。如果办案机关、办案人员要求其对执业信息进行作证怎么办？新《刑事诉讼法》第46条作了明确回答："辩护律师对在执业活动中知悉的委托人的有关情况和信息、有权予以保密。"这就把律师对执业信息的保密义务与保密权利有机地统一起来了。但是无论是保密义务还是保密权利，都不是绝对的，也有例外，该条规定："但是，辩护律师在执业活动中知悉委托人或其他人，准备或者正在实施危害国家安全、公共安全以及严重危害他人人身安全的犯罪行为，应当及时告知司法机关。"

注 释:

[1] 顾永忠，中国政法大学诉讼法学研究院教授。

[2] 作者曾撰文将刑事辩护的权利划分为条件性权利、手段性权利、保障性权利，并认为这些权利并不能孤立存在，而是以刑事诉讼法确立的有关基本原则、具体诉讼制度和程序为基础。参见顾永忠:《刑事辩护的现代法治涵义解读》，《中国法学》2009 年第六期。

[3] 截至 2011 年 8 月，世界上已有 67 个国家正式批准加入《公民权利和政治权利国际公约》。

[4] 参见郑金火:《被告人及其辩护人的举证责任问题》，《福建法学》2006 年第三期。

[5] 参见顾永忠主编:《刑事辩护律师审查、运用证据指南》，北京大学出版社 2010 年版，第 215—216 页。

[6] 见熊秋红《刑事辩护论》，法律出版社 1998 年版，第 41 页。

[7] 参见顾永忠主编:《刑事辩护律师审查、运用证据指南》，北京大学出版社 2010 年版，第 215—216 页。

关于侦查人员出庭作证制度的问题及实施建议

叶青　时明清[1]

摘　要：侦查人员出庭作证是本次《刑事诉讼法》修改中的新增内容，这一制度对于查明案件真相、保障程序公开、规范侦查活动等都具有重要意义。但是，在司法实践中，由于传统观念、刑事诉讼结构、法律共同体中不同认知等原因，侦查人员出庭作证的情况非常少。本文将结合新《刑事诉讼法》中的相关规定，提出若干具体的实施建议。

关键词：侦查人员　出庭作证　实施建议

一、我国侦查人员出庭作证的现状

2012年3月14日第十一届全国人大五次会议通过了《关于修改〈中华人民共和国刑事诉讼法〉的决定》。新《刑事诉讼法》（以下简称"新《刑诉法》"）第57条第2款规定："现有证据材料不能证明证据收集的合法性的，人民检察院可以提请人民法院通知有关侦查人员或者其他人员出庭说明情况；人民法院可以通知有关侦查人员或者其他人员出庭说明情况。有关侦查人员或者其他人员也可以要求出庭说明情况。经人民法院通知，有关人员应当出庭。"该法第187条第2款规定："人民警察就其执行职务时目击的犯罪情况作为证人出庭作证，适用前款规定。""适用前款规定"主要是指该法第187条第1款："公诉人、当事人或者辩护人、诉讼代理人对证人证言有异议，且该证人证言对案件定罪量刑有重大影响，人民法院认为证人有必要出庭作证的，证人应当出庭作证。"上述条文的规定是对我国侦查人员出庭作证的司法经验的总结，[2]使侦查人员出庭作证在我国《刑事诉讼法》中得到确立。

从刑事诉讼理论上来说，侦查人员出庭作证是刑事诉讼的应有之义。这主要是因为：首先，在刑事案件中，侦查人员有可能是案件过程的直接目击者、亲历者，也有可能是案件中证据的直接收集者、制作者或保全者。在前一种情况下，侦查人员基于对案件事实的感知出庭作证，其与证人具有一致性，特别是在没有其他人在场的情况下，警察往往是唯一的目击证人；在后一种情况下，当辩方提出排除非法证据的诉讼请求时，由证据的直接收集、制作或保全的侦查人员出庭接受法庭的调查是最具有说服力的。其次，侦查人员出庭作证也是刑事诉讼直接言词原则的要求。直接原则是指案件的审理，除法官主持，检察官、被告人及其辩护人参与外，若案件中有被害人、证人或鉴定人的，这些诉讼参与人也应当在场。除法律另有规定者外，如上述人员在审理时不在场，就不得进行法庭审理。言词原则是指法庭审理采取言词陈述的方式进行。当侦查人员不出庭，而是通过书面说明或者其他方式对于案件事实或者证据收集事实进行证明时，就违背了直接言词原则，不利于排除非法证据，可能会影响司法的公信力。可见，侦查人员出庭作证在规范侦查活动、查明案件事实真相和保障程序公开等方面都具有重要的作用。而世界各主要国家关于侦查人员出庭作证却并未在立法中将其作为一种特殊情况予以单列，而大都是将其归入证人出庭作证的范畴。如英国，该国有一句著名的箴言"警察是法庭的仆人"（policeman is the public servant of the court）。1984年《警察与证据法》第76条规定："如果被告人向法庭声称其供述是或可能是基于非法或其他不适当手段作出的，法庭就应当将不利于被告人的供述予以排除，除非控诉方能够证明该供述并非是上述情况下获得的。"控诉方证明的最佳手段就是让证据的直接收集者——警察出庭作证，接受法庭的调查。在美国，《联邦证据规则》第601条规定："除本证据规则另有规定外，每个人都有资格作为证人。"该条的"另有规定"只排除了法官和陪审员在本案中的证人资格问题，作为侦查人员的警察是具有证人资格的。而在大陆法系的法国，其《刑事诉讼法》第101条规定："预审法官通过执达员或公共力量的工作人员传唤其认为能够提供证言的任何人。"在混合法系的日本，依据该国《刑事诉讼法》第143条的规定："法院、除了本法有特别规定的以外，可以将任何人作为证人进行询问。"这里的"特别规定"主要是指享有拒证权的人及诉讼当事人。依据该法第157条、158条的规定，当事人主要是指检察官、被告人及法官，侦查人员并不包括其中。通过将上述条文与我国新刑诉法中的规定进行对比可以发现，我国在侦查人员出庭作证上予以了明确的规定，这是立法者重视的表现，也为侦查人员出庭作证提供了充足的法律基础。最后，侦查人员出庭作证，更是贯彻刑事诉讼法互相配合原则的要求。在现有证据不能证明证据收集的合法性的情况下，侦查人员出庭证明情况，是对人民检察院公诉工作的支持；在履行职责过程中直接发现犯罪行为和犯罪人的情况下，侦查人员即为目击证人，其出庭指控犯罪是对人民法院公正审判工作的支持，体现了公、检、法在刑事诉讼中互相配合的原则，有利于惩罚犯罪、保障人权，与侦查机关工作的目的是一致的。

但是，正如有学者所言："从理论上讲，侦查人员出庭作证制度离我们并不遥远，但是，在现实中，我们走向该制度的速度却异常缓慢。"[3]笔者在与实务部门的同志的交流中了解到，在公安机关侦查的刑事案件中，侦查人员出庭作证的比率非常低；公安机关侦查人员出庭作证的案件主要集中在强奸罪、故意杀人罪、毒品犯罪和为媒体、公众所广泛关注的具有公共性主题的案件中，如李庄案二审中，重庆江北区公安分局情报分析科警员吴鹏等6名警察出庭作证，常熟六民工自卫案件中侦查人员出庭作证等。在自侦案件中，检察机关侦查人员出庭作证的情况几乎为零。这一似乎天经地义的事情为何在我国却变成了凤毛麟角的特例个案？笔者认为，这与侦查人员自身的原因、刑事诉讼中各机关之间的关系、刑事审判模式和法律共同体的认知情况等不无关系。

二、我国侦查人员不出庭作证的原因分析

（一）观念和能力的影响

一方面，作为追诉犯罪的主体，侦查人员认为其主要的职责在于运用法律赋予的侦查权查明案件事实、抓捕犯罪嫌疑人。在这一过程中，侦查人员一直处于绝对主动的地位，具有天然的优越性。作为国家工作人员，他们认为在法庭上接受被告人及其辩护律师的质问是对于自身尊严的一种侵犯，为此，他们会在心理上抵制出庭作证。另一方面，我国侦查人员对于出庭作证接受控辩双方的交叉询问缺乏能力上的准备，特别是面对辩方的询问时，缺乏相应的应对能力和抗辩技巧。由于这可能会直接影响到庭审的实质效果，检察机关也不愿意让侦查人员出庭作证。另外，由于我国处于社会转型时期，也是犯罪高发期，案多人少是公安司法机关共同面临的挑战，侦查人员出庭作证无疑会增加侦查人员的工作负担，影响其正常的工作。这使得侦查机关并不愿意积极地配合检察机关出庭作证。

（二）刑事诉讼模式的制约

依据《刑事诉讼法》第7条的规定，在我国刑事诉讼中，公检法三机关在刑事诉讼中是分工负责、互相配合、互相制约的关系。检察机关虽然是我国的法律监督机关，在刑事诉讼中有权对于公安机关和人民法院进行法律监督，但是，我国在侦查阶段并非侦检一体化模式，在侦查阶段，公安机关与检察机关是相互独立的，检察机关对于公安机关的侦查行为只能进行事后的监督，无法直接领导公安机关进行侦查。当检察机关接受公安机关移送的案卷材料并决定提起公诉后，如同票据法中的背书和抗辩切断，败诉的风险将由检察机关承担，公安机关对此不承担直接的责任，公安机关的诉讼活动随着侦查的终结而终结。没有责任的约束，公安机关侦查人员就缺乏出庭作证的积极性。同时，"公、检、法三机关分别在三个阶段各自独立地实施诉讼行为，使法院难以对检警机构的追诉活动实施真正有效的司法控制，司法裁判活动与侦查、起诉互相平衡而无法在刑事诉讼中居于中心地位，从而导致警察是否出庭的主动权掌握在公安机关手里"。[4]这是侦查人员出庭作证率低的制度性原因。

（三）案卷笔录中心主义的司法传统影响

案卷笔录中心主义主要是指在我国的刑事审判过程中，法官普遍通过阅读检察机关移送的案卷笔录来展开庭前准备活动，对于证人证言、被害人陈述、被告人供述等言词证据，普遍通过宣读案卷笔录的方式进行法庭调查，法院在判决书中甚至普遍援引侦查人员所制作的案卷笔录，并将其作为判决的基础。[5]案卷笔录中的主要内容是侦查机关通过其侦查行为所形成的犯罪嫌疑人、被告人供述，证人证言，鉴定意见，勘验检查笔录等。在案卷笔录中心主义下，法

官会通过庭前阅卷来了解案件情况，检察机关向法院提供的案卷笔录具有天然的证据能力，是法官定罪量刑的重要依据。由于法官对于案卷笔录等书面材料的重视，通过侦查人员出庭作证来了解案件事实或者证明取证合法性的作用就降低了，这也是我国侦查人员出庭作证率低的一个重要原因。正如有学者所言："由于存在卷宗主义的司法传统，过分强调法官发现案件事实真相的职责，以及职权主义诉讼模式的影响，因此，只有当案件特别需要的时候才会出庭作证，而在通常情况下并不需要警察出庭作证。"[6]

（四）法律共同体认知的不一致

近年来，程序正义的理念得到了我国理论界和实务界越来越多的认可和接受，如2010年两高三部共同发布的《关于办理刑事案件排除非法证据的若干问题的规定》和2012年全国人大通过的新《刑诉法》中都有关于排除非法证据的规定。这为我国程序性辩护制度的建立提供了立法基础。与之相适应，律师在庭审过程中采用程序性辩护来维护被代理人合法权益的情况也日益增多，如黎庆洪案、谢亚龙案等。但是，由于程序性问题的处理在我国缺乏足够的实践经验累积，在确定程序性辩护目标、程序性违法程度等方面都没有可供参考的标准，特别是公安司法机关与律师之间并未就此形成统一的认识，在现实庭审中就存在着律师与检察院、法院等司法机关认识不一致的情况。如在刑讯逼供的问题上，辩护人有可能认为依据新《刑诉法》第117条关于拘传的规定，"应当保证犯罪嫌疑人的饮食和必要的休息时间"，凌晨2点形成的口供是在被告人没有睡觉的情况下制作的，取得方式不合法，要求侦查人员出庭说明情况。但是，公诉人有可能认为，非法证据主要是指以刑讯逼供或者以威胁、引诱、欺骗以及其他非法的方法收集的证据，并没有规定在凌晨2点不能收集证据，且新《刑诉法》中规定的必要的休息时间并没有具体的规定，是由侦查机关自由裁量的范围，该证据的取得方式不存在不合法的情况，为此无须侦查人员出庭作证。最终，法庭有可能支持公诉人的意见，并未让侦查人员出庭作证。法律共同体对于程序性问题的认知不一致也是当前我国侦查人员出庭作证率低的一个重要原因。

三、侦查人员出庭作证的对策思考

虽然新《刑诉法》第57条和187条中已经明确规定了侦查人员在协助检察机关证明取证合法性和就自身执行职务过程中所目击的犯罪情况需要出庭作证，但是，结合现有的司法实践经验来看，要提高其出庭作证率，还需要进一步加强侦查人员出庭作证的相关机制。

值得注意的是，新《刑诉法》在证人出庭方面有了很大的修改，在解决证人出庭"三不"（不敢出庭、不愿出庭、不能出庭）问题上作了非常大的努力。针对证人害怕作证后遭到被告人报复，不敢出庭的情况，新《刑诉法》第61条和62条规定了对于证人及其近亲属的保护措施；针对证人不愿出庭的情况，新《刑诉法》第188条规定了训诫和司法拘留等措施强制其到庭；针对证人不能出庭的情况，新《刑诉法》第63条规定了经济补助、就业保障等措施。但是，新《刑诉法》第57条和第187条第2款中的侦查人员身份是不同的，出庭的义务指向也是不同的。第57条中侦查人员主要是针对证据收集的合法性出庭作证，第187条第2款则是针对其在案件中目击的犯罪情况作为证人出庭作证。可见这两个条文所指向的证明对象是不同的，前者是针对证据收集的合法性，后者是针对案件事实；前者是其侦查职责的延伸，后者是证人作证的义务。在符合第187条第2款规定的情形时，侦查人员出庭作证可以部分参照适用关于证人的相关规定。但是，侦查人员基于其国家工作人员的身份与一般证人是存在区别的，故不能适用一般证人的相关规定，这主要表现在以下几个方面：第一，在经济补偿方面，侦查人员出庭作证是其侦查行为的当然延伸，是其追诉犯罪职责的应有之义，为此，其经济补偿应由所在机关自行负担；第二，在不出庭时的强制到庭措施方面，基于我国现行的刑事诉讼体系，从维护国家司法机关形象的角度来看，适用于普通证人的司法拘留不应当也不可能适用于侦查人员。结合以上论述，笔者认为，加强侦查人员出庭作证需要以我国现行的刑事诉讼体制为基础，在观念、技术、范围、惩戒、保护等方面作出努力：

第一，加强宣传教育，转变观念。侦查人员是国家机关工作人员，刑事诉讼法赋予侦查人员侦查破案权，实现打击犯罪和保障人权的刑事诉讼目的。正如中央政法委书记周永康同志在实施修改后刑事诉讼法座谈会上的讲话中要求各级政法机关强化人权意识、程序意识、证据意识、时效意识和监督意识等五个意识，要坚持依照法定程序、通过合法手段收集、固定证据，努力把每起刑事案件都办成"铁案"。[7]侦查人员出庭作证主要是基于其为犯罪事实的目击者、取证过程的亲历者，最了解犯罪事实和犯罪人，也最了解证据收集是否合法的情况，由他们直接出庭作证，不仅有利于保证法庭查明案件事实，追究犯罪，也有利于对证据收集的合法性作有力的证明，保护被告人的质证权。侦查人员在宣传教育下可以充分理解出庭作证的意义，这主要包括两个方面：一方面其出庭作证可以起到带头履行法律义务的示范效果；另一方面也是其履行本身所具有的发现法律真实职责。

第二，强化对侦查人员出庭作证技能的培训。很多时候侦查人员不出庭作证是由于侦查人员不具有出庭接受法庭调查及控辩双方交叉询问的技能。检察官也担心因侦查人员表现上的不佳影响庭审的效果，而倾向于案卷笔录等书面证言。为此，提高侦查人员出庭作证的能力是非常必要的。这主要包括：首先，侦查人员充分了解法庭结构和审理程序；其次，侦查人员应就所需陈述的问题作全面的准备，并能流利地表达；再次，侦查人员应着制服出庭作证，并学会相应的司法礼仪；最后，在整个作证过程中，应保持平静的心态，不可带有感情上的歧视或偏见。

第三，法律共同体之间应加强沟通，建立大家所认同的侦查人员出庭作证的条件。公平正义是刑事司法的追求，但是也不能无视其代价。公正和效率是刑事诉讼追求的两大价值。侦查人员出庭作证有利于查明案件事实、规范取证行为，有利于实现公平正义。但是，这并不表示所有涉及侦查人员的情况在为被告人及其辩护律师申请时都需要其出庭作证。新《刑诉法》第57条第2款的规定："现有证据材料不能证明证据收集的合法性的，人民检察院可以提请人民法院通知有关侦查人员或者其他人员出庭说明情况。"可见，侦查人员出庭的前提是公诉机关通过向法庭提供讯问笔录、录影录像、羁押记录、体格记录等材料不能证明证据收集的合法性，造成有关材料可能被认定为非法证据而被排除。审判人员认为可能存在新《刑事诉讼法》第54条规定的以非法方法收集其他证据的情形，对该证据的合法性进行法庭调查的，公诉人可以参照该法第57条第2款规定申请法庭通知侦查人员或者其他人员出庭证明情况。公诉人不能当庭证明证据收集的合法性，需要调查核实法庭的，可以建议法庭延期审理。人民检察院也可以要求侦查机关对证据收集的合法性进行说明或者提供相关证明，必要时，可以自行调查核实。

第四，完善侦查人员出庭作证的程序设计。侦查人员出庭作证主要是基于取证者的身份来证明证据取得的合法性或者基于案件的亲历者的身份来证明案件事实情况。两种不同的作证身份和作证内容要求适用不同的诉讼程序。对于证明取证合法性的情况，新《刑诉法》第182条第2款增设了庭前会议程序，即在开庭以前，审判人员可以召集公诉人、当事人和辩护人、诉讼代理人，对回避、出庭证人名单、非法证据排除等与审判相关的问题，了解情况，听取意见。这一程序的设立是我国刑事诉讼程序的一个重大进步，这一程序形成了程序分流，将一些程序性问题，特别是非法证据排除问题在正式开庭审理之前就予以解决，这一方面有利于避免正式开庭审理过程因处理程序性问题而变得过于冗长，另一方面也有利于正式开庭审理过程中能够集中力量解决定罪量刑等实体性问题。为此，对于为证明证据取证合法性而要求侦查人员出庭作证的情况，最好将其放在庭前会议中，而非正式庭审中予以解决。对于证明案件事实的情况，由于这属于案件的实体性问题，应当在庭审中予以解决。

第五，切实执行对于出庭作证侦查人员的特殊保护制度。侦查人员主要基于了解案件情况或者取证过程而出庭作证。在前一种情况下，侦查人员出庭作证的案件范围主要是在毒品犯罪、涉黑犯罪、反恐犯罪等案件中，这些案件中大量运用了诱惑侦查、卧底侦查、控制下交付和其他侦查手段，但是，这些案件的组织性和高度危险性使得侦查人员及其近亲属的人身安全将受到极大的威胁。为了保障侦查人员的人身安全，依据新《刑诉法》第152条的规定："如果使用该证据可能危及有关人员的人身安全，或者可能产生其他严重后果的，应当采取不暴露有关人员身份、技术方法等保护措施，必要的时候，可以由审判人员在庭外对证据进行核实。"新《刑诉法》的这一规定是非常合理的，需要得到切实执行，这主要包括如下几个方面：一是要加强保密措施，特别是对于侦查人员、技术人员、庭外核实证据的审判人员等的相关信息要予以保密，防止外泄；二是在必要时可以采取改变身份信息、变换工作岗位等措施来保护有关人员。

第六，通过设立例外情况完善侦查人员出庭作证的范围。有原则就有例外，侦查人员也应当有基于特殊情形下的证言豁免权，这主要体现在以下几个方面：第一，因涉及特定亲属的证言豁免。家庭是国家的细胞，一个个家庭的良好存续是社会安定、国家繁荣的重要保障。亲属，特别是配偶、父母、子女及其他近亲属间的信任关系是维持婚姻家庭关系的重要基础，这些特定亲属基于信任关系让侦查人员掌握或者获知对于自己不利的证据或者秘密，如果不赋予其证言豁免，将影响人类最基本的道德伦理，这将破坏人与人之间的信任关系，不利于社会的和谐稳定，为此，在这种情况下，应赋予侦查人员证言豁免的权利。第二，因涉及公务的证言豁免。侦查人员执行公务时有可能会涉及国家秘密或公务秘密，由于这些秘密可能会涉及国家利益，一旦以证言形式公开，可能会影响国家安全、社会稳定，为此，人民法院应当进行权衡，作出是否让侦查人员出庭作证的决定。第三，因涉及秘密侦查的证言豁免。新《刑诉法》以专章形式将技术侦查纳入。由于技术侦查，特别是秘密侦查所涉及的案件大多为危害国家安全案件、走私犯罪、涉黑案件、毒品案件等重大复杂案件，若要求所有的侦查人员，包括卧底警察或其他特情人员一律出庭作证，可能会带来两个方面的问题：一方面是给这些出庭作证人员及其家属的人身财产安全造成重大威胁；另一方面是可能破坏国家继续打击这类犯罪的基础和条件，影响侦查工作的正常进行。为此，侦查人员在这种情况下以不出庭作证为原则，除非特殊情况，即在侦查人员不出庭作证的情况下，定罪量刑无法得到最终认定，而侦查人员出庭作证应当给予特殊的保护和处理，如远程作证，书面作答，不公布其住址、联系方式等。

第七，建立科学的侦查人员拒不出庭作证的惩罚机制。侦查人员出庭作证对于查明案件事实、确定证据合法性具有至关重要的作用。无救济则无权利，为了保证侦查人员能够出庭作证，在充分考虑到侦查人员身份特殊性的基础上建立科学的惩罚机制。侦查人员不同于一般证人，作为国家工作人员，对其采取拘传及其他强制其出庭作证的措施是不合适的。对于侦查人员的惩罚应当通过其所在侦查机关的内部制度进行。侦查机关应当设立专门机构或者指派专人具体负责侦查人员出庭作证管理工作，将出庭作证工作作为侦查人员年度考核的重要内容和指标，纳入其绩效考评体系。

四、结语

侦查人员出庭作证对于查明案件真相、保障程序公开、规范侦查活动等都具有重要意义，这一制度在《刑事诉讼法》中的确立是我国法治建设的一大进步，面对我国侦查人员出庭作证率低下的现状，鼓励侦查人员出庭作证是很有必要的。但是，侦查人员基于其国家工作人员的身份和侦查工作的特殊性，在司法实践中也不可太过随意地出庭作证。慎重对待侦查人员出庭作证既是维护司法秩序，也是对于司法工作充满信心的体现。

注释：

[1] 叶青，上海社会科学院副院长兼法学研究所所长、教授；时明清，华东政法大学诉讼法学研究中心硕士研究生。

[2] 我国侦查人员出庭作证的法律规定自1996年《刑事诉讼法》修改后就已经出现，中央司法机关发布的司法解释主要有1998年最高院《关于执行〈中华人民共和国刑事诉讼法〉若干问题的解释》第183条，1999年最高检《人民检察院刑事诉讼规则》第343条，2005年最高院《关于进一步做好死刑第二审案件开庭审理工作的通知》等；在地方上，北京、江苏、江西、湖北、福建等也有相关的规定。本次新《刑事诉讼法》中对于侦查人员出庭作证的规定，是对于上述中央和地方司法实践的吸收和总结。

[3] 何家弘、梁坤：《对侦查人员出庭作证的实证研究》，载《人民检察》2010 年第 11 期。

[4] 王超著：《警察作证制度研究》，中国人民公安大学出版社 2006 年版，第 283 页。

[5] 陈瑞华著：《刑事诉讼的中国模式》，法律出版社 2010 年版，第 161 页。

[6] 王超著：《警察作证制度研究》，中国人民公安大学出版社 2006 年版，第 89—90 页。

[7] 具体可参见"周永康主持召开实施修改后的刑事诉讼法座谈会"，资料来源：http://www.gov.cn/ldhd/2012-05/26/content_2146066.htm（访问日期 2012 年 6 月 15 日）。

三、民事法治

《侵权责任法》的中国特色

王利明[1]

"法律并不是社会科学中一个自给自足的独立领域，能够被封闭起来或者可以与人类努力的其他分支学科相脱离。"[2]与我国近几十年的民事立法模式相似，我国侵权责任立法准确地把握了当代侵权法的发展趋势，大量借鉴了两大法系在历史发展进程中形成的先进侵权立法和判例经验。但法制的现代化经验表明，法律是根植于特定历史时期、特定群体的一种文化，需要充分考察和反映本土国情。[3]拉兹曾经指出："法律也就是一种行为场景。"[4]法律都具有本土性，即便是比较上的借鉴，也难以通过简单的继受来完成，比较法上的参考只是在具有实际国情的根基上才能够发生实际立法效用。[5]我国《侵权责任法》的立法进程就充分体现了法制现代化的这一经验，在进行比较法的借鉴同时，《侵权责任法》立足中国的国情和现实需要而设计各项制度和规则，从而使其体现了鲜明的中国特色。我们讨论总结侵权责任立法的中国特色，一方面，是要通过总结侵权责任立法的特色，来揭示其相应制度得以产生的理论和实践背景，有利于对《侵权责任法》的深刻理解和适用。另一方面，要对我国民事立法体系化进程中的经验进行阶段性总结，分析民事立法中中国元素的经验，藉此推进我国整个民法的体系化进程，乃至提升整个社会主义法律体系的中国特色。这对于提高民事立法质量，实现整个民事立法体系化、科学化也十分必要。

《侵权责任法》的中国特色并不是一蹴而就的，而是对新中国民事立法和司法实践的经验总结、提升和发展的结果，展现了新中国，尤其是改革开放以来的民事立法创造精神。[6]《侵权责任法》之所以具有鲜明的中国特色，一是《侵权责任法》从中国实际国情出发，充分考虑了我国社会体制、文化传统和习俗，立足于解决中国的现实问题，整个的制度设计和框架结构都是基于解决中国具体问题之上，这也必然导致了其中国元素的大量产生。具体表现在《侵权责任法》的特殊侵权相关内容，大多是为了解决具有中国国情的具体问题而设计的。例如，鉴于我国三分之一的诉讼侵权案件系道路交通事故侵权案件，医疗事故诉讼案件在2008年也达到1万多件，因此，有必要对此种数量庞大、对人身财产安全威胁严重的侵权类型予以专门规定。[7]我国《侵权责任法》采纳过错责任、过错推定和严格责任的归责原则，并确立了例外情况下的公平补偿，都是基于现实中大量存在的侵权纠纷提供裁判依据而展开的，同时也是为了强化对受害人的救济，维护社会的和谐稳定。二是因为《侵权责任法》是我国长期以来的立法和司法实践经验的总结。从《侵权责任法》的制定背景来看，在侵权责任立法之前，我国在立法上和司法上已经就此进行了长期的积极实践和经验总结，《侵权责任法》正是在总结相关立法和司法经验基础之上制定的。我国目前涉及侵权责任的有40多部法律，最高人民法院颁布了一系列有关侵权责任的司法解释。其中提供了大量成功的立法经验，但这些经验同时存在未能体系化的不足。我国侵权责任立法工作的一项内容就是总结旧有的侵权责任法律规则，在此基础上予以完善，并将其体系化。可以说，《侵权责任法》作为几十年来我国民事立法、司法实践经验和智慧的结晶，必然要体现强烈的中国特色。三是《侵权责任法》从中国社会转型时期的特点出发，而作出了更适合于现阶段国情的规则设计。例如，由于我国社会保障体制尚不健全，社会救助机制的覆盖面非常窄，因此，在受害人无法证明具体侵权人时，确定部分相关人分担一定的损失，这也是出于对我国国情的考虑。再如，《侵权责任法》结合中国城乡二元体制的现实社会结构，在该法第17条规定："因同一侵权行为造成多人死亡的，可以以相同数额确定死亡赔偿金。"该条虽然没有完全改变有关司法解释针对城乡二元结构体制下而规定的赔偿标准，[8]但是，就同一案件中采取就高不就低的规则，实现了同一案件中的公平。此种做法避免了死亡赔偿金"绝对一致标准"与"严格根据城乡结构区分赔偿标准"两个极端，有利于司法实践根据复杂的实际情况合理安排行为人与受害人之间的利益关系。

《侵权责任法》的中国特色，不仅在于其独立制定、独立成编的形式创造，而且在于其在立法精神、体系设计、制度安排等诸多方面的中国烙印和实质创新。中国侵权责任法博大精深，其体现中国特色、中国元素之处甚多，其匠心独运之处撷取一二如下：

一、在侵权责任法独立成编的基础上构建现代侵权法体系

在传统债法的现代化改革过程中，侵权责任法是否应当独立成编的问题，一直是学术界重点讨论的话题。在比较法上，传统的大陆法系国家民法典都将侵权责任法作为债法中的一部分加以规定。王泽鉴教授在评价债法体系时，认为"在大陆法系，尤其是在注重体系化及抽象化之德国法，历经长期的发展，终于获致此项私法上之基本概念，实为法学之高度成就"。[9]但现代社会发展及民主法制建设的需要，已使侵权责任法所保障的权益范围不断拓展。其在传统债法体系中所负载的功能显然已不足以适应时代的需求。因此，侵权责任法应当从债法体系中分离出来而成为民法体系中独立的一支。事实上，从比较法经验来看，侵权责任法已经成为民法中最具有活力的增长点，其似有突破传统债法而独立成编的不可阻挡之势。许多学者也普遍认为，侵权责任法独立成编，适应了社会的发展和法律文明的发展趋势，因此，欧盟自成立以来，正在逐渐倡导制定统一的欧洲民法典，并且侵权法的统一已经纳入议事日程，相关的草案也已制订出来并在不断完善修改。[10]冯·巴尔教授主持的欧洲私法模范法中的《合同外责任》、库齐奥教授主持的《欧洲侵权法原则》，以及法国司法部2005年委托巴黎第二大学Pierre Catala教授主持起草的《债法和时效制度改革草案》中的"侵权法"部分，都反映了

此种趋势。不少学者预言，如果统一的欧洲合同法能够出台，那么，未来的欧洲侵权法的统一也即将成为现实。[11]但遗憾的是，除了美国法学会制订了统一的《侵权法重述》之外，[12]在大陆法国家，侵权法独立成编的主张尚处于学理上的倡议阶段。而我国立法机关经过反复的研究和论证，最终采用了侵权责任法独立成编的观点，并从本世纪初开始着手起草独立的侵权责任法。可以说，我国侵权责任法的独立制定，是民法体系的重大创新，也是对此种争论作了一个立法上的回应。也正因如此，我国侵权责任立法工作，引起了德国、法国、奥地利、日本等传统大陆法系国家，美国等英美法系国家的大量学者的普遍关注和高度评价。

我国侵权责任法得以单独制定，预示着其将在我国未来民法典中占据独立的编章，侵权责任法在民法典中独立成编的构想将变成现实。尤其是，我国侵权责任法在独立成编的基础上，按照民法典的总分结构，通过92个条文构建了完整的侵权责任法体系，与分别制定于19世纪初的法国民法典侵权责任法部分（共5条）、20世纪初的德国民法典侵权法部分（共31条）相比，内容大为充实，体系更为完整。可以说，这是在成文法体系下，构建了一个新型的现代侵权法体系。我们有理由预测，在未来，《侵权责任法》一定会成为比较法上侵权法立法和理论发展的新的关注亮点。

二、《侵权责任法》突出反映"以人为本"的立法精神，提高法律制度的人文情怀

艾伦·沃森指出，民法典的价值理性，就是对人的终极关怀。[13]现代侵权法充分体现了人本主义的精神，其基本的制度和规则都是适应"以保护受害人为中心"建立起来的，最大限度地体现了对人的终极关怀。我国《侵权责任法》第1条开宗明义，规定："为保护民事主体的合法权益，明确侵权责任，预防并制裁侵权行为，促进社会和谐稳定，制定本法。"《侵权责任法》的立法目的是把保护民事主体的合法权益放在首位的，这也符合现代侵权法从制裁走向补偿的大趋势。该法在第二条民事权益的列举次序上，把生命健康权置于各种权利之首来进行规定，体现了立法者把生命健康作为最重要的法益予以保护的以人为本的理念，体现了对人最大的关怀。在我看来，《侵权责任法》自始至终都贯彻体现了对于人的生命健康的终极关切。例如第87条规定："从建筑物中抛掷物品或者从建筑物上坠落的物品造成他人损害，难以确定具体侵权人的，除能够证明自己不是侵权人的外，由可能加害的建筑物使用人给予补偿。"为什么在高空抛物致人损害，找不到具体加害人时，要由可能的加害人负责？这主要是考虑到由于我国社会救助机制不健全，如果找不到具体加害人，则可能出现受害人遭受的重大人身伤亡无人负责、受害人得不到任何救济的现象。这显然不符合法律维护社会秩序、以人为本并增进社会福祉的基本功能。再如，《侵权责任法》第53条规定了道路交通事故社会救助基金垫付制度。机动车驾驶人发生交通事故后逃逸的，受害人难以及时请求侵权人承担责任，甚至在一些情况下，受害人无力支付抢救费用，或者死者家属无力支付抢救费用。在此情况下，应当通过救助基金予以垫付，[14]国家设立社会救助基金的根本目的在于缓解道路交通事故受害人的救治燃眉之急，保证受害人的基本生命安全和维护基本人权，其主要用于支付受害人抢救费、丧葬

费等必需的费用。从这个意义上讲，只要受害人一方存在抢救费、丧葬费等方面的急切需求而又暂时没有资金来源的，就可以申请道路交通事故救助基金垫付。此外，针对大规模侵权，针对同一案件造成数人死亡的情况，第17条规定了同一标准的规则，解决了普遍关注的"同命不同价"问题。总之，对人的价值的尊重，在这部法律里体现得非常鲜明，这也是构建社会主义和谐社会的基础。

三、《侵权责任法》在名称上具有创新性，与该法的内容和未来发展具有适调性

在两大法系，侵权法都被称为"侵权行为法"或"不法行为法"。侵权行为（英文是delict，法文为délit）都源于拉丁文delictum，本意是"不法行为"。[15]所以侵权行为法也可以称为"不法行为法"。我国立法机关一改两大法系的做法，从名称上进行了创新，没有采纳侵权行为法的概念，而是使用了侵权责任法的名称，这是一个重大创新。之所以采纳这一概念，其主要理由在于：第一，在逻辑上更符合侵权法的内容。从内容上看，侵权法围绕构成要件和责任形态展开；行为仅仅是构成要件的一个组成部分。行为本身不能涵盖其他构成要件，更不能涵盖责任形态的内容。因此，如果将侵权法称为侵权行为法，就会将行为以外的其他内容排除在侵权法之外。侵权法虽然以不小的篇幅规定侵权行为，但是这些规定的目的是为了规定相应的侵权责任。侵权行为法就是规定侵害民事权益承担民事责任的法律，其内容主要包括行为和责任，但核心还是在责任。从《侵权责任法》第2条第1款关于"侵害民事权益，应当依照本法承担侵权责任"的规定来看，《侵权责任法》的核心是在于确定责任。第二，《侵权责任法》没有要求以违法性作为责任构成要件。19世纪的侵权法着重强调侵权行为的不法性，道德上的非难色彩比较浓厚，现代侵权法上"侵权"（Tort）一词最初是"错误"（wrong）和"不法侵入"（Trespass）的同义词。[16]早期的侵权法其实就是不法行为法。顾名思义，侵权行为实际上就是一种不法行为，强调的是行为的可非难性。但随着社会的发展，在大量的侵权行为中，例如环境污染、高度危险责任中，行为人本身的行为并没有可非难性，行为本身都是合法的。再如，在环境污染的情况下，即使排放是符合相关标准的，造成了环境损害，也应当承担责任。这就说明仅仅通过不法行为难以概括所有的侵权责任。也正是因为这一原因，不法性要件尽管仍然在侵权法中受到强调，但在各国法律体系中含义并不相同，有些国家认为这一内容包含于过错之中，另一些国家认为其包含于损害结果之中。[17]根据我国《侵权责任法》第7条，在严格责任中，不考虑行为本身的违法性要件。因此，用"责任法"的提法更为科学。第三，《侵权责任法》突破了"责任自负"的传统观念，符合侵权法发展的新趋势。责任主体和行为实施主体的分离，即承担责任的主体不一定是实际的行为人，已经成为现代侵权法发展的趋势，但基于对非行为人对实际行为的控制力和所获利益等方面考量，并为了强化对受害人的救济，从而扩大了责任主体的范围，使一些非行为人也可能承担责任。例如，在违反安全保障义务的责任中，违反安全保障义务的人，作为责任主体并非行为主体，但也要承担责任。我国侵权法为适应这种需要专门规定了关于责任主体的特殊责任，体现了鲜明的中国特色。这也

需要将侵权法称为责任法而非行为法。第四，从逻辑体系来讲，使用侵权责任法的名称使之也能与契约责任法形成逻辑上的对应关系，二者共同构成民事责任法的有机组成部分。例如，法国法上侵权责任法被称为"民事责任法（responsabilité civile）"；在欧洲另外一些国家，侵权法常常被称为"契约外责任法（extra-contractual liability）"（这些国家没有直接使用侵权责任法的提法）。我国采用侵权责任法的名称，也符合大陆法系的逻辑体系。第五，我国民法通则使用的是"侵权的民事责任"的表述，这是民法通则的一个创举，而且多年的司法实践中已经形成了习惯，它并没有采用侵权行为法的概念，所以，责任法的表述，是我国立法经验的总结。第六，责任法的表述使侵权法更具有包容性和开放性。随着社会的发展，未来必定有更多的侵权行为产生，责任主体的范围会不断扩大。为了适应这一趋势，有必要通过责任法的名称来概括各种新的类型的侵权。

四、《侵权责任法》在强化补救功能的同时，实现了与预防功能的妥当结合

现代侵权责任法的重要机能在于填补及预防损害，[18]当代侵权法不仅要对过去发生的损害进行救济，而且要对未来可能发生的损害进行预防。[19]我国《侵权责任法》实现了补救和预防两大功能的结合。这就突出了侵权责任法的补救和预防功能，一方面，侵权责任法是私权保障法，它是在权利和合法利益受到侵害时提供救济的法，通过对私权提供不同层次、不同种类救济手段来保障私权。现代科学技术日新月异的发展和现代社会生活的复杂化，导致了风险来源的大量增加和多元化，因此，为受害人提供更为充分的救济就成为现代侵权法的首要功能。无论是从《侵权责任法》的基本原则，还是从各项具体制度上看，我国侵权法无不体现出了关爱受害人、为受害人提供救济的功能。例如，在过错责任中规定相应的、补充的责任等，尽可能使受害人获得补救。《侵权责任法》详细规定了各种适用严格责任和过错推定责任的情况，从而尽可能强化对受害人的救济。《侵权责任法》中关于产品责任的规定，为了对受害人提供全面的救济，于该法第41条规定："因产品存在缺陷造成他人损害的，生产者应当承担侵权责任。"其中，产品缺陷致人损害的赔偿，不仅包括了产品本身的缺陷赔偿，还包括产品致他人人身和财产损害的赔偿。这也是我国《侵权责任法》的一大特色。当然，此种救济基本上是通过要求明确的责任人承担责任完成的，但是，在无法确定实际行为人而受害人确有救济的需求和必要时，《侵权责任法》还妥当安排了损失的分担规则，以避免无辜的受害人自己承担人身伤亡的损害。例如，在交通事故责任中，通过规定垫付责任和建立赔偿基金，给予受害人侵权责任以外的救济。

我国《侵权责任法》在发挥救济功能的同时，也主动和提前介入到我们这个"风险社会"的一切"风险源"之中，[20]最大限度地防止现实损害的发生，达到"防患于未然"的效果。此种功能主要是通过多种责任制度来实现的。例如，在因危险活动或者危险物引起的严格责任中，由于责任的承担无须行为人有过错，对行为人课以严格责任，行为人基于降低损害赔偿风险几率的目的，会积极考虑提高安全生产系数、降低活动或者物品的潜在损害风险，以降低生

产经营活动所需要的成本。这同时也就降低了此种危险性变为现实的几率，体现了侵权法预防损害的功能。同时，《侵权责任法》规定了停止侵害、排除妨碍、消除危险等责任形式，它们主要是为了实现防患于未然的目的。《侵权责任法》通过安全保障义务、监护人责任、教育机构的责任等制度，都是为了强化对直接侵权人的注意义务，从而避免直接侵权人实施加害行为。在过错推定责任中，法律规定，由物件的所有人、管理人、使用人等承担责任，以督促其采取措施避免损害的发生。这些都有利于督促潜在侵权人采取措施，预防损害的发生。

五、《侵权责任法》妥当安排一般条款与类型化列举的关系，有效协调高度抽象与适度具体的关系

所谓一般条款（clausula generalis）是指在成文法中具有统率性和基础性的作用，能够概括法律关系共通属性的，具有普遍指导意义的条款。类型化列举是与一般条款相对应的立法技术，简言之，就是对社会关系加以分门别类的规定，不同类型分别适用于不同种类的社会关系。一般条款和类型化列举的关系问题，一直也是比较法上的热点话题。从立法实践来看，《法国民法典》第1382条采取了十分抽象的过错责任一般条款立法模式，但事实上，这种过于抽象和宽泛的立法模式也给司法实践带来了很大困难，"由于过错概念的扩大，法院即刻获得了某种权力：是法院而不是立法者在其每次的判决中决定哪种行为是侵权的"。[21]因此，法院只有通过不断变化过错的概念内容，并限制可赔偿的具体范围，才使侵权法得以妥当使用。[22]而德国法给我们提供了另一个极端的立法例，由于立法者担心，如果只是把一般条款交给法官，判决就会具有不确定性（Unsicherheiten），因此，德国民法典（BGB）没有追随其他法律体系的模式，在侵权法中采取一般条款（eine Generalklausel），而是在第823条以下规定了侵权法保护的具体权利范围及侵权行为的构成要件（Deliktstatbestaende）。[23]而德国法官面临这不同层面的问题，即需要不断扩张法定的受保护权利的范围，要通过创造"营业权"等新型权利、负保护第三人利益合同等途径来为受害人提供有效救济。[24]德国、法国所提供的比较法立法教训告诉我们，简单地采用一般条款，或者单纯地采用类型化列举，都是不可取的，任何一个方法的单独采用都将会使立法的实际规范效果大打折扣，且给司法实践带来重重困惑。可以说，我国《侵权责任法》充分考虑了法、德民事立法的经验，针对一般条款和类型化列举采用了一种新型的立法模式。

具体来说，我国的《侵权责任法》不仅仅详细规定了各种特殊的侵权责任，而且采用一般条款的形式进行高度概括。首先，《侵权责任法》第6条第1款规定："行为人因过错侵害他人民事权益，应当承担侵权责任。"这就在法律上确立了过错责任的一般条款。如果我们将第6条第1款和该条第2款和第7条比较，就可以发现，在关于过错推定责任和严格责任中，出现了"法律规定"四个字，而在过错责任的规定中没有出现这四个字。从立法目的的考量，立法者的立法意图在于，过错推定责任的规定和严格责任的规定都适用于法律有特别规定的情形。而过错责任可以适用于法律没有规定的情形，这就表明，过错责任是普遍适用于法律规定和没有规

定的各种情形的一般条款。具体而言，一方面，如果法律对过错责任的侵权有特别规定，可以适用这些特别规定。例如，《侵权责任法》第36条中网络侵权的责任、第37条违反安全保障义务的责任，都是过错责任的特别规定，此时要适用该特别规定。另一方面，即便法律没有特别规定，只要不能适用严格责任、过错推定责任和公平责任的规则，都要适用过错责任的一般规定。从这个意义上说，过错责任具有广泛的适用性，法官在具体裁判案件中，如果对每天重复发生的各种侵权责任，不能从法律关于特殊侵权的规定中找到适用依据，都应当适用过错责任的一般条款。从裁判依据来看，《侵权责任法》第6条第1款可以作为独立的请求权基础，也就是说，法官可以单独依据该条款对具体案件作出判决，而不需要援引其他的条款与之相配合。尤其应当看到，《侵权责任法》最典型的一个条款就是第6条第1款关于过错责任的一般条款，它把每天重复发生的成千上万的侵权都用一般条款概括其中。社会生活中，侵权形态千变万化，也许有人会有疑问，仅依靠92个条款怎么解决所有的裁判依据问题？答案就是我国侵权法有一般条款和具体列举的结合。在找不到具体列举类型之时，可以援引一般条款，该一般条款起到了兜底的作用。这就是《侵权责任法》的独到之处。

我国《侵权责任法》除了设置过错责任的一般条款之外，还在高度危险责任中单独设立了危险责任的一般条款。《侵权责任法》第69条规定："从事高度危险作业造成他人损害的，应当承担侵权责任。" 从而使危险责任保持了开放性。这不仅使我国《侵权责任法》可以应对将来发生的新类型侵权案件，而且，也为法官准确地裁判提供了依据。需要指出的是，这种规定是我国《侵权责任法》对世界民事法律文化的贡献。[25]例如，在《德国民法典》立法时，也有学者曾建议确立严格责任的一般条款。1940年德国一些学者曾提出损害赔偿法的修正案，大力阐扬"危险责任一般条款"的思想，主张通过危险责任的一般条款来扩张其适用范围。他们认为，危险责任涵盖了如下几个要素：危险的不可规避性、危险的可能性、或然损害的最高限额以及平衡不平等分配的发生损害的潜在性。[26]1967年，西德司法部又提出《损害赔偿法修正草案》，该草案虽不主张规定危险责任一般条款，但主张增加危险责任的类型，使有关危险责任的规定统一化，克服先前特别立法所造成的危险责任零散、矛盾等缺点。新增加的危险责任类型主要包括三类：高压设备责任类型、危险物设备责任类型、危险物占有责任类型。[27]但由于许多学者的反对，该草案并未通过，所以，《德国民法典》目前仍然未规定危险责任的一般条款。然而，危险责任一般条款在中国民事立法中成为现实，这在世界范围内也具有创新意义。

六、《侵权责任法》实现归责原则的体系化，为具体制度提供了建构纲目

我国《侵权责任法》建立了一个独特、严谨而完整的侵权法体系。通观全篇，我国《侵权责任法》体系就是完整的按照归责原则建立起来的体系。《侵权责任法》在规定过错责任、过错推定和严格责任三项归责原则的基础上，各种特殊侵权责任基本上按照这三项归责原则来展开。可以说特殊的侵权类型就是在过错责任之外适用过错推定和严格责任的特殊的情形。这就是说，过错责任是一般的侵权责任，也可以说，其是总则的内容。而《侵权责任法》的分则实

际上是根据特殊的归责原则来构建的，其所规定的特殊侵权责任基本上都是采特殊的归责原则。具体来说，第5章产品责任适用严格责任、第6章机动车交通事故责任适用过错推定责任、第7章医疗损害责任适用过错责任和过错推定责任、第8章环境污染责任适用严格责任、第9章高度危险责任适用严格责任、第10章饲养动物损害责任适用严格责任、第11章物件损害责任适用过错推定责任，在第4章关于责任主体的特殊规定中，有关监护人的责任、用工责任适用严格责任。正是在这个基础上构建了我国整个侵权责任法的体系。通过归责原则来构建规则体系，以多元的归责原则统领一般侵权和特殊侵权的不同类型，从而整合为统一的体系，这确实非常具有中国特色。

我国《侵权责任法》所确立的归责原则体系具有如下特点：一是构建了多元归责原则体系。从大陆法系国家民法来看，很多国家在民法典之中仅规定了单一的过错责任原则，而对于严格责任都规定在特别法之中，德国、日本等国家采用此种模式。而我国《侵权责任法》将严格责任纳入其中，并且还将过错推定责任独立出来作为一种归责原则，这是十分独特的。二是归责原则之间具有层次性和逻辑性。《侵权责任法》并不是简单地列举几项归责原则，这些归责原则的地位是不同的。第6条第1款首先规定了过错责任，表明过错责任是《侵权责任法》的首要原则。尤其是第6条第2款和第7条都强调"法律规定"，这就表明，只有法律明确规定时，才适用过错推定责任原则和严格责任原则。从《侵权责任法》的条文表述来看，也明确了过错责任原则所具有的基础性地位，它是一般的归责原则，而过错推定责任原则和严格责任原则是特殊的归责原则。至于公平责任，其仅仅是辅助性的归责原则。三是注重归责原则的综合运用。在我国《侵权责任法》分则中，每一类侵权责任都是按照特殊的归责原则来确立的，例如，动物致人损害适用严格责任，物件致人损害适用过错推定。但是，这只是原则上的归责原则，在具体到其中的每一类侵权责任时，也有各种归责原则的适用。以动物致人损害为例，《侵权责任法》第78条确立了一般的家庭饲养动物致人损害，采取严格责任。《侵权责任法》第80条针对禁止饲养的烈性犬等危险动物造成他人损害的责任，采取类似于绝对的无过错责任的做法。《侵权责任法》第81条规定："动物园的动物造成他人损害的，动物园应当承担侵权责任，但能够证明尽到管理职责的，不承担责任。"该条针对动物园饲养动物，采纳过错推定责任，动物园只要证明其尽到了管理职责的，不承担责任。

七、《侵权责任法》全面规范数人侵权行为，完善了数人侵权责任分担制度

我国侵权法在数人侵权行为的规则上非常有中国特色。首先，《侵权责任法》从"共同"这两个字上区分了共同侵权行为和无意思联络的数人侵权。第8条的"共同"应当理解为主观的共同联系，《侵权责任法》第一次从主观共同角度来区分共同侵权和无意思联络的数人侵权。其次，我们吸取了欧洲私法一体化进程中取得的最新经验，第11条规定了累积的因果关系（也有学者译为并存原因、原因力竞合等），第12条规定了部分的因果关系。所谓累积因果关系，又称为竞合因果关系（Konkurrierende Kausalitaet），[28]也有学者将其称为聚合因果关系，

[29]是指数个行为人分别实施致害行为，各个行为均足以导致损害结果的发生。所谓部分因果关系，又称为共同的因果关系，是指数人实施分别侵害他人的行为，主观上并无意思联络，由加害人分别承担损害赔偿责任。[30]德国学者一直力图将其民法典的规定解释成我们现在第11条的规定，但是仅仅是学理解释而已。现在欧洲大多数学者都认同这一点，[31]我国《侵权责任法》首先把它变成了法律文本，并且建构了统一的数人侵权模式。

八、《侵权责任法》丰富了侵权责任承担方式，实现责任方式的多元化和可选择性

我国《侵权责任法》在责任形式的规定方面具有鲜明的中国特色。这主要表现在如下几个方面：第一，责任形式的多元化。就世界范围而言，大陆法系国家的民法典，在侵权责任形式上主要只有损害赔偿一种责任形式，欧洲统一侵权法力图进行一些突破，在示范法里增加了恢复原状，但是这个修正还没有成为正式法律，仅仅是"示范法"。[32]但是我国侵权法第15条一共列举了8款，共计8种责任形式。而且，责任形式还不限于第15条所列举的8种，例如在损失赔偿之外，还有精神损害赔偿（第22条）和惩罚性赔偿（第47条）。[33]我国《侵权责任法》之所以采取责任形式多元化的方式，主要是以受害人为中心，强化对受害人全面救济的理念，落实侵权法保护民事主体合法权益、预防并制裁侵权行为等目的。责任形式越丰富，表明对受害人的救济越完全。责任形式的多元化，是对传统债法理论的突破，也丰富和完善了债法理论。传统上，侵权行为产生债的关系，这主要是因为侵权责任形式限于损害赔偿。但是，我国《侵权责任法》第15条采用了多元化的侵权责任形式。在此背景下，我们不能说侵权责任形式都是债的关系。例如，赔礼道歉作为一种具有人身性的责任形式，就不是债的关系。第二，采取一般规则与特殊规定的结合。就侵权责任形式来说，侵权责任法第15条确立了一般的规则。该法中还就各种具体的侵权责任中的责任方式作出了特殊规定。例如，侵权责任法第15条中规定了"赔偿损失"，即对财产损失的赔偿。精神损害赔偿是特殊的赔偿，所以，该法作出了特别规定。再如，《侵权责任法》在15条规定了停止侵害、排除妨碍、消除危险，但是有关这三种责任形式的具体适用要件在第21条规定。所以，通过一般规则与特殊规定结合的方式，既具有高度概括性，又具有明确的针对性。尤其应当看到，一般规则与特殊规定的结合，形成了结构完整、具有体系性的侵权责任形式制度。第三，可选择性和综合运用性。《侵权责任法》第15条规定，各种责任形式"可以单独适用，也可以合并适用"。这就表明，一方面，《侵权责任法》第15条第2款规定允许合并适用。这是因为各种侵权责任方式具有各自的特点，实践中的情形复杂，从有利于补救受害人考虑，有时需要综合运用各种救济手段。例如，侵害名誉权中，不仅需要恢复名誉，而且也需要赔偿受害人精神损害。另一方面，侵权责任方式是可以选择的。此种选择的权利应当由受害人享有。各种责任形式都提供给受害人进行选择，可以由受害人选择对他们最有利的方式来保护自己的权利，受害人可以选择一种，也可以多种并用，可以说，《侵权责任法》是一个为公民维权提供各种武器的"百宝囊"。

九、《侵权责任法》充分考虑了行为主体与责任主体相分离的现象，规定了特殊主体的责任

我国《侵权责任法》单设第四章关于"责任主体的特殊规定"。其中集中规定了几种特殊的侵权形态，包括监护人的责任、用工责任、网络侵权责任（直接侵权人与网络服务提供者之间的责任）、违反安全保障义务的责任，教育机构的责任等等。这些责任具有如下几个方面的共性，一是责任主体和行为实施主体的分离，即承担责任的主体不一定是实际的行为人。如前所述，现代侵权法发展的趋势是行为主体和责任主体的分离，一些非行为人也可能承担责任。我国侵权法为适应这种需要专门规定了关于责任主体的特殊责任，体现了鲜明的中国特色。二是考虑行为主体与责任主体之间的特殊关系。这些关系包括监护关系、用工关系、网络服务提供与利用关系、因提供特定场所和组织群众性活动而产生的关系，以及学生因在学校教育机构生活而形成的关系。这些特定关系的存在，引发了转承责任的不同于传统自己责任的新形态。第三，实行多种归责原则，特殊主体责任的基础既在于实际行为对损害的影响，又在于责任人与行为人及行为之间的特殊关系，二者作为归责基础在理论基础上不尽一致，因此，此种情形下的归责原则也大多难以用单一的归责原则予以调整，而需要综合考虑所涉三方主体之间的各种关系确定归责原则。就用工责任而言，被用工人和用工人之间通常实行过错责任，以被用工人是否具有过错作为归责基础，若被用工人对第三人的责任确定之后，用工人需要对被用工人承担严格责任。

十、《侵权责任法》规定了特殊的侵权责任形态

所谓侵权责任形态，是指依据侵权责任法的规定，确定侵权责任在侵权法律关系的当事人之间进行分配的形式。[34]侵权责任形态是在确定责任构成以后，落实侵权责任的具体方式，也是侵权责任的具体体现。例如，我国《侵权责任法》在多个条款中都规定了补充责任，具体而言，包括《侵权责任法》第34条关于劳务派遣单位对被派遣者的致人损害的相应的补充责任的规定，第37条关于负有安全保障义务的管理人或者组织者未尽到安全保障义务的，承担相应的补充责任的规定。第40条关于幼儿园、学校或者其他教育机构未尽到管理职责的，对无民事行为能力人和限制民事行为能力人承担的相应补充责任的规定。再如，我国《侵权责任法》在多个条款中，规定了"相应"的责任。这是我国《侵权责任法》在责任形态方面的重要创举。此外，我国侵《侵权责任法》在四个条文中规定了不真正连带责任，即第43条关于产品的生产者和销售者之间的连带责任、第59条关于医疗领域产品责任的连带责任、第68条关于因第三人过错污染环境造成损害的责任、第83条关于第三人过错造成动物致害的责任。因此，不真正连带责任是我国《侵权责任法》中的重要责任形态。

以上点点滴滴，只是信手拈来，侵权法的中国特色和创新远不止于此。继2007年《物权

法》之后，《侵权责任法》的颁布，再次反映了我国民事立法和法学研究工作的创造性，再次表明：我国近现代民事法学研究和立法工作，已经实现了从以继受主导模式向自主创造主导模式的转化过程。波塔利斯指出，法典不是某一立法思想任意自生自发的产物，而是由某一民族的历史、社会、文化和经济传统所决定的。[35]法为人而定，非人为法而生。每一个制度和体系安排，都要反映本国的历史文化传统，符合社会的实际需要。因此，我们说，保持《侵权责任法》的中国特色，就是要说明，这部法律契合了中国社会发展和现实国情的需要，为百姓权益保障提供了制度支持，为法治建设进一步奠定了坚实的基础，也为世界民事法律文化的发展作出了中国自己的贡献。

21世纪是一个走向权利的世纪，同时也是人们的权利更容易受到侵害的世纪。网络的发达对人们的隐私构成了严重的威胁，高科技的发展使得对每个人的人身与财产的侵害变得更为容易，各种危险导致事故频发，其损害后果也更加严重。有权利必有救济，救济应走在权利之前，因此，专为救济私权，特别是专为救济绝对权而出现的《侵权责任法》的地位与作用在未来也必将变得越来越重要。但《侵权责任法》颁行以后，关键在于如何使这部"纸面上的法律（law in paper）"变为"行动中的法律（law in action）"。法无解释，不得适用。为此，在今后一个相当长的时间内，广大法律人还需要进一步配合立法、司法机关做好普及和解释该法的工作。

注 释：

[1] 王利明，中国人民大学党委副书记、副校长，教授、博士生导师，中国民法学研究会会长。

[2] [美]博登海默著，邓正来译：《法理学：法哲学与法律方法》，中国政法大学出版社1999年版，第491页。

[3] John Henry Merryman & Rogelio Perez-Perdomo, The Civil Law Tradition, 3rd ed, Stanford UniversityPress 2007, P150.

[4] 拉兹：《法律体系的概念》，吴玉章译，中国法制出版社，2003年版，第67页。

[5] 张晋藩：《中国法律传统与近代转型》，第2版，法律出版社2005年版，第42—428页。

[6] 事实上，这也是大陆法系比较法发展的一大经验，例如，《法国民法典》第1382条所确立的一般条款以及随后的多个条款也是对早已存在的法国习惯法的总结。这种习惯法主要是源于受到罗马重大影响的法国南部习惯法。Henri and Léon Mazeaud and André Tunc, Traité theorique et pratique de la responsabilité civile (vol I, 6th edn, 1965), no. 36.

[7] 参见王胜明主编：《中华人民共和国侵权责任法解读》，中国法制出版社2010年版，第11页。

[8] 参见《最高人民法院关于审理人身损害赔偿案件适用法律若干问题的解释》第17、25条。

[9] 王泽鉴：《民法学说与判例研究》，第4册，87页，北京，中国政法大学出版社，1998。

[10] 1974年欧洲部分法学家在丹麦首都哥本哈根召开了一次会议，讨论制定一部在共同体内适用的关于合同和非合同之债的准据法的公约。1976年在佛罗伦萨的欧洲大学研究院召开了主题为"欧洲共同法前景"的研讨会。在这次会议上，丹麦教授奥·兰度（olelando）极力主张建立一个新的欧洲"共同法"。1989年5月26日欧盟议会通过了一项决议，呼吁成员国进行私法方面的相互趋同工作。1994年5月6日，欧盟议会又通过了一项决议，重申了1989年的要求，呼吁就私法的某些部门在欧盟范围内进行协调化，制定一部欧洲私法典。与此同时，统一欧洲私法的理论准备工作也在不断取得进展。

至此欧洲统一民法典的制订已经纳入议事日程。ole lando, h.beale, « The Principles of European Contract Law, Part I : Performance, Non-Performance and Remedies», Martinus Nijhoff Publishers, 1995, p.IX .

[11] See Gerhard Wagner, Comparative Law, in Reinhard Zimmermann/ Mathias Reimann （eds.）,Oxford Handbook of Comparative Law, Oxford University Press,2007,p1005.

[12] 严格地说，美国法学会的《侵权法重述》并不是有立法机关制定的成文法，但其已经被很多州以不同形式采纳为法律。

[13] 参见［美］艾伦·沃森：《民法体系的演变及形成》，269 页，北京，中国法制出版社，2005。

[14] 《侵权责任法》第 53 条规定：机动车驾驶人发生交通事故后逃逸，该机动车参加强制保险的，由保险公司在机动车强制保险责任限额范围内予以赔偿；机动车不明或者该机动车未参加强制保险，需要支付被侵权人人身伤亡的抢救、丧葬等费用的，由道路交通事故社会救助基金垫付。

[15] ［英］约翰·格雷：《法律人拉丁语手册》，张利宾译，法律出版社 2009 年版，第 49 页。

[16] John C.P.Goldberg, Anthony J.Sebok & Benjamin C.Zipursky, Tort Law-Responsibilities and Redress, 2nd edition, Wolters Kluwer Press2008, P3.

[17] H. 考茨欧主编：《侵权法的统一·违法性》，张家勇译，法律出版社 2009 年版，第 170—171。

[18] 参见王泽鉴：《侵权行为法》，第 1 册，34 页，北京，中国政法大学出版社，2001。

[19] 参见石佳友：《论侵权责任法的预防职能》，载《中州学刊》2009 年第 4 期。

[20] 参见石佳友：《论侵权责任法的预防职能》，载《中州学刊》2009 年第 4 期。

[21] ［德］冯·巴尔：《欧洲比较侵权责任法》（上卷），张新宝译，20 页，北京，法律出版社，2001。

[22] See Gerhard Wagner, Comparative Law, in Reinhard Zimmermann/ Mathias Reimann （eds.）,Oxford Handbook of Comparative Law, Oxford University Press,2007,p1015-1016.

[23] Brox/Walker, Besonderes Schuldrecht, C.H.Beck2008, 33.Auflage, S.490.

[24] See Gerhard Wagner, Comparative Law, in Reinhard Zimmermann/ Mathias Reimann （eds.）,Oxford Handbook of Comparative Law, Oxford University Press,2007,p1018.

[25] 根据匈牙利民法典第 339 条 1 款，如果某人非以一种按照他人所期望的模式而行为时，既可以认定为存在过错。第 345 条 1 款规定，从事高度危险行为的人，有义务对由于这种行为所造成的损害承担赔偿责任。

[26] Wagner, Die Aufgaben des Haftungsrecht, S. 176.

[27] 参见邱聪智：《民法研究（一）》（增订版），105—107 页，北京，中国人民大学出版社，2002。

[28] 王泽鉴：《侵权行为法》（第二册），三民书局 2006 年版，第 34 页；

[29] 张新宝：《侵权责任构成要件研究》，法律出版社 2007 年版，第 330 页；

[30] 王泽鉴：《侵权行为法》（第二册），三民书局 2006 年版，第 33 页；

[31] 参见［奥］海尔穆特·库奇奥：《损害赔偿法的重新构建：欧洲经验与欧洲趋势》，载《法学家》2009 年（3）。

[32] See European Group on Tort Law, Principles of European Tort Law:Text and Commentary,Springer,2005,p.30.

[33] 在三审稿中，第 6 条第 1 款中，有"损害"的提法。三审稿第 6 条第 1 款规定："行为人因过错侵害他人民事权益造成损害的，应当承担侵权责任。"但是，最后的法律文本中，"损害"的概念没有出现，而只是使用了"侵害他人民事权益"的概念。之所以如此修改，主要是考虑到停止侵害、排除妨碍、消除危险，并不以实际损害的发生为前提，它们并非损害赔偿，而是损害赔偿之外的侵权责任形式。

[34] 参见杨立新：《侵权法论》，人民法院出版社 2005 年版，第 516 页。

[35] 参见［法］让·路易·伯格：《法典编纂的主要方法和特征》，郭琛译，载《清华法学》，第 8 辑，18 页，北京，清华大学出版社，2006。

《民事诉讼法》的新发展

——2012年《民事诉讼法》的修正

张卫平[1]

引　言

从2010年开始，全国人大再次对1992年制定的《民事诉讼法》进行较全面的修改。现在已经进入了"三读"阶段，有可能在近期通过。此次修改的指导思想是，根据大陆民事诉讼的现实，及时满足社会或人民群众对公正、高效、迅捷地通过民事诉讼程序解决民事纠纷的基本诉求，以完善我国的《民事诉讼法》。《民事诉讼法》的全面修改是一项巨大的工程，需要进行大量的实证调查研究，广泛借鉴域外民事诉讼制度和经验，尤其是台湾地区的民事诉讼制度、理论、实践，对我们《民事诉讼法》的修改有重要的借鉴意义。合理地转化、利用近20年来民事诉讼的实践经验、民事诉讼法学的研究成果，方能很好地完成本次《民事诉讼法》的修改。从立法修改的实际操作来看，基于修改的时效性，在时间紧迫的情景下，《民事诉讼法》的修改首先要关注的是当下民事诉讼中人们反应最为强烈的、最迫切要解决的问题。通过此次修改，《民事诉讼法》将有新的发展，民事诉讼制度进一步完善。

此次《民事诉讼法》修改涉及的点和面比较多，就内容而言既有新制度的建立，也有原有制度的修正和完善。限于篇幅和时间关系，以下仅就部分修改内容作一介绍。

一、明确规定诚实信用原则

2012年4月由全国人大法律委员会提请十一届全国人大常委会第二十六次会议继续审议的修正案中增加了关于诚实信用原则的规定。此次提出的修正案之所以增加规定诚实信用原则，是因为在审判实践中当事人恶意诉讼、虚假诉讼、拖延诉讼等滥用诉讼权利的情形时有发生，人们要求在修正案中增加关于诚实信用原则的规定，以规范当事人的诉讼行为。诚实信用原则明文化也与当下人们强烈呼吁建构和谐社会、诚信社会的大背景有关。关于诚实信用原则，第二次《民事诉讼法》修正案的条文表述为：当事人行使权利应当遵循诚实信用原则。并将该条文置于《民事诉讼法》第14条，意图在于对当事人处分权行使予以限制（《民事诉讼法》第13条的规定通常被理解为是关于处分原则的规定）。

上世纪90年代以降，我国大陆学者受民法理论以及海外民事诉讼理论的影响，即有观点主张在《民事诉讼法》中规定诚实信用原则，并对有关民事诉讼中的诚实信用的相关理论予以了初步介绍。近年来，有学者撰写、出版了关于诚实信用的专著，更全面、详细地论述了诚实信用原则。许多学者也积极呼吁《民事诉讼法》规定诚实信用原则。另一方面，国内亦有学者质疑诚实信用规范的原则化。

审议稿一个最大特点是诚实信用原则仅适用于当事人，而不适用于法院，更不涉及其他诉讼参与人。之所以如此规定，主要是以下原因：其一，《民事诉讼法》规定诚实信用原则其目的主要是为了防止当事人滥用诉讼权利，要求有效地应对当事人诉讼权利的滥用是法院以及社会对《民事诉讼法》修改的普遍诉求，《民事诉讼法》的修改当然应当积极回应这种诉求；其二，虽然理论上认为诚实信用原则也应当适用于法院，规制法院的审判行为，但理论上争议较大。另一方面，由于法院是审判权力的行使者，也是诚实信用原则的实施主体，作为一项一般性的原则规定对法院审判行为的约束缺乏实效性。

作为一个伦理化色彩十分浓厚的法律原则，诚实信用在《民事诉讼法》中条文化，具有一定的教化作用，成为一种具有宣示效益的规范，同时也可以为司法解释、指导性案例以及在具体案件审判中的裁量提供根据。

二、关于小额诉讼程序

在大陆，人们从上世纪90年代末就开始关注小额诉讼程序。那时，人们注意到小额诉讼程序有助于提高纠纷解决的诉讼效率，尤其是在现在小额纠纷数量不断增加的现实情形下，这一低成本、高效率解决纠纷的程序就具有了重要意义。在美国、法国、德国、日本、韩国等国家以及我国的台湾、香港地区也都有小额诉讼程序，且从这些国家和地区的实践来看效果普遍不错。

针对大陆的情形而言，虽然大陆民事诉讼程序中已经有简易诉讼程序，但由于现行的简易程序仍然实行两审终审，使得纠纷解决的周期依然很长。从实践来看，大多数适用简易程序审理的案件都要经历上诉审才能终结。针对两审终审周期长的问题，能否设置一种以一审终审为其特点的诉讼程序就自然被人们提出来了，并试图建立一种包括普通诉讼程序、简易诉讼程序、小额诉讼程序三个不同层次的一审诉讼程序体系，分别将不同的案件（不同的数额、不同的类型）纳入相应的程序予以审理，使案件的审理多元化。普通诉讼程序和简易诉讼程序依然保留两审终审，小额诉讼程序则为一审终审。小额诉讼程序制度化的一个重要问题在于，适用该程序的数额界定。《民事诉讼法》第二次修正案根据大陆的具体情形将数额确定为10000元人民币以下，且未对财产案件作进一步限制。

三、建立公益诉讼制度

近年来，环境污染和食品安全事故不断发生，尤其是最近的"问题胶囊"事件，更是在大陆影响范围极广。人们期待，能以公益诉讼的方式有效地维护环境公共利益和消费者的权益。

为此，第一次审议稿规定：对污染环境、侵害众多消费者合法权益等损害社会公共利益的行为，有关机关、社会团体可以向人民法院提起诉讼。公益诉讼制度的原则规定是本次民诉法修改的一大亮点。

草案初审时，常委会组成人员和各方面总体赞成规定公益诉讼制度，同时也有些意见希望进一步明确提起公益诉讼的主体资格。为此，草案二审稿将该条款中的"有关机关、社会团体"修改为"法律规定的机关和有关社会团体"。这样规定，既可使公益诉讼在我国适度开展，有利于社会进步，同时也能保障公益诉讼有序进行。目前，有的环境保护领域的法律已规定了提出这类诉讼的机关。比如海洋环境保护法规定，海洋环境监督管理部门代表国家对破坏海洋环境给国家造成重大损失的责任者提出损害赔偿要求。

公民个人是否可以提出公益诉讼存在较大的争议，不过在审议中，一些专家认为，许多公益诉讼实际上与大家都有关系，按照《民事诉讼法》的规定，只要与个人有直接的利害关系，个人就可以打官司。在打官司的过程中，既维护了个人的权益，又维护了公共利益。但不鼓励个人去参加与其完全没有关系的公益诉讼，这涉及诉讼成本等一系列问题，因此，草案第二稿没有采纳公民可以提起公益诉讼的建议。

四、扩大和充实检察监督

在民事诉讼中，实施检察监督是大陆民事诉讼制度的一个特点。这一特点源于大陆法制的特殊历史和特殊的司法体制。在民事诉讼中进一步扩大和充实或者说落实检察监督一直是检察机关和社会的诉求，尤其是在当下的司法腐败比较严重的情形下，这种诉求显得愈发强烈。为此，本次《民事诉讼法》修改在这方面也有所反映。检察监督的扩大和充实主要体现以下几个方面：

（一）监督领域的扩大

民事执行活动领域中的比较突出的违法执行一直为社会所诉病，由此对民事执行活动的检察监督也多次被人们所提起。鉴于执行检察监督的诉求，本次《民事诉讼法》修改考虑扩大检察监督的领域，除了对民事审判活动进行监督外，对民事执行活动也进行监督。一旦民事执行监督在法律上予以肯定，则监督方式也要相应予以规定。因为在监督方式上，显然不能对民事执行活动的监督采取对生效裁判提起抗诉的方式。草案规定了一种新的监督方式——检察建议。检察建议是一种产生于检察实务的实践性措施。作为一种新的监督方式，如何将此制度化是一个需要进一步研究探讨的问题。例如，检察建议的法律形式、检察建议的法律效力、执行法院的对应义务、检察建议的类型等。这些细化措施有可能在司法解释中加以解决。

（二）抗诉对象的扩展

诉讼中的调解是大陆民事诉讼中解决民事纠纷的一种主要的方式。但诉讼调解也同样可能存在违法调解的问题。因此，除了已生效的判决、裁定外，检察机关也可以在发现调解书损害国家利益、社会公共利益，向法院提起抗诉。对调解书可提起抗诉，无论实务界还是学术界，似乎都没有争议，有争议的是，何种情形下可以提起抗诉，即对调解书的抗诉事由，一种意见认为，调解书只有在违反法律时，检察机关才能提起抗诉，对于是否违反调节自愿，检察机关最好不介入，因为调解时是否自愿的事实不易查清。另一种意见认为抗诉事由应当与对调解书的再审事由一致，两者都应当包括。

五、证据制度的修正和完善

在证据制度的修改和完善方面主要有以下几点：

1.关于证据种类。增加了电子数据。

2.明确规定证人不出庭的情形。有下列情形之一的，经人民法院许可，可以通过书面证言、视听传输技术或者视听资料等方式作证：（一）因健康原因不能出庭的；（二）因路途遥远、交通不便不能出庭的；（三）因自然灾害等不可抗力不能出庭的；（四）其他有正当理由不能出庭的。

3.证人费用的负担。"证人因履行作证义务而支出的交通、住宿、就餐等必要费用以及误工损失，由败诉一方当事人负担。当事人申请证人作证的，由该当事人先行垫付；当事人没有申请，人民法院依法通知证人作证的，由人民法院先行垫付。"

4.诉前保全。因情况紧急，在证据可能灭失或者以后难以取得的情况下，利害关系人可以在起诉前向证据所在地、被申请人住所地或者有管辖权的人民法院申请保全证据。

5.专家意见。当事人可以申请法院通知有专门知识的人出庭，就鉴定人做出的鉴定意见或者专业问题提出意见。一旦将专家意见作为一种制度加以规定，则在诉讼中，法院就应在判决书和庭审记录中完整记载当事人和专家发表的意见，这有助于公正审理和判决。

六、明确诉讼代理人的范围

新的《民事诉讼法》修正案草案，首次明确了哪些人可以担任诉讼代理人。在过去的民事诉讼实践中，法律上对于民事诉讼代理人的范围基本没有什么限制，因此，实践中，有些个人以诉讼代理人的名义长期包揽诉讼，甚至滥用诉讼。为此，司法行政部门和专家要求，在《民事诉讼法》中进一步明确哪些人可以担任诉讼代理人。在修法过程中，人大法律委员会经同相关方面研究认为，诉讼代理制度既要满足当事人的法律服务要求，也要有利于维护诉讼秩序，因此，建议将《民事诉讼法》有关规定修改为："下列人员可以被委托为诉讼代理人：律师、基层法律服务工作者；当事人的近亲属；当事人所在社区、单位或者有关社会团体推荐的人。"

七、明确规定二审不开庭的情形

在大陆，如何提高民事诉讼的效率始终是人们所重视的价值追求。这一追求在二审程序的设计上也有所体现。现行民诉法规定："经过阅卷和调查，询问当事人，在事实核对清楚后，合议庭认为不需要开庭审理的，也可以迳行判决、裁定。"（第152条）实践中，有许多民事案件在二审程序中是未经开庭，而通过书面审理直接裁决，这就导致了迳行判决的滥用。第二审修正稿对不开庭审理的情形又作了细化规定，即第二审法院对上诉案件，应当组成合议庭开庭审理。但"经过阅卷、调查和询问当事人，对没有提出新的事实、证据或者理由，合议庭认为不需要开庭审理的，可以不开庭审理"。专家们这一修改既有利于节约司法资源，也有利于提高诉讼效率。

结 语

此次《民事诉讼法》的修改除了上述领域的问题以外，还涉及管辖、回避、送达、再审、财产保全、民事强制措施、起诉立案、判决等多项制度的修改与完善。这些制度的修改，将进一步完善《民事诉讼法》，使得《民事诉讼法》能够更好地体现和反映公正与效率的均衡关系。当然，《民事诉讼法》还有较大的修改余地，修正后的《民事诉讼法》也还有一个有效实施的实践问题。笔者相信，通过本次《民事诉讼法》的修改，大陆的民事诉讼制度将随着大陆法治的发展不断得以完善。

注 释：

[1]　张卫平，清华大学法学院教授，博士生导师，中国民事诉讼法学会会长。

商谈视野下的程序品格

段厚省[1]

摘　要：我国当前的司法实践面临着欠缺社会共识的现实问题。为此，有必要思考一种能够促进裁判共识的民事诉讼构造观，并在此基础上修改和完善既有的民事诉讼程序。为达成此一目的，我们可以哈贝马斯之法律商谈理论为基础，确立一种能够促进诉审之间展开商谈的民事诉讼程序构造观。在这样的民事诉讼构造观之引导下所建构的程序，将会促进当事人之间以及当事人和法官之间进行的理性论辩，使得当事人所表达的基于其个人认识所形成的正义观和法官所表达的规范的正义观之间能够展开对话，形成关于个案处理的共识性正义。法官在此共识性正义的基础上所作出的裁判，将会有效吸收当事人乃至社会的不满情绪。真正达到社会和谐的境界。为使诉审商谈能够真正充分的展开，应为民事诉讼程序设定平等、自由、理性和自治的基本品格。

关键词：诉审商谈 程序品格 平等 自由 理性 自治

引　论

在人类进入民主社会后，政府由人民选举，法律由民选的议会制定，再也没有人能够享有独裁的权力。然而司法裁判领域却有不同，法官少有人民直选者，且任期很长，非有宪法规定之重大事由，不得被弹劾。司法的人民主权性质，始终模糊不清。在诉讼程序的建构方面，审判权一直居于优势地位，诉权则地位卑微。占据审判权地位的法官，则以独白式的裁判来体现其权威。虽然在所谓当事人主义的诉讼构造下，两造双方对于诉讼程序的进行不再完全处于被动，但是法官的优越地位并未动摇，而当事人双方的所谓攻击与防御，也无非是为法官的裁判提供资料，独白式的裁判传统始终未受实质性动摇。当然，就一般抽象的意义而言，法官是国家法律的具象化，而法律乃由民选的立法机关制定，代表人民意志，当事人之具体纷争，不得违背法律所设定的秩序，法官的优势地位因此而来，并无与法治相悖之处。但是具体纷争之当事人，也属人民的一分子，他们内心的法律感与正义观，在本质上与体现人民意志的法律是一致的，因此程序并无排除他们就规范适用问题发表意见的正当理由。且当事人对其具体纷争的事实和利益感受最深，又将直接承受裁判所安排的利益和责任之结果，基于私权自治精神，裁判本应更多地尊重和体现当事人的意见。但是若当事人的意见仅仅是供法官参考，法官对于当事人的具体利益仍然握有独白式的决定权，则私法自治的法治精神又如何体现呢？且法官所代表的主要是规范正义和抽象的一般正义，而当事人所表达的主要是个案正义。若坚持法官独白式的裁判，难免以规范正义和一般正义来排除个案正义，使得个案的处理难以最大可能吸收当事人不满，也使得当事人对于规范正义和一般抽象的正义观有畏而无敬，难以产生亲近感。基于以上认识，我曾经提出，以哈贝马斯提出的法律商谈理论为基础，确立诉审商谈主义的民事诉讼构造观。[2]这一构造观主张让包括当事人和法官在内的程序参与者都能够充分表达其意见，并在充分表达意见的基础上进行论辩，以论辩消除冲突，以论辩产生真理，产生妥协，从而形成共识，最终在共识的基础上形成裁判。诉审商谈主义的民事诉讼构造观之意义在于，它意味着裁判不再是法官的独白，而是各方通过论辩和商谈所达成。在这样一种论辩的过程中，当事人尽可以充分表达其对个案正义的观点，而法官则充分表达规范正义或者一般正义的观点，各方经过充分论辩，最终必然会形成一种共识，这种共识的意义在于，它是规范正义或者一般正义与个案正义的整合，是社会公共利益与当事人私人利益的整合，因此裁判既体现规范正义和一般正义，也体现了个案正义，既维护了社会公共利益，也维护了当事人的私人利益。

作为诉审商谈主义之理论基础的哈贝马斯的法律商谈理论，乃是其更为严谨庞大的商谈理论的一个部分。哈贝马斯的商谈理论，与罗尔斯之正义观一样，都是以西方伦理学、政治学和法学中最为倚重的契约理论作为方法，也就是以特定情境下之参与者通过商谈或论辩所达成的共识作为正义的标准。商谈理论的核心是商谈理性，而商谈理性又是对其之前所提出的交往理性的具体展开。交往理性以言语行为有效性的四个要件为其内容。这四个要件包括表达的可领会性、陈述的真实性、表达的真诚性、言说的正当性等。而这种交往理性又在尊重参与者追求自身利益的目的、参与者地位平等以及享有表达自由的前提下才能展开。因此，我们可以说，以交往理性作为其内核的商谈理论，除了要具备哈贝马斯所说的言语有效性的四个要求外，还必须以尊重参与者追求自身利益的目的、参与者地位平等以及享有表达自由作为其基本的条件。我所提出的诉审商谈主义，既然是以商谈理性作为基本的方法论，因此也必须以言语行为有效性的四个要件为其主要内容，且以尊重参与者追求自身利益的目的、参与者地位平等以及享有表达自由作为其基本的前提。此外，无论是罗尔斯还是哈贝马斯，他们的理论都将反思理性作为一种基本的前提。罗尔斯在论证他所假设的原初状态时曾说道："体现在这种原初状态的描述中的条件正是我们实际上接受的条件。或者，如果我们没有接受这些条件，我们或许也能被哲学的反思说服去接受。"[3]而哈贝马斯则提出了"反思的交往形式"的概念，并且说："这种反思的交往形式，就是要求每个参与者采纳每个其他人之视角的论辩实践。"[4]从该两位学者使用"反思"这一语词的语境来看，他们之所谓反思，乃是指站在自我之外的他者的立场来对自我的立场和观点进行反思，也就是我们常说的换位思考。通过进一步的考察，我们可以发现，无论是罗尔斯对"无知之幕"的假设，还是哈贝马斯对理想言谈情境的要求，其目的都是为了给契约或者商谈的参与者提供一个可以反思的环境或者条件，以使最后所达成的契约或者商谈所获取的共识，从任何一个参与者的视角来观察都能够获得支持。基于以上的分析，我们可以认为，反思的理性也是商谈能够顺利展开并获取成果的前提条件之一。

基于以上分析，我将尊重参与者追求自身利益的目的、参与者地位平等、参与者具有表达意见的自由、商谈理性和反思的理性，作为诉审商谈程序的基本品格。也即，至少应当具备了上诉几个方面品格的程序，才是诉审商谈的程序。我在这里使用"品格"一词，因为我们所建构的程序是否符合上述若干方面的要求，决定了这个程序是否有资格被称作诉审商谈的程序，就好像一个直立行走的动物，只有其具备了人所应具备的品格，才能够被称作人。我在这里没有使用特征一词，是因为特征乃是显现于外的东西，虽然有可能在一定程度上反映事物的内在本质，但其本身却不是事物内在本质的组成部分，而品格则是事物内在本质的组成部分。上诉几个品格中的尊重参与者追求自身利益的目的，以诉讼的视角来看，就是对当事人私权自治的一种尊重，为了表述上的简便，我将之改称为自治，也就是对当事人利益自治的尊重。又，我在这里将自由界定为表达意见的自由，因此其与自治的概念并不重复。由于自由和自治都只能在地位平等的前提下实现，所以平等在这里应当被优先阐述。至于商谈理性和反思理性，我准备将它们都放在理性这一概念下展开。基于此，我在下面所要阐述的诉审商谈的程序品格，就分别是平等、自由、理性和自治。

一、平 等

（一）诉审不平等的事实状态

就我国来看，虽然在现实的社会和政治生活实践中，人与人之间尚未完全实现平等，但至少在法律这种社会建制的基本框架中，平等和自由已经成了经常性的表述。例如，根据现行宪法第33条规定，中华人民共和国公民在法律面前一律平等；根据现行宪法第35条、36条和37条规定，公民有言论、出版、集会、结社、游行、示威、宗教信仰以及人身自由等。但以上所谓平等，乃是就法律共同体之成员间关系而言。在私权利和公权力之间，是否也应当使之具有平等地位，则仍然是一个有待讨论的问题。迄今以来的所有法学和政治学著述，都没有将私权利与公权力平等相待。若从传统契约理论的思维展开思考，那么公权力本是来源于具有平等地位之个体的私权利，是个体通过契约将其私权利的一部分让渡与国家，基于此，在私权利与公权力发生冲突时，本应将公民未让渡的私权利置于优先地位。因为个体之所以将部分私的权利让渡与国家，其目的无非是为了保障私权利的实现，公权力不过是保障私权利的工具而已，自应以私权利的保障作为其目标。而从另一方面考虑，即使公权力来源于个体之让渡，但是其目的是为了保护全体社会成员共有的利益，从而也是对每一个体利益的维护，而个体之私权利仅为某一个体私人利益的体现，自然要服从于代表全体社会成员之公共利益的公权力。就以上分析来看，无论执哪一端，私权利与公权力之间都不是一种平等的关系。自由主义强调个体利益，自然追求私权优先；集体主义强调公共利益，自然追求公权力优先。而从人类历史发展的实践来看，公权力从来都是优于私权利的，它是力量庞大的利维坦，纵使公权力行为是错误的，私权利也没有能力来对抗。

诉权与审判权之间的关系，类同于私权利与公权力的关系。所谓诉权，虽为公法上权利，但却是为保护私权而设，是在私权遭受侵害时，或当事人之间就私法上利益发生争议时，请求国家公权力介入，以使遭受侵害的私权得到救济，或者使当事人之间的争议获得解决。而介入私权争议的国家公权力，就是审判权。审判权作为一种公权力，无论是从自由主义的立场观察还是从集体主义的立场观察，都与代表私权的诉权不相平等。从历史的角度来看，审判权在事实上又一直是居于优势地位。而且，就公权力介入私权纷争的原因来看，它也应当是具有更加强势的地位的。我们可以想一想，当事人在私权发生争议时，为什么会求助于审判权的介入？其原因无外乎是审判权作为一种公权，有国家力量的保障，可以强制性解决纠纷。因此，从诉权和审判权产生的那个时候开始，它们之间在地位上就是不平等的，诉权的地位天然地弱于审判权，审判权的地位天然地强于诉权——若诉权具有审判权的强制力，则它也不必求助于审判权；若审判权仅具有诉权之力量，恐怕它也没有能力来强制性解决私权之间的纠纷。

（二）商谈程序对于诉审平等的要求

可是我们想一想，在司法裁判领域的商谈中，当事人和法官当然都是扮演着参与者的角色，若只有当事人之间的地位平等，或者在合议制下，同时亦有法官之间的平等，但是却无诉权和审判权之间的平等，那么在当事人和法官之间又怎么可能展开论辩？若缺少了当事人和法官之间的论辩，仅有当事人之间的论辩，那么司法裁判领域的所谓商谈，还能够称得上是商谈吗？法官若没有参加商谈，或者仅仅是当事人之间商谈的主持者，那么由法官所作出的裁判当然还是独白式的裁判。而哈贝马斯关于司法裁判领域的商谈理论，恰恰就是要打破法官独白式的裁判这样一种可能仅具有裁判之确定而欠缺裁判之合理可接受性的司法裁判活动。因此哈贝马斯之商谈理论，其在司法裁判领域的展开，必然要以诉权和审判权之间的地位平等作为前提。基于诉审平等对于商谈的先决性意义，若要在我国建构成诉审商谈的民事诉讼程序，那么这个程序首先要做到的，是确保进入程序的诉权和审判权，处于平等的地位。

（三）解决问题的思路

根据以上分析，诉权和审判权之间不平等的历史事实与传统观念，与商谈理性对于诉审间平等的理想要求之间，似乎存在着明显的冲突。若这个冲突不能解决。那么诉审商谈的理想将难以真正转化为程序的构造。但是这个问题的解决，也许并没有我们想象的那样难。我们可以先思考这样一个问题：审判权的强势地位，一般会以何种样态呈现？经过思考，我们会发现，审判权的优势地位，其体现无非有二：一是指挥程序的展开，二是裁判结果的强制性实现。就程序指挥来看，其在本质上乃是为了确保参与各方对于商谈秩序的遵守，主要是要求当事人各方表达意见的言语行为必须符合正当性的要求。审判权在此一方面的优势地位，若能谨慎把持，则不会影响到商谈各方获得充分表达意见的机会，也不意味着审判权应当具有优于其他商谈参与者的言语上的特权。换言之，审判权指挥诉讼的活动，其在本质上不是就案件的实体问题和程序问题展开商谈的活动，而是一种确保商谈顺利展开的活动。审判权一方面参与商谈，一方面又担负着维持商谈秩序的责任。这两种活动，在观念上是可以分开的。就裁判结果的强制性实现来看，裁判结果乃是商谈的成果，不是商谈本身，因此审判权在商谈结果的实现上的优势地位，已经是在商谈之后了，因此也不应当影响到参与各方在商谈程序进行中对其意见的充分表达。经过以上分析，我们可以得出这样的结论，就是审判权的优势地位不是体现在商谈之中，而是体现在商谈之外，因此我们完全可以在商谈之内实现诉审在地位上的平等，而同时又不影响到审判权既有的优势地位。

二、自由

这里所说的自由，是商谈的参与者充分表达意见的自由。因为按照哈贝马斯的观点，商谈者以达成共识为目标的交往行为，除了表达的可领会性和言说的正当性外，还必须符合表达的真实性和表达的真诚性这两个要求，若是参与者没有表达的自由，那么表达的真实性和表达的真诚性就不可能获得满足，共识也就不可能达成。在诉审商谈的程序构造中，诉权和审判权都应当享有充分表达意见的自由。此一自由在内涵上，至少应当包含独立、开放和宽容这样一些内容。

（一）独立

所谓独立，乃是指行使审判权之法官的独立和代理当事人行使诉权的律师在执业上的独立。在现代西方的法治文明中，司法独立已经成为一种常识。而无论人们对于司法独立作如何理解和诠释，这种独立的要求最终都将体现为法官在履行审判职责上的独立。若法官在履行职责的时候不独立，而处在法庭之外的力量的操控之下，他就不能够自由地表达意见，或者他若要自由地表达意见，则会给他带来严重的职业风险。就此来看，在像我国这样高度组织化的司法系统中，法官们距离在法庭上自由表达意见的理想要求，似乎还很遥远。但是诉审商谈主义引导下所建构的合理而精致的程序，将会为他们提供保障，以使他们可以自由地表达意见。除了法官之外，作为当事人代理人的律师，其在履行代理职责的时候，也应当享有独立的地位。这种独立不仅仅是独立于他所代理的当事人，还包括其职业的自由不受管理者的非法干预。就当下我国的情况来看，律师在执业上所受的一些限制，比我们能够想象到的要严重得多，这种限制除了体现在刑事诉讼中外，也体现在民事诉讼中。在民事诉讼中，律师们被禁止代理群体性案件，被禁止代理一些维权类的案件，即使在被允许代理的情况下，他们在调查取证以及向当事人提供法律帮助上也障碍重重。司法行政部门严厉要求律师必须顾大局和讲政治，律师们稍有不慎，就会落入公权力所设的陷阱，或者受到公权力的粗暴对待，时刻面临着执业上的风险。在这种情况下，律师们如何才能够自由地表达其意见呢？

（二）开放

传统的民事程序构造观，往往强调程序的封闭性。这种封闭性，一方面是要求程序将庭审进程与法庭之外的联系切断，意图营造出一个不受任何外部干扰的程序环境。程序之外的种种资源，哪怕是有助于纠纷解决的，也被禁止进入程序。另一方面是要求法官和当事人必须严格按照程序法的规定展开诉讼行为，不得有任何对于程序的自我诠释和缺陷弥补。没有程序法的许可，严禁法官和当事人从事一些诉讼上的行为。例如在程序法没有明确规定的情况下，禁止当事人之间达成诉讼契约；程序法没有规定的证据方法，禁止当事人运用等。一般而言，程序具有一定的封闭性有其合理性。因为一方面，如果不能为当事人和法官建构一个封闭的空间，那么当事人行使诉权的行为以及法官行使审判权的行为，就容易受到各种程序之外的因素干扰，从而导致程序法所追求的法官独立公正裁判案件的目标无法实现。另一方面，若允许当事人和法官自由地进行各种非程序法所明确规定的行为，就有可能使得程序所追求的纠纷解决的稳定性、可预期性以及不可逆性等价值功能遭致贬损。但是，程序的封闭应当是有限的和有选择的封闭，那些阻碍程序目标达成的因素，固然应当被排除在程序之外，而那些有助于程序目标达成的因素，则不应当被排除在程序之外。比如，那些有助于案件事实真相之发现或者有助于个案正义实现的因素，例如一些具有地方性的知识、具有行业性的知识，以及当事人和法官的经验与智慧，就应当视纠纷解决的需要，允许其被纳入程序中来，以期最大可能地促进商谈成果的达成。换言之，程序法所表达的乃是规范的正义，而规范正义之外的正义观以及有关正义的表述，既然与规范的正义一样引导着当事人乃至法官的日常生活实践，那么就应当允许它们也参与商谈，和规范的正义一起，为实现裁判的确定性与合理可接受性的目标作出贡献。

（三）宽容

程序的开放性必然同时要求程序的宽容性。开放意味着当事人的诉讼行为和法官的审判行为与程序法的命令不一定会始终保持一致，但是这种不一致的行为所要追求的目标却与程序所要追求的目标一致。此种情况下，当事人和法官为追求程序目标而做出的偏离程序要求的行为，应当受到容忍。例如，当事人的诉讼请求也许并不准确，但是程序要给其纠正的机会；当事人诉权的要件也许并不齐备，但是程序要给其补足诉权要件的机会；当事人提供的证据方法也许并非程序所明确规定，但只要不是程序所明令禁止的，就应当给予当事人举证和质证的机会；或者当事人因缺乏律师帮助而不了解程序的要求，进而可能有导致失权的风险时，那么程序应当尽量宽容当事人的一些瑕疵诉讼行为，同时法官应当通过阐明权的行使而给予其充分的指导，使其有机会弥补诉讼上的行为瑕疵。总之，程序应当设立容错机制，允许当事人和法官犯错误；并应当设立纠错机制，不因为当事人和法官行为瑕疵而将其排除在程序之外，或者因此终止程序的进行。对话者不因程序的严苛而动辄得咎，不因一句话或一个动作而遭受不利益，也不因对程序存在误解或者不解而遭受惩罚，这样才能使论辩充分展开，才能促成商谈取得成果，并尽量保证该成果乃是程序所要追求的最佳成果。

三、理　性

（一）商谈理性

我在前面提到哈贝马斯的理论时曾经指出，哈贝马斯的商谈理性乃是以他之前提出的交往理性为其内核，而交往理性包括言语行为的四个有效性要件。或者说，理性的商谈者，他的言语行为应当符合言语行为有效性要件的要求。基于此，诉审商谈程序的理性品格，就是要求这一程序能够促使当事人行使诉权的行为和法官行使审判权的行为，尽量符合言语行为的有效性要件。根据我在前面的介绍，言语行为的有效性要件，包括表达的可领会性、陈述的真实性、表达的真诚性和言说的正当性。下面我将按照上面这四个要件，依序阐述诉审商谈之理性要求。

1. 表达的可领会性

关于表达的可领会性，首先当然是要求诉审双方在程序的进行中使用相同的语言和文字。对于具有不同母语的当事人和法官，程序法应当为其提供适当的翻译，而对于不会书写的当事人，除了应当为其提供以言辞方式表达意见的充分机会外，还应当为其提供书写与记录方面的条件。但当事人之间以及当事人和法官之间不能共享某种语言的情形，毕竟是少数。在一般的情况下，当事人和法官会共享某种语言，他们因为共享某种语言，也共享着以这种语言为代表的历史和文化。又因为共享着相同的语言和文化，因此也共享着某些思维方式和行为方式。所以在他们之间，无论是言语的表达，还是动作的表达，一般都具有相互的可领会性。例如对一些典故、方言、成语、谚语和歇后语的含义，他们会有着共同的理解和诠释，即使对于一些意义分歧的语词，一般也能够借助于特定的环境或者在表情与动作的辅助下，被交往的对方领会；对于某种动作所要表达的意义，共享文化的当事人和法官之间一般也会有着共同的把握。就此而言，在诉审之间实现表达上的可领会性，并无太大难度。但是，在其他一些更加专业的情形，情况就不一样了。这样的情形，主要体现在对法律语言和经验法则的表达和运用上。

就法律语言的表达和运用方面，我国一些法官似乎受德国法系的法律思维影响较多，在庭审过程中有着使用所谓"法言法语"的偏好。所谓法言法语，并无神秘之处，无非是一些法律规范和法教义学上的概念而已。这些概念在法律领域有着特定的含义，法官熟知，而当事人也许并不了解。这样就会在诉权和审判权之见产生交往上的障碍。于此情形，一方面应给予当事人获得律师帮助的机会，另一方面也应当加强法官的阐明义务，使其用当事人可以理解的语言，来对法律专门术语进行诠释，以使当事人能够充分而准确地把握法官的意义表示。这种阐明上的范围，还应当扩及对法律规范的阐释上，这些法律规范，包括程序法上的规范和实体法上的规范。对于一些程序法上的规范，例如要求当事人的起诉必须符合诉权要件的要求，在当事人不知的情况下，应当令法官予以阐明，使当事人在充分领会后，补足要件，而不是对当事人的瑕疵起诉直接予以驳回。而对于一些实体法上的规范，当事人当然也有可能不知或者误解。例如有的当事人因为不了解实体法上的规范，在提出诉讼请求时，并未言明其规范上的依据，也即不知自己应当主张何种实体法上权利；而在另一些情况下，当事人可能因为误解实体法上的规范意旨，而错误主张了权利。在这样的情况下，法官均因适当阐明，引导当事人在正确理解法律的基础上主张合适的权利，而不应当沿袭法律神秘主义之弊，对当事人诉讼行为上的错误以及因为该错误而可能招致的不利漠不关心。

就经验法则的表达和运用而言，较之法律规范的言语沟通，存在的问题更加复杂。经验法则既涉及事实领域，也涉及规范领域，它应当是具有主体性的一些认识论规则和行为规则。但是，即使是生活在相同文化传统中的人，其不同个体的经历也不完全相同，他们对于世界的认识和行动选择的依据，因此也有不同。因此法官所谓的经验法则，与当事人所说的经验法则，就会存在不同的理解。在这种情况下，法官在运用经验法则推断事实时，就应当慎之又慎。最重要的是，法官所选择的经验法则，应当是当事人所接受的经验法则，且法官对于所选择的经验法则的理解，应当与当事人对于该经验法则的理解，保持一致。否则，法官就是在强迫当事人按照法官的行动选择来决定他的行为方式。

2.陈述的真实性

当事人和法官陈述的真实性，一直是程序法所追求的目标，尤其在发现事实的领域，就更是如此。证据法上关于举证和质证的一系列安排，例如所谓传闻证据排除规则、最佳证据规则以及相关性规则等，都是对于当事人陈述的真实性要求。关于这一点，已经无需赘述。但是，当事人乃利益相对的双方，他们之间的很多争议，不仅仅涉及利益安排的分歧，也有可能是关于事实认识的分歧。传统的程序构造理论承认当事人之间分歧的存在，且以攻击防御来比喻当事人之间的言语行为，并试图通过当事人之间对抗性的言语行为，来期待事实真相渐渐浮出水面。但是交往行为要求当事人的事实陈述行为，一开始就应当是真实的，至少是当事人认为真实的。因此，诉审商谈的程序构造，应当尽量抑制当事人的虚伪陈述行为，通过对于伪证行为的惩罚，以及对于程序法上诚实信用原则的要求，来促使当事人的陈述真实性。陈述的真实性，也应对法官提出要求。除了禁止法官恣意擅断外，更要求法官对于案件事实的认定，遵循证据裁判原则，并有充分说理。在采法官自由心证的情况下，应为自由心证设定要件，包括：须综合全案所有证据资料进行判断，不得断章取义；所有定案证据须经过庭审质辩；推理判断不得违背科学定理、定律、法理及生活常理；判决必须叙明理由，包括对证据采信及不予采信的依据；判决须具有可预测性，是根据法庭调查及法庭辩论可以预测的结果；等等。对于当事人和法官陈述真实性的要求，除了及于事实领域外，还应及于法律领域。例如，对于当事人而言，应禁止其恶意诉讼和诉讼欺诈行为；对于法官而言，应禁止其故意曲解法律，或者故意误导当事人错误选择诉讼行为或者错误处分程序上或实体上利益，等等。

3.表达的真诚性

诉讼虽然是为了解决当事人之间的纠纷而展开，但也正是由于双方当事人之间存在利益上的纷争，所以他们相互之间的言语行为往往带有一定的策略性，不仅有可能是不真实的，也有可能是不真诚的。当然，当事人之间也并非不想达成共识，只是每一方都希望对方妥协，而以己方的主张作为共识的基础。若是当事人的言说行为不够真诚，那么就会令法官产生误解，使得最后的裁判不是在各方共识的基础上达成，将会给裁判的确定性埋下不稳定的风险。在民事诉讼的实践中，除了当事人外，即使是法官这样代表规范正义的参与者，为了能够实现纠纷解决的目的，也有可能会做出策略行为，而使其言语表达行为不够真诚。例如我国司法实务中经常发生的所谓"以判压调"的现象，就是法官言语行为不真诚的一种表现。尤其在时下强调调解解纷的司法政策要求下，一些法院的调解活动已经发生了异化，法官在解纷的调解目的下，还隐藏着其他的目的，包括迎合执政党的维稳政策、规避裁判风险和职业风险等。这种调解的异化，使得法官的言语行为也常常带有一定程度上的虚伪性。另外，在司法环境不够透明廉洁的情况下，一些影响法官裁判的庭外因素在发挥着实际的作用，而这些因素又不能在裁判文书中体现出来，所以法官往往进行虚伪的说理，导致裁判结果与裁判说理之间欠缺关联性，或者法官在裁判文书中根本就拒绝说理或者故意说理不足。尤其在二审裁判中，二审法官往往没有对案件进行重新审理的诚意，他们虽然对案件也进行了开庭审理，但是对于当事人在二审程序中所表达的意见根本就不愿意听取，而是在走完过场后直接维持原审裁判。这样，不仅二审法官的言语行为不够真诚，实际上整个二审程序都带有很大的虚伪性，或者说这样的二审程序从一开始就是对当事人的一种欺骗，而不是对原审裁判错误的救济。基于这样的认识，在民事诉讼程序的构造中，应当重点强调并保证法官言语行为真诚性的要求，尤其要注意避免使上诉审程序沦为欺骗当事人的谎言。

4.言说的正当性

所谓言说的正当性，乃是要求当事人和法官之言语行为，都应当符合既有法律的要求，至少不应当违背既有法律规范的禁止性规定。我在前面讨论程序的自由品格时，指出程序应当开放和宽容，但是这种开放和宽容，不应当违背法律规范的禁止性规定。对于当事人之诉讼行为正当性的要求，传统民事诉讼程序已有体现。例如我国现行《民事诉讼法》关于当事人妨碍民事诉讼的行为描述，以及对妨碍民事诉讼的强制措施的规定，都是为了确保当事人行使诉权的行为符合正当性要求。而《刑法》、《法官法》以及《程序法》对于法官行使审判权的行为的一些要求，例如对法官职业道德的要求和对法官枉法裁判的禁止，则是为了确保法官之审判行为符合正当性要求。我国《民事诉讼法》关于法官违背程序之裁判可成为上诉或者再审的理由这样的规定，也是为了促使审判权的运作符合正当性要求。然而我国当下诉权和审判权各自在司法裁判领域的实践表现，与既有建制性规范的表述并不一致。就诉权而言，拒绝服从确定裁判，不断进行申诉和上访，或者以一些法律所禁止的行为来表达意见，显然与言说正当性的要求不相符合。而就审判权来说，像调解前置和强迫调解、互争管辖或者推诿管辖、随意将应当使用普通程序审理之案件以简易程序进行审理、合议审理流于形式、随意推出一些所谓的改革措施等，都是违背言说正当性要求的表现。基于此，我们在建构诉审商谈的程序时，恐怕需要为保证诉权和审判权在商谈时的言说的正当性，提供更多的程序性保障。

（二）反思理性

我在前面已经指出，对于反思理性，我们可以用换位思考这样的概念来表达其含义。根据反思理性的要求，我们的任何观点，若要能够被他人接受，恐怕都应当经受不同立场之他者的视角检验。反思的理性在司法裁判领域具有某种特别的意义。我们知道，当事人相互之间之所以会有争议，就是因为他们站在各自的立场，对于某种利益安排产生了不同的看法。他们对于争议事实和争议应当适用的法律规范，都是站在各自不同的立场来认识和解读。若当事人之间能够相互站在对方的立场来看待问题，也许他们之间的争议就会得到解决。所以反思的理性对于参与司法中商谈的当事人来说，其实非常重要。这是其一。其二，在当事人所代表的诉权和法官所代表的审判权之间的商谈，同样也需要反思理性的介入。在日常的司法实践中，我们常常会遇到这样的情形，就是法官认为他的裁判对于事实的认定和对于规范的适用，都是正确的，是经得起考验的，而当事人却对裁判仍然不满，意欲通过上诉或者再审程序予以改变。我想，在这样的情形下，他们最需要做的，也许就是秉持着反思的理性，各自站在对方的立场上再对裁判进行一次检验。若法官能够站在当事人的立场，以当事人的视角观察问题，也许就能够体会到当事人的切肤之痛，然后会以一种不同的态度来处理纠纷。而当事人若是能够站在法官的立场，以法官的中立视角来看待问题，也许就能够体会到法官的困难处境，从而以一种不同的态度来看待其权益。我们说诉审商谈主义的目的乃是打破法官独白式的裁判传统，这里所说的法官独白，实际上就是法官未能以反思的理性来看待作为裁判对象的争议。为什么诉审商谈主义要强调打破法官的独白，而不是强调当事人的反思，乃是因为法官居中裁判，兼听两造意见，有着不受当事人立场左右的中立地位、专业能力和控制权力，但是对于法官的独裁立场，当事人无法予以强制性改变，他们只能试图说服法官，而无法强制法官站在自己的立场看待问题。所以，诉审商谈主义的程序构造，就要在反思的理性引导下，建立强制法官站在当事人立场看待问题的规则，以使法官的裁判能够经受住反思理性的检验，并以这种检验来证实裁判不是法官的独白，而是诉审之间商谈的共识性成果。

四、自 治

我在这里以自治来表达尊重商谈的参与者追求自身利益的目的这样一种要求。民事诉讼是解决当事人之间私权纷争的程序，因此首先应当尊重当事人追求自身利益的目的。在诉审商谈的司法活动中，当事人参与到程序中来，其首要的目的，恐怕是维护私权；而要维护私权，还需要程序的上权利的保障。因此，从尊重当事人追求自身利益的目的出发，诉审商谈的程序首先应当尊重当事人维护私权的目的，进而尊重当事人处分私权的行为。为尊重当事人处分私权的目的，对于当事人为处分私权而对自己程序上权利的处分，当然也应当予以尊重。其次，为了达致维护私权的目的，程序还应当赋予当事人充分的表达意见的机会，并且设定相应的保障机制。在讨论尊重当事人追求自身利益之目的时，应对当事人所追求的利益作较为开放的解释，例如当事人为了维护公共利益而要求进入诉讼程序时，程序不应当以目的错误予以拒绝。

就此我们是否可以考虑，只要当事人所追求的利益不损害国家利益、公共利益和第三人利益，程序即应当以宽容的姿态予以接纳。

在尊重当事人追求自身利益之目的时，还要尊重国家设立民事诉讼制度的目的，此一目的乃是程序法之规范目的，应当由法官代为表达。关于民事诉讼目的，各国并不一致，例如英美法系以纠纷解决为民事诉讼的目的，大陆法系之德国传统民事诉讼目的是私权维护，我国民事诉讼目的则以维护私法秩序为主。[5]在一般情况下，国家设立民事诉讼的目的，与当事人参与民事诉讼的目的并无冲突。例如民事诉讼制度若以解决纠纷为目的，则纠纷的解决应当在当事人之私权获得维护的基础上达成；若民事诉讼制度以保护私权为目的，则其本身已经与当事人参与诉讼之目的相合；若民事诉讼以维护私法上秩序为目的，则私法本身即为保护当事人私权，维护私法秩序当然同时亦是对当事人私权的维护。但是，在我国的司法实践中，法官在审判案件时，往往还有一些隐藏的目的，例如前曾提及的法官迎合执政党和政府阶段性政策的目的、规避裁判上风险和职业风险的目的等，甚至法官还可能企图通过审判而实现一些违法目的，这些目的当然不可被允许参与到诉审商谈中来。而程序法应当以相应的机制建构，将这些隐藏目的予以隔绝，使之不能影响到诉审间为达致正当目的而进行的商谈。

以上是就诉审商谈程序应当具有的四个基本品格所进行的大略讨论。这些基本的品格，应当像血液一样，沁入到程序规则之中。当然，在整体的程序规则体系中，一些规则对某一种品格体现较为直接明显，另一些规则可能对另外一种品格体现较为明显，而其他一些规则可能只是间接地体现了前述某种或者某些程序品格，或者只有在与其他的程序规则一起结合，方能看出其品格所在。但从总体上看，诉审商谈的程序建构，应当较为周到全面地兼顾独立、自由、理性和自治这四个方面的程序品格。

注释：

[1]   段厚省，复旦大学法学院教授，博士生导师。

[2]   参见拙文：《诉审商谈主义论纲》，载《上海交通大学学报》，2011 年第 5 期；《论诉审商谈的程序构造》，载《中国人民大学学报》，2012 年第 4 期。

[3]   [美] 罗尔斯：《正义论》，何怀宏等译，北京，中国社会科学出版社 1988 年版，第 11 页、第 19 页。

[4]   [德] 哈贝马斯：《在事实与规范之间——关于法律和民主法治国的商谈理论》，童世骏译，北京，三联书店 2003 年版，第 274 页。

[5]   参见拙文《民事诉讼目的：理论、立法与实践的背离和统一》，载《上海交通大学学报》，2007 年第 4 期。

中国国际私法立法与法律适用制度综述

冯霞[1]

摘　要：在我国，系统化的涉外民事关系法律适用法（国际私法）立法是近代以来西学东渐和法制现代化的产物。在中国现代立法史上，涉外民事关系法律适用法的立法向来深受外国国际私法立法和学说的影响。北洋政府于1918年8月5日公布并施行的《法律适用条例》是在这一领域的第一次系统立法，受日本《法例》和德国《民法典施行法》的影响较深。新中国的涉外民事关系法律适用法立法在1979年以后才开始有了长足进步，在立法体例上出现了由分散到集中的发展趋向，但始终存在一个如何使涉外民事关系法律适用法的立法适合我国国情并体现中国特色的问题。第十一届全国人大常委会第十七次会议于2010年10月28日通过、自2011年4月1日起施行的《涉外民事关系法律适用法》是新中国成立以来第一部以涉外民事关系的法律适用为内容的单行法律，也是在中国特色法律体系中起支架作用的法律之一。该法草案曾在2002年12月作为《中华人民共和国民法（草案）》的最后一编（第9编）"涉外民事关系的法律适用"经第九届全国人大常委会第三十一次会议初次审议。第十一届全国人大常委会第十六次会议和第十七次会议分别于2010年8月23日至28日和10月25日至28日对该法草案进行了第二次和第三次审议。该法的通过，标志着第十一届全国人大常委会立法规划和2010年立法工作计划所定的在2010年形成中国特色法律体系的立法目标已基本达到。

关键词：国际私法　涉外民事关系法律适用法　法律适用

国际私法，是以涉外民事关系为调整对象的法律，涉外民事关系是在国际经济交往和人员跨国流动过程中产生的。从世界国际私法立法实践来看，国际私法主要规定外国人的民事法律地位、涉外民事关系的法律适用和国际民事争议的解决。据不完全统计，世界上有40多个国家制定了国际私法法典或单行法。各国国际私法法典或单行法立法大致有三种模式：一是就涉外民事关系的法律适用作专门的规定，二是将涉外民事关系的法律适用和国际民事诉讼程序问题规定在一个法律之中，三是将涉外民事关系的法律适用、国际民事诉讼程序和国际商事仲裁问题规定在一个法律之中。作为中国涉外法制的基础性法律和中国特色社会主义法律体系的支架性法律，全国人大常委会在2010年10月28日通过了《中华人民共和国涉外民事关系法律适用法》（以下简称《涉外民事关系法律适用法》），这是中国推进依法治国、促进社会和谐稳定、形成中国特色社会主义法律体系的重要组成部分。

一、中国国际私法的起源与立法演进

国际私法的产生和发展是一个缓慢、渐进的过程，在人类各民族文明的演进过程中既表现出一定的规律性，又表现出一定的特殊性，经历了由个别到一般、由特殊到普遍这样一个发展过程。在世界范围内，国际私法的起源是多极的而不是单一的。历史上，古巴比伦两河流域的沃土，古希腊爱琴海的波涛，都曾孕育出国际私法文明；意大利等国家基于对城邦之间、国家之间法律冲突的调整，先后都制定过国际私法。

我国国际私法学界关于我国国际私法立法的起始时期，比较一致认可的观点是可以追溯到唐朝，我国学者出版的专著、各高校编写的国际私法教材在论及我国国际私法立法的起始时间时无不如此表述：唐朝（公元618年至公元907年）是我国封建社会鼎盛时期，国力强盛，经济文化繁荣，对外交往密切频繁，唐朝京城长安更是当时亚洲乃至世界的大都市，有很多外国人在此经商或学习。为调整各种具有涉外因素的法律关系，唐朝统治者在《永徽律》的第一编《名例》章中作了这样的规定："诸化外人同类自相犯者，各依本俗法；异类相犯者，以法律论。"《唐律疏议》对这条规定解释道："化外人，谓蕃夷之国别立君长者，各有风俗，制法不同。其有同类自相犯者，须问本国之制，依其俗法断之。异类相犯者，若高丽与百济相犯之类，皆以国家法律论定刑名。"《唐律》是刑法典，由于我国古代没有独立的民法，刑民法律不分，所以这条规定也被认为是我国最早的关于国际私法的规定。

关于我国国际私法立法的起始时间，也有学者提出应确定在汉朝的"刘细君案"。"刘细君案"的案情大致为：汉武帝时期，汉在反击匈奴侵扰的战争中连连获胜。为进一步追击匈奴，张骞提出结盟乌孙国以共同打击匈奴的建议。元狩四年（公元前119年），汉武帝派张骞出使乌孙国，欲联合乌孙国共击匈奴。乌孙国远离汉朝，对汉朝所知不多，又臣服匈奴既久，故婉拒汉使之劝。乌孙国出于对汉朝赠赐金、帛及大批牛羊的回敬，派使者携厚礼护送张骞回汉并到长安答谢。据《汉书》记载，乌孙国使者惊慕汉的繁荣和发达，"其使见汉人众富厚，归其国，其国后乃益重汉"。张骞出使西域10多年后，即汉武帝元封中，乌孙国因与汉通往激怒了匈奴。为避免与匈奴兵戎相见，乌孙国便以良马千匹为聘，要求娶汉公主以结姻亲。汉武帝考虑到结亲既可以牵制匈奴，又有利于国家安定，于是答应了乌孙国的请求，挑选颇有文才的江都王刘建的女儿刘细君为公主，远嫁乌孙国王昆莫，随她而去的属员有数百人，还带去了大批礼物。昆莫年老退位，其孙岑陬代之。按照乌孙国的风俗，刘细君应续充岑陬之室。孙妻奶，依汉律规定为乱伦，其罪当诛。本案中，汉律与乌孙国习惯法相抵触，产生了是适用汉律禁止乱伦婚姻，还是适用乌孙国的习惯法允许刘细君续充岑陬之室这样一个法律选择问题。刘细君认为其为汉人，应受汉律约束，不应受乌孙国习惯法的管辖，所以不肯依乌孙国风俗续充岑陬之室，上书报奏汉武帝，请求回汉。汉武帝颁诏命刘细君以抵御匈奴为重，遵从乌孙国的习惯法，续充岑陬之室。"天子报曰：从其国俗。欲与乌孙共灭胡。"刘细君从皇令，嫁昆莫

的孙子岑陬为妻，婚后生一女，起名少夫。

确定"刘细君案"为我国国际私法立法起始的理由为："从其国俗"即为一条法律适用规范，该条法律适用规范确认在"和亲"出现转继婚时，依属地原则确定应适用的法律，承认乌孙国法律的属地效力，限制汉律的属人效力。在中国长达2000多年的封建社会里，"和亲"婚姻有2000多起，这些婚姻绝大多数依"从其国俗"规范确定法律适用。"和亲"婚姻的法律选择和法律适用，我国既有法律适用规定，又有法律适用的实践。所以，依据现有资料，我们应考虑认定中国国际私法的立法起源于汉武帝时期的刘细君和亲案。

无论我国国际私法立法起始于汉朝的"刘细君案"，还是起始于唐朝的《永徽律》，在世界范围内，我国都是国际私法立法最早的国家之一。唐朝以后，我国国际私法立法几乎是裹足不前，宋、元两个朝代基本上是承袭唐朝旧制，略有发展。明朝、清朝，我国国际私法立法发生逆转，《大明律》、《大清律》一反唐宋时期的属人主义与属地主义相结合的法律原则，采用了属地主义的立场，规定"凡化外人犯罪者，并依律拟断"。清朝末年，中外通婚之风日益兴盛，数量渐多，为调整涉外婚姻关系，1888年5月，清廷与德国在北京签订《中德人民互相嫁娶归夫治管辖章程》（以下简称《中德章程》），规定："如有华女嫁德人者，应归其夫治管辖，惟德员应将华女嫁德人之事知照该地方官"；"中国人娶德国妇人，亦应援女嫁从夫之例，归其夫治管辖"。《中德章程》具有溯及力："至从前有华女出嫁德人等事，经此次定明后，再由领事官补行知照地方官，即为定妥。"《中德章程》对中国妇女婚嫁德人前后触犯刑律的审判权作了规定："有华女出嫁德人并未禀请领事官知照地方官者，将来被人控告，应归中国审断"；"又或该女犯事出嫁德人以前，因而远嫁异国希图逃匿者，一经查出此情，其所有犯罪之处仍当由中国地方官提讯归案"。1889年1月12日、1889年2月24日中意两国就中意人民互相嫁娶归夫治管辖互换了照会，同样确立了中意两国人民之间通婚归夫治管辖原则。中德签订的章程、中意互换的照会，其性质是双边法律适用条约，条约规定涉外婚姻由"夫治管辖"，这不仅是管辖权规范，也是法律适用规范，"夫治"也包括法律适用。

北洋军阀统治时期，迫于人民反帝斗争和爱国人士的呼吁，北洋军阀政府曾于1918年颁布了中国历史上第一个国际私法立法——《法律适用条例》。该条例分总则、关于人之法律、关于亲族之法律、关于继承之法律、关于财产之法律、关于法律行为方式之法律和附则，共7章27条，与同期资本主义国家的单行法规相比，是条文最多、内容最详尽的立法之一。1927年8月12日该条例被南京国民政府下令暂准援用。《法律适用条例》的颁行，我国多数学者认为仅是为了取消帝国主义国家在中国的领事裁判权而翻版于日本的《法例》，但事实上，清朝末年中国出现的大量涉外民事关系需要制定法律进行调整是《法律适用条例》颁行的社会条件，尽管《法律适用条例》在形式和内容上与日本《法例》有共通之处，但并非完全翻版于日本《法例》。1888年5月《中德章程》，1889年1月12日、1889年2月24日中意两国互换照会的内容均载入《法律适用条例》之中，《中德章程》比日本《法例》早问世10年，中意照会比日本《法例》早问世9年，《中德章程》、照会的规定与中华民国1918年《法律适用条例》第10条的规定相同，因此，将《法律适用条例》定论为翻版于日本《法例》的观点欠妥，《法律适用条例》应为本土法与移植法的融合。

1953年6月6日中国台湾地区对《法律适用条例》进行修订后公布了"涉外民事法律适用法"，共计31条。台湾地区自1999年开始启动对该法的修法过程，经过十几年的努力，《涉外民事法律适用法》之增修条文修正案终于在2010年4月30日通过三读，并于2011年5月26日起生效施行。修正后的涉外民事法律适用法共分为8章63条。第一章为通则（第1—8条），第二章为权利主体（第9—15条），第三章法律行为之方式及代理（第16—19条），第四章债（第20—37条），第五章物权（第38—44条），第六章亲属（第45—57条），第七章继承（第58—61条），第八章附则（第62—63条）。

1949年，中华人民共和国成立。中央人民政府废除了包括《法律适用条例》在内的国民政府的全部法律，开始建立社会主义法律体系。但是，由于"法律虚无主义"的影响，新中国的国际私法立法不被重视。1978年，中国共产党十一届三中全会以后，我国实行对外开放、对内改革的政策，也开始了国际私法的立法工作。经过20多年的努力，我国已在一些法律中规定了国际私法规范。这些法律有：1982年《中华人民共和国宪法》、1985年《涉外经济合同法》（现已废止）、1985年《继承法》、1986年《民法通则》、1991年《民事诉讼法》（2007年修订）、1991年《收养法》、1992年《海商法》、1994年《仲裁法》、1995年《票据法》、1995年《民用航空法》、1999年《合同法》等。我国最高人民法院根据司法实践的需要，相继颁布了一批具有国际私法内容的司法解释，针对涉外民事案件中具体的国际私法问题，作出了批复、复函。这些司法解释、批复和复函中的有关国际私法的规定，也是我国解决涉外民事纠纷的依据。

我国于1991年加入了海牙国际私法会议1965年7月3日订立的《关于向国外送达民事或商事司法文书和司法外文书公约》，1997年加入了海牙国际私法会议1970年3月18日订立的《关于从国外调取民事或商事证据的公约》，1986年加入了《承认与执行外国仲裁裁决公约》，1992年加入《解决国家与他国国民间投资争端公约》。截至2009年12月，我国共与40多个国家签订了民商事司法协助协定。我国1953年参加的《国际铁路货物联运协定》、1968年参加的《统一国际航空运输某些规则的公约》、1980年参加的《国际油污损害民事责任公约》等条约中均有国际私法方面的规定。我国加入的国际公约是我国法律的组成部分。

除冲突法方面的立法外，我国在外国人民事法律地位方面，在国际民事诉讼程序以及国际商事仲裁制度方面，已有相当数量法律条文的规定，其中不少制度，在国际上亦颇为先进。

总体看来，我国打开国门走向世界的时间不是很长，我国的经济运行机制还存在着计划经济的影响，这些都制约着我国国际私法的立法。在2011年4月1日《涉外民事法律关系法律适用法》生效实施以前，我国国际私法立法在以下方面尚存在一些不足：

首先，我国现行的有关涉外民事关系法律适用的法律规定不系统。所谓"不系统"，就是指我国现行的有关涉外民事关系法律适用的法律规定散见于不同的民事法律法规之中，不仅分散、难成一体，而且不便于统筹兼顾，难于对一些共同性的问题、需要协调的问题，比如说识别问题、外国法的查明问题等，作出统一的规定。有时即使有规定，又造成不必要的重复，比如民法通则第142条、票据法第95条和海商法第268条都规定了相同的内容，即规定关于适用国际条约、国际惯例的规定。

其次，我国现行的有关涉外民事关系法律适用的法律规定不全面。这就是说，由于我国现行分散的有关涉外民事关系法律适用的法律规定是针对相关法律法规所调整的民事关系所作出的法律适用规定，所以，它们不可能突破该法律法规的适用范围去规定其他的涉外民事关系的法律适用问题，只可能在该法律法规适用的范围作出有限的规定。同时，由于我国在一些民事领域，如侵权领域，没有比较系统的专门立法，故在这些领域不可能有比较全面的相关涉外民事关系的法律适用规定，或者虽有专门的立法，而对相关涉外民事关系的法律适用未作规定，如物权法。此外，分散立法必然导致不可能对涉外民事关系法律适用的一些共同性问题作出全面的规定，暂付阙如。

第三，我国现行的有关涉外民事关系法律适用的法律规定不具体。这里讲的"不具体"就是说，尽管我国现行的有关涉外民事关系法律适用的法律规定已涉及民事法律关系大的方面，但对许多具体问题没有加以规定。比如说，在现行的规定中，有关于民事行为能力法律适用的规定，但没有关于民事权利能力法律适用的规定；有不动产所有权法律适用的规定，但没有动产所有权法律适用的规定；有中国人和外国人结婚法律适用的规定，但没有中国人之间在国外结婚以及外国人之间在中国结婚的法律适用的规定；有法定继承法律适用的规定，但没有遗嘱继承法律适用的规定。

第四，我国现行的有关涉外民事关系法律适用的法律规定不明确。我们这里讲"不明确"，是指现行的部分规定不精准、不周延、不严密，容易引起歧义，容易导致误解。关于合同法律适用的规定，就是典型的例子。早在1985年，我国涉外经济合同法第5条第1款规定："合同当事人可以选择处理合同争议所适用的法律。"这显然是采用了国际上通行的合同当事人意思自治原则。按照这一原则，合同当事人可以选择适用于合同的法律或者说合同的准据法。但根据国际上通行的理解，合同当事人选择的合同准据法不仅是解决合同争议的依据，也是订立合同、解释合同、履行合同、消灭合同以及确定合同效力的依据。显然，用"处理合同争议所适用的法律"这样的表述是不周延的。我国1992年颁布的海商法第269条改变了这种表述，规定"合同当事人可以选择合同适用的法律"，是一个进步。而1999年颁布的取代涉外经济合同法的统一合同法第126条又倒退到民法通则第145条的规定。

第五，我国现行的有关涉外民事关系法律适用的法律规定不科学。这里讲"不科学"并不是讲现行的所有规定都不科学，而是指其中有一些规定不科学，存在不科学的现象。比如说，现行法律关于公共秩序保留的规定，不仅将外国法律，而且也将国际惯例作为可依公共秩序保留原则排除的对象。这种做法不仅在世界上绝无仅有，而且在法理上也是说不通的。因为在民商事领域存在的国际惯例，实际上就是国际商事惯例，它们是在长期的国际商事活动中反复实践而形成的国际商事行为规则，不涉及国家的社会公共利益，一般依当事人的选择而适用，不会发生违背一国公共利益的情形。

为了推进我国国际私法法典化，在厘清上述问题的基础上，我们期待一部统一的涉外民事关系法律适用法的诞生。

二、中国《涉外民事关系法律适用法》的立法背景

涉外民事关系法律适用法是规范涉外财产关系和人身关系的基本法律，调整在国际民事交往中产生的包括涉外物权关系、涉外知识产权关系、涉外合同关系、涉外侵权关系、涉外婚姻家庭关系、涉外继承关系等各类涉外民事关系，主要解决上述各类涉外民事关系的法律适用问题。涉外民事关系的法律适用是指通过涉外民事关系法律适用法规定的法律适用规范（又称为冲突规范法律选择规范，有的国际公约称之为国际私法规范），来援引确定某一涉外民事关系应当适用的某一特定国家或地区的实体法或统一实体法，并将确定的法律应用于实际案件，从而规范涉外民事关系当事人之间的权利义务关系，解决其争议。涉外民事关系法律适用法是一国国际私法的重要组成部分，而且是国际私法最主要和最核心的一部分。当然，也有少数国家和学者认为，涉外民事关系法律适用法就是国际私法。制定一部单行的《涉外民事关系法律适用法》是中国国际私法学界近20年来矢志不移的共同追求，也是中国扩大对外开放、应对经济全球化、顺应国际角色转变、进行国际形象建设、提升文化软实力和法律巧实力、构建和谐世界的必然要求，更是中国司法机关、仲裁机构和其他有关政府部门公平合理地维护中外当事人合法利益的迫切需要。具体说来：

（一）中国国际角色的转变以及越来越频繁的国际经济合作、商事交易和民事交往，需要制定一部系统性、全面性和科学性的《涉外民事关系法律适用法》。

随着中国综合实力的与日俱增，中国在国际政治、经济、文化和体育等领域的地位和角色正在悄然发生变化，国际社会期待中国成为一个负责任的大国，中国也更加注重国际形象建设。在经济全球化今天，随着中国的开放程度不断加深，越来越频繁的参与国际经济合作、商事交易和民事交往，人员、技术、货物、资金和信息的跨国流动越来越频繁，跨国婚姻、海外务工、国外购房、境外旅游等国际民事活动越来越多地进入到中国人的日常生活。毫无疑问，日渐频繁的国际民商事交往就会导致我国涉外民商事案件的数量呈不断上升趋势，如何有效地解决涉外民商事纠纷，更加公平地对待中国法律和外国法律，更加公平地对待中国人和外国人，不断提升中国司法和仲裁的公信力和吸引力，进一步为对外开放营造公平、有序的法制环境，是我国现阶段必须解决的问题。所有这些活动需要一个良好的法制环境来保证其有序进行。而《涉外民事关系法律适用法》是我国涉外法制的基础性法律，是我国其他涉外法律制度和规则适用的前提和条件，也是连接中国法与外国法、中国法与国际法的桥梁和媒介。因此，通过制定内在逻辑统一、体系完备的《涉外民事关系法律适用法》，不仅有利于完善我国涉外法律适用的技术、防止法规抵触和法规与司法解释的矛盾，还有利于实践中严格执行冲突规范、促进国际民商事交往。而且制定《涉外民事关系法律适用法》，不仅是对上述理念和原则的宣示，更是对法官和仲裁员的规范要求和明确指引。因此可以说，制定《涉外民事关系法律适用法》是提高我国涉外司法和国际仲裁水平的内在要求，也是中国越来越频繁的国际民商事

交往的客观需求。

（二）各国国际私法的制定与修改以及国际组织统一国际私法的立法运动是中国《涉外民事关系法律适用法》立法的动力。

在西方，国际私法作为学说已有多年的历史，近代推行国际私法立法也已有多年的历史，而中国改革开放后启动的国际私法立法却是在一张白纸上绘图，所以，从一开始，中国国际私法立法就十分重视国别国际私法与比较国际私法的研究，重视借鉴国外先进经验，采取了拿来主义的做法。一方面，中国国际私法学界翻译了所有能找到的外国成文的国际私法立法和有关国际公约，特别是对外国国际私法立法中具有代表性的立法和有关国际公约进行了及时准确的介绍，同时对国外国际私法的新发展和新趋势进行了深入研究，为立法机关提供了大量可资借鉴的参考资料；另一方面，立法机关也重视到境外调研，在立法中注意吸收外国和国际组织的国际私法立法先进经验，采用不少国际上通行又适合中国国情的一些原则和规则，比如，在合同领域对意思自治和最密切联系原则的采用。当然，中国积极地加入从事国际私法统一工作的国际组织并参与这些组织开展的国际私法统一活动以及参加或缔结了一系列的国际私法条约，也在一定程度上促进了中国国际私法立法的现代化。

在欧洲，奥地利于1978 年制定了关于《国际私法的联邦法》，开战后发达国家制定国际私法法典之先河。土耳其于1982 年制定了《土耳其国际私法和国际诉讼程序法》。瑞士1987年颁布的《关于国际私法的联邦法》有200 条，是目前世界上条文最多的国内国际私法法典。德国于1986 年和 1993年两次对1896 年《德国民法施行法》中的国际私法规定进行了重修订。意大利于1995 年公布了《关于改革意大利国际私法制度的法律》。2002 年起生效的《俄罗斯联邦民法典》第四编专门规定了国际私法。罗马尼亚、白俄罗斯、比利时等国家也相继制定了国际私法。在亚洲，较早制定的单行国际私法是日本1898 年的《法例》，从20 世纪40 年代开始，日本又先后次对该《法例》进行修订，2006 年最近一次修订后命名为《法律适用通则法》。 泰国于1938 年制定了《法律冲突法》。 韩国于1962 年制定了关于《涉外民事法律的法令》，并于2001 年颁布了《2001 年修正国际私法》。 朝鲜于1996 年通过了《涉外民事关系法》。 科威特于1961 年制定了《涉外法律关系规范》，并于1980年作出修订。北也门、南也门等阿拉伯国家也分别在其民法典中规定了国际私法。在美洲，美国1934年和1971 年两部《冲突法重述》可以说是美国普通法中的国际私法规则的总结，美国路易斯安那州于1991年颁布了《冲突法法案》。 加拿大魁北克省1991 年通过了新的民法典，其第十编即为国际私法。委内瑞拉于1912 年就起草了国际私法草案， 1998年最终正式通过了《委内瑞拉国际私法》。巴西于1964 年起草了一项法律适用法草案。阿根廷于1974 年起草了一项国际私法草案。1984年秘鲁颁布了新的民法典，其第十编即为国际私法。

海牙国际私法会议是专门从事逐渐统一各国国际私法工作的政府间组织，目前有70 个成员。从1893年第一届会议到1951年第七届会议，在结婚、离婚、监护等方面制定了7 个国际私法公约至今，它已先后举行了14 届会议，制定了 38个国际私法公约，内容涉及货物买卖、代理、信托、交通事故、产品责任、婚姻财产、收养、扶养、继承、有价证券等领域。中国于

1987 年正式成为该组织的成员国，先后加入了两个海牙国际私法公约，即1965 年《关于向国外送达民事或商事司法文书和司法外文书公约》（简称1965 年《送达公约》，1990 年3月2日加入）和1970 年《关于从国外调取民事或商事证据的公约》（简称1970 年《取证公约》，1990年3月2日加入）。欧洲联盟在促进27 个成员国之间国际私法的协调和统一方面，表现十分活跃。其前身欧洲共同体主要通过制定条约颁布指令和制定规则的方式来进行国际私法的统一活动，比较有影响的公约有1968年《关于相互承认公司和法人团体的公约》和1980 年《关于合同义务法律适用的公约》。目前，欧洲联盟还采取条例的方式来统一成员国的国际私法，比较有影响的有2005 年《关于合同义务法律适用的罗马条例Ⅰ》和2007 年《关于非合同义务法律适用的罗马条例Ⅱ》。美洲国家组织为统一35 个成员国的国际私法进行了长期不懈且卓有成效的努力。自1975 年在巴拿马召开第一届国际私法会议并制定了有关代理票据等方面6 个国际私法公约以来，至今已召开了七届会议，先后制定了有关国际私法通则、自然人住所、贸易公司、外国法查明、未成年人收养、国际合同、儿童诱拐、有价证券等方面20 余个国际私法公约，从而为美洲地区国际私法的统一提供了一系列的规则，使美洲国家组织的统一国际私法自成一体。

（三）中国国际私法的理论研究为推动中国立法奠定坚实的基础。

综观世界各国的国际私法立法，学者的推动和理论贡献起着极为重要的作用，国际私法因此有"学说法"之称，中国也不例外。在酝酿相关立法的过程中，2002 年2 月，时任中国国际私法学会会长的韩德培教授代表学会向国家有关部门提交了以示范法为基础订立的《中华人民共和国涉外民商事关系法》建议稿及几点说明，4 月，费宗祎、刘慧珊、章尚锦三位专家向全国人大法工委提交了专家建议稿《国际民商事关系法律适用法》。随后，其他一些学术机构和个人也草拟了一些自己的专家建议稿。全国人大法工委在这些建议稿的基础上形成了《中华人民共和国民法（室内稿）·涉外民事关系的法律适用编》。2002年9 月，全国人大法工委民法室邀请部分国内国际私法学者在北京召开了民法典研讨会，主要征求对民法涉外民事关系的法律适用编（民法室内稿）的意见。到这个时候，国内国际私法学界基本形成共识，即借民法典之舟，推进出台一部单行、统一、系统和完善的涉外民事关系法律适用法，不再奢望出台一部类似于示范法的国际私法法典。2002年12月23 日，中国立法工作部门提请全国人大常委会审议的《中华人民共和国民法（草案）》可以说是制定一部单行、统一、系统和完善的中国涉外民事关系法律适用法的重要契机，因为该草案专设一编，即第九编"涉外民事关系的法律适用法"，为制定单行的专门的涉外民事关系法律适用法埋下了伏笔。在笔者看来，2002 年提请全国人大常委会审议的《中华人民共和国民法（草案）》与其说是民法典的编纂，不如说是民法汇编，因为从那时到现在中国要一气呵成制定一部民法典的时机不成熟，能力也不够，实际的结果是分门别类地制定合同法、物权法和侵权法等，当然也包括制定涉外民事关系法律适用法。事实上，中国立法机关在完成了合同法物权法和侵权责任法的立法任务之后，涉外民事关系法律适用法的制定提上了议事日程。

中国国际私法学会在示范法完成之后，一直继续致力于推动涉外民事关系法律适用法的制定。2008年4月，全国人大法工委在北京召开了进一步完善涉外民事关系的法律适用制度的研讨会，召集从事理论研究和涉外审判实务两方面的专家研讨了审判实践中主要有哪些涉外民事关系法律适用案件、国外在涉外民事关系法律适用方面有哪些新发展、完善涉外民事关系法律适用制度需要着重解决哪些问题以及对涉外民事关系的法律适用法草案的修改补充意见等。这次会议实际上吹响了2002年12月公布民法草案后制定涉外民事关系法律适用法的集结号。2008年7月，考虑到涉外民事关系法律适用法立法工作的需要和紧迫性，中国国际私法学会在武汉大学国际法研究所主办了一个小型"涉外民事关系法律适用法高级研讨会"，对学会在示范法基础上重新拟定的涉外民事关系法律适用法建议稿（以下简称武汉建议稿）进行研讨。该武汉建议稿分一般规定、民事主体、物权、债权、知识产权、婚姻家庭、继承和附则等八章，共95条。中国国际私法学会年2008年会对该建议稿又进行了深入讨论。2009年下半年，在全国人大法工委的建议下，中国国际私法学会对2008年7月的武汉建议稿进行了修订，形成提交中国国际私法学会2009年杭州年会讨论的90条建议稿（以下简称杭州建议稿）。这次年会对该建议稿进行了深入研讨，提出了许多修改建议。杭州年会之后，学会根据大家的建议对杭州建议稿进行了修订，形成"中国国际私法学会涉外民事关系法律适用法北京会议讨论稿"（以下简称"北京建议稿"），提交到2010年1月上旬学会和中国政法大学国际法学院在北京举办的"涉外民事关系法律适用法立法建议稿研讨会"上讨论。北京建议稿还是8章，其中最大的变化是条文减至76条，同时在结构作了重大调整，即把"婚姻家庭"、"继承"两章提前到第二章民事主体之后、"物权"章之前，把"知识产权"放到物权和债权这两章之间。该月下旬，学会和中国政法大学国际法学院及国际教育学院在海南三亚再次举行"涉外民事关系法律适用法立法建议稿研讨会"讨论。在北京建议稿基础上，修订的"三亚建议稿"。"三亚建议稿"在结构上作了一些调整，根据中国民法立法已形成的格局，不设"债权"一章，单设"合同"、"侵权"和"其他民事关系"三章，全稿共10章80条。三亚会议上，经过与会专家深入研讨，形成大家基本认同的建议稿，特别是在立法结构、属人法以惯常居所地法为主、知识产权的法律适用、法定继承区别制等有分歧的问题上达成共识。在随后的春节期间，与会专家分工负责，完成了统稿工作和条文说明工作。最后，于2010年3月1日，正式向全国人大法工委提交了名为"涉外民事关系法律适用法"的中国国际私法学会建议稿。

2010年5月，为配合全国人大法工委正在进行的"涉外民事关系法律适用法"的立法研究工作，就人民法院在涉外民事审判工作中法律适用方面的问题进行调研，最高人民法院民四庭在北京召开了部分法院涉外民事审判法官以及有关专家参加的座谈会，结合中国国际私法学会提交的建议稿，集中讨论了现行法律的相关规定、相关司法解释与即将制定的"涉外民事关系法律适用法"的关系，涉外司法实践对涉外民事关系法律适用法的期待等，与会法官和专家都主张将涉外民事关系法律适用的规定放在一个统一的涉外民事关系法律适用法为好。全国人大法工委在2010年上半年完成了自己的《涉外民事关系法律适用法（草案）》，2010年6月底7月初，全国人大法工委组织理论和实务两方面的专家在北京召开座谈会，研究修改法工委的《涉外民事关系法律适用法（草案）》。该草案是6月28日的修改稿，分一般规定、民事主体、婚姻家庭、继承、物权、债权、知识产权和附则8章，共60条。与会专家对该草案的条文逐条进行了讨论，提出了许多有价值的修改建议。

2010年8月17日，全国人大法律委员会对草案进行了审议。同月23日至28日，在十一届全国人大常委会第十六次会议上，全国人大法律委员会将《中华人民共和国涉外民事关系法律适用法（草案）》（二次审议稿）提交审议。该二审稿已经再次修改，共8章54条，结构同6月28日修改稿。法律委员会在8月23日的汇报中指出："根据十一届全国人大常委会立法规划和今年立法工作计划，法制工作委员会在民法草案涉外民事关系法律适用法编的基础上抓紧工作，认真研究了我国和德国、瑞士、日本等国家有关规定，以及欧盟、海牙国际私法协会等制定的有关条约性法律文件；赴香港、澳门特别行政区就涉港澳民事关系法律适用问题听取意见。并召开了全国人大外事委员会、最高人民法院、国务院法制办、外交部、商务部以及部分国际私法专家参加的座谈会。经认真听取各方面意见，反复研究修改，形成了涉外民事关系法律适用法草案。""起草涉外民事关系法律适用法总的思路，是从我国的实际出发，适应改革发展稳定的要求，着重解决发生涉外民事争议较多，各方面意见又比较一致的法律适用问题，要把我国多年来行之有效的规定和做法吸收到草案中，同时体现国际上通行做法和新的发展成果，进一步完善我国涉外民事关系法律适用制度，要尽可能做到简明扼要，通俗易懂。"在十一届全国人大常委会第十六次会议结束的当天，该草案已全文公布在全国人大官方网站上，向全社会公开征求意见。社会各界群众可以直接登录中国人大网提出意见，也可以将意见寄送全国人大常委会法制工作委员会，时间截止到2010年9月30日。

三、中国《涉外民事关系法律适用法》的评价

十一届全国人大常委会第十七次会议于2010年10月25日至28日在北京召开。在广泛征求意见的基础上形成的《中华人民共和国涉外民事关系法律适用法》（草案三次审议稿）提交这次常委会审议，常委会对三次审议稿进行了分组审议，委员们提出了一些修改意见，普遍认为草案已经比较成熟，建议进一步修改后提请本次会议表决通过。26日，法律委员会逐条研究了常委会委员的审议意见，再次对草案进行了审议。28日，常委会在审议之后高票通过了《中华人民共和国涉外民事关系法律适用法》，同日，国家主席胡锦涛发布第36号主席令予以公布。该法分一般规定、民事主体、婚姻家庭、继承、物权、债权、知识产权和附则8章，共52条，自2011年4月1日起施行。《涉外民事关系法律适用法》是中华人民共和国涉外立法史上的里程碑，具有十分重要的意义。

首先，它的出台结束了中国没有单行统一的涉外民事关系法律适用法的历史。新中国成立60多年来，一直没有单行的国际私法立法，这与中国的大国地位是不相称的，也不能满足中国和平发展的需要。而该法从中国实际出发，适应国家对外开放和民众涉外交往日益扩大的需要，总结改革开放30多年的经验，借鉴国际通行做法，着重解决涉外民事争议发生较多、各方面意见又比较一致的法律适用问题，除一般规定外，对涉外民事关系的主体、婚姻家庭、继

承、物权、债权和知识产权的法律适用问题也分别作了较为系统的规定。它是中国涉外民事法制的新成果，促进了中国特色社会主义法律体系的形成。

其次，中国涉外民事关系法律适用法在一定程度上创新了中国的涉外民事关系法律适用制度。该法在起草制定过程中，既注意总结自己改革开放30多年来在涉外民事立法司法执法等方面的经验，把多年来行之有效的规定和做法纳入其中，又注意借鉴世界各国国际私法立法和国际公约制定的成功经验，参考国际上的通行做法和最新发展成果，同时，从中国本土实际出发，立足中国，进行涉外民事关系法律适用制度创新。

1.《涉外民事关系法律适用法》创设了中国国际私法总则与制度的规定。该法采取总则、分则和附则的结构。第1章"一般规定"（第1条至第10条）为总则，第2章至第7章（第11条至第50条）为分则，分别规定了关于确定各种涉外民事关系（民事主体、婚姻家庭、继承、物权、债权和知识产权）的准据法的特别冲突规则。第8章"附则"包括关于该法与部分其他法律的冲突规则之间的关系的第51条和关于该法施行日期的第52条。该法在结构上与一些国家之以法律适用规则为主要内容的国际私法制定法相差无几，在条文数目上甚至有过之而无不及。该法的一个突出特点就是在第一章创设了10条总则性的"一般规定"，从而结束了我国现行国际私法欠缺总则规定或制度的局面，填补了立法缺漏。其中，第8条规定涉外民事关系的定性（即"识别"）"适用法院地法律"，第9条规定了反致和转致的排除。第5条规定公共秩序条款的表述较现行法（《民法通则》第150条、《海商法》第276条和《民用航空法》第190条）的表述有所改进，关于外国法律的查明的第10条以有国际管辖权的中国机关（人民法院、行政机关或仲裁机构）依职权查明涉外民事关系所适用的外国法律为主，以选择适用外国法律的当事人提供外国法律为辅，适合我国国情。

2.《涉外民事关系法律适用法》中新的冲突规则更为合理、全面和完善。所谓冲突规则，也叫法律适用规则或法律选择规则，是指一个国家指定涉外民事关系应适用何国法的那部分法律规则。《涉外民事关系法律适用法》包括8章、52条，第一次将冲突规则集中规定在同一部单行法律中，除了规定关于自然人、法人等民事主体的民事权利能力和民事行为能力、自然人的失踪宣告或死亡宣告、法人及其分支机构的组织机构和股东权利、人格权的内容、代理、信托、仲裁协议等事项的冲突规则外，还分别规定了关于确定结婚条件和手续、夫妻人身关系和财产关系、父母子女人身关系和财产关系、协议离婚、诉讼离婚、收养、扶养、监护、法定继承、遗嘱方式、遗嘱效力、遗产管理、无人继承遗产的归属、不动产物权、动产物权、运输中动产物权发生的变更、有价证券、权利质权、一般涉外合同、消费者合同、劳动合同、劳务派遣、一般侵权责任、产品责任、通过网络或采用其他方式侵害人格权（姓名权、肖像权、名誉权、隐私权等）的民事责任、不当得利、无因管理、知识产权的归属和内容、知识产权的转让和许可使用、知识产权的侵权责任以及诉讼时效等涉外民事关系的准据法的冲突规则。特别是该法在动产物权的法律适用上，允许当事人先协议选择动产物权适用的法律，这是一个创举，是充分考虑动产的种类繁多，动产物权的变动常常与商事交易相连，且交易条件和方式多种多样等原因所作出的安排。总之，从内容上看，新的冲突规则更为合理、全面和完善，既总结了改革开放以来的涉外民事审判经验，也符合当代国际私法的发展潮流。

《涉外民事关系法律适用法》的冲突规则全部是开放式的双边冲突规则，表明了立法者平等地对待内外国法律体系的开放态度。纵观该法的全部条文，规定"适用中华人民共和国法律"的只有关于外国法律的适用将导致损害中国社会公共利益的结果的第5条和在不能查明外国法律的情形下应适用何国法的第10条第2款。但它们还称不上冲突规则，因而也不算单边冲突规则。这是值得肯定的，因为涉外民事关系法律适用法的本质是空间上的国际法律冲突法和法律选择法，对涉外民事案件有国际管辖权的中国机关（人民法院、行政机关或仲裁机构）既可能适用中国法律，也可能适用外国法律。在某些情形下，适用外国法律不仅是必要的，而且是正当的、合宜的。在处理涉外民事案件时，如果一味适用中国法律，有时会造成对当事人不公正、不方便的结果，既不利于当事人之间公平正义的实现，也无益于跨越国境的民事往来。通过制定既可能指定中国法律、也可能指定外国法律的开放式的双边冲突规则，立法者表明：只要外国法律与案件有最密切联系，且其适用的结果不损害中国社会公共利益，适用外国法律是符合立法者的意愿的，甚至可以说是立法者对有国际管辖权的中国机关的一种明示的命令。这是该法立法理念先进的一个例证。

3.《涉外民事关系法律适用法》采用最密切联系原则作为对法律未规定的所有涉外民事关系法律适用的"兜底原则"，避免了在涉外民事关系法律适用方面留下漏洞。该法第2条第2款规定："本法或者其他法律对涉外民事关系的法律适用没有规定的，适用与该涉外民事关系有最密切联系的法律。"将最密切联系原则规定在国际私法总则中，这本身就已经突出了最密切联系原则的补充性地位。即在该法和其他法律对涉外民事关系的法律适用均无规定，或依照该法和其他法律无法确定某一涉外民事关系的准据法的情形下，最密切联系原则可以起到补遗的作用。

4.《涉外民事关系法律适用法》扩大当事人意思自治原则（即当事人选择法律）的适用范围。该法第3条规定："当事人依照法律规定可以明示选择涉外民事关系适用的法律。"虽然这只是一条宣示性的条款，但它将当事人意思自治原则规定在总则中，本身是对当事人意思自治原则的一种强调，对于审理涉外民事案件的人民法院、行政机关或仲裁机构具有指导意义，且对于整部法律可以起到统领全局的作用。在分则中，除了将当事人意思自治原则运用于合同的传统冲突规则（第41条）以外，第16条第2款关于委托代理、第17条关于信托、第18条关于仲裁协议、第24条关于夫妻财产关系、第26条关于协议离婚、第37条关于动产物权适用的法律、第38条关于运输中动产物权发生的变更、第44条第2句关于侵权行为发生后当事人选择准据法、第47条关于不当得利和无因管理、第49条关于知识产权的转让和许可使用以及第50条关于知识产权的侵权责任的冲突规则，均准许当事人协议选择准据法。总之，只要不逾越"法律规定"这一限制，亦即在该法和我国其他法律所准许的范围内，当事人无不可以明示地协议选择准据法。在比较国际私法上，就笔者所知，世界上还没有哪个国家的国际私法立法将当事人意思自治原则置于如此突出的地位，并在如此广泛的领域准许当事人协议选择涉外民事关系的准据法。这体现了该法的开放性、兼容性和先进性。

5.《涉外民事关系法律适用法》首次规定了"强制性规定"的直接适用。所谓"强制性规定"，是指因其特殊目的而必须由法院地国家有国际管辖权的机关在处理国际性案件时排他地予以适用的、具有强制性的实体法规则。该法第4条规定："中华人民共和国法律对涉外民事关系有强制性规定的，直接适用该强制性规定。"可见，中国法律的此种强制性规定可以绕过该法的冲突规则而直接"介入"含有涉外因素的民事案件的处理。实际上，立法者在规定此种具有强制性的实体法规则的适用范围时就有将它们直接适用于某些涉外民事关系的立法目的，所以它们是必须绝对地予以遵守的。它们有其自己的适用范围，在特定情形下直接适用于涉外民事关系，且因其强制性而优先于该法的冲突规则。例如，外汇管制法、劳动标准法、最低劳动工资法、因工事故保险法、利息限制法、承租人保护法以及关于消费者保护的特别法律都属于"法院地国家直接适用的规则"。

6.《涉外民事关系法律适用法》创新性地以经常居所为作为属人法，以国籍国法等连接点辅之。世界上，一般而言，大陆法系国家采用国籍国法即本国法为属人法，如奥地利、德国、法国、意大利、西班牙、葡萄牙、希腊、瑞典、芬兰、俄罗斯、波兰、斯洛文尼亚、日本、韩国以及我国台湾地区。英美普通法系国家采用住所地法为属人法，如英格兰、美国大部分州、加拿大除魁北克以外的省、澳大利亚、瑞士、丹麦、冰岛、挪威以及部分拉丁美洲国家（如阿根廷、巴西、秘鲁和委内瑞拉）。但国籍和住所各自有其不可克服的缺陷和局限性。而海牙国际私法会议为协调两大法系在属人法上的对立，在许多海牙国际私法公约中采用经常居所（也叫"惯常居所"）地法作为属人法，这一做法是不少海牙国际私法公约成功的原因之一，而《涉外民事关系法律适用法》以经常居所地法为属人法，即与人的身份、能力、婚姻家庭、继承等事项密切相关的法律体系。在连结点问题上，《涉外民事关系法律适用法》独树一帜地以经常居所为主要连结点，以经常居所地法为属人法。如果依照该法应适用自然人的经常居所地法律，而其经常居所地不明，则适用其现在居所地法律（第20条）；对于法人来说，其经常居所地为其主营业地（第14条第2款第2句）。中国在国内立法中勇敢而坚定地采用经常居所地法作为属人法，独树一帜，必将在国际上产生重大影响。

经常居所虽然是该法所使用的主要连结点，但不是唯一的连结点；除经常居所外，该法还使用了以下辅助性连结点：现在居所地、国籍、行为地、代理行为地、婚姻缔结地、遗嘱行为地、侵权行为地、登记地、主营业地、主要财产所在地、不动产所在地、动产所在地、遗产所在地、信托财产所在地、信托关系发生地、代理关系发生地、法院地、仲裁机构所在地法律、仲裁地、办理离婚手续机构所在地、运输目的地、有价证券权利实现地、质权设立地、商品或服务提供地、劳动者工作地、劳务派出地、损害发生地、不当得利或无因管理发生地、被请求保护地、最密切联系地以及当事人协议选择地，等等。如此众多的辅助性连结点是21世纪经济全球化背景下涉外民事关系的多样性和涉外民事争议的复杂性在我国涉外民事关系法律适用法立法中的必然反映，也是法律适用灵活性的内在要求。

7.《涉外民事关系法律适用法》注重保护社会和经济上的较弱方当事人的利益。该法规定，父母子女人身关系和财产关系在没有共同经常居所地的情形下，"适用一方当事人经常居所地法律或者国籍国法律中有利于保护弱者权益的法律"（第25条）；扶养"适用一方当事人经常居所地法律、国籍国法律或者主要财产所在地法律中有利于保护被扶养人的法律"（第29条）；监护"适用一方当事人经常居所地法律或者国籍国法律中有利于保护被监护人权益的法律"（第30条）。此外，鉴于涉外民事关系法律适用法的间接性，第42条前半句所规定的"消费者经常居所地法律"通常较有利于保护消费者权益，第43条第1句前半句所规定的"劳动者工作地法律"通常较有利于保护劳动者权益，第45条和第46条所规定的"被侵权人经常居所地法律"通常较有利于保护被侵权人权益，因为较弱方当事人的经常居所地法律以及"劳动者工作地法律"往往是他们最熟悉的，也是最便于他们据以主张其权利的法律。

总之，该法的上述特色兼顾法律适用的确定性和灵活性的种种做法有助于中外当事人运用该法来维护自己的合法权益，也有助于人民法院、行政机关和仲裁机构依照该法的冲突规则恰当地确定涉外民事关系的准据法，实现该法第1条所规定的"明确涉外民事关系的法律适用，合理解决涉外民事争议，维护当事人的合法权益"的立法宗旨。

最后，《涉外民事关系法律适用法》也不是十全十美的，也有一些值得商榷的地方：（1）该法还不是一部真正的统一、系统、全面和完善的涉外民事关系法律适用法，没有把海商法、民用航空法、票据法等三部商事法律有关法律适用的规定纳入到该法中来，也没有把司法解释中的成熟的规定纳入其中；（2）该法在处理新法和旧法的关系上，虽然有第2条关于"其他法律对涉外民事关系法律适用另有特别规定的，依照其规定"和第51条的规定，但实际上没有明确除海商法、民用航空法、票据法和民法通则第146条、第147条以及继承法第36条之外的其他法律中的法律适用规定同新法是一个什么样的关系。如果按该法第2条解释它们的关系，那等于新法的改进规定毫无意义。比如说，民法通则第150条规定："依照本章规定适用外国法律或者国际惯例的，不得违背中华人民共和国的社会公共利益。"而新法第5条规定："外国法律的适用将损害中华人民共和国社会公共利益的，适用中华人民共和国法律。"两者最大的不同是前者可以公共秩序原则为排除国际惯例的适用，而后者没有这样规定。两者有不同的规定，有冲突，是依新法呢还是依旧法？如果依照新法第2条解释，旧法适用，那新法就没有必要重新规定公共秩序问题了；（3）该法对一些理应规定的内容，如涉外民事关系的界定、法律规避、先决问题、国际条约和国际惯例的适用、连结点的认定和准据法的解释等等，没有加以规定；（4）在结构体系和逻辑顺序方面有不当之处，如"知识产权"一章不应放在"债权"之后，而应放在"物权"一章之后，"债权"一章之前。又如，将仲裁协议的法律适用放在"民事主体"一章内规定也是不恰当的，而且，章内条文顺序安排逻辑结构也有问题，有调整的空间；（5）该法的一些规定还可以进一步简化和优化。比如，该法第3条规定"当事人依照法律规定可以明示选择涉外民事关系适用的法律"，完全是一条多余的规定。总而言之，中国涉外民事关系法律适用法的制定与完善是一个渐进的过程，这个过程是理论与实践交融的过程，是中西方法律文化碰撞的过程，是过去与现在的传承过程，是当下与未来的权衡过程，更是保守与创新的博弈过程，这实际上是中国当代立法的一个缩影。随着中国新的《涉外民事关系法律适用法》自2011年4月1日起施行，中国涉外民事关系法律适用法的制定与完善步入了新的历程，这不仅仅是一个时期的结束，而更为重要的是一个崭新时期的开始。

四、中国国际私法制度的进一步完善

《涉外民事关系法律适用法》的实施标志着中国的国际私法立法进入到一个新的历史阶段。具体到《涉外民事关系法律适用法》制定后我国国际私法制度的完善问题，我们应当重点关注下列问题：

第一，中国国际私法的法典化问题。由于完整的国际私法立法应该涉及管辖权、法律适用和外国法院判决与仲裁裁决的承认与执行问题，考虑到与《民事诉讼法》、《仲裁法》等其他法律的衔接和修订问题，这次《涉外民事关系法律适用法》只实现了法律适用规范的系统化，没有涉及管辖权和法院判决与仲裁裁决的执行问题；即使是法律适用问题，也只涉及民事领域，对商事和海事领域的法律适用问题也没有涉及。因此，《涉外民事关系法律适用法》的制定离完善的国际私法制度还有很长的距离。如何完善我国涉外民事案件的管辖权制度、法院判决和仲裁裁决的执行制定，以及商事和海事领域的法律适用规则，并尽快实现系统化，应该尽快提到议事日程。

第二，关于《涉外民事关系法律适用法》与其他法律中的法律适用规范的关系问题，《涉外民事关系法律适用法》第2条第1款规定："涉外民事关系适用的法律，依照本法确定。其他法律对涉外民事关系法律适用另有特别规定的，依照其规定。"这虽然符合特别规定优于一般规定的原则，但该法对以前的冲突规则是否继续有效没有明确规定，必然造成新旧冲突规则并存甚至相互抵触的局面。尽管第51条规定：民法通则第146条、第147条和继承法第36条"与本法的规定不一致的，适用本法"。但这只是解决了部分问题，对于《民法通则》中的其他条款、《合同法》第126条等其他条文与《涉外民事关系法律适用法》中的相应条文如何适用，有待法院和理论研究者给出明确的答案。

第三，《涉外民事关系法律适用法》尽管总结和提炼了我国改革开放以来涉外民商事审判的经验，但遗憾的是，最高人民法院发布的卓有成效的一些司法解释在《涉外民事关系法律适用法》中并没有直接上升立法规定，加上《涉外民事关系法律适用法》过于追求条文简约，这必然导致《涉外民事关系法律适用法》的实施仍然要依赖最高人民法院发布司法解释。因此，深入研究《涉外民事关系法律适用法》实施过程中的新问题将成为中国国际私法未来研究的重点。与此相适应，中国的国际私法研究也应该把重心从学习、引进和借鉴外国的国际私法转到研究、总结和提炼中国的国际私法实践和理论上来，就是要实现国际私法的中国化，即解决中国的实际问题，创立中国的系统理论。中国未来的国际私法研究路径和方式应该注意以下几点：（1）树立以问题为中心的研究意识。这要求我们改变前期研究宏观问题和一般性介绍外国国际私法的习惯，结合国内外国际私法理论研究的前沿，以具体问题为研究对象，通过深入比较不同国家和国际条约的做法和制度，采用多种研究方法，从不同角度揭示该问题的本质、特点和发展变化的一般规律，使国际私法的理论研究能够持续深入下去、扩展开来，为形成有国际影响和国际竞争力的国际私法理论打下坚实的基础。（2）养成渗透型的研究路径。由于国际私法与民商法、诉讼法、法理学的密切联系，国际私法研究不能仅仅局限于国际私法的制度和规则，很有必要深入到民商实体法的比较与综合，渗透到诉讼法、仲裁法等程序法的基本原理和制度，上升到法理学的高度和理性。只有这样，才能增强国际私法的实用性，提高国际私法制度和规则的可操作性。（3）侧重中国特色的研究内容。随着中国面临的国际私法立法和司法实践问题越来越多，中国的国际私法研究应该以研究中国问题为中心，以研究中国重大现实问题为突破口，增强维护中国利益的意识，通过阐明中国学者的主张，介绍中国的立法及其应用，研究中国的实际案例，达到解决中国现实问题、创立中国特色、中国气派、中国风格的国际私法理论体系的目的。值得注意的是，这将是一个长期的过程，甚至是几代人的不懈努力。因为此目标的实现受制于司法实践的客观需要、对外开放的程度、国际民商事交往的频繁度和国际私法的学术积累水平等因素，而这些因素在短期内难以形成。（4）注意研究成果的多维度转化。现有研究成果的载体主要是论文和著作，也主要在课堂、会议和学术界传播，这对国际私法的研究、传播和应用都是不利的。未来国际私法的研究成果应该注意向以下层面转化：一向中国的立法转化，尽量让我国立法机关采纳，以推动我国的相关立法不断完善；二是向中国的司法实践转化，使理论研究成果成为我国司法实践的指南和重要参考；三是向国际条约转化，使更多的国际条约采纳中国的主张和理论，增加中国在国际规则形成过程中的作用；四是向国际学术界转化，及时、完整、准确地把中国国际私法的立法、实践和理论观点介绍到国际社会，在国际学术刊物和国际会议上反映中国的经验和智慧。

注 释：

[1] 冯霞，中国政法大学国际法学院教授、台湾法研究中心副主任，法学博士，中国国际私法学会常务理事，北京国际法学会理事，台北大学亚洲问题研究中心顾问。

参考文献：

1. 赵相林：《国际私法》，中国政法大学出版社 2010 年第 3 版。

2. 黄进：《中国涉外民事关系法律适用法的制定与完善》，载《政法论坛》2011 年第 03 期。

3. 肖永平：《中国国际私法立法的里程碑》，载《正义网》http：//www.jcrb.com/zhuanti/fzzt/dljqnfxj/xwzx/201101/t20110123_492089.html，2011 年 1 月 23 日。

4. 陈卫佐：《涉外民事关系法律适用法的中国特色》，载《法律适用》2011 年第 11 期。

大陆知识产权司法保护的进展和趋势

李中圣[1]

一、引 言

改革开放30多年来，大陆法院知识产权审判取得巨大进步。从立法方面看，大陆已制定并多次修改和完善专利法、商标法、著作权法、反不正当竞争法等法律和司法解释。尤其是大陆加入WTO以后，知识产权立法是大陆法律体系中与国际接轨程度最高的法律部门之一。知识产权立法和修改，充分体现以下原则，第一，努力实现维护知识产权权利人利益与维护公众利益的统一。统筹兼顾智力创造者、商业利用者和社会公众的利益，协调好激励创新、促进经济发展和保障智力成果权益之间的关系，使利益各方共同受益，均衡发展。第二，努力实现适应国际社会知识产权立法的发展趋势与立足本国国情的统一。既积极向已有较长时间积累的先进国家学习，又准确分析和定位大陆经济社会发展阶段和实际水平，强化区别情况和宽严适度观念，在知识产权司法保护中注意适应各类知识产权的属性和特点，符合各类不同知识产权的功能和保护需求，使知识产权司法保护更加适应大陆所处的国际国内发展环境，更加符合大陆经济社会发展的阶段性特征，更加符合大陆文化发展和科技创新的要求。第三，努力实现维持法律稳定性与提高法律适应性的统一。适当保持法律的稳定性，保证公众参与法律实践的预期和维护法律自身的权威，同时与时俱进，积极和适时地革除积弊，推动立法进步。

从法律适用方面看，大陆的知识产权权利人，创造、运用、保护、管理知识产权的能力逐步提高。大陆公司越来越重视知识产权创造的投入力度以及专利、商标等申请。重视自身知识产权创造的同时，知识产权法律意识也显著提高，近年来显性的知识产权侵权案已大为减少。大陆公司不仅逐步学会运用知识产权赢得市场竞争的优势地位，甚至开始重视知识产权的保护，学习行使诉权和请求权的技能，注意成功参与诉讼程序的经验积累。近两年来大陆知识产权权利人起诉外国公司的案件开始逐渐增多，诉权行使已成为大陆权利人赢得市场先机的商业武器。

在立法不断完善，知识产权权利人创造、运用、保护和管理知识产权的能力不断进步的条件下，大陆知识产权诉讼律师也不断成长和成熟，他们的专业素养和保护知识产权权利人的能力不断提高。上述事实必将推动大陆知识产权司法保护不断进步。

与此同时，大陆法院已经逐渐建立起学养良好的专门知识产权审判队伍，一大批专业的知识产权法官审判经验和执法能力不断加强。以往法官更多倾向于严格照搬法律的规定审理案件，近些年来，法官驾驭审判的能力越来越高，能够从立法目的、司法政策、国际标准、个案事实、主观过错等多方面考虑案件的裁判思路，使案件裁判的准确程度与法律对个案的调整需求更为契合。

二、大陆法院知识产权司法保护的新进展

（一）推动体制和机制创新

根据大陆经济社会发展和国家知识产权战略深入实施对知识产权司法保护的客观需求，大陆法院重视自身建设，进一步推进能动司法，有意识并主动地、有效地推进知识产权审判体制和机制创新。在制度上，完善知识产权审判工作体制，包括进一步推进民事审判、刑事审判和行政审判的一体化。一方面努力保持执法尺度的统一、执法标准的稳定，另一方面借助三审合一，提高审判效率，发挥整体效能，构建资源优化、高效权威的知识产权审判体系。同时加强与公安机关、检察机关以及知识产权行政执法机关的协调配合，形成保护合力。优化知识产权案件管辖布局，适当增加管辖一般知识产权案件的基层法院，鼓励中、基层法院根据工作需要开展跨地区划片集中管辖，合理配置审判资源。

需要注意的是，2008年6月国务院印发《国家知识产权战略纲要》确定，拟适当"集中专利等技术性较强案件的审理管辖权问题，探索建立知识产权上诉法院"。但鉴于建立专门的知识产权上诉法院，涉及法院组织法的修订和法院机构的改变，目前大陆法院尚无设立上诉法院的时间表。事实上现有法院组织框架下，推进知识产权审判进步，并无体制机制上的障碍。

（二）推动法律适用标准和执法尺度的统一

根据审判实践的客观需要，通过制定司法解释、发布最高人民法院年度报告制度，或者典型个案的批复，总结全国知识产权审判工作经验，对典型案件、疑难案件、热点案件有针对性地进行回答，借此尽可能统一全国法院的执法尺度，包括事实认定、举证责任分配和法律适用标准。第一，强化初次裁判正确观念，重视提高第一审初次裁判的正确率，使当事人早获得司法公正，提高服判息诉率和减少上诉率。进一步完善工作机制，适当加大知识产权关联案件的协调和指导力度，维护裁判标准的统一。第二，要重视知识产权法律适用的稳定性和可预期性，重视程序保障和过程透明，最大限度地为利益攸关方提供稳定和可期待的预期，最大限度地使其避免受司法标准不统一的困扰，积极营造良好的法律环境、投资环境和市场环境。第三，要更加重视平等保护，重视知识产权法律的一体执行，坚决遏制地方保护。完善案件管辖制度，加强监督制约，适当采取提级管辖、异地指定管辖等措施，有效遏制地方保护和部门保护现象，保障案件公正审理。第四，正确把握"调解优先、调判结合"原则，根据知识产权案件专业技术性强的特点，积极引导当事人选择委托调解、专家调解、行业调解等方式解决纠纷。另一方面，对于当事人或者相关行业对判明是非的期待高，或者对明确规则的要求强烈，或者对判决的接受程度高的案件，尽可能选择以判决方式解决纠纷，发挥司法裁判的指引和导

向功能。

（三）推动大陆法院与世界各国法院的交流

大陆知识产权司法保护起步较晚，法院和法官缺少与欧美国家交流的传统和经验。匹配大陆之大国的政治和经济地位，知识产权司法保护必须加强对外开放和开展有效的国际交流。为此大陆法院提出，应准确把握知识产权国际形势对知识产权司法保护的深刻影响，不断增强大陆在国际知识产权司法舞台上的参与权、话语权、主动权。这包括大陆法院将有意识有计划地主动参与知识产权保护的国际交流，通过交流学习欧美国家的先进经验，并将大陆法院执法的成熟成果与世界分享，还原和改善大陆的司法形象。

三、大陆法院知识产权司法保护的司法政策特点

1.知识产权保护应当结合权利的特性，合理确定保护力度。第一，著作权保护的力度，应充分评估作品的独创性和独创高度等因素，在维护著作权保护的基本标准统一性同时，注重把握各类作品的特点和适应相关保护领域的特殊需求，使保护强度与独创高度相协调。第二，专利权的保护范围和强度，要适当考虑不同技术领域专利权的特点和创新实际，符合不同技术领域的创新需求、创新特点和发展实际。对于创新程度高、研发投入大、对经济增长具有突破和带动作用的首创发明，应给予相对较高的保护强度和较宽的等同保护范围；对于创新程度相对较低的改进发明，应适当限制其等同保护范围。第三，商标权的保护，须根据商标识别性、显著程度和知名度等因素，恰当把握商标近似、商品类似、在先使用并且有一定影响的商标、以欺骗或者其他不正当手段取得商标注册等可裁量性的法律标准，妥善判断商标注册申请人或者注册人是否有真实使用意图，以及结合商标使用过程中的"傍名牌"行为认定主观恶意等，用足用好商标法有关规定，加大遏制恶意抢注、"傍名牌"等不正当行为的力度，充分体现商标权保护的法律导向。驰名商标的保护范围和强度要与其显著性和知名度相适应，对于显著性越强和知名度越高的驰名商标，要给予其更宽的跨类保护范围和更强的保护力度。

2.妥善处理保护著作权与促进信息网络产业发展和保障信息传播的关系。准确把握法律、司法解释之网络环境下著作权保护的精神实质，在加强网络环境下著作权保护同时，注意促进信息网络技术创新和商业模式发展。正确把握侵权作品直接提供者行为与网络服务商行为的界限。网络服务商提供行为符合法定免责条件的，不应承担侵权赔偿责任；虽不完全符合法定的免责条件，但网络服务提供商无过错的，也不承担侵权赔偿责任。维护"通知与移除"规则的立法价值，除根据明显的侵权事实能够认定网络服务提供商具有明知或者应知的情形外，追究网络服务提供商的侵权赔偿责任，应首先适用"通知与移除"规则。既要防止降低网络服务提供商的过错认定标准，使"通知与移除"规则形同虚设；又要防止网络服务提供商对于第三方利用其网络服务侵权消极懈怠，滥用"通知与移除"规则。

3.妥善处理好技术中立与知识产权侵权行为认定的关系。技术作为工具具有价值中立性和

多用途性，技术创新者又有明确的目的性和功利性。对于具有实质性非侵权商业用途的技术，严格把握技术提供者承担连带责任的条件，不能推定技术提供者应知具体的直接侵权行为的存在，其只在具备其他帮助或者教唆行为的条件下才与直接侵权人承担连带责任。第一，在著作权侵权的场合，对除主要用于侵犯著作权外不具有其他实质性商业用途的技术，可推定技术提供者应知具体的直接侵权行为的存在，认定其与直接侵权人承担连带责任。在审理涉及网络著作权、"三网融合"等新兴产业著作权案件时，尤其要准确把握技术中立的精神，既有利于促进科技和商业创新，又防止以技术中立为名行侵权之实。第二，判断专利间接侵权同样应当处理好技术中立与专利侵权的关系。认定专利间接侵权应具备以下条件，其一，行为人明知他人实施发明创造的行为已被执法部门认定为专利侵权行为，且明知有关产品只能用于实施该行为的原材料、中间产品、零部件或设备等，仍将其提供给实施人。其二，直接侵权人在行为人的帮助下，实际实施了专利侵权行为，他们已构成共同诉讼的共同侵权者。

4.正确运用专利侵权判定方法。坚持发明和实用新型专利权利范围的折中解释原则，准确界定专利权的保护范围。重视专利的发明目的对专利权保护范围的限定作用，不应把具有专利所要克服的现有技术缺陷或者不足的技术方案纳入保护范围。准确把握发明和实用新型专利侵权判定的全部技术特征对比、禁止反悔、捐献等判断规则。完善等同侵权适用条件，防止简单机械适用等同侵权或者不适当扩展其适用范围。现有技术抗辩规则在等同侵权和相同侵权中均可适用。

准确把握外观设计专利侵权判定的整体观察设计特征、综合判断整体视觉效果的判定方法，以外观设计产品的一般消费者为判断主体，以外观设计的区别设计特征为核心，以产品外观设计整体视觉效果的相同或者近似作为判断侵权成立的根本标准。正确适用现有技术和设计抗辩，被诉侵权人以一份对比文献中记载的一项现有技术方案或者一项现有设计与公知常识或者惯常设计的显而易见组合主张现有技术或者现有设计抗辩的，应当予以支持。被诉侵权人以实施抵触申请中的技术方案或者外观设计主张其不构成专利侵权的，可以参照现有技术或者现有设计抗辩的审查判断标准予以评判。

5.审理产品制造方法发明专利侵权案件，应合理分配举证责任。第一，举证责任倒置的适用。使用专利方法获得的产品以及制造该产品的技术方案在专利申请日前是不为公众所知的，制造相同产品的被诉侵权人应当承担其产品制造方法不同于专利方法的举证责任。第二，举证责任转移的适用。使用专利方法获得的产品不属于新产品，专利权人能够证明被诉侵权人制造了同样产品，经合理努力仍无法证明被诉侵权人确实使用了该专利方法，但根据案件具体情况，结合已知事实以及日常生活经验，能够认定该同样产品经由专利方法制造的可能性很大的，可以根据民事诉讼证据司法解释有关规定，不再要求专利权人提供进一步的证据，而由被诉侵权人提供其制造方法不同于专利方法的证据。第三，证据保全的适用。要针对方法专利侵权举证困难的实际，依法采取证据保全措施，适当减轻方法专利权利人的举证负担。

6.慎重禁令适用，遏制滥用专利权行为。禁令具有双刃剑特性，裁定适用禁令应具备以下条件。第一，禁令主要适用于事实清楚和侵权易于判断的案件，不适合比较复杂的技术对比才能作出侵权判断的案件。第二，只有证据确凿和显性侵权并且达到基本确信的程度，才能够裁定下达禁令。第三，在认定是否会对申请人造成难以弥补的损害时，应重点评估侵权损害是否能够通过金钱予以弥补以及是否有可执行的合理预期。第四，申请人提供财产担保应充分和有效，并足以弥补禁令申请错误可能造成的实际损害。第五，加强程序保障，必要时裁定下达禁令前应引入听证程序，通过听取申请人与被申请人意见的方式，对侵权可能性作出准确判断。

有效遏制滥用专利权和诉前禁令的行为。对明知专利权属于现有技术或者现有设计，仍恶意向正当实施者及其交易对象滥发侵权警告，或者滥用诉权、滥用禁令和财产保全，造成对方损害，应当实行滥诉反赔原则，依法支持受害人的损害赔偿请求。

专利侵权诉讼中应有效保护当事人的商业秘密。在适当考虑方法专利权利人维权的实际困难的同时，兼顾被诉侵权人保护其商业秘密的合法权益。要注意保护被申请人的利益，防止当事人滥用证据保全制度非法获取他人商业秘密。被诉侵权人提供了其制造方法不同于专利方法的证据，涉及商业秘密的，在审查判断时应注意采取措施予以保护。

7.加强商标权保护。商标权的保护须有利于划清商业标识之间的边界，有利于遏制恶意抢注和使用他人知名商业标识及"傍名牌"行为。第一，妥善处理商标近似与商标构成要素近似的关系。通常情况下，相关商标的构成要素整体上构成近似的，可以认定为近似商标。相关商标构成要素整体上不近似，但主张权利的商标的知名度远高于被诉侵权商标的，可以采取比较主要部分决定其近似与否。第二，充分考虑商标商品的关联性，认定商品类似可参考类似商品区分表，更应尊重市场实际。以相关公众的一般认知为标准，结合商品的功能、用途、生产部门、销售渠道和消费对象等因素，正确认定商标法意义上的商品类似。主张权利的商标已实际使用并具有一定知名度的，认定商品类似要充分考虑商品之间的关联性。 第三，准确划清商业标识之间的边界与特殊情况下允许构成要素近似商标之间适当共存的关系。相关商标均具有较高知名度，或者相关商标的共存系特殊条件下形成时，认定商标近似还应根据两者的实际使用状况、使用历史、相关公众的认知状态、使用者的主观状态等因素综合判定，注意尊重已经客观形成的市场格局，防止简单地把商标构成要素近似等同于商标近似，实现经营者之间的包容性发展。 第四，商标侵权行为应以在商业标识意义上使用相同或者近似商标为条件，被诉侵权人为描述或者说明其产品或者服务的特点而善意合理地使用相同或者近似标识的，可以依法认定为正当使用。

驰名商标保护的目的在于适当扩张具有较高知名度的商标的保护范围和保护强度，不是评定或者授予荣誉称号，要准确把握驰名商标保护的立法本意，通过正确裁判，有效引导当事人正当运用驰名商标保护制度，防止当事人在驰名商标保护中片面追求获取驰名商标认定的制度异化现象。对于当事人主张驰名商标保护且符合保护条件的，应当依法予以认定和保护，防止对驰名商标的保护设置不适当的障碍。

8.有效打击侵犯商业秘密的行为，为企业创新创造可信赖的法律环境。权利人提供了证明秘密性的优势证据，或者对主张的商业秘密信息与公有领域信息的区别点作出充分合理的解释或者说明的，可认定秘密性成立。权利人提供证据证明被诉侵权人的信息与其商业秘密相同或者实质相同，且被诉侵权人具有接触或者非法获取该商业秘密的条件，根据案件具体情况，或者已知事实以及日常生活经验，能够认定被诉当事人具有采取不正当手段的较大可能性，可推定被诉当事人采取不正当手段获取商业秘密的事实成立。每个单独的商业秘密信息单元，均构成独立的保护对象。完善商业秘密案件的审理和质证方式，涉及商业秘密的证据，仅向代理人展示、分阶段展示，同时责令诉讼参与人具结保密承诺，限制商业秘密的知悉范围和传播渠道，防止审理程序中二次泄密。

9. 妥善处理好知识产权专门法与反不正当竞争法的关系，在激励创新的同时，又要鼓励公平竞争。反不正当竞争法补充保护作用的发挥不得抵触知识产权专门法的立法政策，凡是知识产权专门法已作穷尽性规定的领域，反不正当竞争法原则上不再提供附加保护，允许自由利用和自由竞争，但在与知识产权专门法的立法政策相兼容的范围内，仍可以从制止不正当竞争的角度给予保护。妥善处理好反不正当竞争法的原则规定与特别规定之间的关系，既要充分利用原则规定的灵活性和适应性，有效制止各种花样翻新、层出不穷的不正当竞争行为，又要防止原则规定适用的随意性，避免妨碍市场自由公平竞争。严格把握反不正当竞争法原则规定的适用条件，凡属反不正当竞争法特别规定已作明文禁止的行为领域，只能依照特别规定规制同类不正当竞争行为，原则上不宜再适用原则规定扩张适用范围。反不正当竞争法未作特别规定予以禁止的行为，如果给其他经营者的合法权益造成损害，确属违反诚实信用原则和公认的商业道德而具有不正当性，不制止不足以维护公平竞争秩序的，可以适用原则规定予以规制。正确把握诚实信用原则和公认的商业道德的评判标准，以特定商业领域普遍认同和接受的经济伦理标准为尺度，避免把诚实信用原则和公认的商业道德简单等同于个人道德或者社会公德。

10. 加强垄断案件的审理工作，及时有效制止垄断行为，增强市场活力，促进市场结构的完善和市场经济的健康发展。要强化反垄断法的效果思维，全面考虑各种相关因素，综合评估涉嫌垄断行为的反竞争和促进竞争的效果，依法认定垄断行为。注意发挥经济学专家和专业机构的作用，探索引进经济分析方法的途径和方式。要根据不同的垄断行为类型，合理分配垄断民事纠纷案件中当事人的证明责任。对于明显具有严重排除、限制竞争效果的垄断协议，可以不再要求受害人举证证明该协议具有排除、限制竞争的效果；对于公用企业以及其他具有独占经营资格的经营者滥用市场支配地位的，可以根据案件具体情况适当减轻受害人的举证责任。

11. 要积极探索有利于确定赔偿的方法，采取各种有效措施，完善损害赔偿计算方法，加大损害赔偿力度。要适当减轻权利人的举证负担，酌情适用优势证据标准确定损害赔偿数额，发挥举证妨碍制度（举证妨碍是指不负举证责任的当事人，故意或过失以作为或不作为的方式，使负有举证责任的当事人不可能提出证据，使待证事实无证据可资证明，形成待证事实存否不明的状态，故而在事实认定上，就负有举证责任的当事人的事实主张，作出对该人有利的调整）在推定损害赔偿数额中的作用，保证权利人获得充分赔偿。

12. 司法解释中有关境外形成的证据需办理公证认证手续规定的本意，主要在于便利对证据真实性的审查认定，并不排斥以其他方式认定相关事实的真实性。除按照有关规定必须办理公证认证的特殊事项外，凡有其他合理方式足以认定境外证据真实性的，可以采取其他方式予以认定，防止因未办理公证认证或者其他证明手续而简单否定境外证据效力。

在专利侵权诉讼中，被告在答辩期内对原告的专利权提出无效宣告请求的，应考虑涉案专利权的稳定性程度及案件具体情况等因素，决定是否应当中止审理。民事裁判作出前，专利复审委员会作出宣告涉案专利无效决定的，可以根据案件具体情况裁定驳回专利权人的起诉。宣告专利权无效的决定在随后的行政诉讼程序中被判决撤销的，专利权人可以在判决生效后重新起诉。

注 释：

[1]　李中圣，北京市金杜律师事务所合伙人律师。

// 第三部分 //

臺灣學者論文

一、法治理論

兩岸法治經驗之回顧與展望
——法治理論與實踐

陳長文[1]

今天非常高興來到這邊，特別感謝張福森會長的熱情邀請。聽了張福森會長、陳冀平先生、高育仁名譽理事長、徐顯明先生的報告，聽君一席話，勝讀十年書，學到了很多。今天站在這裡，長文不禁在想該如何起頭。英國哲學家 Charles Handy寫的《Myself and Other More Important Matters》（你拿什麼定義自己？），帶給長文靈感，就先從自己講起。Charles Handy有一句話很有意思，一個人經過了多年的歲月，見得多，聽得多，說得多，度過許多時間，個人也已所有成長，可是人生還要繼續往前，該怎麼往前？他就告訴自己，有些場合可以不去，有的人可以不見，有些話可以不講，有些話則根本不用聽，意思是要有所選擇。感謝張會長邀請長文來做主旨發言，經過一番思慮後，長文認為這場研討會對於兩岸法律人特別具有重大意義，所以長文願意來這裡分享個人的淺見，就教於各位法律人。

第一個問題：我是誰？

1944年長文在昆明出生，今年 68歲，已接近古稀之年。1949年 5歲時隨父親到臺灣，父親是國民黨軍人，隨即奉命又回到大陸西康打仗，不幸陣亡了，那是一場國民黨與共產黨間的戰爭。自那之後，除了有四年先後在加拿大、美國念書，長文都在臺灣。1972年回到臺灣後，便開始教書，第二年進入理律律師事務所從事實務工作直到今天。在臺灣度過 60多年的時間，除了教書，當律師外，還擔任過紅十字會會長及首屆海基會秘書長等公益工作。起初還經常往返臺灣與美國，90年代後就非常少了。但同時間，因為在紅十字會和海基會任職之故，對大陸的認識加深，2000年長文開始在北大、清華和其他大陸高校教授法律課程，總之，長文對兩岸的政治法律制度和社會發展相當的關心。

第二個問題：我們是誰？

臺灣有2300萬人，香港有700萬人，澳門有50多萬人，大陸有13億人，加在一起，這就是我們——中華民族，一個中華民族擁有四個不同的法政制度，大陸、香港、澳門、臺灣的法制都不盡相同。大陸和臺灣的關係很清楚由九二共識界定了。1991年長文第一次率海基會同事來訪問，受到了吳學謙副總理的接見，吳先生提到「一國兩制」，長文則表示瞭解，也體會就香港和大陸而言「一國兩制」是很好的安排，但長文也表示大陸、臺灣、香港，應該以追求「良制」為終極目標，這將是更有意義的。2009年3月間，唐樹備先生遵吳前總理夫人畢玲老師之囑，交給長文一本2008年出版的吳學謙畫冊。據唐樹備先生告知，畢玲老師說「吳先生生前曾對她說：陳長文先生是一個好朋友」。分享這段小故事意思是，吳學謙先生跟長文只有一面之緣，只有過那麼一段簡單的對話，但是長文相信，他在天之靈會同意長文是一位真心實意關心兩岸發展的朋友（或中國／臺灣人）。

今天承蒙張會長的安排，有200多位法律人在這裡，不單單是律師，還有法官、檢察官以及教授。剛才顯明兄談到「一元化」的觀念，指法律人應該有共同目標「公平正義」，長文完全同意。在臺灣，長文多年來以一另個概念來解讀，即「全觀的法律人」。什麼叫「全觀的法律人」？舉例來說，刑事訴訟案件中，檢察官和律師的立場是不一樣的，檢察官起訴犯罪嫌疑人，偵查蒐證說服法官定罪，被告律師則要盡力為犯罪嫌疑人辯護，力求法官判決被告無罪或者力保他不會承擔無謂的指控，因此當檢察官跟律師是對造的時候，必須同觀，也就是徐顯明校長所說的公平跟正義，只要掌握公平跟正義，律師就不會強詞奪理；反之亦然！檢察官不能認為嫌疑人有問題，就無所不用其極，這是法律人應有的倫理。

中國共產黨的最高人民法院、人民檢察院、各個機關的書記，在場的法律人，不論是前輩，或學弟學妹，如果你我都認同必須以公平正義（或全觀的法律人）作為最高指導原則，那麼，什麼是「公平正義」？什麼是「Rule of Law」？Rule of Law不同於 Rule by Law，高於 Rule by Law。有這麼一句話，「徒善不足以為政，徒法不足以自行」，古時候英明君主需要典章制度，今日亦然，所以中國大陸近三十多年來的法律制度，加上憲法，成就了今天 Rule by Law的成績，就是「法制」。

至於「Rule of Law」是憲法，甚至是高於憲法的普世精神，就像徐校長在大作裡所提到，不需要一定要用文字表達，全世界其他國家不管是採取什麼制度，大家都會說：「This is it!」、「就是那個！」，就是指公平正義。另外說明公平正義的詞則是我們心裡的「良知」，惡法非法，良知超越法律以上，例如當法律命令滅絕其他種族時，執法者應該認為這項法律違背其良知的成績，違反憲法的成績，將會拒絕該法律的執行。

長文第二次回到大陸是1991年，那個時代的大陸是相對貧窮的。長文不記得看到律師事務所，但是今天不僅有法院、律師事務所，甚至有600多法學院，表示法治已開始在大陸生根，人民開始認識並重視「法律」。中國這一路走過來，因為中國共產黨的積極建設，才成就今日經濟，軍事、文化、奧運等傲人的成就，但在憲法的落實上，也就是憲政的實行上顯然還有一段路要走。

「我是誰」，「我們是誰」就談到這裡。以下進入主題：「從法制到法治：兩岸法治之回顧與展望」。

演講內容分作三大部分：第一部分是前言；第二之一部分是兩岸法治發展歷程與相互綜效影響；第二之二部分則指出法治是「良制」的重要屏障，而一國「兩制」與一國「良制」可以相輔相成，並行不悖；第二之三部分期望中國共產黨對中國法治發展肩負重責大任；最後是結語：法律人要爭氣，共同促進兩岸中國人的法治發展。大陸有許多優秀、爭氣的法律人，但一定也有不肖法律人隱藏在律師事務所、檢察院、法院、法學校、行政機關中，臺灣亦然，兩岸法律人要砥礪自己當爭氣的法律人。

前言：兩岸法學系出同源，為「人民主權與法治國」獻力

兩岸法學系出同源，1949年後，兩岸的法制（rule by law）與法治（rule of law）發展可謂是兩岸人民在憲法底下，追求主權在民、法治治國的艱辛過程。法制是軀殼，法治是靈魂。空有法制的軀殼，是不夠的。法律的靈魂是以普世的基本人權原則進行社會治理，實現公平正義。法制軀殼必須灌注豐富的法治靈魂，才有生命。然而，兩岸落實憲法的法治話語，談何容易？

剛才徐顯明校長特別提到臨時約法100年，提到孫中山先生，確實是。我們懷念這些革命的先烈、先行者，看到林覺民寫給太太的那封信，都不禁會為那個時代所感動及震撼。今天我們看到中國的發展極好，但與此同時，大陸的法治發展也令人擔心。倫敦奧運剛結束，看到大陸選手在奧運奪金，以及神舟九號升空，令人無比驕傲，但在驕傲的同時，長文不免惦記，「法治」呢？是不是也一樣令我們感到驕傲？！

譬如中華人民共和國憲法裡規定逮捕犯罪嫌疑人，可由檢察院決定。但檢察院在訴訟上是原告，是當事人一造，如果檢察院就可以決定是否逮捕犯罪嫌疑人，等於是球員兼裁判。臺灣也曾經歷過這一段，檢察官說了算，當時警備總部（相當於公安）的權力比檢察官還大，檢察官要聽他的，法官要聽檢察官的。

甲）兩岸法治發展歷程與相互綜效影響（1949—2012）

（一）臺灣的法治歷程：從戒嚴到解嚴的蛻變

1949年宣佈戒嚴，1987年解除戒嚴，1991年終止動員勘亂。到今天（2012年），已經走了超過一甲子。

臺灣在解除戒嚴之前經濟快速騰飛的時代，法治有過黑暗期。禁止集會結社（國民黨一黨專政，實施黨禁）、箝制言論自由（報禁）、審判與檢察不分、員警（國安／警總）權力擴張、律師人權辯護功能薄弱等等，都曾經是法治的不良印記。當時地方法院和高等法院都隸屬司法行政部，只有最高法院屬於司法院，當時的司法是不獨立的，不但不獨立，預算也是跟著行政部門走。值得提出的是，雖然在戒嚴／動員裁亂期間，法治發展受到極大的限制，但是憲法上人民基本權利的保障仍然得到了某種程度的「憲法良知」的保護。在戒嚴時期，仍有為數

眾多的謇謇之士與大法官們（儘管是在戒嚴時期，1947年憲法所設計的大法官釋憲機制仍很幸運地得以維持）秉于良知促成數則的違憲解釋，維持了「法治」（微弱）靈魂的存續，對於解嚴後法治的快速發展起了很大的作用。其中有兩號解釋，86號和166號，非常精彩。1960年釋字86號解釋指出地方法院與高等法院應隸屬於司法院（而非行政院下之司法行政部），這是憲政史上第一個違憲解釋。臺灣的憲法是「中華民國憲法」，一部你我曾共同擁有的憲法，只是這個憲法根據後來的兩岸關係現狀增修了部分條文，其他沒有任何改變。86號解釋認為憲法裡面所指的審判，當然表示檢方和審判是分開的，即審檢分隸。可是在60年代的政治實務運作上並非如此，司法行政部（行政權）既管檢察，也管地方法院、高等法院。甚至有一位黨國大佬說，「法院都是國民黨開的」。因此雖然大法官解釋認為法律違憲，但在戒嚴時期，公安比檢察官大，檢察官比法院大，法院組織未有相應調整。一直到了1980年才正式付諸實行，法院與檢察官終於分開，檢察體系仍在司法行政部之下，法院則全部回歸司法院，審檢分隸始告實現，歷時20年。

1980年釋字166號解釋，指出違警罰法規定員警裁決拘留，應速改由法院為之，以符憲法本旨。此為第二個違憲解釋，跨三任大法官，費時16年始獲3/4多數決做成。

在臺灣許多前輩（包括法律人）的努力、奉獻，力圖改革，無非是希望能解除桎梏，讓人民享有自由與幸福的生活。臺灣解嚴25年以來，歷經諸多衝擊，包括兩次政黨輪替，社會終於回歸到憲法所規劃的「正常」秩序，邁向民主多元的社會，民間能量得以釋放出來；臺灣社會不再完全仰賴政黨/政治人物能力高超、品德出眾（人治），而是期待法治深化，司法獨立，讓握擁權力的人謹守法律分寸，不敢任意濫權。

如今，臺灣的司法院大法官釋憲已經有702件（至2012年8月15日），絕大多數（486/702）都是在解嚴之後作成的。審判與檢察分立，中立的審判者（法院）與代表國家的起訴者（檢察官）之間沒有連結；員警（已無警備總部）的強制力，必須受到層層的節制（特別是法官），人權的保障更有「期待可能性」。

臺灣一甲子的從「法制」進化到「法治」的歷程，固然有了令人欣慰的成績，但是並非沒有結構性的問題。例如，因為民意代表均由人民選出，利益團體/本位主義不當影響立法/行政的現象漸次浮現，行政機關施政受民意代表、媒體不當影響而致施政上產生見林不見樹（多做多錯、不做不錯）亦是問題，而司法機關或因案件大量湧入或訴訟爭點日趨複雜，而產生審判品質/效率不彰之問題，亦所在多有。易言之，解嚴後25年的臺灣法制的軀體與法治的靈魂已然成形，法治發展在基礎建設上應屬已具成效，雖然行政、司法、立法等法治品質與效率仍有改善的空間，亟需加速改革進步。

以下整理台灣法治實踐的重要里程碑，供中國大陸法律人參考：

✪ 1947年行憲。

✪ 1948年國民大會通過動員戡亂時期臨時條款，授權總統為戰時緊急處分。

◆ 1948年蔣中正總統發佈全國戒嚴令，臺灣、青海、西康及西藏等四地不是接戰地區，明文排除其適用。

✿ 1949年5月19日臺灣省警備總司令部公佈臺灣戒嚴令，宣告翌日起全省戒嚴。

✿ 1949年6月21日公佈「懲治叛亂條例」

◆ 1955年3月1日國家安全局成立，隸屬於國防會議，統攝各情報機關（如警備總部、調查局、情報局）；至1967年國防會議撤銷，同時成立國家安全會議，國家安全局亦隨之改隸。

✿ 1960年釋字86號解釋（監察院1960年由鄭景福、張維貞、曹德宣、陶百川等51位監委提案聲請）：指出地方法院與高等法院應隸屬於司法院（而非行政院下之司法行政部）。這是憲政史上第一個違憲解釋。依此解釋，於1980年審檢分隸始告實現，歷時20年。

✿ 1964年10月7日釋字105號解釋認為，出版法定期停止發行等處分暨由行政機關處理之規定，尚難認為違憲。

◆ 1970年8月31日公佈「中央法規標準法」，規定法律與命令之名稱、發佈程式、效力，並設有法律保留之規範。

✿ 1979年4月4日，在釋字第86號解釋要求法院改隸司法院，近20年後，蔣經國總統因應台美斷交，於中國國民黨中常會裡宣告將實施「審檢分隸」。

✿ 1980年7月1日，依「法務部組織法」及「司法院組織法」之修正規定，實施審檢分隸，將原隸屬于司法行政部的高等法院以下各級法院改隸於司法院，將司法行政部改制為法務部，仍隸屬于行政院。

✿ 1980年釋字166號解釋（監察院1964年由監察院函聲請解釋出版法及違警罰法違憲，提案監委未具名，似欲由於右任院長負其政治責任）：

違警罰法規定員警裁決拘留，應速改由法院為之，以符憲法本旨。此為第二個違憲解釋，跨三任大法官，費時16年始獲3/4多數決做成。（同案聲請有關出版法是否違憲一案，業於1964年10月7日議決公佈釋字第105號解釋在案）

✿ 1982年4月4日發生臺灣史上第一樁銀行搶案，承辦警員私行逼供，造成犯罪嫌疑人跳水自盡，輿論要求檢討刑事訴訟程式被告權益之保障，立法院乃于同年7月完成修正刑事訴訟法第27條偵查中得選任辯護人及第88條之1「緊急逮捕」修正條文，並增列第71條之1，為臺灣刑事人權保障重要條款。

✿ 1987年解嚴，並廢止「臺灣地區戒嚴時期出版物管制辦法」等數十項管制法令，解除報禁。

✿ 1988年（解嚴之次年）釋字224號解釋首度宣告稅法規定違憲（稅捐稽征法要求先供擔保始得訴願）明顯變更1986年釋211號解釋以海關緝私條例類似規定合憲的見解，可為一例。

✿ 1989年公佈修正「動員戡亂時期人民團體法」，解除黨禁。截至2012年8月8日止，共計有「臺灣共產黨」、「中國統一黨」等226個備案之政黨，其中「國民黨」、「民進黨」、「新黨」、「台聯黨」、「親民黨」之黨籍立法委員占立法院多數，另有立案之全國性政治團體計有51個。

✿ 1990年1月19日釋字251號解釋，再次宣告違警罰法違憲，限期失效，迄1991年修法，並于同年6月29日經總統令廢止，歷時11年。

◆ 1990年6月21日釋字261號解釋（由立法院1989年聲請）：資深代表限期退職。遂有憲法戡亂時期臨時條款之廢止，憲法增修條文之納入。

✿ 1990年7月6日釋字262號解釋（先由監察院1950年第一次聲請未果，複于1987年解嚴後監委林純子、袁晴暉再度提案聲請）：監察院得對軍人提出彈劾案。

✿ 1991年5月1日終止「動員戡亂」，總統宣告五月一日終止，結束四十多年之動員戡亂。

✿ 1992年5月16日公佈修正「中華民國刑法」第100條條文（1935年制定），刪除了陰謀內亂之處罰（5年以下有期徒刑）。

✿ 1995年7月28日釋字384號解釋：（由數位人民及法官分別提出聲請）：宣告檢肅流氓條例授權員警機關得徑行強制人民到案；及秘密證人制度，都與憲法意旨不符。

✿ 1995年12月2日釋字392號解釋（由立法委員李慶雄及法官高思大等提出聲請）：宣告刑事訴訟法規定由檢察官行使羈押權違憲。並定下該違憲規定應於2年內失效之落日條款。並肯認檢察官雖非法官，但「檢察機關」仍為「司法機關」。

✿ 1997年12月19日公佈「刑事訴訟法」修正條文，自12月21日零時起，偵查中羈押權改由法院行使（決定）。自此檢察官不再擁有強制處分權。

✿ 1998年1月21日公佈刑事訴訟法第100條之1條文，規定除非急迫情況，否則訊問被告應全程連續錄音，必要時並應全程連續錄影，建立訊問筆錄之公信力，擔保程序之合法。

◆ 1999年7月4日公佈「通訊保障及監察法」。

✿ 2001年1月12日公佈「刑事訴訟法」有關搜索權部分修正條文，偵查中搜索票改由法院核發。

2002年2月8日公佈「刑事訴訟法」部分修正條文，確立改良式當事人進行主義之方向，檢察官應負實質舉證責任，法官職權調查改為補充性質，並增訂緩起訴制度，擴大檢察官之裁量權。另外檢察官緊急搜索權又再次遭到限縮。2003年2月6日公佈「刑事訴訟法」第12章證據等部分修正條文，建立交互詰問制度及傳聞法則等證據法則。同年9月1日刑事訴訟法新制實施，全面實施檢察官全程蒞庭。從此檢察官回到公訴法庭，負起實質舉證責任，法庭活動產生嶄新之面貌。

2009年7月8日公佈「刑事訴訟法」第93條修正條文，明定法院于受理檢察官之羈押聲請後，原則上應即時訊問被告，惟至深夜（午後11時）仍未訊問完畢，或深夜始受理聲請者，被告、辯護人及得為其輔佐之人，得請求法院於翌日日間訊問。本修正條文自2010年1月1日起施行，檢察官聲押庭挑燈夜戰之場景可望大幅減少，亦有助於被告人權之維護。

（二）大陸的法治挑戰：「法制」邁向「法治」的巨大落差與殷切的盼望

大陸的憲法從 1949年建政以來，歷經了 8次（1954、1975、1978、1982、1988、1993、1999、2004年）的制定修正，「依法治國」的要求明定在憲法中，但從法「制」到法「治」的「依法治國」，卻存在巨大落差，也讓人民有了殷切的期盼。

回想 1980年代以前的大陸，經歷三反五反、文革的動盪，社會經濟政策僵化，國家步履蹣跚，根本談不上「法制」，更遑論「法治」。改革開放以來，短短 30 年的時間，在共產黨的領導與全體中國人的努力下，經濟成長迅速，小康社會順利達成。然而，全力投入經濟改革，社會及政治改革就相對地呈現停滯。大陸在達到亮麗的經濟發展成績的同時，也出現了嚴重的政治與社會問題：貪污腐敗嚴重、貧富差距拉大、環境生態惡化等。令人擔憂的是，這種不平衡的現象似乎正在重力加速的進行中。

而自 1990 年迄今超過 20 年長文對大陸法治發展印象最深的有三件事：

一是 1991 年 10 月 29 日人民日報海外版刊登「法制：中國人的新觀念」的文章，當時已經提出法制，當時行政訴訟法已經出臺，民告官成為現實生活的一部分。

二是 2004 年在北京、上海大街上看到「認真學習憲法」的宣傳板。這是很正確的自覺，但今天仍繼續學習憲法、努力落實憲法嗎？憲法的規定是否需要修改或調整？剛才徐校長談到法院的獨立、法官的獨立，還有三個至上，黨的事業至上、人民利益至上、憲法法律至上。但憲法、人民與黨哪一個最至上，如果彼此產生衝突的話，該怎麼辦？政法委該扮演什麼角色？司法獨立是獨立於什麼？至少不是憲法，因為憲法至上。既然在憲法裡面黨要領導所有，應該以憲法至上，黨跟著憲法走。黨要努力把憲法修改得更好，這時人民至上就會成就了，將來應該只有一個至上，就是人民至上。

三是 2010 年溫家寶總理在紐約第 65 屆聯大發表演講「認識一個真實的中國」：

「……中國對自己通過艱苦奮鬥而取得的成就感到自豪。同時，我們對今天中國在世界上的位置和作用，也有著清醒的認識。」

「……中國社會政治生活日趨活躍，公民基本權利得到較好的維護，但民主法制還不夠健全，社會不公和貪污腐敗等問題依然存在。」

「中國現代化走到今天，先進落後並存，新舊矛盾交織，面臨諸多前所未有的挑戰。中國仍然處於社會主義初級階段，仍然屬於發展中國家。這就是我們的基本國情，這就是一個真實的中國。」

「……中國在深化經濟體制改革的同時，要推進和搞好政治體制改革。只有這樣，經濟體制改革才能最終成功，現代化建設才能不斷發展。我們要尊重和保障人權，維護社會公平正義，實現人的自由和全面發展，這是民主法治國家的重要標誌，也是國家長治久安的基本保障……。」

以上溫總理的講話提出了大陸對政治和法治改革莊嚴的承諾，長文深感佩服。

大陸所面臨的法治挑戰，法律人應該怎麼回應？我們能做什麼？答案需要大家共同來思考，特別是中華人民共和國憲法明定「領導」中國人民的中國共產黨，有義務，也有能力在較短的時間內領導中國人民透過「法治」落實政治與社會改革。

今年 4 月到臺灣出席兩岸論壇的俞可平教授提出「程序民主決定實質民主」、依法治黨帶動依法治國等重點，俞先生直言，一部規定「主權在民」的憲法固然重要，但僅規定公民民主權利的法律遠遠不夠，還要有實現這些條文的實際程序，「民主必須像陀螺一樣運轉起來才有實際意義」。中共是唯一執政黨，是實現中國現代化與推進中國民主化的核心力量。

閱讀賀衛方教授：「為了法治，為了我們心中的那一份理想——致重慶法律界的一封公開信」（轉自《賀衛方部落格》），長文心也有同感。

乙）法治是良制的重要屏障；一國「兩制」與一國「良制」相輔相成，並行不悖（2012—）

觀察兩岸的法治，臺灣其實也還有許多問題待改進，反觀大陸也一樣，可是大陸比較大，如果能先把問題解決，把法治品質提升到眾人都能認同的階段，未來談兩岸關係應該就不是問題了。大陸的法制建設與社會發展從剛接觸到現在，已有大幅度的進步，看得讓長文感動，硬體建設更是令人印象深刻。但相對地，軟體建設——「法治」（rule of law），究竟落實得如何？

從 1991年長文在中國民航（從香港飛北京）看到人民日報海外版：「法制：是中國的新觀念」的文章，到 2004年在北京/上海的大馬路上看到偌大的「認真學習憲法」的看板，可以想見，從「法制」到「法治」，象徵中國大陸從改革開放以來，從來就沒有離開過法制與法治的呼喚。2000年通過了立法法，而2012年3月，素有小憲法之稱的刑事訴訟法也修正通過，有許多重大的制度變革，將「尊重和保障人權」寫進第二條，殊值肯定。但是，我們都知道，空有法制的「軀殼」，是不夠的。真正以法律進行社會治理，實現公平正義，才能讓法律擁有「靈魂」。

從宏觀的角度看，中國當前的發展是歷史的機遇，是皇權以外，共和政體的偉大成就。長文以為兩者之間，重大的差別在於法治。皇權底下，即使疆域版圖再大，沒有人權、自由，就沒有人民的幸福，國家必難長治久安。

可以這麼說，封建的中國社會不具備足夠的法制，更缺乏法治的觀念。滿清末年因專制腐敗而致門戶洞開，與帝國主義簽訂的不平等條約中，領事裁判權的規則凸顯了中國法制不彰（遑論法治）之現象。孫中山先生締造民國（1911）後，中國為改革，也為廢止不平等條約，於 1920—1930年自歐美、日本等國引進民商實體法，知識財產法，民、刑訴訟法等法規，在1947制定了中國的第一部憲法——「中華民國憲法」。這樣的歷史脈絡足以訓誡吾人：憲政與法治的實現，在中國從來就不是輕鬆獲得的，吾等法律人應該慎之、勉之，不斷努力。

鄧小平先生於 1978年宣佈「摸著石頭過河」的經濟改革開放後，大陸的法制建構在 30年內有了驚人的成績。歷次憲法的修正（以及 2000年施行的立法法），為中國特色的社會主義提供法制的基礎。但不可諱言，時至2012年，中國大陸的「法制」發展與「法治」仍有一段距離。

長文相信，中國的未來，不僅以擴大疆域版圖為志業，它要和平崛起成為令人佩服的大國，靠的不會是船堅炮利，而是法治。法治是中國邁向現代文明不可或缺的保證！

丙）中國共產黨對中國法治發展肩負重大責任，一如中國共產黨領導改革開放、發展經濟建設

有人將中國憲政史等同于中國共產黨史，雖然長文並不能完全贊同，但是這樣的視野卻有一定的「中國語境」基礎，值得思考。

中國共產黨對中國法治發展肩負重大責任，可以說，沒有共產黨，就沒有今天的中國大陸；沒有共產黨，就沒有正在崛起中的現代中國。而這個過程中，假如法治有任何問題或者需要的話，中國共產黨也應該嚴肅面對。

在臺灣，人民已經透過實踐証明一項真理，那就是，全觀的建設與改革可能依賴一個黨。在中國大陸，共產黨則是責無旁貸！長文深深的感覺，在中國大陸的憲法和今後可預見的未來，共產黨的領導是必然也是應然。正因為如此，中國共產黨所肩負的法治改革責任，是必然也是應然的。

胡錦濤總書記在2008年中共十七大報告中，針對法治的部分提到：

「依法治國是社會主義民主政治的基本要求。要堅持科學立法、民主立法，完善中國特色社會主義法律體系。加強憲法和法律實施，堅持公民在法律面前一律平等，維護社會公平正義，維護社會主義法制的統一、尊嚴、權威。推進依法行政。深化司法體制改革，優化司法職權配置，規範司法行為，建設公正高效權威的社會主義司法制度，保證審判機關、檢察機關依法獨立公正地行使審判權、檢察權。加強政法隊伍建設，做到嚴格、公正、文明執法……各級黨組織和全體黨員要自覺在憲法和法律範圍內活動，帶頭維護憲法和法律的權威。」

最後這句話特別有它劃時代的意義：「各級黨組織和全體黨員要自覺在憲法和法律範圍內活動，帶頭維護憲法和法律的權威。」中國共產黨如能帶頭融入憲法和法律，帶頭維護憲法和法律的權威，那麼法治在中國的實踐就不再是遙不可及。所以個人以為這是胡總書記對於中國法治發展與需要的重要談話與回應，具有極高度的指導性與重要性。

事實上，不管外國人怎麼對中國指指點點，西方的法治、人權不見得有多麼高明。起碼維護社會公平正義是共產黨最高領導人心中「中國特色社會主義法律體系」的核心價值。公平正義的價值是不分中外、東西的。我們同樣要在中國人的土地上，從立法、司法與行政三方面同時進行，加以實現。

1978年發表「實踐是檢驗真理的唯一標準」一文，開啟了大陸的改革開放之路。經過三十多年的實踐驗證，在「法制」的層面已得到相當的成果與信心。然而在法治層面呢？儘管臺灣與大陸不論在面積大小、人口多寡，以及政治經濟、社會體制等等面向，多有不同，但是兩岸法學系出同源，同為「人民主權與以法治國」獻力。兩岸同文同種，臺灣的法治發展經驗，事實上已提供了一個可供體會的歷史框架，對中國大陸應有互參的價值。

對此，長文對大陸法治建設有一些具體的建議：

1.落實憲法保障人權的條文。徐顯明校長剛才提到需要 10年來達到這個目標，我希望能夠早一點，在我年紀還算「輕」的時候能夠見証到，也希望能夠有所貢獻。

2.人大常委會應積極發揮解釋憲法的功能，落實憲法保護人民權利的目標。例如2003年的孫志剛事件最後廢止了《城市流浪乞討人員收容遣送辦法》。但是也許不需要以修法的方式，可以用憲法解釋方式更有效、更莊嚴地達到保障人權的效果。而這個解釋，是《中華人民共和國憲法》授權全國人大常委會做的。

3.刑事制度更傾向人權保障：新修正的刑事訴訟法已經向前跨進一步，今後整個刑事訴訟程序與制度的運行，應該朝落實人權邁進。其它更大範圍的制度變革，比如說公安、檢察、審判的隸屬關係，也應該加速改革，使公、檢、法各有其司法職能，從程序到實體都能落實人權保障。最近臺灣跟大陸簽署的有關《海峽兩岸投資保護和促進協議》人身自由與安全保護共識，建立了24小時通報機制。惟根據大陸的刑事訴訟法，如涉及到國家安全、恐怖活動等犯罪便例外不適用及時通知之規定，個人以為這項例外規定應無存在必要。

4.行政權的作用應該更法治化，並且強化行政救濟的制度保障價值等，特別是人民與行政機關的接觸是較頻繁的，相對之下行政救濟應更有利於人民才是。

結語：法律人要爭氣，共同促進兩岸中國人的法治發展

早期臺灣法治有過黑暗期，關於檢察院、法院不分的問題，目前已完全改進，司法已全然獨立於行政之干預。但司法的品質和速度還有需要改進的地方。2000年到2008年有成績卻也有許多不堪的紀錄，法治崩壞，吏治腐弛，民生凋萎。法律人在臺灣身居高位，卻也是法律信念最灰暗的時代，法律人受到輿論空前的責難，令長文感到痛心至極。一向以身為法律人為榮的我心中不禁浮現了一個龐大的問號：法律人，你為什麼不爭氣？並以此為題寫了一本書。這個疑問，相信也適用於大陸。在座的法律人，特別是中國共產黨的法律人，我們是實踐法律精神的共同體，我們也都知道中國需要落實公平正義的法治，從憲法到一般行政處分，從中央到地方，從政府、企業到個人，從人的社會到自然資源的調整，都需要我們秉持法律人學習法律的初衷，以我們的良知、良能為根據，對於社會的不公、不義發出聲音，以法律矯治失衡的天平，讓中華民族以法治之名昂揚於世界。最後，長文想強調的是，在所有社會群體、人民百姓齊心齊力為法治奮鬥的同時，中國共產黨應該以它的高度以及實質影響力，以舍我其誰的精神，引領中國大陸邁向法治的大國之路。在海峽彼岸臺灣的我們對此事關中華民族永續發展成敗的法治願景，殷切盼望，期望終有所成！祝福各位！

注 釋：

[1] 陳長文，政治大學法律研究所教授，東吳大學法律研究所教授，北京大學光華管理學院講座教授，理律法律事務所所長暨執行合伙人。本文根據錄音整理，2013 年 6 月 10 日修訂。

論臺灣BOT法制的經濟分析

——以代理理論為視角

蘇 南[1]

摘 要：在公私合夥潮流下，臺灣於2002年制定《促進民間參與公共建設法》，本著「政府最大的審慎」及「民間最大的參與」，將公共建設由政府委託民間投資廠商興建與營運，以提供民眾使用。在此種代理關係中，公部門系以公共利益為政策規劃目標，而私部門則以營利為目標，所以經濟分析為BOT法制的基礎。尤其在BOT模式中，固然政府已提供用地取得、特許經營權、附屬事業及融資與租稅優惠等誘因機制，但對於公共工程之營建品質、工期及收費取價，乃至營運服務品質皆設有監督管理機制；而BOT投資契約則是規範公部門與私部門權利義務之依據。本文即以代理理論之視角，分析促參法及BOT投資契約之代理假設、代理風險、代理成本及合理的解決機制。即以經濟學分析BOT公共建設之法制，以確立公、私部門在BOT模式中的角色扮演，也為促參法之公私合夥推動公共建設法制提出經濟性分析，以提供未來訂立BOT投資契約內容之參考。

關鍵字：經濟分析 財政 促參法 營運 興建BOT

一、前言

近年來，經濟學家與法學家們開始致力於法律經濟分析之研究，即以經濟學之理論與經驗方法，論述法律領域中之各種爭議與問題。[2]尤其在民間投資參與之公用事業和公用運輸的管制方面，因特許經權或多或少涉及市場壟斷問題，所以政府對於BOT（Build-Operation-Transfer）計畫案，進行三方面管制：（1）利潤控制（profit control）：BOT企業的定價不能超過為彌補其成本所必須之水準，包含合理的投資資本，營運成本和利潤等。（2）進入控制（entry control）：如果不從政府主辦機關獲得許可，BOT企業就不能營運與收費；即特許經營權（Franchise）。（3）價格結構控制（control price over structure），即BOT企業所提供之服務，不得對使用者有價格歧視。[3]

在傳統的行政管理，國家或公權力機關基於公權力對人民提供公共服務，通常稱為給付行政，或授與行政。現代國家由於財政短缺與機能變遷，認為既然公共建設使公民普遍受益，十分重要；尚非一定得由政府部門承擔，蓋其所需資金龐大；更易由於官僚體制的缺乏效率而提高建設成本與提供公共服務延宕等問題，既然基礎建設對國家經濟發展如此重要，理應盡可能從各種管道吸引投資；而其營運服務依經濟學供需原則，向使用者收費而不是政治考慮；俾使公共建設作有效率的管理與維護，而政府僅是監督與提經此公共服務之角色，此即擔保行政。[4]

所以，公共建設領域的公私合夥關係（Public-Private-Partnerships，PPP）蔚為潮流，世界先進國家和開發中國家莫不建立法制，導入民間透過PPP形式進行投資、設計、建設、管理甚至擁有公路、橋樑、鐵路、隧道、汙水處理廠和垃圾焚化爐、機場等公共建設。而民營化具有下列優點：（1）節省政府財政；（2）引進民間的專業經營；（3）提高建設對民眾需求的服務效率；（4）節省營運成本；（5）使公共建設成為融資工具，使資金有效運用；（6）提供較佳的人力服務效率；[5]及藉由民營企業的競爭制，使沈屙已久的公共建設除在提供公共利益外，也重視經濟學上的效率。

目前為止，臺灣地區已經有數百個BOT案例，而大陸地區利用BOT模式進行工程建設，近年來已歷經兩波的高潮；其在法律上之規範當前系有《以BOT方式吸收外商投資有關問題的通知》和《關於試辦外商特許專案審批管理有關問題的通知》為主。惟該規範法位元階較低，並且其條文中之規定亦顯簡略。臺灣地區則於2000年2月9日制定《促進民間參與公共建設法》，並在此法公佈施行後，已有臺灣高速鐵路、高雄市大眾捷運、臺灣大學學生宿舍等諸多公共建設採用BOT模式興建完成。

不可諱言，也有許多失敗案例，如桃園中正機場捷運案、中正大學學生宿舍案、高速公路電子收費案（ETC）等，卻在執行的過程中爆發收賄、審查不公、廠商違約等情事，致使耽誤BOT投資合同中的關於興建工程之履約發生遲延，甚至工程全數停頓，有以進入仲裁或者訴訟程序，故此BOT模式可謂毀譽參半。

依臺灣地區《促進民間參與公共建設法》（以下簡稱，促參法）第1條規定：「為提升服務水準，加速社會經濟發展，促進民間參與公共建設，特制定本法。」說明為落實前述之民間參與公共建設政策，本著「民間最大的參與」與「政府最大的審慎」的兩大原則，擴大民間參與公共建設之範圍，除參酌各國之立法例與臺灣制度外，並參照臺灣舊法之《獎勵民間交通建設條例》，[6]采通案立法方式，以求立法經濟；除擴大民間參與公共建設之範圍外，並合理規範政府機關與民間機構間之投資契約的權利義務，放寬目前臺灣其他法令限制，提供融資、減免稅等誘因；並且對於重大公共建設，政府也協助土地取得；使政府與民間以互補互利合作方式，兼顧公平利益與民間推動之效率。

二、法律經濟分析概論

法律之經濟分析（economic analysis of law），又稱為法與經濟學（law and economics），系於1950年代後期萌始於北美後，不僅已在英美法系取得不可忽視地位，目前在大陸法系也已逐漸被重視。[7]法律經濟學之特徵乃是將經濟學的分析方法融入法學研究中，[8]美國著名法學家Oliver W. Holmes早在百餘年前就曾說：「在理性研究法律上，知文字者也許是現在的當令者，但未來是屬於統計與經濟學之專精者。」[9]尤其目前隨著福利經濟學與公平觀念的興起，公平觀念與福利之間的矛盾，遠比人們所意識到的更加尖銳。[10]雖然促參法是政府為了實現公共利益的一種政策法典，但BOT公共建設也是一種政府管制下的民間興建、營運之事業，屬於管制福利國家的擔保行政範疇，所以法律介入的範圍，含包甚廣而無所不在；但是就BOT投資廠商而言，使用者支付費用使該公共建設的服務不僅限於公共服務活動，而且是一種經濟行為的選擇；所以促參法之投資契約既然為法治社會的產物，自然也應被經濟分析納入討論。

法律經濟學系以經濟學理論的方法研究法律問題的學科；其乃以法律作為分析客體，而以經濟分析作為方法。[11]因此法律經濟學是以經濟學視角來結合法學之研究方法。本文依前述藉以研究BOT契約的理由有二：（1）BOT公共建設的成功應得力于金融、工程、經營及法律等專業的科際整合。尤其BOT投資契約的履行與實踐，傳統法學研究方法應融入經濟思維，俾使該公共建設能永續經營，代理政府提供公共服務之功能。（2）經濟學的重要功能為分析投資報酬率、資產負債、現金流量、損益平衡及營運收費等。經濟學上，人類行為以理性選擇作出決策；而法律又職司價值判斷之取捨。所以融入經濟分析於BOT法制之研究，乃為本文旨趣。

法律實為當代法價值觀所形成，其目的為代表社會制度所追求的價值。倘以經濟學角度切入法律，大概略可分為公平正義、效率與財富極大化。後者系指除了生產者利益與消費者利益外，也應把在此交易過程中所產生的社會剩餘利益考慮在內，使達成財富最大化。此外，效率作為法律經濟分析的規範目的；在概念上，可分帕累托（Pareto）標準與凱爾多·希克斯（Kaldor-Hicks）標準。[12]所謂帕累托最適的資產配置（Pareto optimum）是指：（1）就靜態而言，如果要使一個人的福利（welfare）增加，必然要以另一個人的福利減少為代價。（2）就動態來說，如果資產配置的變動使得一個人的福利增加，但另一個人的福利並不因之減少，則此變動稱為帕累托改善（Pareto superior）。至於凱爾多·希可斯標準，則是只從資源配置產生的福利總量來看，系指如果一個人增加了福利，雖也因此減少了另一個人的福利，但祇要增加的福利大於減少之福利，則其變動仍具凱爾多·希可斯效率。

就BOT制度化下之公共建設而言，政府將特許經營、租稅獎勵及用地取得等公權力授予投資廠商；而誘使其投資興建與後續的營運維護，惟仍得向使用人收費以彌補投資與營運成本。就使用之民眾而言，雖然公共建設用民營化方式經營也許會較以往公營者取價較高，但因只有使用者才需付費，故目前臺灣社會民眾大多能接受，並且認為公共建設以BOT方式興建及營運，反而具有擺脫官僚體制之浪費、無效率等缺點。至於BOT投資契約之內容，究以前述之帕累托最適化標準或凱爾多.希可斯標準分析較適宜，因非本文研究主題，容日後在另文討論之。所以寇斯在《社會成本問題》一文中提出，假設交易活動不需要成本，則理性自利人自然會交易達成最佳的資源配置狀態，法律制度即因此而無法存在必要。[13]

雖然寇斯定理[14]認為在無交易成本的世界裡，財產權的指定不會影響資源配置的效率；但在現實世界中，交易往往是需要成本的，所以財產權的指定，會影響資源配置之效率。[15]為了避免因為交易成本的存在（指官僚體制之無效率的行政成本），避免使用效率最高的人（民營化）無法藉由自由交易取得所有權；因此，法律應將公共建設之特許經營權配置給BOT投資廠商，將企業化公營模式導入公共建設中，才符合資源配置效率。

法律經濟分析的主流學派以美國芝加哥大學（Chicago University）為代表，其主張用新古典經濟學方法研究法律問題。芝加哥大學法學院的羅納德‧科斯（Ronald H.Coase）教授和理查德‧A‧波斯納（RichardA.Posner）教授是最重要代表人物。波斯納教授認為，法經濟學就是建立在某些法律領域之具體知識基礎上的一系列的經濟研究。[16]但在波斯納的視野中，法經濟學是一個很廣泛的研究領域，為隨著經濟學向法學領預之擴展而發展起來的一種交叉性學科，他認為語辭可以分成三類：（1）純概念性的；（2）參照性的；（3）既不是概念性的也不是參照性的，例如宗教、法學、經濟學等，它們沒有固定之定義，即便有定義，也是循環論證的，法經濟學就屬於這一類。[17]

一般來說，法律經濟分析的主要目的為：（1）探討法律的影響；（2）理解法律為何是如此；（3）法律應該是如何。[18]綜上所述，似可將法律經濟分析之目的理解為使法律更能妥適規範社會經濟活動的研究方法；蓋面對現今社會之變遷，傳統的法釋義學方法似略嫌不足，而經濟學正欲梳理出BOT法制可資參考的脈絡，及政府管制廠商或公共建設使用者欲做出選擇時，所依循之經濟推理與交易行為的最佳選擇；所以使用經濟分析於促參法解釋上，可輔助BOT投資契約在制定及運作時更加慎密細微，進而臻於公平與效率之法律經濟之理想。

三、BOT 模式的經濟風險

行政法有許多不確定法律概念，加上BOT主辦機關握有裁量權，對類似案件常為不同之行政處分，致使合作之BOT廠商難以預測，致雖付出成本但未必取得相當之收益，時有廠商或政府之一方，妥協於已投入的資金與沉沒成本之下，仍不得不繼續推動，例如臺灣高鐵公司在營運初期，收入尚不足以支付其貸款利息，甚至須減班因應。因此，財務的可行性可說是影響BOT專案成敗的關鍵因素，政府及特許公司等參與者，各扮演不同角色，對BOT計畫各有不同層面之經濟或行政考慮。觀諸特許公司之角度而言，期望有穩定資金來源及低成本之籌資管道。故BOT專案規劃過程中，必需有完整的資金計畫、資金來源、籌資管道、融資資本、興建費用、還款能力，及對未來收益合理估計等諸多經濟因素詳加考慮，才能確實掌握BOT之財務分析的可靠性；否則，即易出現資金缺口之財務風險，若無法即時填補，勢將造成BOT項目為之停擺甚而導致失敗。當然，規模愈大風險愈大，政府與特許公司兩者均需審慎評估結構可行性，方不致形成「政府、廠商稱謂夥伴關係，不如說是鬥智」之窘態，如何在政府、民眾與廠商間達到三贏策略，殊值以法律經濟分析。否則，BOT制度上的規則不甚清楚，欠缺經濟上專業性，難怪BOT專案的失敗率高。當初臺灣促參法的制定，系以歐盟規範為重要參考，進而檢討當時臺灣高鐵、桃園中正機場捷運等項目實務，並依臺灣《獎勵民間參與交通建設條例》，辦理招商所引發的種種爭議；故促參法第48條規定促參案件不適用政府採購法，即為避免政府承辦官員混淆，迷失於迭床架屋的法規中。

不論嚴格限制也好或政策鬆綁以利執行也好，政府將公共工程採取BOT模式的最大理由，乃在於政府部門資金供需短絀，憑藉民間之力量籌措資金，所完成之公共工程，形成彼此間的公私部門協力機制。而BOT專案在行政管制及經濟模式上，不同於其他之政府自辦建設工程案件，該BOT特許專案計畫內容牽涉廣泛且繁雜，包含財務、金融、經濟、行政、工程、社會、管理、保險、法律等專業領域。因此，BOT專案的公私協力模式，旨在向社會大眾募集資金來完成公共建設以創造公共利益，並把公共利益所創造的私經濟效果回歸投資廠商的雙贏政策。

BOT模式不僅是政府與民間尋求共存雙贏之平臺，其經濟上之期待利益存在參與BOT各方之共同投資。而其投資風險大致可分為可控制風險與不可控制風險兩類。前者從計畫開始至完成的營運管理階段皆存在，屬於必然存在之系統性風險，可加以控制。後者雖然有時可以預知，但卻無法全然控制。

1.金融風險屬於可控制風險：主要是受經濟環境的影響，以往不容易控制，然而現今金融管理健全較易控制。利率、通貨膨脹、匯率之變化會產生金融風險，尤其BOT專案所在國之貸款利率及外幣貨款利率變化的影響，又通貨膨脹對計畫成本利潤及債務結構之關聯性，及匯率變化對債務結構、國際市場競爭性、生產成本和利潤影響之風險。

2.財務風險屬於可控制風險：指當計畫興建完成後，即進入營運階段，在此階段必須要合理穩定的收入來源，以取得足夠的現今來支付營運所需及償還貸款，所以投資者應對市場價格及競爭情況加以分析，對利率與匯率風險予以適當控制或規避。

3.法規與契約風險屬於不可控制風險：主要包括法規變更及違約的風險。法規變更通常會造成計畫成本增加、收入降低、工期及營運延誤等，影響BOT專案資金管理及財務管理；而違約的風險則系指BOT專案內各當事人無法或拒絕履行契約之責任時所發生的風險。

現行BOT公共建設專案的經濟風險管理，主以「最小成本將風險減到最低程度以達到最大安全保障」為原則；充其考慮BOT專案的環境及因應管理策略，再依照風險管理的基本五種模式：避免、降低、轉移、分配及自留風險，以進行風險管理。實務運用上則依BOT計畫各個階段透過保險與履約管理來降低與控制風險，達成公共利益與經濟效率。

四、BOT專案的代理關係

（一）代理理論

代理行為通常系基於風險防範與經濟需要而發展出之法律關係。1971年經濟學家Arrow提出以風險分擔（risk-sharing）觀念探討人與人之間的關係，以及個人與組織間的關係。[19]1976年Jensen & Meckling演繹人與人間的代理關係而發展出代理理論。[20]1989年Eisenhardt提出將代理關係定義為主理人（principals）委派工作給代理人（agents）之間的權利義務關係，代理人必須完成主理人所交付的工作。[21]在BOT專案中，政府主辦機關握有公權力而扮演主理人角色，而投資廠商則代理政府來興建公共建設及其特許期間（通常約10—35年）的營運維護。

所以代理關係發生于一方（主理人）倚賴一方（代理人）為其執行完成工作，而此工作主為主裡人之利益；所以在代理模式的理論研究中，大多數學者認為所為的契約效率即是主理人的角度為出發點而探討，1994年Kane提出當契約雙方以外顯或內隱之方式簽訂契約時，雙方即成立代理關係。[22]根據前述說法，代理關係之所以存在，乃因其可透過契約關係將所有權與經營權分開，使發揮經濟上之效率。乃主理人透過契約的授權，由代理人為主理人之最大利益採取某些行動或提供服務。雖然代理關係，是以追求效用極大化為目標，但在實際執行上，主理人與代理人往往為爭取其各自最大利益，致生雙方所追求的目標並非完全一致，導生代理人所採取的之行為與主理人需求不符。雖然主理人可設計適當的激勵或監督機制約束代理人，但也因此衍生代理成本與代理問題。故在促參法第29條至第40條有BOT專案融資與租稅優惠的規定等做為激勵。同法第52、53條亦對BOT案之監督亦有明文規定。

Jensen&Meckling指出在代理關係中存有績效之不確定問題，其乃個人對於未來充滿不可預測與變化，使個人理性行為因此受限，隨之而來的交易過程也受影響。[23]對於前述之不確定性的來源，Williamson認為發生因素主為：（1）有限理性（bounded rationality）[24]——對於未來各種變化情況無法預測之不確定性；（2）資訊不對稱——雙方資訊不對稱會增加欺騙與隱瞞的不確定性。[25]

代理人以自己名義將代理事務轉委託他人處理之情形，稱為複代理；該他人稱為複代理人；惟其並非取代代理人，僅是分攤代理人的部分職責；且在行為上須受代理人之監督；尤其代理人對複代理人享有解任權。按委託代理之特性，乃因主理人基於對代理人的知識、技能、信用之信任而授其代理權。因此，除非已先征得代理人同意或有不得已情況發生，否則不得將代理事務轉委託他人處理。前述之不得已情況，系指在發生緊急情況時，代理人不能親自處理代理事務；而該情況之發生將進一步損及被害人之利益；但亦須事後得到主理人之認可。Eisenhardt另將代理理論之要點與內容整理如表1之說明。[26]

表1　代理理論之特性

要　點	內　容
主要觀念	主理人與代理人的關係應該是能夠反映訊息和忍受風險成本的有效率組織。
法律關系	主理人與代理人間所有簽訂的契約。
人的假設	利己主義、有限的理性、厭惡風險。
組織假設	在成員間有部分目標衝突，但效率是有效組織的標準，主理人與代理人之間有資訊不對稱。
資訊假設	資訊是可買賣的商品。
契約風險	道德的危險、風險分攤、逆向選擇及主理人的專業知訊不足，導致無法選擇適合的代理人為其服務。
爭議問題	主理人和代理人有部分不同的目標和風險偏愛的關係。例如酬勞、條例、管理、垂直整合、或價格調整等。

資料來源：Eisenhardt K.M（1989）

為何需要代理人，其乃系專業化之分工下，代理人通常在知識、技術或時間等因素上，較主理人（委託人）握有優勢的訊息來源，在委託人之授權範圍內，為委託人提供服務。[27]本文認為，在BOT制度中，政府主辦機關就如同代理關係中的主理人（委託人），而BOT投資廠商即為代理人之角色。

（二）BOT 專案中私部門代理公部門

公部門為求公共建設開發專案之風險分擔，乃與私部門藉由投資契約之簽訂而達成代理協定。即根據Jensen&Meckling所定義之代理（agency）關係，在於所有權與經營權分離後，公部門可以透過ＢＯ投資契約之訂定，將公共建設的興建與營運（特許經營權）委託投資廠商，並授予BOT廠商在授權範圍內可以自由決策之權力。[28]進一步言，即政府主辦公共建設機關雇用民間投資廠商代理，並制定促參法及簽訂與該私部門利害攸關之BOT投資契約而發生代理關係。

關於代理理論在BOT投資契約之應用，Jensen認為可分為以下兩種：（1）當事人/代理人研究：此方法著重於代理關係之一般模型理論，藉由小心假設、邏輯推論及方程序等較抽象化及數學化之演繹，希望能算出特定情況下可能產生的代理成本及雙方最適的BOT投資契約。（2）實證主業者代理理論：本方法注重探討在個案情況下，公部門與私部門之間，難免會因其各謀自身利益而發生目標衝突。所以公部門必須利用監督及管理機制（促參法第49條、第52條及第53條），以限制BOT投資廠商作過多的牟利現象，而有損使用人利益或社會經濟發展（促參法第1條），所以實證主義系以BOT專案之實務問題的探討與推演，取代以數學模式討論BOT制度之代理關係。所以本文認為從實證主義者之代理理論，探討BOT投資契約較當事人/代理人研究方式者；更符合BOT實務而為適切。

五、BOT 範圍、方式與優點

（一）BOT 範圍與方式

1987年臺灣交通部藉由「獎勵民間參與交通建設條例」，由該部所屬之高速鐵路局將「徵求民間參與興建營運南北高速鐵路」之開發權移轉給民間機構的「臺灣高速鐵路公司」後；並于2000年公佈施行「促進民間參與公共建設法」。依促參法第2條規定：「促進民間參與公共建設，依本法之規定。本法未規定者，適用下列供公共使用或促進公共利益之建設：（1）交通建設及共同管道，（2）環境污染防治措施，（3）污水下水道，（4）衛生醫療設施，（5）社會及勞動福利設施，（6）文教設施，（7）觀光遊憩重大設施，（8）電業設施及公用氣體燃料設施，（9）運動設施，（10）公園綠地設施，（11）重大工業、商業及科技設施，（12）新市鎮開發，（13）農業設施（促參法第3條第1項）。至於公共建設以BOT方式辦理，可以滿足如下需求：（1）促進公共建設的升級更新，以適應臺灣五都[29]的人口成長，滿足更為嚴格的環保及衛生措施（如污水下水道、自來水設施）及吸引投資以利發展（如觀光遊憩設施、電業設施及氣體燃料設施等）；（2）使公共建設興建成本最小化，避免高成本高收費在民眾中引起議論；（3）藉由向使用者收費以支付興建、營運成本及權利金、土地租金、折舊費等。

促參法第4條第1項規定：「本法所稱民間機關，指依公司法設立之公司或其他經主辦機關核定之私法人，並與主辦機關簽訂參與公共建設之投資契約書者。」所以投資契約為規範政府主辦機關與BOT建設開發商雙方權利義務之法律行為；准此，BOT模式成為經部門完成公共建設的主要開發方式。公共建設由公私合夥，可採用多種形式，如圖1所示。[30]

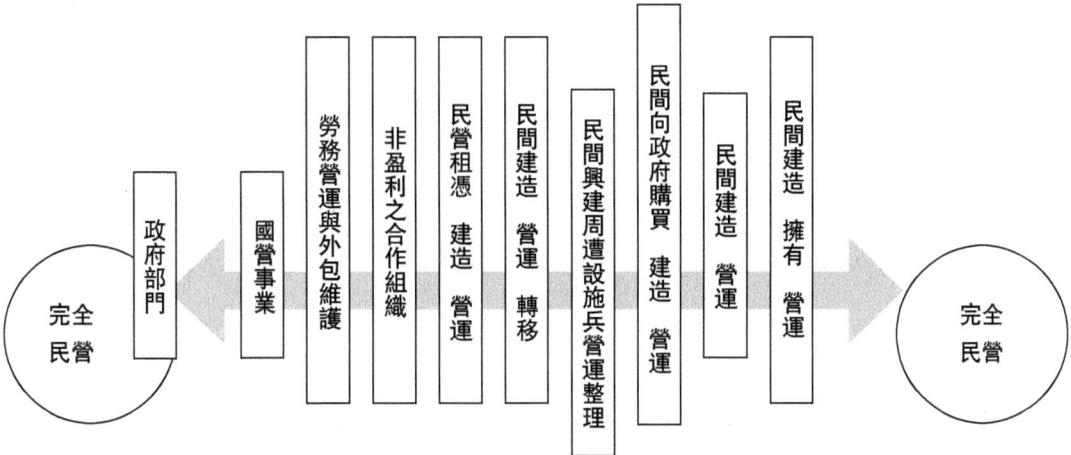

完全民營 — 政府部門 ← 國營事業｜勞務營運與外包維護｜非盈利之合作組織｜民營租憑 建造 營運｜民間建造 營運 轉移｜民間興建周遭設施兵營運整理｜民間向政府購買 建造 營運｜民間建造 營運｜民間建造 擁有 營運 → 完全民營

圖1　公共建設的公私合夥態樣

在此光譜中，最左端為完全公營模式，最右端則是完全民營模式，[31]顯示公共建設的公私合夥形式包括承包制，特許經營和政府撤資，其中私有性的相對程度不能囿於機械化的解釋，因為其間的差別很細微，應依BOT投資契約的內容而個案具體判斷。

依促參法第6條第1項規定：「民間機構參與公共建設之方式如下：一、由民間機構投資興建並為營運；營運期間屆滿後，移轉該建設之所有權予政府。二、由民間機構投資新建完成後，政府無償取得所有權，並委託該民間機構營運；營運期間屆滿後，營運權歸還政府。三、由民間機構投資新建完成後，政府一次或分期給付建設經費以取得所有權，並委託該民間機構營運；營運期間屆滿後，營運權歸還政府。四、由政府委託民間機構，或由民間機構向政府租賃現有設施，予以擴建、整建後並為營運；營運期間屆滿後，營運權歸還政府。五、由政府投資新建完成後，委託民間機構營運；營運期間屆滿後，營運權歸還政府。六、為配合國家政策，由民間機投資新建、擁有所有權，並自為營運或委託第三人營運。七、其他經主管機關核定之方式。」前項中之第1款系Build-Operate-Transfer（BOT）方式；第2款及第3款皆系Build-Transfer-Operate（BTO）方式，兩者主要不同為，第2款系政府無償取得所有權，而第3款則由政府支付建設經費以取得所有權；第4款則系Rehabilitate-Operate-Transfer（ROT）方式；第5款系Operate-Transfer（ROT）方式，第6款則為Build-Own-Operate（BOO）方式。[32]

（二）BOT 模式之優點

由民間協助政府推動公共建設，[33]有下列優點：

1.可以提供資金協助政府發展公共建設：如果沒有民間的參與，這些公共建設有可能因為政府財政短缺而流產。此外，與民間部門經營項目相比，政府投資興建的公共建設往往是不經濟的，甚至有可能淪為官員沽名釣譽的工具。

2.BOT投資者、銀行、融資機構和保險業者的參與，更能保證BOT項目在技術上和財務上的可行性。

3.可以利用民間資本市場彌補政府資源之不足；至BOT專案工程經費籌措，股權與債權資金結構之決定，乃至特許期間的營運成本支出及收入取得，均由BOT公司全盤負擔；原則上，先估計BOT公司在特許期間之營運收入足以支付其建設、營運及維修成本，則政府不需再另外予以BOT公司財務補貼。[34]否則可依促參法第4條第2項的規定，政府、公營事業出資或捐助不得超過民間機構資本總額或財產總額的20%。

4.民間部門的建設速度更快，經費使用也較有效率：由於民間部門不受政府採購法限制及官僚規則約束，所以在規劃和建設上運作會更靈活、更有效率。

5.在工程品質方面，BOT公共建設須經獨立認定機構簽證確認：依促參法第52條第1項規定，民間機構與興建或營運期間如有施工進度落後、工程品質重大違失、經營不善或其他重大情事發生，主辦機關依投資契約處理，並以書面通知民間機構。另外，促參法施行細則第48條也規定：「……所稱工程品質重大違失，指工程違反法令或違反投資契約之工程品質規定，或經主管機關與民間機構雙方同意之獨立認證機構認定有損公共品質之情形，且情節重大；……」。

6.即使遵守相同管制標準，民間機構通常還是比政府部門更有效率經營公共建設，此系因公部門機關囿於法規繁冗，不易對於市場變動，及時做出反應；相對提高管制成本，與決策遲延而致管制標準未能落實執行。

7.經營BOT公共建設的投資商之收入，將成為政府一個新的稅收來源。非但公部門對BOT廠商之營運收入可收取權利金及地上權租金等，且該公共建設開發能夠帶動周遭房地產發展或相關產業商機，為政府增加稅收。

8.BOT投資商分擔本來應由政府部門承擔的風險，例如政治風險、經濟商業的財務風險、工程技術風險、成本風險及營運成本超支風險等。

9.在BOT專案開展過程中，民間部門可以引進新技術，新工法及新材料之創新，並為政府部門訓練人才。

10.民間部門之經營管理模式可做為標竿，用來衡量類似建設專案之營運績效，以帶動公共建設的管理績效。

在BOT專案中，政府部門的主要角色在於：（1）確認社會對公共建設的需求，並為此做出政策規劃、制度研訂及政令宣導（促參法第6條第1款）；（2）做出計畫並公告；（3）審查建設專案的可行性；（4）簽訂契約及履約管理；（5）選擇特定的民間合作夥伴，授予特許經營權；（6）確保公共利益與服務水準，加速社會經濟發展（促參法第1條），而對價格實施管制；（7）設立績效評價標準並予監督（促參法第49條）；及（8）提出融資保證（促參法第30條）。

六、BOT 公共建設的經濟上獎勵機制

BOT模式與傳統公共建設由政府辦理之最大不同，乃在於私部門參與公共建設開發案完全是著眼於經濟上利益，所以政府需採取「經濟上獎勵誘因」手段來導引民間力量參與高外部效益但卻低自償率的公共建設，因而在促參法中訂有獎勵措施，傳統上，政府獎勵民間投資方式有：（1）透過補貼；（2）公權力賦予（如特許經營權）；（3）管制解除（如促參法第8條第2項[35]）；（4）租稅減免；（5）用地取得協助；（6）政府應辦事項；（7）政府協助事項；（8）融資協助或擔保等方式進行。[36]雖然經濟上之獎勵誘因甚多，但卻過於零散而不易落實。而在BOT模式中，政府基於公益目的，將其特許權予以市場化與可交易化，俾導入市場競爭機制與公共建設。目的乃在追求公共利益之效用極大化，[37]達成政府對人民基於福利國家之給付公共服務的義務；[38]所以促參法第2條規定：「促進民間參與公共建設，依本法之規定。本法未規定者，適用其他有關法律之規定。」

公私協力是傳統之政府管制公共建設的政策鬆綁，藉由公部門與私部門的共同合作、尋求目標及策略與資源之整合，共同分擔公共服務的社會責任，共創公共建設所帶來的社會財富最大化。[39]進一步言，公私部門互動關係應該是朝著一種資源整合與利用的「公私協力體」來發展，建立公私部門共生、共榮的夥伴關係，而非公部門單方之指揮、控制或鼓勵。尤其公私部門互動關係之發展，須以成熟的公民參與（citizen participation）為基礎才會健全持久。[40]

在促參法中關於經濟誘因的獎勵機制，最重要之協助：（1）土地取得及開發之協助；（2）融資與籌資之協助；及（3）稅捐優惠協助等三類，所述如下：[41]

（一）土地取得與開發之協助

1.協助辦理都市計畫變更

以BOT方式辦理公共建設，在協助投資商取得用地方面，促參法第14條規定：「公共建設所需地涉及都市計畫變更者，主辦機關應協調都市計畫主管機關依都市計畫法第27條規定辦理迅行變更；涉及非都市土地使用變更者，主辦機關應協調區域計畫主管機關依區域計畫法第13條規定辦理變更。」另外，促參法第27條第1項也規定：「主辦機關為有效利用公共建設所需用地，得協調內政部、直轄市或縣（市）政府調整都市計畫使用分區管制或非都市土地使用管制後，開發、興建供該公共建設之附屬事業使用。」說明以BOT方式辦理公共建設，當BOT專案所屬用地之使用類別，不敷計畫與執行所需時，即可依促參法第14及27條協調內政部、直轄市或縣（市）政府調整土地使用分區管制。

2．公有土地撥用

以BOT模式興辦公共建設時，如所需用地為公有土地時，得依促參法第15條第1項規定：「公共建設所需用地為公有土地者，主辦機關得於辦理撥用後，訂定期限出租、設定地上權、信託或以使用土地之權利金或租金出資方式提供民間機構使用，不受土地法第25條。[42]國有財產法第28條[43]及地方政府公產管理法令之限制。其出租及設定地上權之租金，得以優惠。」即本條明定公有土地撥用及提供方式事宜。

3．私有土地徵收

於BOT案件中，關於私有土地取得之程序與要件，促參法第16條第1項規定：「公共建設所需用地為私有土地者，由主辦機關或民間機構與所有權人協議以一般買賣價格價購，價購不成，且該土地系為舉辦政府規劃之重大公共建設所必需者，得由主辦機關依法辦理徵收。」說明如BOT案有涉及私有土地時，可依前條以一般買賣價格先行協議價購，于其未成時，再由主辦機關依法徵收後，交付BOT投資商開發使用。

4．其他開發協助

以BOT方式辦理之公共建設，若需通過公有或私有土地的上空或地下；於沒有必要撥用公有土地或徵收私有土地之前提下，可協議設定地上權。依促參法第18條第1項規定：「民間機構興辦公共建設，需穿越公有、私有土地之上空或地下，應與該土地管理機關或所有權人就其需用之空間範圍協議設定地上權。其屬公有土地而協議不成時，得由民間機構報請主辦機關核轉行政院核定，不受土地法第25條之限制；其屬私有土地而協商不成時，准用徵收規定取得地上權後，租與民間機構使用，其租金優惠准用第15條第1項及第2項之規定。」准此，協定設定地上權方式解決BOT用地問題，除可減少對地主的損失外，需用土地人（BOT投資廠商）的用地費用亦可節省。此外，為確保BOT公共建設之興建或營運安全，促參法第22條對該建設周遭之鄰地定有禁建、限建規定。同法第23條亦對BOT投資廠商之公共建設規劃設計需要，賦予進入鄰地乃使用之權利，惟須適用損害賠償法則。再者，同法第24條規定BOT建築物或其他工作物之拆除事宜；第25條明定以BOT工程施工使用公有土地事宜。第26條明定BOT交通工程建設與既有交通系統或公共設施之共架、共構協調事宜。第27條明定為經營BOT建設的附屬事業需要，得與相關機關協調放寬土地使用限制事宜。以上之促參法規定，均系使BOT專案在興建或營運階段，考慮經濟上之需要，得請公部門協助，及對既有法規鬆綁，以提供投資BOT專案之經濟誘因。

（二）BOT 專案之金融與租稅協助

1．政府補貼或投資

促參法第29條第1項規定：「公共建設經甄審會評定其投資依本法其他獎勵仍具完全自償能力者，得就其非自償部分，由主辦機關補貼其所需貸款利息或投資其建設之一部。」俾以提高BOT廠商之投資意願。惟政府或公營事業對BOT專案之出資或捐助，有一定上限，即促參法第2項所規定「民間機構有政府、公營事業出資或捐助者，其出資或捐助不得超過該民間機構資本總額之20％」，以達BOT案系因應政府財政短缺而公私合夥之目的。

2.融資協助

促參法第30條規定：「主辦機關視公共建設資金融通之必要，得洽請金融機構或特種基金提供民間機構中長期貸款。」即明定為鼓勵BOT廠商從事公共建設，可對BOT專案之辦理中長期貸款提供協助。同法第31條規定：「金融機構對於民間機構提供用於重大交通建設之貸款，系配合政府政策，並報經財政部核准者，其授信額度不受銀行法第33條之3[44]及第84條[45]之限制，及本條規定放寬對BOT重大交通建設貸款融資之限制。至於重大交通建設之定義，應符合『促進民間參與公共建設法之重大公共建設範圍』之規定。」[46]

至於遭受天然災害時，提供複、舊貸款協助方面，促參法第35條規定：「民間機構在公共建設興建、營運期間，因天然災變而受重大損害時，主辦機關應會商財政部協調金融機構或特種基金，提供重大天然災害復舊貸款。」

3.籌資協助

（1）放寬民間機構公開發行新股之限制

參與BOT公共建設之廠商，往往因為公共工程資金需求龐大，而營運回收期又長；在營運初期不易立即獲利，為恐資金周轉不靈，促參法第33條規定：「參與公共建設之民間機構得公開發行新股，不受『公司法』第270條第1款[47]之限制。但其已連續虧損二年以上者，應提因應計畫，並充分揭露相關資訊。」即本條使BOT私部門排除了近2年虧損或資產不足而致無法發行新股之規定。

（2）放寬民間機構發行公司債之限制

為落實民間參與公共建設之政策，BOT廠商在興建或營運階段，皆可發行公司債，以利其籌措長期資金。所以促參法第34條規定：「民間機構經依法辦理股票公開發行後，為支應公共建設所需之資金，得發行指定用途之公司債，不受公司法第247條、第249條[48]第2款及第250條第2款[49]之限制，但其發行總額，應經證券主管機關徵詢中央目的事業主管機關同意。」即本條排除了公司法有關公司債發行總額及部分資格條件之限制。[50]

（三）稅捐優惠

1.免繳納與抵繳營利事業所得稅

以BOT模式辦理公共建設，系民間機構配合國家經濟建設之需要而籌資興建，考慮其營運初期收入可能難以支付成本支出，有賴往後年度之盈餘以彌補興建期的投資及營運初期之虧損；所以促參法第36條第1項規定：「民間機構得自所參與重大公共建設開始營運後有課稅所得之年度起，最長以5年為限，免納營利事業所得稅。」有基於科技進步快速，鼓勵BOT廠商購買設備技術與研發，促參法第37條第1項規定：「民間機構得在所參與重大公共建設下支出金額5％至20％限度內，抵擋當年度應納營利事業所得稅額；當年度不足抵減時，得在以後四年度抵減之：一投資于興建、營運設備或技術。二、購置防治污染設備或技術。三、投資於研究發展、人才培訓之支出。」

2.進口關稅免征及分期繳納的優惠

為降低BOT公共建設在興建期間的資金成本負擔，俾以吸引民間機構參與；所以促參法第38條第1及2項規定：「Ⅰ.民間機構及其直接承包商進口供其興建重大公共建設使用之營建機器、設備、施工用特殊運輸工具、訓練器材及其所需之零元件，經主辦機關證明屬實，並經經濟部證明其在國內尚未製造供應者，免征進口關稅。Ⅱ.民間機構進口供其經營重大公共建設使用之營運機器、設備、訓練器材及所需之零組件，經主辦機關證明屬實，其進口關稅得提供適當擔保，于開始營運之日起，一年後分期繳納。」即本條規定民間機構及其直接承包商進口機具設備的關稅優惠。

3.地價、房屋與契稅減免之優惠

為提高民間機構之投資誘因，促參法第39條第1項規定：「參與重大建設之民間機構在興建或營運期間，供其直接使用之不動產應課征之地價稅，房屋稅及取得時應課征之契稅，得予適當減免。」即本條規定旨在減輕BOT投資廠商的財務負擔。

4.投資股票價款抵減營利事業所得稅

為鼓勵民間機構參與重大公共建設，促參法第40條第1及2項規定：「Ⅰ.營利事業原始認股或應募參與重大公共建設之民間機構因創立或擴充而發行之記名股票，其持有股票時間達四年以上者，得以其取得該股票之價款20%限度內，抵減當年度應納營利事業所得稅額；當年度不足抵減時，得在四年內抵減之。Ⅱ前項投資抵減，其一年度得抵減總額，以不超過該營利事業當年度應納營利事業所得稅50%為限。但最後年度抵減金額，不在此限。」即私部門因創立或擴充而發行之記名股票，政府給予所得稅抵減之優惠。

七、BOT 專案相關契約

（一）BOT 契約群

又BOT工程項目與一般傳統工程項目之契約管理最大的不同，乃在於傳統的公共工程契約應依政府採購法辦理；而BOT公共工程的興建，一般被記載於投資契約，應該適用促參法。尤其BOT計畫參與的個體，除了政府主管機關外，還有特許公司、投資人、貸款銀行機構、承包商、保險公司及專業顧問等，彼此之間的行政管制與經濟利益自不相同。唯有靠BOT相關契約的簽訂，才能使得BOT計畫之各方當事人權利與義務得到應有之保障；這些BOT計畫中主要的契約，又稱為BOT契約群，包括：

1.投資契約（特許權契約）——是BOT專案中的核心契約，為公共建設規劃、興建、營運及轉移等及其他相關契約的基礎，其契約主體為政府主管機關與特許投資公司，故又稱為投資契約。

2.股東協定契約——是指記錄股東間彼此投資金額的多寡及權利與義務分派等協定之契約。一般BOT專案之資金大多由特許公司、工程公司、設備供應商及金融機構等民間投資，政府出資或入股的情形較少，例如臺灣高鐵BOT案。

3.融資契約——由於一般BOT專案的規模龐大，投資者大多需轉向銀行或貸款機構融資。因此BOT融資機構本身的風險管理可以透過下列兩種契約之管理方式來避免：（1）一般保障方式，如固定價格工程契約、工程統包契約、工程履約保證等；（2）特殊保障方式，如政府機關配合為BOT專案融資而作保證或限定期間的備用融資額度契約等。

4.營運管理契約——特許權公司在營運階段，聘用專業營運公司代為經營管理以減低經濟上風險。

5.保險契約——BOT專案的整體計畫之開發乃是一個風險管理過程，各個參與機構間除彼此簽訂契約外，對於意外的保險或資金紓困也是契約管理的一個重要機制；因此保險契約是彌補各機構間之契約管理的漏洞，確保BOT專案的經濟上可行，降低財務風險與工程風險等。

（二）BOT 投資契約

上述BOT契約群中，以投資契約為最重要，屬主契約；而其他則為附屬契約。即在「契約為王」（contact is king）之原則下，BOT專案系以契約來分擔風險與責任。尤其投資契約系政府主辦機關與民間機構所簽訂之基本契約，非但由政府賦予民間機構特許經營權，並規劃基本權利義務關係。[51]促參法第11條規定：「主辦機關與民間機構簽訂投資契約，記載下列事項：（1）公共建設之規劃、興建、營運及轉移；（2）權利金及費用之負擔；（3）費率及費率變更；（4）營運期間屆滿之續約；（5）風險分擔；（6）施工或經營不善之處置及關係人介入；（7）稽核及工程序控制管；（8）爭議處理及仲裁條款；（9）其他約定事項。」前條中之權利金，其意義代表政府授予民間機構特許經營權利而取得的對價收入，權利金之金額須能反映BOT專案之財務結構。換言之，當BOT廠商之特許經營權之特許權價值愈高，代表該公共建設之營運獲利將愈高，故權利金之金額愈大。

至於經營權特許之價值衡量，一般考慮下列經濟因素：（1）BOT特許權所提供的營運服務事項是否有涉及壟斷或寡斷；（2）如涉及壟斷或寡斷，服務費率之訂定標準是否受到法令或契約管制；（3）公有土地之使用，如設定地上權；（4）特許權是否涉及專利或智慧財產權之授權使用；及（5）風險分擔，如政府是否提供最低營收保證。尤其在BOT重大交通建設，因其投資金額龐大，興建期長，投資回收期長，並且營運風險大；此際，雖然該BOT特許權尚不涉及壟斷或寡斷或獨佔，但是為了保障社會大眾的使用權利，政府應對投資廠商加以監督管理；並對投資廠商以對價方式收取相當的定額權利金、營運權利金，以反應該BOT特許權的價值；尤其當BOT案有設定地上權使用公有土地時，須依法收取土地租金。[52]

BOT項目計畫的成功與否，是否能具體完成公共建設及提供營運服務，端賴其投資契約的履約管理。臺灣的BOT投資契約，過去最令人詬病的為業主（政府機關）在擬定制式的BOT投資契約時，對於投資廠商的權力行使非但有諸多限制，且對於BOT投資人的責任要求亦相當嚴苛，權利義務未必公平。例如在BOT投資契約的公共興建部分，僅約定機關主張終止契約的情形，對於投資人得主張之權利，常見於行政管制內漏未規定或不完備。

誠如政府機關常要求BOT投資人得在公共建設工程為驗收完成前，配合政策需要先行使用，但其危險卻由BOT投資人負擔。例如政府機關與BOT投資人對契約解釋不同，公務人員為恐涉入圖利廠商之嫌而推託承辦責任等，因而影響投資廠商的BOT工程興建進度等之履約，況且因政府行政審核程序拖延或本位主義而衍生的履約爭議亦時有所聞。本文認為BOT投資契約除維護公共利益外，應以公平合理為原則，以提升社會經濟發展，促進民間參與公共建設；[53]即投資契約之履行，應依誠信原則。

臺灣的BOT主管機關公共工程委員會參考國際及國內慣例，制定《BOT投資契約要項》，俾期待制定符合公共利益及公平合理之契約範本，以供機關及投資人遵循。至於BOT投資契約要項的內容，按「機關辦理促進民間參與公共建設案件作業注意事項」第41點規定：「主辦機關與民間機構簽訂投資契約，應依個案特性，記載下列事項：（1）契約期間（含興建期間、營運期間；（2）民間機構興建營運許可權；（3）雙方工作範圍；（4）雙方聲明與承諾事項；（5）政府協助事項；（6）用地與設施取得、交付之範圍與方式；（7）興建；（8）營運；（9）附屬事業；（10）費率及費率變更；（11）土地租金、權利金及其他費用之計算與繳納；（12）財務事項；（13）稽核及工程序控制管；（14）契約屆滿前（時）之移轉；（15）履約保證金；（16）保險；（17）營運績效評估機制及營運期間屆滿之續約；（18）缺失及違約責任（含施工或經營不善之處置及關係人介入）；（19）契約之變更與契約之終止；（20）因主辦機關政策變更致投資契約終止、解除之損失補償；（21）爭議處理及仲裁事項；（22）協調委員會之組成時機、方式及運作機制；（23）依法令須經其他有關核准事項、延遲達相當期間或於相當期間未能通過之處理方式；（24）其他約定事項。」惟BOT投資契約要項僅為任意性規定，並不強制機關必須納入BOT投資契約中，故BOT投資契約內容中雙方當事人權利義務是否真正公平合理，有賴於法律經濟分析與契約解釋，對履約管理及爭議處理至關重要。

臺灣公共工程委員會於2000年6月頒訂「1999年促參案件招商檔及投資契約參考範本」，供各主辦機關辦理促參案件應用，但基於促參案件涵蓋13項20類公共建設，並且政府機關應辦事項也因個案的經濟、財務與環境難免有所不同，所以該參考範本的條文自難一體適用；故BOT投資契約內容，主辦機關得依公共建設類別及個案特性斟酌修定。[54]

由於工程品質攸關民眾使用安全；且工程進度也影響國家經濟建設之推動。所以BOT公共建設的品質與進度，為主辦機關特別加強監督之重點。於促參法第52條規定：「Ⅰ.民間機構于興建或營運期間，如有施工進度嚴重落後、工程品質重大過失、經營不善或其他重大情事發生，主辦機關依投資契約得為下列處理，並以書面通知民間機構：（1）要求定期改善；（2）屆期不改善或改善無效者，終止其興建、營運一部或全部。但主辦機關依第3項規定同意融資機構、保證人或指定之其他機構接管者，不在此限；（3）因前項中止興建或營運，或經融資機構、保證人或其指定之其他機構接管後，持續相當期間仍未改善者，終止投資契約。Ⅱ.主辦機關依前項規定辦理時，應通知融資機構、保證人及政府有關機關。Ⅲ.民間機構有第1項之情形者，融資機關、保證人得經主辦機關同意，於一定期限內自行或擇定符合法令規定之其他機構，暫時接管該民間機構或繼續辦理興建、營運。」由本條知，除施工進度嚴重落後及品質重大違失外，當民間機構發生經營不善或重大情事時，主辦機關亦得行使介入權；以確保公共工程品質，並確保能如約與如期完工，達成提供民眾使用之公共利益與促進產業經濟發展。

至於主辦機關的BOT公共建設的緊急處分權方面，同法第53條規定：「Ⅰ.公共建設之興建、營運如有施工進度嚴重落後、工程品質重大過失、經營不善或其他重大情事發生、於情況緊急，遲延即有損害重大公共利益或造成緊急危難之虞時，中央目的事業主管機關得令民間機構停止興建或營運之一部或全部，並通知政府有關機關。Ⅱ.依前條第1項中止及前項停止其營運一部、全部或終止投資契約時，主辦機關得採取適當措施，繼續維持公共建設之營運。必要時，並得於以強制接管營運；其接管營運辦法，由中央目的事業主管機關於本法公佈後一年內訂定之。」本條第2項中揭明，基於維護公共利益，中央目的事業主管機關得終止投資契約，以維持公共建設之營運，確保公共經濟之發展。

（三）投資契約之法律性質

關於BOT投資契約之法律性質，學術上主要有行政契約說、民事契約說以及混和契約說，其理論基礎及區別實益如下：

1.行政契約與民事契約說—系爭兩說可從：（1）決標公告之性質；（2）契約內容及（3）權利保護三方面分析之：

（1）決標公告之性質：行政契約說認為最優申請人有優先議約之效力，自屬行政處分。另依促參法第47條規定：「參與公共建設之申請人與主辦機關於申請及審核程序之爭議，其異議及申訴，准用政府採購法處理招標、審標或決標爭議之規定。」而政府採購法第83條規定：「審議判斷，視同訴願決定。」從而甄審公告應視為行政處分。

（2）契約內容：行政契約說主張依促參法所歸結之投資契約內容，不論是促參法第52條或第53條之命令停止興建或營運強制接管之規定，均可證明BOT契約之標的及目的，在招商、興建及營運期間，充滿著公權力的介入與監督內容。從臺灣司法院大法官釋字第533號解釋知，特許契約之標的為特定公共建設之興建與營運，攸關重大公共利益，與單純之行政輔助行為或私契約不同。[55]即投資契約中約定事項，諸如土地徵收取得、主管機關的監督權、強制接管等；均涉及公法上之權利義務，應認為行政契約。[56]

民事契約說則認為促參法第36條第1項、第7條第1項有關營利事業所得稅之減免，雖涉及公法上之權利義務，倘由法律規定所取得之權利，而非投資契約所賦予，自不能率爾認定其為行政契約。有關主管機關具有監督權或強制接管的許可權，在促參法第52條第1項的規定中，主辦機關須依投資契約，才能做上述條文中的處理，而非「單方變更契約內容」的機制；促參法第53條第1項中有關主管機關停止民間機構之興建或營運，系由中央目的事業主管機關依法條授權而為之，自不能據此認定投資契約為行政契約；促參法第53條第2項中，有關主辦機關在必要時得強制接管的規定，雖具有單方高權性質，但此舉系因依據法律所為，而非根據契約，故應認定投資契約為民事契約。

（3）權利保護機制：依促參法第47條配合政府採購法第83條規定、聲請人得就甄審過程、決定及結果合法性提起行政訴訟；而不宜由救濟程序推論該行政行為的法律屬性，因為立法機關對救濟程序的安排非全取決於爭議行為之法律屬性。[57]

2.混和契約說

認為BOT投資契約之法律關係頗為複雜，依其規範內容之屬性，有屬私經濟行為之約定者，例如權利金之給付、相關設施資產之移轉、經營條件與規章等；亦有涉及公權力介入之特許權給予、土地徵收、租稅減免特權、強制接管、強制收買等。准此，投資契約之性質應依其各條款之具體內容而分別評價之。所以就整體觀之，BOT投資契約是包含公法及私法雙重性質之公私混和契約。

3.本文見解

雖然促參法第12條第1項規定：「主辦機關與民間之權利義務，除本法另有約定外，依投資契約之約定；契約無約定者，適用民事法相關之規定。」本條文雖說明適用民法規定，但由於主要系依據投資契約的約定，更何況並未限制投資契約內容中不能包含有行政契約性質之契約條款。所以本文認為，投資契約的法律性質應視其契約條款內容而定性；苟契約中有包含土地徵收、租稅優惠等涉及公法上的權利義務等，則該契約應為公私法混和契約模式。苟無涉及前述之公法上權義，則BOT投資契約應屬私法契約。

實務上，臺灣台南市立安南醫院興建營運移轉（BOT）案投資契約書之前言第3項規定：「雙方合議本契約為私法契約，如本契約未約定之事宜，依民事法相關規定處理。」[58]經查該契約的內容中並無涉及土地徵收或租稅優惠等，涉及公法上權義之條款，亦未提及公共利益等字詞，自應屬私法契約無疑。所以本文主張，投資契約究屬公法契約、私法契約或公私混和契約，宜依契約具體內容而定其，非得一概而論，洵屬有據。

八、BOT 投資契約之代理性質

（一）代理之假設

1.自利原則

BOT制度主要就是仰賴公部門與私部門合夥，藉由投資契約之簽訂與履行，實現公共利益與私部門營利行為，所以投資契約之成立，本身就是一種代理行為。對主理人（政府主辦公共建設機關）而言，將特許經營權以投資契約方式授予代理人（廠商），無非希望代理人以其資金、專業及管理模式為主理人帶來最大利益。然而，當投資廠商追求其最大效用（營利目標）時，必定不會無時無刻為政府機關之最大利益或使用民眾之服務效益盤算，而是在自利原則下尋求自身自大利益。簡言之，代理理論之第一個基本假設，乃主理人及代理人均系在自利原則下產生代理關係，簽定BOT投資契約，惟主理人已考慮公共利益。

2.資訊不對稱現象

大部分的代理理論，均假定代理人較主理人擁有更多的資訊，而有資訊不對稱問題之存在。[59]而所謂資訊不對稱，即指交易過程中，其中一方擁有另一方所不知道的資訊。資訊不對稱會使一方決策者想要但卻難以獲得足夠有效的資訊；其發生原因為：（1）藏匿特性

（hiddencharacteristic）：即交易之一方想知道交易的某些特質，另一方已經知道卻不提供。
（2）藏匿行為（hiddenactions）：指一方之某些行為會影響交易成果，而另一方卻無法直接觀察到。[60]而關於資訊不對稱問題如表2所示。

表2　BOT投資契約之資訊不對稱發生時間及內容

發生時間	資訊內容
契約簽訂前	當公部門委託BOT投資廠商執行興建、營運業務時，由於專業分工與知識經濟等差異，可能造成公部門、私部門與使用民眾在營運服務與收費取價方面的認知落差，產生締約前資訊不對稱情形。
契約簽訂後	BOT投資廠商由於掌握營運、維修及土地開發之執行資訊系統，而政府主辦機關未必能完全取得或有效運用該資訊。或投資廠商所掌握之內部公營資訊，並不能精確無誤提供給公部門或使用民眾、融資機構。因此，對於政府機關而言，其所用以決策之資訊為不完全資訊；而投資廠商為公共建設興建、營運的實際執行者，其對決策所需資訊之掌握自較政府機關精准與靈活。

資料來源：本文自行整理

在BOT制度中，由於土地開發利益及未來商機攸關投資廠商之財務規劃及經濟利益，其又與主辦機關政策規劃、土地徵收及市場競爭間難免存在矛盾，而如何化解又有多元意見及方法。所以在BOT制度中，資訊不對稱之情況下，參與交易的私部門或公部門極有可能隱藏自己私有的資訊，並藉由提供不足或不確實之資訊，以謀求自身利益，而犧牲對方及公共利益。例如在臺灣高速鐵路的BOT案中，投標甄選時臺灣高鐵公司宣稱「政府零投資」，所需的新臺幣4,000億元全數由BOT廠商籌措而得標。但後來臺灣高鐵公司向銀行團融資2,800億新臺幣時，[61]卻又要求政府提供還款擔保；以及臺灣高鐵公司多次以「對政府應辦事項沒有信心」之聲明，延遲通車時間。

雖然在促參法中訂有監督與管理機制（促參法第49條至第54條），但如何訂立一份合理完善的BOT投資契約，使公部門與私部門的權利義務公平分擔，克服實踐公共利益與私人營利間的目標衝突之風險，才是釜底抽薪之道。更何況在BOT投資契約之議約過程中，如何克服逆向選擇[62]（adverse selection）與道德危機[63]（moral hazard）等代理問題，亦值得重視。

3.代理人之風險趨避

假設主理人對於風險是中立的，而代理人卻存在風險趨避的想法。即BOT投資廠商（代理人）企圖不去承受風險，而利用任何方法來避開風險衝突，以避免風險發生，造成損失，例如臺灣高鐵公司把工程延遲開工之責任推給政府應辦事項未完成所致。

（二）BOT 模式之代理成本

由於主理人（政府機關）與代理人（投資廠商）所追求的利益並非一致，所以代理人不會完全依主理人之利益來行動。更何況還存有自利原則，資訊不對稱及代理人風險趨避等之問題，所以必須在投資契約中詳細記載政府機關對投資廠商的監督管理條款，以防公共建設于興建或營運期間，發生因以BOT模式辦理致衍生之弊端，而產生代理成本。Jensen&Meckling將代理成本分為下列三種：[64]

1.監督成本（monitoring cost）：系主理人為確保代理人會依其所欲，而對代理人實施監督管理、規範管制及獎懲而產生於主理人本身的額外費用。

2.約束成本（bonding cost）：系代理人為取得主理人信任，透過限制本身行為以證明代理人已善盡管理人責任，設立投機行為發生之預防機制，由代理人支付的成本。

3.殘餘損失（residual loss）：指雖然在主理人之各種監督約束下，代理人所作之行為仍偏離使主理人的效用（率）最大化，致使主理人喪失利益。

（三）代理所生風險的解決機制

即如何透過相關機制之建立，來解決因自利原則、資訊不對稱或代理人風險趨避等之問題所衍生之代理成本問題；最有效方法，乃透過投資契約的權利義務分配，落實風險合理分配概念及契約之執行而解決代理問題。[65]

運用BOT投資契約來規範雙方的權利義務，即可瞭解為何可以從代理理論闡釋BOT制度之政府主辦機關與投資廠商的合夥關係。在代理理論中，認為在經濟社會之交易中，專業分工乃是必然，而逐漸形成主理人（政府機關）與代理人（投資廠商）因投資契約關係所構成之法律關係。然而，BOT投資契約雙方之所以得利用契約達成協議，主要在於契約易於明確定義風險之合理分擔。所以BOT專案之風險是否有效管理，應透過投資契約來達成風險分擔之目的。惟在實務上，常因投資契約的風險評估不夠完善或雙方對契約解釋不同，並且欠缺有效的監督機制，以致風險分擔觀念在部分BOT案中未能落實，致生爭議。

1.風險評估機制

（1）投資契約的風險分擔

依臺灣促參法立例及國際慣例，合理的風險分擔原則系基於風險控制能力、風險處理成本、公平及效率之考慮。所以BOT投資契約之風險分擔，應按風險性質由最有能力控制的一方承擔（the party best able to manage it as the lowest cost）。依前開原則，非民間自備土地之BOT案，其土地取得風險應由政府機關負擔；至於工程進度遲延的風險問題應由投資廠商承擔；而不可抗力及政策改變風險，宜由雙方共同承擔。[66]

（2）確認風險種類

一般而言，在BOT建置階段，難免會有設計不完善施工瑕疵及土建與機電系統介面不良問題，工期遲延等工程風險；或資金周轉不隙等財務風險；法律或政策變更，民眾抗爭等政治社會風險；以及維修、營運風險，必須先經評估與確認風險種類，俾以作風險控管或風險轉嫁。

（3）可否透過保險轉嫁風險

如果該風險可以在市場上買到保單，且其保費比風險自留之成本為低，則可將風險轉嫁予保險公司，例如財物損失或施工瑕疵風險等。而對於無法轉嫁給保險公司之風險，則為自留風險，例如經營及財務風險，則應予控管以降低其發生之可能機率（probability）。

2.尋求代理人的誘因機制

系指BOT主辦機關為求代理程序之完成，而透過相關誘因之設計來吸引投資廠商。此外，若以解決代理問題之視角而言，BOT制度中之政府協助取得土地、融資及租稅優惠，即是透過誘因機制之建立來吸引廠商投入資金、專業、勞務與商業營運模式到BOT公共建設中。

3.公部門對代理問題所生風險之監控機制

可分為內部與外部兩種：（1）內部監控機制：BOT主辦機關利用投資契約及促參法（第49條至第54條）等相關法規，來管制投資廠商之行為選擇；或運用土地取得及開發（促參法第13至28條）、融資及租稅優惠（促參法第29條至第41條）等誘因或獎勵等，期待以目標管理來導引廠商之投資行為，使達BOT專案計畫之預期目標；（2）外部監控機制：利用社會輿論壓力及民眾期待BOT建設完工營運，收費取價合理、公共安全無虞、服務品質提升等期待，來監控BOT項目的主辦機關或投資廠商。

4.投資契約模式與確立

在BOT制度上，要達成風險分擔或降低代理成本問題，則可從BOT投資契約之內容予以明確規範。一般而言，可透過行為取向契約或成果導向契約來管理投資廠商：（1）行為取向契約（behavior oriented contract）：系控制投資廠商行為之準則，使其決策除在其自身營利目標外，也能接近政府主辦機關所欲求之加速社會經濟發展（促參法第1條）與公共利益的政策目的。（2）成果導向契約（outcome based contract）：主辦機關僅以目標管理方式監督投資廠商；相對于行為取向契約，成果導向契約使投資廠商的決策權較大。

本文認為，在BOT投資契約中，若政府機關與投資廠商之目標衝突愈低之專案，則應采成果導向契約條款的設計，例如BOT投資契約中之民間回饋權利金。反之，當政府機關與投資廠商的目標不一致時，則應採取行為取向契約，例如涉及興建成本的工程品質及進度的監督管理（促參法第52條及第53條）。

九、結論與建議

自民營化觀念成為公共建設風潮以來，臺灣的許多公共建設也以BOT模式，將特許經營權及公共建設開發權授予投資廠商，由其進行興建與營運工作，並得由廠商向使用民眾收費，俾以彌補其支出。就臺灣促進民間參與公共建設法之立法目的言之，系以在改善政府財政支出下，促進社會經濟發生，提供公共利益以追求國民生活設施之公平；並去除官僚體制的無效率。而公平與效率正是法律經濟學所追求的目標。有別於法律觀點之僅重視條款解釋或程序正義，而忽略以交易成本、機制為主之經濟分析。本文主張以投資廠商代理公共建設之BOT模式，應能使雙方在促進民間參與公共建設法的機制下，依誠信原則、公益原則履行BOT投資契約所規範之當事人權利義務，獲得應有之報酬。

由於政府面臨財政短缺與缺乏效率等問題，而提供公共建設建構福利國家又是民主國家的潮流。近年來，引進民間業者共同參與政府公共建設之觀念風行全球。惟一個成功的BOT案，必需政府（public），民間（private）與夥伴關係（partnership）構成公私合夥關係（PPP）；進而政府所規劃的公共建設，在興建與營運雖由廠商實施，但公部門也有適當的提供誘因、減稅、融資與土地取得等之協助，並對工程興建與營運甚至向使用者取價等做適當的監督與管制。尤其是公部門制定的法律政策，對產業經濟與基礎建設影響甚大，應該以促使民間部門更能發揮經濟上之效率與交易模式為目的。唯在BOT專案的推動過程中，不完備的法律制度將會阻礙效率的產生，所以政府若要經由BOT模式來提升公共建設的興建與營運效率，則首先要在法制面上加強經濟考察。

在BOT模式中，政府將本身應提供之公共建設，委託私部門執行，因此會產生代理問題。尤其政府將特許經營權、土地使用權及附屬事業經營賦予投資廠商等，在此等龐大商機之誘因下；自然會產生代理人自私、資訊不對稱及風險趨避等之廠商謀取其財富最大化問題，所以公共部門不應單純地只思考如何運用促參法及BOT模式等法令工具，來為投資廠商協商融資取得、租稅減免或土地徵收，及解決政府財政困窘及官僚體制效率不彰問題，尤其應該深入評估在BOT模式的代理程序中，如何要求廠商重視民眾關感，以其為壓力，督促廠商履行投資契約之規定，落實BOT專案之政策目標而應負擔之職責。政府也應對促參政策之代理關係及促參法所形成之代理架構，以經濟學觀點進行分析。

BOT投資契約為公部門為主理人委託私部門（受託人）進行BOT專案的權利義務規範依據，即投資契約為政府將公共建設委由投資廠商開發、興建及經營、維修的主契約。故如何藉由契約條款之約定來保障雙方權益就顯得非常重要。其一，在促參法的代理架構下，公門使用促參法進行公共建設時，容易因為私部門之自利原則、資訊不對稱與風險趨避等產生代理問題。其二，在目標衝突方面。常因公部門之主張公共利益與私部門的營利目標發生不一致，最後導致公部門非但對政府應辦事項、政府協助事項、官僚體系龐大或民間社會過渡期待，且可能雙方當事人對契約條款解釋不同，而造成對BOT模式之公私合夥關係發生落差。

本文認為，在BOT法制下，如何藉由經濟學上的代理觀念，以BOT投資契約的架構及公平的風險分擔建立法制，至為重要。所以BOT專案的主辦機關，在進行專案規劃及可行性評估時，須明確建立風險評估機制，以作為BOT投資契約之議約基礎。在資訊系統之建立與資訊不對稱程序降低方面，從代理問題之視角，可得知BOT專案之興建、營運各階段，幾乎都是因為資訊不對稱程度之擴大而衍生問題，所以建議公部門應掌握土地資源、計畫目標、開發可行性分析，以及經濟與財務之預測分析與評估等資料，並隨代理程序之進行而時時更新資訊以作為決策參考。至於如何吸引私部門參與公共建設，本文認為公部門適切利用誘因機制引導BOT投資廠商參與投標與加強監督廠商對投資契約是否確實履行；惟須建立在正確的財務評估與經濟分析之關點，才能以公私合夥創造更多的公共性利益。至於代理問題中，主理人（公部門）對受託人（BOT投資廠商）的管理機制上，如何加強公部門之組織能力，以有效在BOT專案進行過程中掌握相關資訊，免除在代理關係中因資訊不對稱所生之無法落實BOT法制之目的或被質疑圖利廠商等問題，本文建議綜合上述之經濟分析與政策規劃後，依行政程序及促參法確認BOT投資契約應該採取行為取向投資契約或成果導向投資契約。至於後續研究方面，本文建議應著眼於促參法架構下的代理關係的界定；進一步言，即對以風險分擔為主要概念分配主理人（公部門）與投資廠商（私部門）的權責分配；透過經濟分析確定誘因機制；以及如何在公私利益平衡下，擬定符合社會期待與保障廠商財產權之BOT投資契約，有待進一步研究。

注 釋：

[1] 苏南，臺灣雲林科技大學營建工程系教授、臺灣財產法暨經濟法研究協會理事、中國政法大學法學博士、臺灣中正大學法律研究所博士生、臺灣交通大學土木工程博士、臺灣工程法學會理事。

[2] Richard A. Posner, Economic Analysis of Law, 7ed, pp.1, Aspen Publishers, 2007.

[3] Richard A. Posner, Economic Analysis of Law, 7ed, pp.515, Aspen Publishers, 2007.

[4] 許登科，德國擔保國家理論為基礎之公私協力 O;PP 法制－對我國促參法之啟示，第 3 頁，臺灣大學法律學研究所 2007 年博士論文。

[5] E. S. Savas, Privatization and Public-Private Partnerships, 網址：http://www.cesmadrid.es/documentos/sem200601_md02_in.pdf，最後瀏覽日：2012 年 8 月 1 日。

[6] 臺灣行政院公共工程委員會，民間參與公共建設法令彙編，第 1 頁，2003 年 3 月。

[7] Robert Cooter & James Gordley, Economic Analysis in Civil Law Countries: Past,Present, Future. L&E Symposium, pp. 261,11 International Review of Law and Economics, 1991.

[8] 簡資修，一個自生但開放的法學觀點，月旦法學雜誌，第 93 期，第 236 頁，2003 年，臺北。

[9] Oliver W. Holmes , The Path of the Law, Harvard Law Review, Vol. 10, pp. 457-478, 1897.

[10] 馮永軍、塗永前譯，公共與福利，第 1 頁，法律出版社，2007 年。

[11] 謝哲勝，法律的經濟分析淺介，財產法專題研究，第 1 頁，翰蘆圖書公司，1995 年 5 月。

[12] 簡資修，法律經濟分析的倫理價值與法學方法，月旦法學雜誌，第 114 期，第 207 頁，2004 年。

[13] Ronald H. Coase, The Firm, the Market, and the Law, pp.33, The university of Chicago Press,1988.

[14] 寇斯定理（CoaseTheorem）：交易成本是為了移轉、設立及維持財產權所須支出的成本。對於市場交易，政府不須，也不需要介入。如果交易成本為零，則參與成員可以自由協商，自主到達最佳的紛爭解決方案：而法規範的訂定目的，也就是要降低交易成本。網址:http://blog.udn.com/vchen123/2283342, 最後瀏覽日:2012 年 8 月 1 日。

[15] 謝哲勝，法律經濟學，第 27 頁，五南圖書公司，2007 年 5 月，臺北。

[16] Richard A. Posner, The Law and Economics Movement , The American Economic Review, Vol.77, No.2, pp.1-3,1987.

[17] 史晉川，法經濟學，第 33 頁，北京大學出版社，2007 年 10 月。

[18] 簡資修，一個自主但開放的法律觀點，月旦法學雜誌，第 93 期，第 237 頁，2003 年 2 月。

[19] Arrow, K. J., Essays in the Theory of Risk Bearing, Chicago, Markham Publishing, 1971.

[20] Jensen, M.C. and Meckling W.H., Theory of the Firm: Managerial Behavior, Agency Costs and Ownership Structure, Journal of

Financial Economics, Vol.3, pp.305-360, Oct. 1976. 網址：http://www.sfu.ca/~wainwrig/Econ400/jensen-meckling.pdf, 最後瀏覽日：2012 年 8 月 1 日。

[21]　Eisenhardt K.M., Agency Theory：An Assessment and Review, Academy of Management Review, Vol. 14, No. 1, pp. 57-74, Jan., 1989, 網址：http://classwebs.spea.indiana.edu/kenricha/Oxford/Archives/Oxford%202006/Courses/Governance/Articles/Eisenhardt%20-%20Agency%20Theory.pdf, 最後瀏覽日：2012 年 8 月 1 日。

[22]　Kane E. j., Three Paradigms for the Role of Capitalization Requirements in Insured Financial Institutions, Journal of Banking and Finance, Vol.19, No. 3, pp. 431-459, June 1995.

[23]　蔡易璋，公寓大廈管理維護公司受任管理維護業務契約研究，第 19 頁，華夏技術學院資產與物業管理碩士論文，2010 年 7 月。

[24]　交易成本, 網址 http://wiki.mbalib.com/zh-tw/%E4%BA%A4%E6%98%93%E6%88%90%E6%9C%AC, 最後瀏覽日：2012 年 8 月 1 日。

[25]　Williamson O. E., Corporate Finance and Corporate Governance, Journal of Finance, Vol. 43, No. 3,　網址：http://classwebs.spea.indiana.edu/kenricha/Oxford/Archives/Oxford%202006/Courses/Governance/Articles/Williamson%20-%20Corporate%20Governance.pdf, 最後瀏覽日：2012 年 8 月 1 日。

[26]　Eisenhardt K.M., Agency Theory: An Assembly and Review, The Academy of Management Review, Vol.14, No.1, pp. 59, Jan., 1989. 網址：http://classwebs.spea.indiana.edu/kenricha/Oxford/Archives/Oxford%202006/Courses/Governance/Articles/Eisenhardt%20-%20Agency%20Theory.pdf, 最後瀏覽日：2012年7月31日。

[27]　馮媛、馮昊，委託代理理論綜述，中國經濟評論，第 4 卷第 1 期；2004 年 1 月，網址:http://www.doc88.com/p-78747467499.html, 最後瀏覽日：2012 年 7 月 31 日。黃豪聖、呂炳寬，論資訊不對稱下的醫病關係；馬偕肩難產個案探討，第 2 屆中山學術與社會科學學術研討會－全球化、法制化與國家發展，2005 年。

[28]　Jensen M.C. and Meckling W.H., Theory of the Firm: Managerial Behavior,, Agency Costs, and Ownership Structure, Journal of Financial Economics, 3, pp.305-360,1976.

[29]　包括臺北市、新北市、臺中市、臺南市及高雄市。

[30]　E.S. Savas, Privatization and Public-Private Partnerships, Seventh ed., Bridges Press. 黃煜文譯：民營化歷程，第 360-361 頁，五觀藝術管理公司，2005 年 10 月。

[31]　TYPES OF PUBLIC-PRIVATE PARTNERSHIPS, 網址:http://www.ncppp.org/howpart/ppptypes.shtml http://www.ntu-bprf.org/tag/%E7%A0%94%E7%A9%B6/, 最後瀏覽日：2012 年 8 月 1 日。也請參閱 Public-Private Partnerships in Highway and Transit Infrastructure Provision, 網址:http://assets.opencrs.com/rpts/RL34567_20080709.pdf, 最後瀏覽日：2012 年 8 月 1 日。

[32]　洪國欽，促進民間參與公共建設法逐條釋義，第 57 頁，元照出版社，2008 年 1 月，臺北。

[33]　E.S. Savas, Privatization and Public-Private Partnerships, Seventh ed., Bridges Press. 黃煜元，民營化歷程，第 338-339 頁，五觀藝術管理公司，2005 年。

[34]　劉憶如，高鐵 BOT 必需把握透明性與確定性，工商時報，第 2 版，1996 年 1 月 15 日。

[35]　促參法第 8 條第 2 項規定：「前項各款之營運期間，由各該主辦機關於核定之計畫及投資契約中訂定之，其屬公用事業者，不受民營公用事業監督條例第 19 條之管制；其訂有租賃契約者，不受民法第 449 條、土地法第 25 條及固有財產法第 28 調之限制。」

[36]　田凱偉，民間參與公共建設特許權交易法律關係與規範目的之研究－以促進民間參與公共建設法 BOT ／ BOO 等參與模式為中心，東吳大學法律研究所碩士論文，第 15 頁，2001 年。

[37]　指政府所提供之公共服務，在資源有限之條件下，提供不特定人使用或消費之效能達到最大化，請參閱陳清溪、許嘉標、劉鶯釧、吳聰敏，經濟學（上冊），第 119—120 頁，翰蘆圖書公司，1991 年 8 月。

[38]　江南志，從民營化觀點探討促參法中公部門的角色－以代理理論分析，國立成功大學都市計畫研究

所碩士論文，第 21 頁，2005 年 7 月。

[39] 吳英明，公私部門協力關係和公民參與之探討，中國行政評論，第 2 冊第 3 期，第 1—14 頁，1993 年。

[40] 華昌宜，聯合開發－權益分配與權利變換之研究，臺灣大學建築與城鄉研究所，1992 年 10 月。網址 :http://www.ntu-bprf.org/tag/%E7%A0%94%E7%A9%B6/，最後瀏覽日 :2012 年 8 月 1 日。

[41] 江南志，從民營化觀點探討促參法中公部門的角色－以代理理論分析，第 21—24 頁，國立成功大學都市計畫研究所碩士論文，2005 年 7 月。

[42] 土地法第 25 條規定：「直轄市或縣（市）政府對於其所管公有土地，非經該管區內民意機關同意，並經行政院核准，不得處分或設定負擔或為超過十年期間之租賃。」

[43] 國有財產法第 28 條規定：「主管機關或管理機關對於公用財產不得為任何處分或擅為收益。但其收益不違背其事業目的或原定用途者，不在此限。」

[44] 銀行法第 33 條之 3 第 1 項規定：「主管機關對於銀行就同一人，同一關係人或同一關係企業之授信或其他交易得以限制，其限額，由中央主管機關定之。」。

[45] 銀行法第 84 條已於 2000 年 11 月 1 日刪除。

[46] 促進民間參與公共建設法之重大公共建設範圍，網址 :http://lawweb.pcc.gov.tw/LawContent.aspx?id=FL003745，最後瀏覽日 :2012 年 8 月 5 日。

[47] 公司法第 270 條第 1 項規定：「公司有左列情形之一者，不得公開發行新股：一、最近二年有虧損者，但依其事業性質，須有較長準備期間或具有健全之營業計畫，確能改善營利能力者，不在此限。」

[48] 公司法第 249 條第 2 款規定：「公司有左列情形之一者，不得發行無擔保公司債；二、最近三年或開業不及三年之開業年度課稅後之平均淨利，未達原訂發行之公司債，應負擔年息總額之百分之一百五十者。」

[49] 公司法第 250 條第 2 款規定：「公司有左列情形之一者，不得發行公司債：二、最近三年或開業不及三年之開業年度總稅後之平均淨利，未達原定發行之公司債應負擔年息總額之百分之一百者，但經銀行保證發行之公司債不受限制。」

[50] 江南志，從民營化觀點探討促參法中公部門的角色－以代理理論分析，第 24 頁，國立成功大學都市計畫研究所碩士論文，2005 年。

[51] 洪國欽，促進民間參與公共建設法條逐條釋義，第 75—76 頁，元照出版社。

[52] 理律法律事務所，民間參與公共建設投資契約標準檔及要項之研究成果報告，第 48 頁，臺灣地區行政院公共工程委員會委託研究計畫。

[53] 臺灣促進民間參與公共建設法第 1 條規定：「為提升公共服務水準，加速社會經濟發展，促進民間參與公共建設，特製定本法。」

[54] 臺灣行政院公共工程委員會，《98 年「促參案件招商檔及投資契約參考範本」專案服務研究報告 BOT 及ＯＴ招商檔及投資契約參考範本》，臺灣行政院公共工程委員會，2000 年 6 月，第 11 頁。

[55] 參閱林明鏘，「論 BOT 之法律關係兼論其立法政策」，萬國法律，101 期，頁 77—79，1998 年 10 月；林明鏘，「ＥＴＣ判決與公益原則」，月旦法學雜誌，134 期，頁 7—11，2006 年 7 月。

[56] 蘇南，BOT 投資契約工程爭議與仲裁研究，國立中正大學法學集刊，第 35 期，第 168 頁，臺灣嘉義。

[57] 司法院大法官釋字第 418 號解釋文：「(略以)「至於訴訟救濟，究應循普通訴訟程序抑或依行政訴訟程序為之，則由立法機關依職權衡酌訴訟案件之性質及既有訴訟制度之功能等而為設計。」

[58] 參閱臺南市立安南醫院興建營運移轉（BOT）案投資契約，第 7 頁，2010 年 6 月 23 日。

[59] 鄭定洲和楊麗玲，資訊不對稱下的委託代理激勵，網址 :http://www.ndmc.ndu.edu.tw/Collection/95/%E6%94%B6%E9%8C%84/M/%E5%BE%8C%E5%8B%A4%E7%AE%A1%E7%90%86/M019%E9%84%AD%E5%AE%9A%E6%B4%B2E6%A5%8A%E9%BA%97%E7%8E%B2-%E8%B3%87%E8%A8%8A%E4%B8%8D%E5%8D%E7%A8%B1%E4%B8%8B%E7%9A%84%E5%A7%94%E8%A8%97%E4%BB%A3%E7%90%86%E6%BF%80%E5%8B%B5.pdf，最後瀏覽日 :2012 年 8 月

1 日。

[60] Bamberg G., Spremann K., Agency Theory, Information, and Incentives, Springer Verlag Berlin, pp. 3—38,1987.

[61] 王文宇，高鐵危機·政府應審慎處理，中國時報，時報廣場版，1999 年 6 月 8 日。

[62] 逆向選擇發生在 BOT 投資契約簽訂前，系指代理人（投資廠商）擁有個人特質與資訊，而在資訊不對稱情形下，無法被主理人（政府機關）所觀察以致主理人無法判斷代理人是否以最佳狀況來行動。

[63] 道德危機發生在 BOT 投資契約簽訂後，系指主理人（政府機關）無法完全觀察到代理人（投資廠商）在興建、營運時的實際狀況；由於前述之資訊不完全，致主理人只能以一般的標準，對 BOT 公共建設之興建、營運來監督或管理，而投資廠商卻可能傾向於以表面功夫來應付政府機關所期望之行為，或是透過隱藏行為或策略性訊息操控來化解政府機關的監控，而容易產生規避行為，如怠惰、欺瞞等道德危機。

[64] 代理成本，網址 :http://baike.baidu.com/view/635855.htm，最後瀏覽日 :2012 年 8 月 1 日。

[65] 江南志，從民營化觀點探討促參法中公部門的角色—以代理理論分析，第 33—35 頁，國立成功大學都市計畫研究所碩士論文，2005 年。

[66] 黃蓮瑛，BOT 投資契約的保險規劃，第 1 頁，協和國際法律事務所。

經濟自治團體在經濟行政法上之地位與功能

——由一件公平交易法與律師倫理規範衝突之案件談起

程明修[1]

一、問題意識——「法易通案」之緣起

經濟行政法之研究，在臺灣雖有點狀之成果展現，但似乎並未形成一穩定之總論體系。在經濟行政法之組織論上，一般也多借用行政法總論上既有之理論解釋與運用。作為經濟行政法法律關係之主體者，也不脫國家，及國家以外之其它公法團體（例如公法社團或財團等），甚至私人。在經濟行政法上，國家之直接介入與經濟活動主體間對於經濟市場之自我治理，一直是一個「管制—解除管制—再管制」光譜間的取捨難題。面對經濟活動之管制，存在著為數眾多的自律或自治管制模式補充著國家直接規制。在臺灣，由於公法人制度發展局限于地方自治等少屬領域，以至於在經濟行政領域中，許多所謂「經濟自治團體」之組織，在功能與地位上極為模棱。本文嘗試藉由一個發生於公平交易法與團體自律間規範衝突之案例（即「法易通案」[2]），凸顯相關問題性。

本案乃法易通公司架設專業諮詢服務之網路平臺，與電信業者及召募之專家會員（律師）共同合作提供服務。其運作方式，基本上系於民眾遭遇法律問題時，利用手機撥打55XX5，由電信業者將訊號傳送至法易通公司之伺服器，配合電腦系統運算後選出符合使用者需求之律師，伺服器即透過電信業者呼叫被選定之律師的手機，使民眾能與律師進行即時諮詢。用戶可直撥律師之簡碼，亦可輸入需求條件後由電腦系統選派，或完全由電腦系統自動選派。法易通公司另外設有法律諮詢服務平臺，民眾先向法易通公司申請成為會員並購買點數，可利用搜尋引擎輸入關鍵字或依服務地區、專長領域、收費價格等搜尋選擇律師進行諮詢。律師透過該平臺之服務，與法易通公司簽訂有「律師服務通路整合計畫合作契約」。其計價模式有網路及行動電話等兩種。網路部分，律師諮詢費用為民眾使用服務總費用之60%，法易通公司數位匯流服務費用則為40%。行動電話部分，律師每秒諮詢費用為民眾使用服務每秒費用之25%（夜間時段及例假日為30%），電信業者之電信費用比例，平均約占30%，其餘則屬法易通公司數位匯流服務之費用，電信業者並額外向法易通公司收取簡碼月租費及電信傳輸費等。

中華民國律師公會全國聯合會於2008年7月1日召開專案會議討論，認法易通與律師會員間所定契約中諮詢費用分配之合作模式，恐有違反律師法第48條、第50條及律師倫理規範第12條（「律師不得以下列方式推展業務：一、作誇大不實或引人錯誤之宣傳。二、支付介紹人報

酬。三、利用司法人員或聘雇業務人員為之。四、其它不正當之方法。」）之疑慮，乃於2009年3月28日第8屆第3次常務理事會議討論決議函請各地方律師公會，轉知律師會員加入法易通公司者，已涉違反律師倫理規範第12條規定。[3]全聯會認為，律師倫理規範之性質、目的及結果系在建立公平競爭環境，法易通公司配發律師會員專用手機，24小時接受電話諮詢，事前無確認當事人身分以查核有無違反利益衝突規定之機制，亦無保障當事人機密不外泄之措施。當事人支付之法律諮詢報酬，系由法易通公司及律師會員以40％及60％之比例分配，屬事先約定由律師將獲取法律諮商服務費用之40％作為法易通公司轉介當事人之報酬，屬律師倫理規範第12條所禁止之情形。

公平交易委員會事後接獲檢舉調查，認為全聯會開會決議併發函至各地方律師公會，請轉知律師會員退出法律諮詢服務平臺，約束事業活動且足以影響服務供需之市場功能，違反公平交易法第14條第1項規定（事業不得為聯合行為。但有左列情形之一，而有益於整體經濟與公共利益，經申請中央主管機關許可者，不在此限：一、為降低成本、改良品質或增進效率，而統一商品規格或型式者。二、為提高技術、改良品質、降低成本或增進效率，而共同研究開發商品或市場者。三、為促進事業合理經營，而分別作專業發展者。四、為確保或促進輸出，而專就國外市場之競爭予以約定者。五、為加強貿易效能，而就國外商品之輸入採取共同行為者。六、經濟不景氣期間，商品市場價格低於平均生產成本，致該行業之事業，難以繼續維持或生產過剩，為有計劃適應需求而限制產銷數量、設備或價格之共同行為者。七、為增進中小企業之經營效率，或加強其競爭能力所為之共同行為者），乃依同法第41條前段規定，以2010年5月19日公處字第099060號處分書，命全聯會自處分書送達之次日起，應立即停止前項違法行為，並處罰鍰新臺幣50萬元。

全聯會不服本件處分而提起訴願，行政院訴願委員會於2010年11月22日院台訴字第0990106262號訴願決定書將公平會之處分撤銷（訴願決定主文：原處分撤銷）。行政院訴願會認為：「訴願人依律師法第15條第2項規定之授權，具有律師倫理規範之制定權及解釋權，公平會代表列席本院訴願審議委員會99年11月10日99年度第43次會議說明亦表示尊重訴願人對律師倫理規範之解釋許可權，且參諸法務部98年6月25日法檢字第0980023620號函以訴願人如認律師執業有違反律師法第15條第2項授權其訂定之律師倫理規範，徑函請各地方律師公會轉知律師退出法易通公司之法律諮詢服務，難謂與律師法之規定有悖，本件訴願人本于就律師倫理規範之解釋權，認定律師加入法易通公司提供法律諮詢服務之費用分配架構，已構成支付介紹人報酬而違反律師倫理規範第12條之規定，並基於律師公會依律師法之規定，對於違反律師倫理規範應付懲戒之律師具移送懲戒權，乃立于保護所屬會員免受懲戒之立場，經98年3月28日第8屆第3次常務理事會議討論決議，並以98年4月1日（98）律聯字第98049號函各地方律師公會，請轉知律師會員退出法易通公司之法律諮詢服務平臺，應屬依律師法授權而為之解釋及於懲戒前所為勸告行為，原處分機關徑以訴願人決議及發函律師會員退出法易通公司法律諮詢服務平臺，已產生約制律師執業活動及限制競爭之效果，系足以影響服務供需市場功能之水準聯合行為，違反公平交易法第14條第1項規定，乃依同法第41條前段規定而為本件處分，未慮及訴願人所為決議及發函行為具有適用律師倫理規範及公平交易法之衝突情形時，究否具備相當於阻卻違法之事由，不無斟酌餘地。爰將原處分撤銷，由原處分機關另為適當之處理。」[4]

公平會在本件中之態度很明確地將全聯會決議對各地方律師公會之發函當成一般同業公會[5]對於會員之約束事業活動之行為，亦屬於公平交易法第7條第2項之水準聯合，而應予以禁止，並加以處罰。

行政院訴願會認為全聯會該項決議發函各地方律師公會，系「本于就律師倫理規範之解釋權」，「應屬依律師法授權而為之解釋及於懲戒前所為勸告行為」。並認為公平會之處罰「未慮及訴願人所為決議及發函行為具有適用律師倫理規範及公平交易法之衝突情形時，究否具備相當於阻卻違法之事由，不無斟酌餘地」。

本件爭議是否該當公平法上有關聯合行為要素之認定，並非本文處理物件。本文希望透過行政院訴願會決定之邏輯反推，假如本件可以構成阻卻違法事由而免於公平法上之裁罰，全聯會之行為自應屬於行政罰法第11條第1項規定，「依法令之行為，不予處罰」。全聯會「本于就律師倫理規範之解釋權」所為者，究竟是依何種法令從事何種行為？此涉及全聯會這種「自律團體」在經濟行政法上之地位與功能。從行政院的訴願決定觀察，並無法確定訴願會的見解是認為全聯會之行為基本上不受公平交易法規制（是否是一種高權性質之公權力行使的行為？），亦即無公平法之適用？或者是仍有適用，但僅因構成要件該當後，阻卻違法而不予裁罰？

二、經濟自治團體之概念

（一）經濟自治團體之範圍

「經濟自治團體」並非一個學理上極為明確之概念。臺灣學界似亦未將此一概念作為一個學術上嚴謹之定義加以處理。經濟行政法之先驅廖義男教授指出，國家對經濟活動之調節與規整，除自設主管官署執行外，亦可將此任務交由獨立之公法團體（öffentlich-rechtliche Körperschaft），如各種職業公會（Kammern），或公法上之財團（öffentlich-rechtliche Stiftung）或營造物（Anstalt）自治管理或執行，甚至委由私人或私法團體（即所謂「受託行使公權力之企業者（beliehene Unternehmer）」執行。此即所謂「經濟自治（Selbstverwaltung der Wirtschaft）之問題」。[6]換言之，國家將其對於經濟活動之調節與規整任務，交由上述「團體」執行者，此類團體即可稱為經濟自治團體。

從比較法觀察，德國經濟行政法學理上，對於組織上原本由國家或地方自治團體所從事之經濟行政任務，亦承認有極大部分可以透過「經濟自治的主體（Trägern wirtschaftlicher Selbstverwaltung）」來加以完成。最常見的是一些經濟自治社團（例如工商業公會（Industrie- und Handelskammern）或農業公會（Landwirtschaftskammern）等等即屬之）。此類經濟自治自始即無涉地方自治（kommunale Selbstverwaltung），而屬於自治行政分類下「功能性自治（funktionale Selbstverwaltung）」之一種子類型。[7]不過在德國法上比較特別的討論爭議則在於，所謂職業倫理自治（berufsständische Selbstverwaltung），例如醫師公會、藥劑師公會等等，是否也包含在這裡所謂之經濟自治範圍之內？德國傳統的理論是採取否定說之見解。因為傳統理論將職業倫理自治視為其乃作為一種純粹的職業團體而為了特定職業之利益而計算。這與經濟自治（如工商業公會）之任務在於追求無數職業之整體利益，有顯著不同。[8]更特殊的類型則是所謂自由業的自治（Selbstverwaltung der freien Berufe），例如律師公會、建築師公會或公證人公會等專門職業公會，當然也是一種職業倫理自治的型態。傳統理論也認為這種自由業的自治並非所謂經濟自治。因為這類團體據以成立之法規均已明確表達，這類自由業的活動並不是在從事「營業（Gewerbe）」。其毋寧在提供需要特殊養成訓練作為前提之高品質的勞務給付。[9]具體而言，此類經濟活動並非受到營業法規之限制。[10]然而也有少數學者質疑這種將自由業活動排除於營業概念外見解之正當性；而且不論前述何種組織之組成（例如強制入會）或運作型態，均無太大之差異，[11]這種區別其實並無意義。[12]至於其它私法組織形式之經濟同業公會（die privatrechtlich organisieren Wirtschaftsverbände），則是一個介於國家與市場間的灰色地帶，其純粹代表會員之利益而不是在履行公共行政任務，根據德國學說理論，在組織形式上亦非經濟自治團體。[13]有學者甚至直言，經濟自治若非屬公行政一環，而僅作為一種協調與業務機制，並利用這個機制對於經濟活動以社團或組織形式而獨立地自我治理其自己的整體事務，但卻同時負擔公共責任的說法，[14]將使得「自治」的概念崩解。[15]

德國經濟行政法上國家與市場間之關係

國家				市場
國家或地方自治團體	經濟自治（Selbstverwaltung der Wirtschaft）	職業倫理自治（berufsständische Selbstverwaltung）/自由業的自治（Selbstverwaltung der freienBerufe）	私法組織形式之經濟同業公會（die privatrechtlich organisieren Wirtschaftsverbände）	私法自治

（二）經濟自治團體之「自治」功能

前述德國法上特別針對專門職業之自治而採取之分類自有其歷史發展之特殊性。然而，即使是自由業之專業倫理自治與其它之經濟自治，亦均得為自治的類型，所差異者在於營業法之適用與否。因此，認定一個組織是否可以稱之為經濟「自治團體」，判斷之標準應該還是在於其「自治」之特徵。所謂「自治」之定義系指那些非直接隸屬於國家機關，而在制度上具有獨立性，但卻也納入國家組織之公法組織體；其並由具有利害關係之當事人自我負責地（亦即至多僅受到國家之法律監督）管理特定之公共事務。[16]而經濟自治團體所執行或管理之特定公共事務則系前述對於經濟活動之調節與規整任務。針對這樣的定義，「自治」至少要具備三個要素。

第一，公法組織

經濟自治作為一種自治類型，仍屬國家整體行政之一環。因此，傳統上，同時也是通說見解認為，自治應該在形式上為公法組織。[17]然而卻也有部分的學者主張，自治亦得由私法形式之組織為之，並將之視為一種國家利用私法組織管理之一種具體形式。[18]臺灣亦有學者舉私法組織形式之大學自治為例，主張大學之自治權，並不因組織型態為公法或私法性質而有任何影響。[19]並進一步認為：「在參照德國自治制度雖以公法人組織為主，但並非皆以公法人為絕對必要，且已有將私法人納入之實例，再加上臺灣公法人制度尚未發展成熟，因此在臺灣對於自治團體法律形式之認定，不應以公法人為必要，履行行政任務之私法人亦有成為自治組織之可能。」[20]

本文認為，組織之公法形式或私法形式並不足以論斷必然存有自治內涵與否。以組織形式來決定是否具備自治之內涵其實並非切中問題之核心。學者也指出，即使將自治之概念限縮於公法領域，也並不排除自治體在它的任務履行範圍內，去組成或運作一個私法形式的團體。因為這種組織之成立或參與正足以證明自治權的行使。[21]也有學者明確地指出，即使公法形式之法人，可能也不一定得作為自治主體（例如有爭議的「廣電營造物（Rundfunkanstalt）」）；[22]相反地，私法人作為自治主體，也並非全無可能自治。當這種私法形式的主體沒有被特別委託行使公權力（Beleihung）以運用公法之行為形式時，它只具有上位集合團體（Dachverbände）的功能，可以自由提供給付服務或者以建議性質之形式運作其自治功能。因此自治主體必須具備（至少部分之）權利能力，以足以提供其行政或管理必要的獨立基礎。[23]從而，本文所理解之自治仍與前述傳統自治概念之定義無異。私法團體作為自治行政主體的前提，至少必須在功能上被委託具備獨立負責之許可權，[24]而在功能上亦得成為「納入國家組織之公法組織體」。

第二，利害關係人之參與（參與原則）

依「利害關係人參與原則」（Partizipationsprinzip），特定利害關係人對自治行政主體內部意思之形成及決定之作成，必須有參與之權能。[25]

第三，自我負責（「與國家保持距離」原則）

由於自治之目的在於使自治團體得以自行履行屬於其本身之任務，因此國家必須與自治團體保持適當距離，以確保自治團體之自主與獨立，此一特徵稱為「與國家保持距離」原則（Staatsdistanzprinzip）。自治主體自行負責代表其于「國家所賦予之法定許可權內」，不受國家個案指示或通案行政規則之拘束。國家對於自治團體自治事務之監督，僅限於合法性監督，而不得為合目的性監督。[26]

（三）律師公會全聯會作為一種經濟自治團體？

德國學說上將經濟自治與其它所謂職業倫理自治或自由業自治加以區別，以凸顯營業法規之是否適用的背景，在臺灣並不明顯。根據律師法第1條第1項與第2項之規定：「律師以保障人權、實現社會正義及促進民主法治為使命。」「律師應基於前項使命，本于自律自治之精神，誠實執行職務，維護社會秩序及改善法律制度。」律師本于自律自治之精神所從事之職業（「執行職務」）確實也與一般「營業」行為性質有別。同法第11條第1項與第3項複規定：「律師非加入律師公會，不得執行職務；律師公會亦不得拒絕其加入。」「各地方律師公會，得以七個以上之發起，及全體過半數之同意，組織全國律師公會聯合會。」第15條第2項規定，「全國律師公會聯合會應訂立律師倫理規範，提經會員代表大會通過後，報請法務部備查。」律師公會或全聯會作為一種同業之自律團體並無疑義。然而它會不會只是一種「私法組織形式之經濟同業公會（die privatrechtlich organisieren Wirtschaftsverbände）」而被排除于經濟自治以外，則仍有未明。其原因主要在於本文所指之自治或經濟自治者，並非只是純粹代表會員之利益而非履行公共行政任務之自願性管理而已。

如果根據上述自治的特徵判斷，依全聯會章程，以及全聯會具備制定得以作為律師懲戒基礎之律師倫理規範之許可權，國家基本上尊重其自律的精神，可以引證具備「參與原則」與「與國家保持距離」之特徵。再從律師之強制入會制度、移送懲戒與制定得作為懲戒構成要件規範之律師倫理規範觀察，其涉及基本權之限制或可能之剝奪極為明顯，基於國家武力壟斷（das Gewaltmonopol des Staates）之原則，理論上均應屬於公法領域之作用。因此，即使不論組織是否具備公法人性格，律師公會全聯會也完全符合自治之概念。[27]其不受國家干涉，獨立而自我負責地透過對於會員之執行職務的專業倫理規制，亦可間接達成對於特定經濟活動之調節與規整任務，其作為一種經濟自治團體並無疑義。

三、律師倫理規範與公平交易法之衝突

（一）律師倫理規範之法律性質

假使全聯會作為一種經濟自治團體，其制定之律師倫理規範，以及根據律師倫理規範而對於各會員之約制究竟是何種法律性質，仍應進一步討論。

1.全聯會作為自治團體而制定之自治規章？

如果全聯會作為一個自治團體，同時具有公法人之性質時，對於同屬公法人之地方自治團體或其它公法人，在自治許可權下所制定之規章，即可能具有參考價值。大法官釋字第467號解釋理由書指出：「中央與地方許可權劃分系基於憲法或憲法特別授權之法律加以規範，凡憲法上之各級地域團體符合下列條件者：一、享有就自治事項制定規章並執行之許可權，二、具有自主組織權，方得為地方自治團體性質之公法人。」另外「因憲法規定分享國家統治權行使，並符合前述條件而具有公法人地位之地方自治團體外，其它依公法設立之團體，其構成員資格之取得具有強制性，而有行使公權力之權能，且得為權利義務主體者，亦有公法人之地位。是故在國家、地方自治團體之外，尚有其它公法人存在，早為臺灣法制所承認」。地方自治團體所制定之自治規章名稱與位階則另外於地方制度法中規定。至於其它公法人如農田水利

會，因為實際運作下，均由監督（主管）機關代為制定，而並未「享有就自治事項制定規章並執行之許可權」，故尚難稱之為具備「自治團體」性質之公法人。

所以也許可以模擬地方自治團體的自治規章制定性質，理解全聯會基於自治許可權而就自治事項所制定之律師倫理規範，屬於一種自治團體所制定之自治規章。因此，僅將律師倫理規範描述成「執業律師應遵循的具體行為標準」[28]，恐怕無法說明其在法規範上之意義。

此外，若比較德國理論之發展，亦可得到若干啟示。德國法上對於自治行政團體的公法人，在法律所授與之自治權（Autonomie）範圍內對其所屬成員或人員所制定之規範，稱為自治規章（Satzung）[29]。但是即使現行法中，對於自治團體所制定之自治規章，除了使用「自治規章」之概念外，尚有使用「其它自治法（das sonstige autonome Recht）」者（例如§ 34 Abs. 2 SGB IV）[30]。對於律師公會所制定之律師倫理規範（Berufsordnung für Rechtsanwälte（BORA））的性質，起初並非以自治規章之型態出現，而是一種」準則（Richtlinien）」。同時也不被視為一種規範，而僅將之當作是一種不具有拘束力的建議。換言之，這種準則並非行政法上之法源。[31]不過，即使如此，這些準則的內容仍然可以作為一些重要的承認來源，而於個案中，根據尊崇與有經驗之同業觀點，用來判斷是否符合每一個職業專業的價值與習慣。[32]然而這種類似特別權力關係之過時見解已於1987年由聯邦憲法法院所揚棄。聯邦憲法法院指出，德國聯邦律師公會行業準則（Richtlinien des anwaltlichen Standesrechts）並不足以作為限制律師執行業務之法律基礎。因為基本法第12條要求依據法律或法律之授權始得限制職業自由之基本精神在於，由於職業自由保護憲法秩序中最高價值之人格在工業社會中之重要層面，因此對於職業自由之限制必須屬於立法者之責任範疇。不過，憲法並不期待僅立法者或其授權之行政機關始得制定限制職業自由之規定，在某些條件的配合下，職業自治團體之章程亦可限制其會員之職業自由。然而立法者必須注意職業團體章程對相關人士及公共利益可能造成之危害，以及可能因為過度保護團體之利益及狹隘的行業認知而損及剛開始執行業務之人員以及非專門職業人員，進而阻礙必要之改革與鬆綁。因此法律不得授權職業團體制定帶有「建構身分（status-bildend）」性質之職業義務（應保留給立法者），或是其目的僅在於限制其會員執行業務自由之職業義務。[33]具體而言，聯邦憲法法院要求律師倫理規範必須以法律所賦予之自治規章許可權來加以制定。[34]而此項立法工作，實際上也於1996年後完成。

由於臺灣公法人制度之不發達，全聯會即使具備自治特徵，但實務運作上仍認其法律地位尚非具備公法人性質，因此其所制定之律師倫理規範，尚難與德國制度將律師倫理規範視為「自治規章」的見解等而視之。

然而平心而論，若以大法官解釋之標準，「其它依公法設立之團體，其構成員資格之取得具有強制性，而有行使公權力之權能，且得為權利義務主體者，亦有公法人之地位」。律師法之法規範屬性，不論根據利益說或者修正主體說（通說）之判斷，均無解釋其非公法之理。[35]因此，即使律師法未明文指稱律師公會或者全聯會為公法人，但因律師法之公法屬性，其據以成立之團體而具上述特徵者，仍應認為屬於公法人。[36]就此特徵而論，全聯會所制定之律師倫理規範，亦應可認為屬於公法性質之自治規章。

2.全聯會被委託行使公權力而制定之規範？

倘若吾人堅持全聯會是一個私法人，而律師倫理規範之內容又可以作為律師懲戒制度中重要的規範構成要件，並非一全然屬於無規範效果的道德倫理條文。則問題就在於，一個私法人如何能制定具有公法規制效果之法規範。[37]學者有主張，醫師公會對於會員作成除名處分時，屬於行政處分，在此許可權範圍，醫師公會之地位即是行政程序法第2條第3項所規定之「受委託行使公權力之私人（Beliehne）」。[38]然而這並無法完全說明全聯會制定一般抽象性質之律師倫理規範之法律性質為何。換言之，本法所稱受委託行使「公權力」是否可以包括客觀法規範制定許可權之委託，即存有疑義。行政院訴願會於訴願決定中指出，「訴願人依律師法第15條第2項規定之授權，具有律師倫理規範之制定權及解釋權」，也未說明立法者究竟「授權」全聯會什麼類型與內容之許可權。假如律師倫理規範僅是一個道德規範，又何必勞動立法者之授權？

對此，有學者則認為律師法第15條第2項規定「全國律師公會聯合會應訂立律師倫理規範，提經會員代表大會通過後，報請法務部備查」，明文授予全聯會制訂並解釋律師倫理規範之許可權，以確保律師自治（律）之實效性，乃律師法將關於律師自治之自律規範訂定與解釋等公權力行使事項，透過第15條第2項規定之授權，委由全聯會代為行使。依行政程序法第2條第3項規定及釋字第269號解釋意旨，全聯會應為受委託行使公權力之團體，在委託範圍（律師倫理規範之制訂及解釋）內具有行政機關之地位。全聯會依律師法第15條第2項規定，就律師倫理規範之制訂及解釋，具有與機關相當之地位，是律師倫理規範之法律位元階或定性，依行政程序法第150條規定，應為行政機關所制訂之法規命令。[39]

臺灣學說上對於此一問題之討論並不明顯。然而，對德國公法學界而言，卻並非陌生議題。以國家授予其它主體法規範制定許可權之可能類型而言，不外法規命令與公法上之自治規章之制定。對於授權私人制定法規命令的類型而言，德國經大多數之學者均持否定之見解。因為根據德國基本法第80條之規定，被授權制定法規命令之對象僅限於對於議會負責之行政權（Exekutive）（行政權被立法權授予派生之立法權限！）。[40]至於授權私人團體制定自治規範而讓私人團體行使此一「派生」規範制定許可權，以便於進行自治，則與法規命令之授權私人制定情況相同，均在（人員）民主正當性之聯結上出現極大的矛盾。[41]因此有關授權行政權制定法規命令的結構與行政受託人的結構並不相容。即使臺灣憲法中無如德國基本法第80條般之規定，但從民主原則或民主正當性觀點，理論上本文亦採取否定說之見解。全聯會制定律師倫理規範並非一種基於私人地位，而受立法者直接委託行使制定法規命令或自治規章之公權力的型態。

3.律師倫理規範作為行政法之法源

基於以上之說明，本文認為作為自治重要內涵之一的律師倫理規範，雖名之為倫理規範，但絕非一不具規範效力之道德條款。特別是從德國聯邦憲法法院1987年之後調整之立場可知，法治國並無法接受一個不具規範效力之檔，作為專門職業人員接受懲戒（強度甚至可以達到資格或身分之剝奪）之根據。行政院訴願會指出公平交易法與律師倫理規範間會有衝突，而可能構成公平法上裁罰阻卻違法事由之可能性，無非也是肯定律師倫理規範之法規特徵。因此，除非將律師倫理規範與懲戒之法律效果脫離，訂成一種純粹道德宣誓的規定（例如日本[42]），否則以目前之整體規範架構觀察，律師倫理規範應作為行政法上法源之一種類型，具有一定之規制效力。

　　然而這種法源之型態卻因為臺灣奇特的制度設計而難以尋得一個適當之解釋。首先我們一方面要說律師倫理規範是立法者授權全聯會制定的，但是我們卻又說不清楚立法者授出什麼權。我們一方面認為律師公會之自治乃理所當然，卻又僅能認定全聯會是私法組織，因此也無法說明這個私法組織如何能制定一個公法上之一般抽象規範。因此本文認為即使目前律師法並未如水利法般對於農田水利會之組織明定為公法人，但這無礙于我們對於全聯會具備公法人性質之主張。因為只有這樣才能解決目前所面臨的規範難解現象。至於全聯會若可解為是具備公法人性質之經濟自治團體，其制定之（具有規制效果，而非僅屬道德宣示條款之）律師倫理規範，即可以自治規章加以理解。

（二）自律規範與公平交易法間之衝突

　　自從公平法2002年修法將垂直聯合之類型納入公平法之水準聯合加以規制（原則禁止）之後（第7條第4項），針對同業公會對於會員之「約束事業活動」行為，若未事先經主管機關許可，公平會均一視同仁地加以裁罰。[43]本文所舉案例，基本上也是在這個思維下的產物。對於這種將公平法的射程無邊際地擴展到所有同業公會的自律或自治領域，導致經濟自律或經濟自治功能之壓縮，已見學者表達高度質疑。[44]

　　本文認為臺灣公平法之適用，嚴重地忽略經濟行政法上經濟自治團體之地位與功能。如前所述，本文並非將所有之經濟性團體均視為經濟自治團體。但若被認定為經濟自治團體者，國家即必須對於其自治予以適度之尊重。經濟自治團體的公法性格在公平交易法之是否規制上應該是一個不可忽略的前提問題。經濟自治團體不論是採取公法人理論或者前述有爭議之行政受託人理論，其制定具有懲戒條件效果的自律規範，以及根據該規範對會員之處理，均具有行使公權力之意義。[45]這是自始就不受到公平交易法規制之領域。[46]經濟自治團體在進行同業間之協調或者自律（治）時，是否得作為公平交易法上之事業加以規制，與行政機關之行為是否適用公平交易法之考慮並無二致，亦即並非採取形式判斷，而是應該在個案中從實質功能論斷，而非只要是同業公會的任何協調自律行為都看作是「事業」所為之聯合行為。換言之，應該區分經濟自治團體之行為性質。例如聯合的收費標準制定是應受到公平法之規制，反之，若是在法律的授權下行使監督權力時，即應將其視為行政機關，公平法就不應該介入干預。[47]

　　因此即使立法政策上要一改制定法律時之初衷，納入垂直聯合之管制，也並不必然要將所有的公會自律行為全數當作是聯合行為加以禁止。在此當然必須考慮個案中，公平交易法之有無適用，以及聯合行為構成要件之是否滿足。[48]

　　基於這種前提理解，本文認為前揭案例中，行政院訴願會並未在邏輯上清楚掌握其論證之脈絡。質言之，如果訴願會已經認為律師倫理規範是一個可能作為阻卻違法事由的「法令」，代表全聯會制定或者根據自律規範對於會員避免遭受懲戒之提示，訴願會已認定其屬於經濟自治行政下的公權力行為，應該自始就排除公平交易法之適用。而非一開始先認為全聯會屬於公平交易法上之事業，並對其聯合行為應加以規制，其次再說其可能有因為行使公權力緣故，致使其可能為依法令之行為，而應考慮是否阻卻公平法上之裁罰。

四、結語

經濟自治團體在經濟行政法上扮演著功能性自治的角色，乃屬於可以納入國家組織之公法組織體。因此並非所有的同業公會均屬於經濟自治團體，特別是那些不具自治特徵之私法性質的經濟同業公會。經濟自治團體基於自治許可權之行使而制定具有規制效力之自律規範，始得作為限制成員基本權利行使之根據。律師公會全聯會作為經濟自治團體，在特徵上並無疑義。其根據律師法授權而制定之律師倫理規範具有法規之效力而非僅屬道德規範。透過委託行使公權力的模式，並無法解決一方面希望它只是私法團體，一方面又希望它作為功能性自治行政的一部份，而行使其公法性質之自治權。這樣的爭議，也延續到公平交易法之適用上，因為這些經濟自治團體的地位未被厘清，致使其與一般不具自治特徵之同業團體同其命運。承認經濟自治團體行使自治之公權力時，排除公平交易法之適用，並不代表其完全豁免於公平交易法之規制。就如同行政機關為私法上之經濟活動時，若有該當聯合行為時，亦不得免其處罰一般。毋寧應該在個案中，逐一判斷其行為之屬性，以厘清自治與聯合之那一線之隔。

注 釋：

[1] 程明修，臺灣東吳大學法律系專任副教授，德國敏斯特大學法學博士。

[2] 相關議題之討論，詳參考，臺灣法學會主辦，「從法易通事件談起：論律師倫理規範與競爭法之交錯座談會」會議紀錄，月旦法學雜誌第 188 期，2011 年 1 月，頁 254 以下。

[3] 中華民國律師公會全國聯合會 2009 年 4 月 1 日 (98) 律聯字第 98049 號函各會員公會，主旨為：「有關法易通股份有限公司架設網路平臺，召募專家會員（含律師）提供一般會員法律諮詢服務，敬請貴會轉知已加入該公司之會員已涉違反律師倫理規範第 12 條規定，應盡速退出，請查照。」

[4] 法易通公司對此訴願決定不服，以利害關係人地位提起行政訴訟，臺北高等行政法院 100 年度訴字第 104 號判決 (2011 年 3 月 4 日)，認法易通公司容或因訴願決定撤銷原處分，致訴外人全聯會得繼續為原告所謂之聯合行為，而有礙於原告營業，但此僅是事實上之利害關係，而非法律上權利或利益因訴願決定之作成而受有直接之影響。法易通公司徑依行政訴訟法第 4 條之規定提起撤銷訴訟，為當事人不適格，應予駁回。

[5] 根據公平交易法施行細則第 2 條規定：「本法第二條第三款所稱同業公會如下：一、依工業團體法成立之工業同業公會及工業會。二、依商業團體法成立之商業同業公會、商業同業公會聯合會、輸出業同業公會及聯合會、商業會。三、依其他法規規定所成立之職業團體。」第 3 款所稱，「依其他法規規定所成立之職業團體」，即包括依「醫師法」成立之醫師公會、依「建築師法」成立之建築師公會、依「律師法」成立之律師公會、依「會計師法」成立之會計師公會等。參考，行政院公平

交易委員會編，認識公平交易法，2011 年，增訂 13 版，頁 9。

[6]　參考，廖義男，經濟法之概念與內容體系，同作者，《企業與經濟法》，1980 年，初版，頁 40。

[7]　Vgl. Rolf Stober, Allgemeines Wirtschaftsverwaltungsrecht, 12. Aufl., 2000, § 43 S. 413; 趙相文，由法律觀點論自治制度，中原財經法學第 15 期，2005 年 12 月，頁 35；該作者並明確指出，相對於地方自治係國家某一地區內，居民全面地參與的公共事務；功能自治（funktionale Selbstverwaltung）則是特定職業（例如工商業或自由業）或特定功能（例如大學或農田水利會）的自治。地方自治與功能自治的差異，除了地域取向與功能取向的不同，使得功能自治的成員能跨越地域疆界外，還有兩處顯著之差異：其一，地方自治著重於居民的政治參與，而功能自治則以特定專業之參與為基礎，該專業資格多以自治團體之成員資格（例如會籍）為表徵。其二，功能自治團體之自治權，僅限於就與其有關之專業任務，地方自治團體則在其行政區域內享有廣泛的自治事務全面管轄權。參考，前揭文，頁 150。有關功能性自治行政之類型介紹，另可參考，許春鎮，論自治行政之概念及其類型，臺北大學法學論叢第 59 期，2006 年 9 月，頁 16 以下。另外有學者指出：「諸多以特定身分之人作為社員而組成之自治行政團體，例如社會福利機構或經濟行政法上之職業公會與團體，亦即所謂的『經濟之自治行政』（wirtschaftliche Selbstverwaltung），其本質並非屬於國家間接行政意義下之自治行政，毋寧應趨近於社會或經濟上之自我管制。」參考，詹鎮榮，德國法中「社會自我管制」機制初探，同作者，民營化法與管制革新，2005 年，頁 152。

[8]　Vgl. Rolf Stober, a.a.O., § 43 S. 414.

[9]　Vgl. Günter Püttner, Wirtschaftsverwaltungsrecht, 1989, S. 78; Hans D. Jarass, Wirtschaftsverwaltungsrecht mit Wirtschaftsverfassungsrecht, 3. Aufl., 1997, § 6 Rn. 12; Winfried Kluth, Funktionale Selbstverwaltung, verfassungsrechtlicher Status - verfassungsrechtlicher Schutz, 1997, S. 82 ff.; Reiner Schmidt, Kompendium öffentliches Wirtschaftsrecht, 1998, S. 88 f.

[10]　Vgl. Peter Badura, Wirtschaftsverwaltungsrecht, in: Eberhard Schmidt-Aßmann（Hrsg.），Besonderes Verwaltungsrecht, 11. Aufl., 1999, Rn. 61; Reiner Schmidt, Öffentliches Wirtschaftsrecht, in: Norbert Achterberg/ Günter Püttner（Hrsg.），Besonderes Verwaltungsrecht, 2. Aufl., 2000, Rn. 7.

[11]　Vgl. Hans D. Jarass, a.a.O., § 6 Rn. 15.

[12]　Vgl. Werner Frotscher, Wirtschaftsverfassungs- und Wirtschaftsverwaltungsrecht, 3. Aufl., 1999, Rn. 419.

[13]　Vgl. Reiner Schmidt, a.a.O., S. 89.

[14]　Vgl. Ernst Rudolf Huber, Selbstverwaltung der Wirtschaft, 1958, S. 9, 40 ff.

[15]　Vgl. Werner Frotscher, a.a.O., Rn. 418 Fn. 15.

[16]　Vgl. Reinhard Hendler, Selbstverwaltung als Ordnungsprinzip, Zur politischen Willensbildung und Entscheidung im demokratischen Verfassungsstaat der Industriegesellschaft, 1984, S. 284.

[17]　相關文獻之論述，可詳參考，趙相文，由法律觀點論自治制度，頁 134 以下；趙相文，行業自治作為我國行政任務民營化之方法 – 以證券市場自律機制為例，臺灣大學法律研究所博士論文，2004 年，頁 85 以下；許春鎮，論自治行政之概念及其類型，頁 10。

[18]　Vgl. Gunnar Folke Schuppert, Selbstverwaltung als Beteiligung Privater an der Staatsverwaltung?, in: Albert v. Mutius（Hrsg.），Selbstverwaltung im Staat der Industriegesellschaft, Festgabe für Georg Christoph von Unruh, 1983, S. 197 ff., 205. 作者並稱之為「間接自治」；相關學說之論述，亦可參考，Reinhard Hendler, Das Prinzip Selbstverwaltung, in: Josef Isensee/ Paul Kirchhof（Hrsg.），Handbuch des Staatsrechts, Bd. IV, 2. Aufl., 1999, § 106 Rn. 24 ff., 27.

[19]　參考，趙相文，由法律觀點論自治制度，頁 137。

[20]　參考，趙相文，由法律觀點論自治制度，頁 138。

[21]　Vgl. Reinhard Hendler, a.a.O., § 106 Rn. 27.

[22]　臺灣學者亦有指出農田水利會雖為公法人，但因為在功能運作上，一方面由於其會務委員會之職權受監督機關近乎全面性的「核准保留」之限制，另一方面亦無制定自治規章之權，其自治權萎縮，

故仍不能稱之為「自治行政」。參考，許春鎮，《論自治行政之概念及其類型》，頁 47。

[23] Vgl. Eberhard Schmidt-Aßmann, Zum staatsrechtlichen Prinzip der Selbstverwaltung, in: Peter Selmer/ Ingo von Münch（Hrsg.）, Gedächtnisschrift für Wolfgang Martens, 1987, S. 262.

[24] 國內學者在有關私立大學之自治問題上指出，「參照前述自治行政的定義，自治行政之主體必須是獨立的、具備權利能力的公法組織體，而非私法組織。今姑且不論自治行政可否以委託行使公權力方式委由私立大學行使。我國的公立大學並非公法人，而是『具有機關之地位』；而私立大學『系屬由法律在特定範圍內授與行使公權力之教育機構』，『亦具有與機關相當之地位』」。可惜並未進一步回應。參考，許春鎮，論自治行政之概念及其類型，頁 48。

[25] 參考，許春鎮，論自治行政之概念及其類型，頁 10。

[26] 參考，趙相文，由法律觀點論自治制度，頁 141。

[27] 德國法上對於律師公會之自治特徵，亦並無疑義。Vgl.Hans J.Wolff/ Otto Bachof/ Rolf Stober, Verwaltungsrecht, Bd. III, 5. Aufl., 1987, § 97 Rn. 106.

[28] 參考，顏華歆，律師倫理規範之性質與功能，全國律師 2005 年 2 月號，頁 143。

[29] Vgl.BVerfGE 10, 20（49 f.）; 12, 319（325）; 33, 125（156）.

[30] Vgl.Jonathan I. Fahlbusch, Das gesetzgeberische Phänomen der Normsetzung durch oder mit Vertrag, 1. Aufl., 2004, S. 127.

[31] Vgl.Winfried Brohm, Strukturen der Wirtschaftsverwaltung, Organisationsformen und Gestaltungsmöglichkeiten im Wirtschaftsverwaltungsrecht, 1969, S. 74.

[32] Vgl. Fritz Ossenbühl, Satzung, in: Josef Isensee/ Paul Kirchhof（Hrsg.）, Handbuch des Staatsrechts der Bundesrepublik Deutschland, Bd. III, 1988, § 6 Rn. 9.

[33] 參考，劉孔中，專門職業服務解除管制其競爭規範之研究，律師雜誌第 241 期，1999 年 10 月，頁 76 以下。

[34] Vgl. Fritz Ossenbühl, a.a.O., § 6 Rn. 9.

[35] 參考，林明鏘，同業公會與經濟自律——評大法官及行政法院相關解釋與判決，臺北大學法學論叢第 71 期，2009 年 9 月，頁 59 以下。

[36] 參考，陳新民，行政法，2001 年，初版，頁 105；林騰鷂，公法上社團法人，東海大學法學研究第 18 期，2003 年 6 月，頁 12 以下；李建良/林合民/陳愛娥/林三欽/陳春生/黃啟禎合著，行政法入門，2004 年，2 版，頁 231；認立法者授予律師公會若干許可權，其局部內容與公法上之社團法人許可權相近者，參考，黃錦堂，行政組織法之基本問題，翁岳生編，行政法（上冊），2000 年，頁 299。

[37] 在國家之規範制定許可權壟斷前提下，私人之「原始」法規範制定許可權，應該自始即不具備。

[38] 參考，林明鏘，同業公會與經濟自律——評大法官及行政法院相關解釋與判決，頁 59。

[39] 參考，顧立雄/周廷翰，律師倫理規範之規範性與實效性——從法易通事件談起，萬國法律第 174 期，2010 年 12 月，頁 36。

[40] Vgl.Jochen Taupitz, Die Standesordnungen der freien Berufe: Geschichtliche Entwicklung, Funktionen, Stellung im Rechtssystem, 1991, S. 686.

[41] Vgl.Hans J.Wolff/Otto Bachof/Rolf Stober, a.a.O., § 104 I Rn. 2; Florian Becker, Kooperative und konsensuale Strukturen in der Normsetzung, 2005, S. 388 ff.; 然而德國學界早期仍不乏采肯定見解者。Vgl. Otto Bachof, Teilrechtsfähige Verbände des öffentlichn Rechts, Die Rechtsnatur der Technischen Ausschüsse des § 24 der Gewerbeordnung, AöR 83 （1958）, 208; Jürgen Terrahe, Die Beleihung als Rechtsinstitut der Staatsorganisation, 1961, S. 108 ff.; Karl-Otto Nickusch, Die Normativfunktion technischer Ausschüsse und Verbände als Problem der staatlichen Rechtsquellenlehre, 1964, S. 138 ff.; Peter Marburger, Die Regeln der Technik im Recht, 1979, S. 335.

[42] 日本弁護士倫理「並非外在的強制基準，或者懲戒事由的條文化，而系個別律師執業時，應當自主遵循的倫理行動指標」。參考，顏華歆，律師倫理規範之性質與功能，頁 142。

[43] 另可參考：行政院公平交易委員會（86）公貳字第 8603677-001 號、（82）公貳字第 50775 號、（85）

公壹字第 8501339-001 號、（89）公壹字第 8805482-004 號、（83）公壹字第 62122 號、（82）公貳字第 05388 號、（82）公壹字第 50836 號、（90）公壹字第 9000410-001 號等有關職業公會聯合行為之函釋。

[44] 參考，林明鏘，同業公會與經濟自律──評大法官及行政法院相關解釋與判決，頁 29。

[45] 參考，陳敏，行政法總論，2007 年，5 版，頁 983。

[46] 參考，劉孔中，公平交易法，2003 年，頁 19，27。

[47] 參考，臺灣法學會主辦，「從法易通事件談起：論律師倫理規範與競爭法之交錯座談會」會議紀錄，頁 262（程明修發言部分）。

[48] 例如行政院訴願會在院臺訴字第 1000102004 號訴願決定中，針對社團法人臺北市記帳士公會聲稱「提醒會員報價儘量不低於財政部每年發佈之稽征機關核算執行業務者收入標準，以免面臨補征課稅之問題」之行為，即僅討論聯合行為要件是否該當之問題。

一行為不二罰之法理探討

——從刑事罰與行政罰之觀察

陳正根[1]

摘　要：本文首先探討一行為不二罰在基本概念與憲法定位，並從美國法與德國法之理論著手，而一行為不二罰與一事不二罰究竟是否相同或不同，本文首先探討兩者之區別。一般而言在行政法之理論與實務上，即出現兩者混合使用之情形。一事不二罰之原則原為刑事法上的概念，是指同一行為不得受到二度或二度以上之處罰，而一行為不二罰原則系單純就事件實體內涵，指出國家不得對於人民之同一行為，以相同或類似之措施多次地處罰。而論述「一行為」，依據德國法理論，則區分為「自然一行為」與「法律一行為」作為各項問題之論述基礎。「一行為不二罰」之原則，相關問題之探討則擴及行政罰與刑罰之競合。本文論述競合之基礎理論，並以酒醉駕車為例等，探討其本質並檢驗其在「一行為不二罰」原則下之適用，相關結論據以作為未來修正處罰規定之建議。

關鍵字：一行為不二罰　一事不二罰　自然一行為　法律一行為　行政罰
秩序罰　酒醉駕車　違規處罰

一、前言

對於人民同一違法行為是否容許國家做出多次制裁，乃有所謂「一行為不二罰」原則之適用，此原則原本為刑事法上所恪遵並予於落實與貫徹，然而近年來在行政法方面，亦引起注意，尤其在行政罰法制定實施後，對於行政罰適用「一行為不二罰」原則之情形，更引起廣泛以及深入的討論。在文獻亦常出現「一事不二罰」之用語，一事不二罰與一行為不二罰究竟是否相同或不同，一般而言在行政法之理論與實務上，即出現兩者混合使用之情形，因此本文擬就二者之理論、法源依據、憲法位階以及行政法上之理論基礎等作一探討。又在一行為不二罰之概念下，有關行為之概念與理論亦屬相當重要，亦即何謂「一事」以及「一行為」，有關連續行為與繼續行為相對於單一行為之關係等，此即關係所要探討之單一行為論。

另在行為之競合理論下，行政罰與刑罰競合之處罰值得一併探討，故本文探討當一行為牽涉觸犯刑罰與行政罰時，如何處罰才合乎法理，並以酒醉駕車為例，探討其本質並檢驗其在「一行為不二罰」原則下之適用。又探討此原則在法規之落實情形，相關結論後可據以作為未來修正處罰規定之基礎與方向，以避免處罰過度，致使侵犯人民應有的基本權利之保障。

二、一事不二罰與一行為不二罰

(一) 概念與憲法定位

一事不二罰之原則原為刑事法上的概念，是指同一行為不得受到二度或二度以上之處罰，又稱為「禁止雙重處罰原則」（derPrinzipdesDoppelbestrafungsverbot），亦有學者稱為「重複處罰之禁止」。此項原則根源於刑事訴訟法上之「一事不再理」的概念，是指同一行為已受刑事判決確定，對該同一行為不得於程序法上再以刑罰追訴或處罰，而一般所稱「一事不二罰」是以「程序法」上的意義來理解，亦即，不得對同一行為，再度進行同樣之程序加以處罰。[2]

一事不二罰原則在大陸法系國家的法制史發展上，早期本來僅屬法律層次之原則，由於該原則具有類似訴訟基本權的特徵，在德國，乃至於歐洲逐漸發展成為憲法上的原則。不過在威瑪時代，德國上尚未將此原則納入憲法中，直到戰後制定基本法時，始於第103條第3項明文規定：「任何人不得因為同一行為，受到普通刑罰多次之刑罰。」[3]，禁止對同一行為重複刑罰，明確賦予其憲法上之地位[4]。在英美法系中，「一事不二罰原則」之相對應概念為「雙重危險禁止原則」。而受美國法影響甚深的日本，於昭和21年所制頒之新憲法亦以美國聯邦憲法為藍本，將「雙重危險禁止條款」亦明文納入日本憲法規定[5]。而我國憲法並無一事不二罰原則或雙重危險禁止原則之明文規定，但仍然有其憲法理論基礎，如本於對人性尊嚴、自由權之維護、法安定性之要求、比例原則、信賴保護原則及正當法律程序之具體化與延伸，並參酌大法官解釋及相關不同意見書，大法官已承認該原則之憲法定位，因此一事不二罰原則應為憲法所承認之基本原則[6]。

一事不二罰與一行為不二罰究竟是否相同或不同，一般而言，不區分兩者而交叉使用者，大有所在，亦即出現兩者可以混合使用之情形。然而我國行政罰法制定實施後，則明文使用一行為不二罰之概念，爾後行政法上一行為不二罰原則均包含一事不二罰之概念與內涵。由此，前述有關一事不二罰之概念，事實上亦包含一行為不二罰之基本概念，尤其有關憲法條文之依據，一行為不二罰原則仍然可引用美國的雙重危險禁止條款以及德國基本法與秩序違反法之相關規定，而在我國憲法上亦並未有相當之條文為依據，只能從憲法原則中尋找其憲法依據，與此相關之憲法原則即為法安定性原則、比例原則以及信賴保護原則[7]。

法安定性原則之主旨在於強調法秩序之維護，避免由於法秩序之破壞，造成人民權益受損。當個人違法行為已受到國家之處罰，等於已就其過錯贖罪，國家即不應再次予以制裁。[8]比例原則為當人民之違法行為已受到國家之處罰，就該違法行為應已達到處罰之目的，若再施以其他的處罰，將超過達到處罰目的之必要程度。且一行為受到國家多次處罰，在手段與目的間亦不成比例。故基於比利原則之要求，一行為不得受到新的處罰，且不得重複處罰。而信賴保護原則在於當人民已就違法行為受到國家之處罰後，其會相信國家不會再就同一行為予以處罰，並藉此而形成自身之生活。此種信賴，國家應予保護，不得輕易破壞，以免侵害人民之權利。因此，人民對於國家公權力行使結果所生之合理信賴，自應予以適當之保障。所以，不論法安定性原則、比例原則或信賴保護原則，皆屬憲法原則且為法治國之重要內容，一行為不二罰原則既可在上述各原則中獲得其憲法基礎，應亦可確認為憲法上之原則並具有憲法位階[9]。

上述憲法三原則由比較憲法原理以及司法院大法官解釋中可以間接匯出，參酌大法官解釋及相關不同意見書，大法官已承認一行為不二罰之憲法定位。法安定性原則從德國基本法第103條第3項可以更明確顯示出，系指人民會因為國家已決定處罰而有利，人民不再長期受到處罰之威脅。另比例原則可以參見釋字503號解釋，針對納稅義務人違反作為之處罰，必須採用不同之處罰方法或手段，以達行政目的所必要者。而信賴保護原則可以參見釋字525號解釋，針對公權力行使涉及人民信賴利益而有保護之必要者。而從憲法法理以及大法官解釋中觀察，上述三原則並非以某個原則為核心，而是各有相同比重，同時顯現一行為不二罰在我國憲法具有之位階。

學者又有認為憲法第八條所稱之法定程序，已經包含了同一行為受二次以上之處罰原則在內，基於法治國原則亦應有一行為不兩罰之適用[10]。亦有認為釋字第384號解釋理由書中闡明包括同一行為不得重複處罰，故認為已為我國憲法所承認之基本原則，亦有學者認為釋字503號解釋，已將一行為不二罰原則提升為「現代民主法治國家之基本原則」[11]。一行為不二罰原則存在之目的乃是為避免人民因為同一行為而遭受國家二次以上之處罰，為程序上之保障，應屬正當法律程序之一部分，而為法治國原則中不可或缺的一環，其一方面為保障程序基本權的當然要求，另一方面亦可以防止國家機關之恣意。一行為對當事人之雙重處罰不但違反正當程序，且違反平等原則、比例原則以及法治國原則。衡諸前述一行為不二罰可視為具有憲法位階，大法官釋字第384號解釋理由書中已作出解釋，其適用範圍不但包括刑事罰，且及于行政罰，如釋字第503號解釋所稱般，故應認為一行為不二罰在我國不但具有憲法之位階，且其適用範圍包括行政法罰在內[12]。

（二）美國法與德國法理論

關於一事不二罰原則，美國的雙重危險禁止條款以及德國基本法與秩序違反法之規定可以顯示其內涵。美國聯邦憲法第五修正案條文規定：「任何人不得因同一罪行，而使其生命或身體遭受兩次危險。」此賦予「雙重危險禁止原則」明確的憲法依據。美國聯邦最高法院在North Carolina v. Pearce案，進一步闡釋雙重危險條款所明確保護的三項利益：（一）禁止對於已經受無罪宣告知相同犯行，更行訴追。（二）禁止對於已受有罪判決宣告知相同犯行，再次追訴。（三）禁止對於相同犯行施以多重處罰。前二者均是涉及訴訟法上的「一事不再理原則」[13]，以保護當事人權益，並維護法秩序之安定性，而第三項保護內涵為關於實體法處罰的情形，涉及公平與必要性原則。此條款亦包含下列多種核心價值：（一）該條款保護人民免于遭受不必要的窘困與犧牲以及心理上的創傷。（二）確保裁判的終局性，此對於社會秩序而言，具有實質的重要性，蓋連續不斷的調查與追訴，將對於人民的隱私生活造成嚴重侵擾。（三）避免人民受到來自政府不合理騷擾行動。（四）避免檢察官對於相同案件事實於重啟新的訴訟程序時，以不同理由予以論罪[14]。雙重危險禁止條款本屬於正當法律程序之一環[15]，其所隱含之核心價值，縱然描述方式不同，稽其精神與法治國家原則不謀而合，並系基於人性尊嚴之維護，法安定性之要求，信賴保護原則，以保障基本人權。

德國基本法第103條第3項規定：「任何人在一般刑事法律中不得基於同一行為多次受罰。」是指標對行為人同一行為的重新追訴，基本上是不被許可的，此為一程序法上的基本權，擔保一個主觀公法合憲請求權，屬於所謂的「消極的防衛權」，擔保個人有請求一行為不得多次處罰之權，不得對已有罪或無罪確定判決之事件重新起訴。在程序法上，一事不二罰之原則表現出「程序上之中止阻斷」多次處罰，其主要適用在刑事罰上不得多次之處罰[16]。在德國，一事不二罰亦適用於秩序違反法（Gesetz über Ordnungswidrigkeiten），該法第84條第1項規定：「已具確定判決之罰鍰或法院對違反秩序行為或犯罪行為已作出確定判決時，同一行為不得再以違反秩序追訴。」第二項前段規定：「對違反秩序行為已作出確定判決時，同一行為不得再以犯罪行為追訴。」德國法院亦得作出罰鍰之決定，而法院作出罰鍰決定之效力與行政機關裁罰決定之效力不同。本條之「一事不二罰原則」規定，共分為三種情形：第一，對一已具「確定力」的裁罰決定，行政機關或法院不得對該同一行為再以違反秩序追訴，亦即，同一行為不得兩次違反秩序處罰。其次，已具「確定力」的法院若已作出裁罰判決，則該判決對後來的刑事追訴仍有「一事不二罰原則」之適用。第三，已具「確定力」的行政機關裁罰決定，並無中止阻斷事後對同一行為刑罰之追訴，此種情形即所謂「一事不二罰原則」受限的適用，亦即行政機關裁罰決定並無中斷阻止事後對該同一行為的刑事追訴[17]。

（三）綜論

因此，一事不二罰是指程序法上之「事件」，可說是源自於刑事訴訟法上之「一事不再理原則」，並涉及所謂的「訴訟基本權」（Prozeßgrundrecht）。詳言之，其本系單純屬於法律層次之刑事程序法上問題，為刑事訴訟上常用之一事不再理原則，即當法院判決具有確定力後，將不容許對同一行為再進行新的刑事程序。此原則具有阻斷效力（Sperrwirkung），可保護被告免于再一次成為其他刑事程序之標的[18]。而在行政罰法制定實施後，一事不二罰在行政罰之適用，即稱一行為不二罰，其是指如行政罰法第24條所稱的「一行為違反數個行政法上義務」的「想像競合」，著重在實體法上之行為數之計算，兩者著重之重點明顯有所不同。但一事若僅是處理一行為時，則兩者會產生重迭的現象，只是發生的時間有先後而已[19]。

一行為不二罰原則如前所述系指國家不得對於人民之同一行為，以相同或類似之措施多次地處罰，而其適用範圍究竟有多廣，是否刑罰及行政罰均包含在範圍內，另是否僅限於實體上之處罰，抑或亦涵蓋程序上之訴訟行為。經依前述歸納我國學者等相關見解，有認為廣義上可包含刑事制裁，適用於刑事訴訟程序之「一事不二罰原則」，以及行政罰之行政制裁程序之狹義「一行為不二罰」。亦有學者認為可包括訴訟法上之程序障礙之一事不再理，以及實體上規定行為次數或處罰次數與方式間問題之一行為不二罰。綜之，一行為不二罰原則具有憲法上之位階，且其本意系在禁止國家對人民之同一行為施以多次的處罰，而國家之處罰行為，未必只局限于刑罰或行政罰時，則此原則之適用範圍應可涵蓋所有的國家制裁行為。此外，國家之處罰措施，既可分成實體及程序兩部分，程序部分尚有訴訟程序及行政程序，同樣應皆可涵蓋在此原則之內。因此，在實體法上，一行為不得適用處罰規定之多次處罰，不論是刑罰法規或行政罰法規；程序法上，刑事訴訟程序或行政訴訟程序之一事不再理，可認屬本原則之下位概念，另在行政處罰程序中，對於已確定之同一行為，應不得再任意開啟[20]。

一事不二罰之原則原為刑事法上的概念，是指同一行為不得受到二度或二度以上之處罰。此項原則根源於刑事訴訟法上之「一事不再理」的概念，是指同一行為已受刑事判決確定，對該同一行為不得於程序法上再以刑罰追訴或處罰，涉及所謂的「訴訟基本權」。而一行為不二罰原則系單純就事件實體內涵，指出國家不得對於人民之同一行為，以相同或類似之措施多次地處罰。一事不二罰與一行為不二罰究竟是否相同或不同，在我國行政罰法實施前，一般而言在行政法之理論與實務上，即出現兩者可以混合使用之情形。然而我國行政罰法制定實施後，則明文使用一行為不二罰之概念，爾後行政法上一行為不二罰原則均包含一事不二罰之概念與內涵，因此兩者之區分已經不是探討重點，重要應是後面所探討的行為論，亦即何謂「一事」或「一行為」。另在美國以及德國，均有針對此原則之憲法規範，而在憲法上雖未有相當之條文為依據，然而可以從憲法原則中尋找其憲法依據，與此相關之憲法原則即為法安定性原則、比例原則以及信賴保護原則。

三、單一行為論

（一）概說

經確認一行為不二罰或一事不二罰之概念後，最重要的探討在於何謂「一事」或「一行為」，前述針對概念的確認探討，可以認定「一事」與「一行為」在行政法上之定義並無太大差別，因此在行政罰法實施後，確認何謂「一行為」自然成為探討的重點。其實違反行政法上義務之行為是否為「一行為」，則系個案判斷之問題，即必須就個案具體事實於以判斷，而不是就某法規與某法規之間之關連為何，或就抽象事實，予以抽象之判斷。于具體個案判斷時，宜就個案具體情節，斟酌法條文義、立法意旨、制裁意義、期待可能與社會通念等因素決定之。又「行政罰法上一行為」之概念，亦當與「刑法上一行為」有所區別，因為二者判斷標準未必一致。通常「刑法上一行為」即可認為「行政罰法上一行為」，而「行政罰法上一行為」卻可能構成「刑法上數行為」。蓋以刑罰系著眼於保護法益[21]，行政罰則著眼於遵守行政法規，故難免有不同之判斷[22]。雖然是否為「一行為」之問題系屬個案判斷之問題，但為求個案判斷正確，仍有闡釋「一行為」概念之必要。而我國學界與實務上均參考德國法理論與文獻資料，並參酌我國行政罰法立法原則，就行為論予以探討，最通常論述所謂「一行為」，則可區分為「自然一行為」（natürliche Handlungseinheit）與「法律一行為」（rechtliche Handlungseinheit）[23]。

（二）自然的一行為

自然一行為是指外觀上由多數自然行動所構成，即從自然生活觀（natürliche Betrachtung）加以判斷，認外觀上可分割為整個事件之數動作，若行為人系于單一之意思決定，且該數個部分行動在時空上又存有緊密關係，而由第三者觀察，足視為單一之綜合行為者稱之[24]。這些內在關聯的行為，若分別評價論處將被視為不自然的區分[25]。判斷自然一行為共有三項要素：（一）單一與同種類之意思決定：行為不必具有概括之故意，強調除單一的意志決定外，且必須此單一決定設定在同種類之行動意志上，才屬自然一行為。（二）時空緊密關聯：這些行為間，有無時空緊密關係，亦即依通常經驗判斷該行為時空緊密而難以分辨前後關係，得視為一行為，否則屬數行為。（三）第三者的觀察為准：亦即以非當事人角度觀察，這些行為間無法分割為數行為時，則應視為一行為。而所謂法律一行為是從法律觀點將上述所謂多數自然意義的行為，經由法律的構成要件的結合評價為單一行為（Handlungseinheit）。在一時空緊密下重複地實現構成要件則視為單一行為。法律上之一行為通常是指對於該事件雖存在著多數自然一行為[26]，但在立法政策所考慮的法律規範上，卻視其為一行為而處罰之。其分別有下列行為：（一）構成要件的一行為：法律的構成要件將多數自然一行為結合成為一行為。上述皆屬數個自然的違反行為，卻同時符合法律上同一構成要件，以一行為論。（二）繼續違法行為：繼續違反是指行為人因故意或過失，持續地維持實現單一構成要件的違反狀態[27]。（三）連續違反行為：指行為人基於概括之犯意，連續數行為實現同一規定之構成要件，且個別行為間具時空之關聯性者[28]。

綜合而言，一行為不二罰原則之適用，與違反行政法上義務之行為究系單一行為或數行為，有密切之關係，惟兩者間不易區別。依據前述德國理論，所謂「自然單一行為」系指行為只有一個動作，或是有多數動作，而在多數動作兼具有直接的時間及空間關係，當第三人以自然的觀察方式觀察時，可以認為其整體的活動是一個單一的綜合作為[29]。

（三）法律的一行為

「法律的單一行為」系指結合多數自然意義的動作成為單一行為，而此種單一行為只構成一個違法，並只得受一個行政罰之處罰。因此，法律的單一行為著重於法律上之意義，而與自然的行為是否單一，並無必然之關係。其可以再區分成以下幾種重要的類型：多次實現構成要件之行為、連續行為、繼續行為、持續行為及集合行為等。連續行為（fortgesetze Handlung）即如同刑法上之「連續犯」，亦被承認為法律上的單一行為，其系從法律的觀點結合多數不同的違反行政法上義務之行為，而成為單一行為。而繼續行為（dauere Handlung）亦稱為「繼續犯」（Dauerdelikt），系指行為人之違法狀態，即由於實現行政罰要件所形成之違法狀態，有意地或無意地維持下去。此種行為系單一的實現行政罰之構成要件，並在時間上延續下去。不過連續行為與繼續行為雖皆可歸屬于法律之單一行為，惟我國實務界向來並不接受行政罰中有連續行為類型之存在，仍視為多數行為得處以多次之處罰，于行政罰法中亦未將此納入[30]。

（四）小結

然而依據德國法理論所建構的「自然一行為」與「法律一行為」仍有檢討之處，在「自然一行為」方面，以自然的觀察方式觀察一個動作或是多個動作，如認為多數動間具有直接的時間及空間關係，則可以認為整體的活動是一個單一的綜合行為。在此所謂「自然觀察」、「直接的時間及空間關係」，均屬不確定法律概念，具體的操作標準，仍委諸實務運作，法官的主觀認定，在執行上顯有困難，且易流于法官恣意。而在「法律一行為」方面，系透過案例類型的建立，以類型化的方式，基於法規的目的，將數個自然意義的單一行為在法律上擬制為一個同一行為，以限縮行政罰之處罰，其理論之提出應系出於比例原則。然而此理論所論述的概念類型仍屬高度不確定法律概念，於實際操作運用時，恐有困難。另此理論基本上是援引刑法上關於法律同一行為之理論做參考，以連續犯為例，其在刑法上有明文規定得做為法源基礎，故得以將自然意義的數行為，在法律上將之「擬制」為一行為，但是現行法制之下，行政罰法並未明文規定法律上單一行為的概念，因此可能被認為欠缺適用之基礎[31]。在德國對於連續行為亦可經由行為理論（多次違反一個法律），擬制為「法律一行為」。綜合參考德國法理論（德國秩序違反法§19，20參照），行政罰之行為在理論上應如右圖解[32]：

行政罰之行為論圖解

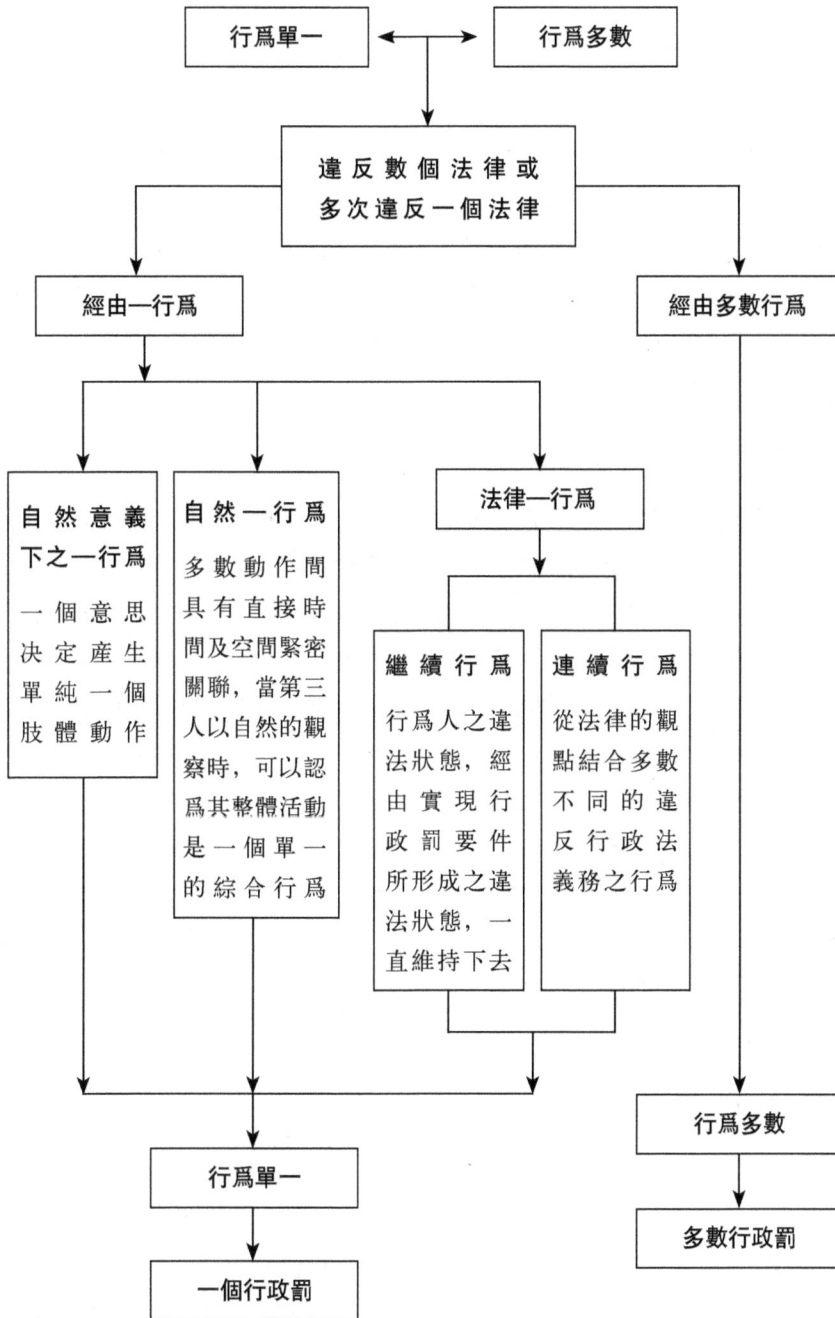

```
┌──────────┐        ┌──────────┐
│  行為單一  │◄──────►│  行為多數  │
└──────────┘        └──────────┘
        │
        ▼
┌──────────────────┐
│  違反數個法律或    │
│  多次違反一個法律  │
└──────────────────┘
   │                        │
   ▼                        ▼
┌──────────┐        ┌──────────────┐
│  經由一行為  │        │  經由多數行為  │
└──────────┘        └──────────────┘
   │                        │
```

自然意義下之一行為	自然一行為	法律一行為
一個意思決定產生單純一個肢體動作	多數動作間具有直接時間及空間緊密關聯，當第三人以自然的觀察時，可以認為其整體活動是一個單一的綜合行為	

繼續行為	連續行為
行為人之違法狀態，經由實現行政罰要件所形成之違法狀態，一直維持下去	從法律的觀點結合多數不同的違反行政法義務之行為

```
┌──────────┐        ┌──────────┐
│  行為單一  │        │  行為多數  │
└──────────┘        └──────────┘
   │                        │
   ▼                        ▼
┌──────────┐        ┌──────────┐
│  一個行政罰  │        │  多數行政罰  │
└──────────┘        └──────────┘
```

四、刑罰與行政罰之競合處罰

（一）概說

行政罰與刑罰皆為國家對人民不法行為之制裁，對於人民同一之不法行為可否同時施以行政罰與刑罰之問題，首先必須考慮到此兩種處罰在本質是否相同，此亦涉及一行為不二罰之適用問題，尤其是在比例原則之要求。關於行政罰與刑罰間究竟為「質」的差別或「量」的差別，學說上之爭議由來已久，雖無論採取何者，皆有難以克服之缺點存在，惟現今之趨勢，可說已放棄純粹質的區別，而傾向於量的差異，並由立法者決定，對違反之行為科以刑罰或行政罰。一般以量的區別說而言，則行政罰與刑罰只是處罰手段之不同而已，其間並不存在保護法益或制裁目的等之本質差異。因此，當行為人就其行為已被科以較重之處罰時，國家應已達到制裁之目的，不得再行處罰，否則將逾越必要之程度，不符比例原則之要求[33]。

（二）基礎理論

我國行政罰法第26條第1項及第2項所規定即為一行為同時觸犯刑事法律與違反行政法上義務者之情事，在此規定之前，我國實務素認行政罰與刑罰不適用一行為不二罰原則，對此亦引起學界之討論，後來採取德國法的觀點，德國秩序違反法第21條明文規定，處罰競合以刑事罰為優先[34]。此觀點有鑒於行政罰與刑罰同屬對不法行為之制裁，且因刑罰之制裁功能強于行政罰，刑罰之處罰程序較行政罰嚴謹等立論，而為上述規定，並揭示行政罰與刑罰亦適用一行為不二罰原則及其具體內涵[35]。依據此規定，其處罰原則為：（一）刑罰優先，故先進行刑事訴訟程序。（二）依法律或自治條例「得沒入之物」，未經法院宣告「沒入」者，行政機關得另為「沒入」之裁處。（三）依法律或自治條例應處以「其他種類之行政罰」者，行政機關得另為其他種類行政罰之裁處。蓋此非刑罰所能涵蓋或替代，故行政機關可不待法院判決，即為裁處，以達行政目的。（四）案件經刑事訴訟程序處理後，如經檢察官不起訴處分確定，或經法院為無罪、免訴、不受理、不付審理之裁判確定者，行政機關仍得另因其違反行政法上義務，依法律或自治條例規定裁處罰鍰及沒入[36]。此外，案件經刑事訴訟程序處理後，如經檢察官緩起訴處分，前述看法即宜視同「經檢察官不起訴處分確定」，亦即行政機關仍得另因其違反行政法上義務，依法律或自治條例規定裁處罰鍰及沒入。

惟一行為同時觸犯行政罰與刑罰的情形，在理論上仍與所謂的混合構成要件（Mischtatbestand）有別，其是介於犯罪行為與違反秩序間的法律評價，取決於是否一犯罪行為或一違反秩序實現法律所規定特別情況[37]。例如違反集會遊行法召集的負責人，處予行政罰或刑罰取決於法律上規定之構成要件，因此具體事實只能符合「混合構成要件」的其中一種，或是刑罰或是秩序違反，負責人只能符合其一排除另一的處罰，理論上是不會產生所稱同時觸犯想像「競合」的情形，而是依法規競合的原理或者行政罰構成要件不適用或者其被刑法構成要件吸收，但若就「一行為」定義觀之，只要部分行政罰構成要件成為另一刑罰構成要件時，即成立一行為的概念，若如此，則混合構成要件的情形，正好也是部分構成要件為刑罰之一部分，因此仍有26條第1項之適用[38]。又現今通說就行政犯與刑事犯之區別係采量的區別說，如果行為人所觸犯之刑法規定比較其所觸犯之行政法為輕（例如罰金額度少於罰鍰），則其所產生的制裁效果反而會減輕，其中之輕重失衡，顯然可見，故未來立法似可考慮若干例外情形，兩者競合時從重處理。

（三）酒醉駕車之處罰為例

酒醉駕車之處罰主要是依據道路交通管理處罰條例第35條第1項第1款規定，汽車駕駛人駕駛汽車精測試檢定，酒精濃度超過規定標準，處新臺幣一萬五千元以上六萬元以下罰鍰，並當場移置保管該汽車及吊扣其駕駛執照一年；因而肇事致人受傷者，並吊扣其駕駛執照二年；致人重傷或死亡者，吊銷其駕駛執照，並不得再考領。該條第2項至第8項針對汽車駕駛人之各種特殊情形，有擴大處罰規定。另在刑法公共危險罪訂有「酒後駕車」相關罰則，「酒後駕車」的行為，必須移送檢方偵辦，依據刑法第一百八十五條之三規定：「服用毒品、麻醉藥品、酒類或其他相類之物，不能安全駕駛動力交通工具而駕駛者，處一年以下有期徒刑、拘役或三萬元以下罰金。」而關於一般酒醉駕車之取締標準係依道路交通安全規則第一百十四條第一項第二款規定：「飲酒後其吐氣所含酒精成份超過每公升〇、二五毫克以上者不得駕車。」據以執行，如駕駛人因交通事故死亡或受傷送醫急救，處理人員對等駕駛人執行檢測吐氣所含酒精濃度有困難時，可請醫院抽血做血液中酒精濃度之檢驗。

酒醉駕車一直是許多國家道路交通安全課題中，非常困難的問題，在我國並不例外。近年來，我國為遏止酒後駕車之道路交通問題，政府多次修訂法律，一再加重酒醉駕車行政處罰之金額與型態，甚至祭出刑事處罰的手段，冀以遏止社會上充斥的酒後駕車不良駕駛習慣，提高道路交通安全，避免因酒駕肇事傷亡所造成的家庭破碎等社會問題[39]。然而處罰的一再加重，其效果似乎未盡滿意，行政機關甚至構思透過連坐處罰的方式[40]，增加相關民眾的作為與不作為義務，達成預防交通事故，保障一般用路人的目的。連坐處罰是針對一單純情事之擴大處罰，係惟達到行政目的，擬透過立法增列法定責任人，其法理與程序是否得當，不免引發討論[41]。但基本上，針對酒醉駕車之處罰，其基本問題之探討亦應回溯「一行為不二罰」之原則，尤其是交通行政罰與刑罰之競合問題，依據我國現行行政罰法已有一定遵循之原則，然而在法理上應仍有討論的空間，而列為本文探討範圍。

依據上述各項規定，裁罰之行政罰標準為吐氣所含酒精濃度超過每公升〇‧二五毫克或血液中酒精濃度超過百分之〇‧〇五以上者，處新臺幣一萬五千元以上六萬元以下罰鍰。另移送刑事偵查標準為達到不能安全駕駛，吐氣所含酒精濃度超過每公升〇‧五五毫克或血液中酒精濃度超過百分之〇‧一一以上者，一律移送。此乃依據法務部（88）法檢字第001669號函：「本條係『抽象危險犯』，不以發生具體危險為必要，參考德國、美國之認定標準，對於酒精濃度呼氣已達每公升〇‧五五毫克（〇‧五五MG/L）或血液濃度達〇‧一一％以上，肇事率為一般正常人之十倍，認為已達『不能安全駕駛』之標準；至於上揭數值以下之行為，如輔以其他客觀事實得作為『不能安全駕駛』之判斷時，亦應依刑法第一百八十五條之三之規定移送法辦處以刑罰。」亦即，現行實務作法乃對飲酒駕車且呼氣酒精濃度超過每公升0.55mg/L者，則依據道路交通管理處罰條例第十條規定移送地檢署等機關法辦，地檢署在審認駕駛人確有上情且綜合判斷員警目測紀錄已達不能安全駕駛時，即以起訴。

綜上，針對酒醉駕車處罰之相關規定，雖然涉及行政罰以及刑罰之可能競合，在實務上為避免違反「一行為不二罰」，依其酒測值標準之高低，較低值則適用道路交通安全規則第114條規定：「汽車駕駛人有左列情形之一者，不得駕車：……二、飲用酒類或其他類似物後其吐氣所含酒精濃度超過每公升〇‧二五毫克或血液中酒精濃度超過百分之〇‧〇五以上者。」以及道路交通管理處罰條例第三十五條第一項之處罰，較高值則移送地檢署經法院依刑法第一百八十五條之三之規定予以刑事處罰。然而這只是實務上之作法，而從法理上而言，若所測酒精值標準即使較低時，並不意味不會到達「不能安全駕駛」之程度，亦不是絕對不能移送地檢署法辦，因此判斷的法理標準似乎應回溯交通刑事罰與交通行政罰是否有實質上或客觀上的區別。

依前述刑法第一百八十五條之三及道路交通管理處罰第三十五條第一項之規定觀察，交通刑事處罰以及交通行政罰之共同要件之一為「危險駕駛行為」，而其主要區分應在於「是否不能安全駕駛」，而不在於「酒精濃度超過規定標準」，否則若將刑法第一百八十五條之三解釋為「駕駛人若血液中具有酒精含量，即使呼氣酒精濃度僅達每公升0.1MG/L，未超過規定標準，只要『不能安全駕駛』，一樣需負刑責，但不一定負行政責任」，亦即將處刑罰之行為與處行政罰之行為完全脫勾解釋，如果認為兩者構成要件各不相同，可以各自符合各別處罰的話，那是所謂「值的區別理論」的結論。但若解釋為「需負刑責者不僅需『酒精濃度超過規定標準』，且需『不能安全駕駛』；反之，需負行政罰責任者僅需『酒精濃度超過規定標準』即可」，則系采「量的區別理論」為結論。具體地說，若不重視交通刑事罰與交通行政罰在處罰本質上所雷同的「危險駕駛行為」，而各自以「不能安全駕駛」或「酒精濃度超過規定標準」作為各自構成要件之主要要素，即將出現「一行為二罰」之情形，亦即與「一行為不二罰」之原則不相符合。在此，交通刑事罰中的「不能安全駕駛」，以量化的血液中酒精濃度來取代，以符合「量的區別理論」。目前實務上，難以證明駕駛人「是否不能安全駕駛」，乃用酒精在血液中之濃度為准，並輔以取締人員之目測記錄，而其實在量的區別理論下，目測記錄並非絕對必要，反而血液中的酒精濃度要比目測更具科學證據性質[42]，因此目前該處罰「不能安全駕駛」之構成要件之認定仍有理論上之爭議，將使處罰徘徊於交通秩序罰以及刑事罰之間[43]。

（四）小結

綜上所述，同時觸犯行政罰與刑罰之問題，是否適用「一行為不二罰」之必然命題，本文認為關係眾多人民權益之秩序罰，重點在於當國家之制裁權於第一次已使用過時，其再次行使，將破壞法秩序之安定，違背人民之信賴，並會影響眾多人民之行為自由，甚至侵及其人性尊嚴，此即違反一行為不二罰之原則。另基於刑罰程序較為謹慎以及針對法院判斷尊重等因素，若已依刑事法律處罰，應已足達到制裁之目的，不得再處以行政罰中之罰鍰。至於其他種類之行政罰或得沒入之物未經法院宣告沒收者，因另有其他行政目的存在，基於比例原則之考慮，故仍得並罰，此亦已為行政罰法第26條所明訂。所以針對我國日益嚴重的酒醉駕車問題，主管機關或立法機關所採取相關政策與措施，即使如何加重其處罰，亦不能違反上述一行為二不罰原則之要求。

五、結語

一事不二罰之原則原為刑事法上的概念，是指同一行為已受刑事判決確定，對該同一行為不得於程序法上再以刑罰追訴或處罰，涉及所謂的「訴訟基本權」。而一行為不二罰原則系單純就事件實體內涵，指出國家不得對於人民之同一行為，以相同或類似之措施多次地處罰，並可在法律安定性原則、比例原則以及信賴保護原則等憲法原則下，確認其具有一定之憲法定位。一事不二罰與一行為不二罰究竟是否相同或不同，在行政罰法實施前，一般而言在行政法之理論與實務上，即出現兩者可以混合使用之情形。然而我國行政罰法制定實施後，則明文使用一行為不二罰之概念，爾後行政法上一行為不二罰原則均包含一事不二罰之概念與內涵，因此兩者之區分已經不是探討重點，重要應是行為論，亦即何謂「一事」或「一行為」。

參考德國法理論與文獻資料以及行政罰法立法原則，通常所論述「一行為」則區分為「自然一行為」與「法律一行為」。然而依據德國法理論所建構的「自然一行為」與「法律一行為」仍有檢討之處，在「自然一行為」方面，所謂「自然觀察」、「直接的時間及空間關係」，均屬不確定法律概念，具體的操作標準，仍委諸實務運作，法官的主觀認定，在執行上顯有困難，且易流于法官恣意。而「法律一行為」將數個自然意義的單一行為在法律上擬制為一個同一行為，然而此理論所論述的概念類型仍屬高度不確定法律概念，於實際操作運用時，恐有困難。另此理論基本上是援引刑法上關於法律同一行為之理論做參考，然而將自然意義的數行為，在法律上將之「擬制」為一行為，但是現行法制之下，行政罰法並未明文規定法律上單一行為的概念，因此可能被認為欠缺適用之基礎。因此本文建議將來我國行政罰法應考慮將「法律一行為」，此一重要法學概念之類型或概念列入規範，亦即一併檢討「繼續行為」、「狀態行為」，甚或「連續行為」等適用「法律一行為」之個別狀況與情形。

交通權益的保障與落實為國家行政重要的一環，惟交通權益之保障應以不侵害社會秩序、公共利益為前提，倘若個人為遂行其交通基本權及往來自由，而妨害社會秩序以及公共利益，例如超速、超載、違規停車以及酒醉駕車等交通行為，即不受保障，法律可以加以限制。因此，為了維持交通秩序以及公眾利益，制定以道路交通管理處罰條例為主的交通秩序罰則，並對於違反者施以處罰，即為交通秩序罰，另對於惡性更重之交通違規行為，甚至可以施以刑事罰。而「一行為不二罰」在交通秩序罰之適用，主要意義關係著處罰是否合乎上述憲法原則中之法安定性原則、比例原則以及信賴保護原則，並終究檢驗交通秩序罰是否會過度限制人民在交通上之權益。

針對酒醉駕車之處罰，為了在行政罰與刑罰競合下，符合「一行為不二罰」之原則，所應重視為交通刑事罰與交通行政罰在處罰本質上所雷同的「危險駕駛行為」，而不是各自以「不能安全駕駛」或「酒精濃度超過規定標準」作為各自構成要件之主要要素。目前實務上，難以證明駕駛人「是否不能安全駕駛」，乃用酒精在血液中之濃度為准，並輔以取締人員之目測記錄，然而其實在量的區別理論下，目測記錄並非絕對必要，反而血液中的酒精濃度要比目測更具科學證據性質。因此目前該處罰「不能安全駕駛」之構成要件之認定仍有理論上之爭議，將使處罰徘徊於交通秩序罰以及刑事罰之間。而現今討論加重酒醉駕車處罰，主管機關一味以降低酒精濃度規定標準，甚而有只要測到有酒精含量就可處罰或者採用同車乘客連坐處罰，是否符合實務狀況或已過度限制人民在交通上之權益，實有檢討之必要。

注釋：

[1] 陳正根，國立高雄大學法律系副教授兼系主任，德國杜賓根大學法學博士。

[2] 蔡震榮，論行政罰上一事不二罰之原則，收錄於公法學與政治理論論文集—吳庚大法官榮退論文集，頁 523-525，元照出版社，2004 年 10 月；王兆鵬，論一事不再理之憲法原則（上），頁 52-54，臺灣本土法學第 80 期，2006 年 3 月。

[3] Vgl.Bohnert,Einleitung,in: Karlsruher Kommentar zum Gesetz über Ordnungswidrigkeiten, hrsg. Karlheinz Boujong 2000, Rn. 134.

[4] 洪家殷，行政罰法論，頁 120—122，五南出版社，2006 年 2 版。

[5] 呂月瑛，一事不二罰之研究，頁 23，國立中正大學財經法律研究所碩士論文，2006 年 7 月。

[6] 洪家殷，行政罰法論，頁 124—129，五南出版社，2006 年 2 版。

[7] 洪家殷，違規停車連續處罰相關問題之探討—以釋字第六○四號解釋為中心，頁 189-190，月旦法學雜誌第 129 期，2006 年 2 月。

[8] Vgl.Dürig,Grundgesetz Kommentar,6.Auflage,1991,Rn.124 ff.

[9] 蔡震榮，論釋字第六○四號解釋對交通裁量之影響，頁 34，臺灣本土法學第 78 期，2006 年 1 月。

[10] 參閱吳庚釋字第 337 號解釋之不同意見書。

[11] 李惠宗，行政法要義，頁 502，增訂二版，2002 年 10 月。

[12] 蔡震榮，論行政罰上一事不二罰之原則，頁 545—547。

[13] 王兆鵬，論一事不再理之憲法原則（上），頁 51—53，臺灣本土法學第 80 期，2006 年 3 月。

[14] 呂月瑛，一事不二罰之研究，頁 13—15，國立中正大學財經法律研究所碩士論文，2006 年 7 月。

[15] 法治斌，試讀一事不二罰，頁 305—307，收錄於臺灣行政法學會學術研討會論文集（1999），元照出版社，2001 年。美國最高法院甚早即采擴張解釋，將此條款適用涵蓋所有法益受損之情形，然又曾於 1937 年一度拒絕將此條款之適用範圍，經由第 14 調正當法律程序條款之轉介，延伸進入州法之層次，以約束州政府公權力之行使。但於 32 年後已改弦更張，承認此條款之規定得為正當法律程序所包容，而間接適用於各州。

[16] Vgl. Fliedner, Die verfasssungsrechtlichen Grenzen mehrfacher staatlicher Bestrafungen aufgrund desselben Verhaltens, AöR

1974, S. 252 f.

[17] 蔡震榮，論行政罰上一事不二罰之原則，收錄於公法學與政治理論論文集──吳庚大法官榮退論文集，頁540─542，元照出版社，2004年10月。

[18] 洪家殷，違規停車連續處罰相關問題之探討──以釋字第六○四號解釋為中心，頁195─196。

[19] 蔡震榮，論釋字第六○四號解釋對交通裁量之影響，頁34，臺灣本土法學第78期，2006年1月。針對此進一步指出，例如釋字第503號解釋，行為罰與漏稅罰間，若行為罰已經先處理過，該處分已經確定時，其雖屬較輕之處罰，但就該行為即不得作處罰較重的漏稅罰，在此產生了兩者有重迭之現象。

[20] 洪家殷，違規停車連續處罰相關問題之探討──以釋字第六○四號解釋為中心，頁190─191，月旦法學雜誌第129期，2006年2月。

[21] 柯耀程，刑法關於行為數之判斷，頁184─186，員警法學第6期，2005年12月。

[22] 林錫堯，行政罰法，頁51─53，元照出版社，2005年。

[23] Erich Göhler, Ordnungswidrigkeitengesetz, 14. Auflage, 2006, S. 170 f.

[24] Vgl. Joachim Bohnert, Ordnungswidrigkeitenrecht— Grundriss für Praxis und Ausbildung, 2. Auflage, 2004, S. 34.

[25] 鄭善印，行政罰法之行為論，頁50─52，中央員警大學行政罰法對員警工作之影響學術研討會論文集，2005年12月。

[26] Vgl. Erich Göhler, Ordnungswidrigkeitengesetz, 14. Auflage, 2006, S. 171 ff.

[27] Vgl. Bohnert, Karlsruher Kommentar zum Gesetz über Ordnungswidrigkeiten, hrsg. Karlheinz Boujong 2000, § 19, Rn. 40；Günter Rosenkötter, Das Recht der Ordnungswidrigkeiten, 4. Auflage, 1995, Rn. 168 ff.

[28] 蔡震榮、鄭善印，行政罰法逐條釋義，頁53─58，新學林出版社，2006年。

[29] 廖義男，行政罰法，頁210─212，元照出版公司，2007年。

[30] 洪家殷，違規停車連續處罰相關問題之探討──以釋字第六○四號解釋為中心，頁191─193，月旦法學雜誌第129期，2006年2月。

[31] 呂月瑛，一事不二罰之研究，頁99─101，國立中正大學財經法律研究所碩士論文，2006年7月。

[32] 本圖名稱為「行政罰之行為論圖」，主要顯示行政罰與行為之關係，出自德國Günter Rosenkötter教授所著「秩序違反法」(Das Recht der Ordnungswidrigkeiten) 一書。Vgl. Günter Rosenkötter, Das Recht der Ordnungswidrigkeiten, 4. Auflage, 1995.

[33] 洪家殷，行政罰法論，頁133─135，五南出版社，二版，2006年。

[34] Vgl. Joachim Bohnert, Ordnungswidrigkeitenrecht— Grundriss für Praxis und Ausbildung, 2. Auflage, 2004, S. 35 f.

[35] Vgl. Wolfgang Mitsch, Recht der Ordnungswidrigkeiten, 2. Auflage, 2004, S. 205 ff.

[36] 林錫堯，行政罰法，頁47─49，元照出版社，2005年。

[37] Vgl. Erich Göhler, Ordnungswidrigkeitengesetz, 14. Auflage, 2006, S. 191 ff.

[38] 蔡震榮、鄭善印合著，行政罰法逐條釋義，頁344-346，新學林出版社，2006年。

[39] 湯儒彥、曹壽民，從連坐處罰觀念探討酒醉駕車行政處罰的界限，頁96，臺北大學法學論叢第62期，2007年6月。

[40] 參閱警政署交通組長何國榮，中國時報，A19/時報論壇，2007年4月5日投書略以：我國酒後駕車違規，逐年增加，九十五年已達115785件。但酒後駕車肇事死亡人數，卻不降反升，九十五年已達727人，占全部交通事故23.15%，更創下歷史新高。喝酒雖為社會文化的一元，但「酒後駕車」卻是社會大眾「零」容忍的。連日來社會各界對內政部警政署研擬防制酒後駕車肇事的具體對策（草案）引起廣泛討論，有人認為降低酒測值不合情理且處罰同車乘客認定為株連九族、窒礙難行。但防制酒後駕車的責任，必須由餐廳、ＫＴＶ及販賣酒類業者配合宣導「酒後不開車」、「指定駕駛」及提供「代客叫計程車」或「代客停車」的服務，計程車業者也要提供「代客開車」服務，以避免駕駛人酒後

開車上路，加上有效的教育宣導、同車乘客的勸阻，而且對於「酒醉駕車」移送法辦累犯經判處有期徒刑、拘役者，也應落實入監執行，始能竟其功。

[41] 有關酒醉駕車之連坐處罰，請參閱湯儒彥、曹壽民，從連坐處罰觀念探討酒醉駕車行政處罰的界限，頁95—124，臺北大學法學論叢第62期，2007年6月。

[42] 鄭善印，行政罰法與交通執法，頁217—220，員警法學第4期，2005年12月。

[43] 在此情形下，現今所討論加重酒醉駕車處罰，主管機關若一味以降低酒精濃度規定標準，甚而有只要測到有酒精含量就可處罰或者採用同車乘客連坐處罰，是否符合實務狀況或如此已過度限制人民之交通基本權，例如在餐廳飲食中含有酒精成份，飲食者無法掌控，在自覺並無飲酒卻受處罰或同車乘客亦無法得知駕駛飲酒狀況下，恐引發更多爭議。

二、刑事法治

臺灣刑法發展的回顧與展望

劉秉鈞[1]

一、回顧

臺灣司法機關在處理犯罪之普通法依據，于滿清時代是適用大清刑例，日據時代是適用日本刑法，1945年10月25日光復之後，中國在1935年頒佈刑法典之效力，自此及於臺灣迄今。

（一）清末的刑法繼受

我國刑法成文法典歷史可考者，可溯自春秋時代，其後較顯著的變革，有二：一為唐律之完成；一為清末之變法。[2]滿清末年，清廷在內外交迫之下，於光緒二十八年（1902）下詔變法修律，於光緒三十年（1904）在北京成立「修訂法律館」，光緒三十一年（1905）由章宗祥（1879—1962）與董康（1867—1947）撰擬完成「刑律草案」，屬於近代中國法史上第一部由國人自己主持起草的刑法草案，本草案試圖引進近代歐陸法系的刑事立法體例，捨棄以往律例合編、六曹分職的律例格局，採取總則與分則並列的立法技術，可惜目前史料僅發現總則部分，至於分則部分是否完成尚無可考。[3]

光緒三十二年（1906）修訂法律館延攬頂著「明治時期刑法學巨星」光環的日本學者岡田朝太郎（1868—1936），在參與「大清新刑律」等草案的草稿工作，[4]光緒三十三年（1907）沈家本擔任修訂法律大臣之後，更延攬當時法界菁英，參酌歐陸與日本近代法制，完成「大清新刑律」，此即1907年新刑律第一次草案，內容包括總則17章、分則36章，共387條，據修律大臣奏陳之修訂大旨，敘明：草案之編訂，系「折衷各國大同之良規，兼采近世最新之學說，而不戾乎我國歷世相沿之禮教民情」。黃源盛教授考察草案內容謂：「與舊律大異之處略有以下數端：（一）更定刑名：廢笞、杖等刑，而定罰金、拘役、有期徒刑、無期徒刑、死刑為五刑。（二）酌減死罪：各條罪名中，處絕對死刑者，不過數條，其餘均得酌處徒刑。（三）死刑唯一：死刑用絞，於獄內執行，從前之斬首、凌遲等手段不再施用。（四）刪除比附：明文規定法律無正條者，無論何種行為不為罪。（五）懲治教育：犯罪責任之有無，以年齡為衡，對於刑事未成年之人犯罪，以感化教育代替刑罰。」本1907年「刑律草案」，可謂中國第一部體系完整的歐陸式刑法草案。[5]本草案提出之後，清廷諭令各中央、地方機關簽注意見，內外臣工認為本草案違背中國素來「因倫制禮，准禮制刑」的立法基本原則，且大失「明刑弼教」之意。清庭根據學部及直隸、兩廣、安徽等省督撫之意見，要求修律大臣重將中國舊律與新律草案詳慎互校，斟酌修改、刪並。宣統元年（1909），清廷又下諭：「凡我舊律義關倫常諸條，不可率行變革，庶以維天理彝於不敝，該大臣等務本此意以為修改宗旨。」此諭引發贊成新律的「法理派」與主張採納禮教原則的「禮教派」之「禮法論爭」，修訂法律館為折衷兩派之爭議，會同法部，參酌京外衙門有關的簽注意見，于宣統元年12月23日進奏「修正刑律草案」，是為新刑律第二次草案，本草案章數如舊，條文數增為409條，其「有關倫紀各條，恪遵諭旨加重一等」。此外，「揆諸中國名教必宜永遠奉行勿替者，亦不宜因此致令綱紀蕩然，均擬別輯單行法藉示保存。」因此，于正文後增列「附則」五條，明確規定：大清律中十惡、親屬容隱、幹名犯義、存留養親以及親屬相奸、相盜、相毆併發塚、犯奸各條，均有關倫常禮教，未便蔑棄，中國人犯以上各罪，仍照舊律辦法懲處；危害乘輿、內亂、外患及對於尊親屬有犯，應處死刑者，仍用斬刑強盜之罪，另輯單行法，酌量從重辦理；又卑幼對尊親屬不得行使正當防衛等，[6]相較之下，本修正草案融入相當多基於中國傳統固有文化中的禮教、倫常考慮而設的修正。

1909年即宣統元年之新刑律的第二次草案，於進奏之後奉旨諮送「憲政編查館」覆核，憲政編查館參酌「刑律草案」，進行增刪改並，逐條潤飾，律文減為405條，且針對原草案之「附則」部分加以修改，大幅刪減條文中所保留的舊律內容，僅規定危害乘輿、內亂、外患及對尊親屬有犯、強盜、發塚等罪加重處罰，另采入「附則」中和奸無夫婦女之罪，以及卑幼對尊親屬不得援用正當防衛之例，改擬為「暫行章程」五條，於宣統二年秋完成修正，是為新刑律第三次草案。

宣統二年10月，憲政編查館大臣奕劻，向清廷進呈新刑律第三次修正草案，奏請交「資政院」歸入議案獲允，隨即排入同年11月1日議程進行初讀，經議員提出相關質疑及政府特派員楊度說明立法主旨後，交付法典股員會審，經股員會就修訂法律館第一次提出之「刑律草案」，暨憲政編查館修改之「新刑律草案」，參互鈎稽，詳慎考核修訂，複將「暫行章程」五條全部刪除，于同年月16日審查完畢，提出「大清新刑律草案」，即新刑律第四次草案，送交院會續議，資政院在同年12月6日至10日，連續五日院會中審核，除法典股員會刪除「暫行章程」的效力遭否決之外，尚就草案第15條正當防衛之規定，未排除卑親屬不得對尊親屬實施正當防衛的情形，禮教派議員主張應將「暫行章程」第5條關於卑親屬對於尊親屬不得實施正當防衛之規定，直接納入草案第15條正文之內，其提議經表決結果遭否決。另一項涉及分則即草案第289條：「和奸有夫之婦者，處四等以下有期徒刑或拘役。其相奸者，亦同。」未處罰「無夫奸」之行為，禮教派主張應將「和奸無夫婦女之行為」入罪，並納入正文第289條之後，表決獲勝。第四次草案，迄宣統2年12月10日為止，完成一讀程序後，二讀審議僅完成總則部分，院會決議總則部分，省略三讀程序，唯分則部分因會議已盡，未竟全功，法制史上稱此完成審議之總則與未審議完畢而暫從之分則，為新刑律第五次草案。

新刑律第五次草案立法審議工作，因資政院第一次常年會於該年12月10日閉會告停，應留待翌年新會期繼續審議，惟光緒三十四年（1908）頒佈之「逐年籌備事宜清單」內已排定，必須於宣統二年（1910）公佈新刑律，考慮年屆至，軍機大臣奕劻等人乃先奏進資政院所通過之刑律之總則繕單，並將其中第11條「未滿十五歲不為罪」之年齡修改為十二歲，另於第50條增入「未滿十六歲之人犯罪得減本刑一等或二等」之規定，陳請聖裁。後又奏呈「新刑律分則並暫行章程未經資政院議決應否遵限頒佈請旨辦理折」，請旨將憲政編查館修訂之「新刑律草案」「分則」編及「暫行章程」略加修改後，先行頒佈，清廷於12月25日下諭允其所請，頒佈新刑律「總則」、「分則」暨「暫行章程」，以備施行，法制史上稱為「欽定大清刑律」，是為新刑律第六案。本新刑律除「暫行章程」5條外，正文計總則17章，88條，分則36章，323條，合計53章，411條，本律原俟宣統3年資政院開議仍可提議修正，嗣因爆發辛亥革命，無以為繼。[7]惟本刑律草案不但影響及民初及國民政府時期的立法與司法事業，也在今日的臺灣社會香火綿延。[8]

（二）民國初年之刑法及其後的發展

1.1912年暫行新刑律

1911年民國建立，政體由君主專制轉為民主共和，百廢待興，典章制度無法于一時之間建立，袁世凱於1912年3月10日就任臨時大總統，同日發佈大總統令：「民國法令未經議定頒佈，所有從前施行之法律及新刑律，除與民國國體抵觸各條應失效力外，余經暫行援用。」北京臨時政府根據大總統令，針對「欽定大清刑律」中刑罰輕重未盡允當及與民國國體相抵觸之部分進行刪修，完成「暫行新刑律」，於1912年4月3日刊登在政府公報，公佈通行。同年4月29日，臨時參議院在北京開議，複正式通過「暫行新刑律」之決議。本律總則維持17章，88條，分則原36章，經刪除不合國體之第1章侵害皇室罪（第89-100條），成為35章，另刪除第81條（乘輿、車駕、禦、蹕、制之定義）、第238條偽造制書及行使偽造制書罪、第247條偽造玉璽國璽罪、第369條竊取禦物罪、第375條強取禦物罪、第387條關於禦物之詐欺取財與圖利罪、第402條之毀損制書玉璽國璽罪，計分則35章，392條。[9]本刑律雖因軍閥割據，未能全國普行，惟迄1928年國民政府頒佈實施「中華民國刑法」（下稱1928年舊刑法）之前，在法制史的定位上，仍屬當時全國有效之法律。[10]

2.1915年修正刑法草案

袁世凱就任臨時大總統後，為實現其稱帝之野心，於民國三年（1914）成立法律編查館，聘請曾參與「大清新刑律」草案研擬之日本學者岡田朝太郎，再度參與研修，於1915年2月完成「修正刑法草案」，計總則17章，分則38章，凡432條，打破過去刑法典概稱「刑律」之傳統，首次改稱「刑法」，法制史上稱此部1915年修正刑法草案為「刑法第一次修正案」；修正內容把握三項準則：一、立法自必依乎禮俗。二、立法自必依政體。三、立法必視乎吏民之程度。整體而言，1915年修正刑法草案，呈現「禮法混同」與「重典實利」的導向，[11]窺其背後真正動機，在於袁世凱醉心帝制，欲藉禮教、重典約制人民。惟本修正案經送交法制局及參政院審核，未及議決，因袁世凱垮臺告終。[12]

3.1918年刑法第二次修正案、1919年改定刑法第二次修正案

袁世凱洪憲帝制失敗，加上張勳復辟事件，中國已處於軍閥割據的分裂局面，北洋政府則由段祺瑞掌權，為求與袁世凱有所區隔，收攬民心，高唱「再造共和」，於1918年7月，在北京政府設立「修訂法律館」，任董康、王寵惠為總裁，將1915年之「修正刑法草案」（即刑法第一次修正案）重新修改，計總則14章，分則35章，全文377條，其內容將「暫行新刑律」與「修正刑法草案」，各章予以增刪，重新整並，對於行為後法律變更之准據規定，由「從新原則」改采「從新從輕原則」，廢除晚清以來有期徒刑的等級規定，將各罪之法定刑為有期徒刑部分，直接明定其年月，加減例亦改為比例制，分則部分對侵犯大總統罪章之規定，改采僅在對大總統故意犯殺人、傷害、妨害自由及妨害名譽等罪時，予以加重其刑之方式。另限縮無夫奸之處罰範圍等及刪除過失犯加重之例等。法制史上稱為「刑法第二次修正案」。[13]本修正草案完成之後，司法局為慎重起見，將草案發交各省法院研究簽注意見後，於1919年重加修訂，條文數增為393條，法制史上稱此為「改定刑法第二次修正案」。此案採用國際上最新的立法例，同時兼顧國內特民情，不但克服暫行新刑律的缺陷，補充其不足，同時刪改了1918年刑法第二次修正案的重刑、隆禮的特色。此修正案經當時司法部擬呈政府作為條例頒行，惟法制局長王未認為民國尚未統一，暫行新行律在西南各省尚一律適用，另頒新條例，西南政府未必遵行，將使全國法律之適用分裂，本草案雖經交議，但因上開顧忌，致未成為正式法典。[14]

4.1928年舊刑法

1927年國民政府奠都南京，于同年12月命司法部長王寵惠改訂刑律，王依1919年改定刑法第二次修正案，略加損益後，編成「刑法草案」，該案經中央常務委員會通過，函交國民政府於1928年3月10日公佈，定同年7月1日施行，名為「中華民國刑法」，今習稱之為「舊刑法」，因與本法有同時實施必要之刑事訴訟法尚在審核中，不及提前制定公佈，司法部遂呈由國民政府提請延至同年9月1日起施行，嗣獲中央常務會議通過追認之。[15]本部法典計總則14章，分則章，凡387條，更易之處包括：將侵犯大總統之罪章刪除；及刪除無夫奸之規定。本法此即「1935年刑法」的前身。本法頒佈施行之後，各地法院援用條文輒生疑義，以及在暫行新刑律中實行之短期自由刑制度，新法不采，造成監獄中輕微罪犯人數暴增，人滿為患。修法之聲再起，國民政府遂於1931年12月組織「刑法起草委員會」，再度草擬刑法修正案。本委員會的在立法政策上，由客觀之行為主義轉向主觀之行為人主義，注重社會化的一般預防，尤其重視個別化的特別預防主義，於1933年12月完成「刑法修正案初稿」（法制史上稱為「1933年中華民國刑法修正案初稿」，分總則、分則二編，總共345條。在分則方面，將當時危害民國緊急治罪法、軍用槍炮取締法、懲治盜匪暫行條例、禁煙法等刑事特別法，統整歸納入內亂、外患、妨害秩序、公共危險、強盜及擄人勒索、鴉片等罪章之內，化繁為簡，使刑事法體系趨向畫一。[16]1933年刑法修正案初稿，經送各界廣征意見後，刑法起草委員會彙整討論，於1934年提出修正案，稱「1934年中華民國刑法修正案」，計總則12章，97條，分則35章，計253條，凡350條，並附修正案要旨82大項。[17]

5.1935年現行刑法

1928年舊刑法自施行以後，國民政府所組成的刑法起草委員會，草成之「1934年中華民國刑法修正案」，經提報立法院核提大會公決，同年11月間三讀通過，於1935年1月1日經國民政府公佈，同年7月1日施行，法典章數維持12章，條文數增為357條，是為現行刑法典[18]。

現行刑法自1935年施行迄今（2012年8月），歷經大小修正共25次，分則修正幅度較大者，為1997年、1999年兩次修正，而影響最深遠者，則非2005年之總則修正莫屬。其詳如下：

(1) 1935年1月1日國民政府制定公佈全文357條；並同年7月1日起施行

(2) 1948年11月7日修正公佈第5條條文

(3) 1954年7月21日修正公佈第77條條文

(4) 1954年10月23日修正公佈第160條第1項條文

(5) 1969年12月26日修正公佈235條條文

(6) 1992年5月16日修正公佈第100條條文

(7) 1994年1月28日修正公佈第77—79條條文；並增訂第79-1條條文

(8) 1997年10月8日修正公佈第220、315、323、352條條文；並增訂第318-1、318-2、339-1—339-3條條文

(9) 1997年11月26日修正公佈第77、79、79-1條條文

(10) 1999年2月3日修正公佈第340、343條條文

(11) 1999年4月21日修正公佈第10、77、221、222、224—236、240、241、243、298、300、319、332、334、348條條文及第16章章名；並增訂第91-1、185-1—185-4、186-1、187-1—187-3、189-1、189-2、190-1、191-1、224-1、226-1、227-1、229-1、231-1、296-1、315-1—315-3條條文及第16章之一；並刪除第223條條文

(12) 2001年1月10日修正公佈第41條條文

(13) 2001年6月20日修正公佈第204、205條條文；並增訂第201-1條條文

(14) 2001年11月7日修正公佈第131條條文

(15) 2002年1月30日修正公佈第328、330—332、347、348條條文；並增訂第334-1、348-1條條文

(16) 2003年6月25日修正公佈第323、352條條文；並增訂第36章章名、第358—363條條文

(17) 2005年2月2日修正公佈第1—3、5、10、11、15、16、19、25—27條條文、第4章章名、第28—31、33—38、40—42、46、47、49、51、55、57—59、61—65、67、68、74—80、83—90、91-1、93、96、98、99、157、182、220、222、225、229-1、231、231-1、296-1、297、315-1、315-2、316、341、343條條文；增訂第40-1、75-1條條文；刪除第56、81、94、97、267、322、327、331、340、345、350條條文；並自2006年7月1日施行

(18) 2006年5月17日修正公佈第333、334條條文

(19) 2007年1月24日修正公佈第146條條文

(20) 2008年1月2日修正公佈第185-3條條文

(21) 2009年1月21日修正公佈第41條條文；並自2009年9月1日施行

(22) 2009年6月10日修正公佈第42、44、74—75-1條條文；增訂第42-1條條文；其中第42條條文自公佈日施行；第42-1、44、74—75-1條條文自2009年9月1日施行

(23) 2009年12月30日修正公佈第41、42-1條條文；並自公佈日施行

(24) 2010年1月27日修正公佈第295條條文、並增訂第294-1條條文；並自公佈日施行

(25) 2011年1月26日修正公佈第321條條文；並自公佈日施行

(26) 2011年11月30日修正公佈第185-3條條文；並自公佈日施行

二、2005 年臺灣刑法修法後的效應

1935年刑法在大陸公佈施行的刑法典，惟本部刑法典的效力，卻遲至1945年二次大戰之後，臺灣回歸中國，始適用於臺灣。由於政治體制、社會型態、經濟結構與其活方式及內容、人民的生活方式與思考模式等等，均與本法當時的舊中國存有相當大的差異。臺灣的司法行政部（法務部的前身）乃於1974年7月成立「刑法修正委員會」，延聘實務界與學術界專家學者16人[19]擔任研究委員，共同參與刑法的研修工作。自1974年7月30日開議，每週一會，歷215次集會，完成「刑法修正草案初稿」，提交法務部再行研討整理，於1983年12月將其中總則部分先行報行政院審查，行政院邀集相關部會及司法院會審九次，於1984年5月退回法務部重行研討，來回會商、重行研討多次之後，行政院終於1990年1月18日院會通過，同年2月13日與司法院會銜，將「刑法修正草案」函請立法院審議，本草案法制史上可稱為1990年刑法修正草案。草案包括總則編修正44條，刪除5條，增訂5條，未修正者50條，分則編修正176條，刪除6條，增訂49條，未修正者76條。[20]立法院依慣例，將修正草案移交司法委員會審查。司法委員會於1990年10月15日首次開會審查，四名立法委員與法務部長對話，散會之後，拖了三年之後，至1994年6月才繼續審查，至1996年10月21日第五次審查會，做成決議：「（1）請行政院於一年內就刑法再提修正案。（2）俟行政院提出再修正草案後，再繼續討論。」[21]法務部接手擬再修正案之指示之後，旋即於1997年組成「刑法研究修正小組」，將原來修正草案總則與分則切割，以總則為主軸，就總則規定逐一檢討，至於個別犯罪類型之規範者，除有急迫情況需提前即時研議修正者外，擬於總則編修正完成之後，再進行。經歷六年研討，於2002年11月7日提出「刑法部分條文正草案」。林山田教授指稱，本草案自稱「刑法部分條文修正案」，乃因「白草案的內容看來，總則編雖有較大幅度的修正，而分則編部分卻只是配合總則編的修正部分做了小部分的修正，並非針對社會現實的需要，通盤檢討分則編所規定的全部罪名，而做全面修正」[22]之故。

2005年1月7日臺灣立法院三讀通過刑法暨施行法之修正案，主要乃在總則部分。計總則修正61條、刪除4條、增訂2條。至於分則部分，主要是配合總則修正心神喪失、精神耗弱的用語，且廢止連續犯規定，關於常業犯之犯罪型態自應廢，總計分則修正15條、刪除7條，合計修正22條。

（一）法律變更的比較適用

臺灣為因應2005年刑法修法，最高法院於2006年5月23日第8次刑事庭會議就2005年2月2日刑法修正公佈，2006年7月1日施行後，有關新舊法適用之原則，作成決議如下：

1.法律變更之比較適用原則

（1）新法第2條第1項之規定，系規範行為後法律變更所生新舊法律比較適用之准據法，于新法施行後，應適用新法第2條第1項之規定，為「從舊從輕」之比較。

（2）基於罪刑法定原則及法律不溯及既往原則，行為之處罰，以行為時之法律有明文規定者為限，必行為時與行為後之法律均有處罰之規定，始有新法第2條第1項之適用。

（3）拘束人身自由之保安處分，亦有罪刑法定原則及法律不溯及既往原則之適用，其因法律變更而發生新舊法律之規定不同者，依新法第1條、2條第1項規定，定其應適用之法律。至非拘束人身自由之保安處分，仍適用裁判時之法律。

（4）比較時應就罪刑有關之共犯、未遂犯、想像競合犯、牽連犯、連續犯、結合犯，以及累犯加重、自首減輕暨其他法定加減原因（如身分加減）與加減例等一切情形，綜其全部罪刑之結果而為比較。

（5）從刑附屬於主刑，除法律有特別規定者外，依主刑所適用之法律。

2.刑法用語之立法定義

新法第10條第2項所稱公務員，包括同項第1款之職務公務員及第2款之受託公務員，因舊法之規定已有變更，新法施行後，涉及公務員定義之變更者，應依新法第2條第1項之規定，適用最有利於行為人之法律。

3.刑

（1）主刑

罰金刑

新法第33條第5款規定罰金刑為新臺幣一千元以上，以百元計算之，新法施行後，應依新法第2條第1項之規定，適用最有利於行為人之法律。

刑之重輕

刑之重輕標準，依裁判時之規定。

（2）易刑處分

易科罰金之折算標準、易服勞役之折算標準及期限，新法施行後，應依新法第2條第1項之規定，適用最有利於行為人之法律。

4．累犯

新法施行前，過失再犯有期徒刑以上之罪，新法施行後，應依新法第2條第1項之規定，適用最有利於行為人之法律。

5. 數罪並罰

（1）定應執行刑

新法第 51 條第 2 款增訂罰金與死刑並予執行；第 5 款提高多數有期徒刑合併應執行之刑不得逾三十年，新法施行後，應依新法第 2 條第 1 項之規定，適用最有利於行為人之法律。裁判確定前犯數罪，其中一罪在新法施行前者，亦同。

（2）想像競合犯

新法第 55 條但書系科刑之限制，為法理之明文化，非屬法律之變更。

（3）牽連犯

犯一罪而其方法或結果之行為，均在新法施行前者，新法施行後，應依新法第 2 條第 1 項之規定，適用最有利於行為人之法律。若其中部分之行為在新法施行後者，該部分不能論以牽連犯。

（4）連續犯

1) 連續數行為而犯同一之罪名，均在新法施行前者，新法施行後，應依新法第 2 條第 1 項之規定，適用最有利於行為人之法律。部分之數行為，發生在新法施行前者，新法施行後，該部分適用最有利於行為人之法律。若其中部分之一行為或數行為，發生在新法施行後者，該部分不能論以連續犯。

2) 常業犯之規定刪除後之法律比較適用，同前。

6. 刑之酌科及加減

（1）新法第 57 條、第 59 條之規定，為法院就刑之裁量及酌減審認標準見解之明文化，非屬法律之變更。

（2）新法施行前，犯新法第 61 條第 2 款至第 6 款增訂之罪名者，新法施行後，應依新法第 2 條第 1 項之規定，適用最有利於行為人之法律。

（3）犯罪及自首均在新法施行前者，新法施行後，應依新法第 2 條第 1 項之規定，適用最有利於行為人之法律。

犯罪在新法施行前，自首在新法施行後者，應適用新法第 62 條之規定。

（4）未滿十八歲之人在新法施行前，犯刑法第 272 條之罪者，新法施行後，應依新法第 2 條第 1 項之規定，適用最有利於行為人之法律。

（5）新法施行前，犯法定本刑為死刑、無期徒刑之罪，有減輕其刑之原因者，新法施行後，應依新法第 2 條第 1 項之規定，適用最有利於行為人之法律。

（6）新法施行前，法定罰金刑有加減之原因者，新法施行後，應依新法第 2 條第 1 項之規定，適用最有利於行為人之法律。

7. 緩刑

犯罪在新法施行前，新法施行後，緩刑之宣告，應適用新法第 74 條之規定。

8. 保安處分

（1）監護處分或酗酒禁戒處分之事由，發生在新法施行前者，新法施行後，應依新法第 2 條第 1 項之規定，視其具體情形，適用最有利於行為人之法律。

（2）強制工作或強制治療之事由，發生在新法施行前者，新法施行後，應依新法第2條第1項之規定，適用最有利於行為人之法律。

（3）拘束人身自由保安處分之事由，發生在新法施行前者，新法施行後，其許可執行，應依新法第2條第1項之規定，適用最有利於行為人之法律。

9. 告訴或請求乃論之罪

刑罰法律就犯罪是否規定須告訴（或請求）乃論，其內容及範圍，暨其告訴或請求權之行使、撤回與否，事涉國家刑罰權，非僅屬單純之程序問題，如有變更，亦系刑罰法律之變更，而有新法第2條第1項之適用。

最高法院另於2006年11月7日第21次刑事庭會議，就行為後刑法條文經修正，惟無有利、不利情形（如刑法第15條、第30條之文字修正，第55條但書、第59條實務見解之明文化、第26條未遂犯得減輕其刑之規定移列第25等），究應適用行為時法抑或裁判時法？有甲、乙二說：甲說主張應適用裁判時法，理由謂：「本院95年5月23日刑事庭第8次會議就『刑法94年修正施行後之法律比較適用決議』一、之1．即明載新法第2條第1項之規定，系規範行為後「法律變更」所生新舊法比較適用之准據法……。故如新舊法處罰之輕重相同，即無比較適用之問題，非此條所指之法律有變更，即無本條之適用，應依一般法律適用原則，適用裁判時法。本院同決議五、之2．想像競合犯認新法第55條但書系科刑之限制，為法理之明文化，非屬法律之變更；六、之1．謂新法第59條之規定，為法院就酌減審認標準見解之明文化，非屬法律之變更，均同此見解。其為純文字修正者，更應同此。」乙說主張依行為時法，理由謂：「刑法第2條第1項前段，就法律變更時之適用，已由舊法之從新主義，改為新法之從舊主義，此大原則之改變，所有法律之變動均應適用。本院23年非字第55號判例即謂『犯罪時法律之刑輕於裁判時法律之刑者，依（舊）刑法第2條但書，固應適用較輕之刑，但新舊法律之刑輕重相等……即不適用該條但書之規定，仍應依裁判時之法律處斷（即回歸適用第2條前段）。』似認本問題情形仍在第2條適用之列，茲新法已改采從舊主義，自應回歸原則，適用行為時法，學者間見解亦同。」決議采甲說。

（二）法律見解變更的因應

1. 數罪並罰範圍擴大

連續犯、牽連犯規定的刪除，原先的立法目的，在回歸一罪一罰的當然效果，連續犯系連續數行為而犯同一之罪名，牽連犯則是犯一罪而其方法或結果之行為犯他罪名。在臺灣的司法實務上，對於此兩種犯罪型態，均認數複數行為之犯罪，故廢止連續犯、牽連犯法律效果之規定，即應論以數罪，併合處罰。例如，96年度第9次刑事庭會議決議謂：「依刑法第56條修正理由之說明，謂『對繼續犯同一罪名之罪者，均適用連續犯之規定論處，不無鼓勵犯罪之嫌，亦使國家刑罰權之行使發生不合理之現象。』『基於連續犯原為數罪之本質及刑罰公平原則之考慮，爰刪除有關連續犯之規定』等語，即系將本應各自獨立評價之數罪，回歸本來就應賦予複數法律效果之原貌。因此，就刑法修正施行後多次施用毒品之犯行，采一罪一罰，始符合立法本旨。本則法律問題，某甲于刑法修正施行前連續施用毒品部分，應依刑法第2條第1項之規定，適用修正前連續犯之規定論以一罪；刑法修正施行後之多次施用犯行，除符合接續犯之要件外，則應一罪一罰，再就刑法修正施行後之數罪，與修正前依連續犯規定所論之一罪，數罪並罰，合併定其應執行之刑。」對於牽連犯亦屬同一原理，其符合數行為犯數罪之情形，自當數罪並罰。

2.想像競合犯法律見解變更

裁判上一罪之犯罪型態，在2005年修法前包括想像競合犯、牽連犯與連續犯三種，2005年修法時，基於「行為刑法」的理念，以刑法是行為的評價規範，評價的基本原則，除禁止「雙重評價」之外，亦不得「評價過度」，反之「評價不足」亦非法之所許，追求「充分評價原則」，貫徹「一罪一罰」的理念，廢止了連續犯及牽連犯，此兩種複數行為而僅論以一罪之規定。唯所謂的「一罪一罰」，當只一行為構成一罪，數行為構成數罪之情形而言，不包含一行為觸犯之情形在內，是以行為數仍為罪數判斷的前提。

想像競合犯基本的適用要件，乃一行為侵害數法益，滿足數個構成要件相同或不同之罪，觸犯數罪名而言。於牽連犯、連續犯規定廢止之後，原來這兩種犯罪型態如果一律改依數罪並罰論處，在部分的犯罪可能產生不合事理、不近情理，甚至違反法理的情形。這兩種外觀上數行為，各行為皆得獨立滿足一個犯罪構成要件，具備數罪並罰條件，原來因數行為間有牽連關係或連續關係，法律規定為牽連犯從一重處斷，或以一罪論，都有其立法的理由，今予廢止，亦有廢止的理由。如何存續原來規定的優點，避免廢止後產生的缺點，成為司法實務努力追求的目標。牽連犯系日本繼受德國刑法之後所創設，將部分德國依想像競合犯處理的犯罪，區別出來承認牽連犯之型態，法律效果上規定為與想像競合犯相同。是以廢止牽連犯之後，如果認為依數罪並罰不妥，而擬轉采德國司法擬理的模式，改依想像競合犯處理，換言之，部分原來的牽連犯改論想像競合犯結果，使原來想像競合犯之適用範圍擴大，產生想像競合犯法律見解變更問題。例如過去侵入住宅竊盜，系依侵入住宅罪與竊盜罪牽連，依牽連犯從一重論以竊盜罪，現則認侵入住宅竊盜為想像競合犯，結論依想像競合犯規定從一重論以竊盜。

3.包括一罪的重新界定

（1）集合犯之定義

集合犯系一種構成要件類型，亦即立法者針對特定刑罰規範之構成要件，已預設其本身系持續實行之複次行為，本質上具有反復、延續實行之行為特徵，立法時已予特別歸類，將之總括或擬製成一個構成要件之「集合犯」行為；此種犯罪，行為人基於概括之犯意，在密切接近之一定時、地，以反復實行典型、常態之行為方式，依社會通念，在客觀上認為符合一個反復、延續性之行為概念，具侵害法益之同一性，因刑法評價上為「構成要件」之行為單數，僅包括的成立一罪。（99臺上字2122號判決）

（2）接續犯之定義

接續犯系指行為人之數行為於同時同地或密切接近之時地實施，侵害同一之法益，各行為之獨立性極為薄弱，依一般社會健全觀念，在時間差距上，難以強行分開，在刑法評價上，以視為數個舉動之接續施行，合為包括之一行為予以評價，較為合理，始足當之，是其所適用之構成要件行為，非屬立法規範所定之構成要件類型，但個案情節另具時間及空間之緊密關聯之特性。（99臺上字2122號判決）

臺灣最高法院99年度第5次刑事庭會議決議第一項，即系將過去依連續犯論處之犯罪型態，改依接續犯論罪之適例。決議要旨謂：「刑法……刪除連續犯規定之同時，對於合乎接續犯或包括的一罪之情形，為避免刑罰之過度評價，已于立法理由說明委由實務以補充解釋之方式，發展接續犯之概念，以限縮數罪並罰之範圍。而多次投票行賄行為，在刑法刪除連續犯規定之前，通說系論以連續犯。鑒於公職人員選舉，其前、後屆及不同公職之間，均相區隔，選舉區亦已特定，以候選人實行賄選為例，通常系以該次選舉當選為目的。是於刪除連續犯規定後，苟行為人主觀上基於單一之犯意，以數個舉動接續進行，而侵害同一法益，在時間、空間上有密切關係，依一般社會健全觀念，難以強行分開，在刑法評價上，以視為數個舉動之接續實行，合為包括之一行為予以評價，較為合理，於此情形，即得依接續犯論以包括之一罪。否則，如系分別起意，則仍依數罪併合處罰，方符立法本旨。」

依上開犯罪型態的新定義，除集合犯外，每一種構成要件行為皆得以接續犯方式為之，因此集合犯亦有喻之為「法定接續犯」者。此與刑法修正前所規定之連續犯系指客觀上有先後數行為，行為人在主觀上基於一個概括之犯意，逐次實施而具連續性，其每一前行為與次行為，依一般社會健全觀念，在時間差距上，可以分開，在刑法評價上，各具獨立性，每次行為皆可獨立成罪，構成同一之罪名者，均尚屬有間。凡此均屬修法後司法實務上，為追求罪刑相當的合理性，在犯罪型態方面，所產生的變化因應。

（三）易刑處分與併合處罰法則的調整

1.易刑處分之調整

易刑處分之制度與種類，以及如何適用牽涉甚廣，此處只說明有期徒刑易科罰金部分，在臺灣的演變。

在刑罰制度方面，為救濟短期自由刑之弊端，立法上定有各種補救措施，其中在易刑處分方面，臺灣刑法第41條將1935年所定「易科罰金」條件法定刑最重本刑三年以下有期徒刑之罪，而受六月以下有期徒刑或拘役之宣告之條件，對於並罰之數罪，皆得易科罰金，因並罰結果逾有徒刑六月者，司法實務舊見解認為不得易科，引起違憲爭議。

經大法官於1994年9月30日作成釋字366號解釋謂：「裁判確定前犯數罪，分別宣告之有期徒刑均未逾六個月，依刑法第41條規定各得易科罰金者，因依同法第51條併合處罰定其應執行之刑逾六個月，致其宣告刑不得易科罰金時，將造成對人民自由權利之不必要限制，與憲法第23條規定未盡相符，上開刑法規定應檢討修正。對於前述因併合處罰所定執行刑逾六個月之情形，刑法第41條關於易科罰金以六個月以下有期徒刑為限之規定部分，應自本解釋公佈之日起，至遲於屆滿一年時失其效力。」促成立法院於90年1月10依大法官解釋意旨，增設第41條第2項規定：「併合處罰之數罪，均有前項情形，其應執行之刑逾六月者，亦同。」

詎料增設之規定，引發學界討論，認為366號解釋與增設之第41條第2項規定，違反刑罰救濟短期自由刑的原理，是以藉2005年刑法總則修法時，將第41條第2項改回：「前項規定於數罪並罰，其應執行之刑未逾六月者，亦適用之。」反面解釋，即回復舊見解，對於得易科罰金之數罪併合處罰結果，所定應執行之刑逾六個月者，一概不得易科罰金。此舉對於人民自由權利自受影響，以致再度引發新修正規定違憲之爭議。

大法官會議于2009年6月19日作成釋字662號解釋謂：「中華民國94年2月2日修正公佈之現行刑法第41條第2項，關於數罪並罰，數宣告刑均得易科罰金，而定應執行之刑逾六個月者，排除適用同條第1項得易科罰金之規定部分，與憲法第23條規定有違，並與本院釋字第366號解釋意旨不符，應自本解釋公佈之日起失其效力。」立法院於2009年1月21日再度修正刑法第41條[23]，除依662號解釋意旨，將數罪並罰案件，其應執行之刑未逾六個月者，回復為仍得易刑之外，同時增設易服社會勞動的易刑處分方式。

2.數罪並罰酌定執行刑之原則

臺灣刑法第50條規定，裁判確定前犯數罪者，併合處罰之。于裁判確定後，發覺未經裁判之余罪者，就餘罪處斷（第52條）。有二裁判以上者，依第51條之規定，定其應執行之刑。亦即「數罪並罰，分別宣告其罪之刑，依下列各款定其應執行者：

一、宣告多數死刑者，執行其一。

二、宣告之最重刑為死刑者，不執行他刑。但罰金及從刑不在此限。

三、宣告多數無期徒刑者，執行其一。

四、宣告之最重刑為無期徒刑者，不執行他刑。但罰金及從刑不在此限。

五、宣告多數有期徒刑者，于各刑中之最長期以上，各刑合併之刑期以下，定其刑期。但不得逾三十年。

六、宣告多數拘役者，比照前款定其刑期。但不得逾一百二十日。

七、宣告多數罰金者，于各刑中之最多額以上，各刑合併之金額以下，定其金額。

八、宣告多數褫奪公權者，僅就其中最長期間執行之。

九、宣告多數沒收者，並執行之。

十、依第五款至第九款所定之刑，並執行之。但應執行者為三年以上有期徒刑與拘役時，不執行拘役。」

在2005年臺灣刑法總則修法前，由於量刑屬法官刑罰裁量權之範圍，刑法第57條量刑標準，只是裁量權行使參考之用，不足作為判斷量刑是否妥適之絕對依據，司法院雖足頒有更具體的量刑參考標準，但並無拘束力，於是各法院、甚至各法官，各自有一套量刑法則。對於數罪並罰之裁判，如何定合併執行刑，亦複如是。惟儘管如此，對於宣告數有期徒刑，合於定合併執行刑之情形，多數法官通常會以最長期刑為基礎，將其餘之罪打八折、九折後加總。此一方式，延用數十年，形成慣例，一般也不覺得有何特別不妥之處。迨2005年修法後，始發生問題。

3.修法後的變化

修法廢止牽連犯、連續犯之規定，使犯罪事實為兩行為，但具有方法結果或目的手段具有牽連關係之牽連犯，應從一重處斷之效果失去法律依據。而對於基於概括犯意，連續數行為而犯同一罪名之連續犯，亦不得再以一罪論。造成部分之犯罪如果依數罪並罰處罰，依原來數罪並罰定合併執行刑之結果，顯失公平之現象。為調整此種失衡現象，司法實踐上，除前述重新界定想像競合犯、集合犯、接續犯之犯罪型態之定義，以避免刑罰趨於極端之弊端外，對於犯罪事實具有原牽連犯之牽連關係，或屬連續犯之連續關係之犯罪，縱依數罪並罰論處，於定合併執行刑之情形，亦不依原來之法則定合併刑，而依原則的牽連犯或連續犯規定，所應處的刑罰定合併執行刑。換言之，形式上廢止牽連犯、連續犯，實質上以限縮合並執行刑之方式，保留牽連犯、連續犯的法律效果，此類判決不勝枚舉。

三、展望

廣義的刑法有實質刑法與形式刑法之別，前者指實體的刑法，後者指程序的刑事訴訟法，在法治國原則之下，兩者共同構成國家刑罰權實施的整體，必須配套立法，體用合一，始能順暢運作。惟本文僅從實體刑法的面向提出展望。對於在法治國原則下，為貫徹立憲主義，將憲法優位原則提升為所有首之冠，法律不得與之抵觸，而法律是否與之抵觸，則有賴解釋，立法權歸屬於議會，但法的解釋權則掌握在司法。法之制定受比例原則約制，講求目的的正當性、手段的必要性及限制的妥當性之外，本文就刑法的發展，現階段在立法與實踐的層次上，提出三個觀點以代替結論。

（一）立法論—追求法的實用性

韓非子崇尚法學，提出「法與時轉則治，治與世宜則有功」的名言。世事瞬息萬變，從滿清繼受歐陸及日本刑法的經過，民國初年暫行新刑律頒佈之後，正式刑法典的制定、修定，本部法典於1945年開始適用於臺灣之後，為應付臺灣社會的結構、民情，國際間法律制度的交互影響、法學理論的發展，大大小小的修正從未停止，印證了「法律是活的」，個心的心得，法律修正的最高指導原則就是—追求實用。

（二）解釋論—追求法的安定性

法的安定性，是法的本質需求使然，朝令夕改，人民將無所適從。以刑法而言，保障人民對自己所為的可預見性，是立憲主義法治國原則下，基本的要求。在罪刑法定原則之下，罪之成立要件過松，極易入民於罪，人民動輒觸法，必然引起人民對於立法、行政機構的不滿。反之，罪之成立要件過緊，易造成應罪之人消遙法外，引起人民對司法的不信賴。解決之道，立法對於犯罪成立要件之厘定，必須讓司法有合目的性的解釋空間，立法條文結構、用詞力求嚴謹，透過司法妥當解釋，追求法的安定性。

（三）適用論—刑罰個別化的運用

刑法有一般預防及特別預防機能，當今國際刑法學的潮流，主觀主義仍占一席之地，基於刑罰個別化的理念，有關刑罰的理論，著重在人性尊嚴的維護，憲法規定國家的主權在民，政府的作為，以提升人民的幸福為目標。體認刑事司法個別案件的處置，刑罰的運用是最不得已、最後的手段。因此「比例原則」仍為司法實踐上，從事刑事追訴、審判的公務員，必須奉守的準則。

注 釋：

[1] 劉秉鈞，銘傳大學法律學系教授，國立政治大學法學博士。

[2] 周治平，刑法總則，三民書局，1972 年 10 月臺全訂五版，第 14 頁。

[3] 黃源盛，晚清民國刑法史料輯注（上），元照出版，2010 年 7 月，第 3 頁。

[4] 黃源盛，法律繼受與近代中國法，國立政治大學法學叢書（55），元照出版，2007 年 3 月，第 81、122 頁。

[5] 黃源盛，晚清民國刑法史料輯注（上），第 35 頁。

[6] 黃源盛，晚清民國刑法史料輯注（上），第 203—204 頁。

[7] 黃源盛，晚清民國刑法史料輯注（上），第 273—274 頁。

[8] 黃源盛，法律繼受與近代中國法，第 117 頁。

[9] 黃源盛，晚清民國刑法史料輯注（上），第 361 頁。

[10] 孫中山先生在廣州建立中華民國護法軍政府時，仍宣佈適用暫行新刑律。惟袁世凱稱帝野心漸明，不滿寓有階級平等及保障人民權利精神的暫行新刑律，於 1914 年 12 月 24 日仿照「欽定大清刑律」「暫行章程」5 條內容，又加以擴充，公佈「暫行刑律補充條例」，始終施行於北洋政府統治區域，南方廣州革命軍政府，則於 1922 年明令廢止該補充條例（參黃源盛，同注 2 書，第 511 頁）。

[11] 黃源盛，晚清民國刑法史料輯注（上），第 516 頁。

[12] 楊幼烱，中國立法史，第 326 頁，中國文化事業出版，1960 年；楊堪、張夢海，中國刑法通史（第八分冊），第 176 頁。引自靳宗立，兩岸刑法總則基本原理規定之比較，輔仁大學舉辦「兩岸刑法總則制度比較」學術研討會論文，2009 年 3 月 28 日。另參黃源盛，同注 2 書，第 516 頁。

[13] 黃源盛，晚清民國刑法史料輯注（上），第 611-612 頁。

[14] 黃源盛，晚清民國刑法史料輯注（上），第 789 頁。

[15] 黃源盛，晚清民國刑法史料輯注（下），元照出版，2010 年 7 月，第 865 頁。

[16] 黃源盛，晚清民國刑法史料輯注（下），第 1027 頁。

[17] 黃源盛，晚清民國刑法史料輯注（下），第 1089 頁。

[18] 黃源盛，晚清民國刑法史料輯注（下），第 1185 頁。

[19] 成員包括：韓忠謨、林紀東、陳樸生、李元簇、蔡墩銘、蘇俊雄、錢國成、張金蘭、胡開誠、王建今、王任遠、汪道淵、梁恒昌、楊鳴鐸、楊建華、林山田。

[20] 參 1990 年中華民國刑法修正草案總說明。引自柯耀程，刑法總則釋義—修正法篇（上），元照出版，2005 年 10 月，第 5 頁。

[21] 林山田，二○○五年刑法修正總評，元照出版，2007 年 5 月，第 77 頁。

[22] 林山田，二○○五年刑法修正總評，元照出版，2007 年 5 月，第 77 頁。

[23] 第 41 條：犯最重本刑為五年以下有期徒刑以下之刑之罪，而受六月以下有期徒刑或拘役之宣告者，得以新台幣一千元、二千元或三千元折算一日，易科罰金。但易科罰金，難收矯正之效或難以維持法秩序者，不在此限。依前項規定得易科罰金而未聲請易科罰金者，得以提供社會勞動六小時折算一日，易服社會勞動。受六月以下有期徒刑或拘役之宣告，不符第一項易科罰金之規定者，得依前項折算規定，易服社會勞動。前二項之規定，因身心健康之關係，執行顯有困難者，或易服社會勞動，難收矯正之效或難以維持法秩序者，不適用之。第二項及第三項之易服社會勞動履行期間，不得逾一年。無正當理由不履行社會勞動，情節重大，或履行期間屆滿仍未履行完畢者，於第二項之情形應執行原宣告刑或易科罰金；於第三項之情形應執行原宣告刑。已繳納之罰金或已履行之社會勞動時數依所定之標準折算日數，未滿一日者，以一日論。第一項至第四項及第七項之規定，於數罪併罰之數罪均得易科罰金或易服社會勞動，其應執行之刑逾六月者，亦適用之。數罪併罰應執行之刑易服社會勞動者，其履行期間不得逾三年。但其應執行之刑未逾六月者，履行期間不得逾一年。數罪併罰應執行之刑易服社會勞動有第六項之情形者，應執行所定之執行刑，於數罪均得易科罰金者，另得易科罰金。犯最重本刑為五年以下有期徒刑以下之刑之罪，而受六個月以下有期徒刑或拘役之宣告者，得以新台幣一千元、二千元或三千元折算一日，易科罰金。但確因不執行所宣告之刑，難收矯正之效或難以維持法秩序者，不在此限。依前項規定得易科罰金而未聲請易科罰金者，得以提供社會勞動六小時折算一日，易服社會勞動。受六個月以下有期徒刑或拘役之宣告，不符第一項易科罰金之規定者，得依前項折算規定，易服社會勞動。前二項之規定，因身心健康之關係，執行顯有困難者，或確因不執行所宣告之刑，難收矯正之效或難以維持法秩序者，不適用之。第二項及第三項之易服社會勞動履行期間，不得逾一年。無正當理由不履行社會勞動，情節重大，或履行期間屆滿仍未履行完畢者，於第二項之情形應執行原宣告刑或易科罰金；於第三項之情形應執行原宣告刑。已繳納之罰金或已履行之社會勞動時數依裁判所定之標準折算日數，未滿一日者，以一日論。第一項至第三項規定於數罪併罰，其應執行之刑未逾六個月者，亦適用之。

臺灣近年刑事訴訟改革的脈動與展望

張麗卿[1]

一、前言

　　刑事訴訟的根本精神在於「發現真實，保障人權」。真實發現是刑事訴訟程序的基本任務。藉由刑事程序發現真實，法官才能本于真實，妥當適用法律，進而實現正義。在刑事程序中，審檢警部門不能為了發現真實，而戕害人權。良善的刑事訴訟制度，應當在真實發現與人權保障之間取得均衡。在良善的刑事訴訟制度裡，實體法的理想才得以實現。

　　刑事訴訟關係人民權益極大，我們應該無時無刻檢視刑事訴訟制度是否合宜。《韓非子·心度》有謂：「法與時轉則治，治與世宜則有功。」法律若可隨著時代變化而有所更張，且與人們的法情感相符合，法律便可發生其作用。忽略社會變遷所帶來的影響，將使得刑事訴訟制度無法進步，不能達到刑事訴訟發現真實與保障人權的目標。

　　近年來，臺灣人民普遍享有堪稱飽暖的生活，但由於權利意識高張，對於各個行業與政府部門都帶來影響。反映在刑事訴訟上，人民期待在刑事訴訟中，能夠更加重視權利保障，讓被告在程序中取得與檢察官實質平等的地位，而法官則是公正客觀的審判者。

　　本文介紹近年來（主要是1999年以後）臺灣刑事訴訟制度修法的背景，指出當時刑事訴訟制度所遭遇的困境，然後說明這些年來，臺灣刑事訴訟制度所發生的重大變革。最後，依循制度的更張與脈動，闡述未來持續的修法方向與展望。

二、刑事訴訟改革的背景

　　臺灣現行的刑事訴訟法是在1967年後，方才趨於穩定。在上個世紀90年代以前，僅有二次修正，且變革幅度相當有限[2]。但是，因為對於犯罪嫌疑人的人權保障的重視，造就1990年代的七次修法，其中以1997年的修正最為重要，堪稱上個世紀臺灣刑事訴訟制度改革指標[3]。

　　當時臺灣的刑事訴訟制度，雖然早已由「糾問制」走向「控訴制」，也就是讓偵查者提出控訴，審判者被動接受控訴，避免球員兼裁判，以期保障人權。但終歸只有控訴制的形式，並無法完全達到人民對於良善刑事訴訟制度的期待。

　　1999年的司法改革會議，是近年臺灣司法改革的起點。該次司法改革會議指出，刑事訴訟的關鍵缺失。其一，由法官、檢察官、被告三方所組成的法庭結構，彼此實際權能不均，使公平法庭難以落實；其二，刑事訴訟制度的設計不合乎經濟效益，造成司法資源的虛耗[4]。如果缺失無法改正，則刑事訴訟制度無法真正進步，如此，不管是發現真實或保障人權，都只是鏡花水月。下述二點是當時改革的緣由。

（一）失衡的法庭三角關係

刑事訴訟法由糾問制轉向控訴制，不表示人民的訴訟權益能夠立刻獲得保障。原因在於，當時的控訴制僅具形式，其實質仍不脫糾問色彩。換言之，法官、檢察官及被告所組成的法庭三角關係並不平衡。如果法庭的三角關係無法取得平衡，人民將難期待法庭的公平性。在控訴制度下，檢察官負責偵查起訴，法官是公正客觀的裁決者，被告則應該擁有足夠的防禦權，以保護自己在訴訟上的權利。

然而，早先的刑事訴訟程序中，檢察官不用負擔實質舉證責任，通常只要在法庭上朗讀「如起訴書狀所載」等語，便將證據調查的工作交由法官主導，控訴制的精神蕩然無存。檢察官具備強大的強制處分權，尤其是檢察官於偵查中的羈押權，以及長達三日的人犯解送時間，不僅嚴重侵害人權，更恐使犯罪嫌疑人懼怕國家力量而枉送清白。再者，被告的防禦權欠缺，辯護人多受掣肘，使法庭三角關係更加歪曲傾斜。

面對失衡的法庭三角關係，立法者嘗試藉由修法加以導正，尤其是1997年的修法[5]，對於法庭三角關係的失衡，有相當重要的矯正作用。該次修法將羈押決定權歸屬于法官，以符合「法官保留原則」，有利於被告的人權保護。此外，被告的緘默權，訊問被告的態度懇切，避免疲勞等不正方法的訊問，更原則上禁止司法員警的夜間詢問。為保障人身自由，除非有障礙事由的發生，解送人犯的期間限二十四小時；被告如果是智慧障礙者，應予強制辯護，以保障其防禦權。

從疑犯與被告的人權保護看，這些都是相當重要的修法，但對於調整失衡的法庭三角關係，成效有限。因為刑事訴訟的修法未真正落實控訴制，檢察官無庸負擔實質的舉證責任，法官為發現真實而賣力調查，反而形成審檢聯手攻擊被告的氛圍，亦難期待法官有客觀公正的立場。是故，刑事訴訟法的修正，持續將重心放在調整法庭三角關係失衡的狀態，尤其是採取「改良式的當事人進行主義」[6]，使檢察官負擔實質的舉證責任，強化被告權利；同時修改刑事訴訟法的證據章節，讓法庭的證據調查活動由當事人主導，法官則成為真正的客觀公正第三人。只有在真相混沌，或為實現正義以及保護被告重大利益時，法院才發動職權調查。

（二）負擔過重的司法機器

司法資源有限，要在有限的資源內，將刑事訴訟的功能發揮至大，立法者必須針對不同案情需求，制定相異的程序，避免司法機關的力量虛耗在不必要的案件上。這個問題對於從「職權進行」轉向靠近「當事人進行」，尤其重要。隨著臺灣人口增加，以及法治觀念提升，民眾使用法院的次數增加。法庭調查證據活動若由當事人主導，可能拖延訴訟進度。如果沒有相關配套，必然會造成司法機關過度沉重的負擔。

這項議題，長期受立法者關注，1990、1995年持續修正「非通常審理程序」，亦即「簡易程序」，1997年更進一步擴大簡易程序的適用範圍[7]，於刑事訴訟法第449條規定，若被告于偵查中自白，或有其他證據已經足證犯罪，檢察官得向法院聲請不經通常審判程序（如有必要，則於處刑前訊問被告），改采簡易判決處刑；法院亦得酌情適用簡易程序。

並非所有的案件都可以進入簡易程序，只限於「所科之刑以宣告緩刑、得易科罰金或得易服社會勞動之有期徒刑及拘役或罰金」，也就是法院得為二年以下有期徒刑、拘役或罰金宣告的案件，才可適用簡易程序。於此同時，新增簡易程序的「量刑協商」，即被告于偵查中自白時，得向檢察官表示願受科刑的範圍或願意接受緩刑宣告，檢察官同意者，應記明筆錄，並以被告的表示為基礎，向法院求刑或請求緩刑宣告。不過，檢察官依此求刑前，得徵詢被害人意見，並斟酌情形，經被害人同意，命被告向被害人道歉，並支付相當數額的賠償金。

不過，僅修改簡易程序，仍無法達成「明案速斷、疑案慎判」的目標，必須要順延訴訟的脈絡，進行整體性思考，試圖找尋案件分流的基準點，讓每個案件都能適得其所。在偵查階段，或許可以賦予檢察官更多的裁量許可權，在起訴與不起訴之間，另闢蹊徑，讓犯重罪或輕罪嫌疑者，有不同的處分方式。當檢察官起訴後，在正式進入審理階段前，應建立一道篩網，用以判斷案件應依通常或非通常程序審理。因案件分流得宜，自然可以減輕司法機關的壓力。

三、近年刑事訴訟法的修正脈動

面對上個世紀末，臺灣刑事司法所面臨的困境，引發刑事訴訟法一連串的改革，希望藉此改善法庭三角關係間的失衡關係，以及減輕司法機關的負擔。具體的變革，諸如，落實檢察官舉證責任、強化被告防禦權、透過交互詰問活絡法庭證明活動以及嚴格證據法則的運用等，都是有利促使當事人間的實質平等的訴訟制度。此外，以往依賴單調的通常程序處理所有司法案件，造成審判機關的沉重負擔。因此，近年修正的重點，擺在調整與創設各種緩解訟源的司法程序，如擴大簡易程序適用範圍、陸續引進緩起訴處分、簡式審判以及認罪協商等訴訟機制，企圖利用多元化的管道，解決繁簡不同的司法案件，減輕訟源。

秉持這個構想，在21世紀後的修正，為臺灣的刑事訴訟法揭開新頁。綜觀這些修正，立法者不再利用單一管道解決千變萬化的訴訟，而是在實施「改良式當事人進行主義」的制度同時，考慮配合以效率為主的修正脈動，避免虛耗有限的司法資源。

（一）促進當事人的實質平等

針對審檢辯三角關係的失衡，近年的刑事訴訟法修正，都是朝著促進當事人實質平等的方向努力，也就是由傳統的「職權進行主義」向「當事人進行主義」靠攏[8]。一方面落實檢察官的舉證責任，另一方面強化被告的辯護權。就當事人平等的角度而言，首應確立檢察官的實質舉證責任，將訴訟導入以當事人為主軸；于此同時，應強化被告的防禦權，以免在當事人進行主義之下，被告權利被犧牲。

1.落實檢察官的實質舉證責任

刑事訴訟法第161條檢察官舉證責任的規定，2002年修法以前，「檢察官就被告犯罪事實，有舉證責任」。此種空洞化的規範，舉證責任的範圍、方法皆未規定，只有宣示效果，無法督促檢察官確實舉證。2002年以後，該條修正為：「檢察官就被告犯罪事實，應負舉證責任，並指出證明之方法。」即要求檢察官就調查的途徑、與待證事實的關聯及證據證明力等事項，均應提出證明方法。也就是說，檢察官必須證明起訴案件的內容為真，使法官得到確信有罪的心證，此不但符合實質舉證責任的內涵，更能貫徹無罪推定原則[9]。

同時，立法者於刑事訴訟法第161條第2項以下，增設「起訴審查制度」，類似德國的「中間程序」[10]，目的在於督促檢察官，徹底強化實質舉證責任的色彩[11]。起訴審查制系指，法院於第一次審判期日前，認為檢察官指出的證明方法顯不足認定被告有成立犯罪可能時，應以裁定定期通知檢察官補正；若檢察官逾期未補正者，法官得以裁定駁回起訴。因此，法院在第一次審判期日前，應審查檢察官的起訴依據。倘若未達被告可能成立犯罪的門檻，應命檢察官定期補正，逾期不補正，法官得以裁定駁回的方式，拒絕審理檢察官的起訴；被駁回的案件，若檢察官不是因發現新事實、新證據而再行起訴，法官應諭知不受理。換言之，透過檢察官實質舉證責任的規定，再加上起訴審查制度，可以促使檢察官善盡舉證責任，提升控訴的力道[12]。

不過，檢察官的舉證責任及相關起訴審查機制，雖然已有明文，但檢察官舉證是否能產生預期成效，仍有疑慮[13]。由於臺灣現行的刑事訴訟採取「卷證並送制度」[14]，法官在審理前已詳閱全案卷宗，對於整體案件早已明瞭於心，檢察官的舉證似乎流於形式。是故，吾人難以期待，法官在接受所有的偵查卷宗後，仍會持空白心證，聆聽檢察官與被告（辯護人）之間的攻防。因此，未來若欲深化檢察官的舉證責任，勢必檢討現行卷證並送制度，逐步朝向卷證不並送的刑事審判程序[15]。如此，檢察官為了使法官形成有罪心證，必須竭盡所能提出被告有罪的證據，同時也必須說服法官，達到真正落實檢察官舉證責任的目標。

2.訴訟模式以當事人調查為主

在證據調查方面，也反應出以當事人為主的調查模式。2002年前，刑事訴訟法第163條以法院調查優先于當事人調查[16]；又同法第287、288條規定，檢察官陳述起訴要旨後，審判長應就被訴事實訊問被告，並且應調查證據，顯示法院在刑事訴訟的證據調查，扮演主導角色，期望透過法院的職權調查，使刑罰權能具體落實，並能滿足人民對於正義的渴望[17]。

然而，2002年刑事訴訟法第163條修正後，刑事訴訟上的證據調查不再以法官為主，而是以當事人為主。法院僅在為求發現真實，維護公平正義，或對被告利益有重大關係時，方有義務進行職權調查[18]。臺灣實務判決，也認為法院的調查僅在當事人調查證據後，若有不明確時，方得斟酌情形介入調查。例如，最高法院97年度臺上字第5306號判決明白指出：「刑事訴訟法第一百六十三條規定揭櫫當事人調查證據主導權之大原則，法院于當事人主導之證據調查完畢後，認為事實未臻明瞭仍有待厘清時，始得斟酌具體個案之情形，予以裁量是否補充介入調查。證據如與發見真實不具關連性者，法院未為無益之調查，即不能指為有應調查而不予調查之違法。」從該號判決可以得知，就調查證據的次序，當事人優先于法院，法院須待當事人結束調查證據後，方得考慮是否依職權介入[19]。

近來臺灣最高法院101年度第2次刑事庭會議決議[20]，進一步限縮職權調查的範圍，僅限於「公平正義的維護」、「有利於被告」事項，法院方有義務職權主動調查。質言之，雖然現行刑事訴訟法第163條第2項規定：「公平正義之維護或對被告之利益有重大關係事項，法院應依職權調查之。」然而，最高法院認為，依《世界人權宣言》第11條第1項及《公民與政治權利國際公約》第14條第2款的規定，無罪推定原則是各國立法例皆應遵守的準則，同時證明被告有罪屬於檢察官的責任，法院並無義務接續檢察官的調查[21]，因此，對於不利被告的事項，檢察官需負起舉證任務，法院不再依職權介入調查。惟上述決議引發臺灣司法審檢之間的強力對抗，甚至有檢察官上街靜坐，表達強烈不滿；最高法院則公開回應：「決議乃落實前開無罪推定原則、檢察官應負舉證責任的規定，符合兩公約保障人權的精神，不僅顧及被告的利益，也沒有減損被害人的權益，並無法院天平向被告傾斜的疑慮。」對檢察官的強烈反抗表示遺憾[22]。

關於法院職權調查地位，各國基於立法體例的不同，採取不同看法。就德國而言，法院的職權兼含搜集與調查證據，此觀德國刑事訴訟法第224條第2項規定：「法院為探究真實，應依職權就基礎之一切事實與證據方法予以調查。」即可得知[23]。至於美國與日本則採取法院職權調查[24]為例外的模式，原則上由當事人調查，僅在具備必要性的情況，法院方得職權調查。由於臺灣自2002年起的修法，明顯朝向當事人進行的方向，因此，應降低法院職權調查的分量，並增加當事人（檢察官與被告或辯護人）舉證的比例。雖然制度上仍有許多缺漏，如未采卷證不並送的制度，使法院在審前即產生有罪與否的心證。然而，大抵上而言，整體的改革仍符合司法改革會議的精神，朝向當事人進行的方向。因此，即便最高法院101年第2次刑事庭會議決議引發不同的聲音，但當事人主義的基本精神依舊不變。

3. 被告訴訟防禦權的整體強化

對被告而言，如何能強化辯護的權利，提升整體防禦的能力，是實行當事人進行主義的重要關鍵配套[25]。就現行刑事訴訟法而言，共有公設辯護人、義務辯護人、選任辯護人、法扶辯護人；加上2006年起，刑事訴訟法將強制辯護案件擴及至「偵查中」[26]，使得整體辯護制度已有相當大的規模，對於實行當事人進行主義的改革，有相當程度的幫助[27]。

此外，2009年司法院大法官於釋字654號解釋闡明：「刑事被告與辯護人能在不受干預下充分自由溝通，為辯護人協助被告行使防禦權之重要內涵，應受憲法之保障。」對此，刑事訴訟法因應大法官的解釋而加以修正，強化保證被告與律師充分自由溝通之權。2010年刑事訴訟法第34條增訂第2項，原則上保障被告與律師偵查中的自由接見、通信等交通權利，如有事證足認其有湮滅、偽造、變造證據或勾串共犯或證人的情形，方得限制或禁止[28]。換言之，偵查中受拘提或逮捕的被告，將擁有與辯護人見面通信的權利，只是接見時間不得逾一小時，且以一次為限。被告與辯護人的自由溝通，不論被告是受羈押或受拘提逮捕，皆不受影響。近年的修法，不但確認被告與律師溝通的權利，更強化被告防禦權，對於當事人進行的訴訟模式，有顯著的幫助[29]。

被告防禦權，除了接受律師的協助外，律師辯護的品質也相當重要[30]。就目前而言，整體辯護人的水準參差不齊，尤其是法律扶助的案件上，更形明顯。事實上，當被告屬於弱勢，或受到重罪的起訴，應當接受良好的辯護，方能保障被告權益。故當前應培養刑事專業的扶助律師，並且增加扶助律師的員額，以及擴大扶助範圍[31]，彰顯法律扶助的精神，同時建立公允的評鑑機制，而確保法律扶助的品質。若法扶不能因應實際需求，也可以考慮恢復公設辯護人的招考，使部分必須受到辯護的案件，得受到最良善的辯護品質[32]。

（二）建構堅實的事實審

由於法官、檢察官、被告（含辯護人）三方關係失衡，造成事實審的功能不彰，所以臺灣的司法實務，時常可見最高法院以事實不明為由撤銷發回更審，使案件經常往返於二、三審之間，久懸未決，徒增人民訟累[33]。因此，近年的刑事訴訟改革，希望解決當前案件經常往返於二、三審的窘境，進而走向金字塔型的訴訟架構－第一審為事實審審判中心，第二審采事後審兼續審制，第三審采嚴格法律審並采上訴許可制。

金字塔的訴訟架構能否成功，關鍵在於事實審是否堅實。為了建構堅實事實審，2003年進行近年臺灣刑事訴訟法最大，也是最重要的修法。該次修法主要集中在證據章節及（第一審）審判章節，修正的重頭戲在於交互詰問、自白法則、傳聞法則等，證據儼然成為刑事訴訟實務與研究的重心；又為了建構堅實的事實審，必須使審理集中，避免拖延訴訟。

1.交互詰問的確立

交互詰問的制度，規定在刑事訴訟法第166條以下。修法理由指出，「為落實當事人進行主義之精神，審判程序之進行應由當事人扮演積極主動之角色，而以當事人間之攻擊、防禦為主軸，因此有關證人、鑑定人詰問之次序、方法、限制內容，即為審判程序進行之最核心部分。」由此可知，交互詰問制度實施之成敗與否，實為刑事訴訟制度能否順利由「職權主義」成功轉型為「當事人進行主義」的關鍵[34]。

交互詰問可以由檢察官、被告（或辯護人）分別對證人直接問話，使證人講出對自己一方有利的證據；或是發現對方所舉之證人為不實的虛偽陳述時，可以提出質問，使他的虛偽陳述洩底而不被採信。司法院大法官釋字第582號指出：「憲法第十六條保障人民之訴訟權，就刑事被告而言，包含其在訴訟上應享有充分之防禦權。刑事被告詰問證人之權利，即屬該等權利之一，且屬憲法第8條第1項規定『非由法院依法定程序不得審問處罰』之正當法律程序所保障之權利。為確保被告對證人之詰問權，證人于審判中，應依法定程序，到場具結陳述，並接受被告之詰問，其陳述始得作為認定被告犯罪事實之判斷依據。」由此可知，交互詰問的主要目的，在於保障被告的反對詰問權，以符合刑事訴訟法的正當法律程序及保障人權要求。

現在臺灣刑事法庭活動的重心集中在「交互詰問」，但目前的交互詰問制度在運作上，仍有許多問題尚待解決。譬如，交互詰問時，臺灣的法庭上仍然時常出現法官、檢察官及辯護人三人一起詰問證人的狀況，造成法庭混亂與訴訟拖延[35]；準備程序的功能沒有完全發揮，使得交互詰問有時變得相當冗長，且無法凸顯詰問的重點。總之，除了司法從業人員素質的提升外，準備程序是交互詰問制度成敗的關鍵，如能在準備程序裡，盡力澄清交互詰問所必須的證據，排除交互詰問時不必要提出的證據，越能節省詰問的時間，有效率的發現真實。此外，現行法未一併改采起訴狀一本主義及證據開示制度，多少削減交互詰問制度設計功能，使交互詰問制度之規範目的，大打折扣。

2. 刑事審理集中化

2003年刑事訴訟法修正前，刑事司法實務上，法院對於案件的審理模式，尚未有集中審理的概念，法官心證是由多次間隔久遠的開庭過程中漸漸成型，最後才以空洞化的審理辯論終結，除了無法集中審理犯罪案件的爭點事實，也難進行有效率的法庭活動，自然形成實務工作者不少的積案壓力[36]。

「集中審理原則」的概念精神，就是要人與物能夠齊聚一堂，集中證據調查與審理等時程於一定的時間之內，有條不紊、按部就班的迅速審理終結案件。為達此等目的，刑事審判於開始審判之前即應為相當的準備，避免進行無謂的程序，浪費訴訟資源與時間。在刑事訴訟制度修正為改良式當事人進行主義後，以調查證據為核心的審判程序應如何進行，調查證據之次序、範圍、方法及整理，並告知爭點等應如何安排，均需要經由法院與當事人討論決定，因此準備程序的必要性即應運而生[37]。

2003年刑事訴訟法修正第273條，明文訂立準備程序的應有作為，使準備程序的進行有法律依據。修法理由明確指出：「刑事審判之集中審理制，要求訴訟程序密集而不間斷地進行，則於開始審判之前，即應為相當之準備，始能使審判程序密集、順暢。故參考日本刑事訴訟法訴訟規則第194條之3規定，將準備程序中應處理之事項，增列其中，以資適用[38]。」

準備程序，最重要的就是在該程序中處理，諸如：（1）起訴效力所及的範圍，與有無應變更檢察官所引應適用法條的情形；（2）訊問被告、代理人及辯護人對檢察官起訴事實是否為認罪答辯，以及決定可否適用簡式審判程序或簡易程序；（3）案件及證據的重要爭點；（4）有關證據能力的意見；（5）曉諭為證據調查聲請；（6）證據調查之範圍、次序及方法。（7）命提出證物或可為證據之文書，以及（8）其他與審判有關事項。

有充分的準備程序，並在集中審理的情況下，檢察官的蒞庭才不會流於形式，不違背直接審理原則與言詞審理原則，進而匡正訴訟實務中檢察官與法官過分糾問的弊端[39]。內容充實的準備程序，應是審判期日法庭活動得以效率進行的前置工作[40]，刑事審理集中化因而能夠達到最大的成效。

值得注意的是，為了呼應集中與迅速審理，2010年5月19日，通過「刑事妥速審判法」（下略稱速審法），藉此契合「公民與政治權利國際公約」保障人民接受迅速審判的權利[41]。速審法之目的在於，維護刑事審判之公正、合法、迅速，保障人權及公共利益[42]。速審法共計14條，大部屬於宣示性條文[43]。不過，速審法第4條就準備程序的落實機制，亦做出明確規範。依該條規定：「法院行準備程序時，應落實刑事訴訟法相關規定，於準備程序終結後，盡速行集中審理，以利案件妥速審理。」若能強化準備程序的功能，勢必能加速審理程序，而達到妥速審判的效果。

雖然，有論者認為本條所欲表現的精神已在刑事訴訟法第273條展現，速審法無進一步的詳細規定，有重複立法之嫌[44]。然而，本文認為速審法的精神在於「妥速」審判，有效的準備程序絕對可以使訴訟程序更有效率，因此即便速審法未詳加規定具體內容，仍符合本法的基本精神。惟未來修法時，可以考慮細緻化相關的具體內容[45]。

3. 證據法則的制定

刑事訴訟所追求的真實發現，有賴於證據的存在，以及「證據法則」的適用。2003年對證據法則進行全面修正，希望對於事實的認定，能夠更加周全。在證據法則的基礎原則上，臺灣刑事訴訟法第154條規定無罪推定，以此排除傳統預斷有罪的舊觀念，同時要求檢察官負擔實質舉證責任，為被告人權保障提供基礎。同條的證據裁判原則，昭示犯罪事實的認定應依證據，無證據不得認定犯罪事實，所有不利被告的犯罪事實都必須要經由證據加以認定。另外，刑事訴訟法第155條是自由心證原則，但心證的形成不能違背經驗法則及論理法則；又未經合法調查的證據，不得作為判斷的依據，是嚴格證明法則。

證據能力排除法則的修定，是2003年刑事訴訟法修法的大熱門[46]。無證據能力之證據，不得作為判斷依據，而關於證據能力有無的判斷，有排除法則、自白法則、傳聞法則等，于當年刑事訴訟法修正時，均有重要的修定。在排除法則裡，有重大違法取證的當然排除，這是法律明文的情形，如刑事訴訟法第158條之2違背訊問禁止規定與告知事項所取得之證言，以及刑事訴訟法第158條之3證人、鑑定人未依法具結所為的陳述等，必須絕對排除其證據能力；另外，也有違反法定程序進行的搜索、扣押等取證時，有無證據能力的認定，依刑事訴訟法第158條之4規定，則應審酌人權保障及公共利益之間均衡維護的相對排除[47]。

臺灣過去司法實務上，偵查機關時常過度依賴自白，造成刑求取供、威逼利誘等不正訊問方式的產生[48]。自白充滿許多不可靠的因素，過度評價自白將造成錯誤判決和冤獄，所以偵查機關不應過度依賴自白，仍需找尋其他證據（補強證據），以佐證自白犯罪並非虛構，故2003年的修法指出，自白必須符合「任意性」及「真實性」[49]。另外，被告以外之人於審判外的陳述，其證據能力究竟如何，向來是實務的重大困擾，刑事訴訟法引進傳聞法則的概念，增修第159條至第159條之5，規定被告以外之人，在法院審判外所為的口頭或書面陳述，原則上不得采為證據，但為兼顧現實需要及實務運作之無礙，對於在檢警偵調中之陳述（供述證據）及其他紀錄、證明文書（非供述證據），於符合必要性、可靠性、可信性的情況保證要件下，本於例外從嚴的立場，分別情形定其證據能力[50]。

2003年的修法，臺灣刑事訴訟法的證據法則規定雖有大幅進步，但仍未盡完滿，尤其是條文簡略或規範未明，導致適用產生疑義。例如，刑事訴訟法第158條之4違法取證的相對排除，其發生違背法定程序之範圍如何，應否均排除其證據能力？最高法院93年臺上644號判例雖提出一些判斷指標[51]，但仍相當模糊。其他如，刑事訴訟法第159條之1，被告以外之人於審判外，在法官面前的陳述，是否以其於審理期日不能到庭為必要；第159條之4特信性文書的內涵是否具有例行性等。這些問題都亟待解決，無論是司法實務取得共識，或立法者藉由修法以杜爭議。

（三）多元化的緩解訟源機制

理想的刑事訴訟制度，是在保障人權的基底下，有效追訴犯罪而實現正義。但是，人權保障與發現真實（有效追訴犯罪）之間，難以尋求穩固的平衡點。例如，被告本來應有直接審理、公開審理、集中審理與言詞辯論的機會，才能洗刷冤情或發現事實真相。可是，犯罪態樣眾多，事實繁簡未必相同，若所有案件皆以嚴格法定程序進行追訴審判，勢將拖延訴訟，反而不利真實發現，有違司法正義。故在訴訟資源的分配上，根據案件性質而做不同處理，應更能符合憲法第七條的平等原則。

近年來，臺灣刑事訴訟制度的不斷更張，證據調查趨於嚴謹與交互詰問下的法庭攻防，法院必須耗費更多的時間精力進行審判，累積的案件勢必無法消化。因此，為了有效緩解當事人進行主義下必然累積的龐大訟源，於偵查中，2002年所新增的「緩起訴制度」，希望先從法院入口前，作為篩選訟源的第一道把關者。同時，達到訴訟經濟的目的，減輕法院處理案件的負擔，早在1997年，就擴大簡易處刑程序的案件範圍，於2003年及2004年分別立法增訂簡式審判程序與引進認罪協商程序。

總歸來說，是將案件輕微性、犯罪事實明確性、限制科刑範圍與科刑資料充足、被告同意後即得進行的簡單審判程序。目的是為疏減訟源，給予並鼓勵初犯及輕微犯罪人改過自新的機會，使法官能有更充裕的時間處理複雜的案件，以提升裁判品質，增進人民對司法的信賴。以下簡要說明為了有效率緩解案件過多的四個特別程序。

1. 增訂緩起訴制度

緩起訴制度普遍被認為是兼顧訴訟經濟與當事人進行主義應有的配套措施。臺灣的緩起訴制度，主要是考察日本緩起訴制度的實務運作結果而來[52]。考察發現，此一制度充分發揮篩檢案件功能，法院起訴案件大量減少，被喻為「精密的司法」，協助司法機關將心力投注於重大且複雜的案件，對於輕微沒有處罰必要的犯罪，讓其在偵查時提前脫離司法程序的枷鎖。

臺灣的緩起訴規定承襲日本制度，屬於起訴便宜原則的運用。檢察官對於犯罪嫌疑人提起公訴，主要目的在於請求法院給予適當量刑，期望行為人在接受刑罰制裁後，知道悔改，重新踏入社會。但是，對於有些犯罪人，如果認為沒有施加刑罰的必要[53]，在審判前的起訴程序即加以排除，使不進入審判程序，比起一律予以起訴科刑，將更符合訴訟經濟與刑事政策的目的[54]。

依刑事訴訟法第253條之1，得緩起訴的案件，需被告所犯者為「死刑、無期徒刑或最輕本刑三年以上以期徒刑」以外之罪。由於最輕本刑三年以上有期徒刑的犯罪很少，所以得受緩起訴的犯罪類型非常多。不過，在緩起訴適用範圍內，並不意味檢察官均需為緩起訴之決定。檢察官決定緩起訴時，除有充足的犯罪嫌疑外，為紓解審判壓力，同時也須考慮行為人的再社會化，以及兼顧一般預防的作用，必須「斟酌刑法第五十七條所列事項」及「公共利益之維護[55]」，認以「緩起訴為適當」者，方得為緩起訴處分。相較於緩刑宣告或假釋，緩起訴更為優越，更能鼓勵自新，畢竟犯人沒有經過公開審判或貼上標籤。因此，本文認為，緩起訴制度應為「預防之綜合理論」的具體實踐[56]。

　　緩起訴處分之期間為「一年以上三年以下」，緩起訴期間內，最後是否仍會被檢察官提起公訴，懸而未定。檢察官為緩起訴時，應制作處分書敘述理由，並命被告遵守若干條件或事項，命被告于一定期間內向被害人道歉、悔過、填補損害、支付金額、提供義務勞務、完成適當處遇措施、保護被害人安全及預防再犯等規定（第253條之2第1項各款）。總之，在2002年新修正的刑事訴訟法著重緩起訴制度的規定，就是希望減輕法院或檢察官的案件負荷量，也給予當事人雙方較簡易的訴訟途徑，不至為冗長的訴訟程序所累，同時達到保全當事人權益的目的。

　　事實上，自2002年增訂緩起訴處分制度後，近年並無重大變革，僅於2009年修正微調有關緩起訴處分條件的規定。詳言之，關於「支付緩起訴處分金額」條件（刑事訴訟法第253條之2第1項第4款），由於緩起訴處分金屬于公益資源，故2009年修正被告支付金額的對象，除公庫外，該管檢察署亦有權指定被告向特定的公益團體、地方自治團體進行繳納。此外，關於「提供義務勞務」條件（刑事訴訟法第253條之2第1項第5款），酌修明定有權指定被告義務勞務之機關，以及受服務者的範圍是：被告應向「該管檢察署」指定的「政府機關、政府機構、行政法人、社區或其他符合公益目的之機構或團體」提供義務勞務。

　　2.實行簡式審判程序

　　直接、言詞及公開審理等原則支配下的程序，通常對於被告訴訟權利的保障較為完整。但是，參與通常的審判程序未必對被告皆屬有利，如出庭應訊的義務曠費時日，公開審理損傷被告名譽，因而採取更快速的審理模式，可使被告免于訟累，法律關係早日確定，儘早回復正常生活，減輕程序負擔。

　　據此，2003年刑事訴訟法增訂第273條之1與第273條之2規定「簡式審判程序」，依規定除被告所犯為死刑、無期徒刑、最輕本刑為三年以上有期徒刑之罪或高等法院管轄第一審案件者外，於準備程序進行中，檢察官陳述起訴要旨後，被告先就被訴事實為有罪之陳述，因案情已臻明確，審判長可以于告知被告簡式審判的要旨後，聽取當事人、代理人、辯護人及輔佐人的意見，裁定進行簡式審判程序[57]。

　　簡式審判程序，可視案件輕重，或視被告對起訴事實有無爭執，而異其審理或證據調查的簡化。簡式審判一方面可合理分配司法資源，減輕法院審理案件的負擔，以達訴訟經濟要求；另一方面亦可使訴訟盡速終結，讓被告免于訟累。

　　法院為簡式審判裁定後，若審慎斟酌結果，認為不得或不宜進行簡式審判程序，應轉而適用通常程序。例如，法院嗣後懷疑被告自白是否具有真實性，則基於刑事訴訟重在實現正義及發見真實的必要，自以仍依通常程序慎重處理為當。又例如，一案中數共同被告，僅其中一部分被告自白犯罪，或被告對於裁判上一罪之案件僅就部分自白犯罪時，因該等情形有證據共通的關係，若割裂適用而異其審理程序，對於訴訟經濟的實現並無幫助，此時，自以適用通常程序為宜。

　　簡式審判程序，貴在審判程序之簡省便捷，故證據調查程序宜由審判長便宜行事，以適當方法行之即可。又因被告對於犯罪事實並不爭執，可認定被告亦無行使反對詰問權之意，因此有關傳聞證據的證據能力限制規定無庸予以適用。再者，簡式審判程序中證據調查的程序亦予簡化，關於證據調查的次序、方法的預定、證據調查請求的限制、證據調查的方法，證人、鑒定人詰問的方式等，均不須強制適用（刑事訴訟法第273條之2）。

3.擴大適用簡易程序

為避免訴訟拖延，達到訴訟經濟之目的，分別不同條件，依情節輕重，採取不同處理常式，對所有當事人、被害人等確屬必要。但如案件極為輕微，證據明確，不采通常程序，亦不妨害當事人權利時，改采簡捷處理方式，除能減少法院事務，使訴訟案件迅速終結，更免耗時費事，徒滋拖累[58]。因此，簡易程序依刑事訴訟法第449條規定，第一審法院認定被告犯罪事實證據明確的情況下，透過檢察官的聲請或審判中法官自行認定，開啟簡易判決處刑程序，以「書面審理」[59]的方式替代通常審判程序的直接審理模式，達到訴訟經濟的要求。

不過，不是所有的案件都可以依照簡易程序處理。理論上，簡易程序既是為了訴訟經濟而創，得簡易處理的案件也應該局限於輕微案件。不過，值得注意的是，臺灣近十年來，簡易程序經過三次修正，不斷放寬適用簡易程序的案件範圍。大致上，在1995年以前的簡易程序，適用範圍是以「刑法第61所規定的各罪為准」。1995年以後依刑事訴訟法第449條規定，得以簡易判決處刑之案件，限於「第376所列各款之不得上訴三審之案件」，所科之刑則以六月以下有期徒刑、拘役或罰金為限。

此後，1997年再次修正，簡易判決所科之刑為宣告緩刑、得易科罰金之有期徒刑及拘役或罰金，是以「凡法院得為二年以下有期徒刑、拘役或罰金宣告之案件」皆可適用簡易程序，其適用範圍，更不再限於第376條所列各款的不得上訴於第三審範圍的案件。不斷擴大簡易判決程序的適用範圍，就是為了更有效率的緩解訟源，落實明案速斷的精神。從而，依現行法而做解釋，除了「強制辯護」的案件之外，幾乎所有的案件都可以依簡易程序審理[60]。

4.引進認罪協商制度

2004年，臺灣刑事訴訟法增訂了第七篇之一「協商程序」（刑事訴訟法第455條之2以下），確認了審判中的認罪（量刑）協商程序。立法理由指出，因社會多元發展後，刑事審判的負擔日益嚴重，為解決案件負荷問題，各國均設計簡易訴訟程序，或采認罪協商機制。即使如傳統大陸法系的德國[61]、義大利亦擷取美國認罪協商主義精神[62]，發展出不同認罪協商的制度。臺灣刑事訴訟制度已朝「改良式當事人進行主義」方向修正，為建構良好審判環境，本於「明案速判，疑案慎斷」的原則，對於進入審判程序的被告不爭執且非重罪案件，允宜適用協商制度，使其快速終結，使法官有足夠的時間與精力，專心於重大繁複案件的審理。且為使協商制度發揮更大功效，於通常訴訟程序及簡易程序均一律適用。

協商程序是在通常程序或簡易程序中，檢察官與被告就「科刑等事項」達成協商之合意[63]，由檢察官向法院聲請改依協商程序而為判決，法院在訊問被告及向被告為權被告知後，如認定案件與法定要件相符，即得不經言詞辯論，于當事人協商合意範圍內而為判決。換言之，「協商程序」（第455條之2以下），是指檢察官提起公訴的案件，當事人經法院同意開啟協商程序，於審判外進行求刑相關事項的協商，當事人達成合意且被告認罪的前提下，由檢察官改以協商內容而為協商程序判決。其主要特徵是：審判中始有其適用，且須經檢察官聲請經法院同意後始得開啟協商程序，並限於非重罪案件[64]，由檢察官聲請，法院始得改依協商內容而為協商判決。且原則法院應依協商內容加以判決[65]。

協商程序的案件，被告與檢察官必然先就科刑等事項協商（有當事人事先之合意），法院在判決前必須訊問被告，且所科之刑以宣告緩刑、二年以下有期徒刑、拘役或罰金為限（科刑範圍較簡易程序廣），對於協商程序判決當事人原則不得上訴，協商判決之上訴審為事後審及法律審。另外，必須注意的是，自訴案件不得協商，此乃避免一般人民操縱協商程序，而使自訴案件發生一事不再理，妨礙司法公正。重罪案件也不得協商，因為重罪案件的協商會造成刑法規範及立法目的受到傷害，且容許重罪案件之協商對於被推定無罪的被告則有極大的壓力。

四、刑事訴訟未來的展望

臺灣的刑事訴訟法歷經數次修正，已經呈現與起草之初不盡相同的樣貌。早期受到職權主義的影響，法官在訴訟中扮演舉足輕重的角色，檢察官與被告淪為配角。自1999年司法改革會議後，司法院逐步進行改革，並引進當事人進行主義的制度。尤其，自2003年改良式當事人進行主義後，整體訴訟程序的重點強調當事人的重要性，法官的職權色彩已不如以往濃厚。例如，加重檢察官的舉證責任，賦予被告更完善的辯護權，同時淡化法官調查證據的範圍，使法庭的緊繃關係獲得部分疏解。此外，透過交互詰問制度與證據法則的確立，突顯事實審的功能，修補以往事實審效率不彰的問題。另一方面，立法者也試圖透過多元管道的訴訟模式處理龐雜訟源，以降低法院的負擔。

不過，刑事訴訟新制，雖已有若干成效，但仔細檢討現在的刑事訴訟仍呈現不少缺失。例如，刑事訴訟法第161條雖確立檢察官的實質舉證責任，並有「起訴審查制度」加以把關，然而實務上因卷證並送的關係，導致部分檢察官不堅守舉證的職責，反而盼望法官閱卷後，徑行判決；律師辯護的數量及品質不一，導致被告防禦權並非如預期完善，造成法官不得不依職權進行調查，使法庭的三方關係更加緊張，而無法達到疑案慎判的目標。另外，近年雖然不斷強調多元化的訴訟解決機制，但實際上依舊無法解決案件量過大的問題，明案速斷的目標難以達成[66]。

為使訴訟制度與時俱進，發揮應有的功效，臺灣司法院在2010年再度廣邀各界代表組成「全民司法改革策進會」，做為制度改革的諮詢平臺[67]。針對刑事訴訟改革，設有「刑事訴訟改革成效評估委員會」，進行刑事訴訟改革的評估與建議，該委員會所完成的評估報告，經「全民司法改革策進會」討論確認了「刑事訴訟分流新制」的可行性，這個對臺灣未來刑事訴訟的發展，有深遠影響[68]。

簡言之，為了落實當事人進行主義及避免司法機關的負擔過量，必須建立「明案速斷、疑案慎判」的訴訟制度核心價值。如此，司法資源能有穩妥的安排，將力量用於真正需要的案件上。這是「分流」的概念，以通常的審理程序辦理疑案，面對非疑案，則以非通常的審理程序處理。

此外，由於當前人民對於司法的信賴偏低，在思索如何提升司法威信，讓刑事司法制度與民意站在一起的策略上，也于「全民司法改革策進會」討論確認了「人民觀審制度研議委員會」所提出之試行「人民觀審制度」的方向。以下是臺灣刑事訴訟未來走向的關鍵。

（一）明案速斷－以妥速審理及減緩訟累為中心

所謂的「明案」，原則上是指事實明確，或被告無爭執的案件。理想上，明案藉由檢察官的緩起訴處分，或起訴後進入非通常審理程序，即簡易程序、協商程序等，妥速地將案件終結。如此一來，有限的司法資源，能夠運用在疑難的案件，讓疑案得以澄清；對被害人及社會而言，也能夠擁有及時的正義，這樣能顧及人民的法感情。

更具體的說，在案情簡單明瞭的訴訟中，由於爭點清楚，故程序重點不再以發現真實為重心，反而是妥速審理為目標。當被告對犯罪事實沒有爭議，且證據資料明確的情況下，被告關心的是案件能否快速審理，儘快脫離訴訟泥沼。是故，法院的任務就是迅速作出判決，使刑罰權得以實現，審理程序自然應採取簡單、明瞭、快速的方式進行，避免當事人受到訴訟的拖累。

應注意的是，並非所有被告不爭執的案件皆屬明案。倘若被告所犯為重罪，仍需踐行當事人進行主義的程序，以保障被告權益。至於何種案件屬於重罪，刑事訴訟法相關規定，多以「法定最輕本刑三年以上有期徒刑」為據[69]。此如緩起訴處分、簡式審判及認罪協商程序，皆將適用物件限於「死刑、無期徒刑、最輕本刑三年以上有期徒刑之罪以外」之輕罪。換言之，一旦案件為最輕本刑三年以上有期徒刑的重罪，司法程序就應為被告提供最周延的權利保障。

不過，就簡易程序言，除易科罰金與易服社會勞動服務者，臺灣刑法已規定得擴及適用屬於最輕本刑五年以下有期徒刑之罪[70]；但是經緩刑而適用簡易程序的情況，則受刑法第74條第1項明文規定緩刑案件限於「二年以下有期徒刑、拘役或罰金的宣告」所圍，被告若犯二年以上之罪，即無法受緩刑處分與適用簡易程序，大幅降低簡易程序的運用機會。據此，司法院針對明案速斷的立法政策，雖有制定多樣化的制度與配套，但適用的範圍似乎過小，能發揮之功能依舊有限。是故，司法院「刑事訴訟改革成效評估委員會」即指出[71]，明案的範圍應擴及法定最輕本刑未滿五年者。只要被告不爭執，且所犯之法定最輕本刑未滿五年者，即非重罪而屬明案[72]。

明案速斷的目標若能達成，疑案慎判才能落實。因為明案速斷是疑案慎判的前提，假如明案速斷的機制得以確立，司法資源即可避免虛耗，司法部門才有力量處理混沌不清的疑難案件。然而，我們必須清楚，明案與疑案間，並非絕對的對立關係，可能因為情況轉變而使得明案不明、疑案不疑。所以在明案與疑案之間，必須建立轉換機制，方能靈活刑事訴訟系統。

所謂的轉換機制，即在一定條件下，將原本應適用通常程序的案件，改依特別程序處理。例如，當被告在偵查中有所爭執，而檢察官依通常程序起訴，惟被告在之後的準備程序或審判期日不再爭執，且所犯為法定最輕本刑未滿五年之罪時，法院須採取特別程序的審理方式。另一方面，當簡易判決、簡式審判程序、協商程序終結前，被告有所爭執時，法院應改依通常程序審理。或者檢察官以輕罪聲請簡易判決處刑，惟法院認為被告所犯屬法定最輕本刑五年以上之罪時，縱令被告不爭執，法院仍應改采通常訴訟程序。

（二）疑案慎判－以落實當事人進行為主軸

當刑事訴訟制度對於簡明的案件能夠妥速審理，便表示司法資源獲得善用，司法部門已經準備好對付疑難案件的力氣。在前述的司法院刑事訴訟改革成效評估委員會總結報告裡，指出明案的範圍應擴及法定最輕本刑未滿五年者。換言之，「疑案」就是指被告對案件有所爭執，以及法定最輕本刑五年以上之罪。疑案對被告權益影響極大，制度上應使當事人積極參與訴訟，透過當事人間的攻防，協助法院發現真實。必須說明的是，即便被告對重罪案件無所爭執，但重罪判決仍嚴重影響被告權益，故仍應使其充分參與訴訟，以發現真實。

疑案的處理，首應深化當事人進行主義的實質平等。臺灣現行的訴訟程序，已具有相當程度的當事人進行色彩。譬如過去十年的修法，立法者企圖落實檢察官的實質舉證責任，強化被告防禦權，同時確立交互詰問制度，並大幅修正證據法則，惟仍有許多不足之處。未來，針對檢察官舉證責任方面，應強化起訴審查制度，同時改良卷證並送的制度，使檢察官的舉證責任更加落實。法庭活動上，應設法活絡交互詰問制度，尤其應精緻準備程序的內容，並考慮增設準備程序失權效的規定，同時強化檢察官與辯護人在準備程序的協力義務，藉此發揮出準備程序的功能。疑案案情往往複雜，被告辯護權的保障有其必要，因此應擴大強制辯護範圍，前置於檢察官聲請羈押的階段，並強化審判中的辯護制度，以維護被告權益。總之，為了落實刑事訴訟法真實發現的目標，同時保障當事人的權利，面對事實繁雜的案件，應謹慎審視，方能妥適解決案情複雜的個案，此即「疑案慎斷」的展現。

若由訴訟程序觀察，要真正落實當事人進行主義，必須建構「金字塔型」的訴訟架構。金字塔型的訴訟架構，能夠改善現行制度欠缺審判效率的缺失，關於這點，在1999年臺灣司法改革會議已經獲得共識[73]。所謂金字塔型訴訟架構，是指在第一審中強化事實認定程序，透過細膩的證據調查，對案件事實做出最謹慎的認定；在第二審中，采事後審兼續審制，不再重複進行無謂的事實調查，合理化訴訟資源的分配；第三審則踐行嚴格的法律審，同時透過上訴許可制，縮減第三審的案件量，達到法律審的功能。審級制度能否改革成功，第一審最為關鍵，唯有確實且堅固的事實調查，才能達到發現真實的目的。

打造堅實事實審的審判中心，首要在訴訟制度中貫徹當事人進行主義的精神。法院應徹底落實交互詰問制度，仔細檢驗檢察官與被告所提出的每項證據，再依循嚴格的證據法則，進行妥適的審判。現行刑事訴訟法受人詬病的就是，空有交互詰問的形式外觀，實際上多數案件卻僅是行禮如儀的例行程序。尤其是卷證並送可能產生的弊端，也就是若法官審判前已獲悉所有的證據資料，恐怕將無法透過交互詰問形成最適切的心證，詰問程序將淪為空轉。

此外，現行二審採取「覆審制」，針對第一審上訴，二審不論有利或不利被告，皆須重複審理。現行的二審程序雖可讓事實的輪廓更加明確，但也產生許多疑問。第一、就調查必要性而言，是否有需要透過兩個審級加以調查，誠有疑問；第二、透過第一審的堅實建構，諸如交互詰問、傳聞法則等諸多證據法則的嚴謹判斷，是否仍需要在第二審重新審視案件，也受到許多質疑。過度重複事實調查的結果，導致當事人會在第一審保留實力，不提出具有殺傷力的證據，待第二審時方才提出，此不但造成一審審判的空洞化，更浪費有限的訴訟資源。另外，三審為法律審，原則不再對事實進行調查，往往會有三審認定事實尚未澄清，撤銷發回第二審的情況。綜上諸多因素，造成第二審過度累積案件，而落入肥大化的窘境[74]。

對於二審肥大化的問題，2007年立法者試圖透過「上訴需具備具體理由」的方式加以舒緩[75]。目前相關單位針對二審的上訴理由、調查範圍，仿造日本的二審制度，朝向「事後審制」進行修正與調整[76]。相較於覆審制是重複審酌犯罪事實，事後審制則針對「原判決」的妥適與否進行判斷[77]，亦即站在原審法院的立場，審酌「原審認定事實與適用法律」的妥適性。另外，由於二審上訴仍具有個案救濟的功能，倘若當事人因不得已的事由，或於辯論終結後發生新事實，導至原審事實認定錯誤並影響判決，應給予上訴救濟的機會。因此，除了事後審外，二審程序兼采續審制，以彌補事後審制的漏洞[78]。

最後，為配合第二審改為事後審查制，第三審法院必須更加彰顯法律審的特質，朝向「嚴格的法律審」做修正。依據刑事訴訟法第377條修正草案規定，上訴第三審，須原判決適用法令抵觸憲法、違背司法解釋或判例為理由始得為之，此為「權利上訴制[79]」；此外，依刑事訴訟法第377條之1規定「其所涉及之法律見解具有原則上重要性時」，第三審法院得裁定許可上訴，是兼采「上訴許可制」[80]。未來的目標是僅允許極少數具重大法律爭議的案件進入實質審查，而將第三審定位於金字塔訴訟架構的頂端，扮演統合法律見解的角色。

（三）人民觀審——提升人民對司法的信賴

現今民意高漲，人民主張司法應該透明化，因司法透明化除讓人民產生信賴外，更可具體展現司法民主化的精神。尤其許多高度爭議的判決[81]，導致人民參與司法的呼聲越來越高。人民參與司法，依參與程度及民情不同，各國有不同制度[82]。例如，美國採用陪審制，透過人民組成陪審團，藉此認定被告的犯罪事實，複由法官對有罪的被告進行法律的適用與量刑。透過人民與法官的協力認定，分工完成罪刑的認定；德國採取參審制，由人民與法官共同認定犯罪事實、法律適用及量刑，與美國的陪審制有所不同。此外，韓國于2008年施行「國民參與審判制」，類似於美國的陪審制，惟陪審團的意見並無法拘束法官，僅能做為法官的參考。又日本于2009年施行「裁判員制」，其較類似德國的參審制[83]。

臺灣從1987年起，就開始研議有關人民參與刑事審判的相關法制。司法院在2010年再度參酌世界各國法制演進的趨勢，研議既能讓人民參與刑事審判，又與憲政法制無違的「人民觀審制度」。2012年5月由行政院通過「人民觀審條例」草案，並送立法院審議，預計於2013年先于士林及嘉義2個地方法院試辦3年。依該條例第1條明定立法目的：「為提升司法之透明度，反映人民正當法律感情，增進人民對於司法之瞭解及信賴，特制定本條例。」此外，人民觀審制主要是透過一定程序，選出人民擔任「觀審員」，針對重罪案件，全程參與第一審的審判程序。就案件的類型而言，依該條例第5條的規定有二，其一為最輕本刑為七年以上有期徒刑之罪；其二為故意犯罪因而致人于死者。據此，可以得知適用觀審制的案件，以重罪為主[84]。

觀審案件的進行，主要由三名法官、五名觀審員組成觀審法庭，同時避免觀審員屆時因故不能到場，法院認為有必要時，得選任1至4人擔任陪審員。就觀審員的資格而言，第12至16條有詳細的規定，原則上需年滿二十三歲，在該地方法院管轄區域內繼續居住四個月以上，且無其他消極資格。需特別注意的是，國民雖有擔任觀審員、備位觀審員的義務，但義務的履行仍應符合比例原則，若因年齡、職業、生活、疾病因素，致執行觀審員、備位觀審員職務顯有困難者，自應允許拒絕被選任為觀審員。該條例第16條規定觀審員拒卻權的資格[85]，若人民具備該條件，即得向法院拒絕擔任觀審員。此外，觀審員的職權，依該條例第8條有三，分別為全程參與審判期日之訴訟程序；參與中間討論；參與終局評議。

至於觀審員是否具有表決權，在人民觀審條例草案的討論過程中就有極大爭議。依人民觀審條例第59條第1項規定：「法官就事實之認定、法律之適用及量刑之評議，以過半數之意見決定之，不受觀審員陳述意見之拘束。」顯然，觀審員無表決權。對此，許多反對聲音認為，觀審員如不能參與表決，只能提供意見，彷彿只是法官的橡皮圖章，實際上能發揮的功能有限。

此外，法官能否接受無法律專業知識民眾的意見，亦屬疑義。司法院從憲法的角度進行闡述，認為觀審員若有表決權，將會侵犯憲法賦予法官「依據法律獨立審判」的權力。不過，本文認為，若要貫徹司法民主化的精神，卻僅賦予觀審員「看」的權利而無「判」的權力，勢必大大降低人民參與司法的意願及成效。就美國陪審制、德國參審制以及日本的裁判員制[86]，分別在犯罪事實的認定與量刑的評估，讓人民在個案中，展現一定的意志，這些國家的法官獨立審判並無受到侵害的疑慮。因此，未來臺灣人民觀審條例，仍應考慮如何使人民具有一定程度的表決權，落實司法民主化的精神。

五、結論

近年來，臺灣刑事訴訟制度的修正，主要是導正法庭三角關係的失衡，訴訟構造朝向「改良式的當事人進行主義」而開展。修正目的，以促進當事人的實質平等為首要目標，包括落實檢察官的舉證責任，實行當事人調查為主的訴訟模式，以及強化被告防禦權等。

從保障人權的角度看，為被告建構實質平等的訴訟保障機制固然要緊，但刑事訴訟發現真實的目的也不能偏廢。是故，臺灣刑事訴訟法針對事實審程序進行的調整，陸續確立交互詰問制度、證據排除與嚴格證明法則的運用，以及刑事審理集中化的設計等，都為了兼顧被告的人權保障與真實發現。

臺灣一連串的刑事訴訟改革，以「改良式當事人進行主義」為核心，雖然立意良善，但實務運作如果貫徹落實，卻又可能造成龐大的訴訟積案，形成另一道問題。因此，立法者不忘在刑事訴訟法中，建立多元化的緩解訟源機制。增訂緩起訴制度、簡式審判程序以及認罪協商等制度，同時持續擴大「簡易處刑程序」的適用範圍，目的都是為了及早排除案源，快速終結訴訟程序。

核心立場既已確立，展望未來，臺灣刑事訴訟制度應當更合理的分配司法審判資源，解決不斷增長的訴訟紛爭。本文認為應朝向「訴訟分流」的方向進行改革，以「明案速斷」、「疑案慎判」的大原則指導訴訟進行。

明案處理常式的特徵取其「妥速」，強調妥速審結並具減緩訟累功能，由法官基於公正立場，發揮澄清、照料義務，本於職權維持程序的適法性及合目的性。另外，疑案的處理常式特徵重在「嚴謹」，對被告有爭執的案件，增強當事人進行主義的精神進行改革，促進交互詰問的順暢。此外，為了符合當事人進行的特色，刑事訴訟審級制度必須改革，以金字塔型的訴訟架構為目標。換言之，強化第一審的事實調查，對於二審採取「事後審兼續審制」，建構堅實的事實審。至於第三審，則采「嚴格法律審兼采上訴許可制」，共同築起一個因案制宜、妥速富有效率，嚴謹富有公義的訴訟制度。

另外，為提升人民對司法機關的信賴，「人民觀審」亦將於特定的地方法院試行。不過，若真要在刑事司法中注入民主活水，未來應賦予觀審員實質參與評議或量刑之權，讓人民有機會衡平職業法官的主觀意見，真正體現人民的司法主權。

刑事訴訟制度的改革，必須考慮的面向多元，諸如刑罰權的實踐，社會正義的展現以及人民權利的保障等。三者如何面面俱到，不會顧此失彼，除需依賴長年累積的實務經驗外，學界抱持審慎嚴謹的研究態度，相互討論印證才能有所進展。總之，臺灣刑事訴訟制度，仍將不斷革新更張，當事人進行主義精神的大方向既已確立，該如何進一步完善相關機制及配套，仍須留待各界繼續努力。

注 釋:

[1]　張麗卿，臺灣國立高雄大學法學院院長暨財經法律學系教授、東海大學法律學院合聘教授；德國慕尼克大學法學博士、臺灣大學法學博士。

[2]　1990 年以前，僅有 1968 年、1982 年二次進行刑事訴訟法的修正，共修正 13 個條文。

[3]　張麗卿，刑事訴訟百年回顧與前瞻，收於驗證訴訟改革脈動，五南，2008 年 9 月，頁 10 以下。

[4]　1999 年，臺灣司法改革會議認為刑事司法制度面對兩大難題。其一，審、檢、被告（含辯護人）三方關係失衡；其二，刑事司法負擔過重。參照：刑事訴訟改革成效評估委員會總結報告，司法院網站，http://www.judicial.gov.tw/revolution/judReform05.asp（最後造訪日期：2012/8/1）。

[5]　另延續 1997 年未加考慮的問題，2000 年時，刑事訴訟法又針對羈押重要的修正，參考日本與德國法例，增訂了停止羈押的遵守事項，特別是德國刑事訴訟法第 116 條規定，對此很有教益，Vgl. Roxin,Strafverfahrensrecht,25.Aufl.,1998,S.256ff.

[6]　張麗卿，刑事訴訟法理論與運用，五南，2010 年 9 月，頁 38—41。

[7]　張麗卿，刑事訴訟法理論與運用，頁 629 以下。

[8]　關於職權主義的缺點主要有三。第一，法官受卷宗的影響過大，導致忽略審判中的其他證據；第二，法官角色的混淆；第三，當事人審判中無法投入案情。此也是導致法官、檢察官、被告三方關係失

衡的原因。參照：王兆鵬，美國刑事訴訟法，元照，2007年9月，頁646。

[9] 就英美法言，其認為在無罪推定原則的概念下，由雙方當事人進行證據搜集與調查的當事人進行主義，是最理想的訴訟模式。換言之，檢察官的舉證責任是促成當事人進行的重要因數，進而達到無罪推定的目標。參照：王兆鵬，美國刑事訴訟法，頁16。

[10] 德國的「中間程序」(Zwischenverfahren) 規定於刑事訴訟法第199-211條，檢察官決定起訴犯人而將起訴書及卷宗送交管轄法院，主程序並不因此自動展開，因會造相關人巨大的負擔，因此須由法院依據偵查的結果決定，是否施予如此的負擔是可以被合理要求的。參照：Uwe Hellmann, Strafprozeßrecht,1998, S.8, Rn.8

[11] 臺灣的起訴審查制，系比照刑事訴訟法第231-1條有關檢察官對於司法員警（官）移送案件之退案審查制的精神，以及德國刑事訴訟法的「中間程序」(Zwischenverfahren) 與美國聯邦刑事訴訟法規則中「Arraignment」程序的「Motion to dismiss」制度。參照：張麗卿，刑事訴訟法理論與運用，頁531。

[12] 然有論者認為，舉證責任系要求檢察官提出證據並說服法院，屬於審判中法官與檢察官角色的分際。起訴審查既未正式進入審判程序，自然與舉證責任無關。參照：黃朝義，刑事訴訟法，新學林，2009年9月，頁373。

[13] 對此，有論者認為，起訴審查目的既然為檢視檢察官的起訴是否達到一定的標準，理論上應與刑事訴訟法第251條「足認被告有犯罪嫌疑」一致。然而，依該法第161條第2項的法文「顯不足認定被告有成立犯罪之可能」就語意上而言，並不相同。況且，在實務操作上，「顯不足……」的標準過低，能發揮出過律的效果有限。因此，在制定起訴審查後，是否真能發揮促進檢察官的舉證責任，仍有疑義。參照：黃朝義，刑事訴訟法，頁375。

[14] 該制度為德國所采，除起訴書外，卷宗亦應一併提出於法院，包含員警機關偵訊過程的筆錄、犯罪行為、時、地、法定構成要件等。vgl. Lutz Meyer-Goßner, Strafprozessordnung, 52. Aufl., 2009, § 199, Rn.2, § 200, Rn7 ff.

[15] 在現行制度下，檢察官依刑事訴訟法第264、320條規定，應將起訴書、卷宗與證物一併移送給法院，此造成起訴程序淪為接棒化的地位。因此，應採取卷證不並送的制度。然此並非日本所采的訴因制度或起訴狀一本格式，而是在起訴時僅遞交訴狀，不移送其他證物。參照：柯耀程，職權進行與當事人進行模式之省思，收錄於刑事法系列研討會（一）如何建立一套適合臺灣國情的刑事訴訟制度，學林，2000年4月，頁176。

[16] 2002年以前的舊刑事訴訟法第163條：「法院因發見真實之必要，應依職權調查證據。（第1項）；當事人、辯護人、代理人或輔佐人得請求調查證據，並得於調查證據時，詢問證人、鑑定人或被告。（第2項）」

[17] 不少判決在2002年前，也明顯呈現法院職權調查的態度。如最高法院59年度臺上字第574號判決為例，其稱：「事實審法院應予調查之證據，不以當事人聲請者為限，凡與待證事實有關之證據，均應依職權調查，方足發見真實，否則仍難謂無刑事訴訟法第三百七十九條第十款之違法。」相同看法有很多，可以參考：如最高法院85年度臺上字第5416號判決、最高法院86年度臺上字第2478號判決、最高法院87年度臺上字第179號判決、最高法院88年度臺上字第5139號判決、最高法院89年度臺上字第548號判決、最高法院90年度臺上字第5159號判決。

[18] 此規定與德國現行法不同。德國法院為探究真實，應依職權調查一切 (alle) 事實與證據方法。例如被告供認的事實不可信，或是一般經驗法則無法適用的情形。vgl. Lutz Meyer-Groner, a.a.O., § 244, Rn. 2 ff.

[19] 實務上相同看法很多，本文僅列舉部分的判決，諸如，最高法院93年度臺上字第2884號判決、最高法院97年度臺上字第2881號判決、最高法院98年度臺上字第3945號判決、最高法院98年度臺上字第3567號判決、最高法院98年度臺上字第5979號判決、最高法院99年度臺上字第988號判決等。

[20] 本決議作成前，針對調查原則的調整，最高法院刑事庭會議早在 91 年作出的第 4 次刑庭會決議以及 100 年的第 4 次刑庭會決議，主要就是朝向當事人調查為主的方向進行調整。詳請參照：柯耀程，職權調查證據之辯證－兼論最高法院 100 年度第 4 次刑事庭會議決議，軍法專刊，第 58 卷第 1 期，2012 年 2 月，頁 110 以下。

[21] 以德國為例，德國刑事訴訟法（StPO）第 152、160 條明定起訴權屬於檢察官，對依法得追訴並有充分事實的犯罪負起訴之責，得自行決定調查事實，且對於有利及不利之情況皆應發現；又依據德國法院組織法（GVG）第 150 條，檢察署獨立於法院之外。vgl. auch Gerhard Robbers, Einführung in das deutsche Recht, 5. Aufl., 2012, S.131, Rn. 529ff.

[22] 聯合報，不滿最高法院卸責檢察官靜坐，2012 年 6 月 5 日，A11 版。最高法院的態度，則可參見，最高法院新聞稿，http://tps.judicial.gov.tw/ms_news/index.php?mode=detail&SEQNO=91095（最後瀏覽日期：2012/8/1）。

[23] 關於德國法院職權調查與當事人聲請調查的順序，法律上並無明文。理論上，兩者並無先後之分，但法院基於訴訟指揮權，先由當事人聲請調查證據，複由法院依職權補足不足之處，仍不違反職權調查原則。德國實務即採取當事人先，法院後的模式進行證據調查。參照：何賴傑，法院依職權調查之範圍與限制，臺灣法學，第 2 期，1999 年 6 月，頁 135。

[24] 然而，兩國仍稍有不同之處。就美國法而言，法院職權調查不但屬於例外，亦非法院的職責。換句話說，即便屬例外情況，法院仍有決定是否調查的權力。反觀日本法，法院調查屬於法院的義務，對比當事人的調查證據，其屬於補充性的地位。亦即，當事人聲請調查證據，法院調查後無法形成心證，再促使當事人調查仍無效果時，法院的職權調查方屬適當。參照：司法院，檢察官舉證責任與法院依職權調查證據之研究，司法研究年報第 19 輯第 10 篇，1999 年 6 月，頁 63—68。

[25] 臺灣於 2009 年透過「公民與政治權利國際公約及經濟社會文化權利國際公約施行法」，正式將國際公約引入。其中，公民與政治權利國際公約第 14 條第 3 項第 4 款後段規定「被告未經選任辯護人者，應告以有此權利；法院認為審判有必要時，應指定公設辯護人，如被告無資力酬償，得免付之」即顯示受律師協助是被告的重要權利。參照：司法院，偵查中之辯護權，司法研究年報第 28 輯第 4 篇，2011 年 11 月，頁 16—17。

[26] 關於強制辯護案件，被告若無辯護人的協助，法院不得逕行做出判決。關於刑事訴訟法的強制辯護案件的類型，共有以下幾種：（一）被告所犯為最輕本刑為三年以上有期徒刑；（二）被告所犯為高等法院管轄第一審案件；（三）被告因智慧障礙無法為完全之陳述；（四）被告因智慧障礙無法為完全之陳述，於偵查中未經選任辯護人。參照：張麗卿，刑事訴訟法理論與運用，頁 132 以下。

[27] 不過，將強制辯護延伸至偵查程序的利益雖佳，但僅限於「智慧障礙」且立法理由明文排除警詢階段，範圍似乎過於狹隘。相同意見，林鈺雄，刑事訴訟法（上），2010 年 9 月，頁 211。

[28] 只是臺灣實務的運作常將例外限制作為常態。相較於歐洲人權法院的判決，幾乎採取「嚴厲」的審查基準；換言之，若非相當嚴重的干擾或破壞，不得限制或僅只被告與律師得接見。參照：林鈺雄，刑事訴訟法，頁 221。

[29] 所謂刑事訴訟程序上的「接見交通權」，是指經過拘捕、羈押等拘束人身自由處分的犯罪嫌疑人或被告，有權與外部人士會面、接受文書傳遞或個人物品等。主要是為避免其受司法機關偵查審判等做為過度孤立，沒有機會為己辯護而做充分準備。日本學理上有將接見交通權區分為，充實被告防禦權的「律師接見」以及以外人士如親友之「一般接見」。詳參：林裕順，接見交通「應然」「實然」探討－「警詢辯護」實證分析研究，月旦法學，第 192 期，2011 年 5 月，頁 30 以下；田口守一、川上拓一、田中利彥編著，確認刑事訴訟法用語 250，成文堂，2009 年 12 月，頁 37 以下。

[30] 對此德國刑事訴訟法第 138 條明定律師及德國大學的法學教授得被選任為辯護人，對於強制辯護案件，如所選任者非得為辯護人時，則須得到法院的允許。

[31] 依法律扶助法第 13、14 條規定,得聲請法律扶助的資格為:「無資力」、「涉犯最輕本刑為三年以上有期徒刑或高等法院管轄第一審案件,於審判中未經選任辯護人」、「因智能障礙致未能為完全陳述,於審判中未經選任辯護人或代理人,審判長認有選任辯護人或代理人之必要」及「符合社會救助法所規定之低收入戶」。

[32] 參照:刑事訴訟改革成效評估委員會總結報告,司法院網站,http://www.judicial.gov.tw/revolution/judReform05.asp.

[33] 例如,著名的「徐自強案」,纏訟 16 年,因妥速審判法的制定,才免於繼續羈押。參照,擄人勒贖案纏訟 16 年符合「禁押八年」規定重獲自由,2012 年 5 月 19 日,A10 版。又例如「蘇建和案」,纏訟 20 年曆經數次的審判過程,仍無法決定被告是否有罪。參照:蘇建和案辯論終結 8 月底宣判,2012 年 7 月 28 日,B1 版。

[34] 交互詰問主要基於當事人的聲請,就證人或鑑定人加以訊問(主詰問),嗣後再由相對人進行反詰問。一旦強化交互詰問制度,證據調查得第一次發動,必由當事人聲請,而與法官依職權進行的訴訟程序有異,有利於當事人進行制度的發展。參照:黃朝義,刑事訴訟法,頁 416。

[35] 有論者認為,臺灣並無如英美法般嚴格且詳細的法則作為施行交互詰問的後盾,加上律師對於交互詰問的運作不熟悉,貿然實施必會造成法庭的混亂。參照,黃朝義,刑事訴訟法,頁 416。

[36] 參照:林俊益,審前會議之研究,法官協會,第 3 卷 2 期,2001 年 12 月,頁 129;黃翰義,論刑事程序上之準備程序,刑事法雜誌,第 50 卷 1 期,2006 年 2 月,頁 3。

[37] 林俊益,刑事準備程序中事實上之爭點整理—最高法院九十六年臺上字第二○四號判決析述—月旦法學,第 148 期,2007 年 9 月,頁 261—262;葉建廷,刑事準備程序中證據能力之調查與認定—最高法院 96 年度臺上字第 3481 號判決評析,檢察新論,第 3 期,2008 年 1 月,頁 177 以下。

[38] 張麗卿,交互詰問之新規定,刑事訴訟百年回顧與前瞻,頁 239。

[39] 由於未採取「集中審理」的關係,導致在訴訟實務無法確實落實辯論制度(包括事實、法律及證據的辯論),故演變成偵查程序中「檢察官糾問犯罪嫌疑人與證人」,審判程序中「法官糾問被告與證人」的現象。

[40] 由於未採取「集中審理」的關係,導致在訴訟實務無法確實落實辯論制度(包括事實、法律及證據的辯論),故演變成偵查程序中「檢察官糾問犯罪嫌疑人與證人」,審判程序中「法官糾問被告與證人」的現象。參照:張麗卿,刑事訴訟百年回顧與前瞻,頁 239。

[41] 2009 年 3 月 31 日,臺灣立法院三讀通過「公民與政治權利國際公約」、「經濟社會文化權利國際公約」,而同年 4 月 22 日亦公佈「公民與政治權利國際公約及經濟社會文化權利國際公約施行法」,使上開公約具備臺灣法的性質。其中,公民與政治權利國際公約第 14 條第 3 項第 1 款規定「刑事被告享有立即受審,不得無故稽延之權利」,透過立法院的三讀程序,也讓「速審權」成為人民享有訴審權的法律依據。

[42] 該條立法理由即稱:「妥速審判除了維護刑事審判之公正、合法、迅速,亦可避免證據滅失或薄弱化、提高判決之一般預防效果,並減少積案導致國民對刑事司法的不信任感,是案件能妥速審理亦兼有保障人權及公共利益之內涵。」如此即可得知,速審法的制定,除了能解決積案問題外,更重要者,是保障人民不受訟累,進而保障人民速審權利。相同看法請參照:三井誠,刑事手續法Ⅱ,有斐閣,2003 年 3 月,頁 284 以下。

[43] 例如,速審法第 2 條強調法院迅速、妥適調查證據的義務,其謂:「法院應依法迅速周詳調查證據,確保程序之公正適切,妥慎認定事實,以為裁判之依據,並維護當事人及被害人之正當權益。」又如速審法第 3 條明定當事人應秉持誠信原則,不得無故拖延,稱:「當事人、代理人、辯護人及其他參與訴訟程序而為訴訟行為者,應依誠信原則,行使訴訟程序上之權利,不得濫用,亦不得無故拖延。」其他如速審法第 6 條:「檢察官對於起訴之犯罪事實,應負提出證據及說服之實質舉證責任。

倘其所提出之證據，不足為被告有罪之積極證明，或其指出證明之方法，無法說服法院以形成被告有罪之心證者，應貫徹無罪推定原則。」速審法第 11 條：「法院為迅速審理需相關機關配合者，相關機關應優先盡速配合。」速審法第 12 條：「為達妥速審判及保障人權之目的，國家應建構有效率之訴訟制度，增加適當之司法人力，建立便於國民利用律師之體制及環境。」

[44] 張熙懷，從實務角度談上訴審之改造，檢察新論，第 9 期，2011 年 1 月，頁 51。

[45] 例如，有論者認為，速審法第 4 條應進一步明文規定：1. 有爭議之起訴案件，應行準備程序；2. 起訴案件於被告收受起訴書送達後一個月（或二個月）內，應實施準備程序。另外，法院於案件系屬後二個月內，起訴書未經合法送達被告者，法院應予不受理判決；3. 除落實爭點整理之外，應明定得由受命法官裁定有關證據能力爭議之處理；4. 準備程序結束後，最遲應於一個月內盡速進行審判；5. 被告未選任辯護人者，雖非強制辯護案件，宜指定公設辯護人或律師協助其防禦。參照：陳運財，「刑事妥速審判法草案」評釋－由日本法之觀點，月旦法學，第 177 期，2010 年 2 月，頁 117—118。

[46] 參照：林輝煌，論證據排除－美國法之理論與實務，元照，2003 年 9 月，頁 5；陳運財，違法證據排除法則之回顧與展望，月旦法學，113 期，2004 年 10 月，頁 27 以下。

[47] 柯耀程，法定「證據排除」的意涵與適用，法學新論，第 10 期，2011 年 7 月，頁 146 以下。

[48] 德國為杜絕不當取供，於刑事訴訟法第 136a 條明定，不得損害被告的意識決意及活動的自由，例如透過虐待、使疲勞、身體傷害、詐欺等方式予以影響；上述規定同樣適用於對證人、專家的訊問。此條文並強化了德國基本法第 1 條之規定：人的尊嚴不可侵犯，並且保護及尊重它是國家統治的義務。dazu Lutz Meyer-Großer, Strafprozessordnung, 52. Aufl., 2009, § 136a, Rn. 1.

[49] 李佳玟，自白的補強法則，月旦法學，第 177 期，2010 年 2 月，頁 311 以下；楊雲驊，二〇〇三年初新修正刑事訴訟法被告及共犯自白規定的檢討，月旦法學，第 97 期，2003 年 6 月，頁 71 以下。

[50] 關於傳聞法則的理論與運用，請參照：王兆鵬、陳運財、林俊益等合著，傳聞法則理論與實踐，元照，2004 年 9 月，頁 3 以下；林俊益，本土化傳聞法則之實踐－實施一年後之實務分析，月旦法學，第 114 期，2004 年 10 月，頁 101 以下。

[51] 參照：張麗卿，刑事訴訟法理論與運用，頁 366 以下；石木欽，改良式當事人進行主義之證據法則－以審判實務為中心，元照，2008 年 11 月，頁 139 以下。

[52] 日本稱之為「起訴猶豫制度」，規定於日本刑事訴訟法第 248 條，檢察官於考慮是否起訴嫌疑者時，必須具體考慮犯罪行為人的性格、年齡、境遇；犯罪的輕重與情狀以及犯罪後的情況如有無反省之意或是否已經與被害人和解補償。參照：白取祐司，刑事訴訟法，日本評論社，2010 年 12 月，頁 206-207。另外，關於日本緩起訴制度的沿革，詳參：林順昌，借鏡日本實況談臺灣緩起訴制度－以被告社會複歸為中心，月旦法學，第 118 期，2004 年 5 月，頁 128 以下。

[53] 像德國學者 Rossner 就以為，國家所制定的制裁手段，並非為了報應行為人，應是為被害人及社會的利益而存在，是恢復法律秩序和平的方法，故行為人如對其所為的行為，基於自由意願承擔責任，就應優先於法院的強制而適用，故德國刑事訴訟法第 153 條 a 在思維上是基於損害補償的原理。Vgl, Rossner, Strafrechtsfolgen ohne übelzufügung? NStZ 1992 S. 412f.

[54] 從防止再犯的功能來說，若能廣泛應用便宜的原則，以不起訴或緩起訴助其更生，將比起訴後再用刑罰威嚇的方法來得優越，所以，不起訴處分與緩起訴視為刑事處遇的方法之一。換言之，不起訴處分或緩起訴處分視為刑事處遇的一種，其實就是基於「轉向處分 Diversion」的構想，因為，從實證的研究發現，轉向處分在一般預防及特別預防的效果上，並不輸於正式的審判。Vgl, Schoech, Empfehlen sich Anderungen und Erganzungen bei den srafrechtlichen Sanktionen ohne Freiheitsentzug? Gutachten C, 59. DJ. 1992, S. C34.

[55] 對此實務上的執行可能有難度，因相同的案情，但主觀認知不同，對罪責影響公共利益的認定並不一致；該問題亦存於德國各級法院間。Vgl. Hertwig, Die Einstellung des Strafverfahrens wegen Geringfügigkeit,

Diss, 1982, München, S. 253.

[56] 「預防之綜合理論」強調，規範存在的理由是為了保護個人之自由及社會之秩序，具體的處分只有在預防犯罪的考慮下，才可以達到保護個人自由與社會秩序之目的。在這樣的觀點下，一般預防與特別預防必須相互並存，因為藉由對個人與對社會的作用，犯罪行為可以受到防止。因為，同時要追求特別預防及一般預防之目的，並不會有問題，只要具體處分恰當，這兩個目的都可以有效的達成。參照：張麗卿，司法精神醫學—刑事法學與精神醫學之整合，元照，2011 年 9 月，頁 168 以下；另外，德國有學者特別指出，預防之綜合理論中，特別預防應有其優越地位。參照：Roxin, Strafrecht AT, Bd I, 2006, § 3, Rn. 37f.

[57] 日本稱為「簡易裁判手續」，結構與立法精神都與臺灣簡式審判程序相當，是為簡化審判程序，讓刑事司法制度能更快速有效率的運行。參照：上口裕，刑事訴訟法，成文堂，2011 年 6 月，頁 229 以下。值得注意的是，日本簡易裁判手續的適用範圍，相對臺灣而言較為限縮，主要是對被告所犯之罪為死刑、無期徒刑以及短期一年以上有期徒刑以外的案件為限。兩者相較，臺灣開啟簡式審判程序的案件範圍較為寬廣，允許較多案件採取簡化的訴訟程序，藉此求取訴訟經濟的立法政策，從比較法的角度觀察，日本顯然認為簡化程序的手段，恐怕會犧牲被告權利以及不利真實發現，對此抱持相當大的疑慮。

[58] 張麗卿，德國刑事訴訟的簡易審判程序，刑事訴訟百年回顧與前瞻，頁 158。

[59] 類似的制度，德國稱為「處刑命令程序」，首見於 1846 年的的普魯士法典。參照 Eebe, Zum Wesen des Strafbefehls, 1979, S. 2.。依照現行德國刑事訴訟法第 417 條，基於案情單純或是證據明確，立即的審理為適當者，由檢察官向刑事法官及參審法庭由口說或書面提出簡易程序的申請；對於審理適當該程序，法院須同意其申請（第 419 條）

[60] 附帶說明的是，臺灣於 2007 年修正刑事訴訟法第 284 條之 1 有關合議審判的適用規定，明白指出：「除簡式審判程序、簡易程序及第 376 條第一款、第二款所列之罪之案件外，第一審應行合議審判。」換言之，簡易程序第一審與簡式審判程序皆可不行合議審判。另外，為配合臺灣刑法第 41 條第 3 項修正為，「受六月以下有期徒刑或拘役之宣告而不得易科罰金者，亦得易服社會勞動」，故於 2009 年，將刑事訴訟法第 449 條第 3 項關於簡易程序的判決內容限制，修正為：「依前二項規定所科之刑以宣告緩刑、得易科罰金或得易服社會勞動之有期徒刑及拘役或罰金為限。」關於簡易程序的修法脈動與演變，詳參：張麗卿，刑事訴訟法理論與運用，頁 629 以下。

[61] 德國刑事認罪協商的規定，已於 2009 年 8 月 4 日正式生效，規定於刑事訴訟法第 257 條 c。然即便協商判決，於裁判諭知時，法院對於當事人法律救濟的告知（撤銷的可能性、法定期間、法定方式），按德國聯邦最高法院的決議，依然不能免除；並且只要放棄該法律救濟的權利人表示未被特別告知，則透過協商判決所為的放棄法律救濟是無效的。dazu BGH, Beschluß vom 3. März 2005· GSSt 1/04.

[62] 美國的協商程序，主要可區分為三種類型，分別為：1. 當事人（檢察官與被告）的「刑期交換」刑期交換，被告以認罪為條件，換取檢察官向法院請求較輕的刑度，屬於刑的協商；2. 以「較輕之罪交換」，檢察官預計起訴被告的犯罪事實中，有同時包含重罪與輕罪的構成可能性時，被告向檢察官認較輕之罪，換取檢察官對重罪不予起訴。例如，被告以承認重傷害之罪名最為條件，避險檢察官以較重之殺人未遂罪來起訴，屬於罪的協商；3. 以「罪數交換」，檢察官以數罪起訴被告，協商後被告同意就一罪或數罪認罪，而請求法院駁回其餘數罪。參照：王兆鵬，刑事訴訟的新潮流—與被告協商，收於刑事被告的憲法權利，臺灣大學法學叢書編輯委員會，1999 年 8 月，頁 261—262。

[63] 臺灣的引進的協商制度，主要是參考美國針對「刑度輕重」進行量刑協商，參照：吳巡龍，刑事訴訟與證據法實務，新學林，2006 年 11 月，頁 343—345。

[64] 參照刑事訴訟法第 455 條之 2 第 1 項規定，得協商的案件為「除所犯為死刑、無期徒刑、最輕本刑三年以上有期徒刑之罪或高等法院管轄第一審案者外」的案件。

[65] 「認罪協商程序」與臺灣刑事訴訟法有關簡易程序中的「偵查中之求刑協商程序」，有其相似之處。1997 年修正刑事訴訟法時，初步引進美國認罪協商程序制度之精神，創設「偵查中求刑協商程序」。將第 451 條之 1 第 1 項修正為：「前條第一項案件，被告於偵查中自白者，得向檢察官表示願受科刑範圍或願意接受緩刑宣告，檢察官同意後，應記明筆錄，並即以被告之表示為基礎，向法院求刑或為緩刑宣告之請求。」亦即，檢察官擬聲請簡易判決處刑之輕微案件，被告自白者，得向檢察官表示願受科刑之範圍或願意接受緩刑之宣告，經檢察官同意後記明筆錄，檢察官應受合意拘束，以被告表示為基礎，向法院求刑或為緩刑宣告之請求。原則上，法院應受檢察官求刑之拘束，以被告表示為基礎，向法院為緩刑宣告之請求，法院並應受檢察官求刑之拘束。

[66] 以地方法院刑事案件的未結數為例，2002 年約有 41184 件；2003 年約有 30145 件；2004 年約有 29818 件；2005 年約有 30525 件；2006 年約有 34316 件；2007 年約有 37953 件；2008 年約有 42267 件；2009 年約有 37528 件；2010 年約有 39568 件；2011 年約有 41978 件。上述的資料顯示，除了在 2003 年至 2005 年外，其餘年度的案件未結量皆高於 34000，甚至在 2011 年，整體的案件未結量達到 41978 件；為近 10 年來的次高。此外，在 2012 年的 1 到 6 月的未結案件，也高達 47829 件，顯示案件量已超出法院的負擔。參照：司法院，司法統計，地方法院刑事案件辦理概況，http://www.judicial.gov.tw/juds/index1.htm（最後瀏覽日期：2012 年 8 月 12 日）

[67] 「全民司法改革策進會」為司法院政策諮詢平臺，其主要功能在於聽取由其下所設幕僚小組，彙集院內各工作小組及院外專家組成的委員會所提之改革方案及各界建言，經由討論後提出推動改革之具體建議。由司法院長賴浩敏為召集人，共有 13 名代表，本人亦為代表之一。參照：司法院，http://www.judicial.gov.tw/revolution/index.asp（最後瀏覽日期：2012 年 8 月 10 日）。

[68] 「刑事訴訟改革成效評估委員會」為「全民司法改革策進會」的幕僚小組之一，提出「分流制刑事訴訟改革方案」的概念。藉由案件的分流處理，達到保障人權與資源的合理分配，建構精緻化的訴訟藍圖。參照：司法院，http://www.judicial.gov.tw/revolution/judReform05.asp（最後瀏覽日期：2012 年 8 月 10 日）

[69] 例如，須「強制辯護的案件」，為最輕本刑為三年以上有期徒刑的重罪案件（刑事訴訟法第 31 條第 1 項前段），故三年以下有期徒刑的案件即屬任意辯護的輕罪。此外，「緩起訴的案件」，須被告所犯為死刑、無期徒刑之外或最輕本刑三年以下有期徒刑之罪（刑事訴訟法第 253 條之 1 第 1 項）；得進行簡式審判或量刑認罪協商的案件，亦然（刑事訴訟法第 273 條之 1 第 1 項、刑事訴訟法第 455 條之 2 第 1 項）。因此，臺灣的刑事訴訟法，多以三年有期徒刑為門檻，作為區分重罪與輕罪、疑案與明案的分水嶺。不過，必須留意的是，臺灣刑事訴訟中有關強制處分的規定，如所犯為死刑、無期徒刑或「最輕本刑為五年以上有期徒刑」之罪者，得不經傳喚徑行拘提；另外，為保全證據，確保審判順利進行，拘束被告人身自由的「羈押」處分，亦將死刑、無期徒刑或「最輕本刑五年以上有期徒刑」列為發動處分的法定審酌事由（刑事訴訟法第 101 條第 1 項 3 款）。相較多數規定是將三年以上有期徒刑的案件皆視為重罪，重大拘束人身自由的拘提與羈押處分，則更慎重地將重罪門檻設定提高於五年以上有期徒刑。由此可知，臺灣刑事訴訟法對於「罪」的輕重，並無明確定義，不同規定會有差異，主要仍是在因應不同目的所為之不同設計。

[70] 依刑事訴訟法第 449 條第 3 項規定，適用簡易程序的案件「以宣告緩刑、得易科罰金或得易服社會勞動之有期徒刑及拘役或罰金為限」。再依刑法第 41 條第 1 項規定，易科罰金或易服社會勞動服務者，需「犯最重本刑為五年以下有期徒刑以下之刑之罪，而受六月以下有期徒刑或拘役之宣告者」因此，易科罰金或易服社會勞動服務而適用簡易程序的類型，所犯之罪法定最輕本刑為五年。

[71] 參照：司法院刑事訴訟改革成效評估委員會，司法院網站，http://www.judicial.gov.tw/revolution/judReform05.asp（最後瀏覽日期：2012 年 8 月 3 日）。

[72] 參考目前臺灣刑事訴訟法有關徑行拘提與羈押等強制處份的發動要件，統一將重罪設定為死刑、無

期徒刑以及「最輕本刑五年以上有期徒刑」的罪名。

[73] 蘇素娥、宋松璟，從實務角度談刑事第二審之改革，檢察新論，第 9 期，2011 年 1 月，頁 13—14。

[74] 張麗卿，刑事訴訟第二審事實審之構造，月旦法學，2000 年 6 月，頁 18 以下；黃朝義，刑事上訴審構造問題，東吳大學法律學報 13 卷 1 期，2001 年 8 月，頁 119—120。

[75] 2007 年修正刑事訴訟法第 361 條，增訂第 2 項為「上訴書狀應敘述具體理由。」；第 367 條修正新增「上訴書狀未敘述具體理由」，同時屬上訴不合法，應予判決駁回之事由。因此，只要上訴二審未敘述具體理由，即給予判決駁回，不進入實質審查。據統計資料，修法後依本規定以不合法駁回終結的情形遽增。例如，修法前不合法駁回件數，2005 年為 166 件占終結件數 0.97%，修法後 2009 年增加為 5,407 件占終結件數 27.38%。參照：修正刑事上訴二審應提出具體理由之成效分析，臺灣高等法院統計室，http://tph.judicial.gov.tw/stati05.asp（最後瀏覽日期：2012 年 8 月 2 日）。

[76] 日本第二審改采事后審制主要完成于 1948 年，參照：后藤昭，刑事控訴立法史の研究，成文堂，1987 年，頁 290 以下；渡边直行，刑事訴訟法，成文堂，2011 年 3 月，頁 529 以下；王兆鵬，刑事救济程序之新思维，元照，2010 年 12 月，頁 55 以下；陈运财，论刑事訴訟上訴制度之重构，台湾律师，1999 年 5 月，頁 31。

[77] 平野隆一，控訴審の構造，日本刑事法學會編，刑事訴訟法講座第 6 卷，刑事訴訟法（Ⅱ），有斐閣，1953 年，頁 1250 以下。

[78] 依修正草案第 361 條之 5 第 1 項規定：「因不得已之事由，未能於原審辯論終結前聲請調查證據，或在第一審辯論終結後判決前發生新事實，致原審判決有前條第一項規定之上訴理由者，得提起上訴。」；另外，修正草案第 361 條之 4 第 1 項規定「原審判決認定事實錯誤顯然影響判決，或科刑、宣告保安處分顯然不當者，得提起上訴。」

[79] 吳巡龍，從美國上訴制度檢討我國刑事訴訟上訴審修正草案，臺灣法學，第 67 期，2005 年 2 月，頁 19—20。

[80] 有學者稱為「裁量許可制」，是指判決雖未抵觸憲法、司法院解釋或判例，但其所涉及之法律見解，具有原則上的重要性時，第三審法院始得裁量許可當事人上訴，同時具有避免濫訴與統一解釋法令的功能。參照：陳運財，刑事訴訟第三審構造之探討，月旦法學，第 143 期，2007 年 4 月，頁 51-52。

[81] 參照：恐龍法官外星判決?! 剖析性侵幼童輕判案，公事新聞議題中心，http://pnn.pts.org.tw/main/?p=7880（最後瀏覽日期：2012/8/1）；聯合報，恐龍法官捏奶 10 秒有罪猥褻 5 分鐘沒罪？！，2011 年 10 月 31 日，A 3 版。

[82] 如同日本，近年於刑事訴訟程序中，推行的日本裁判員制度，也是國民參與審判的制度模式。此外，有學者認為，刑事制度唯有實行國民參與的方式，才能改正實務長期重視偵查筆錄、卷宗等證據調查等陋習，進而實現迅速審判的核心司法。參照：林裕順，日本「裁判員制度」观摩与前瞻－国民主权、时势所趋，月旦法学，第 199 期，2011 年 12 月，頁 137；平野龙一，参审制の采用による「核心司法」を，ジュリスト，1148 号，1999 年 1 月，頁 2；松尾浩也，刑事裁判と国民参加－裁判員法导入の必然性について，法曹时报 60 卷 9 号，2008 年 9 月，頁 2673 以下。

[83] 參照，司法院，http://www.judicial.gov.tw/revolution/judReform03.asp（最後瀏覽日期：2011/8/1）

[84] 如何界定人民參與觀審案件範圍，一直都是難解的問題，不過為了增加人民參與司法的機會，應朝向擴大參審範圍的方向作準備。參照：佐藤博史，職業裁判官と陪審制、参審制－当事者主義の参審制のすすめ，刑事訴訟法の争点，2002 年，頁 44；松尾浩也，刑事訴訟における国民参加，現代刑事法 3 卷 7 号，2001 年，頁 7。不過，本文認為，由於臺灣初次試行，考慮國民經濟負擔、法院欠缺充分資源，如經費支出、設備等限制。目前立法相關單位是採取漸進方式，擇定重罪重刑等特徵來畫定範圍先行試用，本文認為應是相對較為妥當適切的作法。

[85] 第 16 條：「一、年滿七十歲以上。二、公立或已立案之私立學校教師；三、公立或已立案之私立學校在校之學生；四、有重大疾病、傷害、生理因素致執行觀審員、備位觀審員職務顯有困難；五、因看護、養育親屬致執行觀審員、備位觀審員職務顯有困難；六、因工作上、家庭上之重大需要致執行觀審員、備位觀審員職務顯有困難；七、曾任觀審員或備位觀審員未滿五年；八、除前款情形外，曾為候選觀審員經通知到庭未滿一年。」

[86] 以日本裁判員制度為例，依據日本「裁判員參加刑事審判法」第 6 條、第 56 條以及第 66、67 條等規定，日本平民裁判員與職業法官必須攜手合作，於審判過程中，諸如證據調查、詰問證人、認定事實以及用法評議等，皆須由兩者共同參與、共擔責任。參照：林裕順，日本「庶民司法」的啟示─淺談易懂、迅速確實，司法改革，第 77 期，2010 年 5 月，頁 52 以下；佐藤幸治、竹下守夫、井上正仁，司法制度改革，有斐閣，2002 年 10 月，頁 346。

不能未遂的可罰性問題

蕭宏宜[1]

一、前言

　　未遂犯罪的概念是透過有無出現損害的結果，與既遂犯罪做出基本區別[2]。但，也正因為缺乏結果，犯行未成功的人應該做到多少程度，才能認定其行為屬於未遂，即難以明確。從法制史的角度回溯，歐陸法系對於未遂的處罰，初見於義大利中世紀所頒佈的《查理五世刑事法院條例》第178條[3]，英美法系則為1784年的Rex v.Scofield一案[4]。1810年的《法國刑法典》使用「le commencement d'exécution」（開始實行犯罪；仍見於今日的法國刑法第121條之5前段），首度嘗試對「未遂」予以定義，從而開啟了西方刑法中一個重要的主題：以「開始實行」的概念作為界分，在此之前，行為人無須承擔刑事責任；在此之後，則至少可以評價為未遂[5]。類此思考，先後被1851年的《普魯士法典》第31條與1871年的《德國刑法典》第43條採納；1855年英國判例法，亦使用了類似的標準[6]。

　　問題在於，何謂已經「開始實行」？當構成要件的實現在經驗上已可完全排除或不可能時，能否認為根本沒有開始實行，從而根本不存在未遂不法？這個發軔於19世紀的法國，並對後世產生影響的短語，雖然可以避免浮動的規範所造成的危險[7]，卻始終難以揮離學界與實務在判准的具體形成與不能未遂的概念操作上，所產生的歧見。以臺灣而言，縱然刑法第25條對未遂的描述是「已『著手于犯罪行為之實行』而不遂」，而與德國刑法第22條所謂「『依其主觀想像』而『直接開始』構成要件的實現[8]」有別，多數學說卻因為德國刑法於1975年修正時揚棄了「開始實行」（Anfang der Ausführung）的用語，即跟著全盤接受彼邦對於未遂處罰根據所實行的「印象理論」，作為說理依據[9]，甚至訴諸積極一般預防思想下的行為規範效力[10]。如此境況，隨著2005年臺灣刑法修正，第26條更動了「行為無危險的不能未遂」的法律效果為「不罰」，甚至刻意在立法理由強調系採取客觀未遂理論，更尖化了學說的對立。

　　從比較法的角度觀察，奧地利刑法第15條第3項[11]與臺灣刑法對於行為無危險的不能未遂，都是採取「不罰」的立場[12]；日本、義大利、西班牙雖未於刑法典中明文，彼邦的實務與學界亦基於客觀未遂論，一致認為不罰[13]，瑞士刑法第23條第1項雖與德國刑法第23條第3項均明文處罰行為無危險的不能未遂，但學界對於這樣的決定，並非沒有反對的聲音[14]，如此看來，客觀未遂理論是否已屬昨日黃花？似乎還有斟酌的空間，也還會不斷爭論下去。有鑑於此，下文擬就德、美兩大法系相關理論的發展與變遷狀況，扼要的予以梳理，冀能進一步形成個人看法。

二、未遂處罰基礎的理論發展史

當行為人的行為並未造成損害時，在什麼條件下、基於什麼原因，仍然應該將其認為是犯罪，並且予以處罰？一個直覺的想法是：防微杜漸。在含苞待放時就將其掐死，以避免未來進一步開出「燦爛的花朵」。然而，如此思考並無法解釋，為什麼國家可以為了預防犯罪，即對嘗試者動用刑罰。畢竟，防範于未然是一件事，為此而處罰，則又是另一回事。也因此，關鍵即在於，未遂的行為到底製造了什麼不法[15]。

德國19世紀的客觀未遂論，被稱為舊客觀說（Die ältere objektive Theorie），主要支持者是Feuerbach、Mittermaier與Berner。依此說，透過事後觀察法益侵害的危險是否存在，將未遂區分可罰的相對不能與不罰的絕對不能，並引領Binding提倡構成要件欠缺理論[16]。舊客觀說有一個眾所皆知的老問題：如果不是透過「事前」（exante）判斷，如何得知未遂是否為無用的嘗試[17]？據此，vonLiszt與vonHippel乃主張以理性第三人于行為時的判斷（ex-ante-Betrachtung），決定法益的具體危險是否出現[18]，而被稱為新客觀說（Die jüngere objektive Theorie）[19]。其後，迄20世紀30年代以前，學界的主流見解始終支持客觀未遂論。[20]

然而，隨著1933年納粹第三帝國的建立，基爾學派（Kieler Schule）的Schaffstein和Dahm所倡的意志刑法理論當道，在拋棄了以法益保護作為刑事不法的基礎之餘，對未遂犯的處罰基礎自然轉向主觀未遂論[21]；緊接著，受到Welzel提倡目的行為論與主觀不法要素的影響[22]，主觀未遂理論終於在德國學說[23]與實務[24]均確立其地位。

舊客觀未遂理論於當代德國的失寵，追根究底，在於其現行刑法第22條與第23條第3項的文字敘述：前者透過對著手的定義，已將行為人「主觀的想像」納入考慮，後者對行為無危險的不能未遂，也仍然予以處罰[25]，明顯向主觀未遂論偏移[26]。多數學說乃認為，主、客觀要素之間的關係，對於未遂犯的可罰基礎而言，並非擇一，而是累積，換言之，共同作用，從而有所謂印象理論的提出[27]：未遂固然是「犯罪意志的展現」（betätigten verbrecherischen Willen），但，只有在「動搖大眾對法秩序效力的信賴」時，才是可罰的[28]。以大眾會否動搖為斷，既解釋了德國刑法第22條的「直接開始」，也對處罰重大無知的不能未遂提供依據，從而成為德國迄今的優勢學說。相對於客觀未遂理論，印象理論不是取決於著手實行一個具體的危險行為，而是改以社會心理的角度，對於主觀理論做出限縮，換言之，法敵對意志的外顯，仍須以大眾產生法動搖的印象（rechtserschütternden Eindruck），才能成為可罰的未遂。

英美法系統對於未遂的處罰依據及其合法性問題，與上開德國的發展過程相近，亦有所謂客觀主義（objectivism）與主觀主義（subjectivism）的對立。詳言之，客觀的未遂理論認為行為人的主觀意圖只有在其行為已然造成了損害或風險時，才有追究的意義；客觀主義者堅信，沒有理由因為「想要犯罪」的念頭，即成為犯罪。相對的，主觀的未遂理論認為客觀舉止僅僅是一種證據，以佐證行為人打算造成損害或危險的意圖。簡之，客觀論者關心的是行為人在這個世界做了什麼；主觀論者則在乎行為人在心裡面想了什麼。從而，客觀未遂論不僅認為「不可能」可以作為犯罪成立與否的抗辯，並且認為相較於既遂，對未遂的處罰應該減輕；主觀未遂論不僅反對以不可能作為抗辯事由，並且傾向既、未遂應同其處罰。據此，客觀與主觀理論往往被描述為在未遂處罰根據上，彼此對立衝突[29]。

詳言之，客觀論者崇尚自由，認為每個人都可以隨意做自己想做的事－除非這樣的行為會導致別人損害或造成不合理的損害風險，而被認為是不對的；與德國的客觀未遂論者重視法益保護原則一樣，美國的客觀論者亦以損害原則（harm principle）[30]為首要考慮，並訴諸行為本身對理性人造成恐懼感[31]、社會波動[32]、大眾驚懼[33]、干擾社會秩序[34]、對損害的發生不合理的升高了風險[35]等說法。也因此，對於類如：誤以為把不吃的牛排直接丟到垃圾桶也構成犯罪的「純粹法律上不可能」（pure legal impossibility）與認為用爆米花可以炸沈一艘戰艦的「本質上事實不可能」（inherent factual impossibility）的情形[36]，因為理性人對於這樣的鬧劇不會感受到恐懼，即不應處罰[37]。

另一種可能的思考，則是抽離「損害」的要素，將焦點轉移到主觀的犯罪意圖。在這樣的進路下，既、未遂不僅都是不對的行為，也同樣對社會造成了危險；行為人的客觀行為不過是其社會危險性的佐證，亦即「犯罪意志的證明」[38]。巧合的是，對於未遂處罰原因的觀念轉變，同樣發生在二次世界大戰後的美國。模範刑法典說的很清楚，行為人的未遂責任有無，應以其「主觀上相信」的情況作為判准；只要行為人自己認為其作為或不作為是邁向犯罪的「實質步驟」，即為已足[39]。未遂的處罰原因不再焦距於危險行為所造成的威脅，而在於危險的「人」，並以其想法作為危險性的最佳證明基礎[40]，顯然採取主觀未遂論的立場[41]。

申言之，主觀未遂論者同樣由「耽慮」切入，關心的卻是全然不同的內容，並且常常以這樣的故事作為討論的起點：A與B各自在不認識對方的情況下，分別對自己的仇人C與D開槍，A順利將C殺死，B則在射擊後，因為天上剛好掉下一顆無法事先預見的隕石，並巧合的擋在B殺D的子彈彈道上，D因而幸運逃過一劫。顯然的，A成立謀殺既遂罪，B則僅成立企圖謀殺罪；因為隕石的出現「守護」，致B的處罰將輕於A。問題是，人只應該為自己所能控制者負責，對於所謂「道德上的偶然」（moralluck），既應予以拒斥，何以刑罰的輕重程度竟仰賴於幸運之神的眷顧[42]？

客觀未遂論者往往這樣回答：所謂道德上的偶然，是一個假的問題（pseudo-problem）。以上開設例而言，或許B的部分有些運氣因素涉入，但就A而言，只要對結果發生能預見，即可認為C的死亡在其「支配」之下，而須對其負責。主觀未遂論者則認為，刑事責任及附隨而來的刑罰，對於支配的強度應該要求更多；死亡結果的預見可能性，對於支配的有無根本不具意義，關鍵毋寧在於，是否還具有從事其他行為的能力。不論A或B，一旦扣下扳機，即無法改變C或D死亡或倖存的結果，也因此，A或B對於損害的會否發生，都無法支配。那麼，我們到底可以支配什麼？主觀未遂論者的回答是「選擇」；每個人都可以支配自己如何做出選擇，既然是自己做的決定，當然應該為這樣的決定負責[43]。

依主觀未遂論，犯罪目的能否達成，不過是運氣、機會或判斷錯誤等不變的因素使然，並不會減低行為人的可責性（culpability），也因此，不論刑罰目的或功能是應報還是預防，都無法改變一旦以偶然的因素作為處罰程度不一的依據，既不公平也不道德的事實。鑒於避免刑罰的使用系於「運氣」因素所可能造成的恣意與不公，應將未遂視為基礎犯罪（primary offense），並且與既遂同其處罰[44]。如此思考，亦已被康乃迪克州、德拉瓦州、夏威夷州、印第安那州與新罕布什爾州接納，英國1981年的犯罪未遂法案亦同[45]。簡之，殺人行為不論是否成功，均受到運氣因素左右，行為人不應為被害人的死亡結果負責，但因嘗試殺人的舉止完全在行為人的掌控之下，就此而言，仍應對其「行為」負責[46]。

擺蕩在客觀與主觀之間，孰是孰非？

三、本文見解

經過上開說明，我們可以驚訝的發現，德、美兩國雖屬不同法系，並且各自使用諸如法益保護原則或損害原則作為不法內涵的操作概念[47]，其學說對於未遂處罰基礎的討論模式與內容，不論採取客觀或主觀的解釋立場，內涵上卻幾乎殊途同歸：客觀論者認為，在既遂構成要件所描述的不法並未全部實現的狀態下，即便現實上沒有法益侵害（損害）事實，未遂的行為還是具有法益侵害（損害）的客觀危險性；反之，主觀論者則認為，關鍵在於行為人於未遂狀態所外顯的法敵對意志（主觀危險性），甚至訴諸對規範效力的破壞。詳言之，客觀論者自詡是行為刑法與法益保護思想（自由與損害原則）的貫徹者，並認為主觀未遂論基於犯罪預防的理由而處罰單純的犯意，是行為人刑法、是對於人格自由的過度侵犯；主觀論者則認為，從客觀面觀察，危險的存在與否根本是系於「結果是否發生」的機會因素，因此，不僅對既遂的處罰等於是植基於道德上的偶然，且無法再行區分所謂有危險的未遂和無危險的未遂；即便可分，主觀的想像（subjektive Vorstellungen）對於構成要件仍有決定性，于行為無危險的不能未遂更必須被考慮。

我支持客觀未遂論，以下即分別針對主觀未遂論及其相關的衍生理論，進行檢討與批判，並據此得出採納的理由。

（一）印象理論的困境

前已提及，主觀未遂論始終無法回避下述的質疑：刑法何以沒有處罰所有犯罪的未遂？即便處罰，何以沒有與既遂相同？同時，在主觀未遂論肯定不能未遂可罰性的情況下，也出現前置未遂犯領域的批評：如果法敵對意志是未遂的本質，對於行為人是否實行構成要件行為，不過是出於法安定性的理由所做的要求，根本不重要[48]。據此，一如客觀未遂理論在「危險」判斷時點上的實質轉變，主觀未遂理論也逸脫了「純粹」的立場[49]，透過印象理論，修正「行為人」與法益保護之間的關連性；亦即，未遂行為並非一律處罰，而是以造成「法動搖的印象」為條件，判斷其最終是否可罰。

依本文，印象理論試圖採取客觀未遂論訴諸社會心理作用（一般人的安全感）以判斷危險的方式，對主觀法敵對意志的處罰予以限縮，在方向上是對的，但由於判斷的對象仍不脫行為人想要侵害法益的種種想法，顯然沒有跳離主觀未遂論的窠臼[50]。

詳言之，犯罪成立與否的關鍵，如果是來自于行為人主觀想像，而非行為在客觀上的法益侵害危險性，等於是將有無著手實行構成要件行為的認定，取決於行為人的犯罪計畫是否合理可行，據此，印象理論不過是囿於德國刑法第22條對於未遂定義的文字敘述，所以在形式上維持主、客觀混合的判准[51]，實質上則根本是披著法動搖印象的外衣，將行為人主觀意志的危險性外化，進而揚棄行為危險性概念的主觀未遂論！遑論以「法動搖的印象」作為未遂犯的不法要素，不僅無法為預備與未遂的界分提供幫助[52]，其表述本身與概念的不確定也跟著浮現，而被批評為此種依情緒（恐懼感）得出所希望的結論，只是一個空的公式，實際上就是對個案作價值判斷[53]。

（二）訴諸規範效力理論？

另一種對主觀未遂論的修正方式，並不從附和客觀未遂論的社會心理作用入手，而是採取類如前述美國主觀論者認為未遂才是「基本犯罪」的思考模式，認為：法益是否被侵害，在行為已經違反行為規範後，往往取決於外在世界的偶發因素，刑法不該讓刑度取決於無法被人所控制的運氣或偶然，也因此，不應加重苛責既遂犯；但，由於既遂犯已經侵害法益，嚴重干擾法秩序，必須以較高的刑罰回應，才能讓社會的成員願意在未來繼續尊重行為規範。簡單說，對於故意著手實行構成要件行為的人而言，所認知的是一個實現其主觀不法的過程，即便既遂構成要件事後被評價為未實現，不僅在行為時主觀上未必有所認知或掌握，客觀上亦無法改變其舉止具有破壞行為規範的意義，既然既、未遂均違反相同的行為規範，其區別應只在於「制裁需求」強弱的政策考慮問題，換言之，是制裁規範（Sanktionsnorm）的問題[54]。

也因此，刑罰的任務在於證實那些被不法行為質疑的規範，透過刑罰宣示其有效，藉此穩固一般人對於法秩序的信賴；對於未遂處罰的根據和處罰既遂的理由並無不同，都是以積極的一般預防為導向的法益保護，都是為了排除對規範效用造成的損害，而對行為規範的破壞作出適當的反應[55]。

此種攀附積極的一般預防理論，認為不論既、未遂，對於規範效力[56]而言，都是以其舉止做出「規範破壞的表現」（Expressiv-Werden des Normbruchs），處罰未遂因此是為了維持規範效力的說法，是否有當，檢討如下：

主觀論者認為既遂是出於「偶然」，這樣的想法是先認定法規範的作用時點僅僅在行為時，行為後的事件發展則受到自然法則的支配，對此，法規範無能為力，從而也不是規範的物件，而只是被偶發的自然因素所左右的事件。更詳細的說，著手實行的行為即已違反法律的禁止或誠命，不論既遂或未遂犯，既然都是違反行為規範的行為，「結果」在刑法體系的意義，只是「需罰性」的問題而已，換言之，規範違反的行為本身即具備不法，無庸再考慮法益的侵害或危險。

然而，過份強調行為非價，甚至將刑法對於既遂的處罰視為一種加重的犯罪型式，不僅難以解釋既、未遂的刑責差異，而與臺灣刑法第25條第2項之規定不符，更重要的是，其忽視一個可歸責于行為的構成要件結果，正是在行為人對因果歷程可支配之下，因此造成被害人與社會無法容忍的利益侵害[57]。

美國的反對意見亦指出：所謂的「運氣」，在法律的世界應該理解為對結果的發生不僅無法想像，也無法控制，從而無法要求任何人負責[58]。主觀論者抗拒「運氣」，並企圖以「選擇」取而代之，作為刑事責任的基礎，卻忽略了運氣無所不在！舉例而言，即使A與B的殺人行為是在其選擇之下所決定的，但諸如所站立的殺人位置等因素，仍然與運氣因素有關。也因此，關鍵不是我們應該為曾經做過的哪些選擇負起責任，而是哪些情形我們可以不用負責[59]。事實上，作為一個能力有限的人，所謂認知或掌控並非絕對，不僅運氣在生活中的每一個細節無所不在，做「決定」的心理活動本身，更往往受到干擾或影響[60]。

以維繫行為規範的效力作為未遂處罰根據，真正的問題在於其根本將未發生實害的未遂行為，在處罰方式上轉化為危險犯，並且，這樣的論據說白了，就是擔心「有再犯之虞」。問題是，刑法是否必須無所不包的進行預防性控制？若然，還是行為刑法嗎？即便刑罰的使用無法讓已碎的花瓶一如原初，也不能因此認定行為人必然將再砸一次花瓶吧！

至於「穩固一般人對於法秩序的信賴」，更令人難以索解。從犯罪學的角度觀察，犯罪的原因可以大至社會的貧富差距、文化與階層差異等結構問題，也可以是行為人的遺傳因素、後天的家庭與學校教養或生活方式所造成的種種生理、心理問題，不僅立法者不可能確定在社會與我們共同生活的所有人都願意守法，社會大眾更不會天真的相信，只要透過刑事立法的手段介入，那些會令其不安或產生恐懼感的行為即不會再發生。據此，要說一般人對法律規範的效力有所信賴，似乎昧于現實；把不信賴當成是信賴，甚至以行為人的未遂行為會動搖「信賴」作為處罰的理由，更是一個難以理解的狀況。簡之，法規範的存在目的不是在確保大眾對其效力的信賴，即便真的有信賴感存在，亦不過是規範效力被絕對貫徹後的反射利益。

依本文，以實現有效防禦威脅人類未來風險為目的的刑法，歸責的基礎不是已發生的行為與法益之間的關連性，而僅僅是規範的絕對貫徹；然而，刑罰作為避免規範效力受損（Verhinderung eines Normgeltungsschadens）的方式，用以確認規範效力，已經與法益概念脫勾[61]，而建構出新的行為規範系統—將刑事政策功能納入考慮，從而將不法概念與一般預防結合。問題是，以防止規範效力受損作為處罰的理由，還是沒有解答：為什麼規範必須被遵守？誠如學者所言，從刑法的要求來看，國民的義務僅在於不造成損害或危險，而非忠誠，否則處罰豈非與叛國無異[62]！如果犯罪行為必須透過規範效力受損予以定義，規範效力是否受損又以犯罪行為作為前提，無異自我歸責（Zuschreibung seiner selbst）；不僅有循環論證之嫌，更難脫套套邏輯（Tautologie）[63]。

刑罰作為一種社會制度，就其使用而言，特定事件的發展甚至發生，從社會學的角度來看，往往存在許多原因、產生許多效果，並隨著行動者與閱聽者而具備不同的意義。儘管某些原因、效果或意義具有較強的力量，以單一的功能解釋刑罰的目的，忽視了多重因果、多重效果與多重意義的事實。所謂「破壞規範效力」的說法，不僅使刑法的目的跳脫法益保護，而透過刑事政策的需求，回頭決定不法的有無；若行為並未導致外界的客觀變化，更不啻處罰思想。

（三）以安全感受到威脅作為未遂處罰基礎

前已提及，印象理論作為臺灣目前關於未遂處罰根據的優勢學說，其與客觀未遂理論雖然存在路線之爭，卻有一點相同，即同樣訴諸「社會心理作用」。差別只在於，印象理論是以行為人主觀意志內容作為物件，進行「法動搖印象」的判斷，客觀未遂理論則以一般人或行為人所特別認識的客觀事實為物件，進行「法益的危險性」判斷而已。本文支持以安全感（Sekuritätsgefühl）受到威脅作為未遂的處罰基礎，更精確的說，是將其納入客觀未遂論的「行為危險性」判斷之中。謹透過下述案例，試做說明：

【礦泉水殺人案】視力嚴重受損的甲，誤把一般人都能輕易看出寫著「琉球」的礦泉水瓶，錯當成是「硫酸」，持以向仇人潑灑，意欲毀其容貌而不遂[64]。

所謂的客觀危險性，其實是裁判者在刑事程序中的「後見之明」；客觀未遂論不以行為人的想法作為判斷危險有無的依據，更顯然是考慮到行為人的認知內容不必然等同於行動表現於外的社會意義。說的白話些，即便行為人並非愚鈍之人，仍可能做出愚蠢之事；以行為人以外之人的感覺作為是否使用刑罰的判准，甚至更能透顯出刑法的理性與謙抑。於上開【礦泉水殺人案】，若堅持主觀未遂論的思考取徑，以甲自己的想法作為是否處罰的依據，即會因為行為人的想法（我正在拿著「硫酸」潑人）仍會令大眾驚懼而產生法動搖的作用，甚至還破壞了規範的效力，而應該對其處罰。反之，若改由客觀未遂論觀察，由於一般人不會認真看待拿著一瓶礦泉水潑灑的行為，進而將此種舉動視為是殺人或重傷害，所以根本就不應該處罰。

法益保護的具體化，不僅在於每個人都背負不得侵害他人法益或對其造成危險的義務，從人與人之間的互動關係而言，更在於對彼此主體地位的承認與尊重。據此，所謂的不法，可以簡化為對上述關係的否定行為，亦即，令理性人恐懼不安的行為。以安全感受到威脅作為危險的實質內涵，不只是要維護生活的愉悅，更要避免人在有限的理性下，做出不理性的行為選擇，以護翼每個人的自由。

（四）行為無危險的不能犯

不論未遂犯的處罰依據在主觀未遂論與客觀未遂論之間如何遊移，不變的仍然是德國刑法第23條第3項與臺灣刑法第26條已然在法律效果上分道揚鑣的事實。相較於德國，美國學說似乎淺顯的指出問題的癥結，讓我們再做一次簡單的梳理：

客觀未遂論服膺以損害的大小決定刑罰輕重，沒有造成損害的未遂，其處罰理應輕於既遂，而與運氣無關；相對地，主觀未遂論認為既、未遂應同其處罰，因為行為人都做出了可譴責的選擇（culpable choice），損害是否發生，無關緊要[65]。更詳細的說，客觀未遂論者擁抱自由主義與損害原則，堅持「事實上不可能」的未遂不應處罰，因為這樣的行為無法讓理性人相信已經對損害的發生製造了不當風險。主觀未遂論者則認為，如果行為人做出自己認為會導致損害或引發不當風險的選擇，不管這樣的嘗試會否可能發生，都不重要；重要的僅僅是選擇本身。既然選擇是承擔刑事責任的唯一基礎，而行為人也做了不該做的決定，即便其想法難以被這個世界接納，又如何？總結而言，主觀未遂論由排除影響刑法的「運氣」因素開始，側重於選擇的機會與因此所形成的意圖，結局必然導致未遂犯罪版圖的擴張：一旦動心起念而付諸行動，只要其犯罪意圖可以獲得證明，即須背負未遂責任，不會受到「事實上不可能」的影響。

據上，我們可以對主觀未遂論提出以下質疑：不論英美法或歐陸法系均肯定犯罪的成立必須有一個客觀的行為，並且，我們也都同意行為原則上是受到行為人的心意所支配，問題是，主觀未遂論者一再強調處罰的基礎在於人們所做的選擇，而非受到意志驅動的客觀行為，若然，何必再多要求行為的要素？如果「選擇」有別於身體的舉止，而人又只能支配自己的選擇，依此推論，是否人對於自己的行為也無法支配[66]？

前曾提及，主觀未遂論者通常使用下述內容回答上開疑惑：對於犯罪的成立要求客觀的行為，是基於實用主義與證據上的理由；一個人做了什麼，往往是想做什麼的最佳證明。也因此，對客觀行為的要求是出於對犯意的確認。但，由於處罰未遂犯的真正原因，是因為行為人欲導致損害發生的「嘗試」（trying），而有無嘗試又必須訴諸行為人做了什麼，從而「行為」的要求仍屬主觀未遂論所不可或缺[67]。這樣的回答顯然難以令人滿意。所謂嘗試，不過是對心想事不成的一種描述方式，表示行為人曾經打算做什麼，卻以失敗收場，仍未脫離以選擇與意圖作為其論述核心的未遂責任觀，並且，還趁勢轉移了焦點：如果行為的要件如此重要，為什麼只能作為主觀意圖的證明？如果行為的要件如此重要，就表示「想打」一隻蒼蠅與「去打」是不一樣的，若然，這已經是向客觀未遂論的損害原則靠攏了[68]。

再以迷信犯為例，即便從德國刑法的角度觀察，第23條第3項的「重大無知」，在文義上並非不能涵蓋迷信犯，德國實務（RGSt33，321）與學說之所以用盡各種理由，試圖將迷信犯的概念與不能未遂切割，無非是因為德國刑法仍然處罰行為無危險的不能未遂使然；換言之，一旦將迷信犯也納入不能未遂的範疇，等於是在處罰一個荒誕的念頭，甚至就是在處罰這個人，無論如何，都已違反行為刑法。問題是，在德國的印象理論框架下，真的可以進一步將法動搖的印象（對安全感的威脅），依照普通未遂、重大無知的不能未遂與迷信犯的排列方式，予以量化？既然我們不會真的相信用幾根大頭釘紮布偶就能殺人，這表示迷信犯具有本質上的不可能性（inherent impossibility）[69]，不論以何種判准檢驗迷信犯的行為，均不可能認定其「有」危險。換言之，迷信犯是道地道地的「不能犯」，兩者均不應該被處罰[70]。即便臺灣刑法第26條的法律效果已經改弦更張，針對迷信犯的討論過程仍對於未遂處罰根據選擇及其影響具有實益；簡之，既然迷信犯可以被刑法第26條涵蓋，則該條的「不罰」，自然是指欠缺應罰性，犯罪不成立，而與犯罪成立後的需罰性問題無關。

總結的說，行為無危險的不能未遂應該不罰，而之所以不罰，原因是沒有製造法所不容許的風險，並且是連著手都沒有[71]，也因此，觀念上根本不是未遂犯；臺灣刑法第26條修法理由的「不構成刑事犯罪」，其意義正如所使用的文字所要表達的意思：欠缺應罰性，犯罪不成立。據此，在臺灣刑法第26條沒有刪除的情況下，不妨將其視為僅是一個注意規定，並非獨立的未遂犯罪類型，而與未遂犯罪成立後、透過刑事政策再做考慮的需罰性問題無關。

四、結論

主觀未遂論者雖批評「未遂犯的客觀危險性」是一個邏輯矛盾，並且概念本身也迷糊不清，但其區別既、未遂而分別將不法責難的重點置於法益侵害結果與行為人的主觀法敵對意志，基本理念顯然也不一致；德國學說之所以就未遂處罰根據接受印象理論，應該是打算以「造成法動搖印象」為由，替不存在法益危險的不能未遂圓說。然而，即便揚棄或抽象化法益保護的概念，改以所謂對「法秩序」或「規範效力」造成危險，仍然難以避免質疑。據此，不論是試圖限縮主觀未遂論的印象理論或積極的一般預防觀點，均非可采。

相對於此，日本刑法對於未遂的定義為：「著手於犯罪之實行而不遂者，得減輕其刑。（日刑第43條本文）」、奧地利於其刑法第15條第2項不僅使用「實行」的用語，亦不罰不能未遂（第15條第3項），整體而言與臺灣刑法的規範情況較為相似，彼邦的刑法學者即多接納客觀未遂論，並以法益侵害危險做為未遂處罰根據[72]。在臺灣已經不罰行為無危險的不能未遂、僅使用「著手實行」描述未遂犯的規範架構下，未遂的刑罰基礎問題，實無必要師法德國。

本文支持客觀未遂理論的基本立場[73]，依新客觀未遂論，應以一般人的立場認定其處於行為人的地位、行為時所可能認識的事實，決定行為是否對法益造成危險。至於行為無危險的不能未遂，不論解為欠缺結果非價或根本欠缺行為非價，結論都是行為時並未對法益造成危險，也因此根本沒有構成要件行為；沒有構成要件行為，就沒有著手實行與不法可言，一切都只是行為人的主觀想像罷了，（行為無危險的）不能未遂因此在「本質上」相異於其他可罰的未遂犯[74]。

注 釋:

[1] 蕭宏宜，東吳大學法律學系專任副教授，東吳大學法學博士。

[2] 更詳細的說，未遂，是指基於實現構成要件的犯罪決意，著手實行構成要件行為後，既遂構成要件未實現而言。既遂構成要件的未實現，原因可能是結果犯的構成要件結果根本未發生，抑或客觀上雖已出現構成要件結果，但與行為人已著手的構成要件行為間欠缺因果關係或客觀可歸責性（風險未實現）。

[3] Jescheck/Weigend, Lehrbuch des Strafrechts, AT, 5. Aufl., 1996, S. 511.

[4] Cald. 397 (H.L.) (1784). As cited in Lawrence Crocker, Justice in Criminal Liability: Decriminalizing Harmless Attempts, 53 Ohio St. L.J. 1057, 1061 (1992).

[5] 除非已開始實行，行為人不會因為其犯罪決意而受到處罰。理由在於，決意只是一個內在過程，並沒有傷害任何物或人；刑法並不需要促進個人的道德修養，而只需要保護社會規範。Vgl. Stratenwerth/kuhlen, AT I, 5.Aufl., 2004, § 11 Rn.4. 更詳細的說，思想無罪（Cogitationis poenam nemo patitur），基於思想控制的困難與對其控制將摧毀擁護自由的秩序中身為公民的人格特質，「內在」是受到絕對保護的權利領域。S. Jakobs, AT, 2. Aufl., 1993, abschn. 25 Rn. 1a.

[6] 「acts immediately connected with 『the commission of the offense'」, Regina v. Eagleton, 6 Cox Crim. Cas. 559（1855）. As cited in George P. Fletcher, Basic concepts of criminal law 172（1998）.

[7] George P. Fletcher, Basic concepts of criminal law 172（1998）.

[8] 「Eine Straftat versucht, wer nach seiner Vorstellung von der Tat zur Verwirklichung des Tatbestandes unmittelbar ansetzt.」

[9] 如：林山田，刑法通論（上），2008 年 10 版，462 頁；林東茂，刑法綜覽，2009 年 6 版，1-242 頁；張麗卿，刑法總則理論與運用，2007 年 3 版，292 頁以下；黄常仁，刑法總論，2008 年 2 版，187 頁；林鈺雄，新刑法總則，2009 年 2 版，371 頁以下；李聖傑，未遂行為刑法處遇之探究，月旦法學雜誌，第 194 期，2011 年 7 月，29 頁以下。

[10] 蔡聖偉，評 2005 年關於不能未遂的修法，刑法問題研究（一），2008 年，81 頁以下。

[11] 「當犯罪的既遂因為欠缺法律對行為所要求的個人特徵或關係，或犯罪實施所須的行為方式或客體，以致於不可能發生時，未遂及其參與者均不罰。」

[12] 其他尚有荷蘭刑法第 45 條和比利時刑法第 51 條，由於繼受上開 1810 年法國刑法典關於未遂的定義，並據此認為未遂與預備的界線應完全從客觀的角度加以認定，不能未遂因而亦不成立犯罪。Vgl. Jescheck/ Weigend,a.a.O.,S.528.

[13] 日本部分見陳子平，犯罪論重要問題的思想脈絡一未遂犯篇，月旦法學教室，第 100 期，192、197 頁；義大利部分，s. Colombi Ciacchi, Italien als Vorbild? Für die Straflosigkeit des untauglichen Versuchs, Recht, Wirtschaft, Strafe, in: FS-Samson, 2010, S. 4, 8ff.；西班牙於 1994 年修法後的意見，s. Jung, Zur Strafbarkeit des untauglichen Versuchs- ein Zwischenruf aus rechtsvergleichender Sicht, ZStW 117（2005），942.

[14] 瑞士部分，s. Stratenwerth, Schweizerisches Strafrecht AT I, 3.Aufl., 2005, S. 306 f.; 德國部分見後述說明。

[15] Andrew Ashworth, Criminal Attempts and the Role of Resulting Harm Under the Code, and in the Common Law, 19 Rutgers L.J. 725, 735（1988）.

[16] Von Feuerbach, Peinlichen Rechts, § 42; Mittermaier, GS 11（1989），403, 424; Berner, dt. StrafR, S. 138ff, 144. Ziteirt bei Grupp, Das Das Verhältnis von Unrechtsbegründung und Unrechtsaufhebung bei der versuchten Tat, 2009, S. 92.

[17] Grupp, a.a.O., S. 92.

[18] Liszt, Lehrbuch des Deutschen Strafrechts, 21/22. Aufl., 1919, S.199 ff; von Hippel, Deutsches Strafrecht II, 1930, S. 424 ff. Zitiert bei Hirsch, Untauglicher Versuch und Tatstrafrecht, Strafrechtliche Probleme, Band II., 2009, S. 246.

[19] Weigend, Entwicklung der deutschen Versuchslehre, Strafrecht und Kriminalpolitik in Japan und Deutschland, 1989, S.113 f.

[20] Weigend, a.a.O, S. 113.

[21] Z.B. Freisler, Willensstrafrecht; Versuch und Vollendung, in: Gürtner（Hrsg.），Das kommende deutsche Strafrecht, AT, 2. Aufl., 1935, S. 11, 35f. Zitiert bei Hirsch, Die subjektive Versuchstheorie, ein Wegbereiter der NS-Strafrechtsdoktrin, Strafrechtliche Probleme, Band II., 2009, S. 285, 294 f.

[22] Hirsch, Untauglicher Versuch und Tatstrafrecht, Strafrechtliche Probleme, Band II., 2009, S. 247.

[23] Vgl. Baumann, AT, 1. Aufl., 1960, S. 385 f., 407; Maurach, Deutsches Strafrecht AT, 2. Aufl., 1958, S.405 ff; Schönke, StGB, 4. Aufl., 1949, Vorbem. § 43 Bem. II; Schönke/Schröder, StGB, 1957, Vorbem. § 43 Bem. III.1; Welzel, Das Deutsche Strafrecht, 11. Aufl., 1969, S.192 f. Zitiert bei Hirsch, a.a.O, S. 246.

[24] BGHSt 2, 74, 76; BGHSt 11, 268, 271; BGHSt 11, 324, 327. 德國實務一路走來，始終持續支持主觀未遂論。早期帝國法院受到 von Buri 的影響，自 1880 年開始行使判決時，即針對有關墮胎的（不能）未遂案，確立其主觀的基本立場（RGSt 1, 439）；同年另一則關於殺害已死嬰兒（Tötungsversuch an Kindesleiche）的案件（RGSt 1, 451），一樣認定被告有罪。

[25] Vgl. Jescheck/Weigend, a.a.O., S. 513.

[26] 之所以只是偏移，是因為德國刑法第 22 條對於未遂的定義，使用相較於舊刑法的「開始實行」更為狹隘的直接開始（unmittelbar ansetzt）；打算在客觀上透過把未遂時點扣緊犯罪構成要件實現的臨

界點，以解決實務在操作上將未遂領域過份前置的問題。Vgl. Kratzsch, Die Bemühungen um Präzisierung der Ansatzsformel（§ 22 StGB）ein absolut untauglicher Versuch?, JA, 1983, S.420 ff. 另外，純粹的主觀未遂論難以解釋為何對出於重大無知的不能未遂（依德國刑法）可減免其刑。Stratenwerth/kuhlen, a.a.O., § 11 Rn.20.

[27] Weigend, a.a.O., S. 120. 此系受到 von Bar 的影響，並且在理論發展史上，可上溯至 1886 年 Bünger 的折衷未遂理論，vgl. Grupp, a.a.O., S.103.

[28] Vgl. Lackner/ Kühl, Strafgesetzbuch, 27. Aufl., 2011, § 22 Rn. 11. Eser 作為印象理論的旗手，仍自我嘲諷的指出：「其崛起是因為迄今仍無更好的說法。」S. Eser, in: Schönke/Schröder, Strafgesetzbuch, 28.Aufl., 2010, Vorbem. § 22 Rn. 22.

[29] Stephen P. Garvey, Are Attempts Like Treason?, 14 New Crim. L. R. 173, 179（2011）. 主觀未遂論同樣被美國的 Fletcher（客觀未遂論者）抹黑為納粹刑法的復辟，See George P. Fletcher, Basic concepts of criminal law 178（1998）.

[30] 與德國所使用的法益概念類似，損害原則同樣因其內涵上的不確定，而有據此而過度入罪或入罪不足的質疑。See Hamish Stewart, The Limits of the Harm Principle, 4 Crim. L. & Phil. 17（2010）. 並且也一樣在學說上一直有透過其他概念予以取代或限制其適用範圍的聲音。See Arthur Ripstein, Beyond the Harm Principle, 34 Phil. & Pub. Aff. 215, 215（2006）; Dennis J. Baker, The Moral Limits of Criminalizing Remote Harms, 10 New Crim. L. Rev. 370（2007）; A.P. Simester & Andrew von Hirsch, Remote Harms and Non-Constitutive Crimes, 28 Crim. Just. Ethics, May 2009, at 89.

[21] George Fletcher, Rethinking Criminal Law 142（1978）.

[32] Lawrence Becker, Criminal Attempt and the Theory of the Law of Crimes, 3 Phil. & Pub. Aff. 262, 273（1974）.

[33] Thomas Weigend, Why Lady Eldon Should Be Acquitted: The Social Harm in Attempting the Impossible, 27 DePaul L. Rev. 231, 263（1977）.

[34] Paul Robinson, A Theory of Justification: Societal Harm as a Prerequisite for Criminal Liability, 23 UCLA L. Rev. 266, 270（1975）.

[35] Douglas Husak, The Nature and Justifiability of Nonconsummate Offenses, 37 Ariz. L. Rev. 151, 163（1995）.

[36] 「純粹的法律不能」是指：行為人誤以為自己正在從事犯罪行為，觀念上相當於我國的「幻覺犯」;「本質上的事實不能」是指：行為人雖然打算從事法律所描述的犯罪行為，惟其所使用的方法根本不會造成損害，在觀念上相當於我國的「行為無危險的不能犯」。定義參考 Joshua Dressier, Understanding Criminal Law § 27.07, at 406-407（5th ed. 2009）.

[37] Peter Westen, Impossibility Attempts: A Speculative Thesis, 5 Ohio St. J. Crim. L. 523, 560（2008）. 應注意的是：此與理性人仍會產生恐懼感而應罰的「事實上不能」（factual impossibility）有別。See Stephen P. Garvey, Are Attempts Like Treason?, 14 New Crim. L. R. 173, 186（2011）.

[38] Thomas Bittner, Punishment for Criminal Attempts: A Legal Perspective on the Problem of Moral Luck, 38（1）Canadian Journal of Philosophy 51, 52（2008）

[39] Model Penal Code section 5.01（1）（c）:「A person is guilty of an attempt to commit a crime if, acting with the kind of culpability otherwise required for commission of the crime, he:（c）purposely does or omits to do anything which, under the circumstances as he believes them to be, is an act or omission constituting a substantial step in a course of conduct planned to culminate in his commission of the crime.」所謂實質步驟，用歐陸法系傳統的公式化語言來說，就是指犯罪的「開始實行」，see George P. Fletcher, Basic concepts of criminal law 179（1998）.

[40] 「the actor's mind is the best proving ground of his dangerousness.」H. Wechsler, W.K. Jones & H.L. Korn, The Treatment of Inchoate Crimes in the Model Penal Code of the American Law Institute: Attempt, Solicitation, and Conspiracy, 61 Colum. L. Rev. 571, 579（1961）. 迄今，美國至少已有 31 州刪除不可能的未遂作為抗辯事由的規定（亦即仍然構成犯罪）。See John Hasnas, Once More unto the Breach: The Inherent Liberalism of the Criminal Law and Liability for Attempting the Impossible, 54 Hastings L.J. 1, 3 n.2（2002）.

[41] Stephen P. Garvey, Are Attempts Like Treason?, 14 New Crim. L. R. 173, 177（2011）.

[42] Stephen P. Garvey, Are Attempts Like Treason?, 14 New Crim. L. R. 173, 192-193（2011）.

[43] Stephen P. Garvey, Are Attempts Like Treason?, 14 New Crim. L. R. 173, 193-194（2011）.

[44] Andrew Ashworth, Criminal Attempts and the Role of Resulting Harm, 19 Rutgers Law Review 725, 733（1988）; Joel Feinberg, Equal Punishment for Failed Attempts, 37 Ariz. L. Rev. 117, 119（1995）.

[45] Conn. Gen. Stat. Ann. § 53a-51; Del. Code Ann. tit. 11, § 531; Haw. Rev. Stat. Ann. § 705-502; Ind. Code Ann. § 35-41-5-1（a）; N.H. Rev. Stat. Ann. § 629:1（IV）; Criminal Attempts Act, 1981, c. 47, § 4（1）（b）（Eng. & Wales）. See Ehud Guttel & Doron Teichman, Criminal Sanctions in The Defense of The Innocent, 110 Mich. L. Rev. 597, 619 n.109（2012）.

[46] Thomas Bittner, Punishment for Criminal Attempts: A Legal Perspective on the Problem of Moral Luck, 38（1）Canadian Journal of Philosophy 51, 64（2008）（not endorsed by Bittner, himself）.

[47] 更詳細的討論與比較，已逾越本文的範疇，文獻可參閱 Markus D. Dubber, Theories of Crime and Punishment in German Criminal Law, 53 Am. J. Comp. L. 679（2005）; Carl C., Lauterwein, Limits of Criminal Law: A Comparative Analysis of Approaches to Legal Theorizing, The German Rechtsgutstheorie（2010）.

[48] Maurach/Gössel, AT II, 7. Aufl., 1989, S. 20.

[49] 於 20 世紀仍支持舊客觀說者，僅見 Spendel NJW 1965, 1881 ff.; ders. ZStW 65（1953），519，521 ff.; ders., in: FS-Stock, 1966, S. 89, 93.（在這本祝壽論文集的開頭，他甚至自嘲為「孤獨的在自言自語者」。）堅守純粹的主觀未遂論立場者，亦僅 Otto（Strafgrund des Versuchs ist die Betätigung, dh. die Manifestation eines verbrecherischen Willens in einem bestimmten äußeren Verhalten） 與 Kühl（Strafgrund des Versuchs ist der betätigte rechtsfeindliche Wille, dh. der durch Handlungen, die in der Außenwelt in Erscheinung treten, manifest gewordene Verbrechensvorsatz.）. Zitiert bei Herzberg, MK-StGB, § 22 Rn. 9, 13.

[50] Hirsch, Untauglicher Versuch und Tatstrafrecht, in: FS-Roxin, 2001, S. 714.

[51] Köhler 認為以危險概念作為未遂的不法內涵是有疑問的，其理由即在於與德國刑法第 22 條相悖。Köhler, AT, S.454 f. Zitiert bei Zaczyk, Starfrecht, Rechtsphilosophie und untaugliche Versuch, in: FS-Maiwald, 2010, S.891. 類似看法，s. Eser, a.a.O., Vorbem. § 22 Rn. 19; Jescheck/Weigend, a.a.O., S. 513. 還有論者指出：德國刑法雖改用「直接開始」的描述方式扣緊構成要件開始實現的臨界點，卻也接納主觀要素作為處罰根據，甚至還罰及不能未遂，而存在內部的不協調的問題。Vgl. Schünemann, Die deutschsprachige Strafrechtswissenschaft nach der Strafrechtsreform im Spiegel des Leipziger Kommentars und des Wiener Kommentars, S. 311.

[52] Roxin, AT II, 2003, § 29 Rn. 99. 已指出：不論是何種未遂處罰基礎之學說，由於各自所提出的觀點，均已出現在預備階段之中，從而並無助於建立區分預備與未遂的標準。

[53] Vgl. Hirsch, Untauglicher Versuch und Tatstrafrecht, in: FS-Roxin, 2001, S. 715; Fuchs, AT I, 7. Aufl., 2008, S. 237.

[54] 內容參考蔡聖偉，同注 9 書，82—85 頁。

[55] 蔡聖偉，同注 9 書，81 頁以下。事實上，作為未遂處罰基礎的印象理論，不僅是與不法理論無關的刑罰目的理論，甚至也是植基於積極的一般預防思想。S. Malitz, Der untaugliche Versuch beim unechten Unterlassungsdelikt, Zum Strafgrund des Versuchs, 1998, S. 159 f; Stratenwerth/kuhlen, a.a.O., § 11 Rn. 21.

[56] S. Jakobs, a.a.O., abschn. 25 Rn. 21. Eser 將此說貶抑為印象理論的分支（Spielart der Eindruckstheorie zu begreifen sein），s. Eser, a.a.O., Vorbem. § 22 Rn. 22.

[57] 「當結果實現符合客觀歸責的條件時，它就絕對不是偶然的事件，而是行為人的作品。」Roxin, Das strafrechtliche Unrecht im Spannungsfeld von Rechtsgüterschutz und individueller Freiheit, ZStW 116（2004），938.

[58] Thomas Bittner, Punishment for Criminal Attempts: A Legal Perspective on the Problem of Moral Luck, 38（1）Canadian Journal of Philosophy 51, 81（2008）.

[59] Stephen P. Garvey, Are Attempts Like Treason?, 14 New Crim. L. R. 173, 194（2011）.

[60] Thomas Bittner, Punishment for Criminal Attempts: A Legal Perspective on the Problem of Moral Luck, 38（1）Canadian

Journal of Philosophy 51, 79（2008）.

[61] S. Jakobs,「Was schützt das Strafrecht: Rechtsgüter oder Normgeltung?」, Aktualität und Entwicklung der Strafrechtswissenschaft, in: FS-Seiji Saito, 2003, S. 17 ff. 由文章標題即可推知其立場：刑法的任務是保護規範的效力，不是保護法益；因為犯罪是對規範的侵害行為，不是對法益的侵害。德國刑法學界的批判，如：Hörnle, Das Unwerturteil und der Schuldvorwurf, in Hefendehl（Hrsg.）, Empirische und dogmatische Fundamente, kriminalpolitischer Impetus, 2005, S. 105 ff; Puppe, Strafrecht als Kommunikation, in: FS-Grünwald, 1999, S. 476 ff; Sacher, systemtheorie und Strafrecht, ZStW 118（2006）, 547 ff; Schünemann, Kritische Anmerkungen zur geistigen Situation der deutschen Strafrechtswissenschaft, GA 1995, S. 217 ff; Stratenwerth, Sachlogische Struckturen?, in: FS-Jakobs, 2007, S. 663 ff.

[62] Stephen P. Garvey, Are Attempts Like Treason?, 14 New Crim. L. R. 173, 208-210（2011）.

[63] Schünemann, Strafrechtssystem und Kriminalpolitik, in: FS-Schmitt, 1992, S. 135.

[64] 設例摘自徐昌錦，爭論不休的不能犯與中止犯，臺灣法學雜誌，第191期，2012年1月，94頁。

[65] Stephen P. Garvey, Are Attempts Like Treason?, 14 New Crim. L. R. 173, 195-196（2011）.

[66] Stephen P. Garvey, Are Attempts Like Treason?, 14 New Crim. L. R. 173, 197（2011）.

[67] Gideon Yaffe, Trying, Acting and Attempted Crimes, 28 Law & Phil. 109, 123（2008）.

[68] Stephen P. Garvey, Are Attempts Like Treason?, 14 New Crim. L. R. 173, 198-199（2011）.

[69] Douglas Husak, Why Punish Attempts at All? Yaffe on 『The Transfer Principle', Crim. Law and Philos., （original paper）（15 March 2012）. 關鍵不僅在於迄今仍無任何可靠的證據，足以（達到毫無合理懷疑的程度）證明這是一種有效的嘗試，更因為一般人根本不會認為這是危險的行為。

[70] 美國刑法對此未置一語。模範刑法典亦僅「允許」，而非「要求」法院駁回起訴或減輕刑罰。See MPC Sec. 5.05（2）（If the particular conduct charged to constitute a criminal attempt, solicitation or conspiracy is so inherently unlikely to result or culminate in the commission of a crime that neither such conduct nor the actor presents a public danger warranting the grading of such offense under this Section, the Court shall exercise its power under Section 6.12 to enter judgment and impose sentence for a crime of lower grade or degree or, in extreme cases, may dismiss the prosecution.）.

[71] 同旨:甘添貴，不能犯與中止犯適用之若干問題點，法學叢刊，第220期，2010年10月，3頁以下；柯耀程，不能未遂之檢討，刑法的思與辯，2003年，312、325頁。

[72] s. Maleczky, AT II, 13.Aufl., 2009, S. 189.（從客觀的角度，判斷行為人的行為有無具體危險，而可能對行為客體造成侵害；但也表明既、未遂的刑罰威嚇有別，前者是針對法益侵害的非價，後者是針對法益危險的非價。）

[73] 之所以指「基本立場」，是因為除非採取舊客觀說，當代的客觀未遂理論者並不否認未遂犯仍然必須考慮到主觀的要素。Vgl. Roxin, in: FS-Nishihara, S.163; Maleczky, a.a.O., S.190. 並且，即便客觀未遂論在發展歷史上經歷不少演變，目前德、美的學說對危險概念的判斷時點，早已不再透過「事後」的觀察，決定行為是否一開始即不可能實現構成要件，而是基於客觀化的「事前」評價判定危險的有無。

[74] Vgl. Hirsch, in: FS-Roxin, S.720 f. Berner 早已解釋：所謂「不可能實行」，是指無所謂開始可言。Berner, Lehrbuch des Deutschen Strafrechts, 17.Aufl., 1895, S.140. Zitiert bei Herzberg, MK-StGB, § 22 Rn .9（Fn.13）. Bottke 甚至認為德國對行為無危險的不能未遂的處罰根本違憲！理由是：將不能未遂與普通未遂比較，由於前者不可能造成法益侵害，而僅僅對法和平構成威脅，故僅具備刑法益（Starfrechtsgut），與可能造成法益侵害而同時具備憲法益與刑法益的普通未遂情形等同視之，一律處罰，即違反比例原則。Bottke, Untauglicher Versuch und freiwilliger Rücktritt, in: 50 Jahre BGH, Festgabe aus der Wissenschaft, Bd. IV, 2000, S.150 ff. Zitiert bei Grupp, a.a.O., S.105.

兩岸勞動刑法之比較研究

馬躍中[1]

一、問題提出

長久以來，「勞動刑法」（Arbeitsstrafrecht）並不受到兩岸學界重視，文獻上的探討也不足[2]，相較於德國，早在威瑪共和（WeimarerRepublik）時代已有「勞動刑法」的概念與討論[3]。「勞動刑法」保護的物件為廣大的社會底層的勞工階級，最能體現刑法保障人權的核心價值，值得刑法學界投入研究。基此，本文試圖整理現行勞動刑法定位，參考德國勞動刑法之概念，為了聚焦相關問題，以一個具體案例出發，提出相關問題，最後給予兩岸勞動刑法之定位，提出適切之建議。

二、臺灣地區勞動刑法現況

（一）前言

臺灣勞工憲法權益的保障，一直到1995年2月24日釋字373號解釋公佈時才確認勞工組織團結體權利的憲法保障[4]，在此之前臺灣的勞動刑法基本上是受到國家安全法之「非常時期農礦工商管理條例」、「國家總動員法」以及其它特別刑法的刑事制裁，並不是站在保護勞動權為中心的刑事法規。臺灣針對勞動刑法的探討也主要是針對集體爭議行為之刑事責任[5]，顯少針對勞動刑法之定位作全盤的考慮。

2010年9月30日國道6號北山交流道西行線匝道工程進行混凝土灌漿作業時，高達50餘公尺的支撐鋼架及混凝土節塊突然發生坍塌，造成7死3傷的不幸，死者中包括6名非法雇用印尼外勞及1名本地勞工。南投地檢署於2011年3月25日偵結「國道六號北山交流道倒塌案」（下稱本案），以業務過失致死罪與違反勞工安全衛生法等罪名將國登公司、國登公司工地主任李亞峻、副主任游修實提起公訴，並就國登公司部分，求處法定最高罰金新臺幣十五萬元；李亞峻、游修實分別求處有期徒刑4年[6]。本案公共工程招標制度先天不良，包商為了賺取最大利潤，普遍把工程層層轉包，在重重剝削下，迫使小包頭只能雇用非法外勞，以節省成本；而且在工程各環節中所使用的材料、工法，都是使用最節省成本的最低標，且又經常趕工，再加上無能為力的勞動檢查單位，這些結構性因素是無法降低營造業工安事故的主因。此外，本案死者中包括6名非法雇用印尼外勞，也突顯外籍勞工人權保障的問題。

（二）立法現況

勞動刑法是最能體現刑法以保障人權的機能，可惜刑法學者甚少觸及這塊領域。我國現行勞動刑法主要散見在個別的「行政刑法」之中，學者吳坤山氏曾試圖將勞動刑法加以定義：將勞動刑法區分為廣義及狹義的勞動刑法。所謂「狹義的勞動刑法」，系指對於違反勞動法規範所設定與勞動關係本身相關連之強行法的基準，而科以刑法上之刑罰的刑事實體法規而言。例如：勞動基準法第75到78條、工廠法第68到72條、勞工安全衛生法第31、32條、礦場安全法第40到42條、工廠檢查法第18條、19條等屬之；而「廣義的勞動刑法」，則是指通常之刑事實體法規而言。這些刑事實體法規之貫徹並非只在為勞動法規範設定直接且排他的強行性法規範而已。換言之，此等刑事實體法規所設定之強行法規範，是以一般社會生活規範為前提，而非僅在貫徹勞動法規範而已。因此，對於發生與勞動關係相關連之犯罪者，在刑法的評價上，則應就刑事實體法規範及勞動法規範一併加以考慮[7]。在個別的勞動關係上，當考慮狹義的勞動刑法，在集體的勞動關係上，則應考慮廣義的勞動刑法，從而，此處所稱之「廣義的勞動刑法」並不包含「狹義的勞動刑法」。

（三）保護法益

傳統市民法的基本原理中，人民間權利義務關係的規範，大體上系以個人主義思想為中心，而表現于契約自由與所有權絕對或權利本位的觀念上。但近代由於團體思想（或社會主義思想）的抬頭，契約自由原則已設定了若干程度的限制，所有權以及其他權力的行使，也產生了社會化與相對化的轉變。從勞工與雇主的權義關係上，傳統民法上的雇傭關係以為新興的勞動法規所取代。其間，由於勞動者團結力之行使，雇主的意思自由、行動自由、營業自由以及財產權等，均受到了相當程度地壓迫或損害，此從傳統刑法規範中，對於個人自由法益及財產法益之保護觀點來看，顯已達於構成要件該當之可罰性[8]。從民法演進歷程，連其基本的個人主義思想都已退縮，而容納了團體思想（或社會主義思想）的擴張，對於權益保障的觀念，在刑事法的規範上，是否亦應予以重新評價、定位，或為若干程度的修正呢？尤其是在行使勞工權而涉及刑事責任之行為的判斷上，傳統刑法規範的妥當性，應如何認定？有鑒於國內勞工運動之勃興，此等問題之解決，實為刻不容緩之事。本文擬在勞動法規範與刑事法規範交錯之部分，引進勞動刑法之基本概念，期能對於勞工運動之行為在刑法上之評價，予以合理的定位。

就勞動刑法之保護法益而言，必須回到勞動法之基本原理。從勞工法的起源而言，其主要的目的系在對於經濟上的弱者之勞工提供保護及照顧義務。從此一目的出發，可以從相關之行政法規如勞工保護法、勞動契約法、集體勞工法、衛生安全法即可得知。數百年來，勞工在經濟上的弱勢及保護的必要性，並未隨著經濟及科技的發展而消失，反而產生勞工法上新的課題，如勞工定義失靈、企業組織定義瓦解、契約給付的再建構等等[9]；另外，隨著全球化的時代來臨，引發更多的新的問題，如外藉勞工人權問題，迫使立法者應以全新的思維方式、全盤檢討現行勞工法令並提出應因之道。

當然，勞動刑法因具有其多樣性的特性，使得勞動刑法的保護法益具有不確定性，以致於在刑法解釋及體系定位上產生適用上的疑義，至少從勞動刑法的目的而言，應是站在勞工保護的立場，我國憲法第153條第1項及第154條之規定，亦採取同樣立場。故勞動刑法應是針對侵害勞工權益為中心，而處罰雇主行為之勞動刑法。

（四）相關檢討

1. 轉包工程權責不分

(1) 本案爭點

本案系在進行北山交流道西行線橋面箱型梁（下稱新橋）頂板與腹板混凝土澆置工程，於進行到種瓜坑溪上方時，發生災變。且已經通車之國道六號西行線主線（下稱舊橋）車行震（或振）動是造成本次事故之重要因素之一。但是，舊橋車行震動要造成本次災變必須具備「因車輛經過使舊橋橋面箱型梁產生震動應力」、「該震動應力傳遞到興建中之新橋與其下方的支撐系統」、「該震動應力造成新橋支撐系統之構件松脫、位移」等要件，才有可能發生[10]，而國工局初步分析可能因灌漿過程導致支撐穩定失去平衡，從而使鷹架出現骨牌效應而整座倒塌，但實際原因仍需進一步調查厘清[11]。

現在的大型工程總工程款動輒數億到數十億，包商都是以公司名義得標，該公司的資本額也高達數億到數十億，相對于15萬元的罰鍰，並無威嚇效果，以致於並不會確實履行勞安法所規定的各種保護勞工的規定，北山交流道工程總造價為5億6270萬元，逾期未完工一天可裁罰56萬元，總共可累積裁罰1億1254萬元。逾期一天的罰款金額就比釀成如此重大災變的最高罰金金額還要高數倍。刑事制裁效果不彰，讓包商有利可圖，也是造成此次工案意外的主因[12]。本案，原承包商將工程轉給小包，小包為了取得工程，勢必會壓低成本，以致造成該次的工安意外。

(2) 思考方向

本案屬上包得利，下包賠償。上包轉包，即獲得轉包金額1成之利潤，且由施工單位變為「監工」單位，所有員工、成本與風險轉由分包商承擔，發生事故後，即使由上包先賠償，上包事後還可向下包求償，形成上包得利，下包賠償之弊端；而本案肇事者，除國登公司外，尚有下包新鴻全公司與其職員李榮宗等人，而受害者，除傷亡者外，尚有極進行劉宗明、藍綠色桁架出租商凱格公司等，但是下包新鴻全公司，尤其是李榮宗，根本無力賠償極進行等損害！在工程實務上，上包資力最雄厚，獲利最多，最有能力履行勞安法等法令所定之相關雇主義務與責任，阻止工安與勞安事故發生，但是其轉包後，成為下包之「監工」單位，是否承擔勞安法所定「雇主」責任，上包可輕易提出其已經轉包下去，並非傷亡勞工之「雇主」，而是該雇主之「定作人」等抗辯，以脫免勞安法等法令所定義務與責任；但是下包實際承擔勞安法等法令所定雇主責任後，卻無力履行、承擔，導致勞安法等法令形同具文[13]。

(3) 小結

對於公共工程層層轉包問題，應由營造業及公共工程發包制度規範之權責機關（內政部營建署及工程會），對於如何限制層層轉包之規範宜由權責機關研議，或由工程主辦單位透過工程合約予以限制。更進一步的作法，應修法針對轉包工程致釀成災予以刑事責任。

2．法人犯罪及刑事制裁再思考

(1) 本案爭點

如前所述，本案工程乃層層轉包，原承包已非實際發生工安意外之「負責人」。然而公司的「負責人」卻不一定是公司的「代表人」[14]。依據臺灣高等法院98年度勞安上訴字第2號判決意旨：「按勞工安全衛生法第31條第1項規範之犯罪，以行為人違反同法第5條第1項或第8條第1項之規定，為其構成要件之一部，揆諸該二項條文均以「雇主」為其規範之物件，且勞工安全衛生法第31條第1項，系以具備「雇主」身分為其構成要件之身分犯刑罰，僅限於具有「雇主」身分之人違反同法第5條第1項及第8條第1項之情形，始得論以該條項之刑事犯罪；又該法所謂雇主，系指事業主或事業之經營負責人，該法第2條第2項定有明文，又勞工安全衛生法第31條第2項之兩罰規定，僅規定法人之負責人，並未明定為法人之代表人，況現代大企業組織體，所有者與管理者分離，在企業組織規模愈大，企業管理愈複雜之情況下，企業代表人欲直接管理其所投資之企業漸成為不可能，因此往往雇用專業人員管理。是該企業體需要那些安全衛生設施，以實際管理該企業體，如廠長、經理人等最為熟悉，其有違反勞工安全衛生法第5條之規定者，自應以實際負責經營管理者為處罰物件，而非概以形式上法人之代表人，即屬本法所欲規範及處罰物件之『雇主』、『負責人』。」

負責人是指「實際負責經營管理者」。公司負責人皆主張：依據該公司的科層組織、內部授權與分層負責等規定，工地或工廠由工地主任或廠長全權負責，他不是該工地或工廠的實際經營管理者，而脫免刑責。另一方面，工地主任或其他實際經營管理者也只是公司的員工（勞工），他們會偷工減料或趕工，無非是希望減輕公司成本，增加獲利，或是避免逾期被罰款，造成公司損失；然而，施工單位員工偷工減料或趕工結果，如果沒出事，則公司將獲取巨額利潤；如果出事，公司頂多被罰金15萬元，檢察官若無法證明其為公司的老闆得即難以追究相關責任；應而僅有工地主任或廠長等實際經營管理者會被科處刑責，一旦工地主任被起訴，公司與老闆還可以追究工地主任責任，將他免職並求償；相對於老闆而言，如果工地出事，只要追究工地主任責任，換個工地主任就行了，因而形成「未出事，則公司獲利，出事，則員工負責」的弊端，怎麼會促使公司與老闆重視勞工安全。或許有人會說：只要將「負責人」，修法成「代表人」就行了。但是，老闆只要找「人頭」當公司的代表人就破解了[15]。

(2) 思考方向

勞工安全衛生法（下稱勞安法）第31條規定：「違反第五條第一項或第八條第一項之規定，致發生第二十八條第二項第一款之職業災害者，處三年以下有期徒刑、拘役或科或併科新臺幣十五萬元以下罰金。法人犯前項之罪者，除處罰其負責人外，對該法人亦科以前項之罰金。」也就是說，如果雇主違反勞安法，發生勞工死亡之職業災害，而勞工的雇主是法人，法人最高只能科處罰金15萬元。在此我們必須思考，法人犯罪之可能性及其刑事制裁的選擇性。

法人的概念，依據民法26條規定：「法人于法令限制內，有享受權利，負擔義務之能力，但專屬於自然人之權利義務，不自此限。」其在民法上與自然人均為權利主體，然在刑法上，是否能成為適格的行為人，則存有爭議。而在採取歐陸法系的國家中，並不承認法人得成為犯罪主體，但近年來均改采承認法人犯罪能力的現象[16]。民法上同與自然人同為權利主體，然在刑法上否定法人有行為能力的主要論點有下列三點[17]：其一，刑法是依社會倫理道德所建構之范，法人為法律所創設之組織體，並不具備倫理性與道德性，自不得成為適格之犯罪行為人；其次，刑法上之行止乃是行為人出自於內在意思決定與意思活動，而表現于外在之行為，法人並無自然人具有意思決定自由，其本身之作為或不作為是經由其代表機關，如董事會，從事各種法律行為；我國刑法受德國法影響，傳統上通說認為犯罪是建立在「不法」且「有責」的行為，而法人並非實在的意思主體，即不可能有故意過失，也不可能有犯罪行為法人系基於現代化經濟發展之必要依法律所創設之組織體。

我國刑法總則中，並未規定法人犯罪，然而在特別刑法[18]及附屬刑法[19]中，不乏課予法人刑事責任的規定，就我國立法上針對法人之處罰規定計有兩罰制及代罰制（亦即轉嫁罰）兩種[20]。至於，採取肯定之理由在於：采法人實在說則認為，此說承認法人在社會現象上具有獨立性之實體，可分為兩說，一為有機體說，一為組織體說。前者認為社會有兩種有機體，一為「自然之有機體」及「個人意思」，另一為「社會之有機體」及「團體意思」。法律對於此種實際存在的社會有機體，賦予人格使之成為法人[21]；後者則認為，認為法人乃適於為權利主體之法律組織體，即社會上之實體而能保護並實現一定利益之意思團體。采法人實在說既認為法人如自然人般，為社會之實體，應認為其與自然人同樣具有犯罪能力，並可負擔刑事責任[22]。

亦有學者認為法人具有法律上承認的意思能力，法人系依其機關之決議而為意思之決定，此項意思，乃法人之固有意思，與其構成員之個人意思有別，且法人得依其機關之行動而實現其決議所決定的意思。既是以法人名義而為行動，自應以之作為社會活動的主體予以評價。刑法上行為本系依意思所支配，法人之機關既系基於法人的意思而為行動，即可能作為法人的行為，而認為法人具有行為能力，故有不法行為，即可令其負擔刑事責任，不得因民、刑法之目的不同，而否定法人于刑法領域上之行為能力[23]。

當然，法人雖未具有如自然人之肉體，而不可能為作為犯，但仍可能為不作為犯。尤其在工業社會經濟分工下，風險非屬法人單一構成員可以控制及負責，且難以由單一行為所引起的單一因果關係加以證明，但法人如企業組織等欠缺注意義務的不作為，仍可認定其違法。雖無法證明究竟有哪些參與的自然人應該負責，但至少可針對法人等企業組織本身施予刑罰[24]。

此外，亦有認為，法人受罰對法人構成員僅間接影響：理論上處罰法人「犯罪行為的實行」，非處罰無責任的法人構成員，雖對各構成員產生影響，但僅具間接作用。且法人的構成員為避免法人受處罰，應施壓力于法人機關使其不實施違法行為，而不能以此作為否定法人刑責的理由[25]。

現行刑罰制度，固然針對自然人而設，但對財產刑，尤其罰金刑，科之于法人，亦可收到刑罰效果。目前各種刑罰中，對法人主要施以罰金刑，惟亦可施以如解散之生命刑，如日本民法及商法均有法人解散之規定。其他自由刑如停權、停業制度，或名譽刑，對法人亦可想像之，因法人有財產權、名譽及法人成立等利益以資剝奪或減少，自可能以刑法限制或剝奪之，從而對法人的制裁手段並不缺乏，現行刑法體系雖對法人處罰尚非十分完善，但應從立法上樹立必要而適當之刑罰體系，而非以此為理由放棄法人之處罰。

現行刑法雖建立於處罰自然人之刑罰體系，雖不適於法人活動所造成之各種犯罪現象，但這並非意味法人不得為刑法的規範物件。而是因為刑法制定及其理論形成時，只專以自然人為考慮適用的物件，並未慮及今日所產生的各種法人可能造成的不法行為，為解決法人等企業組織可否為犯罪主體的問題，必須從社會經濟及反社會心理之立場來探討企業組織之實際活動，並檢討為達到遏止企業組織體之違法活動之目的，而行使刑事制裁是否妥當、合理方面著手。如以現行刑法體制為准，而判定法人不得為犯罪主體，即謂法人無可能為現行刑法的規範物件，無異倒果為因[26]。

最後，就應刑罰性，具防衛社會效果及必要性：責任為科以刑事處罰之前提要件，若認法人有犯罪能力而欲科以刑罰，則必須有一套符合法人應刑罰性之理論依據；自社會責任論之觀點，對於法人施以刑罰，不但可達到防衛社會之效果，且就社會實態而言，有其必要性。就法人而言，雖不若自然人具倫理道德性，從責任刑法的觀點，視責任能力而科刑時，刑罰目的效果所能達成之能力（即應刑罰性之問題），雖為法人，亦不得不對於有侵害性之反社會活動，謀求防衛之方法。現行制度下，惟刑罰之科處，始能達到預期之效果[27]。

刑事責任是刑法理論的核心，涉及兩個問題是，刑事責任的合理性和刑事責任的有效性（目的性）。法人犯罪有其在責任合理性的客觀存在性，然而法人犯罪的危害則須思考其刑事立法之有效性。若傳統刑罰體系不能解決法人犯罪的問題，就不應該墨守成規，應符合現代刑法之需求。例如，如何不讓犯罪的母公司依舊繼續製造另外一個空殼子公司進行犯罪行為；以及如何有效遏阻公司負責人和集體決策者們的犯罪行為，是未來應關注之重要議題。

(3) 小結

歐陸法系傾向法人通常只有因行政不法行為才會加諸法律責任，德國的行政罰藉由對法人代表人或法人加諸實質性的金錢罰，以對不法行為產生強大的威嚇力量，有學者也認為德國的法律體系似乎模糊化了行政責任（低度社會倫理非難）與法人罪行之間的區別。然而，所謂的倫理非難性，也都是透過社會控制手段附加在自然人，現在卻因法人無倫理非難性而不能對其處罰，這也是德國傳統刑法學目前遇到的困境，要如何在面對國際（尤其是歐盟）之立法要求，在其他國家也逐漸鬆動傾向針對法人立法處罰之際，身為歐盟主要代表國家之一的德國，勢必也要有所因應。反之，歐陸法系中，具有悠久歷史傳統之法國，相較於早期法人刑事責任僅限於特定犯罪類型，且以自然人犯罪成立為前提的補充性色彩，如今廢除特別主義之後，法人已成為絕大多數犯罪類型的適格主體，其起訴與審判與否則由司法機關根據個案決定。而司法部於2006年頒佈的指令中亦鼓勵訴追機關於若干犯罪類型將法人列為優先甚至唯一的訴追物件，可見法國積極處理法人犯罪之處罰問題[28]。

分析處罰法人的刑事規範主要的立論基礎，以法國為代表，針對有特定「監控義務」之人，視為該條之代表人，個人的違法行為亦視為法人的認識或注意義務的違反。進一步分析法人的刑事制裁方式，有處罰法人的國家多主刑多以罰金刑為主，另外加上解散法人；從刑的部分，針對公司的負責人予以「褫奪公權」，即禁止為一定行為，如從事公司業務相關工作。法人是現代社會經濟活動下的產物，在民法公法上均能發生法律效果，在刑法領域上自然也能發生效果，只是折衷派認為在不抵觸傳統刑法理論（認為法人不具倫理非難性不得處罰之）而選擇在附屬刑法上處罰之。然而，如何解釋在主刑法不得處罰卻在附屬刑法得以處罰的矛盾與困境？因此，本文認為，應該效法其他國家立法例，針對法人犯罪應該要有比較靈活的模式進行處罰，而無須因在傳統刑法理論中，畢竟，在以前的犯罪類型中，以法人組織模式的犯罪樣態不多，但是現代社會卻因為法人犯罪造成社會重大損失，刑法應該也與時並進，必須針對現代社會之需要而適度調整因應。

另外，既然偷工減料或趕工的目的是增加利潤，減少損失，解決之道可能是當發生勞災時，讓公司蒙受巨額損失，因此提高法人部分之罰金金額，而且提供之幅度必須大過逾期的罰款金額，才能達到嚇阻效果。然而，公司負責人只要在判決確定前，將原公司解散，並進行清算後，再成立另外一家新公司；或者於災變發生後，將公司脫產；則無法達到制裁效果。因此，修法提高法人部分罰金金額，必須搭配讓檢察官于偵查中，為保全將來罰金之執行，而可以聲請法院裁定就法人之財產進行假執行或假扣押，並讓該法人可以提供擔保請求免為假執行或假扣押等機制，才能落實修法意旨，兼顧被告法人財產權之保障，避免逾越比例原則，蒙受過度之侵害。

3．外勞人權保障

(1) 本案爭點

有關國道6號北山交流道新建工程發生塌陷意外事件，衍生非法雇用外勞責任歸屬問題，案發後行政院僅要求勞委會及南投縣政府就雇主有無聘雇或容留非法外勞等違法情事盡速查明並依法裁處並會同內政部盡速就預防面及查緝面，妥善研議積極改善作法，以有效減少行蹤不明外勞人數[29]。然而，從此次工安意外，突顯的問題點在於長久以來，外勞人權保障不足的問題。

(2) 思考方向

國際勞工組織（InternationalLaborOrganization，簡稱ILO）所通過有關移民之一般性公約有三，分別為：1936年第66號之「關於移民勞工之招募、職業介紹及勞動條件之公約」、1949年第97號之「關於移民勞工公約」及1975年第143號之「惡劣條件下移住及移民勞工之會及待遇等之促進公約」。其中，均一再強調內國國民待遇原則，另GATS（服務貿易總協定）中亦規定有國民待遇原則，要求外國人與本國人有平等之競爭機會。此一精神並且為WTO所承受。過去臺灣勞工法令中對外籍勞工施以與本國勞工不平等之待遇而有違背國民待遇原則之虞者，有1992年5月8日就業服務法第43條第5項及工會法第16條規定。目前，工會法第16條規定尚未修正，惟在2009年6月的工會法第19條修正草案中，已將之修正為「工會會員年滿20歲者，得被選舉為工會之理事、監事。」至於外國人加入本國工會則不受限制。此點即符合國際勞工公約及WTO之要求[30]。衍生出的問題在於，雇主雇用外籍勞工，如未依事先約定之工作項目，雇主即應負就業服務法第68條之罰鍰[31]。就本案而言，雇主非法雇用外勞，不可避免的會要求外勞提供與其契約目的不符之工作或利用該外勞弱勢處境，予以不合理要求，是否會構成勞動基準法（以下稱勞基法）第5條之強制勞動[32]？有學者謂，須符合刑法第304條強制罪之構成要件，亦即，雇主的命令雖已達到一定強度，該外籍勞工在仍有自由決定自由，因刑法上強制罪並不一定要達到無法抗拒程度，仍不屬勞基法第5條之強制勞動[33]；惟有學者認為，雇主若是強迫外勞加班，即可能違反勞基法「強迫勞動禁止」之規定[34]。本文認為，勞基法第5條之強迫勞動其強度應已超越強制罪之要件，可以從該條中「拘禁」之要件得知其強度應是屬於刑法第302條「剝奪他人行動自由罪」的程度[35]，而所謂剝奪人之行動自由，應以有具體行為，使人之行動喪失自由，方能成立[36]。若非法雇用的外勞，雇主利用外勞脆弱環境，如有被遣返的危險，而不給予相當報酬或要求其從事危險性工作等等，但雇主仍未限制其自由，自無得成立勞基法第75條的強制勞動罪。附帶一提，勞基法第5條與同法第42條[37]之區別依最高法院79年台非字第79號刑事判決：「勞動基準法第5條之規定，乃指雇主所實施之強制手段系出於強暴、脅迫、拘禁或與此相類之方法而言，亦即其所實施之強制手段必須于剝奪勞工意思自由之程度。至於同法第42條，則系指勞工倘有正當理由而不能接受正常工作時間以外之工作，雇主不得強制其工作而言，僅在保障勞工正之作息，以維護其身心之健康，當與妨害意思之自由無關。」

(3) 小結

國際人權典章均有規範勞工享有休息時間的權利，為了強化對禁止強迫勞動的重視，國際勞工組織所提出的核心勞動基準即包括禁止強迫勞動。所謂強迫勞動，包括：非自願工作、在懲罰的威脅下工作、政治壓迫而工作、出於對罷工的懲罰而工作，以及受到種族、社會、民族和宗教的歧視而被迫工作[38]。我國現行勞動刑法對外籍勞工強迫勞動禁止保護顯然不足，可參考德國「黑工法」第10條，針對外籍勞工未獲工作許可或合法居留權而提供勞務者，可處三年以下有期徒刑。蓋我國現行「強迫勞動禁止」之規定，或構成要件適用問題，或因果關係難以成立，實務上顯少有適用的例子，唯有重新制定進一步規範方能保障外勞人權。

三、大陸地區勞動刑法現況

（一）前言

勞動刑法在大陸地區在文獻上的討論並不多，勞動刑法也沒有形成一個刑法學門下的分支學科。然而，大陸地區近十年來市場經濟的快速發展和勞動法治的完善，雇主針對勞工實施的強迫勞動、雇用童工、非法拘禁、惡意積欠工資、妨害工會活動、重大環境事故等行為層出不窮，同時還出現了如「東航集體返航」、「三亞等地計程車司機罷運」等勞動者聯合反抗雇主的行為[39]。然而在相對應的立法政策卻付之闕如。

（二）立法現況

大陸地區有關勞動刑法的相關規範，散見現行刑法及附屬刑法，側重的是「勞資關係」的刑法保護。現將相關規範分述如下：

1.刑法典規範

（1）強令違章冒險作業罪

規定的重大責任事故第134條[40]：「在生產、作業中違反有關安全管理的規定，因而發生重大傷亡事故或者造成其他嚴重後果的，處三年以下有期徒刑或者拘役；情節特別惡劣的，處三年以上七年以下有期徒刑。強令他人違章冒險作業，因而發生重大傷亡事故或者造成其他嚴重後果的，處五年以下有期徒刑或者拘役；情節特別惡劣的，處五年以上有期徒刑。」

（2）重大勞動安全事故罪

第135條規定[41]：「安全生產設施或者安全生產條件不符合國家規定，因而發生重大傷亡事故或者造成其他嚴重後果的，對直接負責的主管人員和其他直接責任人員，處三年以下有期徒刑或者拘役；情節特別惡劣的，處三年以上七年以下有期徒刑。」

（3）大型群眾性活動重大安全事故罪

第135條之1規定[42]：「舉辦大型群眾性活動違反安全管理規定，因而發生重大傷亡事故或者造成其他嚴重後果的，對直接負責的主管人員和其他直接責任人員，處三年以下有期徒刑或者拘役；情節特別惡劣的，處三年以上七年以下有期徒刑。」

（4）消防責任事故罪

第139條規定：「違反消防管理法規，經消防監督機構通知採取改正措施而拒絕執行，造成嚴重後果的，對直接責任人員，處三年以下有期徒刑或者拘役；後果特別嚴重的，處三年以上七年以下有期徒刑。」另外，根據《刑法修正案（六）》增加「第一百三十九條之一在安全事故發生後，負有報告職責的人員不報或者謊報事故情況，貽誤事故搶救，情節嚴重的，處三年以下有期徒刑或者拘役；情節特別嚴重的，處三年以上七年以下有期徒刑。」該條的罪名為「不報、謊報安全事故罪」。

（5）強迫職工勞動罪

刑法第244條規定：「用人單位違反勞動管理法規，以限制人身自由方法強迫職工勞動，情節嚴重的，對直接責任人員，處三年以下有期徒刑或者拘役，並處或者單處罰金。」

（6）雇用童工從事危重勞動罪[43]

第244條之1：「違反勞動管理法規，雇用未滿十六周歲的未成年人從事超強度體力勞動的，或者從事高空、井下作業的，或者在爆炸性、易燃性、放射性、毒害性等危險環境下從事勞動，情節嚴重的，對直接責任人員，處三年以下有期徒刑或者拘役，並處罰金；情節特別嚴重的，處三年以上七年以下有期徒刑一併處罰金。有前款行為，造成事故，又構成其他犯罪的，依照數罪並罰的規定處罰。」

（7）拒不支付勞動者勞動報酬[44]

第276條之1：「以轉移財產、逃匿等方法逃避支付勞動者的勞動報酬或者有能力支付而不支付勞動者的勞動報酬，數額較大，經政府有關部門責令支付仍不支付的，處三年以下有期徒刑或者拘役，並處或者單處罰金；造成嚴重後果的，處三年以上七年以下有期徒刑，並處罰金。

單位犯前款罪的，對單位判處罰金，並對其直接負責的主管人員和其他直接責任人員，依照前款的規定處罰。

有前兩款行為，尚未造成嚴重後果，在提起公訴前支付勞動者的勞動報酬，並依法承擔相應賠償責任的，可以減輕或者免除處罰。」

亦有學者認為第397條[45]規定的濫用職權罪、怠忽職守罪，也屬勞動刑法的範疇[46]。

2.附屬刑法之規範

強迫勞動罪

中華人民共和國勞動法[47]第91條、第92條、第93條、第96條、第101條、第103條和第104條等主要規定了雇傭者的勞動犯罪及勞動主管部門的職務和瀆職類犯罪。其中同法第96條用人單位有下列行為之一，由公安機關對責任人員處以15日以下拘留、罰款或者警告；構成犯罪的，對責任人員依法追究刑事責任：

（一）以暴力、威脅或者非法限制人身自由的手段強迫勞動的；

（二）侮辱、體罰、毆打、非法搜查和拘禁勞動者的。

中華人民共和國勞動合同法[48]第88條：「用人單位有下列情形之一的，依法給予行政處罰；構成犯罪的，依法追究刑事責任；給勞動者造成損害的，應當承擔賠償責任：（一）以暴力、威脅或者非法限制人身自由的手段強迫勞動的；（二）違章指揮或者強令冒險作業危及勞動者人身安全的；（三）侮辱、體罰、毆打、非法搜查或者拘禁勞動者的；（四）勞動條件惡劣、環境污染嚴重，給勞動者身心健康造成嚴重損害的。」

該條除了規定強迫勞動罪之外，還將雇主侵犯勞工合法權益的犯罪擴張到法人（單位）予以行政罰；構成犯罪者，追究刑責。

其它附屬刑法的規範如：《中華人民共和國安全生產法》第77條、第83條、第84條、第88條、第90條、第91條和第92條等主要涉及各種責任事故類犯罪和市場經濟犯罪；《中華人民共和國婦女權益保障法》第51條規定了侵犯女性職工合法權益的勞動犯罪；《中華人民共和國職業病防治法》第71條和第76條規定了雇傭者的勞動犯罪及勞動主管部門濫用職權類犯罪；《中華人民共和國禁止使用童工規定》第11條和第12條規定了各種侵犯童工合法權益的勞動犯罪及勞動監管瀆職類犯罪；等等。這些附屬刑法的規定都沒有超出刑法典的罪名框架和法定刑體系，絕大多數只是援引了刑法典的相關規定。

3.訴訟法上之規範

《最高人民檢察院、公安部關於印發〈最高人民檢察院、公安部關於公安機關管轄的刑事案件立案追訴標準的規定（一）〉的通知》[49]第三十一條用人單位違反勞動管理法規，以限制人身自由方法強迫職工勞動，涉嫌下列情形之一的，應予立案追訴：

（一）強迫他人勞動，造成人員傷亡或者患職業病的；

（二）採取毆打、脅迫、扣發工資、扣留身份證件等手段限制人身自由，強迫他人勞動的；

（三）強迫婦女從事井下勞動、國家規定的第四級體力勞動強度的勞動或者其他禁忌從事約勞動，或者強迫處於經期、孕期和哺乳期婦女從事國家規定的第三級體力勞動強度以上的勞動或者其他禁忌從事的勞動的；

（四）強迫已滿十六周歲未滿十八周歲的未成年人從事國家規定的第四級體力勞動強度的勞動，或者從事高空、井下勞動，或者在爆炸性、易燃性、放射性、毒害性等危險環境下從事勞動的；

（五）其他情節嚴重的情形。

第三十二條違反勞動管理法規，雇用未滿十六周歲的未成年人從事國家規定的第四級體力勞動強度的勞動，或者從事高空、井下作業，或者在爆炸性、易燃性、放射性、毒害性等危險環境下從事勞動，涉嫌下列情形之一的，應予立案追訴：

（一）造成未滿十六周歲的未成年人傷亡或者對其身體健康造成嚴重危害的；

（二）雇用未滿十六周歲的未成年人二人以上的；

（二）以強迫、欺騙等手段雇用未滿十六周歲的未成年人從事危重勞動的；

（四）其他情節嚴重的情形。

4．其他

《上海法院量刑指南總則部分（試行）》（上海市高級人民法院　滬高法[2005]83號 2005.01.01發佈）

第二十四條[罰金刑的適用]　在依法判處罰金刑時，應當注意以下問題：（1）在對單位犯罪中的自然人依法判處倍比或限額罰金時，一般應以個人違法所得數額作為判處罰金的基數，並以一至五倍為限度；個人沒有從中獲利或者數額難以查清的（個人犯罪的場合亦同），可以綜合考慮其犯罪情節和繳納罰金的能力，判處一千元以上十萬元以下的罰金（如偷稅罪、非法經營罪等）。（2）在對犯罪單位依法判處無限額罰金時，如果有違法所得數額的，一般判處違法所得一至五倍的罰金；如果僅有非法生產、經營或造成他人財產損失等犯罪數額，沒有違法所得數額的，一般判處犯罪數額百分之十以上二倍以下的罰金（如侵犯著作權罪、走私淫穢物品罪等）。（3）在對犯罪個人依法判處無限額罰金時，如果有違法所得數額的，一般判處違法所得百分之五十以上二倍以下的罰金；如果僅有非法生產、銷售或造成他人財產損失等犯罪數額，沒有違法所得數額的，一般判處一千元以上犯罪數額二倍以下的罰金（如盜竊罪、工程重大安全事故罪等）。

對於一人犯數罪被分別判處罰金的，應當採用相加原則實行並罰，執行總和數額；如果被分別判處罰金和沒收財產的，應當合併執行；但並處沒收全部財產的，只執行沒收財產刑。

（三）保護法益

大陸地區勞動刑法主要是建立在市場經濟發展中的不平等勞資關係上，隨著市場經濟的發展，雇主對遠方市場競爭加劇，勞動力被視為一種成本考慮，因而產生勞資關係的衝突。然而，大陸地區的刑法學者，關於勞動刑法的基本結構，可以從宏觀上時「罪刑安排」和微觀上的「規範形態」加以分析。從宏觀上分析，勞動刑法的基本結構至少需要包括兩部分：一是狹義的勞動刑法，即涉及到勞動權利，基於勞動自由、勞動權利的保護這一部分；二是當勞動權利受到侵犯的時候，基於這些勞動權利被侵犯的情況，勞動者採取一定的集體行動，這些行動可能涉及到與刑法相關的問題。與此相對應，勞動刑法內涵著「勞動犯罪處刑的嚴密化」和「勞動者犯罪處刑的輕緩化」二元背反的罪刑結構安排，即對於法人（單位）侵犯勞動者合法權益的犯罪適當擴大化，並加重處罰，而對於因法人（單位）過錯而導致勞動者以單位為物件實施維權行為導致的危害實行非犯罪化或輕刑化。這種二元背反的結構其實體現著刑法理論從「形式犯罪觀」向「實質犯罪觀」轉化的過程，是刑法實踐從「均等保護」向「社會弱勢群體傾斜保護」轉變的過程，是刑法規則對勞動法益保護的分離與整和的結果[50]。

四、兩岸勞動刑法比較

（一）就刑事立法而言

就勞動刑法的立法密度而言，大陸地區除了在普通刑法典（中華人民共和國刑法），其它相關的勞動刑法規範也散見於《中華人民共和國勞動合同法》、《勞動法》、《中華人民共和國安全生產法》、《中華人民共和國婦女權益保障法》、《中華人民共和國職業病防治法》、《中華人民共和國禁止使用童工規定》等附屬刑法中；反觀臺灣地區的勞動刑法規範的密度顯然不及大陸地區，在普通刑法典中，並未有獨立的勞動刑法的立法，在其它的附屬刑法中，也僅有《勞動基準法》第75到78條、《工廠法》第68到72條、《勞工安全衛生法》第31、32條、《礦場安全法》第40到42條、《工廠檢查法》第18條、19條有相關規範，且多為過時，在實務上的案例也不多見。

就立法模式而言，兩岸針對勞動刑法的立法模式均未制定單獨的勞動刑法典，也未在普通刑法典另訂章節，而是以附屬刑法的立法模式為之，至於勞動刑法的立法模式，大陸學者姜濤則認為，附屬刑法的立法模式是可取的。主要理由是：（1）勞動刑法規範化的需要。附屬刑法規定的刑事責任可以和其所附屬的相關法律規定的行政責任、民事責任、經濟責任等相互衛接、照應，體現了刑法作為社會最後一道保護屏障的作用，從而使人們很清楚地看到違反本法的相關規定達到一個什麼程度就要承擔刑事責任。（2）勞動刑法分支化的需要。不同單行的勞動法律、法規都是為了適應調整不同性質和範圍的勞動關係而產生的，它們調整的勞動關係具有明顯的行業性、專業性的特點。基於強化其效力的需要，在其中規定勞動犯罪及其刑事責任和刑罰的條款，也使得附屬刑法中隱含的勞動刑法更具有行業性、專業性的特點。（3）勞動刑法科學化的需要。在附屬刑法規範中直接規定罪名與法定刑，不僅有利於處理其與刑法典、單行刑法之間的關係，有利於刑法的修改與補充，而且能使司法機關直接依據該規定定罪量刑，不致因刑法典、單行刑法缺乏相應條款而放縱犯罪，勞動刑法規範便能發揮其應有的作用。（4）勞動刑法全球化的需要。在全球範圍內，絕大多數人國家的刑法典中不涉及或涉及少量侵犯勞動者權益犯罪的規定，全部或大量的勞動犯罪是規定在勞動法律之中。如英國、美國、法國、義大利、日本、韓國、尼日利亞、俄羅斯、瑞典、瑞士等國。這是世界範圍記憶體在最為廣泛的一種立法模式，值得借鑒[51]。

（二）就勞動刑法的保護法益及其定位

兩岸現行對於勞動犯罪的認識，多認為屬勞工法的層次，沒有必要拉到刑事不法的範疇，如拖欠勞工工資而言，多數學者認為屬勞動法上的問題，可依大陸刑法第270條[52]關於侵佔罪解決，實有違現代刑法平等保護原則。上述問題牽涉到勞動刑法研究的不足，蓋一制度的推行，須理論先行，在大陸針對勞動刑法並未將之放在刑法學下作系統化、規範化之研究。也使得司法實務上針對勞動刑法的問題上認識的不足[53]。

同樣的，就強迫工作的問題上，也有適用上的問題，已如前述，雇主若予以不合理要求為一定之勞務，是否會構成勞基法第5條之強制勞動，即有相當分歧的看法。

會造成兩岸勞動刑法適用上之疑義，最主要的原因在於兩岸刑事法學界對於勞動刑法的認識不足，對於勞動刑法保護法益的定位不清，造成在解釋相關勞動犯罪時，產生適用的困難，以致于只能遵從傳統刑法之解釋方法，視為一般的犯罪行為，如過勞死的問題，很有可能在因果關係上就會被排除雇主有傷害致死的刑責。

（三）法人（單位犯罪）之處罰

兩岸針對違法勞動刑法之法人（或單位），均有處罰的規定，然而在學理上，臺灣地區多數學者采否定之見解，在立法上卻有處罰法人之規定，已如前述，臺灣有許多違反勞工安全保護之規定，有處罰公司之代表人，但常常經由轉包工程無法追訴處罰。而大陸地區的勞動刑法亦有處罰法人之規定，就大陸地區現行《刑法》第244條規定了「強迫職工勞動罪」和「雇傭童工從事危重勞動罪」兩個罪名，而《勞動合同法》第88條除了規定「強迫職工勞動罪」這一罪名之外，還將雇傭者侵犯勞動者合法權益的犯罪擴展到：「用人單位有下列情形之一的，依法給予行政處罰；構成犯罪的，依法追究刑事責任；給勞動者造成損害的，應當承擔賠償責任：（一）以暴力、威脅或者非法限制人身自由的手段強迫勞動的；（二）違章指揮或者強令冒險作業危及勞動者人身安全的；（三）侮辱、體罰、毆打、非法搜查或者拘禁勞動者的；（四）勞動條件惡劣、環境污染嚴重，給勞動者身心健康造成嚴重損害的。」不難看出，這一規定不僅涉及刑法中的「強迫職工勞動罪」，而且還涉及作為刑法一般規定的重大責任事故罪、侮辱罪、故意傷害罪、非法拘禁罪和重大環境污染事故罪。

五、德國法的借鏡

（一）勞動刑法概念之形成與流變

德國早在工業化時代來臨之前，雇主可以對於違反規定的專門技術之學徒給予帶有制裁效果的「開除證明」（Entlassungsschein），系最早有謂「勞動刑法」概念起源[54]。十七世紀部份日爾曼王國開始制定勞工工時與工資保障規則（Arbeitszeit- und Lohnschutzregelungen）。然而，現今「勞動刑法」的概念源自於十九世紀工業革命之後，因而產生大量的勞工、女工及童工。工資過低、工作時間過長、童工夜間工作情況嚴重導致普魯士兵源不足，1839年普魯士制定了「礦場工廠青少年雇用法」，明定雇主不得雇用未滿9歲的兒童，而未滿16歲的青少年每日工作不得超過10小時[55]。其後包括1845年的「工廠法」（Gewerbeordnung）以及1869年的「帝國工廠法」（Reichsgewerbeordnung）。十九世紀末為了強化勞工保護通過一連串保護勞工之法規：於1884年7月6日之「工安保險法」（Unfallversicherungsgesetz）、於1890年7月29日之「工廠組織法」（Gewerbegerichtsgesetz）以及特別於1891年7月1日之「勞工保護法」（Arbeitersschutzgesetz），上述勞動法規僅有「工廠組織法」以及「勞工保護法」特別嚴重的情形具有刑事制裁規範，而違反社會保險的刑事制裁效果的直到1883年6月15日之「勞工保險法」才有具體的明文[56]。

「勞動刑法」的全盛時期（Blütezeit）系在「威瑪共和」時代，不但顧及到勞工的權利保護也不忘保護雇主權益。例如1922年的「工廠委員法」（Betriebsrätegesetz）以及「勞工證照法」（Arbeitsnachweisgesetz）。在納粹時代（NS-Zeit）第一次提出將勞動刑法納入刑法典的規範，而在核心刑法（StGB）中特別獨立一章「侵害勞動力」（AngriffeaufdieArbeitskraft）之罪章，然而最後仍未完成立法，其後，隨著二次大戰爆發，勞動刑法主要是以戰爭生產為優先，任何侵害上述目的之雇主，尤其是勞工有其嚴屬的刑事制裁。現今勞動刑法尤其是近二十年間制定不少行政及刑事法規（容待後述），而未採取去刑罰化（Entpönalisierung）反而出現新型態的勞動刑法[57]。

勞動刑法在德國被定位成規範勞動市場之經濟刑法的一環，實質上的規範內容散見在一些刑事與行政法領域之中[58]。勞動刑法在規範上是以雇主為中心之「雇主刑法」（Arbeitgeberstrafrecht），亦即，勞動刑法主要是站在保護受雇人的刑事規範[59]。勞動刑法希望從單方面（針對雇主）包括行政及刑事制裁手段，達到保護雇主之目的，然而勞動刑法不論是在規範內容或是保護法益上，或因勞動刑法之複雜性，而使其在定位上產生極大的困難[60]。就刑事制裁的領域，勞動刑法還牽涉到社會法以及工廠法（Gewerberecht）的相關規範[61]。

（二）勞動刑法的體系

德國勞動刑法的相關規範可以在刑法典（StGB）以及附屬刑法（Nebenstrafrecht）找到相關規範，本文試圖盡可能將相關條文分述如下：

截留和克扣勞動報酬罪（Vorenthalten und Veruntreuen von Arbeitsentgelt，§266 a StGB）

該條第1項針對雇主截留為受雇人向社會保險機構或聯邦勞工機構交付的保險金，可處五年以下自由刑或罰金刑[62]。其次，雇主將受委代其雇員從其工資中扣付於他人款項予以截留不交給他人者，但最遲在期限屆滿時或屆期後立即通知相關情事於受雇人，處與前項相同之刑罰，本項之規定不適用於作為工資稅而扣留之勞動報酬（同條第2項）[63]，此外，保險機構成員截留雇主為其雇員交付之社會保險金和勞動保險金，處一年以下自由刑（同條第3項）。第1項情形針對特別嚴重情形可處六個月以上十年以下有期徒刑，而特別嚴重情形乃系指：出於惡劣的自私自利截留大額保險金[64]；使用偽變遠單據截留保險金[65]；公務員利用其身份或地位提供協助[66]（同條第4項）。

本條前二項之保護法益系確保社會保險機構能順利獲取保險金以獲取保險金而保障社會穩固[67]；第三項系保障雇主之財產權。同時，在實務上之意義在於，將截留原屬保險機構之保險金之行為犯罪化，將有助於保障金融機構之損害賠償請求權。同時，如前所述，本法第1項所保護的並不是雇主的財產法益，所以也不是德國刑事訴訟法第172條之被害人。

1．工資暴利罪（§291 I Nr.3 StGB）

德國刑法第291條主要規定於暴利罪（Wucher）一個行為態樣。系保障勞工處於困境（Zwangslage）、缺乏經驗（Unerfahrenheit）、缺乏判斷能力（Mangel an Urteilsvermögen）以及嚴重的意志薄弱（erhebliche Willensschäche）而同意之工資對價，可處三年以下的自由刑或罰金刑。上述情形即屬「工資暴利」（Lohnwucher）之情形，同樣的情形也針對外籍勞工的勞動派遣的保護上，規定在「勞動派遣法」第15條a。

本條之保護法益在於保護團體或個人受到經濟上極端的「匡騙」（Übervorteilung）。本罪屬危險犯，不待被害人受到實際上的經濟損害即成立犯罪[68]。

2．人口販運為目的之勞力剝削罪（Menschenhandel zum Zweck der Ausbeutung der Arbeitskraft，§233 StGB）

本條第1項系針對使人處於困境或無助之情形且於國外期間，使人為奴、生命威脅或債務約束的接受或延常雇主之勞務契約等其它相類似之違法行為處六個月以上十年以下有期徒刑。上述同樣情形之未滿21歲之人使人為奴、身命威脅或債務約束的接受或延長雇主之勞務契約亦同（第一項）[69]。未遂犯罰之（第二項）。本條之保護法益系受雇人之自由法益，使其從事勞務時不被與奴隸一般被使用（Einsatz）或利用（Verwertung）[70]。

3．與勞務有關之詐欺罪（Betrug，§263 StGB）

最常見的與勞務有關之詐欺罪如「附加費詐欺」（Spesenbetrug）以及「雇傭詐欺」（Spesenbetrug）[71]。

4．外籍勞工違法勞務行為

針對外籍勞工的違法勞務行為，主要規定於2005年3月18日生效的「黑工法」（SchwarzArbG）以及刑法典的勞力剝削罪針對外籍勞工的違法勞務行為，主要的立法目的是強化抗制黑工[72]。此外，為了進一步保護德國的勞動市場健全以及確保外籍勞工的社會安全，該法第10條針對外籍勞工未獲工作許可或合法居留權而提供勞務者，可處三年以下有期徒刑[73]。

5．派遣勞動的違法行為

派遣勞動所謂「派遣」是指派自己雇用的勞工，接受他人指揮監督管理，為他人提供勞務，系「非典型就業」中相當特殊的一種。因其雇用關係包含「派遣單位」（Entleiher）、要派單位（Arbeitnehmer）與派遣（Verleiher）三方，派遣勞工雖是派遣機構所雇用的人員，實際上卻是在要派公司處提供勞務，並接受要派公司的指揮與監督，可知其雇傭關係是包含「雇用」與「使用」的雙重關係（Dual relationship），而非單一的雇主與受雇者關係[74]。德國的勞動派遣法（Gesetz zur Regelung der Arbeitnehmerüberlassung， AÜB），同法第15條「未獲許可之外籍勞工以」[75]及同法第15a條「外獲許可的外籍派遣者」[76]有相關的刑責規範。

（三）勞動刑法規範物件（客體）

1. 因勞務行為造成的健康損害。
2. 勞動時間的相關規範。
3. 青少年以及婦女團體。
4. 企業組織法（Betriebsverfassungsgesetz）。
5. 違法的派遣勞動（Arbeitnehmerentsendung）[77]，尤其是營造業。

（四）結語

從德國勞動刑法的演進可得知，勞動刑法應是以保護勞工為中心的法律，刑事制裁的對象主要是針對雇主違反保護勞工義務。隨時全球化的時代來臨，外籍勞工的人權保障應是刻不容緩急須解決與正視的問題。

六、結論與建議

已於前述，勞動刑法在刑事法領域而言，屬於未開發之處女地。希望以本文為開端，拋磚引玉，祈使更多刑事法學者的關注與投入，使我國勞動刑法領域更為健全，以達保障勞動人權之目的。就勞動刑法之未來展望及定位，提供幾點思考方向：

第一，隨著全球化的發展，經貿往來也伴隨著跨國性的組織犯罪的成型與壯大，勞動刑法也是典型的跨國犯罪類型之一（如非法外勞的雇用），「刑法全球化」（Globalisierung des Strafrechts）的觀點因應而生[78]，亦即，為了有效抗制跨國性犯罪，各國須採取協調一致的構成要件，避免產生抗制上的漏洞。從非法外勞的雇用（德國法稱之黑工），已配合國際公約轉換成內國法。本案之工安意外，造成死亡結果之外籍勞工，疑似非法雇用外勞，無法適用勞基法「強制勞動」之規範，而產生抗制上之漏洞，也喪失刑法保障人權之機能。

第二，我國應確立勞動刑法的保護法益，以確保勞動刑法之定位以及確立刑法解釋的機能。在定位勞動刑法的保護法益，必須先確立我國現行勞動刑法的功能為何？參考德國勞動刑法體系，德國勞動刑法保護的客體有：1.確保勞動保險制度運作；2.確保勞工財產權不被侵害；3.因勞務造成的身體傷害；4.弱勢勞工團的保障（如外籍勞工、婦女及青少年）。不論是上述何種類型，勞動刑法具有以保障勞工為中心的刑事法規。

第三，就勞動刑法之立法模式選擇有：單行法的立法模式（特別刑法）、散見各勞工行政法規之附屬刑法模式（我國現行法規範）或是在刑法典作特別規定（如納粹時代的勞動刑法草案）。我國未來應採取何種立法模式？本文認為，勞動刑法具有其內涵之多樣性，單行法或刑法典之立法模式，恐怕無法應付不斷產生新型態的勞動犯罪類型，現行附屬刑法之立法模式已屬適切。然而，我國現行勞動刑法，在規範內容不旦過時也未與時俱進，仍須重新思考、修正。

注 釋:

[1] 馬躍中，國立中正大學犯罪防治系助理教授，德國杜賓根大學法學博士。

[2] 「勞動刑法」在我國的研究屬鳳毛麟角，且文獻已超過二十年前，外國文獻的探討也以日本法為主。如吳坤山，勞動刑法基本原理概論，司法週刊，第 438-440 期，第三版，1989 年 10 月。

[3] Gercke / Kraft / Richter, Arbeitsstrafrecht, C. H. Beck Verlag München 2012, 1. Kap. Fn. 1

[4] 然而其真正的用意在於，國家制定有關工會之法律，應兼顧社會秩序及公共利益的前提下，使勞工團體享用團體交涉及爭議等權利。

[5] 參閱，楊通軒，集體爭議行為刑事責任及行政責任之研究，政大法學評論，第 117 期，2010 年 10 月，頁 111。

[6] 參閱南投地檢署偵結北山交流道弊案起訴三名被告【新聞稿】，網址：http://www.ntc.moj.gov.tw/ct.asp?xItem=226562&ctNode=20241&mp=017（查閱日期：2012 年 6 月 3 日）

[7] 吳坤山，勞動刑法基本原理概論。

[8] 吳坤山，勞動刑法基本原理概論。

[9] 楊通軒，個別勞工法－理論與實務，五南，2010 年 5 月，頁 12 以下。

[10] 引自南投地檢署前揭新聞稿。

[11] 參閱，環保工安記事，『環保資訊』月刊第 155 期，2011 年 3 月。

[12] 黃建銘，害死一個勞工，罰金新台幣二萬元！。

[13] 引自國道六號北山交流道倒塌案起訴書。

[14] 依行政院勞工委員會國道六號北山交流道新建工程工安意外有關安全檢查後續報導之回應與說明：對於本次工程勞動檢查機構已實施檢查 12 次還是發生災害部分，本標工程前經中區勞動檢查所審查通過其所提出之危險評估計畫，惟現場施工屬動態行為並事涉支撐架結構強度及事業單位是否按圖施作等多種因素，勞動檢查屬監督性質，檢查員檢查時僅能就檢查當時狀況實施檢查並要求改善，施工過程之安全維護依法令規定應由雇主負責，針對本次災害責任之追究，檢查所將根據災害發生原因，除追究罹災者雇主之責任外，對於主承包商及監造單位也將追究其依法令或合約應負之責任，如有業務過失將一併移送司法機關偵辦。然而主承包商仍無法依勞工衛生安全法追訴處罰。

[15] 黃建銘，害死一個勞工，罰金新台幣二萬元！。

[16] 如荷蘭、丹麥、芬蘭、瑞典及法國即有處罰法人的規定，參閱林志潔，公司犯罪防制之省思與展望，刊：刑事政策與犯罪研究論文集 (11)，2003 年，144 頁以下；vgl. Zieschang, Frank: Die strafrechtliche Verantwortlichkeit juristischer Personen im französichen Recht-Modellcharakter für Deutschland?, ZStW 115, S. 117-130.

[17] 國內多數學者不認為法人在刑法上為適格的行為人：林山田，刑法通論(上)，增訂十版，2008 年 10 月，177 頁以下；黃榮堅，基礎刑法學（上），增訂四版，2012 年 3 月，119 頁；林東茂 (2008，刑法綜覽，增訂六版，2009 年 9 月，1-90 頁；李聖傑，洗錢罪在刑法上的思考，月旦法學雜誌，115 期，2004 年 12 月，53 頁以下。

[18] 如洗錢防制法第十一條第四項。

[19] 如廢棄物清理法第 47 條、銀行法第 127 條之 4 及 125 條第 3 項、公平交易法第 35 條第 2 項。

[20] 林山田，前揭書，142 頁。

[21] 施啟揚，民法總則，三民出版，2007 年 6 月，160—161 頁。

[22] 吳景芳，行政犯之研究，刑事法雜誌，1984 年 6 月，第 28 卷第 3 期，117 頁。

[23] 陳樸生，法人刑事責任與我國立法之趨向，刑事法雜誌，第 21 卷第 2 期，1977 年 4 月 7 頁。

[24] 單麗玟譯，Bernd schunmemann (2006)，過失犯在現代工業社會的捉襟見肘，收錄於許乃曼教授刑事法論文選輯，新學林出版，519—520 頁。

[25] 賴朱隆譯，八木胖，行政刑法，法學叢刊，第 3 卷第 12 期，1958 年，106 頁。

[26] 吳景芳譯，板倉宏，企業體與刑事責任—企業組織體責任論之提倡，刑事法雜誌，第 24 卷第 1 期，1980 年 2 月，69 頁。

[27] 蔡墩銘，論法人之處罰規定，法學叢刊，第 7 卷第 3 期，1962 年 7 月，69 頁。

[28] 馬躍中、林泚醇，法人犯罪新趨勢（預計刊登：警學叢刊 205 期 2012 年 12 月刊載）。

[29] 參閱行政院勞工委員會檢查處新聞稿，網址：http://www.cla.gov.tw/cgi-bin/Message/MM_msg_control?mode=viewnews&ts=4ca5ac62:2055&theme=/.theme/pda（查閱日期：2012 年 6 月 5 日）

[30] 楊通軒，集體爭議行為刑事責任及行政責任之研究，頁 450。

[31] 就業服務法第 68 條：「違反第九條、第三十三條第一項、第四十一條、第四十三條、第五十六條、第五十七條第三款、第四款或第六十一條規定者，處新台幣三萬元以上十五萬元以下罰鍰。違反第五十七條第六款規定者，按被解雇或資遣之人數，每人處新台幣二萬元以上十萬元以下罰鍰。違反第四十三條規定之外國人，應即令其出國，不得再於中華民國境內工作。違反第四十三條規定或有第七十四條第一項、第二項規定情事之外國人，經限期令其出國，屆期不出國者，警察機關得強制出國，於未出國前，警察機關得收容之。」

[32] 勞動基準法第 5 條：「雇主不得以強暴、脅迫、拘禁或其他非法之方法，強制勞工從事勞動。」依同法第 75 條：「違反第五條規定者，處五年以下有期徒刑、拘役或科或並科新台幣七十五萬元以下罰金。」

[33] 楊通軒，集體爭議行為刑事責任及行政責任之研究，頁 456。

[34] 鄭津津，我國外籍勞工人權保障問題之研究，月旦法學雜誌，第 161 期，2008 年 10 月，頁 79。

[35] 刑法 302 條：「私行拘禁或以其他非法方法，剝奪人之行動自由者，處五年以下有期徒刑、拘役或三百元以下罰金。」

[36] 參照 88 年臺上 7091 號判決。

[37] 勞動基準法第 5 條：「勞工因健康或其他正當理由，不能接受正常工作時間以外之工作者，雇主不得強制其工作。」依同法第 77 條可處六個月以下有期徒刑、拘役或科或並科新台幣三十萬元以下罰金。

[38] 蔡尚宏，我國外籍勞工勞動人權之研究，國立中正大學碩士論文，2007 年，頁 126。

[39] 姜濤，問題與出路：對我國勞動刑法出場形態的慎思，西南政法大學學報，2010 年第 5 期，頁

[40] 參見《刑法修正案（六）》。

[41] 參見《刑法修正案（六）》。

[42] 參見《刑法修正案（六）》。

[43] 根據 2002 年 12 月 28 日《中華人民共和國刑法修正案（四）》增加。

[44] 《中華人民共和國刑法修正案（八）》已由中華人民共和國第十一屆全國人民代表大會常務委員會第十九次會議於 2011 年 2 月 25 日通過，現予公佈，自 2011 年 5 月 1 日起施行。

[45] 第 397 條：「國家機關工作人員濫用職權或者怠忽職守，致使公共財產、國家和人民利益遭受重大損失的，處三年以下有期徒刑或者拘役；情節特別嚴重的，處三年以上七年以下有期徒刑。本法另

有規定的，依照規定。」

[46]　姜濤，勞動刑法研究三題，《法學評論》2010 年第 3 期，武漢大學法學院，頁 34。

[47]　《中華人民共和國勞動法》已由中華人民共和國第八屆全國人民代表大會常務委員會第八次會議於 1994 年 7 月 5 日通過，現予公佈，自 1995 年 1 月 1 日起施行。

[48]　《中華人民共和國勞動合同法》已由中華人民共和國第十屆全國人民代表大會常務委員會第二十八次會議於 2007 年 6 月 29 日通過，現予公佈，自 2008 年 1 月 1 日起施行。

[49]　2008 年 6 月 25 日施行。

[50]　姜濤，勞動刑法：概念模型與立論基礎，《政治與法律》2008 年 10 期。

[51]　姜濤，勞動刑法研究三題，《法學評論》2010 年第 3 期，武漢大學法學院，頁 34。

[52]　第 270 條〔侵佔罪〕將代為保管的他人財物非法占為己有，數額較大，拒不退還的，處二年以下有期徒刑、拘役或者罰金；數額巨大或者有其他嚴重情節的，處二年以上五年以下有期徒刑，並處罰金。將他人的遺忘物或者埋藏物非法占為己有，數額較大，拒不交出的，依照前款的規定處罰。

[53]　姜濤，勞動刑法研究三題，《法學評論》2010 年第 3 期，武漢大學法學院，頁 29 以下。

[54]　Gercke / Kraft / Richter, Arbeitsstrafrecht, C. H. Beck Verlag München 2012, 1. Kap. Fn. 16.

[55]　中文文獻中有關德國勞動法之發展可參考，楊通軒，集體爭議行為刑事責任及行政責任之研究，頁 34-35。

[56]　Gercke / Kraft / Richter, a.a.O. 1. Kap. Fn. 17 ff.

[57]　Gercke / Kraft / Richter, a.a.O. 1. Kap. Fn. 20-21.

[58]　Tiedemann, Klaus, Wirtschaftsstrafrecht- Einführung und Allgemeiner Teil mit wichtigen Rechtstexten, Carl Hezmanns Verlag Berlin, 2004. Fn. 1. 德國經濟刑法大師 Tiedemann 在其巨著經濟刑法開宗明義即將勞動刑法納入經濟刑法的範疇。將勞動刑法納入經濟刑法的範疇已成為德國法上的通說，采同樣的看法如 Wittig, Wirtschaftsstrafrecht, C. H. Beck Verlag München 2010, § 34 Fn. 1; Gercke / Kraft / Richter, Arbeitsstrafrecht, C. H. Beck Verlag München 2012, 1. Kap. Fn. 1; Ingnor/Rixen, NStZ, 2002, 510, 511.

[59]　Wittig, a.a.O., § 34 Fn. 1.

[60]　Ingnor/Rixen, NStZ, 2002, 510, 511.

[61]　Wittig, a.a.O., § 34 Fn. 3.

[62]　§ 266 a I StGB : Wer als Arbeitgeber der Einzugsstelle Beiträge des Arbeitnehmers zur Sozialversicherung einschließlich der Arbeitsförderung, unabhängig davon, ob Arbeitsentgelt gezahlt wird, vorenthält, wird mit Freiheitsstrafe bis zu fünf Jahren oder mit Geldstrafe bestraft.

[63]　§ 266 a II StGB : Ebenso wird bestraft, wer als Arbeitgeber

1.der für den Einzug der Beiträge zuständigen Stelle über sozialversicherungsrechtlich erhebliche Tatsachen unrichtige oder unvollständige Angaben macht oder

2.die für den Einzug der Beiträge zuständige Stelle pflichtwidrig über sozialversicherungsrechtlich erhebliche Tatsachen in Unkenntnis lässtund dadurch dieser Stelle vom Arbeitgeber zu tragende Beiträge zur Sozialversicherung einschließlich der Arbeitsförderung, unabhängig davon, ob Arbeitsentgelt gezahlt wird, vorenthält.

[64]　aus grobem Eigennutz in großem Ausmaß Beiträge vorenthält.

[65]　unter Verwendung nachgemachter oder verfälschter Belege fortgesetzt Beiträge vorenthält.

[66]　die Mithilfe eines Amtsträgers ausnutzt, der seine Befugnisse oder seine Stellung missbraucht.

[67]　Vgl. Fischer, Strafgesetzbuch und Nebengesetze, 58. Auflage, Verlag C. H. Beck München 2011, § 266 a Fn. 2.

[68]　Vgl. Fischer, a.a.O., § 291 Fn. 2.

[69]　§ 233 I StGB: Wer eine andere Person unter Ausnutzung einer Zwangslage oder der Hilflosigkeit, die mit　ihrem Aufenthalt in einem fremden Land verbunden ist, in Sklaverei, Leibeigenschaft oder Schuldknechtschaft oder zur Aufnahme oder

Fortsetzung einer Beschäftigung bei ihm oder einem Dritten zu Arbeitsbedingungen, die in einem auffälligen Missverhältnis zu den Arbeitsbedingungen anderer Arbeitnehmerinnen oder Arbeitnehmer stehen, welche die gleiche oder eine vergleichbare Tätigkeit ausüben, bringt, wird mit Freiheitsstrafe von sechs Monaten bis zu zehn Jahren bestraft. Ebenso wird bestraft, wer eine Person unter einundzwanzig Jahren in Sklaverei, Leibeigenschaft oder Schuldknechtschaft oder zur Aufnahme oder Fortsetzung einer in Satz 1 bezeichneten Beschäftigung bringt.

[70]   Vgl. Fischer, a.a.O., § 233 Fn. 2.

[71]   Vgl. Rengier, Strafrecht BT, § 14 Rn. 98 m. w. N.

[72]   § 1 SchwarzArbG: Zweck des Gesetzes ist die Intensivierung der Bekämpfung der Schwarzarbeit.

[73]   § 10 I SchwarzArbG: Beschäftigung von Ausländern ohne Genehmigung oder ohne Aufenthaltstitel und zu ungünstigen Arbeitsbedingungen.

[74]   詹火生、林昭禎，積極建構派遣勞動安全網 · 國家政策研究基金會，網址：http://www.npf.org.tw/post/3/6664（查閱日期：2012 年 6 月 3 日）。

[75]   § 15 AüB: Ausländische Leiharbeitnehmer ohne Genehmigung

[76]   § 15 a AüB: Entleih von Ausländern ohne Genehmigung

[77]   Hierzu Brüssow/Petri, Arbeitsstrafrecht, Strafverteidigerpraxis Bd. 10,. Beck-Verlag, 2008, Rn. 250 ff.; Greeve, Gina, Arbeitsstrafrecht, in: Volk, Münchener Anwaltshandbuch - Verteidigung in Wirtschafts- und Steuerstrafsachen, C.H. Beck Verlag 2006, § 27 Rn. 134 ff.

[78]   有關「刑法全球化」(Globalisierung des Strafrechts) 這個概念較少從經濟學以及國家行為方面討論，而是從社會學、法律哲學以及法律文化方面著手。主要原因在於刑法全球化的討論多是在國際刑法或國際法的領域，它較少牽涉到各國的法律文化，也就是說，因為刑法的全球化使得各國的實質內容規範不因全球化而受影響，卻使得傳統法益概念受到傷害。然而，由於日益加速的國際金融貿易，傳統刑法的觀點亦應隨之修正，因為經濟的發展亦伴隨著新型態的犯罪不斷形成，例如貪汙、補助金詐欺、洗錢、跨國性的逃稅、網路犯罪以及打黑工 (Schwarzarbeit) 等犯罪，經由跨國的市場不斷的從中獲取不法利益，尤其是跨國性的組織犯罪及國際恐怖組織，已嚴重威脅到國家安全以及法律安定。對於組織犯罪以及恐怖主義的挑戰，單一的內國刑法已經無法有效加以對抗，取而代之的是各國法律層面的國際或跨國的合作。更進一步的論述可參考馬躍中，兩岸洗錢刑法之比較研究－刑法全球化的思考，財產法暨經濟法，第 19 期，2009 年 9 月，頁 113 以下。

三、民事法治

臺灣不動產役權之變革與發展

吳光明[1]

一、概說

地役權歷史悠久，古羅馬時期即以法律明確對其加以規定。當時羅馬法稱其為役權，系市民法上之物權。而後將役權區分為人役權與不動產役權，其區分之標準，在於權利之基礎，亦即為特定物之利益而設者，為不動產役權；為特定人而設者，為人役權。例如某甲得為其「個人」利益，與土地所有人某乙設定在該地散步、捕魚、寫生、露營之權利[2]。

地役權與人役權各有不同之特徵，地役權在時間上具有永久性之權利，至於人役權則在內容上具有豐富之權利[3]。換言之，地役權必屬於需役地之所有人，一旦與土地所有權分離，即變成人役權。

由於人役權系為特定人之便利而設定之權利，在德國，人役權還包括長期居住權或稱長期使用權，其規定於德國「住宅所有權及長期居住權法」，其中規定「長期居住權」（Daurwohnrecht）[4]。

不動產役權又可區別為建築物役權及地役權，建築物役權系為建築物之利益而設定，地役權則系為特定土地之利益而設定。

一般繼受羅馬法之各國，多承認地役權與人役權並存。但長久以來，日本與臺灣則僅承認地役權。蓋臺灣物權法于制定時，考慮自古無人役之習慣，且人役權內容過於豐富，有礙基於物權法定主義對於舊物權之整理及防止其復辟之功能，並以有礙經濟之流通為理由，不採取人役之物權。至於設定地役權之目的，在於充分利用土地，發揮土地之效益，用所有權以外之一種從屬性物權，以彌補相鄰關係不能完成之功能。

臺灣新修正之民法物權編，對於地役權之規定已有如下重大之變革[5]：

（1）地役權改為不動產役權，以活絡不動產之利用，並將地役權擴大為不動產役權（民法第851條），故土地或建物均得為需役或供役。

（2）擴大役權之設定人：將役權設定人由原條文之所有人擴及至使用不動產之人（民法第859條之3）。

（3）增設自己不動產役權之規定（民法第859條之4）。

基此，本章首先擬探討不動產役權之概念與特徵，包括舊地役權之概念、舊地役權定義之重建、不動產役權之特徵；其次，擬探討不動產役權之種類，包括根據不動產役權之行使內容區分、根據不動產役權之行使方法區分、根據不動產役權之行使狀態欄分；再次，擬探討新法中數不動產役權之競合、不動產役權發生上之從屬性與取得問題、時效取得不動產役權問題。此外，擬探討不動產役權移轉上之從屬性，包括不動產役權消滅從屬性之明文化、不動產役權從屬性之緩和、不動產役權之效力與消滅。最後，提出檢討與建議，以供參考。

二、不動產役權之變革

（一）舊民法地役權之概念

按有些土地因客觀條件之限制，影響該土地之利用價值，由此產生之不利益，其救濟方式有二種，即地役權與相鄰關係。地役權系以協定方式而設立；相鄰關係則系出於法律之強制性規定。

1.地役權之概念

在臺灣，舊民法第851條規定：「稱地役權者，謂以他人土地供自己土地便宜之用之權。」則地役權系為需役地而存在之物權，其設定須有供役地與需役地，為需役地之利益而就供役地有所要求，而以供役地之土地供便宜之用為內容。

所謂便宜指方便利益或便利相宜，例如：設定通行地役權使需役地得於供役地上開設道路作通行之用，以提升需役地之整體價值。此一提供便宜之用，供役地所有權應容忍需役地所有權能之擴張，其內容可分為積極之地役權或消極之地役權；在積極地役權，供役地所有權人負有容忍地役權人為一定行為之義務[6]；在消極地役權，供役地所有人負有不為一定行為之義務。此一土地間供需關係之存在，使地役權不因需役地或供役地之所有權人之移轉而生變動。

就臺灣民法之規定觀之，地役權所稱之「地」，系指土地而言，惟臺灣民法既將土地及其定著物視為兩筆獨立之不動產，則考慮定著物亦可能有設定前述役權之需求，仍應有建築物役權存在之必要性，使土地與土地、建築物與土地，及建築物與建築物間，有前述之供需關係而有必要時，得設定役權[7]。

2.相鄰關係之概念

相鄰關係是本著鄰居之間團結互助、公平合理之精神，對於不動產相鄰各方之權利衝突，要求相鄰各方對於他人行使權利加以容忍，而對於自己行使之權利加以限制，所形成之法律關係[8]。

在相鄰關係，為法律上當然發生之利用調節，可以為所有權本身之範圍。而此種對不動產相鄰關係最小限度之調節，僅能滿足土地所有權人為自己土地之使用而利用鄰人土地之最低限度之需要。換言之，如超過相鄰關係需要範圍時，僅能以約定方式設定地役權，以滿足此種需要。

3.小結

儘管相鄰關係與地役權同為調整相鄰不動產之物權制度，但兩者畢竟是性質不同之兩種權利，在調節不動產間之關係上之地位、作用，仍不能夠相互替代、包含。

（二）舊民法地役權定義之重建

舊民法第851條所規定之「舊地役權」，系指存在於「他人」土地上之物權，亦即供役地以及需役地必須異其所有權人，並且將標的局限於土地，而未包括自己地役權以及社區地役權之情形。

然現今社會大廈林立，他人建築物不無妨礙他人建築物使用之可能，故倘如同2000年修正公佈條文所規定，亦即僅僅將需役地之客體擴張為不動產，而屬供役地之客體仍僅局限於土地，不免漠視社會之現狀。因此，新條文有檢驗舊地役權之定義之必要。

（三）不動產役權之特徵

依上開舊條文第851條意旨，供役地以及需役地必須異其所有權人。但由於地役權之功能，在於協調不動產間之利用，故學者認為，同一所有權人如就其所有之數不動產間之利用關係，希冀先作一定之有效利用與規劃，實不妨肯認其得以先就其所有之數不動產間設定地役權。蓋借著對於不動產之事前規劃，一方面可創造整體之最大效益，另一方面，較少了嗣後大量交易成本，絕非「全無實益」[9]。

1.不動產役權之條文內容

新修正民法物權編擴大舊地役權之適用，將第5章地役權章名修改為「不動產役權」，而於新修正民法第851條規定：「稱不動產役權者，謂以他人不動產供自己不動產通行、汲水、採光、眺望、電信或其他以特定便宜之用為目的之權」，其他相關條文一併配合調整之。

另於新修正民法第859條之3第1項規定：「基於以使用收益為目的之物權或租賃關係而使用需役不動產者，亦得就該不動產設定不動產役權。前項不動產役權，因以使用收益為目的之物權或租賃關係之消滅而消滅。」

2.不動產役權修訂理由

新民法物權之不動產役權修訂理由認為，地役權現行條文規定以供役地供需役地便宜之用為內容。惟隨社會之進步，不動產役權之內容變化多端，具有多樣性，現行規定僅限於土地之利用關係已難滿足實際需要。為發揮不動產役權之功能，促進土地及其定著物之利用價值，爰將「土地」修正為「不動產」。

又不動產役權系以他人之不動產承受一定負擔以提高自己不動產利用價值之物權，具有以有限成本實現提升不動產資源利用效率之重要社會功能，然因原規定「便宜」一詞過於抽象及概括，不僅致社會未能充分利用，且登記上又僅以「地役權」登記之，而無便宜之具體內容，無從發揮公示之目的，爰明文例示不動產役權之便宜類型，以利社會之運用，並便於地政機關為便宜具體內容之登記。又法文所稱「通行、汲水」系積極不動產役權便宜類型之例示，凡不動產役權人得於供役不動產為一定行為者，均屬之；至「採光、眺望」則為消極不動產役權便宜類型之例示，凡供役不動產所有人對需役不動產負有一定不作為之義務，均屬之。至「其他以特定便宜之用為目的」，則除上述二種類型以外之其他類型，例如「電信」依其態樣可能是積極或消極，或二者兼具，均依其特定之目的定其便宜之具體內容。不動產役權便宜之具體內容屬不動產役權之核心部分，基於物權之公示原則以及為保護交易之安全，地政機關自應配合辦理登記，並予指明[10]。

3.設定不動產役權之主體

至於需役不動產須取得何種之權利，才可取得不動產役權問題，依現行民法明文規定取得「所有權」者得設定役權。新物權編及學者通說更認為取得「用益物權、租賃」者亦得取得之。

目前僅「所有權人」可以取得不動產役權情況下，所有權移轉時，原所有人喪失需役地之所有權，自不能繼續經由需役不動產享受對供役不動產之權利。相反言之，新所有人擁有需役不動產之所有權，當然亦取得從屬於需役不動產之役權。因此，自得認為「經由取得需役不動產之所有權而取得役權」、「不動產役權從屬於需役不動產所有權」。

新修正物權編依新民法第859條之3規定：「基於以使用收益為目的之物權或租賃關係而使用需役不動產者，亦得為該不動產設定不動產役權。（第1項）前項不動產役權，因以使用收益為目的之物權或租賃關係之消滅而消滅。（第2項）」，使「用益物權人、租賃人」亦得設定不動產役權。有學者認為，用益物權人、有租賃關係而使用需役不動產者，得為自己使用需役不動產之利益而設定不動產役權，且其設定無須得到土地所有權人之同意。由於此類之人並非需役不動產之所有人，僅為利用該不動產之人，但其利用該不動產之需求則為相同，而有不動產役權適用之必要，於性質不相抵觸之情形下，仍得准用一般不動產役權之規定（參閱新民法第859條之5規定）[11]。然而，本文認為，用益物權人、租賃權人所設定之不動產役權從屬於何者，將發生爭議。蓋就應從屬於「所有權」、「使用收益權」，抑或「需役不動產本身」，值得探討。

三、不動產役權之種類

在不動產役權之行使上，不動產役權按各種不同之標準，有以下之分類[12]：

（一）根據不動產役權之行使內容區分

1.積極不動產役權

積極地役權，是指不動產役權人得於供役不動產上為一定行為之不動產役權。積極不動產役權，又稱作為不動產役權，例如通行不動產役權、排水不動產役權。在積極不動產役權中，供役不動產所有人負有一定之容忍義務，亦即應容忍地役權人於供役不動產上為一定行為，而不得禁止、干涉之。

2.消極不動產役權

消極不動產役權，是指供役不動產所有人在供役不動產上不得為一定行為之不動產役權。消極不動產役權，又稱不作為不動產役權。在消極不動產役權中，供役不動產所有人並非單純地負容忍義務，而應負不作為義務。例如在供役不動產上不建築妨礙觀望之建築物、不在需役不動產附近栽植竹木等，此均屬消極不動產役權。

（二）根據不動產役權之行使方法區分

1.繼續不動產役權

繼續不動產役權，是指不動產役權之行使，無須每次有權利人之行為而能繼續行使之不動產役權。例如眺望不動產役權、築有通路之通行不動產役權、裝有水管之汲水不動產役權。

2.不繼續不動產役權

不繼續不動產役權，是指不動產役權之行使，每次須有不動產役權人之行為之不動產役權。此種不動產役權大都屬於沒有固定之設施，而須有不動產役權人每次之行為，才能行使不動產役權。例如每次須有不動產役權人汲水之汲水不動產役權、每次須有不動產役權人放牧之放牧不動產役權。

（三）根據不動產役權之行使狀態欄分

1.表見不動產役權

表見不動產役權，是指不動產役權之行使，有外部表見形態之不動產役權。此種不動產役權因有外形標準，而能自外部加以認識，故又稱表現不動產役權，例如地面通行不動產役權、地面汲水不動產役權。

不過應注意，通行地役權，即使有長年間使用他人土地之事實，以土地所有權人並無特別障礙而默認之為限[13]，由於好意給予通行之情況並不少見，故此情形不被認可有通行之權利。至於是否得時效取得不動產役權，以通行不動產役權之情況最多。此外，另有開設溝渠或安設地面水管之導水等不動產役權是。

2.非表見不動產役權

非表見不動產役權，乃行使不動產役權之型態無可依外型之標誌以顯示者。例如為成通路之通行、開設暗溝或安設地下水管之導水管等等[14]。此種不動產役權因無外形標準，而不能自外部加以認識，故又稱不表見不動產役權。

（四）新法增訂自己不動產役權

1.自己不動產役權之定義

依新修正民法第859條之4規定：「不動產役權亦得就自己之不動產設定之。」按現行供役不動產僅限於對他人土地設定之，若供役不動產為需役不動產所有人所有，所有人本得在自己所有之不動產間，自由用益，尚無設定不動產役權之必要，且有權利義務混同之問題，是自己地役權承認與否，學說上不無爭議。

　　然而，隨社會進步，不動產資源有效運用之型態，日新月異，為提高不動產之價值，就大範圍土地之利用，對各宗不動產，以設定自己不動產役權方式，預為規劃，即可節省嗣後不動產交易之成本，並維持不動產利用關係穩定。例如建築商開發社區時，通常日後對不動產相互利用必涉及多數人，為建立社區之特殊風貌，預先設計建築之風格，並完整規劃各項公共設施，此際，以設定自己不動產役權方式呈現，遂有重大實益。對於自己地役權，德國學說及實務見解亦予以承認。為符合社會脈動，使物盡其用，並活絡不動產役權之運用，爰增訂自己不動產役權之規定，以利適用[15]。

　　2. 自己不動產役權之爭議

　　是否承認自己不動產役權，學說上雖有爭議。但采肯定說之學者認為，可將自己役權與需役不動產用益權人設定役權相結合，其認為：「在通常情形，需役地與供役地，故多異其所有權人，但若土地所有權人有多筆土地，其中一筆或數筆，出典（或設定地上權、永佃權）於他人，其典權人如更有以出典人所有之土地，供自己有典權之土地便宜之用之需要，經雙方合意，設定地役權，似無不可之理，從而，就地役權重在此地供彼地便宜之用之點言之，凡得准用相鄰關係之地上權人、永佃權人、典權人，均得為地役權之主體，不以土地所有權人相異者為限，始得設定地役權。[16]」

　　然而，新物權編所承認者，不僅止於此種不動產役權人與供役地所有權人不同之不動產役權，亦承認不動產役權人與供役地所有權人同為一人之自己不動產役權。因此，為建立社區特殊風貌，實有必要預先設計建築之風格，並完整規劃各項公共設施[17]，此際，以設定自己不動產役權方式呈現，對於消費者之保護將有重大意義。

四、新法中數不動產役權之發展

（一）不動產役權之競合

1. 競合之發生

由於所有權人及用益物權人或租賃人均得為不動產役權人，故將來有下列問題待解決：

　　例如，某甲為需役地所有權人，某乙為地上權人。如某甲於設定不動產役權後，設定地上權給某乙，此時某乙得享用某甲之不動產役權。

　　(1) 問題之發生

　　然而，上述情形，將產生下列問題：

　　1）於同一供役地其後乙是否得以設定與甲之地役權性質不相容之不動產役權？

　　2）若甲未取得不動產役權，而是乙取得不動產役權，其後甲是否得於其後設定一個與乙之不動產役權不相容之不動產役權？

　　(2) 問題之種類

　　問題之癥結在於，究竟系採取「物之排他效力」，抑或採取「同意原則」二種，茲分述如下：

1）如貫徹物權之排他性，進而認為只要與已成立之不動產役權有干戈之處，即不使後不動產役權設定，亦即堅決維持「物之排他效力」。

2）或者，如認為此時只要經先成立之不動產用益物權人同意即可於其後設定不動產役權，甚至一律允許後成立之不動產役權設定。此時，後設定之不動產役權不得妨礙先成立之不動產役權，亦即先設定物權之優先效力不妨礙後設定之物權。因此，同一不動產上存在數不動產役權，其效力以物權之成立先後定之，抑或以真正使用收益該供役不動產者之不動產役權為優先，致存在於先之不動產役權處於睡眠狀態，此亦即不管設定先後順序為何，以真正使用、收益不動產之人之不動產役權為優先。

2. 競合之解決

(1) 用益物權排他性問題

關於用益物權排他性之問題[18]，依新民法物權編對於同一不動產上之區分地上權與其他用益物權之規範做參考。新增訂民法第841條之5規定：「同一土地有區分地上權與以使用收益為目的之物權同時存在者，其後設定物權之權利行使，不得妨害先設定之物權。」

該條修正說明為：「基於區分地上權系就土地分層立體使用之特質，自不宜用益物權之排他效力，是土地所有人於同一土地設定區分地上權後，宜許其再設定用益物權（包括區分地上權）。反之，亦然，以達土地充分利用之目的……」[19]，修正理由認為，區分地上權與普通用益物權或其他區分地上權間，只要依據先成立之用益物權有優先效力，而後設立之用益物權不妨害先設立之用益物權，即可層層堆疊，並不以物之排他性效力，邊以為無從設立後面之用益物權。

本條文為用益物權堆疊不妨礙原則之具體條文，如是規定之目的在於物盡其用，雖然看似違反物之排他效力，但仍值得嘉許。然而，雖然排他效力是基於物權之排他性，但「基於排他之效力」為抽象，並未顯示其具體效力。

蓋物權之排他效力是無內容之效力概念，換言之，排他效力通常被認為是物之優先效力及物上請求權。又由於追及效力為物上請求權之一個面相，結果將使作為物權一般效力之優先效力與物上請求權成為排他性之通則。因此，原則上得將物權之排他效力，解釋為物權優先效力及物上請求權，則無妨害原則與同意原則應為物之排他效力[20]內容之一部分，而非例外之規定，故用益物權得層層堆疊，但後設定之用益物權不得妨害先設定之用益物權，或經先設定之用益物權人同意後，後設定之用益物權得與先設定之用益物權權利重迭。

(2) 同一供役不動產成立數不動產役權問題

1）是否需經同意

由於不動產役權系一種非佔有性權益，在正常情況下，其並不包括排除他人佔有之權利或阻止他人亦享用該不動產之權利[21]。

因此，於同一供役不動產上是否得為同一需役不動產成立數不動產役權，以及後設定之不動產役權需經先設定不動產役權人同意，或者即使未獲同意亦得設定之，值得探討。

由新民法第841條之5之規定可知，在學說上排他性較地役權為強而存在於同一不動產上之用益物權與空間地上權間，新民法對於後用益物權之設定，尚以無妨礙原則規範之，而不採取須經先成立用益物權人同意之同意原則為設定條件，何況排他效力較低之不動產役權之設定，亦應以不妨礙原則，允許其設定，亦即同一供役不動產為某一需役不動產設定不動產役權後，在未經不動產役權人之同意下，亦得於其後為該需役不動產上之其他得設定不動產役權之人，設定不動產役權。

2）何者為優先

於同一供役不動產上為同一需役不動產設定之數不動產役權，其效力究以物之優先效力定之，抑或以真正使用、收益不動產之人之不動產役權為優先，亦值得研究。

如采前者，其效力究以物之優先效力定之，則與新民法第841條之5體例一致，且可貫徹物權之優先效力，較符合法律邏輯。

然而，如考慮不動產役權之行使，為物之使用、收益之人，且依據新民法第859條之3第2項之規定，使用、收益權人所設定之不動產役權，因以使用收益為目的之物權或租賃關係之消滅而消滅，將不影響所有權人於用益物權或租賃消滅後，行使其先成立之不動產役權。因此，不妨解釋為以真正使用收益該需役不動產者之不動產役權為優先，而存在於先之不動產役權處於睡眠狀態。

3）小結

於同一供役不動產上已有為某一需役不動產設定不動產役權，其後尚可為該不動產設定其他之不動產役權，即使兩者內容有干戈之處，亦系如此。然後設定之不動產役權不得妨礙先設定之不動產役權。

由於行使不動產役權者為需役不動產之使用、收益人，故以使用、收益人之不動產役權效力為優先，而存在於先之不動產役權如與使用、收益人之不動產役權內容有所干戈，雖然在理論上具優先效力，則仍處於睡眠狀態。待至使用、收益人之不動產隨使用、收益權共同消滅時，即可蘇醒。因此，後設定之不動產役權實則未妨害先設定之不動產役權[22]。

在新民法第859條之3規範下，理論上亦有可能產生某甲為所有權人、某乙為典權人、某丙為轉典權人、某丁為向某丙承租該不動產之人，如此複雜情形，如掌握上述規則，則問題應可迎刃而解。

然而，新民法第851條之1規定：「同一不動產上有不動產役權與以使用收益為目的之物權同時存在者，其後設定物權之權利行使，不得妨害先設定之物權。」則使數不動產役權間之優劣關係，均以設定先後定其效力，其修正說明認為，不動產役權多不具獨佔性，宜不拘泥於用益物權之排他效力，俾使物盡其用，爰增訂本條。准此，不動產所有人於其不動產先設定不動產役權後，無須得其同意，得再設定用益物權（包括不動產役權），反之，亦然。此際，同一不動產上用益物權與不動產役權同時存在，自應依設定時間之先後，定其優先效力，亦即後設定之不動產役權或其他用益物權不得妨害先設定之其他用益物權或不動產役權之權利行使。又不動產役權（或用益物權）若系獲得先存在之用益物權（或不動產役權）人之同意而設定者，後設定之不動產役權（或用益物權）則得優先于先物權行使權利，蓋先物權既已同意後物權之設定，先物權應因此而受限制。再所謂同一不動產，乃指同一範圍內之不動產，要屬當然[23]。

此外，更應注意到，有些不動產役權可以具排他性，亦可以不具排他性，不同之不動產役權間之排他程度差異很大。此種排他程度，取決於排他之物件與排他之內容。例如某甲擁有在一條道路上行車之不動產役權，但其不能排除任何人使用該條道路。

（二）不動產役權之從屬性

1. 發生上之從屬性

為配合新法將「地」役權修正為「不動產」役權，故不動產役權之從屬性如下：

（1）不動產役權從屬於需役不動產而存在

不動產役權乃為需役不動產之利益而設，以限制供役不動產所有權之物權。在新法將「地」役權修正為「不動產」役權之前，學者認為，民法為調節相鄰土地間之利用，設相鄰關係之規定。地役權之作用，與此相同。然在相鄰關係，為法律上當然發生之利用調節，可認為所有權本身之範圍，而在地役權，則系超過此法律所規定最小限度之調節，依當事人之意思，為較大之調節，而有由外部從屬於所有權之物權之性質[24]。足見不動產役權從屬於需役不動產而存在，如需役不動產不存在，則不動產役權即無所附麗，無從存在。

其實，無論相鄰關係被解釋為所有權之擴張或法定不動產役權，其亦與不動產役權相同，從屬於不動產所有權，亦有從屬性之適用。

（2）舊、新民法物權對役權之規定

茲從舊、新民法物權規定之不同，說明如下：

1）舊民法物權

舊民法物權僅所有權人得設定地役權。由於地役權「乃為需役地之利益而設，以限制供役地所有權之物權。」故地役權應該從屬於需役地本身。

然而將產生下列問題：

a.在法律上，不動產役權只是一個物權，由於人始得為權利主體，而物（需役地）不得為權利主體。

b.在實際上，對於需役不動產本身而言，根本沒有所謂利用或不利用其他不動產之問題，不動產役權本質上是人類於他人不動產之利用。不動產役權無法從屬於需役不動產本身。

因此，吾人利用人類對於需役不動產最大之支配力，亦即所有權，使人類借著對於需役不動產之所有權[25]，代表需役不動產取得對於供役不動產之權利。在此種情況下，不動產役權從屬於需役不動產之所有權。換言之，不能僅讓與需役不動產而自己保留不動產役權，亦即不能將需役不動產及不動產役權兩者分別而為讓與，更不能僅讓與不動產役權而自己保留需役不動產。

從另一方面言之，此所謂「需役不動產」在新民法下，指「需役不動產所有權」（權利）而非「需役不動產本身」（標的）。不動產役權設定時，權利人是需役不動產之所有人，所有人得「代表」需役不動產取得不動產役權，而不動產役權就存在於需役不動產之所有權上。

2）新法與不動產役權發生上之從屬性

新民法物權編擴大地役權之適用，將第五章地役權章名修改為不動產役權，並於新民法第851條規定：「稱不動產役權者，謂以他人不動產供自己不動產通行、汲水、採光、眺望、電信或其他以特定便宜之用為目的之權。」又於第859條之3第1項規定：「基於以使用收益為目的之物權或租賃關係而使用需役不動產者，亦得為該不動產設定不動產役權。前項不動產役權，因以使用收益為目的之物權或租賃關係之消滅而消滅。」

因此，將來除所有權人外，用益物權人及物權化租賃之承租人均得為不動產役權人。在不動產役權人為需役不動產之用益物權人或物權化租賃之承租人時，該等不動產役權到底從屬於何者，可能有不同見解，茲分述如下：

a.從屬於土地所有權

此說認為，不動產役權從屬於土地所有權，系以第三人利益契約解釋之[26]。

b.從屬於不動產之使用、收益權能

此說認為，不動產役權從屬於不動產之使用、收益權能。

c.小結

如不動產役權設定人為需役地之地上權人，采第一說則不動產役權人為「需役地所有人」；采第二說則為「地上權人」。至於如該地上權消滅，采第一說該地役權則不消滅；采第二說可能有以下二情況產生：

（a）不動產役權亦同消滅

不動產役權從屬於地上權，故不動產役權亦同消滅[27]。亦有學者認為，地役權究為從權利，其在地上權人、永佃權人或典權人為利用土地之必要在他人土地上取得地役權，或於不妨礙自己土地利用之限度內，就其權利標的之土地向他人設定地役權者，如此等權利消滅，則地役權隨之消滅，自不待言[28]。

（b）不動產役權並非消滅

所有權基於彈力原則，不動產役權並非消滅，而為所有權涵蓋，故地役權遂從屬於所有權。

蓋新民法強調使用收益權人得在「使用收益權存續範圍內」設定不動產役權，故如非不動產役權從屬於土地所有權，則將使其從屬於該使用權能，此系基於所有權彈力原則之適用，否則不動產役權旋即隨使用權能消滅而消滅，即不須有新民法第859條之3第2項「前項不動產役權，因以使用收益為目的之物權或租賃關係之消滅而消滅」之規定。

雖有學者認為，不動產役權如從屬於不動產之使用權能，則有呈現人役權之色彩[29]。然而，不動產役權之所以有從屬性，是為與人役權做區別，不動產役權須「供需役不動產便宜之用」，而在需役不動產上擁有完全物權之所有權人當然可以成為不動產役權人，實乃不動產非權利主體，不經由人類則無法對他不動產取得權利，所有權人可以「代表」需役地不動產得地役權。

至於依據物權或債權使用需役地之人，在新民法物權編之架構下，為「需役不動產便宜之用」亦得成為不動產役權人，換言之，新民法將得「代表」需役不動產取得不動產役權之人，擴及至「不動產使用收益權人」。然而，不動產役權應該存在「不動產」上，這或許就是學者為何以第三人利益契約解釋使用收益權人所設定的不動產役權[30]。

因此，為此種不動產役權之設定，應不具人役權之色彩。況且，此種用益物權人或承租人設定之不動產役權，雖然隨其用益物權共同消滅。然而，原則上不因為用益物權移轉而消滅，故應非人役權。故另有學者更指出，惟此等用益權人得為自己設定地役權，仍系以其有需役不動產存在為前提，故不能因此謂我國民法已承認人役權[31]。

2.不動產役權之取得

在不動產役權發生之從屬性部分，不動產役權設定時，其設定人須為所有權人或現行民法第859條之3之使用權人。而不動產役權則依設定者之不同，從屬於所有權或使用、收益權。

不動產役權之取得可分為：1.基於法律行為取得；2.基於法律行為以外原因取得，以下僅就基於法律行為取得不動產役權，探討需役不動產及供役不動產之狀態。

(1) 設定契約

就民法規定之地役權，通常依需役地所有人與供役地所有人間之設定契約而成立。然亦得依供役地所有人之捐助行為或遺囑而為成立。因此，以法律行為設定地役權，地役權人為需役地所有人，設定之他方當事人為供役地所有人，殊無問題。

在新民法將地役權擴大為不動產役權情況下，由於不動產役權從屬於需役不動產之使用權能，故基於法律行為取得不動產役權時，不動產役權人須對需役地土地有合法之使用權能。

不動產物權之變動要件，一為基於買賣、互易、贈與等債權行為之債權書面契約；一為依據新民法第758條第2項之物權變動書面契約。

除上述兩種契約外，尚須依據民法第758條登記後，始生效力。訂立債權契約及物權契約時，預定成為不動產役權之人，無須對於該需役不動產有使用權能。蓋物權行為為處分行為，在無權處分之情況下，民法第118條規定，僅效力未定，而非該物權行為不生效力，在相對人無受領權[32]之情況下，似亦非不生效力。但遲至為不動產物權登記時，則須有該項權能。

(2) 不動產役權人可能發生之情況

1）供役不動產為土地，需役不動產亦為土地

如供役不動產為土地，需役不動產亦為土地時，不動產役權人為需役土地之使用權人，設定相對人為供役地所有權人。

2）供役不動產為土地，需役不動產為建物

如供役不動產為土地，需役不動產為建物時，又以下有四種情形：

a.需役之建物為經登記之合法建物，則凡有使用權能之人，均得為不動產役權人。

b.需役之建物未經登記，則得以補辦登記外，不得為不動產役權人。

c.建物之使用權人，應包括所有人及基於債之關係使用該不動產之人，不合法之建物無用益物權之存在。如兼為基地之使用權人，則以基地為需役不動產，設定不動產役權。

d.但如違建之使用人對於基地無使用權，則該使用人無法以需役之不動產或土地設定不動產役權。

3）供役不動產為建物、需役不動產為土地

如供役不動產為建物，需役不動產為土地時，又以下有三種情形：

a.供役之建物為經合法登記之建物，則需役土地之使用權人得以供役建物之所有人為相對人，設定不動產役權。

b.供役之建物未經登記之不動產，則除補辦登記外，理論上又將有以下二種情形：

（a）該不動產之所有權與其基地之所有權為同一人所有，則需役土地之使用權人得以取得供役建物基地之役權方式，以替代之。

（b）該不動產之所有權與基地之所有人非同一人，則擇一為之。

3.基於時效取得不動產役權

(1) 取得方式

時效取得不動產役權，尚須排除因鄰人之好意而容忍之使用，如使之得以時效取得地役權，則供役地所有人或使用人，將提高警覺而不肯與鄰人以好意上之便利，反而使其與鄰人之交誼發生裂痕，故乃有所謂「依許可之地役權之行使不為權利」之諺語[33]。

不動產役權雖可因時效而取得，惟依民法第772條及第769條、第770條規定，僅能依土地法規定程序，向該管縣市地政機關申請登記為不動產役權人。此項申請登記，依土地登記規則第27條第15款規定，得由主張時效取得之人單獨為之，故主張時效取得不動產役權之人自無訴請確認登記請求權存在之利益[34]。

(2) 要件

在依時效取得不動產役權者，自依時效進行期間所行使之方法定之。不動產役權人之行使權利既有其一定之範圍，自不得逾越其範圍而使用他人之不動產。例如原為人畜之通行役權，不得加寬其道路而為車輛之通行；原為家庭用水之役權，不得增加其數量而為農田之用水是。

在供役不動產為土地情形下，不動產役權，性質上僅為限制他人不動產所有權之作用，而存在於他人所有不動產上，故有繼續並表見利用他人不動產之情形，即可因時效而取得不動產役權，並不以他人所有未經登記之不動產為限[35]。

在供役不動產為建物情形下，則該建物應以領有使用建造之合於法律之建物為限，始得為不動產役權設定登記。土地登記規則[36]第11條規定：「未經登記所有權之土地，除法律或本規則另有規定外，不得為他項權利登記或限制登記。」而時效取得不動產役權即為法律另有規定情形之一。未經登記所有權之建物，亦不得為他項權利之登記，土地法第38條及土地登記規則第8條亦有類似之明文規定。但為杜絕違章建築，建築法第73條前段規定：「建築物非經領得使用執照，不准接水、接電及使用。」

(3) 實務見解

實務上認為，不動產役權系屬財產權之一種，其取得時效自依民法第772條規定，定取得時效之期間[37]。

311

然而，該解釋系於1931年作出，是否仍有其意義，不無疑問。實際上地役權之時效取得以行使地役權之意思於他人土地、便宜於自己之土地利用為要件，故難有新民法第770條「佔有之始為善意並無過失」之情形，地役權難以短期時效取得之。蓋如果承認自己地役權，需役地之所有權人一直誤以為供役地為自己所有，在這種情況下，應以「行使所有權之意思」使用供役地，尚難舉證其以行使自己地役權之意思為之。

又實務上認為，按繼續並表見之地役權，依民法第852條規定，固得因時效而取得。惟新民法第772條規定，所有權以外財產權之時效取得，准用新民法第769條至第771條規定。故主張時效取得第一要件須為以行使地役權之意思而佔有，若依其所由發生之事實之性質，無行使地役權之意思者，非有變更為以行使地役權之意思而佔有之情事，其取得時效，不能開始進行[38]。

因此，以須符合新民法第769條以取得不動產役權之意思20年間和平公然繼續佔有他人之不動產之要件，其中以行使不動產役權之意思，指「由權利之性質客觀判斷有不動產役權人之意思」。此外，時效取得不動產役權尚須依修正前民法第852條規定：「地役權以繼續並表見者為限，因時效而取得。」修正前民法時效取得物權之要件，動產須公然、和平、繼續佔有三要件，而不動產僅有和平、繼續佔有兩要件[39]。

(4) 新民法之規定

現行新民法第852條第1項改為規定：「不動產役權因時效而取得者，以繼續並表見者為限。」第2項規定為：「前項情形，需役不動產為共有者，共有人中一人之行為，或對於共有人中一人之行為，為他共有人之利益，亦生效力。」第3項規定為：「向行使不動產役權取得時效之各共有人為中斷時效之行為者，對全體共有人發生效力。」

新民法第852條立法理由為，需役不動產為共有者，可否因時效而取得不動產役權？再者，如數人共有需役不動產，其中部分需役不動產所有人終止通行，其餘需役不動產所有人是否因此而受影響？現行法尚無明文規定，易滋疑義。鑒於共有人間利害攸關，權利與共，爰仿日本民法第284條規定，增訂第2項，明定「共有人中一人之行為，或對於共有人中一人之行為，為他共有人之利益，亦生效力」。又本項中之「行為」系包括「作為」及「不作為」，亦屬當然。此外，為對供役不動產所有人之衡平保護，如部分需役不動產共有人因行使不動產役權時效取得進行中者，則供役不動產所有人為時效中斷之行為時，僅需對行使不動產役權時效取得進行中之各共有人為之，不需擴及未行使之其他共有人，即對全體共有人發生效力；准此，中斷時效若非對行使不動產役權時效取得之共有人為之，自不能對他共有人發生效力，爰參照前開日本民法第284條第2項規定，增訂第3項[40]。

4.移轉上之從屬性

(1) 不得與需役不動產分離而獨立存在

不動產役權是使需役不動產利用價值提高之權利，故不得與需役不動產分離而獨立存在。不動產役權隨需役不動產所有權移轉而為移轉，不能與需役不動產分離而存在。例如，因買賣而取得需役不動產所有權，則當然取得不動產役權。此時，不動產役權雖未移轉登記，但買受人於需役不動產所有權登記完成時即取得不動產役權，而有民法第759條規定之適用。

然而，在地租方面，由於不動產役權不以支付地租為要件，與地上權同，其有支付使用費者，由於使用費雖然為法律所不禁止，亦為法律所不明認，故關於支付使用費之約定，僅能發生單純之債務關係，非構成不動產役權內容之一部分。縱使已經登記，對於不動產役權之受讓人，不生效力，亦不應認為物上負擔，故不動產役權有移轉時，其地租不應認為當然隨之移轉[41]。

(2) 不動產役權不得由需役不動產分離而為讓與

不動產役權為附隨於需役不動產之權利，故需役不動產所有人將該不動產讓與他人，縱未言及不動產役權是否移轉，而其不動產役權亦當然隨同需役不動產移轉於受讓人[42]。

原則上，不可由需役不動產分離而為讓與，應包括下列四種情況：

1）需役不動產所有人不得將其需役之不動產所有權讓與他人，而自己保留其不動產役權。其讓與為無效受讓人不能取得不動產。

2）需役不動產所有人，不得以不動產役權讓與他人，而自己保留其不動產所有權。受讓需役不動產所有權之人，隨同取得不動產役權，讓與人之保留不動產役權為無效。

3）需役不動產所有人不得以土地所有權及不動產役權兩者分別讓與他人，受讓需役不動產所有權之人，隨同取得不動產役權，而僅受讓不動產役權之受讓人，亦不因之而取得不動產役權。

4）不動產役權為存於需役不動產上之標的物。

因此，依新民法第859條之3所成立之不動產役權，由於權利從屬於該條的使用收益權，故上述解釋應變更為：

a.不動產役權人不得將其對於需役不動產之權利讓與他人，而自己保留不動產役權。

b.不動產役權人，不得將其不動產役權讓與他人，而保留自己對於需役不動產之權利，據以設立不動產役權的所有權、用益物權或租賃。

c.不動產役權人不得以不動產權利，而據以設立不動產役權之所有權、用益物權或租賃，以及不動產役權兩者分別讓與他人。

d.不動產役權為存於需役不動產上權利之標的物。

又有學者認為，需役不動產所有人於其需役之土地設定其他權利，如地上權、永佃權，則地役權亦必隨之而為其權利之標的[43]。然而，此時仍只有需役不動產所有權人為不動產役權人，其上之用益物權人及承租人、使用借貸之人僅由於不動產役權之特質，故亦得為便宜之使用，並無從成為不動產役權之權利人，此為當然之道理。

(3) 不動產役權不得由需役不動產分離而為其他權利之標的物

例如不動產役權人不得僅以不動產役權供擔保或僅以不動產役權出租於他人。如認可不動產役權人得將其不動產役權單獨地提供作為擔保，則因拍賣不動產役權而取得役權者，該不動產役權成為人役權，蓋其對於需役不動產無所有權或其他得以設定不動產役權之權利。不動產役權人亦不得僅以其不動產役權出租與他人，道理亦同。

(4) 不動產役權消滅從屬性之明文化

不動產役權於需役不動產滅失或不堪使用時，由於不動產役權從屬於需役不動產，故不動產役權因需役不動產之客觀滅失而消滅。但如僅一部分之滅失，則不當然發生不動產役權消滅之結果，而應以殘餘之不動產，是否使不動產役權行使為不能以為斷。

然而，此時是否仍須依民法第859條向法院聲請宣告不動產役權消滅，學說上有不同意見，為避免爭議，新民法第859條第2項規定：「不動產役權因需役不動產滅失或不堪使用而消滅。」使不動產役權當然消滅，毋待法院為形成判決之宣告，足見新民法第859條第2項即為不動產役權消滅從屬性之明文化。

而本條之滅失系指客觀滅失而言，如所有權僅主觀滅失，則不動產役權隨著所有權之移轉而移轉於新的所有人，此為不動產役權移轉從屬性，而並非消滅從屬性的問題。

此外，由於用益物權人與承租人設定之不動產役權，從屬於該用益物權或租賃，而依據新民法第859條之3第2項規定，因以使用收益為目的之物權或租賃關係之消滅而消滅。此亦可能被解釋為不動產役權消滅上之從屬性。

(5) 不動產役權從屬性之緩和

依據舊民法，地役權僅可從屬於土地之所有權，然依據新民法，不動產役權除從屬於需役不動產之所有權外，如由需役不動產之用益物權人或具物權化租賃之承租人設定者，尚得從屬於該用益物權或租賃權。

蓋不動產役權為定限物權，其作用不如所有權完全，故禁止讓與或禁止當事人以外之人行使其權利，不但無傷其本質之虞，且亦不妨害公共秩序，故法律就當事人之意思定其效力。

雖然依據不動產役權之從屬性，不動產所有權移轉或據以設定不動產役權之用益物權或租賃移轉，則不動產役權從屬於該等權利而隨同移轉，但是當事人以特約約定，需役不動產之所有權或據以設定不動產役權之用益物權或租賃如移轉于他人時，不動產役權即消滅，此約定，並非無效。

蓋不動產役權既得以法律行為設定，如當事人附以消滅之特約時，即等於定有期限，自應有效，此時該不動產役權自不得移轉。惟此特約，須經登記，始得為不動產役權之內容，否則不得以之對抗第三人[44]。

又雖然依據不動產役權之從屬性，如不動產役權人為需役不動產所有人時，如需役不動產所有人於設定不動產役權後，將其不動產設定用益物權、租賃，則由於用益物權為自該所有權分化者，而承租人則以債權之方式對於該需役不動產為使用收益。

因此，用益物權人及承租人得以繼續享受需役地之不動產役權。此外，如不動產役權設定當事人以特約約定，不動產役權禁止為需役不動產所有權以外之他權利之標的，則存於需役不動產上之他權利，不能行使其不動產役權。換言之，不動產役權設定後，於需役不動產取得使用收益權之人不得享受該不動產役權也。較有問題的是，當事人特約約定之「他權利」是否得以包括租賃？本文認為，應視該租賃是否為得以設定不動產役權之租賃權為判斷標準。至於何種租賃權得據以設定不動產役權，應限於有所有權移轉不破租賃之物權化租賃始可為之。

五、不動產役權之效力與消滅

（一）不動產役權之效力

1.不動產役權人之權利

(1) 不動產役權人享有供役不動產使用權

依新民法第851條規定，不動產役權者系以他人不動產供自己不動產便宜之用之權，則不動產役權人於其目的範圍內，自得使用供役不動產。目的範圍依不動產役權發生之原因而定。不動產役權為限定物權，有限制供役不動產所有權作用之效力。因此，不動產役權人在其目的範圍內，有優先供役地所有人使用不動產之權利。

(2) 不動產役權人享有必要行為權

新民法第854條規定，不動產役權人為遂行其權利之目的，於行使其不動產役權或維持其不動產役權起見，有另須為必要行為之時，學者有稱此必要行為為「附隨不動產役權」，並認為其與「主不動產役權」同其命運。故此必要行為非指行使不動產役權之行為，乃行使不動產役權以外之另一概念，如有築路必要之通行權，築路為必要行為；汲水不動產役權，埋設涵管或通行為必要行為，均其適例。因此，為期立法之明確，並杜爭端，新民法爰於第854條前段之「必要行為」上，修正增加「附隨」二字[45]，而為「必要之附隨行為」。

又不動產役權人使用供役不動產，多不具獨佔性，不但可設定內容不相排斥之數個不動產役權，亦可設定其他以供役不動產為標的之物權，例如地上權、農用權、典權等。故不動產役權人為附隨之必要行為時，除須顧及供役地所有人之利益外，亦須兼顧其他以供役不動產為標的之物權人之權益，選擇對其損害最少之處所及方法為之，新民法第854條乃修正為：「不動產役權人因行使或維持其權利得為必要之附隨行為。但應擇於供役不動產損害最少之處所及方法為之。」

(3) 不動產役權人享有物上請求權

不動產役權人在其權利範圍內，對於供役不動產有直接支配之權利。此種情況與土地所有人無異，依新民法第767條第2項規定：「前項規定，於所有權以外之物權，准用之。」蓋本條規定「所有物返還請求權」及「所有物保全請求權」，具有排除他人侵害作用。學者通說以為排除他人侵害之權利，不僅所有權有之，即所有權以外之其他物權，亦常具有排他作用。茲修正前民法第858條僅規定「第七百六十七條之規定，于地役權准用之」，于其他物權未設規定，易使人誤解其他物權無適用之餘地，為期周延，爰於新民法第767條增訂第2項准用之規定[46]，另將前開民法第858條刪除。

換言之，不動產役權人對於無權佔有或侵奪其不動產役權者，可請求返還之，對於妨害其不動產役權者，可請求排除之，對於有妨害其不動產役權之虞者，可請求防止之。

(4) 不動產役權人享有工作物取回權

不動產役權人安置在供役不動產上之工作物，系不動產役權人行使不動產役權之投資，不動產役權消滅後，不動產役權人自得取回該工作物。

2.不動產役權人之義務

(1) 維持設置物之義務

依修正前民法第855條第1項規定，「地役權人因行使權利而為設置者，有維持其設置之義務。」，為行使不動產役權而須使用工作物者，該工作物有由不動產役權人設置者；亦有由供役不動產所有人提供者。在該設置如由供役不動產所有人提供之情形，因其系為不動產役權人之利益，自應由不動產役權人負維持其設置之義務，始為平允，爰於新修正同條文增訂第1項「其設置由供役不動產所有人提供者，亦同。」，又不動產役權人既有維持其設置之義務，自系以自己費用為之，自屬當然。

(2) 允許使用設置物之義務

新民法第855條第2項認為，為求文字簡潔，乃將修正前條文第2項及第3項之規定，合併規定為：「供役不動產所有人於無礙不動產役權行使之範圍內，得使用前項之設置，並應按其受益之程度，分擔維持其設置之費用。」[47]

(3) 給付代價之義務

不動產役權之設定，雖不以有償為必要條件，但約定為有償時，不動產役權人自有給付代價之義務。

3.供役不動產所有人之權利

(1) 供役不動產所有人在不妨礙不動產役權之範圍內，得自由使用、收益及處分其不動產，並行使與不動產役權人相同之權利。

(2) 供役不動產所有人在不妨礙不動產役權之範圍內，在一定條件下，有使用不動產役權人在供役不動產上所為設置物之權利。

(3) 不動產役權之設定，如為有償，則供役不動產所有人有報酬請求權。

(4) 又新民法增訂之第851條之1規定：「同一不動產上有不動產役權與以使用收益為目的之物權同時存在者，其後設定物權之權利行使，不得妨害先設定之物權。」

蓋不動產役權多不具獨佔性，宜不拘泥於用益物權之排他效力，俾使物盡其用，爰增訂第851條之1。准此，不動產所有人於其不動產先設定不動產役權後，無須得其同意，得再設定用益物權（包括不動產役權），反之，亦然。此際，同一不動產上用益物權與不動產役權同時存在，自應依設定時間之先後，定其優先效力，亦即後設定之不動產役權或其他用益物權不得妨害先設定之其他用益物權或不動產役權之權利行使。又不動產役權（或用益物權）若系獲得先存在之用益物權（或不動產役權）人之同意而設定者，後設定之不動產役權（或用益物權）則得優先于先物權行使權利，蓋先物權既已同意後物權之設定，先物權應因此而受限制。再所謂同一不動產，乃指同一範圍內之不動產，要屬當然，並予敘明[48]。

4.供役不動產所有人之義務

(1) 容忍及不作為之義務

供役不動產所有人就其土地利用方面，原則上不負積極行為之義務，僅容忍及不作為之義務。

(2) 使用不動產役權人設置時之義務

為求文字簡潔，新民法第855條第2項將修正前原條文第2項及第3項之規定，合併規定為一項，亦即應按其受益之程度，分擔維持不動產役權人設置之費用。

（二）不動產役權之消滅

1.物權共同消滅原因

物權之消滅乃物權變動態樣之一種，其原因甚多，不動產役權為物權之一種，物權之共同消滅原因，自亦有其適用。

2.物權特別消滅原因

除具有一般物權消滅原因外，還具有特殊之原因，茲分述如下：

(1) 標的物滅失

不動產役權因需役不動產或供役不動產之滅失而消滅。此種滅失必須為全部滅失，如為部分滅失，則在剩餘土地上，不動產役權仍存在。

(2) 目的不能

因自然原因，致使不動產役權之目的不能實現時，不動產役權亦應歸於消滅。例如引水役權因其水源枯竭而消滅。

(3) 約定消滅事由發生

不動產役權設定時，當事人約定，于一定事由發生時，不動產役權消滅者，則事由發生時，不動產役權即歸於消滅。

(4) 混同

不動產役權設定後，需役不動產與供役不動產歸於一人所有時，不動產役權即因混同而消滅。但需役不動產與供役不動產為第三人權利標的時，或不動產役權之存續，於所有人有法律上之利益時，不在此限。

(5) 拋棄

不動產役權人可拋棄其權利，其拋棄應向供役不動產所有人以意思表示為之，並依新民法第764條第1項、第758條以及土地法[49]第72條規定，辦理變更登記。拋棄時，如第三人有以該物權為標的物之其他物權或于該物權有其他法律上之利益者更應注意到新民法第764條第2項之規定，非經該第三人同意，不得為之。如為共有之不動產役權，必須由共有人全體為拋棄之意思表示，共有人不得就其應有部分為拋棄之意思表示。

如未訂有期間之不動產役權，不動產役權人得隨時拋棄其不動產役權；如訂有期間之不動產役權，不動產役權人拋棄其權利時，供役不動產所有人可請求剩餘期間之地租。

6.法院之宣告

修正前民法第859條規定：「地役權無存續之必要時，法院因供役地所有人之聲請，得宣告地役權消滅。」嗣現行新修正民法第859條規定：「不動產役權之全部或一部無存續之必要時，法院因供役不動產所有人之聲請，得就其無存續必要之部分，宣告不動產役權消滅。不動產役權因需役不動產滅失或不堪使用而消滅。」

該條修正理由認為，不動產役權因情事變更致一部無存續必要之情形，得否依本條規定聲請法院宣告不動產役權消滅，法無明文，易滋疑義，為期明確，爰於本條增列不動產役權之一部無存續必要時，供役不動產所有人亦得聲請法院就其無存續必要之部分，宣告不動產役權消滅，俾彈性運用，以符實際，並改列為第1項。又不動產役權原已支付對價者，不動產役權消滅時，不動產役權人得依不當得利之規定，向供役不動產所有人請求返還超過部分之對價，乃屬當然，不待明定。

又不動產役權於需役不動產滅失或不堪使用時，是否仍須依本條第1項向法院聲請宣告不動產役權消滅，學說上有不同意見。為免爭議，爰增訂第2項，明定上開情形其不動產役權當然消滅，毋待法院為形成判決之宣告[50]。

（三）消滅之效果

不動產役權消滅之效果如何，依新修正民法第859條之1規定：「不動產役權消滅時，不動產役權人所為之設置准用第八百三十九條規定。」蓋不動產役權消滅時，不動產役權人有無回復原狀之義務，以及其與供役不動產所有人間就不動產役權有關之設置，權利義務關係如何？現行法尚無如第850條之7農育權准用第839條地上權之規定，適用上易滋疑義，爰參酌學者意見並斟酌實際需要，增訂准用規定。又上開第859條之1規定之「設置」，系指不動產役權人為行使不動產役權而為之設置，應屬當然[51]。

此外，依土地登記規則第143條第1項規定：「依本規則登記之土地權利，因權利之拋棄、混同、存續期間屆滿、債務清償、撤銷權之行使或法院之確定判決等，致權利消滅時，應申請塗銷登記。」因此，不動產役權消滅時，不動產役權人除供役不動產所有人得單獨申請塗銷不動產役權外，應負有協同塗銷不動產役權之義務。佔有供役不動產者應回復原狀並交還不動產；不佔有供役不動產而於其上有設置者應有回復原狀之義務。

六、結語

新修正民法將地役權之客體，修改為不動產，使需役不動產亦由土地擴展至建物，使地役權成為不動產役權。在新民法第859條之3之規範下，使用益物權人及具物權化效力之承租人，亦得為不動產役權人，此般不動產役權應從屬於該使用收益權能。

又在新民法第851條之1規範下，同一不動產上有不動產役權者，不妨成立其他不動產役權，只是後設定之不動產役權，不得妨害先設定之不動產役權，亦即數不動產役權之關係均以物權優先效力定之，如此規定簡單明瞭且符合法律邏輯。由於新民法第859條之3第2項規定之不動產役權消滅從屬性已足以保護先次序之不動產役權人，且不動產役權，系需役不動產對於供役不動產便宜之利用，而利用者則為真正使用收益之需役不動產之人。

因此，應以其所設定之不動產役權效力優先，此時，其他不動產役權呈睡眠狀態，直至不動產役權與其使用收益權共同消滅時，即可蘇醒。換言之，於同一供役不動產為同一需役不動產設定數不動產役權時，各不動產役權之優先效力，應以真正使用收益供役不動產之人為何者予以判斷，而非均以物權優先效力為根據，較為妥當。

此外，新修正民法第859條之2規定：「第八百三十四條至第八百三十六條之三規定，于不動產役權准用之。」蓋不動產役權與地上權均使用他人土地之物權，性質近似，爰增訂本條。其得准用之規定，涉及不動產役權之拋棄，地租之增減，積欠地租時不動產役權之終止，不動產役權讓與時預付地租對第三人之效力，不動產役權人為不動產使用收益之方法，以及其違反時，不動產所有人得終止不動產役權等問題。

注 釋:

[1] 吳光明，國立臺北大學法律系教授，臺北大學圖書館館長，臺灣財產法暨經濟法研究協會理事長。

[2] 王澤鑑：《民法物權》，增訂 2 版，自版，2010 年 6 月，頁 412。

[3] 鄭玉波著、黃宗樂修訂，《民法物權》，修訂十五版，三民書局，2007 年 11 月，頁 215。

[4] 德國此種「長期居住權」(Daurwohnrecht)。對公寓化住宅之房屋享有以居住為目的之使用權，此種權利可獨立地奘轉讓繼承出租，是一種獨立之物權，而非具有附屬權利性質之人役權。參閱 Fritz Baur, Lehrbuch des Sachencechts, 14. Auflage, 1987, S. 285.

[5] 法務部：《民法物權》，民法第第 851 條、第 859 條之 3、第 859 條之 4 修正說明，2010 年 4 月，頁 154—156、163—165。

[6] 謝在全：《民法物權論》，中冊，修訂二版，自版，2007 年 6 月，頁 192。

[7] 蘇永欽：《重建役權制度以地役權的重建為中心》，《月旦法學》，65 期，2000 年 10 月，頁 85。

[8] 吳光明：第 7 章相鄰關係，《新物權法論》，三民書局，2009 年 9 月，頁 118-140。

[9] 蘇永欽：《重建役權制度以地役權的重建為中心》，頁 81；另請參閱蘇永欽，《相鄰關係在民法上的幾個主要問題》，《跨越自治與管制》，1999 年 1 月，頁 205。

[10] 法務部：《民法物權》，民法第 851 條修正說明，2010 年 4 月，頁 154—156。

[11] 鄭冠宇：《民法物權》，新學林出版，2010 年 8 月，頁 376。

[12] 吳光明：《物權法新論》，新學林出版，2006 年 8 月，頁 329、331。

[13] 通行地役權為民法用語，學者認為如通行供公眾使用應稱為公用地役關係為妥。詳請參閱本書第 17 章《公用地役關係與補償問題》。

[14] 李肇偉：《民法物權》，自版，1966 年 12 月，頁 305。

[15] 法務部：《民法物權》，民法第 859 之 4 條修正說明，2010 年 4 月，頁 164—165。

[16] 姚瑞光：《民法物權論》，初版，自版，1967 年 10 月，頁 177。

[17] 吳光明：《公寓大廈規約之探討兼論其與自己地役權之比較》，《財產法暨經濟法》，創刊號，2005 年 3 月，頁 20。

[18] 謝哲勝：《民法物權》，三民書局，2007 年 9 月，頁 258。

[19] 法務部：《民法物權》，民法第 841 條之 5 修正說明，2010 年 4 月，頁 139、140。

[20] 無妨害原則與同意原則中，所指「物之排他效力」，系指優先效力與物上請求權二種。

[21] 原則上，不動產役權系一種非佔有性權益，此在美國亦為相同之原則，參閱 Roger H. Bernhardt Ann M.

Burkhart, Real Property, 4th Edition, 2004, p.192.

[22] 上述問題結論：（1）於同一供役不動產上，已有同一需役地所有人甲之不動產役權，甲將其土地設定地上權給乙，乙不妨設定與甲之不動產役權性質不相容之不動產役權，此時甲之不動產役權（如與乙之不動產役權有所干戈）則處於睡眠狀態，待至乙之不動產役權隨同乙之地上權共同消滅時，即可蘇醒。（2）若乙取得不動產役權，其後甲尚可於其後設定一個與乙之不動產役權不相容之不動產役權，效果亦如上述。

[23] 法務部：《民法物權》，民法第851條之1條修正說明，2010年4月，頁156、157。

[24] 史尚寬：《物權法論》，自版，1979年10月，頁200。

[25] 蓋基於不動產役權從屬性，不動產役權不得由需役不動產分離而為讓與，否則一旦需役不動產與所有權分離，即變成人役權。

[26] 蘇永欽：民法物權編修正系列研討會之二：《重建役權制度以地役權的重建為中心》，《月旦法學》，65期，2000年10月，頁88。

[27] 陳重見：《地役權修正草案評析》，《新修正用益物權學術研討會會議手冊》，輔仁大學，頁72。

[28] 曹傑：《中國民法物權論》，商務印書館，香港，1937年5月，頁166。

[29] 陳重見：《地役權修正草案評析》，與談人鄭冠宇之發言，《臺灣本土法學》，107期，2008年6月，頁208。

[30] 蘇永欽，法務部修法委員會中有關新修正不動產役權之見解。

[31] 謝在全：《民法物權論》，頁186。

[32] 此之所謂「在相對人無受領權」，系指對需役地無使用權，無法成為不動產役權人。

[33] 史尚寬：《物權法論》，自版，1987年1月，頁312。

[34] 臺灣彰化地方法院90年度簡上字第41號判決。

[35] 最高法院54年臺上字第698號判例。

[36] 按土地登記規則訂於1946年10月2日，歷經多次修正，最近一次修正於2011年12月12日。

[37] 司法院院字第437號解釋：「不動產役權系屬財產權之一種，其取得時效自依該法第772條規定，分別定取得時效之期間。」

[38] 最高行政法院87年度判字第2158號判決。

[39] 如非供自己不動產便宜之用，而系供鄉近住戶公共通行或其他所有自己亦通行或表見而不繼續者，均無因時效而取得不動產權之可能。參閱73年度判字第1271號判決。

[40] 法務部：《民法物權》，民法第852條修正說明，2010年4月，頁157—159。

[41] 黃右昌：《民法物權詮解》，臺再版，三民書局，1965年3月，頁272。

[42] 黃棟培：《民法物權論》，初版，三民書局，1968年，頁157。

[43] 倪江表：《民法物權》，臺初版，正中書局，1954年3月，頁252。

[44] 李肇偉：《民法物權》，作者自版，1966年12月，頁307。

[45] 法務部：《民法物權》，民法第854條修正說明，2010年4月，頁159。

[46] 法務部：《民法物權》，民法第767條第2項修正說明，2010年4月，頁59、60。

[47] 法務部：《民法物權》，民法第855條第2項修正說明，2010年4月，頁160。

[48] 法務部：《民法物權》，民法第851條之1修正說明，2010年4月，頁156、157。

[49] 土地法第72條規定：「土地總登記後，土地權利有移轉、分割、合併、設定、增減或消滅時，應為變更登記。」按「土地法」訂於1930年6月30日，歷經多次修正，最近一次修正於2011年6月15日。

[50] 法務部：《民法物權》，民法第859條修正說明，2010年4月，頁161、162。

[51] 法務部：《民法物權》，民法第859條之1修正說明，2010年4月，頁162、163。

臺灣地區民事訴訟法之變革及其法理建構

姜世明[1]

　　臺灣地區民事訴訟法系源自1930年國民政府制頒，並於1935年定名為「中華民國民事訴訟法」。此一法律在臺灣地區已施行約六十年，在時代進展上，乃經歷二次世界大戰後，對於人權重視之法治國精神發揚時代；而在經濟環境上，系由農業社會邁向工商業時代。人民自純樸之生活關系與法律認知，走向「別讓自己權利睡著了」的權利鬥爭時代。新型態之民事紛爭，案件氾濫之時代共通現象，對於民事訴訟法之理論及實務，自會發生反省及變化之效應。而在立法上，藉由學者及實務家之倡議，經多次修改，亦呈現不同30年代早期民事訴訟法之規範風貌。

一、民事訴訟法早期修正回顧

　　傳統中國法制發展多重於實體法，就程序法部分多與實體法相合，且大多為刑事訴訟規定，僅以之准用至民事訴訟。至清末修法大臣提出訴訟法草案，依然民刑不分，其後於宣統二年方提出獨立之民事訴訟法規，但並未全面施行。1921年前北京政府及廣東政府，先後頒佈民事訴訟條例及民事訴訟律，方出現施行之獨立民事訴訟法規。經過1930年、1935年、1945年多次修正，現行民事訴訟法之雛形大致底定。

　　此部民事訴訟法，立法院於1952年底函請行政院全面檢討修正，由司法行政部提出修正草案，經過立法院十餘年之修正，於1968年三讀通過。至1972年又通過部分修正條文。1983年為配合民法總則之修正，增訂檢察官參與民事訴訟有關訴訟費用之事項。1984年司法院為提高上訴第三審法院所得受之利益等項，函請立法院修正第466條等規定。1986年為配合民法親屬編之修正，修訂婚姻事件特別審判籍、重婚無效之訴當事人適格及判決效力，並增修否認子女及認領子女之訴相關規定。此乃略為民事訴訟法迄1980年代前之發展[2]。

二、近三十年變革

（一）概說：談影響深遠之三次改革

　　談及臺灣民事訴訟法之改革，1990年、1999、2000年與2003年之修正極為重要，以下簡要概述歷次修法之重點。

1.1990年—調解與簡易程序之修正

本次修正於1990年7月17日三讀通過，同年8月20日公佈施行。本次修正重點為調解與簡易程序之變革[3]：

調解程序部份修正十條：擴大應經調解事件之範圍、提高調解當事人不到場罰鍰金額以促使調解成立、彈性規定得行調解之處所、當事人提起宣告調解無效或撤銷調解之訴時得就原調解事件合併起訴或提起反訴、以調解方案代替調解裁定、調解不成立後起訴或視為起訴之事件明定自聲請調解時視為已經起訴、簡易程序部分修正三條、新增十條：擴大簡易訴訟程序之範圍、規定簡易訴訟程序應盡速辯論終結以求簡易程序之速審速結、簡化言詞辯論筆錄之製作、增列法院得依職權為一造辯論之規定、簡化簡易事件判決書之記載、簡易事件之第二審上訴或抗告程序改由地方法院合議庭審判、增設簡易事件第二審裁判其上訴利益額逾通常程序第三審上訴額時得例外經許可提起上訴或抗告、規定曾向最高法院提起第三審上訴或抗告後不得再以同一理由提起再審之訴或聲請再審、增列重要證物漏未斟酌得為再審理由。

論者有認為此次修正可達簡化程序，速審速結，又能期審判正確，應為正確之修法方向者[4]。

2.1999、2000年—裁判程序之變革與調解程序之修正

（1）1999年1月15日三讀、同年2月3日公佈之修正[5]

本次修正包括調解、簡易訴訟、小額訴訟、提高第三審上訴利益數額、明定第三審上訴理由應表明事項、延長判決宣示期間及配合民法親屬編修正之人事訴訟程序[6]，共計修正四十條、新增四十條及刪除一條：其重點包括：

調解部分：刪除簡易訴訟事件一律強制調解之規定而依事件性質或當事人關係重新調整範圍、加強調解委員之職責、增設訴訟系屬中法院可將事件移付調解之規定。

調解程序部分：調整簡易訴訟訴訟標的金額、簡化起訴時應表明事項、於特別情況下判決書得僅記載主文、證人或鑒定人得於法院以書狀或科技設備陳述。

小額訴訟部分：訴訟標的價額逾十萬元以下適用本程序、表格化狀紙、言詞辯論得不於法院內行之並得合意不公開、夜間假日訊問、得訊問當事人、調查證據勞費與當事人請求顯不相當之衡平裁判、簡化判決書製作、附條件給付判決鼓勵被告主動履行債務、二審終結。

第三審上訴部分：提高第三審上訴利益額，用以因應社會經濟發展、低額訴訟及早確定與合理分配有限之司法資源。

延長判決宣示期間部分：延長判決製作期間，給予合議制法院充分時間評議以及製作判決書期間，以提升司法品質。

配合民法親屬編修正部分：明定得於婚姻事件附帶請求子女親權之酌定、採取非訟法理法院得職權調查證據以保護未成年子女權益、法院得依職權定父母對未成年子女權利義務之行使。

（2）2000年1月15日、同年2月9日之修正

本次修正主要為達成審理集中化，並發揮各審級應有之功能，健全訴訟制度，進而提升裁判品質及司法公信力。修正重點如下：

便利當事人使用訴訟制度部分：落實訴訟制度功能、明定訴訟文書得以電信傳真或其它科技設備傳送、增訂證人得以書狀陳述且法院得以科技設備訊問、準備書狀直接送達對造。

預防紛爭的發生或擴大部分：增訂當事人恒定原則之例外即受讓人得兩造之同意可聲請代當事人承受訴訟、擴大容許聲請證據保全之範圍以發揮證據保全之功能。

擴大訴訟制度解決紛爭之機能部分：擴大法官行使闡明權之範圍使訴訟可妥適進行以防止突襲性裁判、擴大可提起將來給付之訴及確認之訴之範圍，並放寬訴之變更、追加及反訴之限制，以求紛爭一次解決。

促使訴訟妥適進行部分：修正自由順序主義改采適時提出主義、充實自由心證主義以經驗法則及論理法則限制之、修正書狀應記載事項以達審理集中化、充實準備程序、增訂書狀先行、整理並協定簡化爭點程序、合理分配舉證責任增訂證明妨礙制度、充實證據調查程序以保障當事人程序權。

疏減訟源部分：增定撤回和解退還部份裁判費制度、增訂證據保全程序之訴訟契約、配合適時提出主義而規定原則上於二審不得提出攻擊及防禦方法、提高第三審訴訟利益額並於第三審采律師強制代理制度。

3.2003年—選定當事人、訴訟費用與司法事務官新制度

2003年1月14日三讀、同年2月7號公佈之修正，實際上乃系延續1990年以來之修法，將所餘條文修正案提出，以符合民事糾紛之複雜型態。其修正重點如下：

修正管轄規定部分：便利當事人遂行訴訟，保障弱勢當事人權益，增訂對於合意管轄之限制等。

落實選定當事人制度、擴大訴訟制度解決紛爭之機能部分：共同利益之人得選定當事人起訴或被訴、公益社團法人會員選定當事人制度、總額協議、公告曉示制度、公益法人不作為訴訟。

明定訴訟標的對於數人必須合一確定而應共同起訴部份：如其中一人或數人拒絕同為原告，法院得裁定追加為被告

擴大訴訟參加制度之功能部份：增訂參加人得提起再審之訴、明定訴訟裁判與參加人及其輔助之當事人間之效力、增設訴訟告知制度。

充實訴訟代理制度，發揮律師功能部份：明定一二審訴訟程序除審判長允許外，應委任律師為訴訟代理人、新增當事人得就特定訴訟於委任書表明其委任不受審級限制以減輕當事人勞費、明定受法院或審判長依法選任之訴訟代理人有為一切訴訟之權。

增設訴訟標的價額核定及訴訟費用專章部份：為便利訴訟費用之徵收及計算，將原獨立於民事訴訟法之民事訴訟費用法納入。

另有充實訴訟救助制度貫徹憲法保障人民訴訟權精神、落實文書送達制度確保應受送達人之權益、增訂裁定停止訴訟制度之原因，並尊重當事人程序處分權、簡化裁判書書類製作減輕法官負擔、貫徹合議制度新增意見不同記載於評議簿之規定、尊重當事人程序主體權，以強化保障當事人權益、配合法院組織法增訂司法事務官處理事務程序、加強保障當事人及第三人隱

私及營業秘密、充實和解制度擴大解決紛爭機能、發揮第三審功能、充實再審程序、增設第三人撤銷訴訟制度保障受判決效力所及第三人、充實督促程序便利當事人行使權利、強化保全程序擴大假扣押、假處分機能制度。由此可見本次修正之廣度與深度。

二、費用相當性原則

（一）理論基礎

費用相當性原則（費用減省原則），系指當事人利用訴訟程序或由法官運用審判制度之過程中，不應使法院或當事人遭受期待不可能之浪費或利益犧牲，否則受此犧牲者得拒絕使用此種制度。從而制度之運作應致力於謀求提升權利保護過程之效率[7]，使使用制度者得僅支出與其權利相應之費用。

此原則乃在避免耗費過多之時間、勞費、金錢進行訴訟以追求違反比例之當事人實體利益，此不僅延宕原告實體權利之實現或造成被告過度承受應訴負擔，且因司法資源之分配不合理，使其他私法紛爭之當事人畏懼使用法院，將進而妨害他人接近法院以行使訴訟權之權利，違反憲法平等原則。故民事訴訟法中所設之強制調解制度、限制審級與簡化證據調查之簡易訴訟制度與小額程序、不同審理程序轉換之容許與禁止、客觀訴之合併、攻擊防禦方法之適時提出主義與失權效、第二審采嚴格續審、職權宣告假執行等制度皆為此原則之體現。

1.表現條文

（1）調解程序

共修正十條，包括透過擴大簡易程序事件之範圍以擴大起訴前應經調解之事件、刪除調解不成立應再經調解之規定（第403條、406條）、提高調解程序當事人不到場之罰鍰，以課予協力義務（第409條）、得於法院以外其他處所調解（第415條）、明文規定當事人于調解成立後，得向法院提起調解無效或撤銷之訴（第416條第3項）、為發揮調解功能，推事得于雙方意思已接近之情形適當介入（第417條）、將調解不成立後起訴與起訴視為調解之訴訟系屬時點明確規範（第419條第2項、第3項）。

（2）小額程序

為新增部分，為貫徹憲法保護人民財產權、訴訟權、平等權之精神，使民眾得以就其日常生活中發生之小額事件，能循迅速、簡便、經濟之訴訟程序解決，考慮簡易程序仍嫌繁複，故加以新增。適用小額程序之事件為訴訟標的金額或價額為新臺幣十萬元以下之事件，超過此數額事件亦得由當事人合意適用（第436之8）、為免當事人割裂原非屬小額事件之請求成為一部請求，從而明定不可為之，除原告已陳明就餘額不為請求（第436之16）、限制訴之變更追加之範圍（第436之15）；就訴訟程序之進行，一方面限制附合契約中之管轄合意條款（第436之9），並允許表格化訴狀（第436之10）、夜間或休息日開庭（第436之11）、實行當事人訊問制度（第436之13），以求迅速發現真實、實行衡平裁判方式，為求達成費用相當性之原則，避免法院耗費過多時間費用，法院得於兩造同意或調查證據時間費用與當事人請求顯不相當時，不調查證據而為公平之裁判（第436之14）、鼓勵和解與簡化判決記載；就小額程序之救濟部分，以地方法院合議庭為第二審，惟為求訴訟經濟，限制上訴或抗告需以裁判違反法令為由（第436之24）、限制於第二審變更追加（第436之27）、原則上第二審自為判決（第436之26）、得不經言詞辯論（第436之29）。

（3）簡易程序

計修正三條、新增十條，包括將適用簡易程序之訴訟標的金額或價額，修正為上訴第三審利益額以下，以配合第466條之規定、擴大適用簡易程序之案件類型，同時增訂於法院認為適當時得裁定改用通常訴訟程序（第427條）、簡易訴訟程序法院應以一次期日辯論為原則（第433條之1）、簡化簡易程序言詞辯論筆錄（第433條之2）、為達速審速結目的，當事人一方言詞辯論期日不到場即得為一造辯論判決（第433條之3）、簡化簡易事件判決書之記載（第434條）、簡易程序原則上二審審結，若因訴之合併、變更、追加或提起反訴，而使訴之全部或一部不適用簡易程序，除當事人合意外，自應改用通常程序，但於二審之情形雖改用通常程序，但不得上訴第三審。其餘新增系針對簡易程序之上訴為規範。

三、訴訟經濟及程序利益

（一）理論基礎

民事訴訟法向來認為具保障私權之目的，惟基於憲法第16條保障人民訴訟權之基本權利，司法資源具有其有限性，從而無法對於單一個案耗費過多時間。傳統上訴訟權之保障，或保障人民有使用訴訟制度、使用法院之機會，多系針對發現客觀之真實與達成慎重而正確之裁判，惟避免當事人于程序中耗費過多勞力、時間與費用，使其支出超過其與實現之實體利益之程序費用，亦無法達成當事人所享有之程序利益，從而如何達成訴訟經濟之目的極為重要。

程序利益為修法過程引進之法理[8]，系指依憲法上保障自由權、訴訟權、財產權、平等權及生存權等基本權利，訴訟當事人及程序之利害關係人應被賦予程序主體之地位、享有程序主體權。基於程序主體原則，立法者及程序制度運作者，就關涉於程序主體利益、地位、責任或權利義務之審判程序、紛爭解決程序，應從實質上保障其有適時、適式參與該程序以影響裁判如何形成之機會。從而就訴訟制度如何利用與運作而言，程序主體者除可請求受訴法院實現其系爭實體利益以貫徹此利益所彰顯之基本權外，亦可請求法院保護其衍生自該該本權且獨立並存於上開實體利益之程序利益。通常此程序利益系因簡速化程序之利用或避不使用繁瑣欠缺實益之程序所得節省之勞力、時間費用，從而立法者於設計或法院運作時，皆應注意程序主體具有平衡追求程序利益之必要。

（二）表現條文

訴訟經濟與程序利益保護，作為修法之指導原則，影響頗多民事訴訟法條文之修正，就擇定審判物件範圍部分：法官闡明義務之要求（第199條之1）、金錢賠償損害之訴請求數額之嗣後補充（第244條第4項）、自由心證定損害賠償數額）第222條第2項）。

就促成紛爭解決方式部分：訴訟前證據保全（第368條第1項）、保全證據期日爭點協定之程序（第376之1第1、2項）、程序轉換之程序利益，當事人得以合亦將通常程序改用簡易或小額程序（第415條之1、420條之1、377條之1）；

小額事件之認事用法部分：兩造合意或請求顯不相當時法院衡平裁判（第436條之14）。

另訴訟上請求範圍、協議簡化爭點與促進訴訟義務（第270條之1、第196條）；合併審判制度（第255條、466條第1項、247條）、證據調查程序（第270條第3項第4款、第305條第2、3項），亦有修正。

四、合法聽審權

合法聽審權（聽審請求權）或合法聽審原則，系根源於人性尊嚴與法治國原則之人民基本權與程序法原則。合法聽審權保障系為確立當事人訴訟主體之地位，表現於下列三命題[9]：

1.知悉權（受通知權）

所謂知悉權系包括訴訟系屬的合法通知，指法院應依民事訴訟法關於送達之規定進行通知；對相對人陳述內容的知悉權利，即對於依造當事人之陳述，其它程序參與人應有知悉之權利，而法院就此負有通知之義務；閱卷權，即就所有於判決具重要性之相關資料，除法院內部檔外，皆應允許當事人閱視。

2.陳述權

陳述權之意義可分為積極面與消極層面觀察。積極面系指當事人可以在法院之前為主張、說明及表示意見的權利，故須保障程序參與者對於攻擊防禦的重要事項有陳述的權利；消極面則為法院根據為裁判的基礎，必須確定當事人已獲得合法聽審權的保障，同時須以保護當事人合法聽審權為前提所得的裁判基礎才可以作為裁判的資料，若利用沒有經當事人主張的事實就會有違反合法聽審權的效果。

3.法院認識及審酌義務

合法聽審權內容除前開二項原則外，尚包括法院審酌義務。其又可細緻化為，其一，法院認知審酌義務，即法院必須對當事人依陳述權所陳述之內容知悉後，其次再對當事人之陳述予以評價和審酌。其二，附具理由義務，指法院于下判決時，必須將所知悉之當事人陳述內容詳細於判決中說明，以使當事人及上級法院有監控審查之基礎，此乃法治國司法權行使之基本要求。

4.突襲性裁判之防止

系指法院違反法官之關於事實上與法律上的闡明（指示、告諭）義務，而其裁判並以此等當事人未受適當程序保障（尤指意見表示權利）下所得之事實或法律見解為其裁判基礎與依據，以致造成法院所為之裁判乃非當事人基於訴訟所存資料依通常情形所得預期裁判結果之意外效果，包括事實性與法律性之突襲性裁判。[10]

在裁判相關訴訟資料保障當事人有知悉（受通知權）、閱覽與積極與消極面之陳述權。當事人對於法院裁判有重要性之事實與法律爭議，均應被賦予影響之機會。合法聽審權亦要求法院對於當事人所提出之攻擊防禦，需加以認識審酌且須於判決中附具理由說明。

5.修法條文

合法聽審權表現于修法條文部份頗多，就知悉權之規定表現于送達規定、訴訟系屬通知訴訟標的移轉第三人（第254條第4項）、言詞訴之撤回筆錄送達（第262條第3項）、準備書狀繕本通知被告（第256條第1項）；陳述權規定如追加當事人陳述意見機會（第56條之1）、法官闡明權之完全行使（第199條）、法官闡明義務之增訂使當事人得完全陳述（第199條之1）、法院職權調查證據當事人陳述意見機會（第288條第2項）、證明妨礙不利認定陳述意見機會（第282條之1第2項）、命當事人退庭之訊問（第321條第1項但書）、當事人違背提出文書義務命令效果之陳述（第345條）；就法院認識及審酌義務，如法院得心證之理由應記載於判決中（第222條第4項）。

五、程序選擇權及訴訟契約論

（一）理論基礎

基於人性尊嚴與國民主體原則，以及憲法保障之自由權、訴訟權與財產權等基本權利，故於訴訟程序實行處分權主義之範圍內，原則上承認當事人就各該程序中所涉之實體與程序利益，有一定之自由處分權，從而可要求立法者及法院提供相當機會，使當事人得以平衡追求該二種利益[11]，亦及強化當事人程序主體地位。

從而法院制度應使當事人有機會選擇較有助於平衡追求實體利益與程序利益之程序制度，包括當事人一方得依不同利益衡量選擇不同紛爭解決程序，如訴訟制度、非訟制度或訴訟外解決紛爭機制，或由當事人雙方共同選擇程序之進行方式，如何合意選擇適用或改用程序，以減少程序勞費之方式追求程序利益。此類以合意改變民事訴訟法規範之立法，乃與訴訟契約論之發展有關。[12]

（二）表現條文

本理論表現於許多條文，如合意管轄（第24條）、審判權爭議合意由普通法院審判（第182條之1第1項）、隱私保護合意不公開審判（第195條之1）、爭點簡化協定（第270條之1第3項、第4項）、合意選定鑑定人，承認證據契約（第326條第2項）、證據保全程序中的協定，包括訴訟前階段的爭點協定、訴訟標的協定、執行力的賦予（第376條之1）、定和解方案之聲請（第377條之1）、起訴前應先調解之合意（第494條第2項）、合意適用簡易程序（第427條第3項）、合意適用小額程序（第436條之8第4項）、合意飛躍上訴（第466條之4）

另於九十二年三讀通過之「民事訴訟合意選定法官審判暫行條例」，由當事人合意選定法官之制度乃介於仲裁與訴訟間，當事人藉由選定信賴之法官，減少上訴之可能與增加對於司法之信賴；而當事人選定法官之合意屬訴訟契約。訴訟契約乃指對於現在或未來之私權爭議，合意對於訴訟法之行為或事項對於訴訟程序之進行發生影響，此系基於實體法上私法自治與程序法上程序選擇權之精神。但因此條例欠缺周邊制度配合，對於法定法官原則之背反爭議及其可能造成一國多制之法不安定性，因而施行不過數年即被廢止。[13]

六、武器平等原則

（一）理論基礎

武器平等原則之憲法基礎質基於法治國原則、平等權與社會國原則，由二者可推得國家需保障訴訟當事人間之武器平等，而後二者則要求國家需保障資力較低劣之訴訟當事人得獲訴訟上救助，以保障平等接近法院及保障其獲得司法救濟之權利。

于訴訟法意義下之武器平等原則，系指當事人無論其訴訟中為原告或被告，或訴訟外系高低階層之關係，於訴訟中地位一律平等，法官從而負有藉由客觀公正程序，中立運用、評價當事人主張、運用法律及履行其它程序上義務，以確保當事人地位之平等。進一步分析可將武器平等原則區分為形式意義與實質意義。前者系指當事人一方于訴訟中不可有優於或劣於他造之地位，惟是否允許法官介入具體個案並具體化干預，仍有疑問；後者則強調當事人于法院前之實質性程序地位之平等性，不僅強調立法制度上當事人應獲得同等地位，且強調程序上之機會平等性[14]。法院在此亦有較大介入之空間（實質訴訟指揮權之強化）。

（二）表現條文

我國新近民事訴訟法之修正，亦將武器平等原則作為指導性原則，如甫於九十八年通過之「法律扶助法」，系為保障人民權益，對於無資力，或因其它原因，無法受到法律適當保護者，提供必要之法律扶助，而提供之法律扶助包括：法律諮詢、調解、和解、法律檔撰擬、訴訟或仲裁之代理或辯護、其它法律事務上必要之服務及費用之扶助、其它經法律扶助基金會決議之事項。另外於八十九年修正通過之民事訴訟法第107條「當事人無資力支出訴訟費用者，法院應依聲請，以裁定准予訴訟救助。但顯無勝訴之望者，不在此限。法院認定前項資力時，應斟酌當事人及其共同生活親屬基本生活之需要。」、第277條但書「當事人主張有利於己之事實者，就其事實有舉證之責任。但法律別有規定，或依其情形顯失公平者，不在此限。」皆體現此原則。

七、非訟法理之嵌入

（一）理論基礎

民事訴訟法向來多采徹底之處分權主義、辯論主義等程序法理，惟第一次世界大戰之後，當事人主義之適用造成訴訟拖延之情況，而減少或阻礙其它人平等使用法院解決紛爭之機會，從而開始要求訴訟當事人一定程度上負有協力義務，以協助法院促進訴訟，並且擴大法官之裁量許可權，以抑制浪費司法資源之訴訟。植基於訴訟經濟之非訟化理論，可分為程序上非訟化與實體上非訟化。前者只利用裁定、抗告而非判決、上訴等方式解決紛爭、間接主義、職權主義、書面主義、不公開等，有助於節省訴訟資源；後者系指承認法官就權利義務存否及其範圍之判斷有裁量權，亦即將實體法上之要件予以抽象化、概括化，而授予法官裁量權，由法官來決定權利之內容[15]。

（二）表現條文

本原則體現條文可分為三部份，其一體現于簡式訴訟程序，如調解程序中法官職權調查證據（第413條）、調解方案之提出（第417條），簡易程序中如一次期日辯論終結為原則（第433條之1）、便宜通知證人到場程序（第433條）、小額訴訟中衡平裁判（第436條之14）；其二為實體法之非訟化，如確定判決情勢變更更行起訴請求變更原判決（第397條）、小額訴訟衡平裁判、衡平定損害數額（第222條第2項）；其三為程序法之非訟化，如保全證據程序兩造協定筆錄（第367條之1）、法官和解方案之提出（第377條之2）。

八、集中審理原則

（一）理論基礎

集中審理原則（審理集中化）[16]，系指訴訟之本案審理應盡可能使程序集中化，並以開一次言詞辯論期日終結本案為理想。采此原則下之審理方式，系為達成短時間內終結一事件之目標，從而以集中於一次言詞辯論期日為之、或連續召開數次言詞辯論而不予時間上分隔，且該數次期日期間不審理其它事件，又可稱繼續審理主義，與法院向來所采之並行審理主義、分割審理主義不同。而為達審理集中之目的，法院于訴訟時需將訴訟中產生之事實、證據與法律上爭點於短時間加以審理之必要。

審理集中化之功能在於三者：第一，避免促進訴訟之突襲，以即當事人無庸重複閱覽已有之筆錄或附卷資料，延緩審理之進行，藉此得以避免當事人因訴訟制度過長而喪失程序利益，而造成促進訴訟之突襲；第二，避免發現真實之突襲，法院得藉由集中審理於一次期日內一舉訊問相關事實及調查相關必要證據，避免分割審理所將造成法院心證模糊所造成發現真實突襲；第三，貫徹言詞審理、直接審理主義，藉由直接審理法院較有可能于開庭時闡明相關爭點或不明了之處，而使當事人得陳述意見，達成此目標。

（二）表現條文

1.失權制度

所謂失權制度，系由於2000年民事訴訟法修正將自由順序主義改采適時提出主義，以防止訴訟延滯與促進訴訟，使當事人未于適當時機提出之攻擊防禦方法將被排除於訴訟之外。

民事訴訟法第196條「攻擊或防禦方法，除別有規定外，應依訴訟進行之程度，於言詞辯論終結前適當時期提出之。當事人意圖延滯訴訟，或因重大過失，逾時始行提出攻擊或防禦方法，有礙訴訟之終結者，法院得駁回之。攻擊或防禦方法之意旨不明了，經命其敘明而不為必要之敘明者，亦同」、第276條「未於準備程序主張之事項，除有下列情形之一者外，於準備程序後行言詞辯論時，不得主張之：……」、第268條之1「當事人未依第二百六十七條、第二百六十八條及前條第三項之規定提出書狀或聲明證據者，法院得依聲請或依職權命該當事人以書狀說明其理由。當事人未依前項規定說明者，法院得准用第二百七十六條之規定，或于判決時依全辯論意旨斟酌之」、第444條之1第4項「當事人未依第一項提出上訴理由書或未依前項規定說明者，第二審法院得准用第四百四十七條之規定，或于判決時依全辯論意旨斟酌之」、第447條「當事人不得提出新攻擊或防禦方法。但有下列情形之一者，不在此限：……」皆為體現條文。

2.闡明制度

為使訴訟之審理流暢且適正之進行，從而法院擁有訴訟指揮權，但同時亦承認當事人具有聲明權及責問權，防止法院職權進行而造成對於程序正當性之信任。闡明權即為法院發揮訴訟指揮權之工具，民事訴訟法第199條即為防止突襲性裁判，故規定「審判長應注意令當事人就訴訟關係之事實及法律為適當完全之辯論。審判長應向當事人發問或曉諭，令其為事實上及法律上陳述、聲明證據或為其它必要之聲明及陳述；其所聲明或陳述有不明了或不完足者，應令其敘明或補充之」。

2000年新增第199條之1，使法官負有法律見解表明義務，以防止法律適用及促進訴訟之突襲，使得闡明由法官權力轉變為義務，條文規範為：「依原告之聲明及事實上之陳述，得主張數項法律關係，而其主張不明了或不完足者，審判長應曉諭其敘明或補充之。被告如主張有消滅或妨礙原告請求之事由，究為防禦方法或提起反訴有疑義時，審判長應闡明之。」

3.爭點整理

所謂爭點整理[17]，系指厘清紛爭兩造當事人間之爭點及內容之活動或過程，藉此使訴訟資料及主張中何者為爭點及其內容，在法院與訴訟當事人間形成共識，而使法院於證據調查與言詞辯論期日，得以聚焦於爭點之審理，當事人亦得就爭點集中攻防。

八十九年修正之第296條之1第1項「法院於調查證據前，應將訴訟有關之爭點曉諭當事人」，將訴訟程序分為爭點整理程序與證據調查程序，而第270條之1「受命法官為闡明訴訟關係，得為下列各款事項，並得不用公開法庭之形式行之：三、整理並協定簡化爭點」，爭點整理之程序為當事人先行特定其訴訟上請求，而後進行攻擊防禦之言詞辯論階段，確認何事實具有訴訟上待證必要，再者於證據調查階段，仍需決定應調查何種證據，從而需再進行證據調查之爭點，最後於法律適用層面上，對於法院認知其法律觀點而為自由心證之際，為免造成法律適用之突襲，亦須就特定法律爭點與當事人討論並適時公開心證。

九、其他

除上述主要著重于民事訴訟法法理即第一審通常、簡式訴訟程序之修正外，對於上訴審程序也有極大部份之變革，以下簡略介紹。

（一）飛躍上訴制度

2003年修法考慮提起第三審上訴，必以不服第二審終局判決者為限，惟兩造當事人對於第一審法院依通常訴訟程序所為之終局判決，就其確定之事實均認為無誤者，為節省當事人勞力、時間、費用，及尊重其程序選擇權，並節省司法資源，減輕第二審之負擔，應許其飛躍上訴，即允許當事人合意徑向第三審提起上訴。

條文內容為：「當事人對於第一審法院依通常訴訟程序所為之終局判決，就其確定之事實認為無誤者，得合意徑向第三審法院上訴。（第1項）前項合意，應以文書證之，並連同上訴狀提出于原第一審法院。（第2項）」（第466條之4）。

惟此條文相較於德國之規定，僅限於第一審一通常訴訟程序所為之終局判決，而程序瑕疵得否適用、聲請程序、效力、廢棄發回後之裁判拘束力等皆未為規定[18]，此部分仍需再透過實務學說加以形成。

（二）許可上訴制

為防止當事人動輒藉詞原判決違背法令而濫行上訴，延滯訴訟終結，侵害對造權利，並耗費司法資源，2003年修正采「上訴許可制度」，即以第469條所列各款之當然違背法令以外之事由為上訴理由者，其上訴應經第三審法院許可，且第三審上訴既在求裁判上法律見解之統一，則法院之許可上訴，自應以從事法之續造或確保裁判之一致性為理由上訴者，亦屬具有原則上之重要性者為限。所謂原則上之重要性，指所涉及之法律問題意義重大而有加以闡釋之必要而言。

條文規範為：「以前條所列各款外之事由提起第三審上訴者，須經第三審法院之許可。（第1項）前項許可，以從事法之續造、確保裁判之一致性或其它所涉及之法律見解具有原則上重要性者為限。（第2項）」（第469條之1）。

本條文自修法以來即引起許多討論[19]，問題即出於此許可上訴之許可權由最高法院賦予，如何確保當事人救濟機會（如異議或抗告程序）及其程序保障有疑問；另外，如何定位第三審程序為法之續造、確保裁判一制性，我國各審級制度是否能相應配合有問題；條文中所謂原則重要性內涵為何等，皆為本條所需釋義方向。

（三）第三人撤銷之訴

為貫徹訴訟經濟之要求，發揮訴訟制度解決紛爭之功能，就特定類型之事件，固有擴張判

決效力及於訴訟外第三人之必要，惟為保障該第三人之程序權，亦應許其於一定條件下得否定
該判決之效力。故就兩造訴訟有法律上利害關係之第三人，非因可歸責於己之事由而未參與訴
訟，致不能提出足以影響判決結果之攻擊或防禦方法，且其權益因該確定判決而受影響者，得
以原確定判決之兩造為共同被告，對於該確定終局判決提起撤銷之訴，請求撤銷對其不利部分
之判決。此外，第三人撤銷之訴，系對於利害關係第三人之特別救濟程序，如該第三人依法應
循其它法定程序請求救濟者，即不應再許其利用此制度請求撤銷原確定判決。

　　條文內容為：「有法律上利害關係之第三人，非因可歸責於己之事由而未參加訴訟，致不
能提出足以影響判決結果之攻擊或防禦方法者，得以兩造為共同被告對於確定終局判決提起撤
銷之訴，請求撤銷對其不利部分之判決。但應循其它法定程序請求救濟者，不在此限。」（第
507條之1）。

十、家事事件法之制定

　　臺灣地區現行關於家事事件之處理，原分別散見於民事訴訟法、非訟事件法等法律，設有
民事訴訟程序、人事訴訟程序、調解程序及非訟事件程序等不同程序，並無統一適用之法典。
此種多元程序並行之現制，不僅往往導致同一相關家事事件之處理、解決所需勞力、時間或費
用倍增，浪費司法資源，亦易造成前、後裁判之紛歧或抵觸，以致同一事件之多數關係人難獲
明確一致之依循，實不符程序利益保護、程序經濟維持及法安定性等要求。為免致此，有需
設法將同一家庭所涉多數家事訴訟及非訟事件，盡可能委由同一法官於同一程序予以處理、
解決。再者，家事事件系處理具一定親屬關係之人因共同生活、血緣親情、繼承等所產生之
紛爭，而當事人間之關係、情感、撫養未成年子女之權利義務，通常不會因司法程序結束而終
了，故相較於一般民事財產權紛爭事件，家事事件具有不同之特性，非僅需求法律專家就實體
法上要件事實存否為判斷或為妥當裁量，尚需求從社會上、心理上或感情上為妥適處理。

　　有鑑於此，並為貫徹憲法保障國民基本人權、維護人格尊嚴及保障性別地位實質平等，促
進程序經濟，保護關係人之實體利益與程序利益，兼顧未成年子女及所有家庭成員包含老人之
最佳利益，同時呼應公民與政治權利國際公約第二十三.四條：「採取適當步驟，確保夫妻在
婚姻方面，在婚姻關係存續期間，以及在婚姻關係消滅時，雙方權利責任平等。婚姻關係消滅
時，應訂定辦法，對子女予以必要之保護。」及第二十四.一條：「所有兒童有權享受家庭、
社會及國家為其未成年身分給予必需之保護措施，不因種族、膚色、性別、語言、宗教、民族
本源或社會階段財產、或出生而受歧視。」等規定，暨參酌聯合國兒童權利公約所示保障未成
年子女所應有程序主體地位之意旨，特擬具家事事件法，將向來之家事調解程序、人事訴訟程
序、家事非訟程序及家事強制執行程序合併統整立法，使程序一元化，並依家事事件多種類型
所具特性、需求之不同，於酌采職權探知主義以發現真實之同時，亦重新調整或采認適用於家
事事件審理之程序法理。

　　本法先將家事事件大別為甲、乙、丙、丁、戊等五類事件，然後分款細列具體之事件內

容，以便利民眾使用及法官運作，而提升審判效率，是與長年實務運作成效顯著之日、韓等國立法例相類；另規定應由專業法院（庭）處理，創設家事調查官、社工陪同、程序監理人等制度輔助法官，並采認程序權保障、相關事件統合處理解決原則、紛爭集中審理原則、法庭不公開原則、職權探知主義、適時提出主義等程序法理，配套訂定合意及適當裁定、職權通知、醫學檢驗強制、程序參與、暫時處分等程序；另考慮家事之強制執行事務，具有諸如：家庭成員間和諧關係之維持必要性、債權人利用執行程序之困難性及對程序上不利益之低耐受性、債務人履行債務有較高可能性、債權人難能規避債務不履行之風險等特性，為此，訂定履行勸告、預備查封（定期或分期給付之特殊執行）、強制金等規定，期能從根本上解決家事紛爭、統合處理其他相關家事事件，藉以增進程序經濟、節省司法資源（合理減輕整體法官負荷）、平衡保護關係人之實體利益與程序利益，並在兼顧未成年子女最佳利益之同時，亦適當保護老人及其他家庭成員之正當利益，進而維護家庭和諧、健全社會共同生活，奠定國家發展之根基。

其重要變革包括：

1.專業處理原則

明定家事事件由少年及家事法院或地方法院家事法庭處理之；處理家事事件之法官，應遴選具有性別平權意識、尊重多元文化，並有相關學識、經驗及熱忱者擔任。（第二條、第八條）

2.明確家事事件範圍、種類

依家事事件類型之訟爭性強弱、當事人之處分權限及需求法院職權裁量程度之不同，將性質相類者分別歸類為甲、乙、丙、丁、戊等五類，分別適用家事訴訟程序及家事非訟程序。（第三條、第三十七條、第七十四條）

3.程序不公開原則

為保護家庭成員之隱私及名譽，期發現真實並尊重家庭制度，規定家事事件之處理常式，除有特別規定之情形外，以不公開法庭行之。（第九條）

4.職權調查事實及證據

家事事件多與身分關係有關，且涉及公益，審理程序中，為求法院裁判與事實相符，並保護受裁判效力所及之利害關係第三人，便於統合處理家事紛爭，宜實行職權探知主義，明定除法律別有規定外，法院得視個案具體情形，斟酌當事人所未提出之事實，並得依職權調查證據。（第十條）

5.社工陪同

未成年人、受監護或輔助宣告之人於家事事件程序中，時有表達意願、陳述意見或出庭作證之情形，為緩和其情緒及心理壓力，訂定法院必要時應通知主管機關指派社工或其他適當專業人員陪同出庭，法院並得採取適當必要措施，以保護其等隱私及安全之規定。（第十一條）

6.程序監理人制度

為促進程序經濟、更加保護關係人之實體利益及程序利益，於家事事件程序中設計程序監理人制度，代當事人為程序（包括訴訟事件及非訟事件）行為，保護其利益，並作為當事人與法院間溝通之橋樑，協助法院迅速妥適處理家事事件，訂定程序監理人之選任、撤銷、變更及其資格、許可權、酬金等規定。（第十五條、第十六條）

7. 家事調查官

為瞭解家事紛爭背後隱藏之真正問題，輔助法院釐清事實，圓融解決家庭紛爭，乃參考少年事件處理法少年調查官之設，明定家事調查官承法官之命，以其專業社工、教育、心理、輔導等學識知能就特定事項而為調查，並協助法官分析家事事件個案所需之專業輔助，進而引入社會資源，妥適處理家事事件。（第十八條、第二十一條）

8. 調解前置主義

為促進當事人自主解決紛爭，重建或調整和諧的身分及財產關係，建構替代裁判之紛爭解決機制，明定家事事件除丁類事件外，于請求裁判前，應經法院調解。（第二十三條）

9. 未成年子女利益之保護

為保護未成年子女之權益，明定關於對於其權利義務行使負擔之内容、方法及其身分地位之調解，不得危害其利益。（第二十四條）

十一、結語及遺留之問題

本文略為介紹臺灣地區民事訴訟法之重大修正及其發展，對於採取資本主義之國家，基於資源有限性及私法自治之基本精神，對於民事訴訟法採取較傾向辯論主義之民事程序原理，係較合乎實際之作法。但應注意，基於憲法上諸多因素考慮，例如人性尊嚴、合法聽審權、武器平等及比例原則等類憲法要求，臺灣地區民事訴訟法對於國民主權在民事訴訟法之落實，於程序保障論上有重大變革。而為呼應訴訟經濟之時代需求，對於紛爭一次解決及裁判禁止矛盾等法理之落實，亦于立法上有所進展。而在證據法上及集中審理之相關議題，其發展則與歐洲國家之問題討論，幾近同步，頗有可觀。[20]而在目前臺灣所爭議問題，包括修正辯論主義或協同主義路線之爭、一般事案解明義務與限制性解明義務之爭論及闡明義務界限、訴訟標的理論之爭議，均值得識者所注意。

注 釋：

[1] 姜世明，國立政治大學法學院教授，德國慕尼克大學法學博士。

[2] 詳細說明請參閱王甲乙，五十年來我民事訴訟法之修正，臺灣法令月刊第 51 卷第 10 期 2000 年 10 月，第 447 頁。

[3] 立法院公報：第 78 卷 59 期，2275 號，頁 2-7。

[4] 王甲乙，五十年來我民事訴訟法之修正，頁 456—457。

[5] 立法院公報：第 88 卷 6 期，3006 號二冊，頁 635—637。

[6] 許士宦，民事訴訟法修正簡介，臺灣本土法學第 2 期，1999 年 6 月，頁 197—199。

[7] 邱聯恭，司法之現代化與程序法，1995 年 10 月版，頁 272。

[8] 邱聯恭，程序制度機能論，1996 年版，第 5—79 頁。

[9] 姜世明，民事程序法之發展與憲法原則，臺灣元照出版 2009 版，第 71—89 頁。

[10] 參閱姜世明，民事程序法之發展與憲法原則》，臺灣元照 2009 年版，第 105 頁以下。

[11] 邱聯恭，司法之現代化與程序法，頁 113—114

[12] 參閱姜世明，任意訴訟及部分程序爭議問題》，臺灣元照 2009 年版，第 1 頁以下。

[13] 相關質疑，參閱姜世明，任意訴訟及部分程序爭議問題，2009 年版，123 頁以下。

[14] 姜世明，民事程序法之發展與憲法原則，167—172 頁。

[15] 邱聯恭，司法之現代化與程序法，326—327 頁。

[16] 邱聯恭，程序制度機能論，1996 年版，239 頁以下。

[17] 邱聯恭，爭點整理方法論，23—26 頁。

[18] 姜世明，民事訴訟法新修正－上訴審及其它程序部份，臺灣月旦法學教室第六期，2003 年 4 月，108—110 頁。

[19] 沈冠伶，第三審之飛躍上訴與許可上訴（上），臺灣司法週刊，2003 年 8 月，第 1148 期，2-3 頁；沈冠伶，第三審之飛躍上訴與許可上訴（下），臺灣司法週刊，2003 年 9 月，第 1149 期，3 頁；沈冠伶，第三審許可上訴制之探討——以通常訴訟事件為中心及著重於「原則上重要性」之標準建立》，臺北大學法學論叢第 57 期，2005 年 12 月，329-366 頁；黃國昌，為誰存在之金字塔型訴訟制度？——對新修正民事訴訟法第三審許可上訴制之評析，載於氏著：民事訴訟理論之新開展，臺灣元照出版 2005 年版，477—501 頁；

[20] 參閱姜世明，新民事證據法論；舉證責任與證明度；舉證責任與真實義務等書。

臺灣民法總則修正芻議：以法國民法為借鏡

林恩瑋[1]

壹、前言

臺灣民法源自於國民政府1931年5月5日正式施行之中華民國民法典，當時整部民法典的條文一共有1225條。而真正將這部民法典適用于臺灣時，則是在1948年國民政府陸續撤退來台之後。國民政府所通過的民法典主要繼受於大陸法系國家，例如德國、瑞士與日本。這些大陸法系國家的民法典以及相關學說均對臺灣民法的發展有著相當深遠的影響。一直到今天，臺灣民法典的每次修正，多是亦步亦趨地參考這些國家的民法典發展，其中的考慮不僅是因為社會變化的需求[2]，亦有著維護既存法律體系安定性的考慮。

隨著國際潮流的變遷，科技的發展與社會經濟生活模式的改變，臺灣民法亦面臨到許多挑戰。自1982年1月4日修正通過部份民法總則及債編總論等條文開始，1999年4月21日通過大幅修正民法債編條文[3]；2007年3月28日[4]及2010年2月3日[5]又公佈大幅修正民法物權編條文；2002年6月26日[6]、2007年5月23日[7]與2008年1月2日又陸續通過修正部份民法親屬編、繼承編重要條文[8]，在這些重要的修正時刻中，均能發現外國立法例或是學說的身影。

誠然，作為根本反映社會經濟生活縮影的民法典，其修正方針必須符合民法典適用當地的社會發展為主要考慮方向。但同時對於在民法典規範已經發展成熟國家經驗的採取，由於涉及到規範適用的可行性與合理性的評估，所謂「他山之石，可以攻玉」，這些外國立法經驗與相關案例成果的參考，在修法上也是不可或缺的。

臺灣在陸續修正調整民法四編（債、物權、親屬、繼承）之規範後，最終亦將來到修正民法總則編的階段。本文之目的，即在於嘗試提出臺灣民法總則之相關修正方向，並以同為大陸法系之法國民法典發展為借鏡，期能拋磚引玉，對於將來臺灣民法總則之修正工作有所幫助。

以下本文即以臺灣民法總則所面臨之問題與困難（貳），並對照法國民法之相關規定（三），分別說明之。

貳、問題與困難

隨著特別法的制定、國際市場的競爭與社會的變遷發展，在民法總則編的規範上，目前所面臨的問題主要在於如何調整既存的法律制度（一），以及如何細緻化各項法律行為或法律關係（二）。

（一）既存制度的調整

臺灣民法總則編主要分為通則、權利主體（人）、權利客體（物）、法律行為、期日期間、消滅時效及權利之行使等章，分別為制度性規範。然而這些既存制度面臨現代社會生活及交易習慣的改變，均有調整之必要。

以下即就民法總則編所規範的死亡宣告與消滅時效制度，以及民法總則施行法中所規定之外國法人認許制度，分別說明之。

1.死亡宣告制度的調整

在臺灣民法學說上，死亡可分為真實死亡與法律死亡兩類。前者為確信自然人生理上已經自然死亡，其情形有二，其一為病死者，由醫師檢驗後發給「死亡證明書」，以確認其死亡之狀態與死亡之時間；其二則為非病死或可疑為非病死者，由檢察官命檢察事務官會同法醫，依照刑事訴訟法第218條規定[9]，對死者進行相驗程序後，再發給家屬「相驗屍體證明書」，以此憑辦死亡登記。後者則系在自然人行方不明之情況，由法律賦予與死者法律上利害關係人或檢察官聲請權，在法定期間經過後，向法院聲請死亡宣告[10]。法院以公示催告之方式並定陳報期間後，依民事訴訟法第629條以下規定為死亡宣告之判決[11]。

然而，隨著近年來全球氣候變遷，大型天然災害在臺灣不斷肆虐結果，亦使得原來民法所規定之死亡宣告制度受到挑戰。2009年8月8日的莫拉克颱風侵襲臺灣，造成676人死亡，23人失蹤的悲劇即為一例證。在這場災難下，依據民法第8條規定，原來失蹤人系遭遇特別災難，故應由法律上利害關係人或檢察官于特別災難終了滿一年後，向法院聲請為死亡之宣告。但依照這個規定，對於受災家屬（利害關係人）而言，一年的時間經過顯然對於其請領補助金，或是相關保險理賠金之手續而言，都是過於漫長的等待。因此立法院始在2009年8月27日三讀通過「莫拉克台風災後重建特別條例」，其中第28條規定：「對於因颱風失蹤之人，檢察機關得依應為繼承之人之聲請，經詳實調查後，有事實足認其確已因災死亡而未發現其屍體者，核發死亡證明書。（第1項）前項聲請，應于本條例施行後一年內為之。（第2項）第一項失蹤人，以死亡證明書所載死亡之時，推定其為死亡。（第3項）失蹤人尚生存者，檢察機關得依本人、第一項聲請人或利害關係人之聲請，或依職權撤銷死亡證明書。（第4項）檢察機關核發死亡證明書後發現失蹤人之屍體時，應依法相驗，發給相驗屍體證明書，並撤銷原核發之死亡證明書。（第5項）前二項撤銷死亡證明書之效力，准用民事訴訟法第六百四十條規定。（第6項）本條例施行前，檢察機關對於第一項所定情形核發之死亡證明書，適用前四項規定。（第7項）」

另外，在災害防救法第47條之1，同樣亦規定「人民因災害而失蹤時，檢察機關得依職權或應為繼承之人之聲請，經詳實調查後，有事實足認其確已因災死亡而未發現其屍體者，核發死亡證明書。（第1項）前項聲請，應於災害發生後一年內為之。（第2項）第一項失蹤人，以死亡證明書所載死亡之時，推定其為死亡。（第3項）失蹤人尚生存者，檢察機關得依本人、第一項聲請人或利害關係人之聲請，或依職權撤銷死亡證明書。（第4項）檢察機關核發死亡證明書後發現失蹤人之屍體時，應依法相驗，發給相驗屍體證明書，並撤銷原核發之死亡證明書。（第5項）前二項撤銷死亡證明書之效力，准用民事訴訟法第六百四十條規定。（第6項）」其內容與體例，幾乎與前開莫拉克台風災後重建特別條例第28條規定一致。

上開特別法中最大的問題在於由檢察機關代替審判機關發給相當於死亡宣告判決之死亡證明書，事實上架空了民法第8條有關失蹤人遭遇特別災難，法律上利害關係人或檢察官得于災難終了滿一年向法院聲請為死亡宣告判決之規定。學者有將之稱為「推定真實死亡」者[12]，認為屬於法律死亡與自然死亡之中間類型。而事實上，監察院對於上開特別法規定即曾提出質疑，在該院100司調59號調查意見書中明確指出上開莫拉克台風災後重建特別條例第28條「立法時未就外國立法例做詳細研究，致法律執行與外國之施行狀況有間，任由檢察官簽發死亡證明書，顯侵犯司法權，至所不宜。」同時也因為罹難者將可能因其是否具有應為繼承之人，而可能亡時間上產生相隔之差距，殊欠合理[13]。

實則就時空背景而言，臺灣民法關於死亡宣告之規定系於1930年代左右制定，當時交通與通訊之發展，與今日社會誠不可同日而語。而當時民法所適用之範圍考慮為中國大陸地區，其幅員之廣，聯絡之困難，亦與今日適用於臺灣島內之情形不同。當時所制定之死亡宣告條件是否仍得無礙適用於今日之臺灣社會，不無可疑，而有重新檢討之必要。

2.消滅時效制度的調整

臺灣民法繼受19世紀德國法學家Winscheid創設的請求權概念，將消滅時效制度建立在實體法請求權體系之上，亦成為臺灣民法在時效制度上之特色[14]。依照臺灣民法學界通說，消滅時效所對應的客體是請求權，而非權利本身，特別是債權的請求權。其他權利所衍生的請求權有時亦為消滅時效的客體，例如共有物分割請求權、未登記不動產及動產所生之物上請求權等[15]。

然而，民法總則中雖然對於消滅時效做了一般性規定，例如民法第125條：「請求權，因十五年間不行使而消滅。但法律所定期間較短者，依其規定。」及第126條：「利息、紅利、租金、贍養費、退職金及其他一年或不及一年之定期給付債權，其各期給付請求權，因五年間不行使而消滅。」但在總則編以外，民法其他各編又另行規定了特別消滅時效期間，例如第563條：「經理人或代辦商，有違反前條規定之行為時，其商號得請求因其行為所得之利益，作為損害賠償。（第1項）前項請求權，自商號知有違反行為時起，經過二個月或自行為時起，經過一年不行使而消滅。（第2項）」，第473條第1項：「貸與人就借用物所受損害，對於借用人之賠償請求權、借用人依第四百六十六條所定之賠償請求權、第四百六十九條所定有益費用償還請求權及其工作物之取回權，均因六個月間不行使而消滅。」，第514條第1項：「定作人之瑕疵修補請求權、修補費用償還請求權、減少報酬請求權、損害賠償請求權或契約解除權，均因瑕疵發見後一年間不行使而消滅。（第1項）承攬人之損害賠償請求權或契約解除權，因其原因發生後，一年間不行使而消滅。（第2項）」、第197條第1項「因侵權行為所生之損害賠償請求權，自請求權人知有損害及賠償義務人時起，二年間不行使而消滅。自有侵權行為時起，逾十年者亦同。」以及第717條：「指示證券領取人或受讓人，對於被指示人因承擔所生之請求權，自承擔之時起，三年間不行使而消滅」等。加之於特別法上又另行規定了消滅時效期間，部份消滅時效期間甚至以命令規範，而非以法律，使得整個消滅時效制度規範顯得紊亂而難以掌握。

這其中特別是一般消滅時效期間的規定為15年，從現行社會交易型態觀之，15年實在是過長了點。此外，民法第127條規定：「左列各款請求權，因二年間不行使而消滅：一、旅店、飲食店及娛樂場之住宿費、飲食費、座費、消費物之代價及其墊款。二、運送費及運送人所墊之款。三、以租賃動產為營業者之租價。四、醫生、藥師、看護生之診費、藥費、報酬及其墊款。五、律師、會計師、公證人之報酬及其墊款。六、律師、會計師、公證人所收當事人物件之交還。七、技師、承攬人之報酬及其墊款。八、商人、製造人、手工業人所供給之商品及產物之代價。」因不同職業別而設定不同的消滅時效期間限制，是否符合憲法之平等原則，亦不無疑義。

而關於消滅時效的起算點，在實務上也常常發生問題，民法第128條僅規定「消滅時效，自請求權可行使時起算。以不行為為目的之請求權，自為行為時起算」，而根據實務見解，最高法院民事判例28年上字第1760號曾認為「債權未定清償期者，債權人得隨時請求清償，為民法第三百十五條所明定，是此項請求權自債權成立時即可行使，依民法第一百二十八條之規定，其消滅時效應自債權成立時起算」，但嗣後最高法院民事判例63年臺上字第1885號卻又認為：「民法第一百二十八條規定，消滅時效自請求權可行使時起算，所謂請求權可行使時，乃指權利人得行使請求權之狀態而言。至於義務人實際上能否為給付，則非所問。」上開實務見解並未就民法第128條做出統一性的解釋標準，這使得消滅時效的起算點到底應該從何時開始，常常產生不少困擾。

3. 外國法人的認許

民法總則施行法第11條規定：「外國法人，除依法律規定外，不認許其成立。」同法第12條又規定：「經認許之外國法人，於法令限制內，與同種類之我國法人有同一之權利能力。前項外國法人，其服從我國法律之義務，與我國法人同。」是以在臺灣，外國法人例如外國公司，原則上應先經過主管機關經濟部之認許後，始得取得限制的權利能力，在臺灣進行有效之法律行為[16]。

成問題者，為此種外國法人認許之規定，是否仍適宜於今天的臺灣社會？特別是在臺灣加入WTO後，以未經認許之外國公司為無權利能力主體，是否符合國民待遇原則？實不無疑問。就此行政院經建會曾經多次召開討論會議，研議廢除外國公司認許制度之可行性，與會學者專家持正反意見並陳，是否採取自動承認原則，似尚未有定論。

（二）法律關係的細緻化

因應社會的發展與新型工業技術問題的產生，在法律關係的規範上似乎應當更著重於細緻化與分殊化的問題。以下即就現行臺灣民法總則中關於行為能力的標準，以及電子商務興起後所可能影響法律行為之概念，或法律關係的型態，分別說明之。

1.行為能力的標準

臺灣民法第12條規定「滿二十歲為成年」。第13條複規定：「未滿七歲之未成年人，無行為能力。（第1項）滿七歲以上之未成年人，有限制行為能力。（第2項）未成年人已結婚者，有行為能力。（第3項）」將自然人的行為能力，依照其固定年齡作為標準進行三分法。同時將各種行為能力類型之自然人所為之法律行為效果，分別規定於第75條「無行為能力人之意思表示，無效；雖非無行為能力人，而其意思表示，系在無意識或精神錯亂中所為者亦同」、第78條「限制行為能力人未得法定代理人之允許，所為之單獨行為，無效」及第79條「限制行為能力人未得法定代理人之允許，所訂立之契約，須經法定代理人之承認，始生效力」，並依照個案情形具體判斷自然人所為法律行為之效果。

對於上開以梯升漸進認定行為能力的制度設計，臺灣學者曾世雄教授級曾批評：「看似健全穩當，實則虛有其表。」並建議應將行為能力之設計改采二分法，分為有行為能力人與無行為能力人即可，並且在規劃上應兼顧年齡及事項雙重之標準，即以行為人之行為是否純獲法律上利益，或依其年齡與身份觀之，所為之法律行為是否日常生活所需或所從事，以切合實際需求[17]。

在過去農業社會時代，依據「二十而冠」的習俗，自然人的行為能力或許顧及到社會生活的實際需求，並以照顧未成年人作為主要的考慮，而制定限制行為能力這種緩衝性的標準。然而現代工業社會中，未滿二十歲而進入社會工作者，俯躍皆是。例如勞動基準法第44條第1項即規定「十五歲以上未滿十六歲之受雇從事工作者，為童工」。同法第45條第1項又規定「雇主不得雇用未滿十五歲之人從事工作。但國民中學畢業或經主管機關認定其工作性質及環境無礙其身心健康者，不在此限」。依上開條文之反面解釋，顯見童工得與雇主締結勞動契約，而這種童工進行勞動工作的情形，也在現行臺灣社會中屢見不鮮。因此成年的標準是否應當再下修，或是限制行為能力的年齡範圍是否應當再做調整，實不無討論之空間。特別是對於未成年人以結婚者有行為能力之規定，是否合適。在臺灣民法現行規定下，從出生到滿二十歲均為未成年人，設一12歲之未成年人結婚者，賦予其完全行為能力，是否適當？亦有研求之餘地。

2.電子商務的法律行為

新世紀的開始，臺灣社會在交易行為與生活方式上所面對最大的改變，當屬藉由網際網路開發所盛行的電子商務交易。常見的問題在於網站中標定價格展售商品的行為，究竟是屬於要約或是要約之引誘？此一問題迄今在臺灣實務界尚未有一致性的統一見解[18]。而在許多電子商務交易的場合，商家往往利用電腦程序進行自動回復，而不需人為操作，這種自動化手續的行為，應否視為商家所為之意思表示？這種「意思表示」如果承認其能夠發生法律上的效果，則顯然已經跳脫原來臺灣民法立法者之想像，而系屬於一種法官續造的成果。問題在於：自動回復的法律性質是否應該亦透過立法方式予以明文規範？

事實上，以目前臺灣社會商務交易習慣來看，電子郵件（E-mail）的使用幾乎已經成為商務交易不可或缺的一環。但電子郵件本身仍然與紙本文書有相當的區別，特別是涉及到文書作成人，以及文書內容的一致性等問題：例如一個具有法律效果的電子郵件，是否應當具備合法有效的電子簽章，始能承認其效力？抑或是僅需將電子郵件視為是文書，或「准文書」一類檔，賦予其推定之效力即可？

電子商務所產生的新型態交易行為，是否可能衝擊臺灣民法總則在法律行為及意思表示等原則之認知？或是依照既有的民法總則規定，即足以掌握所有之電子商務行為？實為臺灣民法總則修正時所無可回避之重要課題。

三、法國民法的對照

臺灣民法總則所面臨之困難與問題，已如上述，而相關問題在法國民法有如何之規定可茲參考？相關困難在法國民法上又有如何之規定得以解決？均值研究，以下即分別就法國死亡宣告與行為能力制度（一）、電子商務行為之法律影響（二）、消滅時效制度（三）及外國法人認許問題（四），分別敘述之。

（一）死亡宣告制度與行為能力的細緻化

在法國，死亡宣告制度主要連系著自然人失蹤的問題。依照1977年12月28日修正改革失蹤人制度法律，立法者將失蹤人制度規定於法國民法典第112條至第132條，而對應之死亡宣告規定則是自民法典第88條至第82條。在此制度下，原則上自然人之失蹤，可分為失聯（absence）與失蹤（disparition）二種情形。前者為關係人並未現實出現（non présence），後者則是關係人不但未出現，且再無出現之希望者。

失聯的情形，又可分為「推定失聯（présomption d'absence）」與「宣告失聯（déclaration d'absence）」二種，以下分別說明之。

1.推定失聯

根據法國民法典第112條規定[19]：「如本人停止在其住所地或居所地出現，而又無音訊時，監護法官得在利害關係人或檢察署要求下為失聯之推定。」因此，只要失聯者未出現於其住所或居所之事實存在，並可信其仍尚生存時，即得由利害關係人（如同居人、推定繼承人或債權人）或檢察署（Ministère public）聲請失聯人最後所在地，或其最後居所管轄區域內之監護法官（le juge des tutelles），依照上開法國民法典第112條規定「推定失聯」。因為推定失聯時，失聯者仍然被認為尚生存，所以推定失聯宣告並不會影響失聯者原來身份上之法律關係，其婚姻關係、親子關係仍繼續有效存在。失聯人的財產，除其配偶行使其夫妻財產制上之權利，或失聯人已充分授權其代理人情形外，依照法國民法典第121條規定，原則上由監護法官管理之。監護法官亦可以依據法國民法典第113條規定指定推定失聯人之一名或數名血親或姻親，或在必要時指定任何人代理推定失聯人行使其權利或一切有關係之行為，並管理推定失聯人一部或全部之財產。

2.宣告失聯

按法國民法典第122條規定[20]：「在確認推定失聯判決作成起已經過10年，或依第112條規定之方式，或依第217條、第219條、第1426條及第1429條規定進行司法程序時，得經任何利害關係人或檢察署之聲請，由地方法院普通庭宣告失聯。（第1項）雖無法院判決推定失聯事實，但當事人停止在其住所或居所地出現，且無音訊已經過20年者亦同。（第2項）」因此，在推定失聯宣告作成後十年，或自失聯者於住居所最後出現日起後二十年，可由檢察署或利害關係人聲請，由法院正式「宣告失聯」。

法院之失聯宣告相當於死亡證明，依據法國民法典第128條規定[21]：「宣告失聯判決自登錄時起，即具有確認失聯人已經死亡之效力。（第1項）依照第1章所為失聯者財產管理措施除法院有相反判決，或是法官對其另為命令外，應予停止。（第2項）失聯人之配偶得締結新婚姻。（第3項）」故自宣告時起，受宣告者的身份關係將受改變。（例如於失聯宣告起300日後出生之子女，將不受婚生推定；或自宣告時起，失聯者之配偶得再婚）推定失聯宣告或正式失聯宣告，均於失聯人返回時，由其向法院聲請撤銷之（民法典第118、129條參照）。

3. 失蹤

法國民法典第88條規定[22]：「在法國國內或國外之所有法國人，於其面臨生命危險之情形而失蹤時，如其屍體未被發現，得依共和國檢察官或利害關係人聲請，由法院宣告死亡[23]。（第1項）所有外國人或無國籍人，在法國所轄的領土上或在法國籍船舶或航空器上失蹤，即使是在國外失蹤，如其在法國有住所或慣常居所，得在上述同樣條件下由法院死亡宣告。（第2項）如死亡已確定，但屍體仍未被發現時，亦適用上述法院死亡宣告之程序。（第3項）」是以於自然人失蹤的情形，同樣是經由檢察官或是利害關係人聲請，由失蹤人死亡地、失蹤地、最後居所地、最後出現地或巴黎地方法院對所有在法國或法國以外地區因自然災害危險而失蹤，但未尋獲屍體之法國人為死亡宣告。該死亡宣告程序亦適用於失蹤者確定死亡，但尚未找尋到其屍體之情形（例如空難或關押集中營死亡者）。

4. 死亡宣告

死亡宣告須正式登載於公報上，並與死亡證明書具有同等之效力。關於死亡宣告的條文規定詳細如下：

法國民法典第89條規定關於死亡宣告之管轄法院：「如果死亡或失蹤發生在法國所轄之領土上時，宣告死亡之請求應向死亡或失蹤地之地方法院普通庭提出。否則，應向死者或失蹤者之住所地或最後居所地之法院提出；於缺乏此種住所或最後居所時，向其搭載之航空器或船舶隸屬之機場或船籍港所在地之法院提出；在以上所指情形均不適用時，巴黎地方法院普通庭有管轄權。

如數人在同一事件中同時失蹤，得向失蹤地之法院、船籍港或機場所在地法院，或向巴黎地方法院普通庭或其他具有訴訟正當利益之任何地方法院普通庭提出宣告死亡之集體請求[24]。」

法國民法典第90條規定死亡宣告的程序進行方式：「如請求非由共和國檢察官提出時，該請求應經共和國檢察官轉送法院。案件由合議庭預審與判決。程序中之一切行為不需要律師，且訴訟程序中之一切證書及其副本與節錄均免印花稅並免費登錄。

如法院認為死亡事實並未得到充分確認，得命令採取任何補充偵查措施，特別是得要求對失蹤之情形，進行行政調查。

如已宣告死亡，死亡日期應考慮由案件之具體情形加以推定，如無法推定時，則以失蹤日期為准。任何情形，死亡日期均不得為不確定之日期[25]。」

法國民法典第91條規定死亡宣告判決的格式及效力：「宣告死亡之判決主文，應登載於實際死亡地或推定死亡地之戶籍登記簿上，如有必要時，應登載于死者最住所地之戶籍登記簿上。

此項登記，應在死亡之日登載於登記簿之備註欄。在集體判決之情形，判決主文中個人摘錄部份，應送交各該失蹤者最後住所地之戶籍人員，以便注記。

宣告死亡之判決，其效力相當於死亡證書，對第三人具有對抗效力。但第三人得依本法第99條之規定對該判決為更正之請求[26]。」

不過，最近國際上發生之重大災難事變亦讓法國立法者開始考慮是否應當改革失蹤制度的問題。特別是在2004年12月26日發生的南亞海嘯災難，將近28萬人失蹤，這種重大災難的發生往往不容易找到失蹤者的屍體。而根據傳統之法國民法失蹤概念，必須要有證人證明失蹤人遭遇災難時「失蹤」，才能夠進一步地按照法國民法第88條規定由利害關係人或共和國檢察官聲請法院為死亡宣告[27]。其他的情形僅能夠被認定為「失聯」。但是事實上能夠證明失蹤人確實遭遇災難的證人幾乎不存在（絕大多數也跟著一起遇難），這使得死亡宣告的時間必須配合法國民法典第122條之規定，即確認宣告失蹤時間必須從「推定失聯」之判決作成後十年，始得由地方法院普通庭（letribunaldegrandeinstance）宣告失蹤，造成利害關係人不合理的漫長等待，因此2005年1月5日有兩位法國國會議員提出法國民法第88條修正案，希望可以加快或縮短死亡宣告的時間，而補充修正原條文規定如果自然人失蹤系因為重大或無爭議的自然災害所致，例如地震或是洪水災害，而其屍體無法被找到時，可以由利害關係人或共和國檢察官聲請法院為死亡宣告。

5. 行為能力之規定

在行為能力方面，依據法國民法典第414條規定，自然人滿18歲為成年，並自成年之日起取得完全行為能力。是以未滿18歲者，即稱為未成年人。然而，特定的成年人于必要時，為保障其財產利益或其自身利益，民法典第415條以下並設有成年人的保護制度。亦即對於因心智或生理機能欠缺等原因，而無能力、不能依其意思表達或不可能處理自己事務之成年人，除限制其行為能力外，法律並特設保障該成年人之制度，以維護其權利。主要之法源依據為2007年3月5日第2007-308號法律。

在法國民法上，無能力可分為以下類型：

(1) 無權利能力：指不能作為權利主體享受權利負擔義務的情形。無權利能力即意味著法律人格的喪失。

(2) 無行為能力：指不適合行使權利的能力，而必須藉由他人或代表進行法律行為。

(3) 無特別能力：指行為人無法為特定有效的法律行為的情形。

(4) 懷疑無能力：指為了保護社會以及維護公共秩序之理由，對特定人的特定法律行為如違反公共利益時，將歸於絕對無效之情形。

(5) 保護無能力：指針對為保護年齡上與心智上弱勢者，違反保護無能力而為法律行為時，該法律行為效力為相對無效。

無能力人所為之法律行為可以保全行為、行政行為及處分行為補充完成其法律效果。保全行為與行政行為主要是針對保全無能力人財產所進行的行為，2008年12月12日法律對於何時應進行保全行為與行政行為以保障無能力人之財產，有詳細之規定。對於任何人取得受保護人的財產，卻對之為內容之重大變更，或將財產價格貶值，或持續改變該財產之特性時，上開法律規定行為人之法律行為將不生效力。

此外，法國民法規定成年人如為精神不健全情形下所為的法律行為，應屬無效。（民法典第414-1條、第901條關於遺囑與生前贈與之規定參照）法國判例實務上曾對於漸進的病狀，例如阿茲海默症患者，認為其亦可主張行為屬無效。但對於行為人以年幼為藉口，主張其精神不健全故所為之法律行為無效者，則持否定之見解。成年人如主張其因精神不健全法律行為無效，必須負舉證責任，並提出精神障礙之證明。（法國新民事訴訟法典第414-1條參照）對於個別精神不健全所為之法律行為所生之法律關係，得自行為日起五年內提起行為無效之訴救濟之。（法國新民事訴訟法典第414-2條參照）

（二）電子商務法律行為的影響

在法國，電子商務法律行為對於法國民法典的影響，主要在於電子商務的文書資格方面。法國2000年3月13日第2000-230號法律新增修了與電子商務有關書證的規定，其條文如下：

民法典第1316條：書證，或書面證據，系指以紙張、符號、數位或其他任何記號或符號賦予清楚可懂之意義者，不論其物質基礎或其傳達之方式[28]。

民法典第1316-1條：書面以電子形式作成與以紙張為書面者同樣被認為得為證據，除非該書面能被正式地確認其來源者，或其製作者，或其保障完整性情況之維護者[29]。

民法典第1316-2條：當法律尚未選定其他原則，而當事人又缺乏有效的合意，法官得以各種可能的方法決斷文書證據衝突，而不論該文書之物質基礎[30]。

民法典第1316-3條：電子文書與紙本文書有同等證據力[31]。

民法典第1316-4條：在司法文書上插入必要的簽名以識別文書完整性。簽名表示債之當事人同意來自于該文書。當文書插入公共人員簽名時，則變為公證書。

當文書為電子文書時，其必須以可靠的驗證程序作成以保證所附之文書有所關聯。驗證程序的可靠性是推定的，其推定效力直到有反證時。電子簽章之建立，簽章一致性與保證文書之完整性等條件，由法國國政顧問院（Conseil d'Etat）以命令定之[32]。

（三）消滅時效制度之借鏡

茲將法國消滅時效制度，分為一般規定、消滅時效之起算點與截止日，以及合意變更時效期間等說明如下。

1.一般規定

法國民法學說上認為，所謂時效是指在法律規定下，經過一段時間後，在法律上接受某些事實狀態的一種方法（moyen）。時效又可分為取得時效（prescription acquisitive）與消滅時效（prescription extinctive）兩種類型。取得時效只與所有權有關，而消滅時效則僅與對人權（droit personnels）有關[33]，指權利因時效經過不行使而消滅。

時效所適用的客體究竟是權利，還是執行權利的訴訟？在法國民法學上向來是一個古典的爭議問題。從修正前法國民法典第2219條規定「時效系指在法律決定之條件下，經過一定期間取得所有權或免除義務的一種方法」看來，似乎時效所針對的是權利；然而從修正前法國民法典第2224條規定「無論訴訟進行程度為何，即使在上訴法院，均得主張時效」看來[34]，時效所針對的客體又似乎是執行權利的訴訟。不過，在法國時效並不當然對應權利，易言之，對於不具備權利的訴訟，事實上亦有時效適用的問題，例如無效之訴（action en nullité）。

消滅時效制度的制定主要是鑒於因為時間的經過，往往造成權利舉證上的困難。對於債權是否已經清償，特別是當債務人的繼承人繼承債務人的情形，繼承人因為時間經過太久，往往難以對債權人遲延的給付請求提出答辯。因此，為求均衡債權人與債務人兩造之利益，必須明定一個時效的期間使得債權能夠合理地被請求清償。不過，同時鑒於各種之債的性質彼此間有差異性，故自1804年以來，法國民法典即根據不同之權利性質，規定了不同的消滅時效期間。例如，依據修正前法國民法典第2270條之1規定，有關契約外之民事責任訴訟，時效期間為10年，自發生損害之日或損害加重之日起計算[35]。在這些不同的消滅時效期間之外，另外在修正前法國民法典第2262條還規定了一般權利（提起物權或債權之訴訟）的消滅時效期間為30年[36]。

然而，從20世紀後期開始，法國民法學者對於法國民法典上關於一般權利之消滅時效期間30年之規定開始有了異見。除了認為30年的消滅時效期間過長以外，在法國越來越多特別法針對不同的法律關係各自有其不同之消滅時效規定，使得法國消滅時效的制度顯得複雜且混亂，這種情形最終引起了改革消滅時效制度的聲浪。2008年6月17日，法國國會通過第2008-561號法案，修正原來法國民法典中有關消滅時效之規定，將之改寫的更清楚易懂，以保障債權人（預見時效）及債務人（避免訴訟）之權利[37]。此一法案內容編入法國民法典第3部、第20編以下，自第2219條至第2254條，分別就消滅時效的總則（第1章，disposition générales）、消滅時效期限與起算點（第2章，Des délais et du point de départ de la prescription extinctive）、消滅時效的過程（第3章，Du cours de la prescription extinctive）、消滅時效的條件（Des conditions de la prescription extinctive）等設有明文。

根據法國民法典新修正第2224條規定，關於人的訴訟（action personnelle）或是動產訴訟（action mobilière），消滅時效為5年，自權利人知悉（connu）或應該知悉（aurait dû connaître）其得行使其權利時起開始起算[38]。在此須注意者為此一5年之消滅時效期間僅適用於關於人的訴訟與動產訴訟之場合，同樣為關於物的訴訟之不動產訴訟則不在適用之列，仍適用法國民法典新修正第2227條之30年時效期間規定。（亦即民法典第2227條：所有權不受時效約束。在此條件下，關於物的不動產訴訟，自權利人知悉或應該知悉其得行使其權利時起開始起算30年之時效期間[39]。）

新法仍保留部份舊的時效期間規定，這些規定之時效期間均較新法之一般時效期間規定為長。例如建造人責任之特別時效規定為10年，或如產品瑕疵責任，依照法國民法典第1386-16條規定「除製造人過錯外，本節所規定之製造人，如受害人于期間內未對其提起訴訟，於造成損害之瑕疵產品流通後起算後10年免除其責任[40]」即為其例。

另外，亦有短于修法前一般消滅時效規定，但在修法後卻較一般消滅時效規定更長者。例如法國環境法典（Code d'environnement）第L.152-1條規定環境損害之責任，其時效期間為30年；而在職業健康的身體上損害部份，依照法國公共衛生法典（Code santé publique）第L.1142-28條規定，其時效期間原則上為10年，嚴重侵害時則依照法國民法典第2226條規定「因身體受侵害而由直接或間接受害人所提起之責任訴訟，自最初或加重之損害確認時起，時效為10年。（第一項）惟於損害是由於虐待、野蠻行為、暴力或對於未成年人性侵害造成時，其民事責任訴訟時效期間為20年[41]」，延長為20年。

在舊法時期之特別消滅時效規定與新法之消滅時效一般規定相同的部分，例如法國民法典舊法第2277條關於定期債權（薪資、房租、規費、扶養費用或利息等）之消滅時效規定，自收取日或得收取日起，其消滅時效期間均為5年[42]。因為期間規定與新法相符，故解釋上開關於定期債權部份，其消滅時效期間仍為5年。又依法國民法典新法第2253條規定，上開消滅時效期間得由當事人協議延長或縮短之，最長不得超過10年，最短不得少於1年。

2.消滅時效的起算

根據法國民法典新修正第2224條規定，「關於人的訴訟或是動產訴訟，消滅時效為5年，自權利人知悉或應該知悉其得行使其權利時起開始起算」，是以消滅時效的起算點，不但採取客觀上的要件「得行使權利時」，更加上了「權利人知悉或應該知悉」的主觀要件。此一主觀要件明顯地對債權人較為有利，相對地對債務人造成被請求地位上的不確定，使得時效的起算點取決於法院對於「應該知悉」寬嚴解釋之態度。

惟上開「自權利人知悉或應該知悉其得行使其權利時起」原則，在特定情形下並不適用：

(1) 在由直接或間接受損害之被害人提起之侵權行為責任訴訟方面，有關人身損害部份，根據法國民法典新修正第2226條規定，系自「原始或加重之損害確定（consolidation）日時」起算時效。

(2) 在環境損害賠償訴訟方面，則系自事實發生日起算。

此外，儘管原則如此，法國法律仍根據不同的債權特性，規定不同的消滅時效期間起算點。例如附條件或是期限的債權，消滅時效期間需至條件成就或是期限屆至時才開始起算。在民事賠償責任之訴部份，原則上是從損害發生時而非過錯行為作成時起算。法國法院近來判決並將此一起算時點推遲至受害人認識損害時[43]，或是於人身損害案件中，推遲至損害確定時（consolidé）起算[44]。在無效之訴方面，則自原告知悉無效行為作成日時起算[45]。在解除契約或契約責任方面的訴訟，自發現契約上過失之日起算[46]。在借貸無效之訴後所提之買賣無效之訴，從解消買賣之日起算[47]。在上訴方面，自構成訴訟基礎之主要訴訟之日起算[48]。在責任保險人保證之訴方面，自被保險人賠償受害人、被受害人指定或核定賠償之日起算[49]。在夫妻財產清算之訴方面，自裁判離婚日起算，不論是否判決效力溯及既往[50]。在繼承債務訴訟方面，自繼承分割之日起算[51]。

3. 消滅時效的截止日

關於消滅時效的截止日規定為2008年新法的創設，當消滅時效的起算點產生變動時，債務人往往無法確認時效是否已經屆至，而得援引消滅時效期間屆至對抗債權人（例如因為債務人之繼承人是未成年人，而因此停止時效之進行時，往往期間有可能經歷十餘年之久）。為了要限制這種不確定的結果，2008年新法援用歐洲產品責任法律系統，設計了雙重期間，亦即除前述一般消滅時效期間規定之外，將消滅時效期間截止日設定為自權利發生日起20年。此即法國民法典新修正第2232條規定：「起算點推遲，停止或中斷時效進行者，其消滅時效期間自權利發生日起不得超過20年。前項規定不適用第2226、2227、2233、2236條及第2241條第1項及第2244條。其亦不適用於關於人之身份訴訟[52]。」

4. 時效的合意延長或縮短

在2008年薪法以前，時效期間的規定被定性為屬於「半強行性（demi d'ordre public）條款」，亦即法定的時效期間禁止合意延長，但允許當事人縮短時效期間，或規定法定停止或中斷時效以外之原因。

而在2008年新法之後，則賦予契約當事人更大的自由，當事人可以縮短或是延長時效期間，但有1年到10年的限制。當事人亦可自行約定停止或中斷時效以外之原因。不過，此一自由之合意在定期債權與保險契約方面均受到限制，在定期債權與保險契約方面，5年的時效期間將被視為是強行性條款性質，而不許當事人以合意變更之（法國保險法典第L.144-3條規定參照）。

此外，消滅時效期間亦不得由當事人單方或雙方合意預先拋棄之。此系以法國民法典第2250條「僅有已完成的時效（prescriptionacquise）可被拋棄」之反面解釋所得結論。

上開合意變更時效規定主要見於法國民法典新修正第2254條[53]：

「時效期間得以當事人合意縮短或延長。時效期間不得被縮短少於1年，亦不得被延長多於10年。

當事人亦得以合意增加法定時效停止或中斷以外之原因。

前二項規定不適用於請求返還或支付薪資、逾期的利息收益、扶養費、租金、地租、租賃稅捐、借款利息等訴訟，以及一般一年期或為期更短時間之給付訴訟。」

（四）廢除外國法人認許制

法國民法典對於外國法人並無直接的明文規定，較為相關的條文為民法典第1837條規定：「所有所在地在法國領土的團體均應遵守法國法律。（第1項）第三人得援用章程所確定的團體事務所在地，但上開所在地不得對抗團體在另一地點之實際事務所在地。（第2項）」外國法人之權利能力與行為能力問題主要被定性為國際私法領域之問題。而迄今為止，法國並無統一之國際私法法典，故有關外國法人之法律地位問題，在法國應依照其司法實務判決意見及理論加以補充。

對於法人國籍的認定，法國國際私法理論上有三說，即組成員說、成立准據法說以及事務所在地說。組成員說系依照大多數領導法人團體之成員國籍來決定法人之國籍；設立准據法說則是依照法人團體所根據成立之國家法律判斷齊屬於何國國籍之法人；事務所在地說則是依照法人之主要營運事務所在地判斷其屬於何國之法人。

上述三說均不無缺點，例如組成員說在法人團體規模較大時，因為其組成員份子相對將趨於複雜，使得以確認大多數成員國籍作為法人國籍的方法顯得不切實際，並且也混淆了成員個人與法人的國籍歸屬問題。而設立准據法說亦可能造成法人團體規避原可能對其限制之強制性國家法律，而設立准據法在法人團體創建者意思不明時，也往往很難證明其所根據設立法人團體之法律究竟為何國之法律。而隨著法人團體的國際性活動增多，特別是國際性的商業行為，採用法人事務所在地說作為分辨法人國籍之標準，亦未盡符合事實。無論如何，在法國一般實務上仍採取事務所在地說，並且通常會將事務所在地加上事務進行中心（centre d'exploitation）地的概念（即事實上的事務所在地，siègeréel），作為判斷法人團體國籍之標準[54]。

從19世紀以來，外國法人團體向來在法國被承認具有完全的權利能力（pleindroit）。特別是在社團法人方面，這個立場迄今尚未有分歧之見解。不過在股份有限公司方面，法國針對法國公司在比利時被拒絕承認乙事通過了1857年5月30日法律，將外國資本公司之承認規定須受法國集體命令（décret collectif）之規範，亦即採用互惠主義原則，僅給予最惠國之公司法人格待遇。不過，時至今日這種作法被認為是違反了歐洲人權公約中關於保障個人財產及利益之規範，因此上開法律規定已於2007年12月20日法案中明文廢止[55]。

是以，目前法國內國法上並無對於外國法人需經法國政府認許之規定，原則上外國法人之地位與內國法人相同，具有同等之權利能力。

四、結論

綜上所述，本文簡短地將臺灣民法總則修正方向，總結建議如下：

第一，在死亡宣告制度方面，應當考慮事權統一，由法院進行死亡宣告為宜。現行莫拉克台風災後重建特別條例與災害防救法之規定，應配合刪除，另行於民法總則中增列未發現失蹤人屍體，但可確信其已死亡之類型，並授權法院得就此類型進行死亡宣告。

第二，在消滅時效制度方面，應考慮縮短一般消滅時效期間至少在十年以下，並將主觀要件列為消滅時效的起算點要件之一。此外，可以考慮增設如法國法之截止日制度，以作為調整。

第三，廢除外國法人認許制度，將問題回歸於個案是否承認外國法人人格即可，以改善外國法人投資環境，增加經濟競爭力。

第四，細緻化行為能力之判斷標準，在規劃上應兼顧年齡及事項雙重之標準，並且降低成年之年齡。此外，對於漸進的病狀，例如阿茲海默症患者，可以考慮增訂其行為屬無效或效力未定之規範，以均衡保障弱勢病患之權利。

第五，應當對於電子商務文書之法律性質，做出明確之規定，並對於電子商務意思表示之特殊性（例如自動式回復）增訂於意思表示一節中明文規範，至少說明其法律性質。

注 釋：

[1] 林恩瑋，東海大學法律學系副教授，法國史特拉斯堡大學法學博士。

[2] 例如1999年臺灣民法債編修正，增訂旅遊、合會及人事保證三個契約類型，主要著眼點即在於根本解決並規範這些在臺灣經濟生活中既存的契約類型。

[3] 總統（88）華總一義字第8800085140號令參照。

[4] 總統華總一義字第09600037751號令參照。

[5] 總統華總一義字第09900022461號令參照。

[6] 總統華總一義字第09100128090號令參照。

[7] 總統華總一義字第09600064111號令參照。

[8] 總統華總一義字第09600179031號令參照。

[9] 條文如下：「遇有非病死或可疑為非病死者，該管檢察官應速相驗。（第1項）前項相驗，檢察官得命檢察事務官會同法醫師、醫師或檢驗員行之。但檢察官認顯無犯罪嫌疑者，得調度司法警察官會同法醫師、醫師或檢驗員行之。（第2項）依前項規定相驗完畢後，應即將相關之卷證陳報檢察官。檢察官如發現有犯罪嫌疑時，應繼續為必要之勘驗及調查。（第3項）。」

[10] 參照民法第8條：「失蹤人失蹤滿七年後，法院得因利害關係人或檢察官之聲請，為死亡之宣告。（第1項）失蹤人為八十歲以上者，得於失蹤滿三年後，為死亡之宣告。（第2項）失蹤人為遭遇特別災難者，得於特別災難終了滿一年後，為死亡之宣告。（第3項）」

[11] 參考民事訴訟法下列條文：第628條「公示催告，應記載下列各款事項：一、失蹤人應於期間內陳報其生存，如不陳報，即應受死亡之宣告。二、凡知失蹤人之生死者，應於期間內將其所知陳報法院。」第629條「前條陳報期間，自公示催告最後登載公報或新聞紙之日起，應有六個月以上。失蹤人滿百歲者，公示催告得僅黏貼於法院之牌示處。前項情形，其陳報期間，得定為自黏貼牌示處之日起二個月以上。

[12] 吳從周：《民法上之推定真實死亡：一個真實死亡與法律死亡之中間類型的誕生》，臺北大學法學論叢，第78期，2011年6月，頁111—149。

[13] 例如罹難者有應為繼承之人時，得適用莫拉克颱風災後重建特別條例第28條，由檢察官發給死亡證明書，死亡時間為98年8月9日，但如罹難者無應為繼承人時，則回歸適用民法第8條之規定，由利害關係人或檢察官於特別災難終了滿一年後聲請法院為死亡宣告之情形。

[14] 王澤鑑：民法總則，2004年12月版，自刊，頁551以下參照。

[15] 此系對大法官會議解釋釋字第107、164號內容反面解釋所得之結論。釋字107號：「民法第七百六十九條、第七百七十條，僅對於佔有他人未登記之不動產者許其得請求登記為所有人，而關於已登記之不動產，則無相同之規定，足見已登記之不動產，不適用關於取得時效之規定，為適應此項規定，其回復請求權，應無民法第一百二十五條消滅時效之適用。復查民法第七百五十八條規定：「不動產物權，依法律行為而取得、設定、喪失及變更者，非經登記不生效力」，土地法第四十三條

規定:「依本法所為之登記,有絕對效力」。若許已登記之不動產所有人回復請求權,得罹於時效而消滅,將使登記制度,失其效用。況已登記之不動產所有權人,既列名於登記簿上,必須依法負擔稅捐,而其佔有人又不能依取得時效取得所有權,倘所有權人複因消滅時效喪失回復請求權,將仍永久負擔義務,顯失情法之平。本院院字第一八三三號解釋,系對未登記不動產所有人之回復請求權而發。至已登記不動產所有人回復請求權,無民法第一百二十五條消滅時效規定之適用,應予補充解釋。」釋字164號:「按民法第七百六十七條規定,所有人對於無權佔有或侵奪其所有物者之返還請求權,對於妨害其所有權者之除去請求權及對於有妨害其所有權之虞者之防止請求權,均以維護所有權之圓滿行使為目的,其性質相同,故各該請求權是否適用消滅時效之規定,彼此之間,當不容有何軒輊。如為不同之解釋,在理論上不免自相矛盾,在實際上亦難完全發揮所有權之功能。「已登記不動產所有人之回復請求權,無民法第一百二十五條消滅時效規定之適用」,業經本院釋字第一〇七號解釋在案。已登記不動產所有人之除去妨害請求權,有如對於登記具有無效原因之登記名義人所發生之塗銷登記請求權,若適用民法消滅時效之規定,則因十五年不行使,致罹於時效而消滅,難免發生權利上名實不符之現象,真正所有權人將無法確實支配其所有物,自難貫徹首開規定之意旨。故已登記不動產所有人之除去妨害請求權,雖不在上開解釋範圍之內,但依其性質,亦無民法第一百二十五條消滅時效規定之適用。」

[16] 曾陳明汝教授認為臺灣此種立法例應該系采學說上之「認許主義」。其又將認許主義分為「一般認許主義」、「特別認許主義」、「相互認許主義」與「分別認許主義」等類型。曾陳明汝,國際私法原理(上集):總論篇,2003年6月改訂7版,學林,頁200以下參照。

[17] 參考曾世雄,民法總則之現在與未來,元照,2005年10月第2版,頁168—172。

[18] 此方面相關討論文獻甚多,例如林麗真,《網路交易標價錯誤之契約法律問題探討》,東吳法律學報,第22卷第4期,2011年4月,頁1-25;林麗真,《電子書線上交易契約法律問題探討》,中原財經法學,第26期2011年6月,頁131—183;郭戎晉,《購物網站價格標示錯誤法律之研究:由臺北地方法院民事判決出發》,臺北大學法學論叢,第76期,2011年6月,頁199—240;林麗真,《網站上標價展售商品屬於要約或要約引誘?》,月旦裁判時報,第8期,2011年4月,頁23—28。

[19] Lorsqu'une personne a cessé de paraître au lieu de son domicile ou de sa résidence sans que l'on en ait eu de nouvelles, le juge des tutelles peut, à la demande des parties intéressées ou du ministère public, constater qu'il y a présomption d'absence.

[20] Lorsqu'il se sera écoulé dix ans depuis le jugement qui a constaté la présomption d'absence, soit selon les modalités fixées par l'article 112, soit à l'occasion de l'une des procédures judiciaires prévues par les articles 217 et 219, 1426 et 1429, l'absence pourra être déclarée par le tribunal de grande instance à la requête de toute partie intéressée ou du ministère public.

Il en sera de même quand, à défaut d'une telle constatation, la personne aura cessé de paraître au lieu de son domicile ou de sa résidence, sans que l'on en ait eu de nouvelles depuis plus de vingt ans.

[21] Le jugement déclaratif d'absence emporte, à partir de la transcription, tous les effets que le décès établi de l'absent aurait eus.

Les mesures prises pour l'administration des biens de l'absent, conformément au chapitre Ier du présent titre prennent fin, sauf décision contraire du tribunal ou, à défaut, du juge qui les a ordonnées.

Le conjoint de l'absent peut contracter un nouveau mariage.

[22] Peut être judiciairement déclaré, à la requête du procureur de la République ou des parties intéressées, le décès de tout Français disparu en France ou hors de France, dans des circonstances de nature à mettre sa vie en danger, lorsque son corps n'a pu être retrouvé.

Peut, dans les mêmes conditions, être judiciairement déclaré le décès de tout étranger ou apatride disparu soit sur un territoire relevant de l'autorité de la France, soit à bord d'un batiment ou aéronef français, soit même à l'étranger s'il avait son domicile ou sa résidence habituelle en France.

La procédure de déclaration judiciaire de décès est également applicable lorsque le décès est certain mais que le corps n'a pu être retrouvé.

[23] 例如 Civ. 1re, 14 mars 1995, Bull. civ. I, n° 125 ; Defrénois 1995. 1374, obs. Massip ; RTD civ. 1995. 323, obs. Hauser，其以事故發生在波濤洶湧的大海上，當時溫度僅 9 度判斷云云，作為判斷當事人面臨危險而失蹤之標準。

[24] La requête est présentée au tribunal de grande instance du lieu de la mort ou de la disparition, si celle-ci s'est produite sur un territoire relevant de l'autorité de la France, sinon au tribunal du domicile ou de la dernière résidence du défunt ou du disparu ou, à défaut, au tribunal du lieu du port d'attache de l'aéronef ou du batiment qui le transportait. A défaut de tout autre, le tribunal de grande instance de Paris est compétent.

Si plusieurs personnes ont disparu au cours du même événement, une requête collective peut être présentée au tribunal du lieu de la disparition, à celui du port d'attache du batiment ou de l'aéronef, au tribunal de grande instance de Paris ou à tout autre tribunal de grande instance que l'intérêt de la cause justifie.

[25] Lorsqu'elle n'émane pas du procureur de la République, la requête est transmise par son intermédiaire au tribunal. L'affaire est instruite et jugée en chambre du conseil. Le ministère d'avocat n'est pas obligatoire et tous les actes de la procédure, ainsi que les expéditions et extraits desdits actes, sont dispensés du timbre et enregistrés gratis.

Si le tribunal estime que le décès n'est pas suffisamment établi, il peut ordonner toute mesure d'information complémentaire et requérir notamment une enquête administrative sur les circonstances de la disparition.

Si le décès est déclaré, sa date doit être fixée en tenant compte des présomptions tirées des circonstances de la cause et, à défaut, au jour de la disparition. Cette date ne doit jamais être indéterminée.

[26] Le dispositif du jugement déclaratif de décès est transcrit sur les registres de l'état civil du lieu réel ou présumé du décès et, le cas échéant, sur ceux du lieu du dernier domicile du défunt.

Mention de la transcription est faite en marge des registres à la date du décès. En cas de jugement collectif, des extraits individuels du dispositif sont transmis aux officiers de l'état civil du dernier domicile de chacun des disparus, en vue de la transcription.

Les jugements déclaratifs de décès tiennent lieu d'actes de décès et sont opposables aux tiers, qui peuvent seulement en obtenir la rectification, conformément à l'article 99 du présent code.

[27] Y. BUFFELAN-LANORE et V. LARRIBAU-TERNEYRE, Droit civil : Introduction, Biens, Personnes, Famille, Sirey, 17e éd., n° 752.

[28] La preuve littérale, ou preuve par écrit, résulte d'une suite de lettres, de caractères, de chiffres ou de tous autres signes ou symboles dotés d'une signification intelligible, quels que soient leur support et leurs modalités de transmission.

[29] L'écrit sous forme électronique est admis en preuve au même titre que l'écrit sur support papier, sous réserve que puisse être dûment identifiée la personne dont il émane et qu'il soit établi et conservé dans des conditions de nature à en garantir l'intégrité.

[30] Lorsque la loi n'a pas fixé d'autres principes, et à défaut de convention valable entre les parties, le juge règle les conflits de preuve littérale en déterminant par tous moyens le titre le plus vraisemblable, quel qu'en soit le support.

[31] L'écrit sur support électronique a la même force probante que l'écrit sur support papier.

[32] La signature nécessaire à la perfection d'un acte juridique identifie celui qui l'appose. Elle manifeste le consentement des parties aux obligations qui découlent de cet acte. Quand elle est apposée par un officier public, elle confère l'authenticité à l'acte. Lorsqu'elle est électronique, elle consiste en l'usage d'un procédé fiable d'identification garantissant son lien avec l'acte auquel elle s'attache. La fiabilité de ce procédé est présumée, jusqu'à preuve contraire, lorsque la signature électronique est créée, l'identité du signataire assurée et l'intégrité de l'acte garantie, dans des conditions fixées par décret en Conseil d'Etat.

[33] 對人權（droit personnel）與對物權（droit réel）為法國民法學傳統上對於權利分類的兩種方式。前者指對於人所生之權利，例如債權，後者則指對於物所生之權利，例如不動產所有權。

[34] Ancien art. 2224 :La prescription peut être opposée en tout état de cause, même devant la cour royale, à moins que la parte qui n」 aurait pas opposé le moyen de la prescription ne doive, par les circonstances, être présumée y avoir renoncé.

[35] Ancien art. 2270-1 : Les actions en responsabilité civile extracontratuelle se prescrivent par dix ans à co,pter de la manifestation du dommage ou de son aggravation.

[36] Ancien art. 2262 : Toutes les actions, tant réelles que personnelles, sont prescrites par trente ans, sans que celui qui allègue cette prescription soit obligé d" en rapporter un titre, ou qu』 on puisse lui opposer l" exception déduite de la mauvaise foi.

[37] 例如新法即廢除了舊法時代曾有的「假設的時效（prescriptions présomptive）」理論。所謂假設的時效理論，系建立在「假設的給付」的基礎上。在特定短期消滅時效的債權中，法律假設債權人在一定期間可以受領債務人的給付，但債務人無法證明其已經履行。因此如果債務人對此有異議，應當提出證明。一般認為法國民法典舊法第 2275 條「主張時效已完成之人，應就是否已為實際清償之問題，向相對人宣誓」之規定，即為假設的時效理論之法源基礎。易言之，法律假設特定的債權應在一定期間內可受領債務人的給付，故推定債務人有履行之義務，如果債務人主張時效已經完成為抗辯，即應對此一「假設的給付」問題做出宣誓，以對抗債權人。「假設的時效」理論在法國民法學界尚有進一步的演繹，不過屬於過時的理論，且因有違憲之虞，故 2008 年修法時法國參議院已將其屏除。參考網址說明：http://www.senat.fr/rap/l07-083/l07-0838.html（最後更新日：2012 年 6 月 20 日）

[38] Les actions personnelles ou mobilières se prescrivent par cinq ans à compter du jour où le titulaire d'un droit a connu ou aurait dû connaître les faits lui permettant de l'exercer.

[39] Art. 2227 : Le droit de propriété est imprescriptible. Sous cette réserve, les actions réelles immobilières se prescrivent par trente ans à compter du jour où le titulaire d'un droit a connu ou aurait dû connaître les faits lui permettant de l'exercer.

[40] Sauf faute du producteur, la responsabilité de celui-ci, fondée sur les dispositions du présent titre, est éteinte dix ans après la mise en circulation du produit même qui a causé le dommage à moins que, durant cette période, la victime n'ait engagé une action en justice.

[41] L'action en responsabilité née à raison d'un événement ayant entraîné un dommage corporel, engagée par la victime directe ou indirecte des préjudices qui en résultent, se prescrit par dix ans à compter de la date de la consolidation du dommage initial ou aggravé.

Toutefois, en cas de préjudice causé par des tortures ou des actes de barbarie, ou par des violences ou des agressions sexuelles commises contre un mineur, l'action en responsabilité civile est prescrite par vingt ans.

[42] 參照法國民法典第 815-10 條第 3 項：「Aucune recherche relative aux fruits et revenus ne sera, toutefois, recevable plus de cinq ans après la date à laquelle ils ont été perçus ou auraient pu l'être.」

[43] Soc., 18 décembre 1991, Bull. civ., V, n°598 ; Civ. 1re, 13novembre 1991, Bull. civ., I, n°307 ; Soc., 1er avril 1997, Bull. civ., V, n° 130 ; Civ. 2e, 13 juillet 1966, Bull. civ., II, n°791.（該案過錯行為發生在起訴 71 年前）

[44] Civ. 2e, 4 mai 2000, Bull. civ., II, n°75 ; Civ. 1re, 1er juin 1999, Bull. civ., I, n°178. 如有加重損害時，則自加重損害之日起算。Civ. 2e, 15 novembre 2011, Bull. civ., II, n°167.

[45] Civ. 3e, 5 février 2003, Bull. civ., III, n°27.

[46] Civ. 2e, 7 octobre 2004, Bull. civ., II, n°441.

[47] Civ. 1e, 10 mai 2005, Bull. civ., I, n°205.

[48] Civ. 1e, 18 janvier 1989, Bull. civ., I, n°16.

[49] Civ. 1e, 3 mai et 28 nove,bre 1995, Bull. civ., I, n°183 et 430.

[50] Civ. 1e, 14 mai 1996, Bull. civ., I, n°209.

[51] Civ. 1e, 30 juin 1998, Bull. civ., I, n°234.

[52] Le report du point de départ, la suspension ou l'interruption de la prescription ne peut avoir pour effet de porter le délai de la prescription extinctive au-delà de vingt ans à compter du jour de la naissance du droit.

Le premier alinéa n'est pas applicable dans les cas mentionnés aux articles 2226, 2227, 2233 et 2236, au premier alinéa de l'article 2241 et à l'article 2244. Il ne s'applique pas non plus aux actions relatives à l'état des personnes.

[53] La durée de la prescription peut être abrégée ou allongée par accord des parties. Elle ne peut toutefois être réduite à moins d'un an ni étendue à plus de dix ans.

Les parties peuvent également, d'un commun accord, ajouter aux causes de suspension ou d'interruption de la prescription prévues par la loi.

Les dispositions des deux alinéas précédents ne sont pas applicables aux actions en paiement ou en répétition des salaires, arrérages de rente, pensions alimentaires, loyers, fermages, charges locatives, intérêts des sommes prêtées et, généralement, aux actions en paiement de tout ce qui est payable par années ou à des termes périodiques plus courts.

[54] Civ. 20 nov. 1870, S. 70.1.373.

[55] D. 08. Pan. 2564 obs. D'Avout. Bureau, 「Feu la loi du 30 mai 1857」, RC 2008. 161.

無代理權人之責任

陳添輝[1]

壹、前言

（一）代理人于代理權範圍內，以本人之名義，與相對人訂立契約，契約之效力直接及于本人，於本人與相對人間成立契約關係。反之，代理人未獲本人之授權，或逾越本人之授權，以本人之名義與相對人訂立契約，契約之效力並不當然及於本人；於本人承認或不承認前，本人與相對人間之契約，是效力未定。如果本人承認代理人之代理行為，則治癒代理人代理權之欠缺，溯及代理人為代理行為時，本人與相對人間成立契約關係。反之，如果本人不承認代理人之代理行為，則契約之效力確定不及于本人，於本人與相對人間不成立契約關係。

（二）本人不承認代理人之代理行為，於本人與相對人間確定不成立契約關係，相對人對本人並無契約上之請求權，此時相對人可能因訂立契約而遭受到損害，對無代理權人應有損害賠償請求權。民法第110條規定：「無代理權人，以他人之代理人名義所為之法律行為，對於善意之相對人，負損害賠償之責。」最高法院56年臺上字第305號判例：「無權代理人責任之法律上根據如何，見解不一，而依通說，無權代理人之責任，系直接基於民法之規定而發生之特別責任，並不以無權代理人有故意或過失為其要件，系屬於所謂原因責任、結果責任或無過失責任之一種，而非基於侵權行為之損害賠償。故無權代理人縱使證明其無故意或過失，亦無從免責，是項請求權之消滅時效，在民法既無特別規定，則以民法第125條第1項所定15年期間內應得行使，要無民法第197條第1項短期時效之適用，上訴人既未能證明被上訴人知悉其無代理權，則雖被上訴人因過失而不知上訴人無代理權，上訴人仍應負其責任。」我國民法學者通說亦認為，無代理權人損害賠償責任之成立，不以故意或過失為要件，亦不問其不知無代理許可權有無過失，均有民法第110條之適用[2]。最高法院56年臺上字第305號判例就損害賠償之範圍，並未明確表示見解，但似指履行利益而言[3]；然而，最高法院90年臺上字第1923號判決明確表示見解，認為：「……相對人依該法條（系指民法第110條）規定請求損害賠償，不得超過相對人因契約有效所得利益之程度，易言之，相對人得請求履行利益之給付……」；學者通說亦認為，損害賠償之範圍，則不獨信賴利益，即履行利益，亦應賠償，但信賴利益之請求，不得大於履行利益[4]。因此，縱使無代理權人無過失，善意之相對人仍得請求其履行利益之損害賠償；換言之，無代理權人對善意之相對人是負無過失責任，而其損害賠償之範圍包括履行利益在內。

（三）然而，履行利益之損害賠償，系以契約有效成立為前提要件；無權代理行為，本人不承認，不但對本人不生效力，而且對無代理權人亦不生效力。無代理權人為何要對善意之相對人負履行利益之損害賠償責任？契約有效成立，債務人債務不履行，對債權人雖應負履行利益之損害賠償，但原則上僅負故意過失責任。在無權代理之情形，通說認為，無代理權人不但應負履行利益之損害賠償，而且應負無過失責任，其責任比債務不履行更為嚴厲，是否過苛？無權代理之行為，可能有很多種，例如：無代理權人明知無代理權，而故意以他人之代理人名義與相對人訂立契約，有意識地戲弄善意之相對人；亦可能是無代理權人不知無代理權，而且對其不知並無過失，甚至亦無任何錯誤。如果不分情形，一律使無代理權人同樣負履行利益之損害賠償責任，是否公平？此外，相對人明知代理人無代理權時，得否請求無代理權人損害賠償？是類推適用民法第110條之規定，抑或就民法第110條為反面之推論？最高法院54年度臺上字第2728號判決認為，相對人得依民法第184條之規定請求無代理權人損害賠償。學說上有肯定最高法院之見解者[5]，亦有認為相對人若屬惡意，則無本條（民法第110條）之適用，因惡意人法律上常不加保護也[6]；足證此問題亦非毫無爭議。

（四）無代理權人責任之問題，是代理制度中最具爭議之問題之一，是令法律人相當敬畏之問題[7]。本文擬將研究之目標集中在下列兩個問題：

1.相對人善意時，無代理權人就其無代理權之行為，是否不問明知或不知、有過失或無過失，一律均對善意之相對人負履行利益之損害賠償責任？

2.相對人惡意時，無代理權人就其無代理權之行為，是否對惡意之相對人負侵權行為損害賠償責任？

貳、無代理權人對善意之相對人所負之責任

民法第110條規定：「無代理權人，以他人之代理人名義所為之法律行為，對於善意之相對人，負損害賠償之責。」因此，善意之相對人請求無代理權人負損害賠償之責，其前提要件是：無代理權人以他人之代理人名義為法律行為、本人拒絕承認、代理人不能證明其代理權存在、並非相對人於本人承認前撤回、相對人善意、非表見代理[8]、契約並非基於其他理由（例如相對人為無行為能力人）而無效。善意之相對人請求無代理權人負損害賠償之責，是否以無代理權人具有故意或過失為要件？損害賠償之範圍，是信賴利益或履行利益？學說及立法例，有不同之見解，試述於後：

（一）我國法院與學說之見解

1.無過失責任說

主張無代理權人對於善意之相對人，應負無過失之損害賠償責任者，就損害賠償之範圍，有不同之見解，大概可分為四說[9]，即1.相對人得請求履行利益之損害賠償說；2.相對人得請求信賴利益之損害賠償說；3.相對人得請求信賴利益或履行利益，但信賴利益之請求不得大於履行利益說；4.無代理權人于行為時不知其無代理權者，相對人僅能請求信賴利益之損害

賠償，但信賴利益之請求不得大於履行利益；無代理權人于行為時知其無代理權者，相對人得請求履行利益之損害賠償說。林誠二、吳光明采第二說，認為信賴利益與履行利益之區別基礎，在於法律行為本身之效力是否存在。如當事人間之法律行為有效，則對損害賠償之範圍應負履行利益之責任。如當事人間之法律行為已失其效力，則應負信賴利益之損害賠償。在法律行為無效之前提下，不應再區分無權代理人善意或惡意，再決定其負信賴利益或履行利益之損害賠償責任，一律使其負信賴利益之損害賠償責任[10]。最高法院85年臺上字第2072號判決認為：「無權代理人之責任，系基於民法第110條之規定而發生之特別責任，相對人依該條規定請求損害賠償，不得超過相對人因契約有效所得利益之程度。」最高法院85年臺上字第2072號判決似乎亦采第二說。史尚寬、鄭玉波/黃宗樂、王澤鑑采第三說[11]；其中以王澤鑑之說明，最周詳清楚，茲引述如後：「就民法第110條規定言，無權代理人所以要負無過失責任，應求諸於擔保責任之思想，即以他人名義而為法律行為時，在相對人引起正當之信賴，認為代理人有代理許可權，可使該法律行為對本人發生效力，因此為保護善意相對人，特使無權代理人負賠償責任，學說上稱之為法定擔保責任[12]。至於損害賠償之範圍，就現行法解釋而言，將損害賠償僅限於信賴利益，不足保護相對人。在無權代理，其代理行為雖不生效力，但不能因此徑認僅能請求信賴利益，此觀諸各國立法例即可知之。因此認為，相對人得請求信賴利益或履行利益，但信賴利益之請求不得大於履行利益之見解，較值得贊同。第四說在比較法上確有所據，代理人非因過失不知其代理權的欠缺，例如授權者為精神病人，系無行為能力人，妄以授權書給與代理人，而代理人不知其為無行為能力時，使代理人負履行利益的賠償責任，誠屬過苛，在立法論上，應使其僅負信賴利益的損害賠償，較為合理。惟此實已超過民法第110條的解釋範疇，而進入法律創造的階段[13]。」洪遜欣采第四說，認為：「無權代理人，如于行為時不知其無代理權者，僅應賠償信賴利益（其額不得大於履行利益），否則應負賠償履行利益之責任[14]。」劉得寬認為，無權代理人責任之法律上根據如何？見解不一，依通說，無權代理人之責任，系直接基於民法（民§110）之規定而發生之特別責任，並不以無權代理人有故意或過失為其要件，故無權代理人縱使證明其無故意或過失，亦無從免責矣[15]。至於損害賠償之範圍，則未表明立場。

2.締約過失責任說

黃立認為，民法第110條所規定之責任，是締約過失責任，以他人之代理人名義從事法律行為，很難想像他會沒有故意或過失；而其損害賠償之範圍是信賴利益[16]。

（二）外國法之觀察

1.法律沿革史之觀察

(1) 羅馬法

羅馬法認為，債權人與債務人成立債之關係，系以債權人對債務人有所信賴（fides）為前提，即信賴債務人將來有清償債務的能力及意願。因此，債權人與債務人間存在著「人與人間之信賴關係」，故債權之本質為法鎖（vinculum iuris），將債權人與債務人緊密連結在一起。

羅馬法諺雲:「債權固定在骨頭上」(nomina ossibus inhaerent),意思為「債權人之地位,無法移轉」。債權人起訴請求債務人清償債務,應以訂立契約時之當事人為被告,當事人若有變更,則債權失其同一性,債之關係消滅[17]。故羅馬法允許新債權人、舊債權人及債務人三方訂立之債之更改(novatio)[18],使舊債權消滅,使新債權成立,但不許僅有債權人與債權受讓人雙方訂立之「債權讓與」[19]。基於相同的道理,羅馬法不承認「真正的利益第三人契約」,亦不承認「直接代理制度」(alteri stipulari nemo potest)[20]。

然而,羅馬時代有奴隸制度,奴隸本身並非權利之主體,不能享受權利,故奴隸取得的權利歸屬于他的主人。反之,奴隸訂立契約而負擔債務,最初系由奴隸自己負擔債務,奴隸之主人並不負擔債務。因奴隸通常沒有財產,對奴隸之契約相對人不公平,故護民官給予契約相對人特別之訴權(actiones adiecticiae qualitatis),在某種條件及範圍內,使奴隸之主人與奴隸一起對契約相對人負給付之義務[21]。於是,羅馬法雖然不承認直接代理制度,但在某種條件及範圍內,奴隸卻發揮直接代理之功能。

(2) 近代法之發展

在中古世紀後期及近代,古代之奴隸經濟制度逐漸式微,自由人經濟日益興起;從社會經濟層面觀察,自由人在商場之活動越來越頻繁,很多契約都是自由人以直接代理之方式訂立。因此,法學界在16、17世紀產生一股運動,主張禁止直接代理是過時的;理性主義之自然法學者,尤其是Grotius與Christian Wolff對推動直接代理制度扮演關鍵之角色[22]。在共同法時期,直接代理原則上是被允許的,尤其是在債權契約。當時,代理與委任契約是混在一起的,受任人被視為被授權人,受任人以委任人之名義所為之法律行為,被視為是委任人之法律行為。換言之,委託他人處理事務與代理權之授與,合併在委任契約內;委任契約被當作代理權授與行為之基礎[23]。然而,德國法學者PaulLaband於1866年根據德意志一般商法典之規定,發表一篇文章「依德意志一般商法典訂立法律行為時之代理」,主張代理行為之無因性原則,始將代理權之授與與委任契約分離處理[24]。

2.比較法之觀察

(1) 德國民法

德意志一般商法典[25](Allgemeines Deutsches Handelsgesetzbuch)第55條規定:「凡以經理人或代辦商之身分,簽訂商業行為(契約),而未取得經理權或代辦商權,或逾越代辦商權者,應親自依商法之規定對第三人負責。第三人得選擇請求其損害賠償或履行債務。第三人明知其欠缺經理權、代理(辦)權或逾越代理(辦)權,而仍與其簽訂契約者,經理人或代辦商不負上開義務[26]。」同法第298條第2項規定:「無代理權人以代理人之身分簽定商業行為,或于簽訂商業行為時逾越其授權範圍者,準用第55條之規定[27]。」德意志一般匯票法[28](Allgemeine Deutsche Wechselordnung)第95條規定:「無代理權人以他人之代理人名義簽名于匯票者,應親自負責,正如同本人授與代理權時,本人所負之責任。監護人或其他代理人逾越許可權發行匯票者,亦同[29]。」德國民法第1次草案第125條繼受德意志一般商法典第55條及德意志一般匯票法第95條之規定,使無代理權人對善意之相對人負履行義務或損害賠償責任。

德國民法第2次草案認為，第1次草案使無代理權人對善意之相對人負履行義務或損害賠償責任之規定過於嚴苛，因此分別情形規定無代理權人之責任[30]，並減輕無代理權人之責任。德國民法第179條規定：「（1）凡以代理人之名義訂立契約，無法證明其代理權存在，而本人拒絕承認契約時，相對人得選擇請求無代理權人履行契約或損害賠償。（2）代理人不知代理權之欠缺時，僅就相對人信賴代理權存在所受損害負賠償之義務，但其數額不得超過相對人因契約有效所得利益之程度。（3）相對人明知或可得而知代理權之欠缺時，代理人不負賠償義務。代理人為限制行為能力人時，亦同；但其行為得法定代理人同意者，不在此限。」依德國民法第179條第1項之規定，代理人明知代理權有欠缺時，負履行契約或履行利益之損害賠償義務；依同法第179條第2項之規定，代理人不知代理權有欠缺時，負信賴利益之損害賠償，但其數額不得超過履行利益之程度。因此，德國民法第179條系區分代理人明知代理權有欠缺與代理人不知代理權有欠缺，分別賦予不同之法律效果，並非一律使代理人負履行利益之損害賠償義務。

代理人系以本人之代理人名義，與相對人訂立契約；相對人明確知悉其契約之另一方當事人是本人，不是代理人。為何德國民法第179條第1項規定，善意之相對人得選擇請求無代理權人履行契約或損害賠償？因為德國民法之立法者認為，代理人以本人之代理人名義，與相對人訂立契約，代理人如果明知代理權有欠缺時，應明白告知相對人其代理權有欠缺。如果代理人明知代理權有欠缺，卻未明白告知相對人其代理權有欠缺，而以本人之代理人名義，與相對人訂立契約，表示代理人主張其具有代理權。因此，依德國民法第179條第1項之規定，代理人應對自己的話負責任，即代理人必須擔保代理許可權存在。于本人拒絕承認時，無代理權人必須對相對人負履行契約或損害賠償之義務。無代理權人負履行契約或損害賠償之義務，並非因無代理權人與相對人互相表示意思一致契約有效成立，而是因為法律之規定，所以這是法定的擔保責任[31]。

德國民法之立法者，依撤銷錯誤意思表示之模式，規定民法第179條第2項，不論無代理權人有無過失，均使其負信賴利益之損害賠償[32]。德國學者Larenz/Wolf認為，民法第179條第2項所規定之危險分配，隱藏一項價值判斷，即代理人以本人之代理人名義，與相對人訂立契約，相對人依代理人之陳述相信其具有代理權。因為代理權是否存在、代理權之範圍如何，代理人比相對人容易認識，也比相對人應該承擔代理權欠缺所造成之損害。所以，縱使無代理權人無過失，亦應對於相對人負信賴利益之損害賠償責任[33]。

(2) 瑞士債法

瑞士債法第39條規定：「（1）本人明示或默示拒絕承認時，代理人若不證明相對人明知或可得而知代理權之欠缺，即應就契約無效所生損害負賠償責任。（2）代理人有故意或過失時，法官認為適當時，得判決其賠償其他之損害。（3）於所有情形均得主張不當得利請求權。」依瑞士債法第39條之規定，代理人無過失時，負信賴利益之損害賠償；代理人有故意或過失時，法官認為適當時，得判決其就其他損害負賠償責任。

(3) 奧地利民法

奧地利民法第1019條規定：「代理人就其所為之法律行為，未得到授權或未得到充分的授權，而本人既不承認其所為之法律行為，亦不以承認之意思將該法律行為所產生之利益據為已有（§1016），則代理人就相對人相信其具有代理權所遭受之損害，應負賠償責任。但代理人所負之損害賠償金額，不大於相對人于契約有效時可取得之利益。」奧地利民法學者通說認為，代理人以本人之代理人名義為法律行為時，應注意其代理權是否存在，以及其代理權之範圍；並于代理權有所欠缺或逾越時，應立即通知相對人，避免相對人因相信代理人具有代理權以及相對人與本人間之契約有效成立，而遭受損害。代理人如于代理權有所欠缺或逾越時，未盡上開之注意及通知義務，為締約上之過失[34]，如致使善意之相對人因相信契約有效成立而遭受損害，應負損害賠償責任，故其損害賠償之範圍，是信賴利益[35]。換言之，因代理權有所欠缺或逾越，致使本人與相對人間之契約效力未定，而本人拒絕承認，使本人與相對人間之契約確定不生效力時，代理人負有使相對人不因契約無效而遭受損害之責任。

值得注意者，奧地利商法（Art 8 Nr11 der 4. EVHGB）深受德國民法之影響，無代理權人所訂立之契約為商業行為，于為代理行為時，明知其代理權有所欠缺，則視同無代理權人本身訂立契約。相對人得選擇請求其履行契約或履行利益之損害賠償。反之，無代理權人于為代理行為時，不知其代理權有所欠缺，則僅負信賴利益之損害賠償，此時之無代理權人是否具有過失，在所不問[36]。

（三）本文見解

無代理權人，對於善意之相對人，應負何種責任？針對這個問題，本文擬分解釋論與立法論兩個層面來探討：

1.解釋論

(1) 我國民法第110條規定：「無代理權人，以他人之代理人名義所為之法律行為，對於善意之相對人，負損害賠償之責。」因我國民法第110條之規定非常精簡，所以梅仲協認為，此條僅規定損害賠償責任之負擔，而於無權代理之原因，不加區別，于無權代理人之責任，亦不分輕重，似嫌率略[37]。洪遜欣似乎參考德國民法第179條之規定，區別無權代理之原因及無權代理人之責任，認為無權代理人，如于行為時不知其無代理權者，僅應賠償信賴利益（其額不得大於履行利益），否則應負賠償履行利益之責任[38]。王澤鑑認為，洪遜欣之見解，就法學方法論而言，似已超過解釋之範疇，而進入法律創造之層次，須賴學說形成共識，經由判例協力而實現之[39]。因此，我國民法第110條之規定，既然與德國民法第179條及瑞士債法第39條之規定不同，在現行法之解釋論上，是否能為相同之解釋，不無爭議。

(2) 根據最高法院56年臺上字第305號判例及學者通說之見解，無代理權人，對於善意之相對人，應負無過失之損害賠償責任，而其損害賠償之範圍，則不獨信賴利益，即履行利益，亦應賠償。就損害賠償責任而言，最高法院56年臺上字第305號判例及學者通說之見解，與德意志一般商法典第55條、德意志一般匯票法第95條及德國民法第1次草案第125條之規定相當類似。然而，德國民法第2次草案認為，第1次案使無代理權人對善意之相對人負履行義務或損害賠償責任之規定過於嚴苛，因此分別情形規定無代理權人之責任，並減輕無代理權人之責任。因此，我國民法第110條之解釋，是否宜采德國民法第1次草案第125條之規定，並非毫無爭議。例如：王澤鑑認為，授權者，系精神病人，本系無行為能力人，而妄以授權書給與代理人，而代理人不知其為無行為能力者，使代理人負履行利益之賠償責任，誠屬苛嚴，應使其僅負信賴利益之損害賠償，較為合理[40]。吳光明亦認為，信賴利益與履行利益之區別基礎，在於法律行為本身之效力是否存在。如當事人間之法律行為有效，則對損害賠償之範圍應負履行利益之責任。如當事人間之法律行為已失其效力，則應負信賴利益之損害賠償。在法律行為無效之前提下，不應再區分無權代理人善意或惡意，再決定其負信賴利益或履行利益之損害賠償責任，一律使其負信賴利益之損害賠償責任[41]。

(3) 本文亦認為，使無代理權人負履行利益之損害賠償責任，過於嚴苛，理由如下：

1) 法律體系觀察

從法律體系觀察，同屬締約上過失制度之表意人撤銷錯誤之意思表示（民法第91條）、當事人違反說明義務、違反保密義務及顯然違背誠信原則（民法第245條之1）、當事人于訂約時明知或可得而知契約標的不能（民法第247條），均僅就他方當事人因信賴契約能有效成立而受之損害負賠償責任，即僅負信賴利益之損害賠償責任[42]。無代理權人為何獨需負履行利益之損害賠償責任？

2) 履行利益之意義

所謂履行利益，系指契約有效成立，債務人依契約之本旨履行債務，債權人可以獲得之利益。如因可歸責于債務人之事由，致債務不履行（例如給付不能），則債務人應賠償債權人履行利益，使債權人所處之法律上地位，猶如債務人已經依契約之本旨履行債務一般。換言之，債務人賠償債權人履行利益，其前提要件是，契約有效成立[43]，及因可歸責于債務人之事由，致債務不履行。然而，無代理權人之代理行為，因欠缺代理權，本人又不承認，故契約之效力確定地不及於本人；無代理權人之代理行為，因系以他人之代理人名義所為，故契約之效力亦不及于代理人[44]。無代理權人之代理行為，對本人及代理人均不發生契約有效成立之法律效果，則無代理權人為何對善意之相對人應負履行利益之損害賠償責任？

3) 法律之比較觀察

德國民法之立法者認為，代理人以本人之代理人名義，與相對人訂立契約，代理人如果明知代理權有欠缺，應明白告知相對人其代理權有欠缺。如果代理人明知代理權有欠缺，卻未明白告知相對人其代理權有欠缺，而以本人之代理人名義，與相對人訂立契約，表示代理人主張其具有代理權。因此，代理人應對自己的話負責，即代理人必須擔保代理許可權存在。于本人拒絕承認時，法律使無代理權人與善意之相對人間產生法定之債之關係（ein gesetzliches Schuldverhältnis），無代理權人本身雖非契約當事人，卻因法律之規定而取得契約當事人之地位[45]。因此，善意之相對人得依德國民法第179條第1項之規定，請求無代理權人履行契約；如果契約之內容僅本人才能履行（如當事人對某律師特別信任，非該律師不可），或無代理權人與善意之相對人訂立者為物權契約，則善意之相對人得依德國民法第179條第1項之規定，請求無代理權人履行利益之損害賠償。換言之，德國民法第179條第1項使善意之相對人得選擇請求無代理權人履行契約或履行利益之損害賠償，其理論基礎是使無代理權人與善意之相對人間產生法定之債之關係，無代理權人本身雖非契約當事人，卻因法律之規定而取得契約當事人之地位。

我國最高法院及學者通說認為，不問無代理權人是否明知其無代理許可權，亦不問其不知無代理許可權有無過失，一律使善意之相對人得請求無代理權人履行利益之損害賠償；是否認為法律不分情形，使無代理權人與善意之相對人間產生法定之債之關係，無代理權人本身雖非契約當事人，卻因法律之規定而取得契約當事人之地位？答案如果是肯定的，那麼善意之相對人是否可以請求無代理權人履行契約？然而，史尚寬認為，無代理權人僅負賠償責任，不負履行責任[46]。因此，答案應是否定的，則善意之相對人如何可以請求無代理權人履行利益之損害賠償？其理論基礎何在？

4）法律之發展趨勢

德意志一般商法典第55條、德意志一般匯票法第95條及德國民法第1次草案第125條，使無代理權人與善意之相對人之間存在法定之契約關係，善意之相對人得選擇請求無代理權人履行債務或損害賠償。然而，因德國民法第1次草案第125條之規定對無代理權人過於嚴格，故德國民法第179條分別情形規定無代理權人之責任，並減輕無代理權人之責任，藉以紓緩德國民法第1次草案第125條規定之嚴苛。依瑞士債法第39條之規定，代理人無過失時，負信賴利益之損害賠償；代理人有故意或過失時，法官認為適當時，得判決其就其他損害負賠償責任。依德瑞之立法例，無代理權人負無過失責任者，善意之相對人僅能請求信賴利益之損害賠償；反之，善意之相對人請求履行利益之損害賠償者，以無代理權人須明知或具有故意過失為要件。奧地利民法第1019條及學者通說，更以締約上過失之理論，使無代理權人對善意之相對人負信賴利益之損害賠償責任，使無代理權人負更輕之責任。我國最高法院及學者通說，不問無代理權人是否明知其無代理許可權，亦不問其不知無代理許可權有無過失，不分情形，一律使無代理權人負履行利益之損害賠償責任，是否違反法律之發展趨勢？對無代理權人是否過苛？

(4) 無代理權人對善意之相對人負無過失責任？

最高法院56年臺上字第305號判例及我國民法學者通說認為，無代理權人就其無代理權之行為，對善意之相對人，應負無過失之損害賠償責任。就法律解釋論而言，本文持保留立場，理由如下：

1）無代理權人負無過失責任之理由

德國民法之立法者，依表意人撤銷錯誤之意思表示，對於善意無過失之相對人應負無過失損害賠償責任之模式，制定德國民法第179條第2項之規定。因依德國民法第122條之規定（相當於我國民法第91條），表意人負損害賠償責任，不以表意人對於錯誤具有過失為前提要件。所以，無代理權人對於善意之相對人，負損害賠償責任，亦不以具有過失為要件。例如：甲因精神障礙或心智缺陷而受監護宣告，本系無行為能力人，妄以授權書交付給乙，授與乙代理權，乙不知甲為無行為能力人，故以甲之代理人名義與丙簽訂契約。此時，乙對甲為無行為能力人，雖無認識，但卻尚有依甲之行為舉止為判斷之可能性；因乙之錯誤判斷，以為甲具有行為能力，甲之代理權授與行為有效，進而以甲之代理人名義與丙簽訂契約，故乙對丙應負無過失之損害賠償責任。

然而，代理人如果就其代理權之欠缺，既無認識之可能性，又無判斷之可能性時，代理人即無錯誤之問題。此時，讓無代理權人對於善意之相對人，負損害賠償責任，即與錯誤之表意人對於相對人負損害賠償責任不同。例如：因甲之錯誤，將代理權授與給乙，而乙不知甲授與代理權系出於錯誤，遂以甲之代理人名義與丙簽訂契約，嗣後甲始依民法第88條之規定撤銷其授與代理權之行為（錯誤之意思表示）。此時，乙就其代理權之欠缺，完全無認識之可能性，甚至連判斷之可能性亦全無，乙毫無任何過失。乙以甲之代理人名義與丙簽訂契約，乙本身並無任何錯誤，但依最高法院56年臺上字第305號判例及學者通說之見解，卻需依民法第110條之規定對丙負損害賠償責任。此時，使無代理權人負無過失之損害賠償責任，不但對於維持代理制度之信用毫無説明，而且過於嚴苛[47]。

此外，若使乙對丙負無過失之履行利益損害賠償責任，而乙祇能依民法第91條之規定請求甲信賴利益之損害賠償。甲有錯誤，祇負信賴利益之損害賠償責任；乙沒有錯誤，卻需負履行利益之損害賠償責任；從利益衡量之觀點而言，不但輕重失衡，對乙過於嚴苛，而且失去意義。如果甲被某人脅迫，將代理權授與給乙，使乙以甲之代理人名義與丙訂立買賣契約。乙無過失不知甲被脅迫之情事，故以甲之代理人名義與丙訂立買賣契約。嗣後，甲以被脅迫為理由，撤銷其對乙之代理權授與行為。乙雖屬善意並無過失，但卻須對善意之丙負履行利益之損害賠償責任。此時乙是為與自己一點關係都沒有之某人負責任，而不是為自己之錯誤負責任，不但過重[48]，而且與自己責任原則抵觸[49]。針對上開甲錯誤或被脅迫，導致乙必須對丙負損害賠償責任之例子，德國學者Flume主張，代理權授與行為的撤銷，應由本人（甲）向代理人對之為代理行為的第三人（丙）為之，相對人丙得依德國民法第122條（相當於我國民法第91條）之規定向本人甲請求損害賠償。此項見解，可以避免丙向乙請求損害賠償，再由乙向甲輾轉請求損害賠償之麻煩，獲得王澤鑑教授及陳自強教授之肯定[50]。

然而，Flume之見解，是否可以毫無疑問地在我國適用，針對這個問題，本文有下列兩項疑問：

A、依德國民法第122條及第179條第2項請求損害賠償之範圍，均是信賴利益；但依我國最高法院90年臺上字第1923號判決及學者通說之見解，丙依民法第110條之規定請求乙損害賠償之範圍可能是履行利益，而丙依民法第91條之規定請求甲損害賠償之範圍是信賴利益，履行利益通常是大於或等於信賴利益，故丙依民法第91條之規定向甲請求損害賠償後，如果不許丙依民法第110條之規定向乙請求損害賠償，對丙不利，即有保護善意第三人不周之虞。反面言之，如果允許丙依民法第110條之規定，向乙請求損害賠償，則避免丙向乙請求損害賠償，再由乙向甲輾轉請求損害賠償之目的，即無法達成。

B、德國民法學界於十九世紀，就代理之本質曾有熱烈之討論。代理人乙以本人甲之名義與相對人丙簽訂契約，在乙之表示行為背後，是甲之意思，抑或是乙之意思？Savigny認為，是甲之意思，乙僅是將甲之意思傳達給丙，因此在甲與丙之間存在契約關係；代理人就是使者，代理人與使者並無區別；這個理論後來稱為本人行為說（Geschäftsherrtheorie）。反對本人行為說者認為，羅馬法源顯示，在許多地方，系以代理人乙之意思為准，尤其是明知其事情或可得而知其事情，其事實之有無，系以代理人為准。此外，本人往往給予代理人決定之自由，此時代理人系基於自己之意思與相對人簽訂契約，而本人行為說無法說明此種現象。Windscheid認為，代理人雖以本人之名義，但卻表示代理人自己之意思，故代理行為系以代理人之意思為准，與使者系傳達本人之意思不同，即所謂之代理行為說（Repräsentationstheorie）。依代理行為說之見解，代理行為是代理人之行為，僅代理之效力直接歸屬於本人[51]。Mitteis提出折衷之見解，認為系以本人及代理人共同之意思為准。Windscheid是德國民法第1次草案編纂委員會之意見領袖，故德國民法之立法者及民法學者通說，采代理行為說[52]。根據代理行為說，「代理權之授與行為」與「代理行為」是兩個不同之行為，兩者應嚴格區分，而且代理權授與行為之意思瑕疵不影響代理行為之效力[53]。若主張本人于代理權授與行為發生意思表示錯誤，得由本人撤銷代理人與善意相對人所訂立之契約，似乎回到Savigny之本人行為說，顯然將「代理權之授與行為」與「代理行為」合一處理，就代理制度與使者制度不加區分，與代理行為說將「代理權之授與行為」與「代理行為」分離之原則不同，恐與民法第105條之規定抵觸。

2）法律之比較觀察

根據德國民法第179條第2項之規定，無代理權人對善意之相對人，負無過失之損害賠償責任，其損害賠償之範圍是信賴利益。依瑞士債法第39條之規定，代理人無過失時，負信賴利益之損害賠償；代理人有故意或過失時，法官認為適當時，得判決其就其他損害負賠償責任。依德瑞之立法例，無代理權人對善意之相對人負無過失責任時，其損害賠償之範圍是信賴利益，不是履行利益。最高法院及我國民法學者通說，于無代理權人對善意之相對人負無過失責任時，主張損害賠償之範圍，則不獨信賴利益，即履行利益，亦應賠償。相較之下，使無代理權人負履行利益之損害賠償時，仍負無過失責任，對無代理權人是否過苛？

3）代理制度之功能

如前所述，羅馬法不承認自由人間之直接代理制度，直到16、17世紀，歐陸法學界才產生一股運動，主張禁止直接代理是過時的；理性主義之自然法學者，尤其是Grotius與Christian Wolff對推動直接代理制度扮演關鍵之角色。制定於西元1861年5月31日之德意志一般商法典第55條，為確保代理制度之信用，課予無代理權人相當嚴厲之責任，使無代理權人對相對人應親自依商法之規定負責，即相對人得選擇請求無代理權人損害賠償或履行債務。法律如使無代理權人負無過失責任，而且損害賠償範圍為履行利益，則增加代理人為代理行為之風險，代理人擔心動輒得咎，勢必更加謹慎，一方面可以確保代理制度之信用，但另一方面也影響代理制度之功能。故德國民法及瑞士民法分別情形規定無代理權人之責任，並減輕無代理權人之責任，藉以紓緩無代理權人責任之嚴苛，並促進代理制度之功能。我國最高法院及學者通說之見解，使無代理權人負無過失責任，負履行利益之損害賠償責任，與19世紀德國法學之見解較為接近，不但對無代理權人過於嚴苛，而且影響代理制度之功能。

(5) 民法第110條之規範目的

我國民法第110條規定：「無代理權人，以他人之代理人名義所為之法律行為，對於善意之相對人，負損害賠償之責。」因民法第110條之規定相當精簡，所以本文認為，應從民法第110條之規範目的，去思考為什麼法律要使無代理權人對善意之相對人負損害賠償之責。民法第110條之規範目的在於，代理人以本人之代理人名義為法律行為時，應注意其代理權是否存在，以及其代理權之範圍；並于代理權有所欠缺或逾越時，應立即通知相對人，避免相對人因相信代理人具有代理權以及相對人與本人間之契約有效成立，而遭受損害。代理人如于代理權有所欠缺或逾越時，未盡上開之注意及通知義務，致善意之相對人受有損害，為締約上之過失，應負信賴利益之損害賠償責任。

德意志一般商法典第55條、德意志一般匯票法第95條及德國民法第1次草案第125條，使無代理權人與善意之相對人之間存在法定之契約關係，善意之相對人得選擇請求無代理權人履行債務或損害賠償。上開規定與我國民法第110條之規定顯然不同，似不宜作為解釋我國民法第110條之基礎。此外，使無代理權人對善意之相對人負無過失責任之理論，于代理人就其代理權之欠缺，完全無認識之可能性，甚至連判斷之可能性亦全無，即代理人並無任何錯誤之情形，似乎並不適當。而且，我國民法是採取過失責任原則，在現行法之解釋論上，使無代理權人對善意之相對人負無過失責任，其理論根據何在，尚需研究。在提出具有說服力之理論前，本文暫時採用奧地利民法學者之見解，詮釋我國民法第110條之規定，用供參考。

2.立法論

德國民法第2次草案認為，第1次草案使無代理權人對善意之相對人負履行義務或損害賠償責任之規定過於嚴苛，因此分別情形規定無代理權人之責任，並減輕無代理權人之責任。然而，為避免趨於瑣碎，德國民法第179條僅區分明知無代理權與不知無代理權兩種。因此，縱使德國民法就無代理權人責任之問題已經有明文規定，但一直到今日為止，無代理權人責任，仍然是有爭議之問題[54]。雖然如此，本文認為我國民法將來如果修正，仍宜採用德國民法第179條第1項之規定，理由如下：

(1) 無權代理之情形，有很多種。例如：無代理權人乙，以甲之代理人名義，與丙訂立契約，其情形可能有下列數種：

1）乙明知無代理權，卻有意識地故意以甲之代理人名義與丙訂立契約。

2）乙不知無代理權，可分三種：

甲、因過失錯誤地以甲之代理人名義與丙訂立契約。

乙、因無過失錯誤地以甲之代理人名義與丙訂立契約。

丙、無過失且非因錯誤，以甲之代理人名義與丙訂立契約。

依本文所信，無代理權人乙之責任，宜就不同狀況，分別為適當之處理，比較公平合理；否則，不分情形，賦予相同之法律效果，反而不公平。例如：乙以甲之代理人名義與丙訂立契約時，乙明知無代理權卻有意識地故意為之，與乙不知無代理權無過失且非因錯誤為之，相同處理，反而不公平。

(2) 乙明知無代理權，卻有意識地故意以甲之代理人名義與丙訂立契約，於甲拒絕承認時，有二種立法模式，其一，德國民法第179條第1項規定，善意之相對人丙得選擇請求無代理權人乙履行契約或履行利益之損害賠償。其二，奧地利民法第1019條、義大利民法第1398條規定，無代理權人乙僅就信賴利益負損害賠償責任。

本文認為，將損害賠償之範圍，限於信賴利益，不足以保護相對人[55]；我國將來之立法政策，宜采德國民法第179條第1項規定之立法例，無代理權人本身雖非為契約當事人，但依法律之規定，使其與善意之相對人間產生債之關係（法定債之關係，類似規定如公司法第16條第2項、票據法第10條），善意之相對人一方面得選擇請求無代理權人履行債務，就如同本人承認無權代理行為時，善意之相對人得請求本人履行債務一般。善意之相對人另一方面亦得選擇請求無代理權人履行利益之損害賠償。代理人明知代理權有欠缺，如欲免責，應明白告知相對人其代理權有欠缺。因相對人已知代理人欠缺代理權，相對人非善意之相對人，故無代理權人不負無權代理之責任。如此，始足以確保代理制度之信用，不致因無代理權人濫用，而破壞代理制度。

(3) 乙不知無代理權，因過失錯誤以甲之代理人名義與丙訂立契約，似可適用民法第245條之1締約過失之規定處理。乙無過失錯誤以甲之代理人名義與丙訂立契約，似可適用民法第91條撤銷錯誤意思表示之規定處理。乙無過失且非因錯誤，以甲之代理人名義與丙訂立契約，此時乙不必負損害賠償責任，宜由甲直接對丙負損害賠償責任[56]。例如：因甲之錯誤，將代理權授與給乙，而乙不知甲授與代理權系出於錯誤，遂以甲之代理人名義與丙簽訂契約，嗣後甲始依民法第88條之規定撤銷其授與代理權之行為（錯誤之意思表示）。此時，乙就其代理權之欠缺，完全無認識之可能性，甚至連判斷之可能性亦全無，乙毫無任何過錯，所以乙無須負損害賠償責任。甲對丙負損害賠償責任，並非對第三人乙之行為負損害賠償責任，而是為自己之行為負損害賠償責任。甲依民法第88條之規定，撤銷其對乙之授與代理權行為（錯誤之意思表示），並不承認乙之無權代理行為，致丙受到損害，就丙之損害應負賠償責任，其範圍為信賴利益。

三、無代理權人對惡意之相對人負侵權行為損害賠償責任？

（一）最高法院 54 年度臺上字第 2728 號民事判決

1.案例事實

甲公司於民國40年間登記時，請乙公司為保證人，于民國42年間再請丙公司為保證人，分別出具保證書，載明甲公司有漏稅欠稅情事，保證人願負賠繳稅款及罰緩責任，被上訴人丁及戊分別為乙、丙公司之法定代理人。嗣後，甲公司違章漏稅，經法院裁定罰鍰新臺幣000000元，並應補征稅捐額新臺幣000000元。上訴人臺北市稅捐稽征處主張，上訴人不知公司不得作保證人，故同意該公司等作保。被上訴人明知其經營之公司非以保證為業務，竟以其公司作保，茲以甲公司應繳之罰緩及稅捐計新臺幣0000000元，經強制執行無效果，致上訴人遭受損害，依民法第110條、第184條及最高法院第44年臺上字第1566號判例，請求被上訴人丁及戊負損害賠償責任。被上訴人則謂，上訴人為職掌稅捐機關，對公司法規定，不得諉為不知，自非善意之相對人云云資為抗辯。

2.最高法院之見解

最高法院認為，上訴人臺北市稅捐稽征處於核發乙公司及丙公司營業登記證時，在營業種類項下，均無保證業務之記載，即保證書上所附記之業務，亦無保證業務事項，此有營業登記證，及保證書可稽，又為雙方所不爭，則乙公司及丙公司均不得為保證人……，上訴人既明知乙及丙公司並非經營保證業務之公司，而同意其作保，自屬明知被上訴人無代理權人仍與之成立保證契約，顯非民法第110條之善意相對人……，揆諸上開說明，即不能命被上訴人依民法第110條之規定負損害賠償之責。被上訴人丁及戊雖明知乙公司及丙公司非以保證為業務，而以各該公司名義出具保證書，依前開判例，上訴人尚有民法第184條之損害賠償請求權可得主張云云。

3.問題之提出

相對人明知無代理權人欠缺代理權，而仍與無代理權人簽訂契約，於本人拒絕承認時，得否根據民法第184條之規定請求無代理權人損害賠償？

（二）我國學說之見解

1.肯定說

(1) 施啟揚

施啟揚認為，相對人明知代理人無代理權時，雖不能依本條（民法第110條）請求損害賠償，但代理人所為代理行為侵害相對人權益時，相對人得依第184條規定，請求侵權行為之損害賠償[57]。

(2) 王澤鑑

王澤鑑認為，最高法院之見解，肯定民法第110條規定的無代理權人責任，得與第184條規定的侵權責任競合，實值贊同。關於民法第184條規定的適用，應從請求權基礎的觀點加以補充。保證無效時，相對人所受侵害的，不是權利，而是純粹財產上利益（純粹經濟上損失），故無民法第184條第1項前段規定的適用。其得適用的，乃同條項後段規定，此須以加害人故意以背于善良風俗之方法加損害于他人為要件[58]。

2.否定說

(1) 最高法院56年臺上字第305號判例：「無權代理人責任之法律上根據如何，見解不一，而依通說，無權代理人之責任，系直接基於民法之規定而發生之特別責任，並不以無權代理人有故意或過失為其要件，系屬於所謂原因責任、結果責任或無過失責任之一種，而非基於侵權行為之損害賠償。」最高法院56年臺上字第305號判例認為，無代理權人之代理行為非侵權行為。因此，縱使相對人系屬惡意，無代理權人亦不負民法第184條之損害賠償責任。

(2) 鄭玉波

鄭玉波認為，若相對人屬於惡意，則無本條（民法第110條）之適用，因惡意人法律上常不加保護也[59]。

(3) 黃立

黃立認為，相對人明知無代理權人之代理權欠缺時，無代理權人不負責任[60]。

（三）比較法之觀察

1.德國民法

依德國民法第179條第3項之規定，相對人明知或可得而知（因過失而不知）代理人欠缺代理權時，代理人不負損害賠償之義務。根據德國聯邦法院之見解，因相對人原則上得相信代理人「我有代理權」之主張，故並非相對人未去調查代理人之代理權是否存在及其範圍，即認定相對人因過失而不知代理人之代理權有欠缺。根據個案之狀況，有充分之理由足以認為，相對人有必要去調查，代理人是否具有代理權及其範圍，而相對人竟然未去調查，始能認為因過失而不知[61]。此時，因相對人明知或可得而知，不值得保護，故代理人不負損害賠償之義務；因此，代理人亦無需主張相對人與有過失，請求減免賠償金額[62]。

然而，代理人因故意過失，使相對人產生代理人具有代理權之錯誤印象，或未對相對人說明其欠缺代理權時，若因相對人明知或可得而知，而依民法第179條第3項不負損害賠償義務，將產生不公平之現象。蓋代理人之故意過失，並未被斟酌，因此，根據德國民法第311條第2項及第3項關於締約過失之規定，無代理權人仍須對相對人負損害賠償責任，藉以平衡相對人依民法第179條第3項所受之不利益，但此時無代理權人得引用民法第254條與有過失之規定，請求減免賠償金額。

2.瑞士債法

瑞士債法學者認為，相對人明知代理人欠缺代理權者，例如：代理人明確告知相對人，其係無因管理，尚須得到本人之承認，即所謂之承認之保留（Genehmigungsvorbehalt）；此時，無代理權人無需負損害賠償責任。反之，相對人可得而知代理人欠缺代理權者，依瑞士債法第44條與有過失之規定，減輕賠償責任[63]。

3.奧地利民法

奧地利民法學者通說認為，相對人明知代理人欠缺足夠之代理權者，無代理權人無需負損害賠償責任。反之，相對人可得而知代理人欠缺代理權者，依奧地利民法第1304條與有過失之規定，減輕賠償[64]。

（四）本文見解

1.無代理權人對惡意之相對人是否應負損害賠償之責？

最高法院已於91年9月3日以91年度第10次民事庭會議決議不再援用44年臺上字第1566號判例及48年度臺上字第1919號判例，理由是：公司法第16條第2項已明定公司負責人應自負保證責任。因此，最高法院54年度臺上字第2728號民事判決引用最高法院44年臺上字第1566號判例認為，有關公司負責人明知公司並非以保證為業務，而竟以公司名義為保證人，依民法第110條及第184條規定，對於相對人即應負損害賠償之責云云，該項見解即失所附麗。換言之，公司負責人明知公司並非以保證為業務，而竟以公司名義為保證人，應自負保證責任，而非對相對人負損害賠償責任，合先敘明。

惟無代理權人，以他人之代理人名義訂立契約，對於惡意之相對人，是否應負損害賠償之責？應類推適用民法第110條之規定？抑或是就民法第110條之規定為反面推論？抑或是適用民法第184條之規定？因民法第110條僅適用于善意之相對人，故對於惡意之相對人，通說認為不應類推適用民法第110條之規定。本文認為，相對人明知無代理權人欠缺代理權，而仍與無代理權人簽訂契約，於本人拒絕承認時，亦不得根據民法第184條之規定請求無代理權人損害賠償，理由如下：

(1) 從無權代理行為之性質觀察

無代理權人之代理行為與有代理權人之代理行為不同，僅在於其欠缺代理權，除此之外，並無不同。故無代理權人之代理行為，得經本人承認而對於本人發生效力（85年臺上字第963號判例）。因此，無代理權人之代理行為，僅限於法律行為，僅限於意思表示範圍以內，不得為意思表示以外之行為，故不法行為及事實行為不僅不得成立代理，且亦不得成立表見代理（55年臺上字第1054號判例），當然亦不得成立無權代理行為。因侵權行為是違法行為[65]，侵權行為不成立無權代理；而無權代理行為本身，亦非侵權行為。從無權代理行為之性質觀察，無代理權人對相對人不負侵權行為損害賠償責任。

如果無代理權人于無權代理行為外，有其他侵權行為，侵害相對人之權利，自應負侵權行為損害賠償責任。例如：乙以甲之代理人名義，脅迫丙訂立契約，丙明知乙欠缺代理權，但因畏懼乙之脅迫，不得不簽約。于甲拒絕承認時，丙主張受脅迫，依據民法第184條第1項前段之規定請求乙損害賠償，並非因無權代理行為而受損害，而系因乙之脅迫行為而受損害。至於乙無權代理部分，因丙明知乙無代理權，故不得請求乙損害賠償。無權代理行為與脅迫行為，是不同的行為，兩者應該區別[66]。

(2) 從最高法院56年臺上字第305號判例觀察

最高法院56年臺上字第305號判例認為，無權代理人之責任，系直接基於民法之規定而發生之特別責任……系屬於無過失責任之一種，而非基於侵權行為之損害賠償云云。侵權行為之構成，與被害人是否善意或惡意無關。于相對人善意時，無代理權人之行為不構成侵權行為；于相對人惡意時，無代理權人之行為當然亦不構成侵權行為。最高法院54年度臺上字第2728號民事判決卻認為，於相對人惡意時，無代理權人構成侵權行為，顯然與最高法院56年臺上字第305號判例之見解不同。

(3) 從法律比較之觀點

根據德國民法第179條第3項、瑞士債法第39條第1項及奧地利民法學者通說之見解，相對人明知代理權欠缺時，代理人不負賠償義務。無代理權人之所以要對善意之相對人負損害賠償責任，系因善意之相對人信賴無代理權人具有代理權，而本人與善意之相對人間之契約有效成立。如果相對人明知無代理權人欠缺代理權，則相對人不可能信賴無代理權人具有代理權，故毋須受保護。此時無代理權人並無注意及通知之義務，因此對惡意之相對人亦無須負損害賠償責任。

2.無代理權人向惡意相對人保證本人將承認無權代理行為

相對人丙明知乙無代理權，而乙向丙保證本人甲將承認乙之無權代理行為，因乙之保證引起丙之信賴，故丙同意簽訂契約。嗣後甲不承認乙之無權代理行為，造成丙之損害，丙是否可以請求乙損害賠償，請求權基礎為何？針對這個問題，本文認為相對人丙明知乙無代理權，而與乙簽訂契約，嗣後甲不承認乙之無權代理行為，就因此造成丙之損害，丙不得依民法第110條請求乙損害賠償。但因乙之保證，致使丙相信甲將承認乙之無權代理行為，故同意簽訂契約，如因此受到損害，丙似乎亦不得依民法第184條請求乙損害賠償。蓋因乙之保證，致使丙同意簽訂契約，通常不構成侵害丙之權利，而且乙通常亦無故意以背于善良風俗之方法加損害於丙之意思，可能只是甲不願承認乙之無權代理行為而已。然而，依本文所信，于協商訂約時，當事人之一方對於他方當事人之權利、法益及利益負有注意義務[67]。第三人贏取契約他方當事人之特別信賴，並且因此對於契約之協商或契約之締結有重大影響力時，對於他方當事人之權利、法益及利益亦負有注意義務[68]。第三人乙贏取丙之特別信賴，並且因此對於契約之協商或契約之締結有重大影響力時，乙對於丙之權利、法益及利益亦負有注意義務。乙違反該注意義務，致使丙受到損害，應對丙負損害賠償責任[69]。因此，乙以甲之代理人名義與丙簽訂契約，契約當事人是甲與丙，而乙是契約當事人以外之第三人。相對人丙明知乙無代理權，而乙向丙保證本人甲將承認乙之無權代理行為，因乙之保證引起丙之信賴，故丙同意簽訂契約。換言之，丙可類推適用民法第245條之1締約過失之規定，請求乙損害賠償，但丙如與有過失，乙得請求減免賠償金額。

五、結論

第一，無代理權人，對於善意之相對人，應負何種責任？針對這個問題，本文分解釋論與立法論兩個層面來探討。就解釋論而言，民法第110條之規範目的在於，代理人以本人之代理人名義為法律行為時，應注意其代理權是否存在，以及其代理權之範圍；並于代理權有所欠缺或逾越時，應立即通知相對人；代理人未盡上開之注意及通知義務，致善意之相對人受有損害，為締約上之過失，應負信賴利益之損害賠償責任。就立法論而言，本文認為，我國將來之立法政策，宜采德國民法第179條第1項規定之立法例，于無代理權人明知無代理權，卻故意以本人之代理人名義與第三人訂立契約時，使相對人得選擇請求無代理權人履行契約或履行利益之損害賠償，始足以確保代理制度，不致因無代理權人濫用而失去信用。至於無代理權人不知無代理權，因錯誤有過失，以本人之代理人名義與相對人訂立契約，似可以德國民法第311條第2項及第3項之規定為法理，適用民法第245條之1締約過失之規定處理。無代理權人因錯誤無過失，以本人之代理人名義與相對人訂立契約，似可適用民法第91條撤銷錯誤意思表示之規定處理。無代理權人非因錯誤且無過失，以本人之代理人名義與相對人訂立契約，此時無代理權人不必負損害賠償責任。

第二，無代理權人對惡意之相對人負侵權行為損害賠償責任？本文認為，相對人明知無代理權人欠缺代理權，而仍與無代理權人簽訂契約，於本人拒絕承認時，不得根據民法第184條之規定請求無代理權人損害賠償。

注 釋:

[1] 陳添輝，世新大學法律系副教授，奧地利維也納大學法學博士。

[2] 史尚寬（1970），民法總論，頁501，臺北：自刊；史尚寬（1973），民法總則釋義，頁397，臺北：自刊；鄭玉波／黃宗樂（2010），民法總則，頁351，臺北：三民；洪遜欣（1958），中國民法總則，頁504—505，臺北：自版；王澤鑑（2002），無權代理人之責任，民法學說與判例研究第六冊，頁5，臺北：三民；施啟揚（2005），民法總則，頁296，臺北：三民；黃陽壽（2009），民法總則，頁341，臺北：新學林。

[3] 王澤鑑（2002），無權代理人之責任，民法學說與判例研究第六冊，頁5，臺北：三民。

[4] 史尚寬（1973），民法總則釋義，頁398，臺北：自刊；史尚寬（1970），民法總論，頁504，臺北：自刊；鄭玉波（1973），民法總則，頁313，臺北：三民；王澤鑑（2009），民法總則，頁505，臺北：三民。

[5] 施啟揚（2005），民法總則，頁296，臺北：三民。

[6] 鄭玉波／黃宗樂（2010），民法總則，頁350，臺北：三民。

[7] Flume（1992），Allgemeiner Teil des bürgerlichen Rechts.Bd.2.Das Rechtsgeschäft.4.Aufl.Berlin.801.

[8] 代理人未將代理權限制或撤回之事實告知第三人，而第三人非因過失不知其事實，代理人以本人之代理人名義與第三人訂立契約，依民法第107條之規定，契約之效力及於本人。

[9] 王澤鑑（2009），民法總則，頁505，臺北：三民。

[10] 林誠二（1999），民法總則講義下冊，頁249，臺北：瑞興；吳光明（2008），民法總則，頁337—338，臺北：三民。

[11] 史尚寬（1973），民法總則釋義，頁398，臺北：自刊；史尚寬（1970），民法總論，頁504，臺北：自刊；鄭玉波／黃宗樂（2010），民法總則，、頁351，臺北：三民；王澤鑑（2009），民法總則，頁505，臺北：三民。

[12] 王澤鑑（2002），無權代理人之責任，民法學說與判例研究第六冊，頁5，臺北：三民。

[13] 王澤鑑（2009），民法總則，頁505—506，臺北：三民。

[14] 洪遜欣（1958），中國民法總則，頁506，臺北：各大書局。

[15] 劉得寬（2004），民法總則，頁256，臺北：五南。

[16] 黃立（2004），民法總則，頁402—403，臺北：元照。

[17] 史尚寬，（1990），債法總論，7刷，頁674，臺北：自版。

[18] 鄭玉波／陳榮隆，（2002），民法債編總論，修定2版1刷，頁686，臺北：三民。

[19] 但在概括繼承時，繼承人得繼承被繼承人之債權，可能是一個例外，Hausmaninger/ Selb, Römisches Privatrecht, 2 verbesserte Aufl,Wien,1983, 355.

[20] 甲委託乙（自由人）與丙簽契約，乙祇能以乙自己名義與丙簽契約，然後乙將因契約取得的

權利移轉給甲，換言之，羅馬法承認間接代理，不承認直接代理，Kaser, Römisches Privatrecht,11. Aufl.,München,1979, 140.

[21] Hausmaninger/ Selb, Römisches Privatrecht, 2 verbesserte Aufl,Wien,1983, 379. ; Coing, Europäisches Privatrecht,Band Ⅰ, Älteres Gemeines Recht（1500-1800），München,1985,423.

[22] Coing, Europäisches Privatrecht,Band Ⅰ, Älteres Gemeines Recht（1500-1800），München,1985,424-429.

[23] Coing, Europäisches Privatrecht,Band Ⅱ,19.Jahrhundert,überblick über die Entwicklung des Privatrechts in den ehemals gemeinrechtlichen Ländern,München,1989,455-456.

[24] Coing, Europäisches Privatrecht,Band Ⅱ,19.Jahrhundert,überblick über die Entwicklung des Privatrechts in den ehemals gemeinrechtlichen Ländern,München,1989,457-458.

[25] 德意志一般商法典於 1861 年 5 月 31 日為德意志聯邦之聯邦會議（von der Bundesversammlung des Deutschen Bundes）通過生效，於 1897 年 5 月 10 日為德意志帝國（im Deutschen Kaiserreich）所頒佈之商法典所取代。

[26] Wer ein Handelsgeschäft als Prokurist oder als Handlungsbevollmächtigter schließt, ohne Prokura oder Handlungsvollmacht erhalten zu haben, ingleichen ein Handlungsbevollmächtigter, welcher bei Abschluß eines Geschäfts seine Vollmacht überschreitet, ist dem Dritten persönlich nach Handelsrecht verhaftet; der Dritte kann nach seiner Wahl ihn auf Schadensersatz oder Erfüllung belangen.

Diese Haftungspflicht tritt nicht ein, wenn der Dritte, ungeachtet er den Mangel der Prokura oder der Vollmacht oder die Ueberschreitung der letzteren kannte, sich mit ihm eingelassen hat.

[27] Ingleichen gilt die Bestimmung des Artikels 55. in Beziehung auf denjenigen, welcher ein Handelsgeschäft als Bevollmächtigter schließt, ohne Vollmacht dazu erhalten zu haben, oder welcher bei dem Abschlüsse des Handelsgeschäfts seine Vollmacht überschreitet.

[28] 德意志一般匯票法於 1869 年 8 月 12 日公佈。

[29] Wer eine Wechselerklärung als Bevollmächtigter eines Anderen unterzeichnet, ohne dazu Vollmacht zu haben, haftet persönlich in gleicher Weise, wie der angebliche Machtgeber gehaftet haben würde, wenn die Vollmacht ertheilt gewesen wäre. Dasselbe gilt von Vormündern und anderen Vertretern, welche mit Ueberschreitung ihrer Befugnisse Wechselerklärungen ausstellen.

[30] Flume（1992），Allgemeiner Teil des bürgerlichen Rechts.Bd.2.Das Rechtsgeschäft.4.Aufl.Berlin.803--804.

[31] Flume（1992），Allgemeiner Teil des bürgerlichen Rechts.Bd.2.Das Rechtsgeschäft.4.Aufl.Berlin.802.

[32] Flume（1992），Allgemeiner Teil des bürgerlichen Rechts.Bd.2.Das Rechtsgeschäft.4.Aufl.Berlin.807.

[33] Larenz/Wolf（2004），Allgemeiner Teil des bürgerlichen Rechts, München,908-909.

[34] Bydlinski（2005）,Grundzüge des Privatrechts für Ausbildung und Praxis,6.Aufl. Wien,142..

[35] Koziol（2002），Bürgerliches Recht, Band I, 12 Aufl,Wien, 192. ; Bydlinski（2005）,Grundzüge des Privatrechts für Ausbildung und Praxis,6.Aufl. Wien ,92.

[36] Bydlinski（2005）,Grundzüge des Privatrechts für Ausbildung und Praxis,6.Aufl. Wien ,92.

[37] 梅仲協（1970），民法要義，頁 106，臺北：三民書局

[38] 洪遜欣（1958），中國民法總則，頁 506，臺北：各大書局。

[39] 王澤鑑（2002），無權代理人之責任，民法學說與判例研究第六冊，頁 8，臺北：三民。

[40] 王澤鑑（2002），無權代理人之責任，民法學說與判例研究第六冊，頁 8，臺北：三民。

[41] 吳光明（2008），民法總則，頁 337—338，臺北：三民。

[42] 王澤鑑（2009），債法原理（基本理論、債之發生、契約、無因管理），頁 283，臺北：三民。

[43] 吳光明（2008），民法總則，頁 337，臺北：三民；Krejci（2004）,Privatrecht,6Aufl.Wien,83. ; Perner/Spitzer（2007），Bürgerliches Recht,Wien,127.

[44] 最高法院六十九年臺上字第三三一一號判例：「無代理權人以本人名義所為法律行為，僅發生其法

律行為之效果，是否對本人發生效力之問題，並不因本人之否認，而使原法律行為之主體發生變更，成為該無代理權人之行為。」Perner/Spitzer（2007），Bürgerliches Recht,Wien,127,

[45] Larenz/Wolf（2004），Allgemeiner Teil des bürgerlichen Rechts, München,907.

[46] 史尚寬（1970），民法總論，頁502，臺北：自刊。

[47] Flume（1992），Allgemeiner Teil des bürgerlichen Rechts.Bd.2.Das Rechtsgeschäft.4.Aufl.Berlin.807-808.

[48] 表意人撤銷錯誤之意思表示，對相對人負信賴利益之損害賠償，不負履行利益之損害賠償，參閱施啟揚（2005），民法總則，頁247，臺北：三民；黃陽壽（2009），民法總則，頁278，臺北：新學林。自始客觀不能，契約無效，有過失之一方對無過失之他方亦僅負信賴利益之損害賠償，不負履行利益之損害賠償，參閱鄭玉波（2002），民法債編總論，頁407，臺北：三民。

[49] Flume（1992），Allgemeiner Teil des bürgerlichen Rechts.Bd.2.Das Rechtsgeschäft.4.Aufl.Berlin.807.

[50] 王澤鑑（2012），債法原理（基本理論、債之發生、契約、無因管理），頁324，臺北：三民；陳自強（2006），代理權與經理權之間—民商合一與民商分立，頁217，臺北：元照。

[51] 王澤鑑（2009），民法總則，頁485，臺北：三民。

[52] Coing（1989），Europäisches Privatrecht,Band Ⅱ ,19.Jahrhundert,überblick über die Entwicklung des Privatrechts in den ehemals gemeinrechtlichen Ländern,München, 456-457.

[53] Flume（1992），Allgemeiner Teil des bürgerlichen Rechts.Bd.2.Das Rechtsgeschäft.4.Aufl.Berlin.867-868.

[54] Flume（1992），Allgemeiner Teil des bürgerlichen Rechts.Bd.2.Das Rechtsgeschäft.4.Aufl.Berlin.807.

[55] 王澤鑑（2009），民法總則，頁505，臺北：三民。

[56] 王澤鑑（2009），債法原理（基本理論、債之發生、契約、無因管理），頁324，臺北：三民；陳自強（2006），代理權與經理權之間—民商合一與民商分立，頁217，臺北：元照。

[57] 施啟揚（2005），民法總則，頁296，臺北：三民。

[58] 王澤鑑（2009），民法總則，頁509，臺北：三民。

[59] 鄭玉波／黃宗樂（2010），民法總則，頁350，臺北：三民。

[60] 黃立（2004），民法總則，頁403，臺北：元照。

[61] BGH NJW 2000,1407,1405；Köhler（2006），BGB Allgemeiner Teil,München 164.

[62] Larenz/Wolf（2004），Allgemeiner Teil des bürgerlichen Rechts, München，911.

[63] Guhl/Koller（2000），Das Schweizerishe Obligationenrecht ,9Aufl.,Zürich,170. 瑞士債法第44條規定：「（1）被害人對於加害人之加害行為曾經表示同意；或因被害人應負責任之事由，致損害之發生或擴大，或使賠償義務人之地位更加困難者，法官得減輕或免除賠償義務。（2）損害非因賠償義務人故意或過失引起者，如給付賠償，將使賠償義務人陷於困境者，法官基於同一理由亦得減輕賠償義務。」

[64] Koziol（2002），Bürgerliches Recht, Band I, 12 Aufl,Wien, 193.；Perner/Spitzer（2007），Bürgerliches Recht,Wien,130.

[65] 史尚寬（1970），民法總論，頁272，臺北：自刊；史尚寬（1973），民法總則釋義，頁245，臺北：自刊；鄭玉波／黃宗樂（2010），民法總則，頁240，臺北：三民；洪遜欣（1958），《中國民法總則，頁234，臺北：自版；施啟揚（2005），民法總則，頁189，臺北：三民；王澤鑑（2009），民法總則》，頁260，臺北：三民；黃陽壽（2009），民法總則，頁198，臺北：新學林；曾世雄（2002），民法總則之現在與未來，頁180，臺北：學林。

[66] 史尚寬（1970），民法總論，頁502，臺北：自刊。

[67] 德國民法第241條第2項規定：債之關係，依其內容，得使當事人之一方對於他方當事人權利、法益及利益負有注意義務。

[68] 德國民法第311條第3項規定：對於契約當事人以外之人，亦得成立具有第241條第2項義務之債之關係。尤其是第三人贏取契約當事人之特別信賴，並且因此對於契約之協商或契約之締結有重大影響力時，對於第三人亦得成立具有第241條第2項義務之債之關係。

[69] Larenz/Wolf（2004），Allgemeiner Teil des bürgerlichen Rechts, München,911-912 ; . Flume（1992），Allgemeiner Teil des bürgerlichen Rechts,Bd.2.Das Rechtsgeschäft.4.Aufl.Berlin.796.

民法中強行禁止規定之效力區辨

——以公司法中公司貸與資金限制之適用性為中心

陳彥良[1]

一、前言

於民法典形式理性下要求法概念須反映事物之普遍性，而生概念之抽象化，而該抽象化又將完整之法律事件加以解構剖析，目的在於使法律關係能清晰可辨。也就是說民法典具有廣泛性與一致性的特徵，根據成文法進行嚴格演繹，並透過抽象規定來處理全部的私法事務並經由完整的體系規定提供正確的解答。惟隨著現代經濟生活事務繁複程度的增加，致許多民事規定散落在個別的特別法中，民法上的相關規定在商法的適用上，除了商法未規範者外，直接適用或類推適用已被視為理應如此，但若是果真如此，則因各商法規範目的不同，與民法的適用上勢必相互調整[2]，且商人交易亦應關注到交易習慣，交易習慣亦有一定之效力和作用，特另有一個補充法之性質並可當作協助解釋法律效果之功能[3]然而我國于民法立法之初既采民商合一，當時的立法院長胡漢民即明確指出[4]，將商法與民法定為同一法典，其不能合併者則分別訂立個別法規，因此，觀其民法債編各章節規定，實多為商事行為的規範，例如買賣、承攬、運送等，而現行的公司法、票據法等商法，實因有其不同的價值判斷與立法目的，及規範事務的複雜，有其獨立規範之必要性，否則若全然納入民法典中，可想而知的是，「民法典將更不平易近人」，這樣的立法選擇相對的也是當時立法者政策及價值上的考慮，若以現今商事財經法制快速發展，而有許多之特別法之訂定來看，已顯出民商分離之端倪，但在我國民商合一之原始體制背景下，仍有許多待解之問題。

因我國採取民商合一的體制，對於我國公司法體制之建立，不免也都以民法的原理原則為模範，雖然說公司法為民法的特別法，但其背後的思考架構也都如出一轍，而學者間解釋公司法時也都依照民法的思維，惟公司法在作為民法的特別法地位時，公司法是否有其獨特的需求面？亦或是公司法有其別於民法的特質？在法條文義解釋的時候，應有別於民法的面向而進行呢？我國公司法制的建構，大抵仍系圍於民法基礎概念之解釋，並無自主性，往往唯民法原則是從[5]。詳言之，民法大抵規範物件系自然人與自然人的法律生活，公司法卻有別於民法自然人規範概念，以法人為核心規範主體，是否全然依民法的基礎原則加以解釋，即可達到盡善盡美的情形？而本文討論的核心重點在於民法第71條：「法律行為，違反強制或禁止之規定者，無效。但其規定並不以之為無效者，不在此限。」的無效規定，是否與公司法上的無效認定得有區別。特別是在以強制規定之違反作為契約無效之原因，主要之作用在於調和國家管制與私法自治，而德國則是規定於民法第134條，於其體例和文義都有類近之處，而同是作為國家強制手段之一，而使所有法律行為不得違反法律的價值秩序[6]。於決定能否將管制規範之強制力延伸到私法關係，提供了一條使公法規範進入私法領域之管道[7]，其主要是以透過概括條款以解決公法與私法之間價值矛盾，使違反強制或禁止規定之行為無效或科以侵權責任[8]，以對違法行為之整體法律評價一致。但除公法與私法間之轉介功能外，各個私法與私法間亦有其價值目的之不同，商法無法與民法完全割離判斷，但不同法規體系下效力判斷也可能有所差異，而非全然一致，在我國民法71條是否存在此彈性空間便是值得注意，當然實務上已將強制、禁止規定區分為效力規定和取締規定，使之不到全無彈性空間，但此彈性空間是在於構成要件之認定如何區辨，還是判定有效之部分應全納入但書的涵攝之中，都是值得思考，特別是不應以一刀切之操作方式區分效力規定與取締規定慢慢的學者間已有認知，但迄今都未有建立清楚明白之方法論來辨別[9]。

在肯定公司法是民法的特別法之前提下，那我國民法第71條的無效法律效果規定，一律適用於公司法上的無效法律效果時，是否有討論之空間?特別是在我國的裁判上，在一個法律行為違反法令規定時，私法上到底是否使之無效，在一個二分法的操作下，徑分為效力規定或取締規定，若為取締規定則不會導致該法律行為無效，但對於如何得出效力規定與取締規定，於判決中多是語焉不詳[10]，而二分法又是否恰當也必須有所考慮。在民法之思考上，我國民法第71條規定：「法律行為，違反強制或禁止之規定者，無效。但其規定並不以之為無效者，不在此限。」公司法第15條規定：「公司之資金，除有左列各款情形外，不得貸與股東或任何他人：一、公司間或與行號間有業務往來者。二、公司間或與行號間有短期融通資金之必要者。融資金額不得超過貸與企業淨值的百分之四十。公司負責人違反前項規定時，應與借用人連帶負返還責任；如公司受有損害者，亦應由其負損害賠償責任。」即原則上禁止公司將資金貸與股東或任何他人，考其理由應為達資本維持原則之目標[11]，俾鞏固公司資本，進而保障股東及債權人的權益。學者通說[12]亦認為本條的立法意旨不外乎是維持公司的資本充實、避免公司資金流失外，股東與債權人的利益是本條所欲保障的重點之一。而違反公司法第15條之規定，該公司違法借貸行為究有效或無效，強行規定之效力究應適用民法第71條之原則或例外?

有關於違反強制禁止規範之法律行為效力問題，實務見解最重要者系民國68年第三次民事庭決議，其中首度就法條本文規範為「不得」之行為卻仍為有效之見解，而其後之68年臺上字879號判例也確認該決議之見解為實務通說所採用[13]。然此實務見解卻造成強制規定之效力就應當然無效或僅發生取締之效果但仍然有效之爭議。此時依學說見解應考慮法規意旨、權衡利益之衝突與交易安全做綜合性考慮。且所謂無效，在學理上亦有分別，有分為絕對無效與相對無效，絕對無效指任何人或對任何人，均得主張無效，例如甲與乙約定拋棄時效利益、行為能力或自由[14]。因為此一主張得對任何人為之，所以又稱為對世無效。而相對無效系指僅特定人或對特定人才可以主張無效，一般均舉通謀虛偽意思表示不得對抗善意第三人為例[15]（民法第87條第1項但書規定），畢竟相對無效的本質仍為無效的法律行為，惟此一行為的無效不得對抗善意第三人，其法律行為于當事人之間仍無效力可言。至於欠缺對抗要件的法律行為，僅在限制法律行為的效力範圍，例如：「出賣人違反土地法第104條[16]所訂的優先購買權而未通知優先購買權人，徑與第三人訂立買賣契約者，其契約不得對抗優先購買權人，對其他人則可對抗之，始可謂之為相對無效。」[17]另有所謂的自始無效，乃是無效的法律行為成立當時，即自始不生法律上任何的效力，並不是已經生效後，嗣後因為某一種原因而被撤銷、解除或解除條件成就才歸於消滅，所以無效法律行為與得撤銷的法律行為是已經生效再被撤銷而溯及失效或嗣後失其效力有區別。

再有所謂確定無效，例如依民法第72條的規定：「法律行為，有背於公共秩序或善良風俗者，無效。」以及民法第71條之規定。實務上對於確定無效之見解，依照最高法院33年上字第506號判例認為：「無效之行為在法律行為當時已確定不生效力，即不得依據此項行為主張取得任何權利。」故一個無效的法律行為會因其背後原因關係的不同，使得一個行為的價值無法表彰於法律身上，當然一個無效的法律行為，是否有強度之區別，值得思考，立法政策上法律行為的效力當然可以依如前述所說，分為三種，但是對於有效、無效的法律行為兩者的區別，在於有無依循法律所明文規定的方式為之，並且於不違反法所明文禁止的法律行為前提之下，基於私法自治原則之發展底下，似應使法律行為儘量不致生絕對無效之效果，例如依我國公司法第185條第1項，在公司為讓與全部或主要部分營業或財產之行為時，因涉及公司重要營業政策之變更，基於保護公司股東之立場，須先經董事會以特別決議，即三分之二以上董事出席，出席董事過半數之決議，以向股東會提出議案，並于股東會召集通知及公告中載明其事由，而不得以臨時動議提出並經股東會以特別決議，即應有代表已發行股份總數三分之二以上股東出席，出席股東表決權過半數之同意通過後始得實行。最高法院最近之見解認為[18]，是以公司未經股東會上開特別決議通過而為主要財產之處分，系屬無效之行為，惟受讓之相對人難以從外觀得知所受讓者是否為公司全部或主要部分之營業，故如相對人在受讓時系善意，公司即不得以無效對抗該善意之相對人以維護交易安全，即最高法院采相對無效之見解[19]。

故特別在探討公司法之規定時，已落入經濟性法規之內容，其規範細節除參考上述學界對民法所提出之判准外，有學說認為應加入經濟考慮之判斷，如締約成本之高低、當事人對於違法行為之忍受能力而有不同解釋，以符合公司法健全公司發展之目的。而本文以下將先就民法之原則加以探討，再相對的對照到公司法中，試著找到由民法實質理性映射下於其他法域中——特別是商法中——一條可行之路。

二、民法面向之檢驗

（一）概說

就我國民法而言，強行規定主要之功能在於限制契約自由，乃至於優先當事人之意思自主。強行規定不問當事人意思如何，一律適用。強行規定一般分為強制與禁止規定。以羅馬法而言[20]，以制裁方式之不同可區分為「完全法律」（lex perfecta），即違反時行為會生無效之結果[21]；另外又有「次完全法律」（lex minus quam perfecta），此時若違反該條款，行為人會受到刑事制裁；以及「不完全法律」（lex imperfecta），其于被違反時並無制裁；其後於普通法理論再加上了「最完全法律」，若行為違反時，則將受法律制裁，在私法效果上亦會無效。該法律究屬何種性質之法律，於該時代即必須由解釋為之，可見此問題已是多年存在，至今仍未完全解決。當然對於此種法律禁止條款（gesetzliches Verbot），效力規定系為一種法律行為之內容控制（Inhaltskontrolle von Rechtsgeschäfts），系對契約自由中之形成自由有所限制[22]。

當事人約定之內容若抵觸禁止規定中之效力規定，至少該抵觸之部分，不發生法律規範拘束力，強制規定系指禁止規定以外之強行規定，不問當事人意思如何，強行規範當事人間之契約關係。法律行為違反法律強制規定則無效。強行規定對契約內容形成之意義，主要顯現在當事人根本未有約定時，如契約當事人雖未約定，誠信原則於本契約亦有其適用，但因強行規定法律效力之影響所及範圍，與契約當事人之意思無關。但區別基準何在，並未加以說明。其認為取締規定無第71條之適用，實易生誤解。蓋第71條解釋與適用最困難之處在於：當契約違反某具體禁止規定，而該規定就契約有效與否欠缺明文規定時，應如何決定該契約之效力。當判斷結果顯示該契約有效，該禁止規定，得被歸類為取締規定；反之，倘契約無效時，該規定屬於效力規定。易言之，取締規定依然為禁止規定，仍有適用第71條之必要；惟非適用該條本文，而系其但書「但其規定並不以之為無效」。關於有效與否之認定，第71條本身未提示任何具體之判准。然而，其但書「但其規定並不以之為無效」卻也無奈地指出，有效與否之認定，仍須回歸禁止規定本身之立法意旨。法官于解釋禁止規定之立法目的時，應同時判斷立法目的之達成上，是否有必要否定該契約之法律行為效力而歸於無效。契約當事人在訴訟上得主張之契約上請求權，法院若認定其有效而實現其權利時，是否使其立法目的無法達成，而抵觸該法律規定之價值判斷。一般認為，禁止規定若僅針對法律行為作成之行為本身，而不在阻止其交易法律行為效果之發生，即屬違反取締規定之情形。反之，禁止規定若因法律行為之內容而禁止之，則屬效力規定，如禁止出售煙酒予未成年人。申言之，絕大多數之禁止規定主要在實現其刑法上或行政法上之目的，而非在規範當事人間之私法生活關系。若無強而有力之理山，不宜輕易判定契約為無效。契約無效之結果，雖不生法律行為之效力，但當事人因該契約所為之給付、所受之損害，仍然要透過不當得利、侵權行為等法定債之關係來處理，其複雜程度不可謂不大。是以，賦與契約以訴求力，若並未明顯抵觸禁止規定之意旨與價值判斷，則認定契約有效將能使問題處理單純化。試想，若仍采過去二分法之考慮，則個案進入裁判程序後，勢必要一一對所有要求作成一定方式的規定進行同樣的檢驗。可以想見的是，檢驗的結果勢必相當分歧。

民法之基本原則在於私法自治、契約自由，在該原則優先的前提下，民事法律之規定亦應放寬，給予當事人充足之意思自由形成空間。然國家為了達成其一定之目的，可能是平衡當事人間之締約能力，也有可能是為達成特定之政策目的，得以立法介入之，也使整部民法以任意規定與強行規定構成之體系，在此大致抵定[23]。對於此法律禁止效力條款之規範，德國之學界對於德國民法第134條有認為其為所謂「指示性條款」，其本身並未能有真正的獨立內涵，而是指向另一規範，故不具有解釋之意義，而應辨明禁止之目的（Zweck des Verbots），若有疑義則應探求指向之具體法令之禁止目的與意義（Sinn und Zweck）[24]，通說認為，除條文明定規範效果，否則于此處文義解釋能幫助的不多[25]。當亦有學者將此禁止之效力規定視為解釋之規則（Auslegungsregel），也就是說在另有規定之情形下才得免去無效之法律後果，否則原則上仍應使之無效[26]，即在無其他特殊情形下應利用此解釋規則推定（Vermutung）其為無效[27]，不過在實務上仍有反對之聲音[28]。亦有德國學者采概括條款，而憲法基本權便是經由概括條款規定於德國民法第134條、第242條[29]、第826條[30]中，而於私法中加以實現[31]，不過基本權原則上並非為德國民法第134條中所言之禁止法律，而此處第134條對於是否有違反禁止規定之操作，系授權法官判斷且有價值補充之功能，而非單純之解釋規則[32]。

以我國實務而言，若法律規定本身未明白表示其性質及違反效果時，則必須透過法律解釋之方法，分別針對規定的文字內容、規範體系及其法律目的等要素認定之。其中法律規範目的是最重要的判斷標準，舉例言之，最高法院68年度第3次民事庭推總會決議[33]，針對證券交易法第60條第1項第1款（修法後為第4款、第5款）證券商不得有左列各款行為：「1.收存款或辦理貸款……」若證券商違反該證券法第60條第1項第1款規定，其存款人或借款人之間行為是否有效，最高法院在此曾有不同見解。最後該決議採取證券交易法第60條第1項第1款系取締規定而非效力規定，不適用民法第71條之規定，主要理由為證券商違反該規定，僅系主管機關得依證券交易法第66條規定，為警告、停業或撤銷營業許可之行政處分，其行為人僅系負同法第175條所定刑事責任，而該存放款行為並非無效。蓋因證券交易法之立法目的為發展國民經濟，並保障投資，而當時證券交易法第60條規定，系為禁止證券商經營類似銀行業務，然未考慮證券交易之活絡及流暢性，在修法後，經主管機關核准即得為客戶保管及運用其款項，故而當時實務上之解釋，應符合證券交易法之規範目的。

（二）構成要件之檢驗

1.法律行為與禁止規定之存在

首先必須有法律行為之存在，例如契約締結等。但若是公法上的契約，在德國則是應適用§ 59 Abs. 1 VwVfG而非§ 134 BGB。再來德國法上之構成要件應有法律上之禁止，即有無禁止規範之存在，於此處所指之法律並不包括一般性條款、外國法規範[34]、工作規則或指令；在某些法律行為違背外國法令或工作規則、指令之問題可由德國民法第138條違反公序良俗之情形來處理[35]有效無效之問題，歐盟指令也不在德國民法第134條之適用範圍內，除非是已經轉換為內國法或直接針對國家之指令[36]。而習慣法亦得納入為禁止之法律範圍[37]。也就是說此處之法律泛指所有實質上之法律[38]，亦包含了法規命令[39]。此時對法律行為之內容將加以限制。

德國民法第134條和我國民法第71條，雖有相似之處，但最大之差異在於德在法條中僅明文禁止規定，即「gesetzliches Verbot」，故法條文字上運用未必包括「不能」「kann nicht」或「不允許」「ist unzulaess」，但「應為」（Muss）之規定於通說上亦是被認定為禁止規定，得為（Koennen）不一定是使之無效，有可能是僅使之效力未定，如德國民法第177條規定之無權代理的契約締結。禁止規定多運用「不得」，在「強制」規定多用「應」、「須」，但

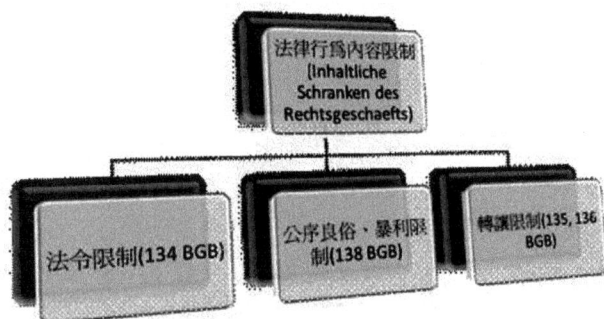

如前所述並非由文字便可推論出是否為禁止規範，仍應由立法目的和法條意義才能得出規範真義。也就是說違反強制規範之行為系逾越處分權限之界限，此時法律效果並非一定是無效（Nichtig）或是不生效力（umwirksam），亦可能得到有權處分人之承認而變成有效。

對雙方禁止之法律（Beiseitige Verbotgesetz），特別是雙方當事人違背都有刑責時[40]，若僅單單一方之禁止未必會使私法上之效力無效，特別是在得透過協議變更之禁止（abdingbares Verbot）[41]。而我國民法第71條所謂之強制或禁止規定並不單單限於法律[42]，因學者認為民法第71條之基本功能在於調和國家干預與私法自治，在我國除了立法機關之外，其他機關仍能於某範圍內對私法社會加以干預或引導，故有學者認為我國民法第71條中之禁止和強制規定應含括所有一般性及保護公益之規範，所以除了立法機關制定之法律外，大法官會議解釋、行政規章、最高法院及行政法院判例、地方政府制定之法規都應納入我國民法第71條所言之「強制或禁止之規定」[43]，但亦有學者對我國憲法及我國行政程序法第159條所稱之行政規則是否屬之仍有疑義[44]。

而我國民律草案第123條僅有禁止規定[45]，于現今之民法則多出了「強制」規定，分類上我國我國民法應是將強制規定視為廣義之禁止規定[46]而合稱「強行規定」。

2.違反規範之法律行為效力考量

在考量法律之規範下[47]，德國帝國法院曾主張若該禁止之規定如果只是單純之秩序規定，此時私法行為本質上違法性並不存在，故在公法上予以制裁即已足夠[48]，但此等說法在晚近已受到許多質疑。其後則是認為在禁止規定對雙方當事人都有禁止規範時，原則上則會發生無效之後果，若僅有一方有違法意思表示，此時並非所有之意思表示構成的法律行為皆為違法，故整體之法律行為效力不生影響。此種見解已將意思表示與法律行為加以切割，但此種分辨方式似難處理所有之情狀，雖目前德國法院實務仍有採用此等見解，但多種釋義方法之一，仍應對法規範目的本身之真義和目的加以探求，當然亦有學者對此種見解加以反對，認為有可能發生法院恣意之情形。

故實際上之判斷仍是在規範之目的，若該法律行為違反禁止規定在私法效力上仍持有效，如果與法規範目的有違，則應使之歸於無效。雖說德國民法第134條之規定為一個解釋規則上之推定，先推定為無效[49]，但仍有其例外，于例外時則有可能使之部分有效或相對無效亦或效力未定。也就是說在判斷效力有疑義時則為無效，無效之範圍原則上亦應全部無效，但如果是為保護特定法益或物件，則有可能在效果上加以調整。

我國的實務和學說，在違反禁止、強制規定之法律行為效力判定上，則是將該規定區分為效力規定與取締規定，在某程度而言，前文所言之秩序規定則趨近於取締規定，強制或禁止規定包括法律、行政規則及地方政府頒佈的法令；除了民法外，多見於行政法、勞基法及員警法規等公法規之領域。故民法第71條成為聯繫私法與公法的管道，具有使公法進入私法領域的功能。例如于勞基法中許多規定雇主科處罰責之規定，即具有公法性質。雇主違反勞基法第16條與第17條分別處「二千元以上二萬元以下罰鍰」及「三萬元以下罰金」（參照同法第78條與第79條），而雇主違反第16條預告期間及第17條應發放資遣費之規定終止雇傭契約之同時，在民事上是否構成違反強制與禁止規定，而依民法第71條之規定，雇主終止之法律行為無效？依勞基法之立法目的來看，勞基法關於終止雇傭契約保護勞工之相關規定應為「效力規定」，違反之效果為無效，蓋立法者藉由第11條以下之規定強化勞基法禁止勞工在無預警下遭到雇主恣意解雇，以符合勞基法第1條「保障勞工權益，加強勞雇關係，促進社會與經濟發展」之立法政策及其合理性，故勞基法中終止雇傭契約保護勞工之相關規定應非僅單純以為警告與取締雇主之用，因而雇主若違反第11條以下之規定時，勞工可提起「確認雇傭契約存在」之訴，因雇主違法而「無效」之終止行為，確認該雇傭契約仍然繼續有效存在。[50]但是在大量解雇勞工保護法中，有關於對於大量解雇對主管機關之通報，依大量解雇勞工保護法第4條之規定：「事業單位大量解雇勞工時，應於合乎第二條規定情事之日起六十日前，將解雇計畫書通知主管機關及相關單位或人員，並公告揭示。但因天災、事變或突發事件，不受六十日之限制。依前項規定通知相關單位或人員之順序如下：一、事業單位大量解雇勞工所屬之工會。二、事業單位勞資會議之勞方代表。三、事業單位之全體勞工。……」其乃賦予雇主于大量解雇前有通知義務，而必須將解雇計畫書通報主管機關。

對於通告義務之違反，是否會影響私法上解雇之效力，學者多認為此處並不影響解雇效力[51]，因為此處是立法政策選擇之問題，也就是說其為一個市場秩序法規，系為一取締規定，但是其立法形式並非如同德國解雇保護法第18條規定了封鎖期間（Sperrfrist）[52]，若大量裁員未遵守此一期間之規定，則解雇不生效力。但是，如果考慮到大量解雇勞工保護法並不單單是為勞動市場政策法，亦為解雇保護制度法之一環，也就是說，合法之解雇除了必須符合民法與勞動基準法所規定之實質及形式要件外，大量解雇也必須完成法定大量解雇程序要件，雖大量解雇勞工保護法第10條後段規定：「未經協商之前，雇主不得在預告期間將員工任意調職或解雇。」而未將未履行通告義務前不得解雇之文字納入，但並不表示立法者故意排除違反通告義務之私法上效力，而只將違反通告義務視為公義務之違反。其實依立法目的性解釋，此處亦是因大量解雇之特殊性，而予以另一個法定要件——「事業單位大量解雇勞工時，應於合乎第二條規定情事之日起六十日前，將解雇計畫書通知主管機關及相關單位或人員，並公告揭示。」
而限制雇主恣意行使解雇權，此似可將大量解雇之通告義務視為形式生效要件，而對勞工加以
保障。且以立法目的觀之，其所保障者亦包括了直接保障個別勞工之目的，勞工所獲之保障並
非只是公法上之反射利益，而應有私法上之效力，故仍應依民法第71條之規定，使之無效[53]。
故在此處之解釋上，其實於法條之觀察因並未明文規定違反時法律行為於私法之效力，使在解
釋上有生疑義，故必須就該條文以及整部法律之本質、目的與意義來觀察，勞動法上對勞工之
保障于大量解雇勞工之保障目的彰然若顯，由前述例子來看，無論是由該部法律「大量解雇勞
工保護法」明文「勞工保護法」，已指出保護目的，再就解釋上若有疑義，仍應使之無效，無
論在德國或是我國我國，在禁止、強制規範下對法律行為之效力規定，本質上便是對法律行為
作內容上之限制，並使公私法規範之法律體系加以調和，透過水準轉介條款完成之[54]。

三、商事法面向之檢驗

（一）問題源起

當探討公司法之規定時，已落入經濟性法規之內容，其規範細節除參考上述學界對民法所
提出之判准外，是否在效力之判別上應加入經濟考慮之判斷，如締約成本之高低、當事人對於
違法行為之忍受能力而有不同解釋，如同前述所言，立法者未明文規範時，強行規定之效力究
應適用民法第71條之原則或例外，仍有探討空間檢驗法條之目的與意義僅在有疑義時方使歸之
無效，我國我國實務見解最重要者系民國68年第三次民事庭決議，其中首度出現就法條本文
規範為「不得」之行為卻仍認為有效之見解，而其後之68年臺上字第879號判例也確認該決
議之見解為實務通說所採。然此實務見解卻造成強制規定之效力究應當然無效或僅發生取締
之效果而仍然有效之爭議。此時依學說見解應考慮法規意旨、權衡利益之衝突與交易安全作
綜合性考慮[55]。

公司系依公司法組織、登記、成立之社團法人，依法取得法人格而被賦予權利能力（民
法第25條）；民法第26條明文法人的權利能力，得限制於法令的規定範圍之內[56]，俾主管機
關得隨時予以監督[57]。關於公司法上權利能力之限制亦包括了資金貸放之限制，依我國現行公
司法第15條之規定，公司資金原則上不得貸與他人，除以下兩款例外：1.公司間或行號間有業
務往來者。2.公司間或與行號間有短期融通資金之必要者，融資金額不得超過貸與企業淨值之
40%。具備兩條件之一時即可。其結果上有助於抑制公司負責人假公濟私之行為[58]。若得隨意
將資金貸與股東或他人，將直接或間接影響公司之運作以致公司經營之不利，對於公司資本結
構產生變相減少之不良影響。然實際上公司因運作上之需要，企業間以資金互相協助乃行之有
年之事實，故公司法又例外允許一定程度的借貸。然于公司負責人違法放貸于他人時應如何處
理，依我國現行法條文義規定是與借用人負連帶返還之責任。學者認為該規定是否周全，仍有
疑義[59]。故2001年公司法修正使公司負責人負連帶返還責任前，尚有學說主張公司法第15條第
1項因公司事後原本就得請求償還，故為訓示規定[60]。然於2001年修正加入公司負責人之連帶

返還責任後，學說多數皆認為，於公司違法將資金放貸與他人應適用民法第71條而歸於無效[61]，與違法轉投資之效力有別。也就是說此處系落實資本維持原則絕對性，此等條文亦見於我國證券交易法第36條之1所授權制定之「公開發行公司資金貸與及背書保證處理準則」[62]，及證券交易法第174條之1之規定，其本質想法皆和公司法第15條相同，但是在違反公司法第15條之法律行為之效果上是否完全無考慮空間，此將於後文詳論之。

公司法第15條于90年修法時[63]認為，與公司間有業務往來者，實務上尚包括與行號間的情狀，舊法對公司資金的借貸僅設有一種例外情形，殆有不足，故將行號[64]納入規範。鑒於資本系公司存續發展之根本，且我國除金融金構外，並無類似國外財務融資之公司，為使公司資金順暢，應適度開放融資管道。所以，90年修法後即放寬規定，使公司得貸與資金[65]。

公司法第15條第1項第1款雖無明文規定貸放金額之上限，仍應當作限縮之解釋，以維護公司資本之充實。負責人常利用職權以徇私舞弊，具體言之，公司負責人經常身兼數家公司的重要職務，依現行法如此規定，其取得公司的融資系屬易如反掌，此處之立法仍有思考之空間。公司是否將資金貸放予他人，最重要者系其貸放資金之安全性如何，若貸放公司能請求借用人提供適當的擔保，則該公司之負責人已盡公司法第23條第1項善良管理人注意義務[66]，不宜概括以淨值40%為准，縱然未逾越此上限之規定，但仍有實際影響公司運作之可能性存在，畢竟各公司內部財務狀況似有差異。但礙于現行法如此規定，似乎仍須依照本法規定解釋之，但為補救此立法上的疏漏，應當加強公司與借用人之間的貸與行為合法性之檢驗；且若逾越此40%的規定者，其公司資金違法貸放的效果為何，也應加以討論之。再者員工向公司預借薪水，俟後再由薪資扣除，依經濟部之見解[67]認為，此為社會通念和公司員工間之依存行為，故為合法，但其本質上仍為公司之貸放行為，若未修法而直接謂之合法，此處仍有疑義。

公司法第15條規定之定性為何，學說上並無共識。其是否為效力規定？其規定究為取締規定，抑或系屬強制規定？容有討論之必要。違反強制規定其法律效果為無效，民法第71條自有明定，此無效的法律行為不能因嗣後法律的修正而復活成為有效，當事人欲使其有效時，須重新為之。又當事人是否明知或可得而知其行為違反強制或禁止規定，在所不問。但該法律有特別規定時，依其規定。若為訓示規定或取締規定，則其法律行為於私法上的效力亦不受影響[68]。

該條規定究為何種性質，誠屬交易安全之維護與保障投資大眾資本兩端之間的拉扯。故其法律行為的效力有學者[69]整理分為下列三說。

公司違法貸放資金之效果：

（1）有效說

公司本有其貸款能力，故本條為訓示規定，且公司仍得向借款人請求返還，亦得向公司負責人請求連帶返還，並賠償公司損害，為維持交易安全，應認該借貸契約仍有效成立。此觀公司法第15條第2項之規定，公司負責人……連帶負返還責任；如公司受有損害者，亦應由負損害賠償責任，可得知。

（2）無效說

認為法人僅于法令限制範圍內有其權利能力，資金借貸逾越限制，公司自無權利能力。且本條意在維持公司資本，避免影響公司資金運用及債權人利益，向公司借用資金的相對人應知此限制，且因該借貸行為而受益，實無保護必要。所以，本條應屬效力規定[70]。

（3）無權代理說

認為公司負責人若違反上述規定，系構成民法第170條之無權代理，由公司決定承認與否，定其效力。

在此效力問題上，正是民法與適法之交錯，是否此處得直接以民法71條之規定，真接認定無效，因借貸契約無效公司應依不當得利要求返還，還是認為其為取締規定不一定是無效。依目前我國之通說，系采無效說[71]。但多數理由僅在於公司法第15條修法後加入第2項「公司負責人違反……，應與借用人連帶負返還責任……」。但此種說法與有效說之見解反而同為公司法第15條2項之返還責任，也就是說此時也必須去分辨該項之性質到底是獨立自主之返還請求權亦或是不當得利請求權的特殊規定。

也就是說如果該借貸契約無效，自應以不當得利一途解決後續問題，故在歸責性之判斷等都不能避開不當得利之檢驗，且不當得利之要件要素是否得直接適用於公司法中一直是被有所質疑和保留。若該借貸契約仍屬有效，但對於公司資本維持有害，而予以一個立即返還請求權，且使負責人負連帶責任，此種方式亦不失明確且清晰，在現今法律體系論證上亦稱合理允當。此時檢驗違反公司法第15條之法律行為效力，仍必須回歸該條之本質意義與目的（Sinn und Zweck）。似無法直接依該條第2項直接判定其效力，此等作法亦不符合前述民法上之檢驗標準。

（二）德國法之規範借鏡

有關公司資金貸與第三人之規定，其明文規範有：

1.有限公司法第43a條貸與禁止（§43a GmbHG, Unzulässigkeit der Kreditgewährung）

2.股份法第89條，對董事之貸與禁止（§9 AktG Kreditgewährung an Vorstandsmitglieder）

3.股份法第115條對監事會成員貸與禁止（§115 AktG Kreditgewährung an Aufsichtsratsmitglieder）

德國法僅明文規定公司對董事、監事借貸之限制，並未對股東有所規定，但這並不是表示公司便得無限制的對股東貸與資金。雖有限公司法第43a條僅規定：「不得由維持實收資本所必要之公司財產貸與董事、其法定代理人、經理人或共同進行業務經營之代辦商。違反前述規定而給予貸款，都應立即返還，不論有無相反之協議。」其中並未對股東有所規範。在1980年前並未有此條之規定，且于立法理由中已有明文，認為有限公司法第30條規定「維持公司實收資本所必要的公司財產，不得返還于股東」，此條文便為防止違法貸款於任何人之一般性條款。

故在禁止貸款與股東之法源便有二種見解，其一認為因有限公司法中並無規定，故可直接適用有限公司法第30條資本維持原則之一般條款；而另一派見解認為仍得類推適用股份法

第43a條。此二種見解最大之差異點在於，有限公司法第30條系一禁止性法規範，其為一個維護資本維持原則之禁止違法給付之禁止法[72]，該條屬於德國民法第134條所規定之禁止法規之一。原則上此借貸之法律行為會生無效之效力。而有限公司法第43a條之規定，原則上借貸契約並不生無效之效果，僅有一個立即返還之效果。股份法中之處理亦屬大同小異，股份法第57條規定：「不得向股東返還出資⋯⋯」

其實在公司貸與資金之基本思考必須明辨，此處法條之目的之一雖同為保障公司債權人，到底是在於「保護公司支付能力」，亦或是「資本維持之絕對性」，而對違法給付之絕對禁止。當然德國因未明文禁止對股東予以借貸，故還必須考慮到對於不同客體（例如：董事、監事、股東）規範強度是否有所不同，為何未明文規範之物件（股東），反而直接適用原則禁止性之規範（有限公司法第30條；股份法第57條）。

1.法條目的保護基礎

該等借貸禁止之條文都屬資本維持法之事前預防法規範，但其實並非僅有此單一目的，應是說其包括了三個層面：

股東平等原則

債權人保護原則

資本維持原則

在股東平等原則部分，重點在於避免公司財產有不公平之資產位移，特別是有限責任公司，若容許公司任意對股東貸款，將使得股東間之中性等同評價而變成了有優先劣後之情形，取得貸款之股東其資產地位已優於其他之股東。

再者，此對一般債權人之保護可能有所侵害，特別是在公司進入解散清算時期，在對公司剩餘財產進行分配時，股東應劣後於公司債權人。但是控制股東若利用本身對公司之控制，事先取得借貸款，此時股東不正是可優先于一般債權人而直接由向公司借貸之款項優先取償，且股東若發生無資力償還公司債務時，一般債權人等同劣後於股東，優先承擔公司之風險，此與公司有限責任及法定資本制度相違背。

資本維持原則面向下，公司若給予股東之借貸有違常規交易標準，例如在對借貸人財務狀況之評估以及對於利息利率於一般市場上之水準有差異。因為前者在於對股東支付能力的有意錯估，再加上後者利率給予特別的優惠，都等同于對股東之「隱藏性取回出資」亦或是「隱藏性之盈餘分配」。此處可由三個面向觀察之：

公司資產運用程序拘束性

股東僅有盈餘分派請求權

禁止違法之公司資產流出

首先公司資產運用有其程序之拘束性，雖現今許多大型公司在經營所有分離之情形下，公司業務執行多由董事會合議決策為之，德國股份法中並未有明文忠實義務（Treuepflichten），但在實務上仍認為董事對於公司有其忠實義務，其理由在於董事于公司當中居於「機關之地位」（Organstellung）故自然對公司亦負有忠實義務[73]，也是說董事經由選任而取得為公司法人之機關地位，此時因其機關之地位而對公司負有義務，而非僅僅為受託人之關係而生之信賴關係所產生之注意與忠實義務。董事之注意義務與一般民法上之善良管理人注意義務已有不同，特別是董事會系為他人所利用之利他性機關，且于執行業務時，商事行為較一般民事行為更有其特殊性和技術性故更須小心謹慎。董事之注意與忠實義務特別是在經濟性之業務執行以及領導決策之合目的性（Zweckmäßigkeit der Leitungsentscheidung），董事會所作所為以及處分經營者皆為他人之財產，而非自己之財產，故其不得去浪費、減損公司整體財產價值，不得做出有違公司利益之行為，也不允許在沒有足夠檢驗合理借貸需求的情況下舉債而增加公司負擔[74]。董事之責任亦有所謂經營判斷原則之保障，德國股份法第93條第1項第2句規定經營判斷原則。通說認為於該條中構成要件主要有以下各項：

(1) 企業決策（Unternehmerische Enscheidung）

(2) 公司利益（Wohl der Gesellschaft）

(3) 無過大風險（（kein übergroßes Risiko）

(4) 基於適當之資訊（auf der angemessener Informationen）

以上為經營判斷原則之構成要件，根據絕大多數之見解還要再加上

(5) 「無利益衝突」（frei von Interessenkonflikten）。

此項規定也是有再次聲明之意義，因為在德國聯邦最高法院之判決中早已多次肯認，董事會成員有一個廣泛的企業行為判斷空間（Spielraum），若無此空間之存在則不可能有企業之執行業務作為的可能性。而以往之相關判決亦得做為股份法第93條第1項第2句之具體化案例適用。董事之作為在符合德國股份法第93條第1項第2句時，便不存在有所謂義務違反，此處並非認為董事並無過失，而只是說並沒有違反義務。這裡並不是一個舉證責任負擔（Beweislastregel）之規定，而是一個實體法上的法規範。此處僅要達成客觀的義務便符合了第93條第1項第2句之要件要求。法院亦不得對董事之決策過度強調是否具有可達成目的性和效益性加以審查。且不應以同樣之情形下，他性質類似之公司董事所可能采之決策加以比較做為義務違反之標準。

故在公司資產運用上，除法條明文之限制外，董事之決策作成和執行也必須符合忠實和注意義務，德國公司對於股東之借貸，實務上並未完全之禁止，在某程度範圍內，若訂定之條件未違背市場通常標準，符合常規交易，此時即無違反資產維持原則，但仍應采一定之檢驗標準，不得有損公司支付能力和債權人取償之可能性。也就是說以有限公司法而言，既然第43a條未明文規定不得貸與股東，此明文之排除自不應完全類推第43a條加以限制。但如果在前述要件，一、貸款系基於對公司之利益。二、貸款條件與第三人比較並不會較有利。三、該貸款對股東本身亦有實益性。此時則得對股東例外的貸與資金[75]。不過如果在要件檢驗有疑義時，舉證責任則是在受有利益之股東身上。其主要之法目的在於對於資本維持之事先預防。

再者股東對存續中公司財產之取得僅有盈餘分派請求權，不得利用其他之法律行為取得公司資產，特別是利用隱藏性出資取回而破壞了資本維持法制。而公司違法之資產流出，對於債權人之保障也是極大之傷害。故在法目的切入之觀察點並非在於公司是否得有多少之決策空間

得自行處分財產執行業務，而是在於債權人是否受有足夠之保障，而在任何時間都存在得以對其債權完全取償之可能性。

綜合所言，資本維持之禁止法性質，原則上是加以肯認，但並非百分之百之禁止，而是漸向債權人保護加以傾斜，也就是說資本維持本身並非目的，而是對債權人之債權的保障。若在有足夠之保障下，對股東之借貸並非完全禁止，仍是例外的許可，雖有限公司法第30條為一禁止法規，但德國實務界認定，仍有部分寬容之空間。不過對我國而言，因我國公司法第15條1項已明定：「公司資金，除有左列各款情形外，不得貸與股東或任何他人。」故對於是否得貸與資金給股東，既已明文禁止，故除有法條內所規定之例外情形外，已無討論空間，但仍可借鏡檢驗我國法條目的，推論出其保障目的主要在於債權人之保障，而非僅僅是一個抽象而不可侵犯的資本維持原則。

2.違法借貸之法律效果

綜上所言，得知德國有限公司法第43a條主要系在保障債權人，亦為資本維持原則具體化、特殊化之條文，而該條二句規定：「違反第一句之貸款無論有無其他約定應立即返還。」而對於股東之違法借貸，依德國有限公司法第31條之規定：「違反有限公司法第30條之規定而受有給付者，應將其受領之給付歸還公司。」而該條之返還請求權（Erstattungsansrpuch）系公司法上之特殊權利[76]，而非源自民法上之不當得利返還權，故德國民法第814條、第817條、第818條皆無適用之餘地[77]。而此請求權亦為一個立即即期（sorfort fällig）之請求權。

同樣的有限公司法第30條並非德國民法第823條文內所提之受保護法律，因有限公司法第31條之返還請求權及其他之制裁，對於此資本維持條文便已給予足夠之保障。

違反德國有限公司法第43a條，依德國見解並非無效，僅負有一個立即返還之義務（sorfot rückzahlungspflicht），此返還義務亦非來自德國民法第812條。也就是說此處並無須對一般不當得利之構成要件加以檢驗[78]。其借貸契約仍為有效，故無論是在已收取之利息以及擔保方面都不生影響。而採取特殊請求權說之優點在於，無須檢驗不當得利要件，特別是不用考慮其是否具有責性或有無不法意識之存在，在德國民法第819條之規定：「不當得利受領人于受領時知無法律上原因或其後得知者，自受領時得知無原因之時，……應負返還義務。」

僅在不當得利受領人收受給付系違反法律強制或禁止規定或善良風俗者，始有義務自受領給付時以同樣方式返還。而該條中構成要件皆必須存在有不法意識（unrechtbewußtsein），而公司法制中僅對資本維持原則和債權人之保障加以客觀審查，對於主觀不法意識並不須一定要存在。此處已有公司法上之特殊關係來改變民法中不當得利之法制規範，並取而代之。

同樣德國股份法第89條對於董事借貸之禁止，若違反該條之違法借貸，該法律行為也不會因德國民法第134條而歸於無效，而是使該契約持續有效，但會有一個立即歸還義務[79]，此規定於股份法第89條第5項，而為一個契約法上之特殊獨立歸還請求權，而非使之歸於無效，再由不當得利法使回復歸還利益，此時更能維持一個客觀維護資本維持功能之法體系，受領人也無法主張有無不法意識等之有無而生任何抗辯之可能性。

四、民法商法交界違法效果之調整

就我國民法而言，強行規定主要之功能在於限制契約自由，乃至於當事人之意思自主。強行規定不問當事人意思如何，一律適用。強行規定一般分為強制與禁止規定。當事人約定之內容若抵觸禁止規定中之效力規定，至少該抵觸之部分，不發生法律規範拘束力，強制規定系指禁止規定以外之強行規定，不問當事人意思如何，強行規範當事人間之契約關係。法律行為得因違反法律強制規定，無效。強行規定對契約內容形成之意義，主要顯現在當事人根本未有約定時。如契約當事人雖未約定「誠信原則於本契約亦有其適用」，但因強行規定法律效力之影響所及範圍，與契約當事人之意思無關。但區別基準何在，並未加以說明。其認為取締規定無第71條之適用，實易生誤解。蓋第71條解釋與適用最困難之處在於：當契約違反某具體禁止規定，而該規定就契約有效與否欠缺明文規定時，應如何決定該契約之效力。當判斷結果顯示該契約有效，該禁止規定，得被歸類為取締規定；反之，倘契約無效時，該規定屬於效力規定。易言之，取締規定依然為禁止規定，仍有適用第71條之必要；惟非適用該條本文，而系其但書「但其規定並不以之為無效」。關於有效與否之認定，第71條本身未提示任何具體之判准。然而，其但書「但其規定並不以之為無效」卻也無奈地指出，有效與否之認定，仍須回歸禁止規定本身之立法意旨。法官于解釋禁止規定之立法目的時，應同時判斷立法目的之達成上是否有必要否定該契約之法律行為效力而歸於無效。契約當事人在訴訟上得主張之契約上之請求權，法院若認定其有效而實現其權利時，是否使其立法目的無法達成，而抵觸該法律規定之價值判斷。一般認為，禁止規定若僅針對法律行為作成之行為本身，而不在阻止其交易法律行為效果之發生，即屬取締規定之情形。反之，禁止規定若因法律行為之內容而禁止之，則屬效力規定，如禁止出售煙酒予未成年人。申言之，絕大多數之禁止規定主要在實現其刑法上或行政法上之目的，而非在規整當事人間之私法生活關系。若無強有力之理由，不宜輕易判定契約為無效。契約無效之結果，雖不生法律行為之效力；但當事人因該契約所為之給付、所受之損害，仍然要透過不當得利、侵權行為等法定債之關係來處理，其複雜程度不可謂不大。是以，賦與契約以訴求力，若並未明顯抵觸禁止規定之意旨與價值判斷，則認定契約有效能使問題處理單純化。試想若仍采過去二分法之考慮，則個案進入裁判程序後我們勢必要一一對所有要求作成一定方式的規定進行同樣的檢驗。可以想見的是，檢驗的結果勢必相當分歧，並造成法律適用上極度的不確定。此系因在解釋禁止規定之主要目的為何時，難以作明確的切割與判斷。要作這樣的明確切割與判斷並減少法律解釋所帶來的不安定，較佳的作法應是儘量在立法的層次直接作出區分及判斷[80]。若使無效之認定流于恣意時，立法上就有義務於層次上限縮解釋的空間，若未同時設想當事人之所欲獲得之結果，而濫行使契約產生無效的結果，勢必遭到未來契約無效之不良影響與體系上處處矛盾的代價。且公司法對於經濟發展與資本市場影響甚大，在強調彈性和效率的前提下，似應逐漸將公司法規範認定為一個基礎之架構，公司法本身應轉化為一假設性契約，由公司與股東、第三人間之契約為主要管制的方式，而非全然由國家以強制方式加以制定，使私法自治、契約自由、自己行為理論與市場競爭機制等取代過去的管制法規，而成為公司與其他利害關係人權利義務規範的圭臬，而在釋義法上之展現便是在強制禁止法規之認定上，不應輕易直接認定絕對無效，而應在公司法體系目的下做彈性之認定調整。

如同德國法一般，在商法條文之檢驗上，除了民法要件之檢驗外，亦須同時檢驗在商法領域中之禁止條款，其本身真正之目的和意義，以及法理解釋上之一致性。我國公司法第15條之規定，如同多數見解一般，其為避免公司資金流失維持資本充實之規定，也就是說系資本維持原則之特殊性具體化之規定，法性質上系維護資本維持原則之禁止法並未有誤，但該違法貸放之法律行為是否在私法上亦使之無效。即是否即應依民法方式，在有效力有疑義時原則上便將民法第71條視為解釋規則，先推定無效。但是在商法中許多公司法上之特殊關係已與一般民法之規則有所差異，在法條體例上，在該條2項之規定：「公司負責人違反前項規定時，應與借用人連帶負返還責任；如公司受有損害者，亦應由其負損害賠償責任。」由該項可得知，返還責任存在於借用人與負責人，且彼此之間有連帶責任，此返還義務之規定，到底是民法上之不當得利之規定，還是一個獨立自主之請求權基礎，其實都是在有效無效判定後便可得出一個簡單之結論，因同樣一個返還請求權，可以有不同之解讀，有謂之公司負責人違反時與借用人連帶負返還責任，顯認借貸無效，公司得隨時請求返還借款。另外亦可認為正因法律明文規定了返還請求權，正代表該借貸契約不因此而無效，有關利息、保證等契約內之規範仍皆有效，此對彼此也有較多之保障，在私法自治與交易安全之思考下，仍應使之持續有效，但為保障公司債權人和資本維持故在法條中明文規定返還義務，且負責人與借用人同負連帶責任。

違反公司法第15條之借貸行為有無效力，也是立法選擇之問題，基於對資本維持原則之保障，若該條並未明文規定返還義務，此時在法解釋上違法借貸之法律行為只有認定無效一途可行，方得再運用民法第179條不當得利法取回違法之給付，若認定有效將架空解構了資本維持法制和破壞了債權人保護原則。

公司法第15條第2項並不單單只有規定連帶責任，其更明文一個立即屆期之返還請求權，也正因返還義務之明訂，若認定該請求權並非源自民法第179條，而為特殊而獨立於不當得利法之返還請求權，故不再需適用民法中不當得利之規定，對於不當得利要件之檢驗，民法第179條規定：「無法律上之原因而受利益，致他人受損害者，應返還其利益，雖有法律上之原因，而其後已不存在者，亦同。」公司是否因此有無損害不在所問。而民法第182條不當得利之返還範圍之限縮規定：「不當得利之受領人，不知無法律上之原因，而其所受之利益已不存在者，免負返還或償還價額之責任。受領人于受領時，知無法律上之原因或其後知之者，應將受領時所得之利益，或知無法律上之原因時所現存之利益，附加利息，一併償還；如有損害，並應賠償。」在此返還的範圍也不應受到任何之限制。

綜上言之，我國對於公司借貸之規定，實較德國更嚴，對於股東已明文規範入內，但在違法借貸之法律效果，一般見解直接認定為借貸無效，而依不當得利請求返還違法之給付，負責人違反時與借用人負連帶返還責任。此種作法在法理上未必說不通，但若參酌德國之見解[81]，因為借貸禁止並違反禁止規範使生之無效之禁止法規[82]，我國似得讓該契約持續有效，輔以立即返還義務，於公司法上之管制解除趨向，以及對於私法自治為主基調之商法領域似更符合公司法第15條之本質目的與意義，同樣得以保障債權人且維持資本，並在法律處理上更為不複雜，且更能增進公司自治之彈性。故可認定違反公司法第15條之法律行為並非無效，但必須立即返還已取得之給付。現代民法典亦有功能性之思考[83]，前述作法亦無害民法解釋之一體性，也因商事法律行為有極高的技術性和變化性，此種作法有益於使商事行為在效力上有更多之彈性自由，解決公司、商事法制所需之開放性和我國民商合一帶來的僵化性，特別是在我國商事法制已多特別法，實有慢慢背離民商合一之原始背景，此種尊重不同法域之法目的和本質之解釋方式，方能使我國緊緊相系之民法與商法不致產生完全的背離，而能相生相容，尋求一個實質理性之解答，並引進案例法之方法[84]，配合大陸法系之解釋方法使能建立於商法中違反強制禁止規定之效力體系。

注釋:

[1] 陳彥良，國立臺北大學法律學院副教授，德國 MAINZ 大學法學博士。

[2] Roehricht/ Westphalen, HGB, 3. Aufl., 2008, Einl. Rn. 16 ff.

[3] Roehricht/ Westphalen, HGB, 3. Aufl., 2008, § 346 Rn. 16 f.

[4] 陳自強，代理權與經理權之間—民商合一與民商分立，元照出版，2006 年 5 月，頁 278。

[5] 王文宇，公司法適用民法原則之探討，法令月刊，54 卷 2 期，頁 54-155，2003 年 2 月。

[6] Wendland, in: Bamberger/Roth, BGB, 2. Aufl., 2007, § 134 Rn. 1.

[7] 蘇永欽，違法強制或禁止規定的法律行為，載：民法經濟法論文集，1988，頁 90。另一公法進入私法管道為我國民法第 184 條第 2 項。

[8] Palandt/Sprau, BGB, 68 Aufl., 2009, § 823 Rn. 23 ff.

[9] 蘇永欽，以公法規範控制私法契約—兩岸轉介條款的比較與操作，2009.06, 完成於作者 2009-.02-2009.06 於浙江大學光華學院客座教授期間，頁 15。

[10] 詹森林，效力規定與取締規定之區別標準，載：範光群律師祝壽論文集「程序正義、人權保障與司法改革」，元照，2009，頁 298 以下。

[11] 劉渝生，公司法制之再造，新學林出版社，2005 年 6 月，一版一刷，頁 68。

[12] 劉連煜、曾宛如、張新平、江朝國合著，當代案例商事法，新學林出版社，2007 年 9 月，一版一刷，頁 28。

[13] 另可參見 70 年臺上第 3743 號判決。

[14] 民法第 16 條（能力之保護）權利能力及行為能力，不得拋棄。民法第 17 條（自由之保護）I 自由不得拋棄。II 自由之限制，以不背於公共秩序或善良風俗者為限。
民法第 147 條（伸縮時效期間及拋棄時效利益之禁止）時效期間，不得以法律行為加長或減短之，並不得預先拋棄時效之利益。

[15] 民法第 87 條（虛偽意思表示）I 表意人與相對人通謀而為虛偽意思表示者，其意思表示無效。但不得以其無效對抗善意第三人。II 虛偽意思表示,隱藏他項法律行為者,適用關於該項法律行為之規定。

[16] 土地法第 104 條（基地之優先購買權）I 基地出賣時，地上權人、典權人或承租人有依同樣條件優先購買之權。房屋出賣時，基地所有權人有依同樣條件優先購買之權。其順序以登記之先後定之。II 前項優先購買權人，於接到出賣通知後十日內不表示者，其優先權視為放棄。出賣人未通知優先購買權人而與第三人訂立買賣契約者，其契約不得對抗優先購買權人。

[17] 例如：最高法院 87 年度臺上字第 2149 號判決。

[18] 最高法院 97 年臺上字 2216 號判決。

[19] 惟以往實務之見解更為寬容，針對未依股東會決議所為處分均以無權代理之方式處理之，即董事長代表公司所締結之契約，非經股東會特別決議不生效力，但此不生效力行為，可因事後承認而溯及訂約時生效。

[20] Mayer-Maly, Römisches Recht, 2. Aufl., 1999, S. 113.

[21] MünkommBGB /Armbrüster , 5. Auflage 2006, § 134 Rn. 3.

[22] Staudinger/Sack, BGB, 12. Aufl., § 134 Rn. 1.

[23] 王澤鑑，民法實例研習—民法總則，1998 年再版，頁 234。

[24] BGHZ 51, 255, 262; Münkomm BGB/ Armbrüster, § 134 Rn. 39.

[25] Münkomm BGB/ Armbrüster, § 134 Rn. 43 ff.

[26] Carnaris, Gesetzliches Verbot und Rechtsgeschäft, 1983, S. 14 ff.

[27] Palandt/Ellenberger , BGB, 68 Aufl., 2009, § 134 Rn. 23 ff.

[28] BGH 45, 326.

[29] 德國民法 242 條系誠信原則條款。

[30] 德國民法 826 條系故意違反公序良俗之損害賠償條款。

[31] Palandt/Ellenberger , BGB, 68 Aufl., 2009, § 134 Rn. 4.

[32] Westphal, Zivielrechtliche Vertragsnichtigkeit wegen Verstosses gegen gewerbrechtliche Verbotsgesetz, 1985, S. 133 ff.

[33] 最高法院針對此一爭議另有見解認為（65 年臺上字 2979 號判決），甲說：證券商不得有收受存款或辦理放款之行為，為本款所明定，如違反此項法律之禁止規定，依民法第 1 條規定，該證券商與存款人或借款人間之消費寄託或消費借貸契約，應屬無效。

[34] BGHZ 59, 82, 85.

[35] BGHZ 94, 268, 272.

[36] Staudinger/Sack, BGB, 12. Aufl., § 134 Rn. 45.

[37] Münkomm BGB/ Armbrüster, § 134 Rn. 32.

[38] Kropholler, BGB, 11. Aufl., 2008, § 134 Rn. 2.

[39] Brox/Walker, Allgemeiner Teil des BGB, 31. Aufl., 2007, Rn. 320.

[40] BGH 37,365.

[41] BGHZ143, 283; Palandt/Ellenberger , BGB, 68 Aufl., 2009, § 134 Rn. 9.

[42] 蘇永欽，違法強制或禁止規定的法律行為，in: 民法經濟法論文集，1988，頁 113

[43] 蘇永欽，違法強制或禁止規定的法律行為，in: 民法經濟法論文集，1988，頁 113；文中更明言此處若排除地方政府的命令於民法 71 條，在理論上並不允當。

[44] 詹森林，效力規定與取締規定之區別標準，in: 範光群律師祝壽論文集「程序正義、人權保障與司法改革，元照，2009，頁 294。

[45] 潘維和，中國歷次民律草案校釋，1982，頁 379。

[46] 蘇永欽，違法強制或禁止規定的法律行為，in: 民法經濟法論文集，1988，頁 112。

[47] Palandt/Ellenberger , BGB, 68 Aufl., 2009, § 134 Rn. 8 ff.

[48] RGZ 1, 115.

[49] Carnaris, Gesetzliches Verbot und Rechtsgeschaeft, 1983, S.15.

[50] 王澤鑑，民法實例研習民法總則，自版，1995 年 3 月，強行規定與任意規定，頁 236-237；吳姿慧，我國資遣費給付制度之檢討—以德國「勞動契約終止保護法」與「企業組織法」之規定為參照，中原財金法學，2005 年 12 月，頁 275-276。

[51] 劉士豪，大量解雇勞工保護法中「解雇計畫書通知與協商」制度之初探，律師雜誌，282 期，2003 年 3 月，頁 61；楊通軒，大量解雇勞工保護法相關法律問題研究，律師雜誌，282 期，2003 年 3 月，頁 47。

[52] Vgl. Ascheid , in: Erfurter Kommentar zum Arbeitsrecht, 5. Aufl., 2005, § 18 KSchG Rn. 2.

[53] 德國民法第六二三條則是明訂解雇必須以書面形式為之，並以書面形式為其生效要件，以加強法安定性。並配以德國解雇保護法第十八條規定了封鎖期間以禁止解雇我國此處則是應依違反強制或禁止之規定，而使之無效。參見：陳彥良，解雇保護制度體系之研析—兼論大量解雇勞工保護法，政大法學評論第 99 期，2007.10，頁 44 以下。

[54] 蘇永欽，從動態法規範體系的角度看公私法之調和，載於：尋找新民法，2008.09，頁 263。

[55] 王澤鑑，民法總則，2004 年，頁 302。

[56] 廖大穎，公司法原論，3 版，2006，頁 38。

[57] 梁宇賢，公司法論，6 版，2006，頁 80。

[58] 廖大穎，公司法原論，頁 40，2005 年 2 版。

[59] 梁宇賢，公司法論，頁 85，2006 年 6 版。例如向員工放貸、向有業務往來之衛星工廠放貸、因稅務法令代股東墊付扣繳其未分派盈餘轉增資股份之稅款等，是否受 40% 之限制等法無明文規定，實應補充立法為是。

[60] 潘維大、黃心怡，公司法，2006 年 3 版，頁 51，。

[61] 潘維大、黃心怡，公司法，2006 年 3 版；王泰銓，公司法新論，2002 年 2 版，頁 132，。

[62] http://www.selaw.com.tw/Scripts/Query4B.asp?FullDoc=%A9%D2%A6%B3%B1%F8%A4%E5&Lcode=G0100213 (last visited 2010. 4. 12)

[63] 舊公司法第 15 條 修正前條文 I 公司不得經營登記範圍以外之業務。II 公司之資金，除因公司間業務交易行為有融通資金之必要者外，不得貸與股東或任何他人。III 公司負責人違反前二項規定時，各處一年以下有期徒刑、拘役或科或並科新台幣十五萬元以下罰金，並賠償公司因此所受之損害。

[64] 行號系指獨資或合夥；商業登記法 第 3 條（商業之定義）本法所稱商業，指以營利為目的，以獨資或合夥方式經營之事業。

[65] 王文宇，公司法論，4 版，2008.09，頁 109。

[66] 劉渝生，公司法制之再造，2005，頁 70。

[67] 1979.11.17 經濟部商字第 3951 號函。

[68] 王文宇，公司法論，4 版，2008.09，頁 109。

[69] 劉連煜，現代公司法，5 版，2009，頁 86。

[70] 柯芳枝，公司法論（上），三民，2002，頁 30。

[71] 王文宇，公司法論，4 版，2008.09，頁 109。

[72] Baumbach/Hueck, GmbH-Gesetz, 19. Auflage 2010, § 30 Rn. 13 ff.

[73] BGHZ 13, 188, 192.

[74] BGH v. 16.02.1981, WM 1981, 440, 441

[75] BGHZ 157, 72

[76] Kort, Das Verhältnis von Auszahlung（§ 30 Abs. 1 GmbHG）und ersttaungspflicht（§ 31 GmbHG），ZGR 2001, S. 615 ff.

[77] Baumbach/Hueck, GmbH-Gesetz, 19. Auflage 2010, § 31 Rn. 3

[78] Baumbach/Hueck, GmbH-Gesetz, 19. Auflage 2010, § 43a Rn. 7.

[79] Hueffer, AktG, 8. Aufl., 2008, § 89 Rn. 8.

[80] 王澤鑑，民法研究會第十一次研討會中發言，參照民法研究會實錄 民法研究（三），頁 170，1999 年 10 月。

[81]   Hueffer, AktG, 8. Aufl., 2008, § 89 Rn. 8

[82]   Fleischer, Aktienrechtliche Zweifelsfrage der Kreditgewaerung an Vorstandsmitglieder, WM 2004, S. 1057 ff.

[83]   蘇永欽，民法典的時代意義，載於：尋找新民法，元照，2008，頁15以下。

[84]   蘇永欽，以公法規範控制私法契約—兩岸轉介條款的比較與操作，2009.06，完成於作者2009-.02-
        2009.06於浙江大學光華學院客座教授期間，頁15。

告知同意倫理及法律之反思

陳月端[1]

壹、前言

根據2011年11月衛生署醫事審議委員會醫事鑑定小組統計，國內醫療糾紛鑑定件數，1987年僅為145件，然至2010年已增至486件，甚至在2009年更高達546件[2]。以2012年5月31日，法院所整理之醫療糾紛之原因，其中之一即為「診斷過程未詳為告知所引起」[3]。當醫療糾紛進入訴訟程序時，囿於對醫療行為是否疏失或違反醫療常規，對於不具醫學專業之病人或家屬或律師，較難掌握及舉證，訴訟策略上，將醫療過失責任之重心，從是否符合醫療常規之注意義務，轉為是否告知並獲同意之探討。台灣於2000年前後開始，醫療糾紛之司法實務，即多數呈現此種現象[4]。

告知同意（informed consent），不僅係醫學倫理尊重自主原則之內涵，更係法律賦予醫師之義務。既為法律上義務，即須明確，否則不僅會造成醫療人員無所適從，在司法實務亦會產生爭議。然告知同意之內容，係多元呈現在台灣現行法律規定上；甚至衛生署新版之手術同意書及麻醉書同意之內容與司法實務（尤其係94年度台上字第2676號判決）上對於告知同意之見解，彼此內容又不盡相同，凡此均造成實際醫療場域運用上之困擾。本文將介紹從告知義務起源地之美國，再結合觀察台灣現行之法制及實務見解，試圖釐清並歸納告知同意之內容，以期對台灣在告知同意之倫理、法律規範及實務，有所助益。

貳、告知同意之倫理規定

告知同意在台灣之發展，有其獨特之軌跡可循。台灣係因醫療糾紛及法律規定，開始繼受告知同意之法則。亦即藉由法律義務推動倫理改革。反觀，英美告知同意係先有倫理上反思，後再形成法律規範[5]。故本文在進行法制與實務見解之探討前，有必要先介紹英美倫理相關之規定，以檢視台灣告知同意之倫理法律規定及實務見解。

（一）英國醫學會之倫理規定

依據英國醫學會之倫理規定，則對知情同意原則中所稱之「足夠之訊息」，認為醫師告知病人之訊息，隨疾病性質、治療之複雜、度治療或醫療程序之相關風險及病人之意願等因素而異。醫師應採取適當步驟，以了解病人對自身病情及治療方法欲知及應知之事項。至於病人同意之方式，則認為明示之口頭、書面或病人在了解將接受醫療措施下之默示均可。惟病人在不了解醫療措施或自己可以選擇拒絕所為之默示，並非同意。而在同意之程度，則認為病人之同意必須出於自願，在無壓力且具有決定能力下所為[6]。

從以上英國醫學會之倫理規定可知：告知同意之內容非一成不變，針對不同之醫療措施，告知同意之內容將隨之不同，亦即告知之內容需加以類型化。此外，告知同意著重告知、自願及能力，三者不可或缺。事實上，美國學者Ethcells, Sharpe, Walsh, Williams, and Singer等在1996年亦指出告知同意之三要素：告知、能力及自願（disclosure, capacity and voluntariness）。告知係指醫師所提相關訊息需為病患所了解。能力係指病患有能力了解知之被告知之訊息並可合理預見結果。Appelbaum及Grisso在1988年即堅持能力包括證明選擇之能力、了解相關訊息之能力、了解醫療情形及結果之能力及合理處理訊息之能力。自願係指病患所做決定需出於自由、無強制、暴力或脅迫[7]。

當英國醫學會之倫理規定要求告知同意之內容言針對不同醫療措施予以類型化時，吾人應反思者係：台灣告知同意之法規雖散見於不同法律規定，但是否予以類型化？在告知同意之法制中，是否同時著重告知、能力及自願？

（二）美國醫學會之倫理規定

若病患擁有足夠資訊供選擇，病患之自我決定權，即可有效行使。病患應對醫療做決定，醫師之義務係精確地提出病患關切之醫療事實予病患或對其負責照顧之人。告知同意係醫師必須遵守且涉及倫理與法律之基本政策。除非病患無意識、無法同意或緊急醫療，在特殊情形下，延遲訊息揭露為適當，否則醫師應靈敏並尊重地揭露所有相關醫療訊息予病患。訊息之數量及特殊性應符合病人之需求喜好，醫師不需一次溝通所有訊息，但應評估訊息之數量，使病患能在特定時間接受，並在適當時刻提出其餘部份[8]。

從以上美國醫學會之倫理規定可知：告知同意之內容包括醫師之說明義務及病患之自我決定權。告知同意需在實際之醫療情況下，依當時之情境，尊重相關主體之互動，再決告知同意之內涵及數量[9]。此外，其亦指出告知同意之例外。反觀，台灣一再透過法規、司法判決及醫療臨床各種「同意書」，擴大告知同意之事項（數量）時，美國醫學會之倫理規定，實在值得參考。

（三）美國國家生命倫理委員會「醫療上意思決定」報告書

1983年，美國總統設置之生命倫理委員會就「醫療上意思決定」報告書即指出：「Informed Consent 雖屬法律上之概念，惟亦具有倫理之性質。所謂倫理上有效之同意，係基於相互尊重與參加所為之意思決定之過程。Informed Consent 並非僅適用於知識份子，而應適用於所有病患與任何醫療場合。」[10]

從以上美國國家生命倫理委員會「醫療上意思決定」報告書可知：告知同意為一個意思決定之過程，而非切割成「告知」及「同意」二個部份；在整個醫療意思決定之過程，著重醫師與病患相互尊重之夥伴關係，及共同參與醫療決定，然在最終之醫療決定，仍由病患作成[11]。相較於台灣現行臨床實務上，著重各種「說明書」及「同意書」之簽訂，忽視侵入性醫療行為前醫病相互尊重與參加所為之意思決定之過程，值得商榷。

（四）世界醫學聯盟里斯本宣言

1981年，世界醫學聯盟（World Medical Association）在里斯本所做成之病人權利宣言（Declaration of Lisbon on the Rights of the Patient，又稱里斯本宣言）即強調病人具有自主決定之權利（Right to self-determination）及知悉攸關自主決定相關訊息之權利[12]。病人具有知悉攸關自主決定相關訊息之權利，從相對之觀點，即醫師具有告知病人攸關自主決定相關訊息之義務。

里斯本宣言同時強調病人之自主決定能力及醫師之告知義務，且以病人為主體，定名為「病人權利宣言」，相較於台灣告知之共通性規定~醫師法§12-1，僅強調醫師之告知義務，不著墨病人之自主決定能力，且將醫師之告知義務規定於「醫師法」中，規範之主體仍為醫師而非病人，凸顯出台灣醫病係中醫師之主體性。

（五）台灣醫師倫理規範

依據台灣醫師倫理規範§8之規定：「醫師對於診治之病人應提供相關醫療資訊，向病人或其家屬說明其病情、治療方針及預後情形。」相較於英美相關醫師倫理之細緻規定，台灣醫師倫理規範對於告知同意，完全與醫師法§12-1之法定義務相同。法律僅為最低之倫理要求，倫理應有更高之標準。相較於英美告知同意之倫理法則，台灣在告知同意倫理規範上，應更細緻，充分體現病患之意思自主權，重視類型化、情境化之告知同意。

（六）分析

告知同意從醫學倫理之角度觀察，除需符合倫理上之期待外，亦可提供告知同意法律檢視之參考標準。當倫理期待告知同意需加以情境化並類型化時，吾人當檢視者，係法規面應如何因應，衛生主管機關應如何運用，方可為司法實務及臨床醫療所遵循？又當告知同意倫理上要求告知、能力及自願時，法律上應檢視者，係告知之範圍如何規定，才會攸關同意之行使？又病患之同意能力及自願，在法律上應如何認定？凡此均係告知同意之倫理上規定所衍生之法律上應檢視及因應之處。

參、美國告知同意之法制及實務見解

美國係世界上最早及最常引用告知同意審理醫療糾紛案件之國家。其對於告知同意，亦先有倫理上之反思，再形成法律規範，故其對告知同意司法實務之態度如何？法律之規定如何？均值得吾人加以探討。

（一）法制面

告知同意做為一項指導原則，近似於現代職業道德之核心。其雖為不同專業領域之基本指示，但實為美國醫學方面闡述道德演變之處方，並繼之產生具有自主決定基本人權之道德關懷。告知同意係基於基本人權之最基本假設。告知同意不僅係為現代之道德標準，更係對發生在20世紀令人震驚侵犯人權事件之回應[13]。茲說明其告知同意之法制對倫理之回應如下：

1.1947年紐倫堡準則（the Nuremberg Code）

1947年紐倫堡準則（the Nuremberg Code）針對第二次世界大戰由Axis（軸心國）科學家所進行之不人道人體試驗，在告知同意方面，達成三項基本原則：（一）受試者自願同意為絕對必要。（二）受試者可以在試驗任何階段退出試驗。（三）試驗進行期間，若發現有任何可能導致受試者傷害、失能或死亡之情況時，應立即停止試驗[14]。

2.1974年美國「國家研究法」（the National Research Act）

1974年美國「國家研究法」（the National Research Act）生效。美國首次嘗試將人類道德規範提升至法之強制位階。其建立國家保護生物醫學及行為研究受試者委員會，委員會之審議意見進而形成貝爾蒙報告（Belmont Report，National Commission for the Protection of Human Subjects of Biomedical and Behavioral Research，1975）。貝爾蒙報告指出對人類研究之三項基本要素：尊重自主、行善及正義。從紐倫堡準則至貝爾蒙報告，在告知同意觀念最大之改變係：在人體試驗道德選擇上，紐倫堡準則強調個人責任，美國聯邦法規則改為機構責任[15]。亦即將告知之主體從個人改為機構。

3.1990年「病患自我決定法」（Patient Self-Determination Act，PSDA）

在美國，告知同意係從保護病患人權之立場，尊重病患之自主決定權出發，告知同意並非僅係法律之強制規定，在醫療倫理亦須全面自主地實施[16]。為保護公民權利，美國國會於1990年通過「病患自我決定法」，並於1991年生效實施。此法案強調醫療保險及醫療提供者（包括醫院、養老院、臨終關懷計畫及家庭健康機構等，非醫師個人），在成年之個體在住院許可或入學時，須提供關於州法律規範預先醫療指示（advance directives）中所賦予之權利之資訊，包括：有權加入或指示自己之醫療決定；有權接受或拒絕醫療或手術治療；有權準備預先醫療指示等。此法案禁止歧視病患，不論其是否立有預先醫療指示，「病患自我決定法」進一步要求醫療機構須紀錄病人之訊息並須教育機構內部醫療人員及社區關於預先醫療指示之內涵[17]。與貝爾蒙報告相同，在「病患自我決定法」中，對於告知義務之主體，採取機構責任。

另外，Agich在1997年亦指出：告知同意在臨床及研究機構最大之區別係，在臨床，告知同意之標準可溯及加以適用，法院審判告知同意之個案，僅就合法之起訴；相較於研究機構，政策要求由IRB或類似權威機構審查研究主題之存續期間，Agich認為：應用之不同，反映在創始者及告知同意受者關係基本之不同。在臨床，醫師照顧病患健康及安全為重要及終極目標。在研究案例，受試者之福址，雖涉及人權，但相較於研究目標之達成，則不受重視。研究中危險及利益道德之考量，顯得日益重要。告知同意法則形成科學倫理適用之基石[18]。

（二）實務面

1.1917年Schloendorf v. Society of New York Hospital案

告知同意在美國法體系中具有指標性意義之案件為Schloendorf v. Society of New York Hospital，大法官 Benjamin Cardozo在1917年總結：「Every human being of adult years and sound mind has a right to determine what shall be done with his own body……」（每一個心智健全之成年人，有權決定其身體應受何種處置）[19]。此案例係發生在一位病患事先拒絕手術，然醫師卻對其進行外科處置。

2.1960年Natanson v. Kline案

20世紀中，告知同意之法律適用開始發生重要轉變。首先，強制須要告知同意之法律依據為「人身侵權」（battery），未獲同意即為對另一個體之不法接觸。在Natanson v. Kline（1960）一案中，堪薩斯最高法院（The Kansas Supreme Court）適用過失理論而非「人身侵權」理論，未經同意僅構成過失。此外，本案並決定告知同意之認定標準，係建立在「完全自主」（thorough-going self-determination），而非先前所使用之「理性醫師標準」（reasonable physician standard）[20]（前述Schloendorf v. Society of New York Hospital一案中，因採「理性醫師標準」，病患賦有取得相關資訊之責任），本案建立現代告知同意所需要之要素，並因此成為指導原則。其讓病患自主地決定或拒絕醫療處置，當醫療處置違反病患意願時，醫師（或研究者）僅構成過失。若醫師事先已和溝通所有風險及利益，即不負任何責任。

此外，本案亦建立另一標準：醫師係根據其專業所建立之標準，敘述潛在危險及利益，不需依個別病患在個別需要描述之危險。在Natanson Vs. Kline（1960）一案中，法院認為醫師對模擬問題之選擇不應被認為問題。任何情況之考慮，醫師係出於病人之最佳治療利益，並依任何有能力醫師為相同之處置。亦即告知之範圍及標準係經由專業實踐之比較，此稱為「理性醫師」模式（「reasonable physician」 model）。此種模式，認為醫師最清楚告知之範圍。

綜上論述，可知在1960年代，病患己有完全之自主權決定或拒絕醫療處置，但在告知之範圍如何認定，司法實務上則採取「理性醫師」模式，亦即醫師之說明程度與範圍，應由醫師考量專業與合理加以決定。

3.1972年Canterbury V. Spence案

Canterbury V. Spence（1972）一案中又建立另一新標準，重大危險之判斷，係以理性病患之立場加以判斷，或由其決定是否接受醫師建議治療所產生之危險[21]。Wisconsin州高法院（the Wisconsin Supreme Court）affirmed this principle 在 Scaria v. St. Paul Fire & Marine Insurance Co一案中堅持在告知同意上，醫師不可依賴「自行創造之專業慣例」（self-created custom of the profession）。[22]亦即Caterbury V. Spence（1960）一案，係採取「理性病人」模式（「reasonable patient」 model），將標準轉為理性病人對將實施行之處置或治療欲知悉之範圍。公佈病患病況之決定，係非醫療之判斷，若病患之決定超出特殊標準，專業慣例幾乎無法規範。亦即在1970年代，美國司法實務對於告知範圍之認定，已轉向採取「理性病人」模式，強調一個理性病人作出醫療決定前，會需要何種重要資訊加以決定醫師告知範圍，顯然更重視病患之自主權。

4. 1992年Rogers v White案及2001年Rosenberg v Percival案

(1) 告知義務之司法里程碑

美國關於告知義務之司法里程碑，主要在於Rogers v White及Rosenberg v Percival二案。1992年美國高等法院關於Rogers v Whittaker一案即表示法律應承認醫師具有義務告知病患治療過程中之重大危險。而重大危險之判斷，係以具體個案下，合理病患為基準加以判斷。若告知風險可能具有重大意義，或臨床醫師有意識或合理意識告知風險對特定病患具有意義。

此外，2001年美國高等法院關於Rosenberg v Percival一案亦表示澳大利亞（Australian）法律承認病患可自行決定是否拒絕接受醫療處置，若其被告知危險或相關損傷。至於如何判斷危險重大？可從具體之個案，以合理病患基準加以判斷或臨床醫師應警覺具體病患認為重要者[23]。

(2) 分析

綜合上述二案例，可知美國司法實務又轉向兼採「理性病人」模式及「理性醫師」模式。即應同時考慮醫師及病人雙方立場，除理性病患認為重大危險之事項應加以說明外，在個別之診療過程中，若醫師能預見具體之病患認為重大危險之事項，亦應加以說明。

此外，美國司法實務，不論係採取「理性醫師」模式、「理性病人」模式或是兼採「理性病人」模式及「理性醫師」模式，表現在證據法則之改變，誠如Engelhardt在1996年指出：美國法院已偏好「理性病人」模式（Engelhardt稱為客觀標準）勝於「理性醫師」模式。結合著「理性病人」模式之演變，在訴訟上，法院從使用專家證言轉為由陪審團決定告知同意範圍[24]。

最後，觀察美國司法實務對於醫師告知義務標準之演變，從早期理性醫師標準說至理性病人標準說至現今之折衷說（即兼採理性醫師標準及理性病人標準），雖此等標準，涉及醫師告知之範圍與程度不同，但其核心思想，則在於醫師專業父權與病人自主決定權如何取得平衡。以理性醫師標準說，將告知之範圍由醫師加以判斷，顯然忽視病人之決定權。再就理性病人標準說，固重視病人自主決定權，但可能導致醫師需費時說明而妨礙醫療效率致錯失治療時機。至於折衷說，既重視病人之自主決定權，又著重醫師與病患共同參與醫療決定，但最後之醫療決定，仍由病患作成，顯然尊重醫師與病人之互動，實與醫學倫理對於告知同意之規範相符，顯較可採。

5. 最近案例分析：Hookey v Pertano-Court Apeal 19 March 2009

(1) 案例事實：

一個女人在其經歷錯誤之牙科及臉部手術後，每天需要注射8份嗎啡，可保有百萬元之賠償。上訴法院對外科醫師Stephen Hookey v Daniela Paterno一案口頭提起上訴。法院堅持前審法院之認定Hookey醫師未能充分告知Paterno女士手術免除其持續性疼痛之可能性極低。Paterno女士在1997年請教Hookey醫師關於牙齒咬合不正，其上顎不對稱，變成「剪刀式咬合」（scissor bite），上訴法院認定其下頜及牙齒歷經3次手術，但治療卻遺留病患嚴重疼痛，且未來手術無法治癒。Paterno女士已進行5次牙齒矯正，其中一次係從臀部體移植至下顎。證據顯示其每天需要大量注射嗎啡，且因此造成進一步之醫療問題。由於持續性之疼痛，其和先生被迫出售Ascot Vale 接待中心。上訴法官Geoff Nettle Robert Redlish認為問題在於Paterno女士之年齡（57歲）及其為抽煙者，此種治療具有高風險，可能造成永久性神經損傷。為檢測病患對危險可能結果之承受力，有必要對其有意義細節加以說明，同時說明需簡單易理解。

此外，法院亦駁回Hookey醫師對賠償金額不服之上訴，認定其非明顯過重。二位法官引述Santow AJA Johnson v Biggs之意見：醫師有義務告知先進外科手術對病患身體可能造成之風險，包括程序及非程序之風險。此等風險需要被正確看待，醫師須整體評估其可能性及結果對病患之嚴重性[25]。

(2) 分析

此案例中涉及造成永久性神經損傷之風險，為檢測風險可能結果之嚴重性，有必要對其說明重要細節；同時說明需簡單易了解，但此並非意味上訴人應逐項說明每種可能症狀，不論其發生之機率有多低。惟其意味醫師須負責，不可誤導可能結果之範圍。顯然，醫師僅提及麻木或類似感覺，未提起其他神經系統之可能性，極有可能造成病患被誤導。

從美國司法實務對於告知同意之最近發展趨勢，係將告知義務之範圍更擴大且內容更細緻化。醫師評估有可能對病患造成嚴重結果之危險時，不論程序及非程序之危險，均應告知病患。且告知須說明重要細節，同時說明需簡單易被了解。

肆、台灣告知同意之法制及實務見解

（一）法制面

告知義務之意定義務

告知同意法則，因涉及病患之意思自主決定權，醫師怠於履行告知義務，不僅侵犯病患之意思自主決定權（人格權），須侵權行為損害賠償責任；告知義務更係基於醫療契約所生之義務，醫師不履行或不充分履行告知義務，亦有債務不履行之損周賠償責任問題。醫療契約係受有報酬之勞務契約，台灣通說及實務均認為其性質類似有償之委任契約[26]。依據台灣民法第540條之規定，受任人應將委任事務進行之狀況，報告委任人[27]，此為醫師告知義務之法律上根據。此觀日本通說之見解亦同，亦即醫師與病人之法律關係為準委任關係，依據日本民法第645條之規定，受任人應將委任事務進行之狀況，報告委任人。

告知義務之法定義務

告知義務不僅係意定義務，更係醫療機構及醫師之法定義務，此已成各國之共識。台灣對於告知同意，係透過不同之法規加以規定。舉凡人體試驗、侵入性醫療及檢查、器官移植、優生保健、檢體採集，甚至是病歷閱覽，均須告知同意，且在檢體採集，更強調大量之告知同意[28]。本文為配合後述之實務見解，僅處理告知同意之共通性規定及侵入性醫療及檢查之告知，且將論點主要集中於告知同意之範圍。

(1) 告知之共通性規定

台灣民法委任關於醫師之告知義務，其告知之事項（範圍），表現在醫事法規，共通性之規定有醫師法第12條之1：「醫師診治病人時，應向病人或其家屬告知其病情、治療方針、處置、用藥、預後情形及可能之不良反應。」該條之增定理由：「為保障病人及其家屬知的權利，規定醫師有告知病情等事項之義務。」醫療法§81：「醫療機構診治病人時，應向病人或其法定代理人、配偶、親屬或關係人告知其病情、治療方針、處置、用藥、預後情形及可能之不良反應。」，凡此均屬醫師及醫療機構診治病人時，應告知之例示規定[29]。

(2) 侵入性醫療與檢查之告知規定

針對人體具有侵入性之醫療與檢查，因其危險性高於一般醫療行為，其告知事項依醫療法第§63規定為：「醫療機構實施手術，應向病人或其法定代理人、配偶、親屬或關係人說明手術原因、手術成功率或可能發生之併發症及危險，並經其同意，簽具手術同意書及麻醉同意書，始得為之。但情況緊急者，不在此限。

前項同意書之簽具，病人為未成年人或無法親自簽具者，得由其法定代理人、配偶、親屬或關係人簽具。

第一項手術同意書及麻醉同意書格式，由中央主管機關定之。」

(3) 分析

從以上台灣關於告知同意之法規規定，除其法源係來自民法委任之規定外，其餘則針對不同之醫療措施見規定在不同法規，但對同一類型醫療措施之告知同意卻無類型化，既未類型化，故未見其類型化之標準為何？以告知同意之共通性規定而言，既為例示性規定，然告知之範圍如何，才會攸關病患同意權之行使？仍未得知。再就侵入性之治療及檢查而言，是否告知之範圍如法條所示，病患之自主同意權方可真正落實？台灣告知同意之法規定，似未遵循倫理之規定，讓告知同意在實際之醫療情況下，尊重相關主體之互動，再決告知同意之內涵，而係透過法規之規定，強調告知之義務及事項，似無法完全符合實務上告知同意之需求。又因司法實務透過司法造法，擴大法未明定之告知事項，現行法亦無法完全解決因告知同意而衍生之法律問題。

（二）實務面

衛生署

「告知」之目的，在於告知醫療相關處置及其後續影響，並於得到病人同意後，依告知內容執行醫療處置（1000331衛署訴字1000003482號訴願決定書）。對於告知之內容，醫療中央主管機關衛生署係透過「醫療機構施行手術及麻醉告知暨取得病人同意指導原則」，再以範本之方式為之，茲說明如下：

新版手術同意書範本及新版手術同意書範本

在醫療法第63條之授權下，衛生署對告知事項之認定，分別表現在其所頒布的新版手術同意書範本及新版手術同意書範本。又因此二範本性質上為法規命令，效力等同於法律。臨床上醫療機構及醫師均加以遵循。

新版之手術同意書內容包括醫師的聲明及病人之聲明，且一式兩份，分別由醫院和病患各自保存。醫師之聲明事項如下：

1.手術的原因、步驟、範圍、手術之風險及成功率；

2.手術併發症及可能之處理方式；

3.不實施手術可能之後果及其他可替代之治療方式；

4.預期手術後，可能出現之暫時或永久症狀。

上列事項醫師需逐一「勾選」方式並說明。

另外，對於病患的之聲明事項，卻僅以「勾選」方式讓病患選擇是否輸血並以簽名方式確定其了解醫師之說明。

分析

衛生署新型手術同意書，除涵蓋醫師法第12條之1及醫療法第81條所要求之例示告知事項外，更增列司法實務所認定之「不實施手術可能之後果及其他可替代之治療方式」最低說明義務。然相較於最高法院94年2676刑事判決，衛生署宜再增列「替代治療方案與建議治療方案之利弊分析」、「治療副作用暨雖不常發生，但可能發生嚴重後果之風險」、「醫院之設備及醫師之專業能力」及「其他可能影響病患醫療處置自主決定之事項」，則可更臻完善，並避免師及醫療機構因告知產生之醫療糾紛。

此外，對於醫師之告知事項，為確保病知悉並同意，在同意書之設計，應同時列出醫師已告知及病患已知悉同意二欄位，由雙方各自勾選並簽名，並由雙方各提供一名證人之簽名以落實告同意原則。現行醫療實務上大抵均以衛生署之新型手術及麻醉同意書為範本，且僅由醫師勾選，似無法符合法規及司法實務對告知範圍之要求。針對二者不之處，建議醫療機構除採用衛生署之新型手術及麻醉同意書外，應依據司法實務對告知事項之要求，透過手術說明書加以實踐，以降低醫療糾紛產生的之風險。

法院

台灣司法實務上對於告知義務之見解，主要之突破在於最高法院94年度台上字第2676號刑事判決。在此判決前，台灣司法有關告知義務之見解，僅屬萌芽期，對於醫師是否已盡告知義務，採取形式之判斷，且忽視告知義務與刑事責任之關係[30]。茲說明如下：

最高法院94年度台上字第2676號刑事判決前：

1.以書面簽署代告知義務

對手術同意書「有任何疑慮或不瞭解，病人或家屬有權要求醫師詳加說明，如果病人或家屬簽署同意書，自然表示對同意書所列事項瞭解並同意，才可簽署」。（台灣高等法院90年度上訴字第767號刑事判決）

2.違反告知義務僅與民事責任有關

醫師未告知病人而進行醫療行為，違反醫療原則及醫療法規，「醫學上應採取何種醫療行為，得請領多寡之健保費用，均屬自訴人與被告間及被告與健保局間契約約定之範疇，縱使被告有違反醫療契約之約定，及其是否構成民事上之瑕疵給付，是否應負債務不履行之損害賠償責任，有無違反醫病間倫理準則之問題，要與被告是否應負傷害罪責之認定無關」。（台灣高等法院台中分院90年度上易字1561刑事判決）

最高法院94年度台上字第2676號刑事判決後

1.落實實質之告知義務

最高法院最高法院認為：「醫療乃為高度專業及危險之行為，直接涉及病人之身體健康或生命，病人本人或其家屬通常須賴醫師之說明，方得明瞭醫療行為之必要、風險及效果，故醫師為醫療行為時，應詳細對病人或其親屬盡相當之說明義務，經病人或其家屬同意後為之，以保障病人身體自主權」；「以實質上已予說明為必要，若僅令病人或其家屬在印有說明事項之同意書上，冒然簽名尚難認已盡說明之義務。」認定告知之範圍為：「⋯⋯醫師之說明義務，除過於專業或細部療法外，至少應包含：1.診斷之病名、病況、預後及不接受治療之後果。2.建議治療方案及其他可能之替代治療方案暨其利弊。3.治療風險、常發生之併發症及副作用暨雖不常發生，但可能發生嚴重後果之風險。4.治療之成功率（死亡率）。5.醫院之設備及醫師之專業能力等事項。亦即在一般情形下，如曾說明，病人即有拒絕醫療之可能時，即有說明之義務。」

本號判決極具指標性，除將醫師法第12條之1醫療法81條所例示之告知範圍予以明確化外，更將告知之重點集中在「在一般情形下，如曾說明，病人即有拒絕醫療之可能時，即有說明之義務」，其直接影響下級審法院對於告知義務之認知與態度，甚至將告知義務朝向更細緻化，如：

「所謂告知『病情、治療方針、處置、用藥、預後情形及可能之不良反應』須至何種程度，始能謂已盡告知義務，因醫療行為之種類繁多，對於各種醫療行為尚難劃定統一之告知內容，亦難訂定一抽象標準以作為各種不同醫療行為之告知標準。」（台灣高等法院台南分院96年度重醫上更（一）字第381號刑事判決）

「診斷與治療既為二不同概念，治療行為如開刀、麻醉、侵入性治療，對於病人之健康、生命，又常伴隨一定之風險，此一風險又常較診斷行為為高，是就治療行為固可要求醫師盡詳細之告知義務，惟於診斷行為，即不能以同一標準相要求。又醫師診斷過程⋯⋯除對於生命、身體健康有重大危害之侵入性檢查，醫師應詳為說明各項風險外，如無此種情形，通常僅以告知診斷方式為已足，如不分各種診斷行為之風險高、低，率認醫師均須窮盡說明，致醫師、病人同受其擾，亦不合法定醫師告知義務本旨。」（台灣高等法院台南分院96年度重醫上更（一）字第381號刑事判決）

2.違反告知義務幾近於違反注意義務

「醫師為醫療行為時，應詳細對病人本人或其親屬盡相當之說明義務，經病人或其家屬同意後為之，以保障病人身體自主權」「醫師若未盡上開說明之義務，除有正當理由外，難謂已盡注意之義務。」（最高法院94年度第2676號刑事判決）

告知義務最近實務見解

1.擴大告知內容並深化告知義務之程度

(1) 告知之內容

99年台上字第558號刑事判決指出：「包括患者病症之輕重、痊癒之可能性、所決定醫療行為之性質、理由、內容、預期治療效果、醫療方式、難易度、對病患身體侵襲範圍及危險程度等項，並應以醫療上通用方式加以說明，俾病患充分了解該醫療行為對身體可能產生之侵害，加以斟酌，用以決定是否同意接受該項醫療之實施。」相較於94年2676號刑事判決，此判決無異擴大告知之範圍。

另外，「『治療風險、常發生之併發症及副作用暨雖不常發生，但可能發生嚴重後果之風險、死亡率』應包括在醫師告知義務之範疇當中，以一般理性病人而言，就算一般人對於各種風險的忍受度，個案上有所差異，但是通常情況，一般人會相當重視死亡風險、殘障風險，因為這個風險一旦實現，對於病人發生無可回復的損害。……除非病人受有重大立即的死亡或其他嚴重損害的威脅，否則這些風險實現可能性縱使再低，一般人仍會認為是一個影響決定的重要資訊，醫師仍應告知，而且，對於醫師而言，進行任何有關此風險的揭露，並不會增加其過高的成本」（台灣高等法院台中分院100年度重醫上更（二）字第64號刑事判決）。相較於94年2676號判決，此判決無異深化告知之程度，且對告知之認定標準，採取理性病人模式。

(2) 告知義務之免除

99年台上字第558號刑事判決指出：「法律所定之強制醫療；在緊急情況下就多重療法之選擇；根據醫學上知識與經驗，為防止病患面臨死亡危險或身體健康上重大危害者；完全說明，對病患精神造成重大負擔，而得以預測治療結果將蒙受鉅大損傷者；病患對於治療內容有充分知識者；病患表示不須說明或對醫師之診斷、治療、在醫療過程中於一定侵襲程度內，依社會一般人通常智識、經驗已可預見者；輕微侵襲之傷害等。」告知義務之免除，學界上早已多有深入著墨[31]，但此判決透過司法實務予以完整表述，實值肯定。

2.違反告知義務未必即有過失

相較於最高法院94年2676號刑事判決，最新之司法判決，對於過失之認定，已有緩和之趨勢，其認為：「醫師未善盡告知義務，雖屬注意義務之疏失，然就刑事責任認定之範疇而言，其評價非難之重點不在於未說明可能伴生之危險及副作用之不作為部分，而在於醫療行」為本身不符合醫療常規之非價判斷。……被告未盡告知之義務，然被告有無盡此告知義務，與被告於執行醫療行為中有無過失，仍屬二事，並無必然關聯。亦即說明告知義務之未踐行，並不能直接反應或導致醫療行為本身之可非難性，告知義務之履行與否，與醫療行為之結果並不必然存有相當因果關係，醫療行為本身違反醫療常規致生危害者，始有被評價為犯罪行為之可言。」（台灣高等法院台中分院100年度重醫上更（二）字第64號刑事判決）

惟此判決係就刑事業務過失之認定，法院認為違反告知義務未必即有過失，醫療行為本身違反醫療常規致生危害時，始才有被評價為犯罪行為之可言。然就民事責任而言，醫師或醫療機構違反醫療法或醫師法所規定之告知義務，依據民法第184條第2項之「違反保護他人之法律，致生損害於他人者，負賠償責任」，亦即根據民法第184條第2項，醫師應負侵權行為之損害賠償責任；醫療機構依據民法第188條，亦須負侵權行為之連帶賠償責任。

五、結語

美國告知同意之法制，係先有倫理上反思，後再形成法律規範。表現在司法實務上，美國係從侵權行為之角度出發，從未經同意，係另一個個體之不法接觸，構成人身侵權（battery），後改為僅構成過失。

在告知內容之認定標準，從1960年代採取理性醫師模式，演進至1970年代轉向理性病人模式，至1990年代則兼採理性醫師模式及理性病人模式，至最近司法實務，則更將告知內容加以擴大並細緻化。相較於台灣，台灣告知義務不僅係意定義務，印證於民法委任契約之規定，並為法定義務，規定於相關之醫事法規，違反告知，未經同意，不僅有債務不履行之問題，同時構成侵害人格權及「違反保護他人之法律，致生損害於他人者，負賠償責任」之二種獨立侵權行為類型（民法第184條第1項、第2項）。表現在最近司法實務見解上，則將告知內容予以深化並對告知之認定標準，採取理性病人模式。惟台灣學界通說則與美國現行司法實務見解相同，兼採理性醫師標準及性性病人標準（又稱折衷說或雙重標準說）[32]，個人亦認為折衷說符合美國醫學會之倫理規定，在整個醫療意思決定之過程，著重醫師與病患相互尊重之夥伴關係，及共同參與醫療決定，而最終之醫療決定，仍由病患作成，顯較可採。終究，重視病患之自主決定權及尊重醫師之專業認定，醫病雙方之溝通才可更協調，才能創造醫病雙贏。

對於台灣現行醫事法規、司法實務判決及衛生署手術、麻醉同意書範本對於告知內容不一之現象，個人以為：為避免醫療實務對於告知內容無所適從之現象產生，可參考英美對告知同意之倫理規定，可在法規上採取符合告知、能力及自願三要素之概括性規定，至於其具體內容，再隨時代之變遷、人性之需求及科技之變化等因素，再由法界及醫界加以補充並予以類型化。

不可否認，法界對於告知內容擴大並深化之要求，似不符合台灣現行臨床醫療上之現況。當台灣透過各種法規及司法判決，擴大並深化告知之內容時，是否應同時考慮在全民健保大量之醫療需求下，僅透過法之強制及中央主管機關之行政指導，在實際醫療場域上，是否具有可行性？能否真正落實？從本文對於美國告知同意法制之演進可知：美國醫界對於告知同意係先有倫理深化之淬煉及反思，再化為法之強制，加上其商業保險對醫療之需求相對謹慎，告知同意在臨床醫療之要求，自是水到渠成。對此，台灣除改革現行之全民健保制度外，似應更強化告知同意在倫理上之深化，所幸衛生署或醫策會目前對於醫療界之在職教育，告知同意亦為重要之宣導議題之一。若能再結合基礎之醫學教育，在生命倫理或醫學倫理相關課程中加以強化，相信此對台灣醫療品質之提升、病患自主權之維護、醫病之信賴關係及醫療糾紛之預防，均有助益。文末，特以一句西諺：「診間一盎司的告知同意，勝於法庭上一磅的無過失抗辯」，做為告知同意法則之最後回應。

注 釋:

[1] 陳月端，國立高雄大學法學院副院長、財經法律學系副教授，高雄醫學大學醫務管理暨醫療資訊學系教授，政治大學法學博士。

[2] 行政院衛生署，衛生署受理委託醫事鑒定案件數統計表，www.doh.gov.tw/CHT2006/DM/DM2.aspx?（最後瀏覽日：11/04/2012）

[3] 臺灣臺北地方法院檢察署，常見的醫療糾紛及法律責任，http://www.tpc.moj.gov.tw（最後瀏覽日：07/22/2012）

[4] 張麗卿，臺灣近十年刑事醫療判決有關「告知義務」的判斷與軌跡，收錄於：臺榮民總醫院醫療糾紛案例學術研討會系列 臺北醫法論壇（VII）實務判決與實證研究，臺北榮民總醫院等主辦，2012年4月21日，頁27。

[5] 楊秀儀，告知同意之倫理法律再思考：縮小理論與實務的落差，月旦法學，頁15，2008。

[6] Consent tool kit (BMA)，http://www.bma.org.uk/ap.nsf/Content/ consentk2～card2（最後瀏覽日：07/24/2012）

[7] Etchells, E., Sharpe, G., Walsh, P., Williams, J.R., and Singer, P.A. Bioethics for clinicians. Canadian Medical Association Journal155, 177-180. (1996).
Appelbaum, P.S., and Grisso, T.. Assessing patients』capacities to consent to treatment. New England Journal of Medicine319, 1635-1638 (1988).

[8] http://www.ama.assn.org/apps/pf-new/pf-online?f-n＝mSearch（最後瀏覽日：07/24/2012）

[9] 國外學者見解相同者：NEIL C. MANSON & O』NEIL, RETHINKING INFORMED CONSENT IN BIOETHICS 35-38Cambridge University Press（2007）.

[10] 池永滿，患者の權利，改訂增補版，東京都九大出版會，頁69，1997。

[11] 國內見解相同者：張麗卿，同前注3，頁24；吳俊穎，醫師告知義務急速擴建的時代-法界的期待與醫界的臨床實務之間的鴻溝，法學新論，14期，頁91，2009；楊秀儀，美國「告知後同意」法則之考察分析，月旦法學雜誌，121期，頁138—140，2005。

[12] Declaration of Lisbon on the Rights of the Patient，http://www.wma.net/en/30 publications/10policies/14/（最後瀏覽日：07/29/2012）。

[13] 「history of informed consent」，www.ventanacenter.com/articlesbackgro（最後瀏覽日：08/10/2012）

[14] Nuremberg Code（1947）. In: Misterlich, A, Mielke, F. Doctors of infamy: the story of the Nazi medical crimes. New York: Schuman（1949）.

[15] Monagle, J.F. (1998). Health care ethics: critical issues for the 21st century. Gaithersburg, MD: Aspen Publications.

[16] 池永滿，患者の權利，頁69，改訂增補版，東京都九大出版會，1997年。

[17] 「WHAT IS PATIENT SELF-DETERMINATION ACT?」,www.legalhelpmate.com（最後瀏覽日：08-08-2012）；Patient Self-Determination Act (PSDA)」,www.ascensionhealth.org（最後瀏覽日：08-08-2012）

[18] Agich, G.J., (1998). Human Experimentation and Clinical Consent. In Monagle, J.F. Health care ethics: critical issues for the 21st century. Gaithersburg, MD: Aspen Publications.

[19] Schloendorf v. Society of New York Hospital, 211 NY 125, 129-130, N.E. (1914).

[20] Natanson V. Kline. 354 P.2d 670 (Kan. 1960).

[21] Canterbury V. Spence, 464 F.2d 772 (D.C. Cir. 1972).

[22] Scaria v. St. Paul Fire & Marine Insurance Co. 227 N.W.2d 647 (1975).

[23] COMMENTS ON INFORM CONSENT（2009），CLINICAL GOVERNANCE FORUM, www.vha.org.au/.../CGF0309_LH_Informed%20Cons（最後瀏覽日：08/08/2012）

[24] Engelhardt, H.T., The Foundations of Bioethics. New York: Oxford University Press，116-118（1996）．

[25] COMMENTS ON INFORM CONSENT（2009），CLINICAL GOVERNANCE FORUM, www.vha.org.au/.../CGF0309_LH_Informed%20Cons（最後瀏覽日：08/08/2012）

[26] 曾淑瑜，醫倫倫理與法律，初版，頁81，臺北：元照，2010年。97年台上字第1000號。

[27] 大谷實，醫療行為の法，頁104，弘文堂，1997年。

[28] 醫師法第12條之1；醫療法第81條；醫療法第79條；人體器官移植條例第9條；優生保健法第11條；研究用人體檢體採集與使用注意事項第5條；醫療法第74條。

[29] 國內見解相同者：
張麗卿，前揭注3，頁22；楊秀儀，美國「告知同意」法則之考察分析，月旦法學雜誌，121期，頁138—139，2005。

[30] 張麗卿，前揭注3，頁29。

[31] 甘添貴，專斷醫療與承諾，月旦法學教室，期17，頁20，2004年；張麗卿，同前注3，頁28；陳子平，醫療上「充分說明與承諾」（Informed Consent）之法法理，卷12，期，頁165，2000年。

[32] 張麗卿，同前注3，頁26；陳子平，同前注32，頁63；吳志正，解讀醫病關係 II-醫療責任體系篇，頁45，臺北：元照，2006年9月。

參考文獻

中文文獻

（一）書籍

1. 曾淑瑜，醫倫倫理與法律，初版，台北：元照，2010年。

2. 吳志正，解讀醫病關係 II-醫療責任體系篇，台北：元照，2006年。

（二）研討會論文

1 張麗卿，台灣近十年刑事醫療判決有關「告知義務」的判斷與軌跡，收錄於：台榮民總醫院醫療糾紛案例學術研討會系列 台北醫法論壇（VII）實務判決與實證研究，台北榮民總醫院等主辦，2012年4月21日，頁20—52。

（三）期刊論文

1. 甘添貴，專斷醫療與承諾，月旦法學教室，期17，頁20—21，2004年。

2. 吳俊穎，醫師告知義務急速擴建的時代–法界的期待與醫界的臨床實務之間的鴻溝，法學新論，14期，頁88—111，2009年。

3. 陳子平，醫療上「充分說明與承諾」（Informed Consent）之法理，卷12，期，頁165，2000年。

4. 楊秀儀（2005），美國「告知後同意」法則之考察分析，《月旦法學雜誌》，121期，頁138—140，。

5. 楊秀儀，告知同意之倫理法律再思考:縮小理論與實務的落差,月旦法學,162期,頁5—16,2008年。

（四）其他

1. 台灣台北地方法院檢察署，常見的醫療糾紛及法律責任，http://www.tpc.moj.gov.tw（最後瀏覽日：07/22/2012）。

2. 行政院衛生署，受理委託醫事鑑定案件數統計表，www.doh.gov.tw/CHT2006/DM/DM2.aspx?（最後瀏覽日：11/04/2012）。

英文文獻

（一）書籍

Agich，G.J.，Human Experimentation and Clinical Consent. In Monagle，J.F. Health care ethics: critical issues for the 21st century. Gaithersburg，MD: Aspen Publications（1998）..

Engelhardt，H.T.，. The Foundations of Bioethics. New York: Oxford University Pres（1996）s.

Monagle，J.F.. Health care ethics: critical issues for the 21st century. Gaithersburg，MD: Aspen Publications（1998）.

NEIL C. MANSON & O'NEIL，RETHINKING INFORMED CONSENT IN BIOETHICS，Cambridge University Press（ 2007.）

Nuremberg Code（1947）. In: Misterlich，A，Mielke，F. Doctors of infamy: the story of the Nazi medical crimes. New York: Schuman（1949）

期刊論文

Appelbaum，P.S.，and Grisso，T.（1988）. Assessing patients'capacities to consent to treatment. New England Journal of Medicine 319，1635-1639.

Blackmon，W.（1998）. The emerging convergence of the doctrine of informed consent and the judicial reinterpretation of the employee retirement income security act. Journal of Legal Medicine. Journal of Legal Medicine 19，372-394

Ethcells，E.，Sharpe，G.，Walsh，P.，Williams，J.R.，and Singer，P.A.（1996）. Bioethics for clinicians. Canadian Medical Association Journal155，170-186.

（三）其他

1. Canterbury V. Spence，464 F.2d 772（D.C. Cir. 1972）

2.Consent tool kit（BMA），http://www.bma.org.uk/ap.nsf/Content/ consentk2~card2（最後瀏覽日：07/24/2012）

3.COMMENTS ON INFORM CONSENT（2009），CLINICAL GOVERNANCE FORUM，www.vha.org.au/.../CGF0309_LH_Informed%20Cons（最後瀏覽日：08/08/2012）

4.Declaration of Lisbon on the Rights of the Patient，http://www.wma.net/en/30 publications/10policies/14/（最後瀏覽日：07/29/2012）。

5.「history of informed consent」，www.ventanacenter.com/articlesbackgro（最後瀏覽日：08/10/2012）

6.Natanson V. Kline. 354 P.2d 670（Kan. 1960）.

7.Patient Self-Determination Act（PSDA）」，www.ascensionhealth.org（最後瀏覽日：08-08-2012）

8.Scaria v. St. Paul Fire & Marine Insurance Co. 227 N.W.2d 647（1975）.

9.Schloendorf v. Society of New York Hospital，211 NY 125，1

10.「WHAT IS PATIENT SELF-DETERMINATION ACT?」，www.legalhelpmate.com（最後瀏覽日：08-08-2012）

日文文獻

1. 大谷實，醫療行為の法，弘文堂，1997。

2. 池永滿，患者の權利，改訂增補版，東京都九大出版會，1997。

從比較法觀點評臺灣商標法最新修正：
以商標權保護範圍為中心

許曉芬[1]

一、前言：因應國際規範之最新修正

臺灣商標法儘管歷經多次修正[2]，但為滿足國際規範要求及修正部分實務運作之窒礙，於2007年開始陸續進行修法研議。特別是依WTO「與貿易有關之智慧財產權協定」（Trade-related Aspects of Intellectual Property Rights， TRIPS協定）第二條規定，增補依TRIPS協議及巴黎保護工業財產權公約（Paris Convention for The Protection of Industrial Property 1883， 巴黎公約）而生之義務，並按照新加坡商標法條約（The Singapore Treaty on the Law of Trademarks，新加坡商標條約）精神為部分相關修正。新商標法於2011年6月29日修正公佈，並於2012年7月1日施行[3]。

新商標法共計111條[4]，涉及多項規範基礎及制度之變革：本次商標法修正幅度為歷年來最大，除了擴大商標註冊保護客體、明定商標之各種使用行為態樣、加強著名商標之保護、修正商標侵權及視為侵權規定外，對商標審查及簡並行政救濟層級之制度性規範皆有所著墨[5]。

其中最讓人關切的重點之一，即為商標權保護範圍的檢討。一方面修正商標侵權規定，如明確規範侵權行為樣態、釐清商標侵權責任主觀要件、及視為侵害商標權規定之修正，另一方面也重新調整商標權保護範圍之限制，如合理使用規範。商標法立法目的原本即為保障商標權及消費者利益，維護市場公平競爭，促進工商企業正常發展[6]，商標權保障僅為其一，如何調和不同規範，平衡當事人權益，才應是商標法最重要的目標。因此，透過不同規範相互調整制衡，完善保護商標權人權利，卻也適度限縮商標權人之權利，為本次修法著墨甚深之處。

由於本次修法主要目的之一是回應國際規範發展趨勢，修法過程多參考外國法制相關規範，特別是發展成熟之歐洲商標相關規範[7]。因此本文將著重於商標權保護相關修法之評述，並從比較法觀點切入，從歐洲相關規範及實務觀察臺灣此次修法之優缺點，期能提供未來可能更進一步發展的方向。

二、商標權保護範圍之界定：商標侵害規範檢討

商標權人於經註冊指定之商品或服務，取得商標權[8]。商標權人享有積極之獨佔權、讓與

權等，亦享有消極之排他使用權。所謂排他使用權，系指商標權人得排除第三人於同一商品或服務，使用相同於注冊商標之商標者，或於同一或類似之商品或服務，使用相同或類似之商標，有致相關消費者混淆誤認之虞者[9]。一旦權利受到侵害，商標權人得請求損害賠償，並得請求排除去其侵害。有侵害之虞者，亦得請求防止之[10]。

若無完善之權利侵害救濟之規範，商標權保護將無以附麗。因此本次修法針對商標侵權規定進行全面檢討，其中主要之修正有三：明確規範侵權行為樣態、厘清商標侵權責任主觀要件、及視為侵害商標權規定之修正。以下分別敘述分析之。

（一）明確規範侵權行為樣態

本次修正首先是明定侵害商標權行為，以求商標權排他範圍明確。新商標法第68條規定：「未經商標權人同意，為行銷目的而有下列情形之一，為侵害商標權：一、於同一商品或服務，使用相同於注冊商標之商標者。二、於類似之商品或服務，使用相同於注冊商標之商標，有致相關消費者混淆誤認之虞者。三、於同一或類似之商品或服務，使用近似於注冊商標之商標，有致相關消費者混淆誤認之虞者[11]」。事實上，新商標法並未修正商標侵害態樣，而是舊商標法未明確規定侵害商標權行為內容，在適用上需輾轉參照舊條文第29條第二項各款規定，和國際立法模式多有不同，徒增困擾，因而修正。

相較於舊法，條文僅新增「為行銷目的」，意即將商標侵權行為明定為交易過程（inthecourseoftrade）商標之行為而言，並不包括單純購買商品之消費行為，作為適用之限制[12]，並呼應新商標法第5條（舊商標法第6條）商標使用需基於行銷目的之規範。

此一修正並不陌生，舊商標法第5條已將商標使用限於為行銷之目的，根據過往判決及行政實務之解釋，所謂商標之使用，系指「將商標於商品或其包裝或容器之上，行銷國內市場或外銷者言」[13]。然而商標侵權之為行銷目的使用，是否有不同解釋?

臺灣商標法對於侵權行為態樣之規範，與歐洲商標規範相當接近。歐洲於1996 年正式實施之歐洲共同體商標規則（European Community Trademark Regulation， 以下簡稱歐體商標規則）第9條及2008年之歐盟商標指令（Directive 2008/95/EC of the European Parliament and of the council of 22 October 2008 to approximate the laws of the Member States relating to trade marks，以下簡稱商標指令）第5條關於商標權人之權利，亦明白規定商標權人僅得於交易過程（in the course of trade）禁止第三人使用[14]。歐洲法院（The Court of Justice of the European Union， CJEU， CJUE）亦於判決中認為，所謂「交易過程」，系指在以獲取經濟利益為目的之商業行為下的使用[15]，而非於私人領域使用。這原本並不難區分，但在電子商務環境下，例如於網路交易平臺上交易物品，若該平臺自身並非買賣雙方（非商標權人），僅替成交雙方代為處理交易事務（代為簽訂買賣契約、代為發送帳單等），進而使用到注冊商標（如於買賣確認信或帳單），是否仍為傳統交易過程下之使用?歐洲法院的看法采肯定說[16]。認為若該平臺介入買賣過程且收受傭金，則可視為該平臺系替賣方服務，而符合過往判決中對「交易過程」下使用之意義。由此可知，判斷是否於商業環境下使用，與是否和公眾接觸並不相關，例如在侵權商品製造階段重製或仿冒商標，或為了販賣目的而持有侵權商品，都應被認為符合「交易過程」下使用之意義。因此，若參考歐洲商標規範的解釋，商標侵權中之「為行銷目的」使用，應采較廣義的解釋，意即以是否有獲取經濟利益做為判斷，較能符合保護商標權人權益，值得我方參考。

（二）厘清商標侵權責任主觀要件

另一項本次重要修正，為厘清商標侵權責任之主觀要件。商標侵權行為是否須具備主觀上之故意或過失之要件，舊商標法並未規範，而實務上對此看法分歧[17]。本次修法明定商標之除去及防止請求權，不以行為人主觀上具故意或過失為必要；至於損害賠償請求權，立法者最後采認商標法為民法之特別法，特別法未規定者，自應適用民法規定，是以民法有關侵權行為之主觀要件亦應適用于商標侵權行為，故以行為人主觀上具故意或過失為必要。意即將主觀要件之故意過失於「妨害」與「侵害」進行區分。

這樣的規定和歐洲商標規範大不相同。前述商標指令及商標規則並未明文規定商標侵權是否須具備主觀要件，必須回頭參考2004/48號智慧財產權實施指令（Directive 2004/48/EC of the European Parliament and of the Council of 29 April 2004 on the enforcement of intellectual property rights）之規範。該指令目的在於調和會員國法律，內容包含歐盟會員國的法院對於智慧財產權侵權案件所應採取的措施、程序、損害賠償及救濟。該指令第13條第1項規定，權利人有權向明知（knowingly）或可得而知（with reasonable grounds to know）其行為為侵權者，請求因侵害結果造成損害之適當損害賠償[18]。對於非明知或非可得而知之行為，並非無須負責，而是留待各國自行決定規範態樣。是故，指令第13條第2項規定，會員國「可」（may）使行為人填補商標權人之損害或所失利益[19]。若以法國法為例，於商標法的侵權行為上，不論行為人是否有故意過失，都需負損害賠償責任[20]。這是由於商標註冊須公告，既已公告周知，行為人是否主觀上具有故意過失不在所問。僅有在符合合理使用之情形下，才會考慮行為人之善意，進而排除侵權之可能。

（三）視為侵害商標權規定修正

新商標法第70條規定，「未得商標權人同意，有下列情形之一，視為侵害商標權：一、明知為他人著名之注冊商標，而使用相同或近似之商標，有致減損該商標之識別性或信譽之虞者。二、明知為他人著名之注冊商標，而以該著名商標中之文字作為自己公司、商號、團體、網域或其他表彰營業主體之名稱，有致相關消費者混淆誤認之虞或減損該商標之識別性或信譽之虞者。三、明知有第六十八條侵害商標權之虞，而製造、持有、陳列、販賣、輸出或輸入尚未與商品或服務結合之標籤、吊牌、包裝容器或與服務有關之物品」[21]。

所謂「視為侵害商標權」，系指某些本非侵害商標權之行為，但因法律擬制之規定，將其視為侵害商標權。此處主要修正重點有三。

首先，舊商標法第62條第1款，將商標使用與非屬商標使用之公司名稱使用等侵害行為並列於同一款項，由於侵害態樣並不相同，新法將其分列，避免法理及適用之混淆。

其次，舊商標法第2款關於非商標使用致相關消費者混淆誤認之規定，僅表示明知為他人之「註冊商標」，而不論是否著名。亦即只要明知為他人註冊商標，且未得商標權人同意，逕以該商標中之文字作為自己公司名稱、商號名稱、功能變數名稱或其他表彰營業主體或來源之標識，致商品或服務相關消費者混淆誤認者，即視為侵害商標權。如此規範的結果，特別由於法院對於「明知」之解釋過於寬鬆，認為商標註冊之公示效果已足以使第三人知悉該註冊商標存在，故此「知悉」即符合「明知」之主觀要件，導致實務上發生商標權人濫寄存證信函之情形，造成註冊商標之保護範圍過廣。故本次修法為避免過度保護註冊商標，平衡商標權人及第三人之權益，將「註冊商標」限於「著名之註冊商標」，避免造成權利濫用。

近年來臺灣實務發生數起具指標性案例，皆是關於公司名稱與註冊商標名稱相同或類似所產生之爭議[22]。公司名稱與商標原先不應發生混淆誤認之情形，因為兩者意義不同，功能亦不同。所謂公司名稱，系指依法成立之公司法人，規定于章程並于主管機關登記之名稱[23]，其目的在於識別交易主體，與其他企業相區別，並確保法律行為及權利義務歸屬之同一性[24]。商標主要功能則是表彰及辨識商品或服務來源。但當企業長久使用公司名稱經營業務，而將公司名稱當成表彰商品服務來源使用時，就有可能超越公司名稱之基本功能而跨越至識別功能。

臺灣公平交易委員會就公司名稱之使用是否會構成侵害他人普遍認知表徵，曾有下列判斷標準[25]。若為普通使用，亦即該使用系依公司名稱原有確定交易主體之功能，則無違法之虞。若有積極使公司名稱具有表彰商品或服務來源之情形，則有與他人營業發生混淆誤認之可能性。儘管公平交易法與商標法所保護之法益及客體皆有所不同，但若未能清楚區辨公司名稱與商標之不同目的功能，將容易過度擴張商標權人之權利而不當限縮第三人公司名稱的使用。因此公司名稱是否使用於表彰商品或服務而成為一表徵[26]，就成為類似商標案件中首先必須考慮的議題。

而若從比較法觀之，會發現歐洲商標規範並未如臺灣一般直接禁止以他人註冊商標文字為公司名稱，而是透過賦予商標權利人權利，使其得禁止任何未經權利人同意，於商業環境下使用其商標之行為[27]。近幾年來歐洲法院關於公司名稱及商標衝突之判決[28]中，不斷試圖重新界定商標權範圍。其主要考慮基於兩點：避免商標權過度超越其最初表彰商品或服務來源之功能，並且確保商標法與競爭法的界限。在Robelco NV v. Robeco Groep NV （C-23/01， Robelco案）中，歐洲法院第一次針對非商標使用進行闡述。法院強調若是一標誌，例如公司名稱或商業名稱等，使用於辨識商品服務之外的目的而造成攀附商譽或損害註冊商標之識別性及信譽時[29]，應留待各會員國決定適用之法規範，而非在商標指令中解決[30]。由此可看出歐洲法院認為商標法應謹守其保護商標功能之目的，而非連其他領域之爭議一併納入。如同本案佐審官（AdvocateGeneral）於其意見書所言，「如果一個標誌不是……使用於指定商品或服務，我看不出其與商標法之目的有何相關」[31]。

Anheuser-Busch Inc v. Bud jovický Budvar， národní podnik （C-245/02， Anheuser-Busch 案）一案中，芬蘭最高法院（Korkein oikeus）向歐洲法院提出先決裁決（preliminary ruling），請求釋疑是否及在何種情形下商業名稱（trade name）會被視為在商業交易中使用於商品或服務上之概念[32]。法院認為，1998歐盟商標指令（Council Directive 89/104/EEC of 21 December 1988 to approximate the laws of the Member States relating to trade marks，1998商標指令）[33]於第5條中明訂商標權人權利，其立法目的在於確保商標得以滿足商標功能，而當中最重要的就是向消費者表彰商品來源[34]。因此如何避免第三人使用類似之標誌傷害或傷害到註冊商標之基本功能，即成一重要考慮。然而，從另一角度觀之，也僅有在影響到商標基本功能時，才是商標權賦予權利人禁止之範圍。

在具有相當重要性的Céline SARL v. Céline SA（C-17/06，Céline案）一案中，更確立此一原則。該案系關於公司名稱（Céline SARL）與在先著名商標（Céline）文字相同並運用於同類領域商品，是否構成商標侵害之問題。法國南錫上訴法院（Cour d'appel de Nancy）認為CélineSARL並未將公司名稱當成標籤貼在販賣的衣服上，且該使用行為亦非嚴格意義下之商標使用，因此決定提請歐洲法院釋疑公司名稱或商業名稱使用與在先商標相同之文字於同類商品服務中，商標權人是否得基於其獨佔權禁止第三人使用。歐洲法院首先清楚指出，商標權人必須在滿足下列四項條件下，始得禁止第三人使用相同或類似標誌，稱為「Céline四步原則」：第一，必須於商業環境下使用；第二，必須未得商標權人同意；第三，該使用必須於與註冊商標相同之商品或服務上；第四，該使用必須影響或可能影響商標之功能[35]。

其後，法院進一步表示，1998歐盟商標指令第5條第1項系針對「表彰商品服務來源」之表徵，而公司名稱、商業名稱或商號名稱（shop name）皆非用以辨識商品或服務，其目的在於指明公司或其從事之商業而已。因此若公司名稱僅用於此目的，則非屬指令第5條第1項中所指的「使用於商品或服務上」[36]。惟有該使用影響或可能影響商標功能，才有可能落入商標權禁止之範圍內[37]。

是故，若回到臺灣商標法發展觀察，本次適度修正保護範圍之修法方向堪稱正確，但仍應配合合理使用規範，使商標權保護不會一昧擴張，而得確實平衡考慮商標權人及第三人利益。儘管目前商標法或實務未特別考慮公司名稱及商標之界限，從普通使用或積極使用之觀點來區辨，但從法理上觀之，仍應以此解釋為當。值得往後實務運作參考。

最後，本次修正在適度限制商標人權利同時，亦放寬對著名商標保護。將舊商標法第62條第1款及第2款以「致減損……識別性或信譽」之要件，修正為「有致減損……識別性或信譽之虞」，即不再以發生或證明有實害發生為要件。修正理由在於舊法規定不適用於「可能」有致減損著名商標之識別性或信譽之情況，使著名商標權人須待有實際損害發生時，始能主張，而無法在損害實際發生前有效預防，且著名商標權人要舉證證明有實際損害發生，相當困難，為避免對著名商標保護不周，因而修正[38]。

然而，此處必須特別注意避免著名商標保護之過度擴張。歐洲商標法規範對於減損著名商標信譽及識別性之認定及判斷，相對嚴謹[39]。歐洲法院在Intel Corporation Inc. v.CPM United Kingdom Ltd（aff. C-252/07，Intel案）[40]中明白指出，對於減損著名商標信譽及識別性之損害，儘管並非要求著名商標權利人指出舉出確定且現實（actual and present）之侵害，但至少須具備相當的證據證明該侵害極有可能（serious risk）在將來發生[41]。此種可能性並非僅為單純的之假設，而是必須具有相當之侵害確信。此外，歐洲法院在Intel案中更要求，相關公眾會對著名商標及第三人商標產生連結，且該連結必須足以造成消費者改變消費行為，以判斷識別性是否減損。因為識別性減損除了會造成減弱商標指向特定來源的功能外，亦會減弱消費者和該品牌之聯繫。是故，欲證明第三人商標對著名商標識別性有所減損，「應要證明在前商標（著名商標）所指定商品的消費者，會因此（第三人侵害行為）造成或極有可能造成消費行為之改變」。

僅管歐洲法院於Intel案中所采之確實損害原則饒有爭議，但不失為一平衡思考，避免過度保護著名商標，反而失去商標法之真意。臺灣在立法及實務解釋上，往往過度傾向保護著名商標。儘管雖然保護著名商標，對消費者或整體產業利益而言，皆具正面意義，然而著名商標之保護，畢竟為商標特定性原則之例外，得以橫跨不類似之商品或服務，且商標法應容許於最大可能性上，使申請者得以自由運用巧思選擇適合表達其商品或服務之商標，若動輒以和著名商標相同或類似之緣故，排除其註冊或認定其侵害，是否又過度限制了商標其致公司名稱的選擇自由，不無疑問。

三、商標權保護範圍之限制：利益之再平衡

（一）從合理使用到誠實信用使用[42]

新商標法第36條第1項規定，不受他人商標權之效力所拘束之情形有三：「一、以符合商業交易習慣之誠實信用方法，表示自己之姓名、名稱，或其商品或服務之名稱、形狀、品質、性質、特性、用途、產地或其他有關商品或服務本身之說明，非作為商標使用者。二、為發揮商品或服務功能所必要者。三、在他人商標註冊申請日前，善意使用相同或近似之商標於同一或類似之商品或服務者。但以原使用之商品或服務為限；商標權人並得要求其附加適當之區別標示[43]」。

關於合理使用規定，本次修法有兩項主要修正。首先是除了原有之描述性（descriptive）合理使用外，新增指示性（nominative）合理使用。所謂描述性合理使用，系指第三人使用商標權人的商標來形容自己之商品或服務，即前述商標法第31條第1項第1款規定。而所謂指示性合理使用，系指第三人以商標權人之商標說明或表示商標權人自己之商品或服務。此種使用常系藉以使相關消費者知悉該第三人商品或服務之內容性質或特性，多出現於比較式廣告或維修服務（例如維修商廣告看板上注明專修ASUS電腦），或用以表示自己零元件產品與商標權人之產品相容（例如手機充電器上寫for HTC）。儘管之前商標法無明文，但實務予以承認，為避免解釋上之歧異，本次修法將其明定。

另一修正則是將原先「以善意且合理使用方法」改為「以符合商業交易習慣之誠實信用方法」。因此商標權之效力不及於以符合商業交易習慣之誠實信用方法，表示自己之姓名、名

稱等。根據修法理由說明，舊商標法第30條第1項之善意合理使用，系指依一般商業交易習慣之普通使用方法，且非作為商標使用者。但此處之「善意」容易使人誤會為民法上之「不知情」，因而參考歐洲商標規範修成為「符合商業交易習慣之誠實信用方法」。

歐體商標規則第12條及歐洲商標指令第6條皆是對於商標權限制之規定，規範相當一致。此項例外規範之立法目的在於調和保護商標法之基本法益與商品流通自由及於共同市場內提供服務的自由。商標指令第6條第1項規定[44]，商標權授予之獨佔權並不允許商標權人禁止第三人於商業環境下以誠實信用之方法表示其姓名（name）或地址等。其中所謂之姓名，並不限於自然人姓名，亦包含公司名稱或商號名稱。歐洲法院於Anheuser-Busch Inc v. Bud jovický Budvar, národní podnik （C-245/02, Anheuser-Busch 案）一案中明白表示，沒有任何理由要將此處之「name」限縮為自然人姓名，而不及於非自然人名稱[45]。於Céline SARL v. Céline SA （C-17/06, Céline案）[46]案中亦再次肯認此見解，並指示內國法院必須基於指令第6條第1項之規定，考慮Céline案之商標權人是否不得禁止第三人使用相同之標誌為其公司或商業名稱[47]。

因此商標指令第6條第1項中唯一的要件則為必須以符合「誠實信用」（honest practice）之方法使用該標誌。所謂「誠實信用」系指第三人有責任（duty）持合宜之行為（actfairly）面對商標權人之法定權益[48]。按照Anheuser-Busch案判斷是否不合於誠實信用之方法使用標誌，具體可分為下列兩步驟。首先必須考慮是否多數相關消費者（significant section of the relevant public）會對第三人的商品服務，與商標權人的商品服務產生連結。第二，該第三人是否明知此連結而有攀附商譽之意圖。換言之，若僅有部分消費者將兩者商品服務產生連結，或第三人並無攀附商譽之意圖，都不會排除第三人得基於商標指令第6條第1項主張誠實信用使用[49]。歐洲實務對於誠實信用使用之意義及方法詮釋，值得後續臺灣實務參考。

（二）商標使用與非商標使用

由前述可知，歐洲商標規範對於商標權排除限制之適用，解釋相當寬鬆。這是由於商標權授予商標權人相當大的權利，排除第三人任何足以影響商標功能之使用。第三人公司名稱或商業名稱一旦超越了普通使用界限，進而影響或可能影響商標指示商品或服務來源之功能，商標權人即得以禁止。為了避免過度擴張商標權人權利，造成對第三人利益保護之失衡，指令第6條成為一道避風港，意即只要第三人以符合誠實信用之方法表示其姓名或地址，都有可能反過來避免商標權人之禁止。

回到臺灣商標法，不論是舊法之善意合理使用或新法之誠實信用使用，其法條用字皆並列表示自己之姓名、名稱為方法。因此，應可解釋除了自然人之姓名外，亦可包含公司名稱或商號名稱。但臺灣與歐洲商標規範有一點不同，系除了誠信使用要件外，有明白列出此項使用必須是「非作為商標使用」，亦第三人所為之使用必須限於非指定來源或辨識功能。若按照歐洲商標規範關於商標權限制要件，只要第三人符合誠實信用之要件，即有可能主張商標權人不得禁止其使用，因為這原本就是商標權保護範圍之例外。但在臺灣商標法體系下，若第三人之名稱使用具有指示商品或服務來源之情形，例如企業長久使用公司名稱經營業務，而將公司名稱當成表彰商品服務來源使用時,即不得主張本條之誠信使用,不論誠信與否。這是臺灣與歐洲法制不同之處。

然而,筆者不僅思考,商標法之所以規範誠實信用使用,就是為了適度限制商標權。臺灣商標法既然希望適度調整商標權人權利,一旦加上「非作為商標使用」,不但削減了商標權限制之力道,更根本的問題在於,既然是作為非商標使用,本來就不應該為商標法範圍所涵蓋。此處必須解決的,是跨越出普通使用之「以符合商業交易習慣之誠實信用方法,表示自己之姓名、名稱」該如何解決,才能有效限縮商標權範圍過度擴張。例如以誠實信用方法於商業上表示自然人姓名,但因長久使用,有一定之辨識程度或得以表彰來源[50],若讓注冊商標權人得以全面禁止,是否有保護過當之疑?

四、結論:避免建構過猶不及的商標權保護範圍

本次商標法修正歷經多年研議,希望厘清之前許多爭議之處,特別是商標侵權相關之規範,攸關商標權人權益及第三人利益甚廣,更是反復討論才予定案。但很可惜的是,仍有很多問題較為細緻無法于立法層面解決,必須留待判決加以解釋深化。

例如本次修法取消舊商標法第63條第3款(新商標法第71條第3款)損害賠償額計算中,基於查獲商標權商品之零售單價五百倍到一千五百倍金額之下限之規定,而由法官依侵權行為事實之個案為裁量,以免實際侵權程度輕微,卻因零售單價偏高,仍以零售單價五百倍金額計算損害賠償額,有失公平[51]。但過去實務運作上,常常發生對於裁判倍數未給予任何理由說明或零售單價解釋不一致之情形[52],造成權利人保障失衡及對賠償之不可預測性。對於侵權行為人而言,更欠缺嚇阻效果之明確性。本次修法雖然取消五百倍金額下限規定,但對於零售單價之基準應該如何解釋,仍是付之闕如。若無法于立法中加以說明,就只能期待法院能有統一之見解,以避免過度或不及之損害賠償計算。

此外,視為侵權規定修正為「混淆誤認之虞」也是讓筆者較為擔心之處。在過去要求實害結果的情形下,若觀察判決實務運作,會發現實務對於所謂著名商標及實害結果的認定都相當寬鬆。若未來對混淆誤認之虞的解釋又大開方便之門,將會使商標權人權利與公益及第三人利益失衡,造成過於保護著名商標,實非適當。

本文礙於篇幅,無法對修法內容全面加以評析[53]。但最重要的是,如同前述,商標法之立法,不能僅以商標權人之權利為考慮。論語先進篇中,子貢向孔子提問:「師與商也孰賢?」子曰:「師也過,商也不及。」曰:「然則師愈與?」子曰:「過猶不及。」可見在孔子眼中,並不是「過」就較為賢,「過」與「不及」一樣,皆為不適當之行為。商標法亦如是,商標法最重要的目的,絕非只保護商標權人之權利,而是藉由保護商標權,同時保障消費者利益,維護市場公平競爭並且促進工商企業正常發展[54]。偏頗任何一方,都會使立法目的無以為繼,又何嘗是社會之福?儘管如此,本次商標法修正仍是瑕不掩瑜。期待未來實務判決能更完備法條之解釋及適用,落實本次修法精神。

注 釋：

[1] 許曉芬，東海大學法律學系助理教授；法國史特拉斯堡大學法學博士。

[2] 近十年於 2002、2003 及 2010 皆有所修正，唯本次幅度最大。

[3] 因本次修正幅度相當大，包括多項制度之變革，為使行政機關有充裕時間建立相應之子法及配套措施，同時給予各界於新法施行前能充分瞭解及適應之緩衝期間，故修正後條文之施行日期授權由行政院定另行公告，以減輕新法之衝擊。見，「我國商標法修正之芻議」，經濟部智慧財產局，http://www.tipo.gov.tw (最後點閱日 :2012.8.4)

[4] 總計修正 71 條，增訂 26 條，刪除 9 條。

[5] 詳細修正說明可參考「商標法修正草案總說明」及「商標法修正條文對照表」。經濟部智慧財產局，http://www.tipo.gov.tw (最後點閱日 :2012.8.4)

[6] 舊商標法第 1 條，新商標法第 1 條。

[7] 明列於商標法修正草案條文對照表，說明參考歐洲商標規範者有新法第 25 條、第 29 條、第 30 條、第 36 條、第 57 條、第 89 條及第 91 條。另在修法研議過程中，亦多參考歐洲商標規範。見經濟部智慧財產局網站之修法專區，http://www.tipo.gov.tw (最後點閱日 :2012.8.4)

[8] 新商標法第 35 條，舊商標法第 29 條。

[9] 新商標法第 35 條，舊商標法第 29 條。

[10] 新商標法第 69 條第 1 項，舊商標法第 61 條第 1 項。

[11] 舊商標法第 61 條第 2 項：「未經商標權人同意，而有第二十九條第二項各款規定情形之一者，為侵害商標權。」舊商標法第 29 條：「商標權人於經註冊指定之商品或服務，取得商標權。除本法第三十條另有規定外，下列情形，應得商標權人之同意：一、於同一商品或服務，使用相同於其註冊商標之商標者。二、於類似之商品或服務，使用相同於其註冊商標之商標，有致相關消費者混淆誤認之虞者。三、於同一或類似之商品或服務，使用近似於其註冊商標之商標，有致相關消費者混淆誤認之虞者。」

[12] 參照商標法修正草案條文對照表，新法第 68 條修正條文說明。

[13] 1975 年 9 月行政法院聯席會，經濟部智慧財產局，商標法逐條釋義，頁 18，http://www.giant-group.com.tw/laws/tm/Trademarks%20Regulations%202003.pdf (最後點閱日 :2012.8.4)

[14] 本次商標法第 62 條最早修正版本系用「於商業過程中」字樣。後為單純化商標法用語，故采與同法第 5 條相同之「為行銷之目的」。但由此可看出，商標法修正參考歐洲商標法規範甚深。

[15] CJUE, 12 Nov. 2002, Arsenal Football Club v. Matthew Reed, aff. C-206/01, pt. 40.

[16] CJUE, 19 Feb. 2009, UDV North America Inc. v Brandtraders NV, aff. C-62/08, pt 44.

[17] 相關修法討論，可參考「商標法修正草案第 1 次研商會議紀錄」，頁 1—3，特別是蔡明誠教授之發言。http://www.tipo.gov.tw/ (最後點閱日 :2012.8.4)

[18] 2004/48/EC 指令前言第 25 點："Where an infringement is committed unintentionally and without negligence and where the corrective measures or injunctions provided for by this Directive would be disproportionate, Member States should have the option of providing for the possibility, in appropriate cases, of pecuniary compensation being awarded to the injured party as an alternative measure. However, where the commercial use of counterfeit goods or the supply of services would constitute an infringement of law other than intellectual property law or would be likely to harm consumers, such use or supply should remain prohibited".

[19] 2004/48/EC Article 13.2: " Where the infringer did not knowingly, or with reasonable grounds know, engage in infringing activity, Member States may lay down that the judicial authorities may order the recovery of profits or the payment of damages, which may be pre-established ".

[20] See Jérôme Passa, Droit de la propriété industrielle, t.1, L.G.D.J., 2e éd. 2009, n° 253, p. 326 ; Frédric Pollaud-Dulian, La Propriété Industrielle, Economica, 2005, n° 1665, p.972.

[21] 舊商標法第 62 條:「未得商標權人同意,有下列情形之一者,視為侵害商標權:一、明知為他人著名之註冊商標而使用相同或近似之商標或以該著名商標中之文字作為自己公司名稱、商號名稱、功能變數名稱或其他表彰營業主體或來源之標識,致減損著名商標之識別性或信譽者。二、明知為他人之註冊商標,而以該商標中之文字作為自己公司名稱、商號名稱、功能變數名稱或其他表彰營業主體或來源之標識,致商品或服務相關消費者混淆誤認者。」

[22] 例如最高法院 99 年臺上字 1632 號判決及最高法院 99 年臺上字 1630 號判決。此二判決皆關於公司名稱特取及商標侵害之議題,且二判決皆數度來往於上下審級之間,相當具有參考價值。前者判決評析可參考,許曉芬,免死金牌抑或通行令?-- 論著名商標之侵害判斷:評最高法院九十九年度臺上字第一六三二號判決,月旦法學雜誌,2011 年 12 月,第 199 期,頁 184-197。其他相關案例可參考黃銘傑,公司名稱之人格權保護與商標法、公平交易法間之糾葛—評臺灣高等法院九十六年上更(一)字第一二六號「東森不動產仲介經紀有限公司」v.s「東森建業不動產仲介經紀有限公司」判決;馮震宇,從國際間對商標減損規範看智財法院 INTEL 案判決與商標法修正。
又可參考「商標法修正草案第 1 次研商會議紀錄」,前揭注,智慧財產局局長王美花主席發言:「目前商標法第 62 條第 2 款規定在實務上已經有保護過當或遭權利人濫用的情況出現,例如:在不同縣市區域的醫療院所,就曾經發生以『春天』或『微風』等習見用語開業在先的診所,遭到嗣後申請商標註冊的業者依據商標法第 62 條第 2 款規定排除在先使用人之商標侵害爭議,導致民怨四起,智慧局才有修正調整的規劃」。但筆者認為,此種問題可透過設計得當之合理使用規範解決。詳後述。

[23] 汪渡村,商標法論,五南,頁 303。

[24] 黃銘傑,前揭注 [22],頁 207。

[25] 臺糖白甘蔗案,行政院公平交易委員會處分書公處字第 097034 號,97 年 3 月 14 日。亦參考,黃銘傑,前揭注 [22],頁 198。黃銘傑教授於該文中詳加論述公司名稱之效力與法律地位,並從公司名稱及公平交易法上之表徵等之競合出發,強調「公司名稱登記之效果僅是取得法律行為或權利義務歸屬主體名稱之效果,其使用之合法性亦僅止於依此法律意義與功能之普通使用行為。倘若將公司名稱當成表彰商品或服務來源之商標或表徵加以使用,則已超出公司名稱登記之法律保護範圍,其行為之合法與否,必須專依該他法律進行判斷」,頁 211。

[26] 公司名稱與其商品或服務之商標或表徵不一定相同。例如「Mac」,「iphone」,「ipod」,「ipad」為 APPLE 公司所提供之商品名稱,亦為該公司之註冊商標。消費者會購買「Mac」,「iphone」,「ipod」,和「ipad」,但交易主體為 APPLE 公司。

[27] Council Regulation (EC) No 207/2009 of 26 February 2009 on the Community trade mark Article 9 (1) ; Directive 2008/95/EC Article 5 (1) .

[28] 例如 CJUE, 21 Nov. 2002, Robelco NV v. Robeco Groep NV, aff. C-23/01; CJUE, 16 Nov. 2004, Anheuser-Busch Inc v. Bud jovicky Budvar, národní podnik, aff. C-245/02; CJUE, 25 Jan. 2007, Adam Opel AG v. Autec AG, aff. C-48/05; CJUE, 11 Sep. 2007, Céline SARL v. Céline SA, aff. C-17/06.

[29] Directive 89/104/EEC Article 5 (5) :「Paragraphs 1 to 4 shall not affect provisions in any Member State relating to the protection against the use of a sign other than for the purposes of distinguishing goods or services, where use of that sign without due cause takes unfair advantage of, or is detrimental to, the distinctive character or the repute of the trade mark」.
(emphasis added)

[30] CJCE, Robelco, supra note [28] at pt.34.

[31] Opinion of Advocate General Ruiz-Jarabo Colomer, 21 Mar. 2002, pt.30.

[32] TRIPS Art.16:「1. The owner of a registered trademark shall have the exclusive right to prevent all third parties not having the owner's consent from using in the course of trade identical or similar signs for goods or services which are identical or similar to those in respect of which the trademark is registered where such use would result in a likelihood of confusion」(emphasis added)

[33] 後為 2008 年歐盟商標指令（Directive 2008/95/EC of the European Parliament and of the council of 22 October 2008 to approximate the laws of the Member States relating to trade marks, 商標指令）所修正。

[34] CJUE, Anheuser-Busch, supra note [28], at pt. 59.

[35] CJUE, Céline, supra note [28], pt.16.

[36] Id, pt.22.

[37] Id, pt.26.

[38] 參照商標法修正草案條文對照表，新法第 68 條修正條文說明。

[39] 參考許曉芬，免死金牌抑或通行令?-- 論著名商標之侵害判斷：評最高法院九十九年度臺上字第一六三二號判決，月旦法學雜誌，2011 年 12 月，第 199 期，頁 184-197。

[40] CJUE, 27 novembre 2008, Intel Corporation Inc.c/CPM United Kingdom Ltd, aff. C-252/07

[41] Ibid, pt. 37-38.

[42] 由於均討論新修正商標法關於誠實信用使用之修正，本段內容部份同於筆者 2012 年 7 月 6 日於臺灣臺北「智慧財產權判決研究會」發表之「一字臺北行不行？：評智慧財產法院九十九年度民商上字第八號判決及其初審判決」一文，特此敘明。

[43] 舊商標法第 30 條第 1 項：「下列情形,不受他人商標權之效力所拘束：一、凡以善意且合理使用之方法，表示自己之姓名、名稱或其商品或服務之名稱、形狀、品質、功用、產地或其他有關商品或服務本身之說明，非作為商標使用者。二、商品或包裝之立體形狀，系為發揮其功能性所必要者。三、在他人商標註冊申請日前，善意使用相同或近似之商標於同一或類似之商品或服務者。但以原使用之商品或服務為限；商標權人並得要求其附加適當之區別標示」。

[44] Directive 2008/95/EC Article 6.1 : The trade mark shall not entitle the proprietor to prohibit a third party from using, in the course of trade: (a) his own name or address.[……]

[45] CJUE, 16 Nov. 2004, Anheuser-Busch Inc v. Bud jovicky Budvar, národní podnik at pt. 77-80.

[46] CJUE, 11 Sep. 2007, Céline SARL v. Céline SA, aff. C-17/06.

[47] CJUE, Céline, supra note [28]pt.31-32.

[48] CJUE, Anheuser-Busch, supra note [28]at pt. 82.

[49] 和法國商標法（CPI L. 713-6）相比，僅限於第三人使用自己之姓名，而不包括公司名稱等，歐盟商標指令對於誠實信用使用之範圍的確較寬。

[50] 例如前述注 [22]「商標法修正草案第 1 次研商會議紀錄」中所舉之「春天」診所之例，甚至若有自然人姓名為「趙春天」所開之餐廳名為「春天食堂」,是否一樣可以被「春天」註冊商標權人所制止？

[51] 最著名的案例就是前愛馬仕（HERMES）專櫃小姐因為販賣四個仿冒著名法國愛馬仕（HERMES）柏金包（Birkin Bag），經愛馬仕跨海提出損害賠償民事訴訟，智慧財產法院判決行為人須賠償新台幣兩億五千六百二十五萬元的天價，即是基於該女所賣四個假柏金包，平均價為五十一萬兩千五百元，以最低的五百倍計算，得出兩億五千六百二十五萬元的賠償金額。見智慧財產權法院 97 年重附民 1 號。

[52]「零售單價」依照經濟部智慧財產局的商標法逐條釋義，指出其意義為「所稱零售單價，系指每件侵害商標權商品零星出售於消費者之價格而言，並非指真品的價格」；而最高法院對此也表示「零

售單價系指侵害他人商標權之商品實際出售之單價，並非指商標權人自己商品之零售單獨或批發價」，皆未指出「零售單價」實際應用情況為何。觀察過去實務，大致可分為以下七種情況：以平均零售單價為計算標準、以最低零售單價為計算標準、以最高零售單價為計算標準、以侵害情節最重大之零售單價為計算標準、以實際零售單價為計算標準、以某一零售單價為計算標準、以某些零售單價相加為計算標準。後期智慧財產權法院成立後，標準較為一致，多以平均零售單價為基準，但也有例外。可見若要依據法院進行解釋，仍是有歧異之風險。

詳細實務整理分析，參考，王昱庭，侵害商標權損害賠償計算標準之研究—以我國實務判決為中心，東海大學碩士論文，許曉芬教授指導，2011 年 6 月，頁 76。

[53] 本次修法重要修正有：一、增訂展覽優先權之規定；二、擴大商標法保護之客體；三、增訂未能遵守註冊費繳納期間之複權規定；四、廢除註冊費分二期繳納的規定；五、增訂有關商標更正錯誤的規定；六、增訂在不影響商標之同一性或擴大指定使用商品或服務之範圍內，得變更商標圖樣及其指定使用之商品或服務的規定；七、增訂商標共有的相關規定；八、商標不准註冊事由之檢討；九、增訂指示性合理使用的規定；十、增訂專屬授權與非專屬授權的相關規定；十一、增訂據爭商標權人提起爭議程序時，若據爭商標註冊已滿 3 年，商標權人須檢附據爭商標之使用證據，否則不能據以推翻系爭註冊商標之規定；十二、復審及爭議章之增訂；十三、廢除異議制度；十四、商標侵權規定之檢討；十五、新增邊境管制措施依職權查扣的規定；十六、證明標章及團體商標相關規定之檢討。

[54] 新商標法第 1 條；舊商標法第 1 條。

臺灣民事訴訟法學之近代發展

——從程序保障權談家事事件法之制定

陳重陽[1]

摘　要：臺灣民事訴訟法制度之近代發展，早期以繼受外國立法例居多，例如德國、日本，由於繼受範圍與程度頗大，因此不可避免的也將被繼受國法之缺點一併融入臺灣之民事訴訟法制，造成法律斷層之現象，學者必須不斷引入被繼受國之實務或學說發展，以彌補繼受法制所帶來之缺點。所幸在民事訴訟法研就會成立後，歷經近二十年之討論研究，並運用豐碩之研究成果引導著臺灣民事訴訟法制之本土化，當中最重要之發展為當事人程序權保障，此一訴訟法理也進一步落實在日前正式施行之家事事件法中，堪謂為一進步之立法，然而，在相關司法訴訟資源尚未到位之前提下，是否能達到該法預定之效能，仍有待進一步之觀察。

壹、前言

在古羅馬時代，第一部成文法典為十二銅表法，包括民法、刑法和訴訟程序，由於其實體法與程序法置於同一部法典以致相混，並未能嚴格區分[2]。羅馬法經過演化之後，獨立之民事訴訟制度首出現於歐洲大陸，舉凡現今各國之民事訴訟法制莫不受此影響，法國為第一個制定民事訴訟法之國家，而德國在統一之後於1879年亦參酌法國之民事訴訟法而制定頒佈完全獨立之民事訴訟法典。日本於明治維新時代則承繼了德國民訴訟法之基本架構，頒佈了日本民事訴訟法典[3]。

綜觀中國歷代律令，莫不偏重刑法之規定，清代以前之法律，更是實體法與程序法不分，直至國民政府統一全國之前，有關於人民之民事訴訟案件，仍舊無一部專責法律以資適用，為求統一法律之適用，國民政府遂於1930年頒行民事訴訟法，此一獨立之民事訴訟程序法典，是為臺灣處理民事訴訟案件法源依據之濫觴。迄至2009年，該部法律總共歷經19次之修正[4]，學者許士宦教授從本土化的角度審視臺灣戰後民事訴訟法學的發展，提出兩個研究取向值得觀察，一是臺灣法學獨立自主性之強化，藉以擺脫殖民時代繼受自德日之不完備法制，發展出具有臺灣本土法學特色之獨創性基本訴訟法學理論；二是確立紛爭當事人之程序主體地位，避免審判客體化，同時禁絕突襲性裁判之效力及于當事人與關係人，另外，從憲法保障人民訴訟權之觀點出發，要求制度設計者（立法者）及程序運作者（法院），平衡追求當事人之程序利益與實體利益之最大化，賦予當事人在起訴前以及訴訟中平衡追求此二利益之機會，透過事前或事後之程序保障，達成慎重而正確以及迅速而經濟之裁判[5]。

臺灣社會變遷急遽，家庭結構也日漸脫離早期傳統農業社會既有模式，家庭成員個人權利意識抬頭，家事紛爭事件也日益增加[6]，在1980年雖然設有專法「家事事件處理辦法」處理人事訴訟事件、家事非訟事件以及其他因婚姻、親屬關係、繼承或遺囑所發生之民事事件[7]，然已不足應付紛爭類型多樣化之家事事件，改革修法之聲四起。因此，在此情形下，有關家事事件程序法案之改革也受到上述具備臺灣特色之民事訴訟法學本土化過程之影響，立法者將強調鞏固當事人程序主體地位之訴訟法理融入了在今年六月正式施行之「家事事件法」當中，本文將首先介紹臺灣民事訴訟制度之近代本土化過程發展，特別是有關訴訟程序主體權之保障，繼而說明家事事件法如何去保障當事人（其他關係人）之程序主體權，最後重新檢討該部新法之優缺點，並提出本文建議，作為日後修法參考。

貳、繼受德日法過程

若依照許士宦教授的觀察，整個臺灣民事訴訟法學制度的發展約略可以民事訴訟法研究會[8]成立前後分成三階段、兩大時期。第一階段為「單打獨鬥期」始於1945—1980年間，此階段之民事訴訟法論述，多偏重實務記述性資料之整理或觀念論，以及直接引進德日等被繼受國之立法例；第二階段為「醞釀期」，始於1980—2000年間，此一階段由於民事訴訟法研究會已成立，提供給當時學者一個定期交換學術意見的平臺，一些具本土特色之獨創學術理論也多在此階段被提出；第三階段為「本土化期」，起始於2000年後迄今，此一階段完整吸收前階段二十年之研究成果，擺脫在第一階段所繼受不完整之德日立法制度的缺點，並提出因應臺灣社會需求，具有本土特色之民事訴訟法學[9]。事實上，在民事訴訟法研究會成立前，臺灣由於繼受大量德日立法例與學說，總的來講，當初之德日民事訴訟立法例僅具備基本架構，理論不其完整，其不完足之部份乃系留待該國家日後藉由實務補充或透過法律改革加以解決，因此，當時臺灣所繼受移植者乃一部不完整且缺點甚多之法典，甚至，在施行該民事訴訟制度所發現之問題，往往都得透過回溯追尋德國或日本之法制發展方能獲致解決之道[10]。而且，法律移植（legal transplantation）必須注意因雙邊法律文化之差異，若斷然全面移植，亦有可能造成制度斷層之問題（institutional disjunctions）[11]。所以當初在臺灣從德日所繼受之民事訴訟制度，就本質上而言，也一併繼受了其原有的不完善與缺點，除不斷援引母國法之發展外，必須依賴相當之程序法理予以補充[12]。然而若將外國法例完全套用於臺灣，亦會有遭譏諷為「國籍不明之論文」之嫌[13]，以下試舉二重要事例，說明因採用繼受法理所引起之論爭，並從中觀察出保障程序權之重要性。

（一）新舊訴訟標的理論之爭

臺灣民事訴訟法之繼受德日立法過程大多以介紹德日學說以及注釋為主，有關訴訟標的，亦即訴訟客體審判物件，系引進當時德日學說之新訴訟標的理論對舊訴訟標的理論加以批判。

所謂訴訟標的理論者，簡而言之，旨在探究訴訟標的是什麼，亦即確認當事人訴訟上之請求為何，特別是與實體權的關係究竟如何的理論，受訴法院必須能夠很清楚的明白當事人所欲主張之「訴訟標的」到底為何，方能透過訴訟程序給予權利之救濟。原則上，當法院在判定當事人間就形成判決基礎之有爭執之事實時，應依證據證明法則行之，而在辯論主義之下，當事人負有提出證據之責任，倘若當事人無法提出證據或依其所提出之證據不能證明待證事實時，法院即應依據舉證責任分配之原則使就該事實負有舉證責任之當事人受敗訴之判決。但是法律並無法期待每一個當事人具備足以應付繁雜訴訟之證據提出能力，倘若當事人因一時疏忽或誤解而未盡舉證之責時，或雖提出證據但並不充分時，法院依舉證責任之原則徑為受敗訴判決，亦不能認為是符合實體的真實正確裁判。此際，法院之闡明責任就相形更加重要，督促當事人盡其舉證責任。然而在訴訟中，受訴法院應對原告為如何之闡明，應視其對訴訟標的認定之不同而修正其闡明方向，例如當票據債權與原因債權競合之情形，通說認為系屬實體法上請求權競合之類型，惟在訴訟上得構成如何之訴訟標的，則學說紛紜，概述如下：

1.舊訴訟標的理論（舊實體法說）

此說認為，其訴訟標的之認定應以原告所主張之實體法上權利為依據，此時，雖就同一筆金錢給付債務，但依其為借款或票據，而構成不同之訴訟標的。如當事人在同一訴訟上主張票據債權或原因債權時，將構成選擇之合併（重迭之合併）。當事人得分別同時或先後就原因債權與票據債權提起二個訴訟。

2.新訴訟標的理論

此說認為，當票據債權與原因債權競合時，是否須就票據之無因性而為特別之處理，亦有不同之學說相互對立，試分述如下：

(1) 二分肢說（二項說）：即訴訟標的之認定應依訴之聲明與事實關係而定，訴訟標的為一個或數個，與實體法上之權利無關，實體法上之權利僅為一攻擊或防禦之方法，而應純從訴訟上為決定。消費借貸契約與票據之簽發乃二個事實關係所發生之請求權，故訴訟標的應為二個。此說在票據債權與原因債權競合之情形，有與舊訴訟標的理論相同之缺點。日本之學者，亦有著眼於經濟的同一性與法律上之異別性而為相似之認定。

(2) 一分肢說（一項說、聲明說）：其認為訴訟標的僅以原告之聲明而特定，如為請求同一給付，即屬同一訴訟標的，票據債權與原因債權雖為二個事實關係，但僅有一個訴訟標的，即「受領一回給付之地位」或「受給權」。凡認為請求權競合之情形，此說皆認為僅能構成一個訴訟標的，當事人所主張之票據債權或原因債權，僅為說明同一訴訟標的之不同理由之攻防方法而已。

(3) 新實體法說：此說與舊訴訟標的理論相同者為，均系依照實體法來決定訴訟標的，惟其原則上采請求權規範競合說，僅生一個統一的請求權而已。但票據則屬例外情形，就票據債權與原因債權仍應認為系請求權競合，得構成二個訴訟標的，但原告若在一個訴訟上，就同一筆金錢債權，主張票據債權與原因債權時，則成為訴之選擇的合併（重迭合併）。

由上之論述可知，票據債權與原因債權競合時，一分肢說認其只能構成一個訴訟標的，不過有二個理由根據外，其餘各說，均認為得構成二個訴訟標的。當事人究竟主張哪一個理由根據或訴訟標的，或是否二者均加主張，若有不明了之處，法院應行使闡明權以釐清當事人之主張。法院如認其得構成二個訴訟標的，如原告以票據債權起訴時，他造提出原因關係之抗辯，此時法院就原因關係之有無亦應於理由中判斷，惟就此並無既判力，即原告嗣後仍得以原因債權再行起訴，並不受重複起訴禁止之拘束，如此就訴訟經濟及預防判決矛盾之點觀之，均有不妥，亦有礙於民事紛爭一次解決目的之追求。甚者，若法院不提示或闡明尚有其他之理由或訴訟標的可資主張，而僅就一個理由或訴訟標的加以審理，而任原告之請求為無理由，該判決系屬違法，得成為上訴第三審之理由[14]。

簡言之，新訴訟標的理論與舊訴訟標的理論之爭議，主要在於給付訴訟之場合，新訴訟標的理論以給付受領權（亦即所支持之法律上地位）之存否之主張為其訴訟標的，而非實體法上之請求權本身。而舊訴訟標的理論則以實體法上之給付請求權為訴訟標的。在確認訴訟之場合，新、舊訴訟標的理論並無差異。在形成訴訟之場合，新訴訟標的理論以有得要求一定形成之法律上地位之主張為訴訟標的；舊訴訟標的理論則以形成權或形成原因為訴訟標的，是為其不同。

（二）事證搜集原則采日本之辯論主義

駱永家教授主張，辯論主義有廣狹二義，狹義者系指事實關係之解明乃屬於當事人之權能及責任，其內涵包括三大命題：（一）非經任何一造當事人主張之主要事實（法律要件事實），不得采為判決之基礎；（二）為認定系爭事實所需之證據資料，原則上應由當事人聲明之證據方法得之；（三）當事人間無庸爭執之事實（自認、擬制自認）無庸舉證，法院應采為判決之基礎。而民事訴訟之所以採用辯論主義之理由，並非是基於民事訴訟之本質而來（系以解決當事人兼之民事紛爭為目的，而此等紛爭應可由當事人自主解決，如欲以訴訟之方式謀求解決，亦應以接近自主解決之方式為之），而系基於經驗上合目的性、技術性之考慮，認為各當事人因對於事實之確定具有利害關係，而由人類之經驗得知各當事人為自己之利益將致力於提出有利於己之事實，而由兩造當事人之陳述可得一幅紛爭狀態之鳥瞰圖。此等基於當事人之陳述及利害之對立，所提出之訴訟資料，比起經由國家之任何調查，有利於得到更豐富之訴訟資料及使之明確化之效果。倘若如令國家負責搜集訴訟資料，則以有限之力量，將難達成究明事實之目的，又除非個人之私法關係具公益性時，原則上是不許國家介入調查的，例如，人事訴訟程序。因此如不令當事人負責提出判決基礎事實及證據資料，則當事人將過份依賴法院，而使法院之負擔增加。民事訴訟法雖未就採用辯論主義予以明文規定，但從第196條（攻擊防禦方法之提出時期）、第279條（舉證責任之例外：自認）、第280條（舉證責任之例外：擬制自認）以及第286條（經當事人聲明之證據之調查）可認為系以採用辯論主義為前提[15]。

三、本土化過程—程序保障權

(一)建構程序權保障論

邱聯恭教授認為，程序保障論之論旨為：基於國民主權之原理、法治國家原理及尊重人的尊嚴的原則，並依憲法上保障訴訟權、平等權、生存權、財產權、自由權等基本權之旨趣，任何人均應受尊重其人格，對於關涉其權益、地位之事項，均應受保障有容易接近法院、平等使用司法救濟程序之機會或權利，又對於關涉其權益、地位之審判，均應受尊重為程序之主體，享有程序主體權，並應被賦予參與該審判程序為充分攻擊防禦、陳述事實上、法律上意見或辯論等機會，藉以影響裁判內容之形成，而避免受對造所突襲及防止發生來自法院之突襲性裁判，俾不使在程序上被處遇為受支配之客體[16]。經由民事訴訟法研究會之整理論述，此等重新調整國家與當事人（包含利害關係人）間之訴訟關係，已然成為臺灣民事訴訟法進入二十一世紀之基本核心價值理論，以下試舉二例說明，如何從訴訟標的理論以及辯論主義之論爭去承認並強化程序保障權。

(二)訴訟標的理論之論爭

1.訴訟標的相對理論

此說認為基於尊重原告在訴訟中所擁有之程序主體地位，並尊重其程序處分權，采新訴訟標的理論或舊訴訟標的理論應由原告決定之。前述數說以及本說之共同點為訴訟標的的範圍從訴訟開始至訴訟終結均是一致不變。此說由學者邱聯恭提出，其主張認為由於民事訴訟法采處分權主義，原告有主導特定訴訟標的之權能及責任，而認為原告既可選擇以實體權利作為訴訟標的（類似舊說，其稱之為「權利單位型訴訟標的」），亦可選擇以原因事實予以特定（類似新說，其稱之為「紛爭單位型訴訟標的」），法院則受原告特定訴訟標的之方式拘束。因為民事訴訟法之采處分權主義，乃是為了給予當事人有平衡追求實體利益以及程序利益之機會，以便同時兼顧人民受憲法保障之系爭實體權以及系爭外之財產權與自由權。因此原則上應承認當事人不僅有實體處分權亦有程序處分權，俾使當事人有據以選用有助於追求程序利益之程序方式。就訴訟標的之判定基礎而言，應以原告就之訴就同一社會紛爭事實（如某一侵權行為）所表明、特定之處分物件、範圍為准，按各該事件分別決定其訴訟標的為何，亦即以方便及訴訟資源考慮，原告起訴處分之意思既得以個別實體權利為基準，亦得以其所給付之地位（受給權）為基準，究依前者或後者之基準，應依原告起訴處分之意思而定，此乃屬相對性之問題，如此既能有助於發揮訴訟標的之特定所具防止發生突襲之機能，亦可使原告有機會衡量各該事件所涉及之實體利益與程序利益之大小，經由訴訟標的之劃分，平衡追求該二利益[17]。因此，應尊重原告在訴訟中所擁有之程序主體地位，並尊重其程序處分權，采新訴訟標的理論或舊訴訟標的理論應由原告決定之。此一重要理論，批判了早期從德日繼受爭議已久之訴訟基本法理，屏棄新舊訴訟標的理論之爭，成為解釋民事訴訟法多項相關規定之前導法理，例如，重複起訴之禁止、訴之合併、追加、變更、既判力客觀範圍以及判決理由中判斷之拘束力，並在2000年後逐步成為歷次修法之重點法理[18]。基於當事人為程序主體權之地位，亦有學者繼續對於訴訟標的理論予以精緻化，認為訴訟標的的範圍從訴訟開始至訴訟終結是為可變動之狀態，如下述二說。

2. 相對的訴訟標的理論

此說由楊淑文教授提出，主張於訴訟前階段應采一分肢說，讓同一事實之認定範圍加大，擴大審理範圍，以求訴訟之經濟，並避免裁判矛盾，于訴訟後階段則應采二分肢說使得在訴訟前階段未獲審理之原因事實，以維護當事人之程序利[19]。

3. 浮動的訴訟標的理論

此說由黃國昌教授提出，基本上認同訴訟標的相對理論，認為在確認之訴的場合，各說見解普遍一致認為「原告所欲確認之法律關係」即為訴訟標的，而各個訴訟標的的理論主要差異表現在訴之訴之合併、變更、追加、反訴等部分。不過在2003年民事訴訟法修正第255條第1項第2款，增列「請求之基礎事實同一者」事由之後，有關訴之變更追加，則適度緩和緩和了新、舊訴訟標的的理論的差異，透過此款事由，不論新、舊訴訟標的的理論均可為訴之變更追加。惟進一步認為，訴訟標的要如何劃分，應交由兩造當事人經由其在訴訟程序中所為之訴訟行為加以判斷，並輔以審判長闡明權之適當行使，始能達到共同確定本案之訴訟標的及其範圍，因此，訴訟標的在起訴階段、訴訟進行階段、判決階段中並非處於固定範圍，而系隨著訴訟程序之進行而改變其範圍[20]。

（三）辯論主義之論爭

邱聯恭教授認為臺灣民事訴訟法有關事證搜集原則系全採用日本辯論主義之三大命題之見解，並非正確。因為就第一個命題而言，原則上民事訴訟法第277條規定，當事人主張有利於己之事實者，就其事實有舉證之責任。另外，在例外情形下，民事訴訟法第278條又規定，事實於法院已顯著或為其職務上所已知者，無庸舉證。前項事實，雖非當事人提出者，亦得斟酌之。此項原則與例外之結合至多只能認為符合日本辯論主義之「非經任何一造當事人主張之主要事實（法律要件事實），不得采為判決之基礎」部份命題內容而已。甚者，在通常訴訟程序中，民事訴訟法之所以規定法院職務上所已知之事實，縱非當事人所主張，亦得例外作為裁判基礎，且無庸舉證，其旨乃在達成發現真實及促進訴訟為主要目的；其並要求法院賦予當事人辯論之機會，系為防免突擊性裁判之發生。另外，民事訴訟法第288條規定，法院不能依當事人聲明之證據而得心證，為發現真實認為必要時，得依職權調查證據，依此看來，此規定亦僅符合上述「為認定系爭事實所需之證據資料，原則上應由當事人聲明之證據方法得之」之部份內容而已。在上述法律狀態下，為貫徹當事人武器平等以及賦予程序權保障機能，當事人間若存有攻擊防禦能力之差距、特需公益保護以及集團利益之情形下，應認為有發動職權調查證據之必要。何況，不論依照民事訴訟法第195條規定，當事人負有就其提出之事實，應為真實及完全陳述之義務，藉以發現真實，促進訴訟以觀，或法院依照第199條規定，應運用訴訟指揮權及闡明權，促使當事人所為之事實上主張或否認更加具體明確，以便更符合辯論主義之行為責任來看，我國民事訴訟法所採取之事證搜集原則應為當事人協同（力）主義。至於當事人協同主義之所以被採用，主要目的系為追求值得當事人信賴之真實，亦即為了避免突襲的發生（包含來自兩造相互間、來自法院、發現真實、促進訴訟），以平衡保護程序利益與實體利益。因為在訴訟上當事人應系處於程序主體之地位，享有相當之程序主體權以及程序處分權，據以判斷衡量實體利益與程序利益之大小，進而決定是否或如何提出特定事實、證據，協同法院尋求「法」之所在，以平衡追求該二利益[21]。

肆、家事事件法之制定

臺灣民事訴訟法於進入21世紀之際，先後於1999年、2000年、2003年做出重大修正，範圍擴及調解程序、簡易訴訟程序、小額訴訟程序、證據法之改革、集中審理制度之實行、第三審律師強制代理、督促程序公示、催告程序以及保全程序等，其中莫不以開展於臺灣之新程序保障論、程序主體論、程序選擇權論、民事事件類型審理必要論、程序法理交錯適用論、實體利益與程序利益平衡兼顧論以及適時審判請求權論等訴訟理論貫穿整個修法過程[22]。而在2011年有鑑於家事事件之日益增加，原本規定於民事訴訟法之人事訴訟程序以及非訟事件法之家事非訟事件已不敷使用，經由十數年之醞釀，終於在同年底經由立法院三讀通過「家事事件法」，並於2012年6月正式施行，上述所謂新開展之訴訟法理，有些亦被延伸應用在此次修法當中，支撐整部法律之體系架構。本文將從該法立法背景以及有關程序保障之重要內容加以介紹。

（一）立法背景

由於我國現行關於家事事件之處理，分別散見於民事訴訟法、非訟事件法等法律，並無統一適用之法典，法律適用上每每必須割裂適用，徒增體系適用不完整之困擾。惟家事事件紛爭類型複雜，系處理具一定親屬關係之人因共同生活、血緣親情、繼承等所產生之紛爭，而當事人間之關係、情感、撫養未成年子女之權利義務，此與一般財產訴訟案件有別，當事人關係通常不會因司法程序結束而終了，故家事事件之性質，與一般財產訴訟不同，法院處理時，除釐清當事人間之糾葛外，更著重於當事人及其未成年子女間長期關係之調整，自有藉助各項專業社會資源，以統合妥適迅速處理之必要。司法院有鑑於此，並為貫徹憲法保障國民基本人權、維護人格尊嚴及保障性別地位實質平等，促進程序經濟，保護關係人之實體利益與程序利益，兼顧未成年子女及所有家庭成員包含老人之最佳利益，同時呼應公民與政治權利國際公約第23、24條：「採取適當步驟，確保夫妻在婚姻方面，在婚姻關係存續期間，以及在婚姻關係消滅時，雙方權利責任平等。婚姻關係消滅時，應訂定辦法，對子女予以必要之保護」及第24.1條：「所有兒童有權享受家庭、社會及國家為其未成年身分給予必需之保護措施，不因種族、膚色、性別、語言、宗教、民族本源或社會階段財產、或出生而受歧視」等規定，特擬具家事事件法草案，除納入現行民事訴訟法人事訴訟程序編及非訟事件法家事非訟事件章之規定外，同時衡酌實務運作、未來發展需求及各界期待，創設社工陪同、程序監護人、家事調查官、合併審理、暫時處分、履行確保及交付子女並會面交往之執行等制度，以期根本解決家事紛爭，健全社會共同生活，奠定國家發展之基礎[23]。

（二）立法內涵

為了回應民意之要求以及社會急速變化之需要，司法院草擬完成的家事事件法草案已經在2011年8月司法院院會審議通過，並經立法院三讀通過，於2012年6月正式施行，對於婦幼權益的保障以及妥適、專業、統合處理家事紛爭，往前邁開了一大步，也是家事司法制度改革的重大里程碑。家事事件法計200條，分為總則、調解程序、家事訴訟程序、家事非訟程序、履行之確保及執行、附則等六編。法案主要內容除保障人民的訴訟權外，也容納保護弱勢之精神，創設社工陪同、程序監護人、家事調查官、合併審理、暫時處分、履行確保及交付子女並會面交往之執行等制度。為更有效審理經合併之各項家事事件，司法院參考各國法制，設計家事調查官，協助法院調查家事紛爭所生之各項原因事實，也設置程序監護人，確保能力不足的家庭成員包含未成年子女等人之程序利益，而在審理程序中，需要未成年子女出庭陳述意見、表達意願或目睹兒童出庭作證時，法院也可以通知社會工作人員等專業人士陪同出庭，安撫情緒，也可以請兒童或少年心理專業人士協助表達意願；而為了確保未成年人、陪同人員之隱私及安全，法院亦得採取隱匿其姓名、住所或安排安全出庭環境等適當的保護措施。甚至也可以就婚姻事件，請具有相當專業知識的適當人士為必要之調查，協助夫妻調整關係，並輔助法院釐清事實，圓融解決家庭紛爭。這些費用，可能相當龐大，法院除可以請有資力之一方預納之外，也可裁定暫免預納，由國庫先行墊付，以保障經濟弱勢之當事人。由於離婚訴訟可能拖延相當時日，而家庭生活費用、扶養費等請求卻攸關家庭成員日常的生活，往往需要法院介入即時處理，新法也設計暫時處分制度，允許當事人聲請法院為一定之急速處分，例如未成年子女上學需要註冊費，法院可以核發命配偶先給付一定金額費用的暫時處分。又鑒於家事紛爭當事人往往欠缺足夠的法律資源，新法也緩和當事人主義的不便，使當事人聲明請求扶養費等事件時，可以先簡便地聲明給付的總額或最低額，以供法院審酌。

審理終結之後家庭成員關係的調整，也是司法院重視的一環，新法制定了履行確保及執行新制，由受有專業訓練的法官以及法院成員，在當事人聲請強制執行之前，可以聲請法院實行評估、促成會談、親職教育等措施，並可視個案需要結合各項社會資源，協助當事人調整情緒，重建關係後，依照原裁判自動履行。另就交付子女及會面交往事件之強制執行，涉及血緣家族間親情倫常關係及複雜之情感糾葛、子女意願、身心健康、安全暨人格尊嚴等因素，與一般財產權事件執行特性不同，故規定得准用履行勸告章中勸告措施、採取間接強制或直接強制方法執行時宜注意之事項等規定，以提示注意並利於妥適執行。家事事件法基本精神著重于以專業法官本著同理心審理家事事件，適時連結相關資源，發揮統合解決家事紛爭的功能，建構一套柔性親民且完整的家事裁判制度，走向服務便民的司法新風貌，使當事人不必分別提起不同訴訟或聲請不同非訟事件，避免疲于奔波勞費，並更容易接近及使用法院。另外，家事事件法是司法改革的一環，與人民生活關系至巨，期盼能在完備的審理制度下，有效重建家庭結構，保障未成年子女、家庭成員及失能老人之權益，解決家事紛爭[24]。

（三）有關程序主體權之保障

在民事訴訟程序上，應該確保受法院裁判結果影響之人，能于在裁判前程序上享有充分之陳述會辯論之機會，此一程序保障原則也應該適用在向來採用職權主義之非訟事件上[25]。而「程序主體」並非單純指涉當事人（形式意義之當事人），凡可能受訴訟利害關係所影響者，均屬於程序主體享有者，應被賦予參與其相關裁判程序之機會，享受應有之程序權保障。因此，程序法明文所定之「當事人」、「第三人」、「他人」、「利害關係人」或「關係人」等，就各裁判程序，均有可能具有「程序主體」之地位而受保護[26]。上述有關程序主體保障權之訴訟法理，亦可見於家事事件法中，分述如下：

1.紛爭一次解決（合併審判）

本次家事事件法充分運用各種訴訟法理于未來處理家事事件之案例中，此乃因家事事件類型多樣化，有接近於一般財產爭議之私權紛爭，而須適用爭訟法理者，例如夫妻財產制之財產劃分；亦有僅涉權利義務之形成而無實質爭訟性質者，例如血緣關係之確定或自由權之剝奪者。因此在家事事件審理上，即有依據案件個別類型適用不同程序法理之必要，「合併審理」制度因而應運而生，其主要意旨為為了維持家庭之平和安寧，避免當事人間因同一原因事實所生之家事紛爭，必須不斷的提起各種家事訴訟或非訟事件，造成無謂的勞費支出，且為避免裁判矛盾而設置。制度內涵系規定婚姻或親子關係之訴訟事件可以合併提起，或同一原因事實所生的家事訴訟事件或家事非訟事件合併請求，並且可以為請求之變更、追加或者是反請求，以及就合併事件之審理裁判、上訴等予以規定[27]。換言之，將同一家庭所涉多數家事訴訟事件及非訟事件，儘量委由同一法官在同一程序中處理，把家事調解程序、人事訴訟程序、家事非訟程序及家事強制執行程序合併立法，以「家庭」為單位，多個紛爭，一次解決[28]，可以預見的是，未來在同一家事事件內，訴訟法理的運用將從早期的二元論，走向多元論[29]，以平衡兼顧程序保障、統一紛爭解決、謀求程序利益及確保法的安定性[30]。

因此，家事事件法第41條規定意旨，為維持家庭之平和安寧，避免當事人間因家事紛爭迭次興訟，並符合程序經濟原則，免生裁判之抵觸，就數家事訴訟事件或請求之基礎事實相牽連之家事訴訟事件與家事非訟事件，得選擇向就其中一家事訴訟事件有管轄權之少年及家事法院合併請求，不受民事訴訟法第53條共同訴訟以及第248條客觀合併訴訟要件之限制。倘若當事人就前述所定事件雖未合併請求，然為期統合處理家事紛爭，兼顧程序之迅速及經濟，亦准許當事人最遲得於第一審或第二審言詞辯論終結前，為請求之變更、追加或反請求。又法院對於得合併請求、變更、追加或反請求之情形，自應行使闡明權，以確定當事人之本意，如有主張不明了或不完足者，並促其補充或敘明之，以利程序之進行。

若依上述情形得為請求之變更、追加或反請求之情形，系為避免迭次興訟，有害公益，當事人如舍此另行請求，法院基於統合處理事件之必要，認為由家事訴訟事件系屬最先之法院合併審理較為適當，或當事人合意由該法院管轄，以利統合處理時，法院亦得依聲請或依職權移由或以裁定移送家事訴訟事件最先系屬之第一審或第二審法院合併審理。至於何謂「為統合處理事件認有必要」，則由審理法院依個案情形斟酌之，例如於言詞辯論即將終結前，始另行請求者，多可認為不具統合處理之必要性；又如移送合併審理之事件可能有未經第一審法院裁判即移送由第二審法院處理之情形，對當事人之審級利益難免有所侵害，此時法院自應審酌合併審理之實益是否高於當事人之審級利益或是無損於其審級利益，如認無須優先保護當事人之審級利益，方可謂為統合處理事件認有必要之情形，法院于給予當事人陳述意見之機會後，即得依規定裁定移送合併審理；如認為有優先保護當事人審級利益之必要時，即不應裁定移送合併審理，而應自為審理。另為貫徹本法家事事件統合處理之精神，受移送法院於移送裁定確定時，已系屬之家事訴訟事件雖經終局裁判，仍應續行處理移送之事件，以節省勞費，並免裁判兩歧。且受移送法院縱於移送之裁定確定後卷證送交前，就已系屬之事件為終局裁判者，對於移送之事件仍應自行處理。受移送法院如屬第一審法院，並已為第一項之終局裁判，複經當事人合法上訴第二審者，受移送法院應將移送之事件並送該第二審法院合併處理，始能充分實踐合併處理之立法本旨。為求能統合處理家事紛爭，當事人得合併請求、變更、追加或反請求家事訴訟事件，或與請求之基礎事實相牽連之家事非訟事件合併審理。至其審理程序之適用，倘合併審理事件於本法已有特別之程序規定，原則上應依本法之規定行之；如本法就合併審理之事件無特別規定，則應區別合併審理之個別事件性質，依照民法、民事訴訟法、非訟事件法或其他相關之法律所定之程序法理進行審理[31]。

2.聽審請求權之保障

聽審請求權，指受裁判者得要求就有關裁判事項，可以表明自己之見解，以及公平聽取之機會之權利[32]，為對一般裁判程序之關係人最低限度保障之程序的權利。家事事件法有關規定如下：

家事事件法第13條規定，家事事件類型繁多，有應特別尊重當事人或法定代理人本人意願者（例如定監護人事件、認可收養事件、定病人保護人事件），法院應聽取其意見；有為發現真實、促進程序者（例如離婚事件、夫妻財產關係所生請求事件），則應容許法院依具體事件需要，命當事人或法定代理人本人到場陳述或訊問之；有僅須書面審理，原則上毋庸命當事人或法定代理人本人到場者（例如緊急性暫時保護令事件，拋棄繼承事件）；是為尊重及保障當事人或法定代理人本人之程序主體地位，得命當事人或法定代理人本人到場，或依事件之性質，以適當方法命其陳述或訊問之[33]。

同時，該法第106條規定，法院審理親子非訟事件時，應以子女之最佳利益為最高指導原則，而兒童及少年主管機關及福利機構，對未成年人之保護有專業之知識及經驗，法院如於程序中徵詢上開機關或機構之意見或囑託進行訪視或調查，並提出報告或建議供法院參考，當可收事半功倍之效。而為確保關係人之聽審請求權，法院斟酌上述報告或建議，應使關係人有陳述意見之機會。惟如內容涉及隱私或其他不適當之情形，自不宜使關係人得知其內容。兒童及少年主管機關或福利機構相關人員調查所見聞事實之報告或建議，系供法院處理親子非訟事件參酌之重要資料，法院認有必要時，自得命其等於期日到場陳述意見[34]。

又，該法第108條規定，親子非訟事件既於未成年子女之權益影響重大，法院除應依上述第106條之規定保障其聽審請求權外，於裁定前更應依未成年子女年齡及識別能力等不同狀況，於法庭內、外，親自聽取其意見、或藉其他適當方式，曉諭裁判結果對於未成年子女可能發生之影響，藉以充分保障其意願表達及意見陳述權。又未成年人陳述意見或表達意願，必要時亦得請求兒童及少年心理專家或其他專業人士之協助[35]。

3.利害關係人之程序保障權

(1) 調解程序

家事事件法第33條規定，調解事件如屬不得任意處分之事項，倘當事人對於解決事件之意思已經接近，或是對於原因事實之有無並不爭執，應容許當事人合意選擇委由法院以裁定方式進行本案審理程序，俾使當事人之紛爭迅速解決，維護其實體與程序利益，法院及當事人亦不須耗費勞力、時間、費用進行其他程序，惟上述事件，所涉者多屬公益，即使當事人未爭執原因事實，法院仍應依職權為必要之調查，不受當事人意思之拘束，須經調查結果認為正當者，始基於公正、客觀之立場，作成裁定。且如有選任調解委員或家事調查官者，裁定前尚應聽取彼等之意見或報告，抑是參酌彼等所提書面資料，至於該事件如有諮詢人員提供意見，法官得于依職權調查事證之必要範圍內依相關規定處理。又為充分保障當事人及利害關係人之權益，因此，法院為裁定前，應就調查之結果使當事人及法院已知悉之利害關係人有表示意見之機會。再者，為保障當事人之辯論權，如當事人聲請辯論，法院即應予准許。就調解事件具有法律上利害關係之第三人，應容許其為保護自身權利而參與該事件裁定程序之進行，期能一次裁判解決多數人之紛爭，以符合程序權保障及程序經濟原則，並可避免裁判之矛盾，爰于第三項規定准用民事訴訟法關於訴訟參加之規定，且因此類裁定諸多具有對世效力，為使利害關係人能知悉調解事件而有及時參與之機會，避免嗣後再事爭執，以維持確定裁定之安定，法院宜適時主動將本事件及進行程度通知已知悉之利害關係人，該利害關係人受通知後，得視其情形自行斟酌是否依法定程序列使或請求保護其權利[36]。

(2) 家事訴訟程序

家事事件法第40條規定，由於甲類及乙類事件[37]，均與身分有關，事涉公益，法院就此事件所為確定終局判決具對世效力，非僅發生參加效力。因此，為使有法律上利害關係之第三人能獲知訴訟而有及時參與訴訟之機會，以保護第三人程序參與權及實體權益，維持確定裁判之安定性，並貫徹一次訴訟解決紛爭原則，法院應依職權於事實審言詞辯論終結前，適時將訴訟事件及進行程度以書面通知審理中所知悉之該第三人，且無論該第三人有無參與訴訟，均應於判決後對其送達判決書，俾利其決定是否參與上訴程序，以保障其程序權及聽審請求權。另外，為提高法律上有利害關係之第三人參與訴訟之機會，避免該第三人將來提起第三人撤銷訴訟，法院宜盡可能調查該第三人之有無，以便踐行訴訟通知程序，法院于必要時，得依職權命當事人提出戶籍登記資料等或徑為向有關機關查詢等必要之處分。通知之第三人，得視其情形自行斟酌是否參與訴訟及參與方式，例如依民事訴訟法第54條規定起訴，依同法第58條規定參加訴訟，或為當事人之追加，或依其他法定程序列使或防衛其權利。該第三人如依民事訴訟法第58條規定參加訴訟者，因甲類或乙類事件系涉身分關係，其訴訟標的對當事人或參加人應合一確定，與民事訴訟法第62條規定之情形相若，應准用同法第56條之規定，以保護全體當事人及參加人之利益，並統一解決該等人間之紛爭。為貫徹對當事人程序選擇權之保障，使當事人得以衡量實體及程序上之利害關係，並盡可能謀求統一解決多數人間紛爭，法律審法院如認有試行和解之必要，亦得依民事訴訟法第377條第2項規定，通知有利害關係之第三人於指定試行和解期日或言詞辯論期日參加和解，以促進當事人和諧自主解決身分糾紛[38]。又，依家事事件法第63之規定，在確認親子或收養關係存在或不存在之訴時，法院在為判決前，應通知有法律上利害關係之第三人，並使當事人或該第三人就親子關係存在之事實，有辯論或陳述意見之機會[39]。

(3) 家事非訟程序

原則上，非訟事件采職權進行主義，為保障利害關係人之程序參與權及聽審請求權，對聲請人、相對人外之利害關係人，如有法律規定「應」依職權通知其參與程序，或因程序之結果致其權利受侵害之情形，自應保障其程序參與權；又親子關係相關事件，其裁判結果發生對世效，並涉及子女權益之保護，亦應令所涉子女、養子女、父母、養父母有參與程序之機會。所以家事事件法第77條規定法院應依職權通知上開利害關係人參與程序，但於通知顯有重大困難之情形時，為使程序能順利進行，避免遲滯，毋庸通知。另利害關係人參與家事非訟程序後，即為該非訟事件之關係人[40]，類如民事訴訟法上之形式當事人，但與民事訴訟法上「參加人」之概念尚屬有別。對於因程序之結果，雖權利未受侵害，但其法律上利害受有影響之人，宜賦予其參與程序之權利；另法院如認有需要（例如民法第1094條選定監護人事件，認有保護未成年子女利益之必要），亦「得」通知非訟事件相關主管機關或就該事件有聲請權之檢察官參與程序，使之成為關係人。無論應受通知之人或得通知之其他利害關係人，如欲參與程序，亦應許其得為聲請。惟為避免參與浮濫，法院如認不合參與要件時，應以裁定駁回。又對駁回之裁定，為保障其程序權，聲請人得准用非訟事件法第四十一條規定，提起抗告[41]。

(4) 事後救濟之程序保障權——再審

程序主體保障權的內涵，不僅及于當事人或利害關係人之訴訟上程序保護，在法院為裁判後，有關事後救濟之程序保護亦應一併予以充實，如此之程序保障始謂完整。對於法院之裁定能否提起再審，實務見解認為對於終審法院之裁定不服者，除合於法定再審事由得聲請再審外，不容以其他方法聲明不服[42]，因此對於裁定能否提起再審，必須以法律有明文規定為限。

1）調解程序所為之裁定

為保障當事人（包含其他關係人）之程序權，家事事件法第35條特別規定就調解程序當中法院對於不得處分之事項所為之裁定，于確定時與確定裁判有相同效力。至於其效力之內容，須視各該事件之性質依具體情況加以認定，有些情形亦可能效力及於第三人。而此裁定之事項，于當事人或其他關係人之利害關係，等同于確定裁判。故該確定裁定如有與確定判決相同之再審事由，應許其聲明不服，得准用民事訴訟法第五編規定，對於確定裁定聲請再審。又法院准許再審後，即回復原來裁定程序，原有之保障當事人或利害關係人程序權規定，例如第33條第2項所定之法院依職權調查事證並使當事人有機會陳述意見等等，仍應踐行之。另外，對於確定裁定效力所及之第三人，為保障其權益，除於第33條第3項明定可准用民事訴訟法之規定參加裁定程序之進行外，亦應許具備該身分而未參加者於一定條件下得否定該裁定之效力，爰于第三項明定準用民事訴訟法第五編之一第三人撤銷訴訟程序之規定，准許第三人向法院聲請裁定撤銷原裁定[43]。

2）其他裁定

另外，如其他裁定程序有重大瑕疵或內容顯有不當，自亦應事後給予救濟之途徑，以保障關係人之程序權，因此家事事件法第36、96條對於得處分之事項所為之本案適當裁定、家事非訟事件之確定本案裁定亦規定得准用民事訴訟法第五編再審程序之規定。

伍、未來展望—代結論

臺灣民事訴訟法之近代發展過程，已逐漸擺脫早期在繼受時代一併繼受母國法之缺點，進而發展出具有本土色彩之訴訟法制，朝向尊重當事人程序權之保障方向邁進，換言之，當事人之權利一旦受損，法律訴訟程序是否能夠盡速給予救濟，實質正義是否能夠完全發揮，對於程序正義之要求自然無法忽略，一句古老的法諺，遲來的正義非正義（Justice delayed is justice denied）正足以說明為何在當代民事訴訟法學必須不斷的去對當事人程序保障做到最大保護，以免因訴訟過程拖延或訴訟資源不足而磨耗掉於個案中所欲追求之實質正義，藉以達成公正（just）、迅速（efficient）、經濟（economical）之民事訴訟基本法理要求[44]。

有關家事案件，在家事事件法尚未制定前，在實務操作上必須對於同一「家庭紛爭事實」割裂在不同程序處理，徒使當事人勞碌奔波，時常發生各受訴法院裁判互相矛盾之情形。所幸，在家事事件法之制定上，基於紛爭一次解決之要求，將原本分散之人事訴訟程序、家事非訟程序及家事調解程序，一併規定於家事事件法加以處理，以「家庭紛爭事實」為一訴訟單位，期能妥適迅速解決家事案件，以促進訴訟經濟，平衡保護當事人（關係人）之實體利益與程序利益，堪稱為一進步之立法。本文以為該法雖立法目的頗佳，但是未來在落實上還是有些前提性疑難必須加以解決，否則一切立法美意恐淪為空談，以下僅提出本文淺見，期能發揮拋磚引玉之效，共同集思廣益。

（一）不同地區人民，不同訴訟資源？

少年及家事法院組織法第1條規定：「為保障未成年人健全之自我成長、妥適處理家事紛爭，並增進司法專業效能，特制定本法。」同法第3條第1項規定：「少年及家事法院之設置地點，由司法院定之，並得視地理環境及案件多寡，增設少年及家事法院分院。」為因應新家事訴訟制度之到來，原臺灣高雄少年法院于2012年6月1日起改制為臺灣高雄少年及家事法院。而該法院也是目前臺灣唯一之家事法院，其管轄區域為高雄市。其他地區未設置少年及家事法院者，由地方法院之家事法庭審理家事事件。而所謂少年及家事法院，系指於普通法院外，另設獨立專業之家事法院，必須有一定之組織、人員構成始可，此與設置於地方法院之家事法庭之人力、組織比較起來顯然完備許多，例如，家事調查官等專業人員屬於家事法院編制之人員，而家事法庭則無此等專業人員，因此有疑問的是，高雄市民與非高雄市民就家事事件紛爭事件所能享有之家事訴訟資源顯然不同，著實有違當事人程序保障權之嫌，或許這只是過渡時期所不得不面對之困境，必待日後於其他地區設置家事法院之後始能解決，不過，論者有謂要達妥適解決家事事件根本之道乃在於法官素質之養成與培訓，而非以廣設家事法院即能達成[45]，何況依據新法內容，家事法院之法官必須能充分運用各種訴訟法理於受訴案件，所加諸于家事法院法官之沉重負擔不難想像。甚者，已有實務工作者，表達未來於處理家事裁定事件抗告時，所需面臨人力短絀之擔憂[46]，此等隱憂，仍有待於將來透過實務與理論之磨合始能尋求解決之道。

（二）上訴法院審查範圍

少年及家事法院為一因專業考慮，特別就處理家事事件所設置之專業法院，其審級地位等同於一般之地方法院，因此從組織法之觀點來看，少年及家事法院組織法規定，高等法院及其分院設少年法庭、家事法庭。但得視實際情形由專人兼辦之，所以未來對於家事訴訟案件之上訴案，乃由高等法院所設置之少年法庭、家事法庭管轄。但有疑問的是，對於家事訴訟上訴案件，高等法院所應審查之範圍為何？有關上訴審之審查範圍，訴訟制度上向有續審制以及事後審查制之分，前者乃謂上訴法院繼續第一審之審判，亦即與第一審同為事實審，因此是第一審事實審之延續，此立法例為民訴所采；而後者則是由上訴審法院審查第一審判決事實以及法律有無違誤之處，此系以第一審判決結果為其基礎，該上訴法院審查時僅就下級審判決是否有違誤而為事後審查，即第二審法院系基於第一審法院判決時之地位而審查第一審法院判決時有無違誤，因此第二審法院不得以原審判決後之事實或證據，而認定原審判決有違誤，當事人亦不得在第二審審理時，聲明或調查事實或證據。為尊重第一審專業家事法院所作之判決，論者有謂宜限縮第二審審查之範圍，而采事後審[47]。本文則以為此說可采，乃因如上所述，家事法院具備完整之訴訟資源，妥適、專業、統合處理家事紛爭，並容納保護弱勢之精神，創設社工陪同、程序監護人、家事調查官等制度，高等法院之家事法庭，其專業度未必比第一審之家事法院來的專業，因此不宜采續審制，而且從家事事件法之立法精神以觀，乃在求家事紛爭統合一次解決，所以才新設社工陪同、程序監護人、家事調查官等制度以達專業處裡最大化，何況若采續審制，則當事人難免對攻擊防禦有所保留，如此反遭致訴訟之遲延，因此高等法院之家事法庭宜尊重第一審之專業判斷為妥。

（三）二審欠缺專業法庭

依照家事事件法之程序保障權目的以及專業法院以觀，目前二審（高等法院）並未設有專業法庭，更遑論在上訴案件時，案件可交由具有性別意識之法官審判，此舉無異與家事事件法

第8條「處理家事事件之法官，應遴選具有性別平權意識、尊重多元文化並有相關學識、經驗及熱忱者任之」之目的完全相違背。

　　綜上所述，家事事件法已正式施行，有許多制度都是為妥適解決家事案件而設，將來施行成效如何，仍有待累積更多的實務操作與學術省思，但唯一可以確定的是在該法當中所運用的當事人程序保障權之相關規定，的確是促進人權之進步立法。

注 釋:

[1]　陳重陽，國立高雄大學法律系助理教授，英國 Exeter 大學法學博士。。

[2]　參閱 http://www.zwbk.org/zh-tw/Lemma_Show/98823.aspx，最後瀏覽日：2012/07/24。

[3]　參閱吳明軒，民事訴訟法，2011 年 9 版，頁 18。

[4]　最近一次修正為 2009 年，參閱：http://db.lawbank.com.tw/FLAW/FLAWDAT01.aspx?lsid=FL001362，最後瀏覽日：2012/07/23。

[5]　參閱許士宦，戰後臺灣民事訴訟法學發展史，月旦民商法雜誌，第 35 期，2012 年 3 月，頁 32;參閱：邱聯恭，司法之現代化與程序法，三民書局，1998 年，頁 126。

[6]　根據司法院統計，2010 年地方法院辦理家事事件新收件為 123605 件，已接近是 2000 年所新收 62956 件的兩倍，參閱，http://www.judicial.gov.tw/juds/index1.htm，最後瀏覽日：2012/07/24。

[7]　該法公佈於 1980 年施行近 30 年後，已於 2009 年廢止。

[8]　民事訴訟法研究會緣起於 1980 年初，由在臺灣各大學講授民事訴訟法之教師發起，其目的系為提升我國民事程序法之理論及實務水準，約定舉辦定期性、經常性之跨校研討會，因而成立民事訴訟法研究會，每隔三個月舉辦研討會一次，各自選定題目輪流提出研究報告，共同研討以求精進，並予錄音紀錄，然後將其內容整理成文，經依次發表於法學叢刊後，再彙編成冊，迄今已發行 18 冊「民事訴訟法之研討」論文等專書。上述參加研討會之教師更於 1990 年，共同捐助基金成立財團法人民事訴訟法研究基金會，經報請法務部於 1991 年許可設立財團法人，並經臺灣臺北地方法院完成設立登記。

[9]　參閱許士宦，戰後臺灣民事訴訟法學發展史，頁 6。

[10]　參閱邱聯恭，民事訴訟法研究會第 57 次研討會後補注，民事訴訟法之研討（六），民事訴訟法研究基金會編，1997 年，頁 313—314。

[11]　參閱 Watson, A., (2000) Legal Transplants and European Private Law, Vol.4.4, Electronic Journal of Comparative Law, www.ejcl.org/44/art44-2.html，最後瀏覽日：2012/07/15。

[12]　參閱邱聯恭，第一審程序修正草案之析述，載於最高法院學術研究會編印，民事訴訟法修正草案之析述與研討，最高法院學術研究會叢書（三），1993 年，頁 180-181。

[13]　參閱邱聯恭，民事訴訟法研究會第 55 次研討會後補注，民事訴訟法之研討（六），民事訴訟法研究基金會編，1997 年，頁 163。

[14]　上述新舊訴訟標的理論之爭議，請參閱駱永家，票據債權與原因債權競合時之訴訟標的與舉證責任，收錄於「民事法研究（一）」，1997，頁 34—38。

[15]　參閱駱永家，辯論主義與處分權主義，收錄於既判力之研究一書，1996 年，頁 207—213。

[16]　參閱邱聯恭，程序保障論之新開展，收錄於程序選擇權論一書，2001 年，頁 5—14。

[17]　參閱邱聯恭,民事訴訟法研究會第 41 次研討會,民事訴訟法之研討（四）,民事訴訟法研究基金會編,

1993 年，頁 329-334。

[18] 參閱許士宦，戰後臺灣民事訴訟法學發展史，頁 17。

[19] 參閱楊淑文，政大法學評論，61 期，1999 年，頁 250—251。

[20] 參閱黃國昌，新民事訴訟法下之訴訟標的圖像，收錄於民事訴訟理論之新開展一書，元照出版社，2005 年，頁 383 以下。

[21] 參閱邱聯恭，民事訴訟法研究會第 39 次研討會，民事訴訟法之研討（四），民事訴訟法研究基金會編，1993 年，頁 221—224；邱聯恭，處分權主義、辯論主義之新容貌及機能演變，收錄於「程序選擇權」一書，2000 年，頁 100—106。

[22] 參閱許士宦，戰後臺灣民事訴訟法學發展史，頁 18。

[23] 參閱家事事件法草案總說明。

[24] 參閱司法院新聞稿，2011/08/24, http://www.judicial.gov.tw，最後瀏覽日：2011/08/26。

[25] 參閱邱聯恭，「程序主體」概念相對化理論之形成及今後（上）‧基於民事訴訟法修正意旨及其前導法理之闡釋，月旦法學雜誌，第 200 期，2012 年 1 月。

[26] 參閱邱聯恭，程序保障之機能，收錄於「程序制度機能論」一書，1996 年，頁 141；邱聯恭，「程序主體」概念相對化理論之形成及今後（中）——基於民事訴訟法修正意旨及其前導法理之闡釋，月旦法學雜誌，第 201 期，2012 年 2 月，頁 49-50；邱聯恭，民事訴訟法研究會第 57 次研討會後補注，民事訴訟法之研討（六），頁 142-143。

[27] 參閱家事事件法草案總說明。

[28] 參閱許政賢，新家事事件法暫時處分制度之初探，臺灣法學雜誌，第 202 期，2012 年 6 月，頁 63，注 2。

[29] 參閱：姜世明，家事事件法理適用，月旦法學雜誌，第 206 期，2012 年 7 月，頁 157。

[30] 邱聯恭，「程序主體」概念相對化理論之形成及今後（下）‧基於民事訴訟法修正意旨及其前導法理之闡釋，月旦法學雜誌，第 202 期，2012 年 3 月，頁 100-101。

[31] 家事事件法第 41 條立法理由。

[32] 此權利已屬人權性質之權利層次，參閱：歐洲人權公約第六條（European Convention on human Rights）。其原文如下：「In the determination of his civil rights and obligations or of any criminal charge against him, everyone is entitled to a fair and public hearing within a reasonable time by an independent and impartial tribunal established by law. Judgement shall be pronounced publicly by the press and public may be excluded from all or part of the trial in the interest of morals, public order or national security in a democratic society, where the interests of juveniles or the protection of the private life of the parties so require, or the extent strictly necessary in the opinion of the court in special circumstances where publicity would prejudice the interests of justice.」, http://www.hrcr.org/docs/Eur_Convention/euroconv.html，最後瀏覽日：2012/07/24。

[33] 家事事件法第 13 條立法理由。

[34] 家事事件法第 106 條立法理由。

[35] 家事事件法第 108 條立法理由。

[36] 家事事件法第 33 條立法理由。

[37] 依家事事件法之分類，家事事件中具有訟爭性，但當事人對於程序標的並無處分權者，列為甲類事件。此類事件有：確認婚姻無效、婚姻關係存在或不存在事件（含向來實務上訴請確認婚姻是否有效或是否成立之事件在內）、確定母再婚後所生子女生父事件、確認親子關係存在或不存在事件（例如：以收養行為無效，請求確認與本生父母間之親子關係存在事件；以合意終止收養行為無效，請求確認與本生父母間之親子關係不存在事件；以認領或否認認領之意思表示有效或無效，請求確認親子關係存在或不存在事件）及確認收養關係存在或不存在事件（含向來實務上訴請確認收養行為或合意終止收養行為是否有效等事件在內）等。就家事事件中具有訟爭性，且當事人對於程序標的

具有某程度之處分許可權者，於第二項列為乙類事件。此類事件有：撤銷婚姻事件（例如：民法第九百八十九條、第九百九十條、第九百九十一條、第九百九十五條至第九百九十七條所定事件）、離婚事件（例如：民法第一千零五十二條所定事件）、否認子女事件（例如：民法第一千零六十三條第二項所定事件）、認領子女事件（例如：民法第一千零六十七條所定事件）、撤銷收養事件（例如民法第一千零七十九條之五所定事件）、撤銷終止收養事件（例如：民法第一千零八十條之三所定事件）等。

[38]　家事事件法第 40 條立法理由。

[39]　家事事件法第 63 條立法理由。

[40]　非訟事件法第 10 條規定，本法稱關係人者，謂聲請人、相對人及其他利害關係人。

[41]　家事事件法第 77 條立法理由。

[42]　參閱最高法院 90 年度第 13 次民事庭會議紀錄；97 年度臺聲字第 786 號。

[43]　家事事件法第 35 條立法理由。

[44]　參閱 Mary Kay Kane, (2007) Civil Procedure, (Thomas/West: USA)，p.1.

[45]　參閱吳明軒，試論家事事件法之得失（上），月旦法學雜誌，第 205 期，2012 年 6 月，頁 85。

[46]　參閱陳毓秀、陳鵬光法官之發言，家事程序法制之新變革及程序原則·家事事件法之評析與展望·民事訴訟法研究會第 114 次研討紀錄，法學叢刊，第 226 期，2012 年 4 月，頁 269—271。

[47]　參閱民事訴訟法研究會第 114 次研討紀錄，黃國昌教授之發言，頁 252。

律師在兩岸經貿糾紛解決機制中的角色與作用

郭清寶[1]

關鍵字：律師 海峽兩岸經濟合作框架協議 ECFA 兩岸經貿 協商 調解 仲裁訴訟角色 作用

壹、後《海峽兩岸經濟合作框架協議 ECFA》之經貿發展現況

（一）自 1992 年來，海峽兩岸所簽立協議概況

海峽兩岸基於互助交流等精神下，自1992年辜汪會談以來，於1993年4月29日年臺灣海基會邱進益副董事長與大陸海協常務副會長唐樹備、副會長兼秘書長鄒哲開等於新加坡參加會談，當時雙方確定1993年內就「違反有關規定進入對方地區人員之遣返及相關問題」、「有關共同打擊海上走私、搶劫等犯罪活動問題」、「協商兩岸海上漁事糾紛之處理」、「兩岸智能財產權（知識產權）保護」及「兩岸司法機關之相互協助（兩岸有關法院之間的聯繫與協助）」（暫定）等議題進行事務性協商。旋即及往後即陸續簽署了《兩會聯繫與會談制度協議1993.4.29》、《兩岸掛號函件查詢、補償事宜協議1993.4.29》、《兩岸公證書使用查證協議1993.4.29》、《海峽兩岸關於大陸居民赴臺灣旅遊協議 2008.6.13》、《海峽兩岸空運協議2008.11.4》、《海峽兩岸食品安全協議2008.11.4》、《海峽兩岸海運協議2008.11.4》、《海峽兩岸金融合作協議2009.4.26》、《海峽兩岸共同打擊犯罪及司法互助協議2009.4.26》、《海峽兩岸郵政協議2008.11.4》、《海峽兩岸標準計量檢驗認證合作協議2009.12.22》、《海峽兩岸農產品檢疫檢驗合作協議2009.12.22》、《海峽兩岸漁船船員勞務合作協議2009.12.22》、《海峽兩岸知識產權保護合作協議2010.6.29》、《海峽兩岸醫藥衛生合作協議2010.12.21》。這些一籃子的協議，也促成了《海峽兩岸經濟合作框架協議（（Economic Cooperation Framework Agreement，ECFA））》之簽立，，未來更將就投資保障協議盡速協商及簽立。

而如前所提及，終於2010年6月29日，海峽兩岸關係協會會長陳雲林與臺灣海峽交流基金會董事長江丙坤在重慶簽署了《海峽兩岸經濟合作框架協議》。生效後《海峽兩岸經濟合作框架協議》本著世界貿易組織（WTO）之精神，考量雙方的經濟條件，逐步減少或消除彼此間的貿易和投資障礙，創造公平的貿易與投資環境，開起海峽兩岸間之區域經貿協議新領域，在全球化及區域合作協議例如東協（ASEAN，Association of Southeast Asian Nations，簡稱ASEAN，）等浪潮下，為海峽兩岸之經貿發展特殊性取得世界性之角色及定位。更讓世界性投資者及資金，藉由ECFA之方式，尋找其於亞太地區及中國大陸市場產業佈局之戰略。以下

並簡單介紹兩岸對於前往對岸投資現況及法令

(二) 臺灣對於大陸投資之開放政策及法令現況概要

1.《大陸地區人民來臺投資許可辦法》，其中申請等事項都需要律師進行一定之協助及法律分析及意見，包括調研等（Due Diligence Investigation）。

2.《大陸地區之營利事業在臺設立分公司或辦事處許可辦法》。其中第 12 條規定略為：「大陸地區之營利事業在臺灣地區設立分公司或辦事處者，應在臺灣地區指定其訴訟及非訴訟之代理人，並以之為該大陸地區之營利事業在臺灣地區之負責人。」因此具有律師身分的臺灣人民具有極大優勢。畢竟依據臺灣律師法及法院審理之規定，非律師擔任訴訟代理人有嚴格之要件且須經審判長之許可 [2]。

(三) 大陸對於臺灣投資之開放政策及法令現況概要

1.《中華人民共和國臺灣同胞投資保護法 》1994
2.《中華人民共和國臺灣同胞投資保護法實施細則》1999
3.《臺灣同胞投資企業協會管理暫行辦法》2003
4.《廈門市經濟特區臺灣同胞投資保障條例》1994
5.《廈門海滄台商投資條例》1998
6. 福建省實施《中華人民共和國臺灣同胞投資保護法》辦法 2010
7. 福建省住房和城鄉建設廳日前印發《臺灣建築業企業進駐平潭綜合實驗區從事建築活動管理辦法（試行）》2012

(四) 兩岸互相投資之統計概況

依據臺灣官方之統計，陸資來臺投資之情形金額及數字自中國南方航空等公司來臺設立分公司（核准登記日為2009年）以來，歷經《海峽兩岸經濟合作框架協議》於2010年簽立後，迄今2012年5月為止，合計美金約310，398，149元（新台幣9，001，546，344，匯率1：29）。而臺灣企業前往大陸投資之統計自1991-2012年為美金116，422，187，000元[3]，顯見呈現是失衡之情形，這與市場規模及開放政策以及政治及投資風險有關。而將來如何？將視法律之管制及解除管制間之調整。

貳、多元性之兩岸經貿糾紛解決機制及模式

(一) 相關法令之規定

兩岸互相投資基於法律之管制（regulation）及市場規模之不同等，呈現為臺灣資金及技術投入大陸市場較多之不平衡狀態，是因為大陸於1994 年頒佈具有特別意義之《中華人民共和國臺灣同胞投資保護法》，依據該法第十四條：臺灣同胞投資者與其他省、自治區和直轄市的

公司、企業、其他經濟組織或者個人之間發生的與投資有關的爭議，當事人可以通過協商或者調解解決。當事人不願協商、調解的，或者經協商、調解不成的，可以依據合同中的仲裁條款或者事後達成的書面仲裁協議，提交仲裁機構仲裁。當事人未在合同中訂立仲裁條款，事後又未達成書面仲裁協議的，可以向人民法院提起訴訟。

又依據《中華人民共和國臺灣同胞投資保護法實施細則》第二十九條規定：臺灣同胞投資者與大陸的公司、企業、其他經濟組織或者個人之間發生的與投資有關的爭議，當事人可以通過協商或者調解解決。當事人不願協商、調解的，或者經協商、調解不成的，可以依照合同中的仲裁條款或者事後達成的書面仲裁協議，提交中國的仲裁機構仲裁。大陸的仲裁機構可以按照國家有關規定聘請臺灣同胞擔任仲裁員。當事人未在合同中訂立仲裁條款，事後又未達成書面仲裁協議的，可以向人民法院提起訴訟。又依據福建省實施《中華人民共和國臺灣同胞投資保護法》辦法第三十條：臺灣同胞投資者與公司、企業、其他經濟組織或者個人之間發生的與投資有關的爭議，當事人可以通過協商或者調解解決。當事人不願協商、調解的，或者經協商、調解不成的，可以依照合同的仲裁條款或者事後達成的書面仲裁協議，提交仲裁機構仲裁。當事人未在合同中訂立仲裁條款，事後又未達成書面仲裁協議的，可依法向人民法院提起訴訟。臺灣基本上僅有《臺灣地區與大陸地區人民關係條例》作為主要的海峽兩岸事務之基本法律。其他事務均由基本法律例如民事訴訟法等規定為准據。

（二）兩岸經貿糾紛解決種類及能否實現權利

依據前揭相關法令等，大陸之紛爭解決機制規定，有下列模式（1）協商；（2）調解；（3）仲裁；（4）訴訟[4]。臺灣雖無明文如大陸法令之規定，但基於私法自治原則以及法治國家之基本原則，亦然是同樣的解決機制。兩岸在多元紛爭解決機制及模式種類，並無太大差異。但其效力以及是否獲得對岸認可及執行，仍有差異及努力之空間。[5] 協商是基於當事人自治原則，經由自願性之協議，通常基於商業情誼及風險評估等考慮所進行的一種紛爭解決方式，不再說明，以下就調解、仲裁、訴訟進行簡要說明及分析。

（三）調解之經貿糾紛解決模式：

1.有關大陸調解模式及效力：

(1) 行政調解：

大陸於2011年出臺《人民調解法》第三十三條經人民調解委員會調解達成調解協議後，雙方當事人認為有必要的，可以自調解協議生效之日起三十日內共同向人民法院申請司法確認，人民法院應當及時對調解協議進行審查，依法確認調解協議的效力。人民法院依法確認調解協議有效，一方當事人拒絕履行或者未全部履行的，對方當事人可以向人民法院申請強制執行。人民法院依法確認調解協議無效的，當事人可以通過人民調解方式變更原調解協議或者達成新的調解協議，也可以向人民法院提起訴訟。

(2) 司法調解：

大陸民事訴訟法第85條：人民法院審理民事案件，根據當事人自願的原則，在事實清楚的基礎上，分清是非，進行調解。民事訴訟法第89條：調解達成協議，人民法院應當製作調解書。調解書應當寫明訴訟請求、案件的事實和調解結果。 調解書由審判人員、書記員署名，加蓋人民法院印章，送達雙方當事人。調解書經雙方當事人簽收後，即具有法律效力[6]。

2.有關臺灣調解模式及效力：

(1) 行政調解：

臺灣《鄉鎮市調解條例》規定：「調解成立時，調解委員會應作成調解書。鄉、鎮、市公所應於調解成立之日起十日內，將調解書及卷證送請移付或管轄之法院審核。前項調解書，法院應盡速審核，認其應予核定者，應由法官簽名並蓋法院印信，除抽存一份外，並調解事件卷證發還鄉、鎮、市公所送達當事人。 法院移付調解者，鄉、鎮、市公所應將送達證書影本函送移付之法院。法院因調解內容抵觸法令、違背公共秩序或善良風俗或不能強制執行而未予核定者，應將其理由通知鄉、鎮、市公所。法院移付調解者，並應續行訴訟程式。 調解文書之送達，准用民事訴訟法關於送達之規定。」「調解經法院核定後，當事人就該事件不得再行起訴、告訴或自訴。經法院核定之民事調解，與民事確定判決有同一之效力」。分別為該條例第25條、第26條及第27條所明定。

(2) 司法調解：

臺灣民事訴訟法第405條：調解，依當事人之聲請行之。民事訴訟法第406條之1：調解程式，由簡易庭法官行之。調解由法官選任調解委員一人至三人先行調解，俟至相當程度有成立之望或其他必要情形時，再報請法官到場。但兩造當事人合意或法官認為適當時，亦得逕由法官行之。臺灣民事訴訟法第416條：調解經當事人合意而成立；調解成立者，與訴訟上和解有同一之效力。[7]

3.因此，兩岸調解法律規定，經由法院依法確認（核定）後，調解協議有效（與民事確定判決有同一之效力），均得強制執行。

附圖一：兩岸經貿糾紛多元模式與社會法治及公平投資環境之建構模式

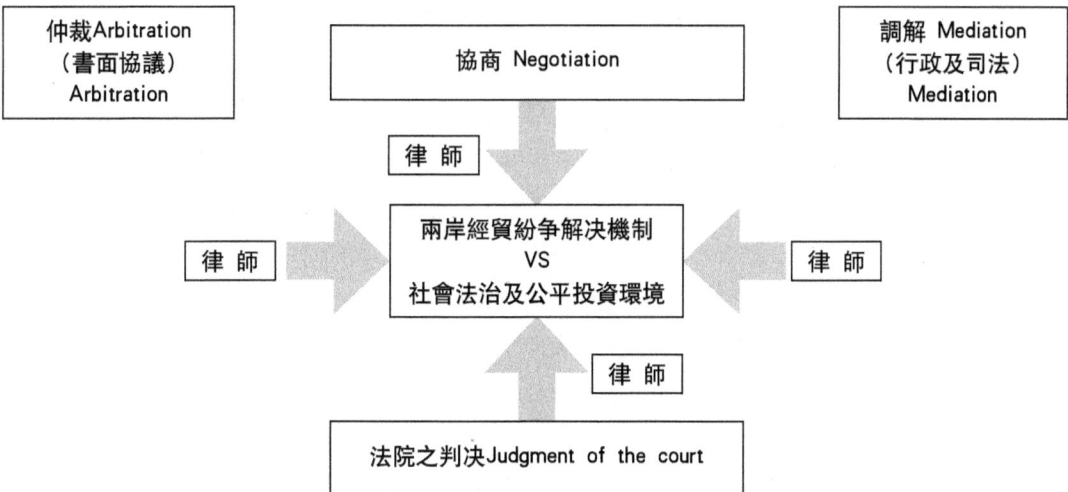

（三）仲裁之經貿糾紛解決模式：

1.有關大陸仲裁模式及效力：

大陸之仲裁法第57條規定： 裁決書自作出之日起發生法律效力。第62條規定：當事人應當履行裁決。一方當事人不履行的，另一方當事人可以依照民事訴訟法的有關規定向人民法院申請執行。受申請的人民法院應當執行

2.有關臺灣仲裁模式及效力：

臺灣仲裁法第 37 條：仲裁人之判斷，於當事人間，與法院之確定判決，有同一效力。仲裁判斷，須聲請法院為執行裁定後，方得為強制執行。

（四）判決之經貿糾紛解決模式：

1.有關大陸法院判決模式及效力：

大陸民事爭議訴訟實行四級二審終結審理模式[8]，管轄除尊重合意管轄外[9]，亦采級別管轄及地域管轄等方式。確定之民事判決具有執行力[10]。大陸還有專業法院如海事法院等。

2.有關臺灣法院判決模式及效力：

臺灣民事爭議訴訟實行三級三審終結審理模式（除非簡易訴訟程式及標的未達上訴第三審之金額者），管轄除尊重合意管轄外，亦采級別管轄及地域管轄等方式。確定之民事判決具有既判力及執行力[11]。

（五）以上多元紛爭解決方式，已獲得兩岸法律及司法解釋之認可：

1.海峽兩岸關係協會會長陳雲林與海峽交流基金會董事長江丙坤於2009年4月26日在南京簽署《海峽兩岸共同打擊犯罪及司法互助協議》其中第三章司法互助第十條規定：裁判認可，條文為「雙方同意基於互惠原則，於不違反公共秩序或善良風俗之情況下，相互認可及執行民事確定裁判與仲裁裁決（仲裁判斷）」。緊接著最高人民法院出臺的《關於人民法院認可臺灣地區有關法院民事判決的補充規定》，從2009年5月14日正式公佈起開始生效。該《補充規定》是最高人民法院為執行《海峽兩岸共同打擊犯罪及司法互助協議》中關於認可及執行民事裁判與仲裁裁決（仲裁判斷）的有關規定，對於兩岸有關之司法裁決等認可作出的重要性司法解釋。又按大陸最高人民法院曾於1998年5月22日通過《關於人民法院認可臺灣地區有關法院民事判決的規定》之司法解釋（以下稱《規定》），此後又分別於1999年4月9日最高人民法院審判委員會會議通過，作出《關於當事人持臺灣地區有關法院民事調解書或者有關機構出具或確認的調解協議書向人民法院申請認可，人民法院是否受理的批復》（自1999年5月12日起施行）、又於2001年3月20日最高人民法院審判委員會會議通過《最高人民法院關於當事人持臺灣地區有關法院支付命令向人民法院申請認可人民法院應否受理的批復》（自2001年4月27日起施行）《關於人民法院認可臺灣地區有關法院民事判決的補充規定》（2009年5月14日公佈，以下稱補充規定）。

依據《補充規定》第2條規定：民事判決，包括對商事、知識產權、海事等民事糾紛案件

作出的判決。另外尚包括臺灣地區有關法院民事裁定、調解書、支付令，以及臺灣地區仲裁機構裁決，亦即有5大種類[12]。臺灣之《臺灣地區與大陸地區人民關係條例》第74條規定：在大陸地區作成之民事確定裁判、民事仲裁判斷，不違背臺灣地區公共秩序或善良風俗者，得聲請法院裁定認可。前項經法院裁定認可之裁判或判斷，以給付為內容者，得為執行名義。前二項規定，以在臺灣地區作成之民事確定裁判、民事仲裁判斷，得聲請大陸地區法院裁定認可或為執行名義者，始適用之。

三、律師於兩岸經貿糾紛解決機制中的角色與作用

根據前面之說明及日已興盛之兩岸經貿潮流，加上ECFA簽訂後，參考其中附件4之海峽兩岸有關「服務貿易早期收穫部門及開放措施」規定，海峽兩岸各有承諾進一步開放產業，大略分金融方面及非金融方面之服務業開放情形。例如臺灣地區開放承諾專案有「研究發展、會議、展覽、特製品設計、視聽服務、經紀商、運動及其它娛樂、電腦訂位系統」及臺灣方面金融服務業的開放承諾（但不包括證券期貨和保險）服務業；大陸地區非金融服務部門的開放承諾專案包括「會計、審計、簿記、計算器及軟體實施、數據處理、自然科學及工程學研究和實驗開發、會議、專業設計、視聽服務（如錄影分銷包括娛樂軟體及錄音製品分銷）、醫院（開放上海、江蘇、福建、廣東、海南五區得設立獨資醫院）、航空運輸（飛機的維修和保養）、大陸方面金融服務部門的開放承諾有保險、銀行及其它金融服務等」。而ECFA附件3「適用於貨品貿易早期收穫產品的雙方防衛措施」等等，在在都需要律師提供相應之法律服務及支持。

（一）律師於兩岸經貿糾紛解決機制中的角色

由臺灣赴大陸投資之金額自大陸改革開放以來，就已經是促進大陸經貿發展之重要因素，為謀在經貿糾紛多元解決機制中，更加呈現臺灣律師或是專業角色，除前揭《中華人民共和國臺灣同胞投資保護法實施細則》第29條聘請臺籍律師[13]擔任仲裁機構之仲裁員，甚至於漳州市中級人民法院聘任部分臺籍人士擔任陪審員[14]。再者，以律師的專業服務來說，大陸在2008年6月4日出臺《臺灣居民參加國家司法考試若干規定》，2008年12月21日出臺《取得國家法律執業資格的臺灣居民在大陸從事律師職業管理辦法》，2010年9月13日福建司法廳發佈《臺灣地區律師事務所在福州廈門設立代表機構試點工作實施辦法》，目前統計已有約10家左右臺灣地區律師事務所在福州、廈門申請設立代表處，派駐代表執行業務。而目前北京大成律師事務所與臺灣律師建立聯盟是首家於臺灣設立合作律師之事務所，其他經由戰略合作關係之模式正在兩岸律師界盛行中。足見兩岸律師於經貿紛爭解決上擁有高度之角色。因此律師可以扮演之角色可以歸納為：

1.兩岸經濟貿易合作整合及架接平臺之角色：

律師於其各自之服務產業及客戶群中，可以就ECFA簽訂後，參考其中附件4之《海峽兩岸

有關服務貿易早期收穫部門及開放措施》提供可以互相參股及投資角色之中介者，借由律師所整合之專業團隊，進行調研及可行性分析報告，畢竟兩岸法律之差異化，不易理解，律師之架接平臺更亦獲得信賴。

2.兩岸經濟貿易法律溝通協調之角色：

以兩岸法規的衝突來說，一個兩岸經貿糾紛的案件，往往涉及到兩岸法院管轄權和准據法適用的問題。如何建議海峽兩岸經貿者，建立互信機制以及法律建議溝通，律師起了重要角色之扮演。

3.兩岸經濟貿易糾紛代理及仲裁員之角色：

如前所述之經貿糾紛，除非是明文禁止代理，否則兩岸律師應得於相關程式包括仲裁程式及訴訟審理程式中以一般公民代理角色進行代理，當然臺灣居民取得大律律師資格者，其有特別角色服務，有其他相關法律規範。

（二）律師於兩岸經貿糾紛解決機制中的作用

1.促進兩岸經貿者重視法制之作用

法治國家基本要求就是法治化，因此必須將法令公正及透明度深化，律師身為法律工作者，除協助解決紛爭外，能將兩岸法律進行比較間研究及分析，並且協助經貿投資者尊重法律、遵守法律、進而服從法律，是避免紛爭之重要課題，唯有深植重視法制的價值，才能成為民主法治之國家，也才能讓所有投資者安心投資、放心投資。准此，律師是促進兩岸經貿者重視法制之重要尖兵，具有促進兩岸經貿者重視法制之作用。

2.風險規劃及紛爭降低之作用

海峽兩岸區際法律間差異甚至衝突之情形時有所聞，律師應強化專業及進修，面對兩岸經貿之蓬勃及多元性，在經貿開啟階段，即提供避免紛爭發生之建議，特別是合同協商之階段，讓經貿雙方確認清楚交易條件，進而對於成本及風險承受均已估算，如此進行之合同簽立及執行都能於企業決策中獲得評估，面對紛爭後，也早已有相應之對策及理解，不論採取何種模式解決紛爭，都能尊重法治及降低誤解。

3.兩岸經貿仲裁裁決信賴提升之作用

不論是中國國際經濟貿易仲裁委員會或是各地方之仲裁委員會，為了讓兩岸經貿糾紛選擇仲裁員進行仲裁之多元性，大都積極聘任臺籍仲裁員，以供兩岸經貿糾紛發生之仲裁員多樣之選擇性，借由臺籍仲裁員參與仲裁程式，深化紛爭當事人對於仲裁機構之信任及仲裁裁決認同度，臺灣律師擔任大陸仲裁機構之仲裁員，將對於兩岸經貿仲裁裁決信賴有提升之作用。至於臺灣地區之仲裁機構未能聘任大陸地區之律師擔任仲裁員似乎是一憾事。

肆、建立法制及和平之紛爭解決機制（結語與建議）

海峽兩岸之經貿發展自1992之共識以來，歷經20年之協商磨合等，即使簽立《海峽兩岸經濟合作框架協議（（Economic Cooperation Framework Agreement，ECFA））》，互相在關稅減讓及早收清單有了共識，不就是協商之結果，但人民及企業之經貿互動中，創造利益及公司股利極大化目標下驅使，如果品質未加控制，交易時程之未能確保，以及金融支付等失靈下，仍將產生紛爭，面對海峽兩岸區際法律間差異甚至衝突之情形，例如合意管轄限制差異化、訴訟時效時間不同，岸經貿關係之准涉外因素，准據法適用的原則及約定等等，律師如何扮演架接、協助規劃、避免風險及紛爭解決代理等角色，日益重要及關鍵。因此筆者有如下結論及建議，未成熟之處，尚祈指正。

結論一：ECFA後之兩岸經貿交流持續升溫。

結論二：社會法治之重要性需要政府及民間一起努力。

結論三：兩岸經貿糾紛之複雜程度及多元性，律師於兩岸經貿糾紛解決有著密切之關鍵性角色及作用。

建議一：律師應強化專業技能及職業倫理深化以協助經貿糾紛和平解決為首要任務。

建議二：仲裁機構之透明度以及信賴度提升，兩岸仲裁機構應廣聘兩岸專業公正之律師擔任仲裁員。

建議三：法官審理及調解紛爭之際，賦於兩岸之律師代理空間及職能發揮功能。

附錄表一：兩岸有關司法（類）文書確定具有執行力且互相認可執行者之比較【依據迄2012年現有法律及司法解釋所為之比較】：

（v：表示具有執行力；○：表示認可　X：不認可　？：尚待研究及解釋）

	類別	臺灣	大陸	均認可	大陸認可臺灣	臺灣認可大陸	備註
1	法院之判決	V	V	○	○	○	
2	法院之裁定	V	V	○	○	○	
3	仲裁裁決（判斷）	V	V	○	○	○	
4	法院調解書（筆錄）	V	V	？	○	X（修法）	
5	法院支付令	V	V	？	○	X（修法）	
6	法院和解筆錄	V	未規定	？	X（司法解釋）	大陸未規定（司法解釋）	但是廈門中級人民以認可過臺灣法院之和解筆錄

7	仲裁程式之調解書經法院認可	V	V	?	?	?	大陸仲裁法第 51 條臺灣仲裁法第 44 條
8	仲裁程式之和解書經法院認可	V	?	?	?	?	臺灣仲裁法 45 條
9	行政調解	未規定	V	?	X	X	大陸於 2011 年出臺《人民調解法》
10	鄉鎮公所調解經法院核定	V	未規定	?	X	大陸未規定（司法解釋）	
11	勞動爭議仲裁裁決確定無爭議	V	V		?	X	臺灣勞資爭議處理法第 37 條大陸勞動爭議處理條例第 31 條及勞動法第 83 條
12	勞動爭議調解書確定無爭議或經法院裁定	V	V		X	X	臺灣勞資爭議處理法第 21 條大陸勞動爭議處理條例第 31 條

注釋:

[1]　郭清寶，臺灣理維國際法律事務所律師，華東政法大學法學博士，中國國際經貿仲裁委員會、臺灣、鄭州仲裁委員會等仲裁員。

[2]　臺灣《民事事件委任非律師為訴訟代理人許可準則》2006 年。

[3]　資料來源：臺灣投審會的網址 http://www.moeaic.gov.tw/.

[4]　附圖一：兩岸經貿糾紛多元模式與社會法治及公平投資環境之建構模式。

[5]　見附件一。

[6]　《最高人民法院關於人民法院民事調解工作若干問題的規定 2004 年》第 13 條：根據民事訴訟法第九十條第一款第（四）項規定，當事人各方同意在調解協議上簽名或者蓋章後生效，經人民法院審查確認後，應當記入筆錄或者將協議附卷，並由當事人、審判人員、書記員簽名或者蓋章後即具有法律效力。當事人請求製作調解書的，人民法院應當製作調解書送交當事人。當事人拒收調解書的，不影響調解協議的效力。一方不履行調解協議的，另一方可以持調解書向人民法院申請執行。

[7]　法院不問訴訟程度如何，得隨時試行和解。受命法官或受託法官亦得為之。和解成立者，與確定判決有同一之效力。臺灣民事訴訟法第 377 條及第 380 條所規定。

[8]　大陸民事訴訟法第 158 條：第二審人民法院的判決、裁定，是終審的判決、裁定。

[9]　大陸民事訴訟法第 246 條規定：因在中華人民共和國履行中外合資經營企業合同、中外合作經營企業合同、中外合作勘探開發自然資源合同發生糾紛提起的訴訟，由中華人民共和國人民法院管轄。

[10] 大陸民事訴訟法第 141 條：最高人民法院的判決、裁定，以及依法不准上訴或者超過上訴期沒有上訴的判決、裁定，是發生法律效力的判決、裁定。及第 207 條：發生法律效力的民事判決、裁定，以及刑事判決、裁定中的財產部分，由第一審人民法院執行。

[11] 臺灣民事訴訟法第 398 條：判決，於上訴期間屆滿時確定。但於上訴期間內有合法之上訴者，阻其確定。不得上訴之判決，於宣示時確定；不宣示者，於公告時確定。第 400 條除別有規定外，確定之終局判決就經裁判之訴訟標的，有既判力。

[12] 見附件一。

[13] 筆者現為中國國際經濟貿易仲裁委員會之臺籍仲裁員及鄭州市仲裁委員會之仲裁員，曾於中國國際經濟貿易仲裁委員會上海分會仲裁兩岸經貿糾紛。

[14] 根據 2005 年 5 月實施的全國人大常委會《關於完善人民陪審員制度的決定》，福建漳州市薌城、龍海、漳浦 3 個縣（市、區）的人大常委會 17 日依照法定程序，任命江和興、陳隆峰等 8 名長期在漳州投資的臺灣同胞擔任漳州法院涉臺案件人民陪審員。目前為止已有 40 人擔任人民陪審員。但是具有法律專業背景仍屬少數。

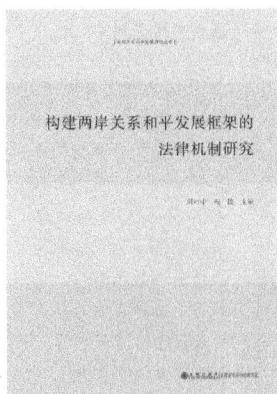

构建两岸关系和平发展框架的法律机制研究

本书以构建两岸和平发展框架的法律机制为研究对象，先从宏观方面论述宪法机制对于构建两岸和平发展框架的意义以及构建该框架的法律障碍和解决机制；进而从微观入手，论述构建行政合作机制及司法协调机制面临的困境。

周叶中 祝 捷 主编
定价：48.00元

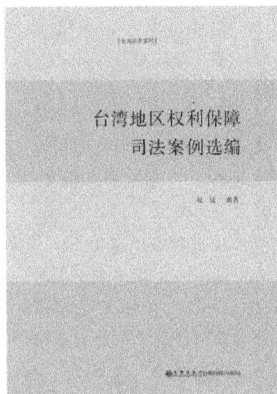

台湾地区权利保障司法案例汇编

本书以台湾地区"宪政改革"后"大法官解释"为研究对象，分基本权利保障的总论和基本权利保障的分论两部分，对台湾地区法律制度进行介绍和分析，案例均与台湾地区人民的基本权利息息相关。

祝 捷 编著
定价：60.00元

"九二共识"文集

本书汇集1992至2012年11月底两岸有关"九二共识"的存证资料，包括亲历香港会谈前后两会磋商和达成"九二共识"过程的权威人士的回忆；重要文件和新闻报道；两岸的权威宣示和阐述；海内外专家学者的研究成果和评论等。

许世铨 杨开煌 主编
定价：49.90元

潮起潮落

本书以纪实性的手法，全面展示了海协会、海基会机制的产生背景和两会成立以来的折冲与共处历史，深入挖掘了台湾各界对两岸关系的复杂反思与抉择过程，揭示了两岸筋骨相连的血脉联系和命运共同体关系。

郑 剑 著
定价：98.00元

新闻发布会集

本书为国务院台湾事务办公室2012年度17次新闻发布会的完整记录，是新闻发言人针对对台政策法规、两岸关系最新发展动态、热点事件等两岸人民关心的问题，通过两岸媒体记者做出的权威宣示和评议。

国务院台湾事务办公室 编
定价：38.00元

台湾 2012

本书是对2012年台湾的全面论述和介绍，包括综述、台湾大事记、祖国大陆对台重要文献和统计资料。深入介绍2012年的两岸关系以及台湾社会经济、文学艺术、教育、军事等各方面的情况，并为研究者提供详尽准确的参考资料。

全国台湾研究会 编 周志怀 主编
定价：68.00元

中央政府赈济台湾文献·清代卷

本书为清政府赈济台湾相关原始文献的史料选编，包含起居注档案、兵部档案、户部档案、奏折等各种文献形式，说明了当时中央政府对台湾的有效管辖和治理，说明了当时台湾与大陆统一于一个中央政府的历史事实。

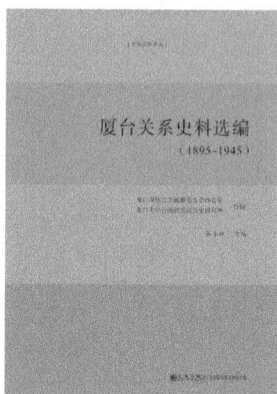

尹全海等　整理
定价：290.00元

厦台关系史料

厦门与台湾一衣带水，在日本殖民统治台湾期间（1895年台湾被强占直至1945年台湾光复），两者关系尤为曲折复杂。该书汇集了这期间的历史档案和国内及厦门本地主要媒体的相关报道，全方位地展现了厦台关系的方方面面。

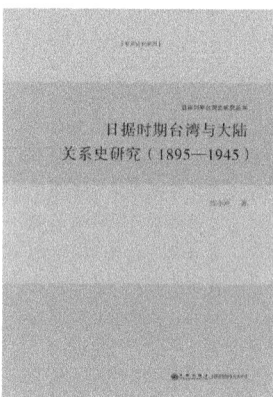

陈小冲　主编
定价：82.00元

日据时期台湾与大陆关系史研究（1895-1945）

本书针对前期研究偏向于台湾义勇队、台湾籍民的状况，增加日据时期两岸人员往来、经贸联系、文化交流等的探讨；还搜集原始档案、报章杂志等罕见史料，展现了台湾与大陆关系在殖民当局隔离政策夹缝中的生存和发展。

陈小冲　著
定价：42.00元

根在中原：闽台大姓氏探源

本书以台湾陈、黄、林、郑、杨、王、蔡、张、刘、李十大姓为研究对象，利用正史、族谱及个人回忆录等史料，梳理了中原移民入闽迁台的史实，探寻前人辗转迁移的社会、历史原因，以追根寻源，了解祖先的生活历史。

尹全海　孙炜　主编
定价：298.00元

两岸关系和平发展的巩固与深化

本书选编全国台湾研究会2012年学术研讨会精品论文，收入了台湾问题专家李逸舟、刘国深、杨立宪等的论文50余篇，是有关两岸关系、台湾问题最新、最权威的研究成果。

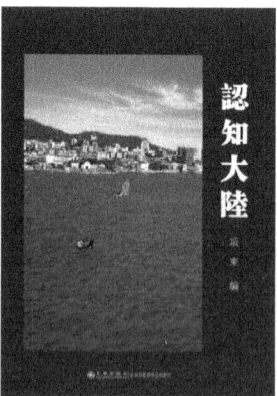

周志怀　主编
定价：88.00元

认知大陆

本书分为概况、社会主义道路和政治体制、国计民生、两岸关系四部分，系统而简明地介绍了大陆政治制度的基本结构、中国共产党及其机构、国民经济、科技文卫等，便于台胞对祖国大陆的情况有一个全方位的整体认知。

项东　编
定价：36.00元